執筆者（掲載順）

〈上　巻〉

川《かわ》﨑《さき》政《まさ》司《じ》　慶應義塾大学大学院法務研究科客員教授

井《い》口《ぐち》文《ふみ》男《お》　岡山大学法学部教授

櫻《さくら》井《い》智《とも》章《あき》　甲南大学法学部准教授

山《やま》中《なか》倫《りん》太《た》郎《ろう》　防衛大学校人文社会科学群公共政策学科准教授

宇《う》都《つの》宮《みや》純《じゅん》一《いち》　金沢大学大学院法務研究科教授

松《まつ》塚《づか》晋《しん》輔《すけ》　京都女子大学法学部教授

毛《もう》利《り》　透《とおる》　京都大学大学院法学研究科教授

木《きの》下《した》和《かず》朗《あき》　北海学園大学大学院法務研究科教授

上《うえ》田《だ》健《けん》介《すけ》　近畿大学大学院法務研究科教授

大《おお》島《しま》稔《とし》彦《ひこ》　元参議院法制局長

原《はら》田《だ》一《かず》明《あき》　横浜国立大学大学院国際社会科学研究科教授

奥《おく》村《むら》公《こう》輔《すけ》　駒澤大学法学部講師

堀《ほり》内《うち》健《たけ》志《し》　弘前大学名誉教授

國《こく》分《ぶん》典《のり》子《こ》　筑波大学人文社会系教授

小《こ》針《ばり》　司《つかさ》　岩手県立大学総合政策学部教授

片《かた》桐《ぎり》直《なお》人《と》　近畿大学法学部准教授

日《ひ》野《の》田《だ》浩《ひろ》行《ゆき》　久留米大学法学部教授

新《あたらし》　正《まさ》幸《ゆき》　金沢大学名誉教授

田《た》村《むら》公《きみ》伸《のぶ》　参議院法務委員会調査室長

李《イ》　相《サン》允《ユン》　韓国法制研究院副研究委員

浅《あさ》野《の》善《よし》治《はる》　大東文化大学大学院法務研究科教授

白《しら》井《い》　誠《まこと》　前衆議院総務調査室長

*赤《あか》坂《さか》幸《こう》一《いち》　九州大学法学研究院准教授

憲法改革の理念と展開

——大石　眞先生還暦記念——

上巻

曽我部真裕・赤坂幸一　編

信山社

はしがき

大石眞先生は、一九五一（昭和二六）年八月三〇日に宮崎県でお生まれになり、二〇一一（平成二三）年、めでたく還暦を迎えられた。本書は、先生のご指導を受けて学究の道を歩んできた者、先生と親しく学問的交流を温めて来た者、あるいは憲法諸制度の運用実務をめぐって先生と関係の深い者が、先生の還暦を祝して献呈する論文集である。

一九七四（昭和四九）年に東北大学をご卒業後、故小嶋和司教授の下で学究の道に入られた先生は、國學院大學、千葉大学、九州大学を経て、一九九三（平成五）年より京都大学法学研究科で教鞭をとられ、平成二三年の還暦を迎えられるまで、三五年余りにわたって憲法の研究・教育に尽してこられた。先生の研究の対象は広く憲法学の全領域に及ぶが、とりわけ、議会制度、憲法史および宗教制度の各分野に造詣が深く、その独創的な研究によって、わが国の憲法学に新たな地平を切り拓かれた。

その際、先生が常に強調されたのは、憲法典を取り巻く諸々の成文法規――いわゆる憲法附属法――と、それら憲法典・成文法規の運用への着眼の重要性であった。とりわけ憲法附属法は、憲法典とともに「この国のかたち」（実質的意味の憲法）を構成し、それゆえ憲法附属法の改革は、実質的意味の憲法の内実に対して、憲法改正にも匹敵する意義をもっており、その意味で「憲法改革」と呼ぶことができる。実際、一九九〇年代以降、統治機構の分野では政治改革、行政改革、司法制度改革、地方分権改革など、政治制度全般にわたる憲法附属法の改革が、戦後期以来の壮大な規模で行われた。また、法人制度、情報通信制度、生命倫理、経済的自由に対する規制の緩和などの大変革もあった。これらの基本権に関する諸法律は、従来、実質的意味の憲法としての位置づけを与えられることがなかったが、法律による内容形成を前提とする基本権や、法律によって実効的な保障が行なわれる基本権があることを考えれば、少なくとも一つの用語法として、これらの法律を憲法附属法に含めて観念することができよう。

本書に収録された全五部、計五一本に及ぶ意欲的な諸論稿は、まさしく、このような「憲法改革」の展開に着目し、「憲法改革」が憲法秩序において有する意義及びその到達点を理論的・歴史的・比較法的に考察するとともに、上記のような各分野における「憲法改革」の動向につき実務・運用面からの分析をも加えることによって、この十数年間にわたって展開してきたこの現象を多角的に解明することを目的としている。

他方、このような「憲法改革」の時代の流れは、先生をして、書斎における静謐な憲法研究に沈潜することを許さなかった。先生は「参議院の将来像を考える有識者懇談会」(一九九九(平成一一)年)や「首相公選制を考える懇談会」(二〇〇一(同一三)年)において中心的な働きをされたほか、選挙制度、宗教制度および地方自治制度等にかかる制度構想・運用の場において、長年の研究に裏打ちされた貴重な知見を惜しむことなく提供され、わが国の統治システムの運用・変革に、文字通り一身を捧げて来られた。また、このように多忙を極める中、二〇〇八(平成二〇)年から二年間は京都大学公共政策大学院長の重責を担われ、また長年にわたって、日本公法学会の理事をはじめとして、憲法学、広く公法学の世界において責任ある地位を占めて来られた。

このように理論と実践の両面にわたり活躍して来られた先生から我々が受けた学恩は測り知れないが、五〇名余の寄稿を得て刊行の運びとなった本書が、この学恩に些かなりとも応えられるものとなっていれば幸いである。これからも先生がますますご活躍されることを、執筆者一同、心より祈念している。

最後になったが、編集の労をお取り頂いた信山社の袖山貴、稲葉文子、今井守の各氏に、心より感謝を申し上げたい。

二〇一二(平成二四)年三月

曽我部　真裕
赤坂　幸一

憲法改革の理念と展開〈上巻〉

目次

第二部　議会制度改革の展望

『憲法改革の理念と展開〈下巻〉』 目 次

第三部 司法改革の視座

第四部 憲法改革と基本権

◆第五部◆ 憲法史と憲法改革

憲法改革の理念と展開　上巻

◇第一部◇　統治構造改革の構想

1 統治構造改革と政治主導

――「政治主導」をめぐる議論の錯綜とその意義・射程・限界――

川崎政司

曽我部真裕・赤坂幸一 編
大石眞先生還暦記念
『憲法改革の理念と展開（上巻）』
二〇一二年三月　信山社

1 統治構造改革と政治主導［川﨑政司］

一　はじめに
二　法制度上における政治の取扱いの変遷と政治主導
三　政治・行政の現状と政治主導をめぐる議論
四　政官関係をめぐる議論とそのあり方
五　政治主導と政党
六　政治主導と国民
七　まとめにかえて

一　はじめに

一九九〇年代後半以降、日本で進められてきた統治構造改革は、しばしば明治維新、戦後改革に続く「第三の改革」と呼ばれ、政治改革、行政改革、規制改革、司法制度改革、地方分権改革など様々な分野で改革が行われてきたが、その規模の広範さや内容からは、まさに戦後改革後の本格的な変革とみることができる。

もっとも、これらの改革は、いずれも、いまのところ、制度改革にとどまっており、国家や社会のあり方の大規模な転換まで伴うものとはなっていないことからすると、「第三の改革」という捉え方は、政治的な目標の域を出るものではなく、仮にそれら二つに匹敵するものを志向してきたとするならば、未完の改革にとどまっているといえるだろう。また、それらの諸改革にもかかわらず、日本社会は長い間覆ってきた閉塞感や不安から抜け出すことができず、改革の成果を実感できないでおり、改革疲れや社会経済状況の変化などもあって、これまでの改革の路線や成果に対する批判もみられる。

しかしながらその一方で、現実の憲法政治は、少なくとも表面上は、大きく変化してきたともいえる。すなわち、これまで進められてきた統治構造改革は、立法による制度改革であり、多くの法律の制定改廃を伴うこととなったが、日本国憲法のように抽象性の高い憲法では、憲法附属法のもつ意味がその分だけ大きくなり、その改正は憲法政治のあり方に大きな影響を与えることになる。その意味で、昨今の統治構造改革は、実質的な「憲法改革」とみることもできるだろう。そして、そのことをいち早くかつ的確に指摘されたのが、大石眞教授であった(1)。

しかし、統治構造改革がそのような意味合いをもつものであったにもかかわらず、基本的に批判の学問のスタンスをとってきた憲法学の態度は、行政改革・司法制度改革において憲法研究者が中心的な役割を果たした例などがみられたものの、全体的には傍観者あるいは後追い的な議論の域を出ることはなく、その影響も、行政改革・司法制度改革において特定の憲法学説が突出した形で足跡を残すにとどまったようにもみえる(2)。

ところで、これまでの統治構造改革については、グランドデザインや総合的な戦略を欠いたまま、パッチワーク的に行われたことなどもあって、その目的や目指すところは、区々バラバラとなり、全体としてはいま一つ明確ではないところもあったが、少なくとも、諸改革に共通し、かつ、一貫して強調されてきたのは、「中央官僚主導」のパラダイムの転換ということであろう。すなわち、今般の統治構造改革は、行き詰まりをみせる戦後システムの抜本改革と位置付けられたが、中央官僚主導はその象徴とされ、これを打破し、政治主導の確立や、事前調整型社会から事後監視救済型社会、中央集権型国家から分権型国家への転換を図っていくことがうたわれたのであった。

しかし、それを旗印として諸改革が行われてきたにもかかわらず、「官僚主導」はいまだに批判・改革の対象となり続け、改革は、何らかの到達点を見出せないまま、停滞・漂流するようになっている。

そして、そのような中で、二〇〇九年八月の衆議院総選挙の結果、本格的な政権交代が起こり(3)、官僚主導の打破と政治主導の確立や地域主権改革を基本方針の柱に掲げる民主党連立政権が誕生するに至った。それまでの統治構造改革と民主党が打ち出した改革との関係をどのように評価するかについてはなお慎重な検討が必要であるが、従来の改革の延長線上にあるとみることができ、政治主導をより前面に打ち出す形で官僚主導のパラダイムの転換を目指す改革の歯車が再び動き出したかのようにみえた。しかし、民主党は、政権発足後、そのための体制づくりや取組みに次々と着手したものの、十分な戦略や検討・準備を欠いたことなどもあって、行き過ぎや揺り戻しなどによる迷走・混乱を生じ、政治主導はその一時の輝きを失いつつあり、その行方は不透明さを増している。

その原因としては様々なことが指摘され得るが、そもそも批判の対象とされてきた「官僚主導」とはどのようなものであり、また、何が問題であるかについて共通の理解を欠いているだけでなく、それに対置され、その処方箋ともされてきた「政治主導」をめぐっても、そこにおける「政治」の意味と役割、政と官の関係のあり方、政府と政党や国会との関係などについて様々な理解や議論がみられ、そのことが混乱の一因となってきたところがあるのではないかと思われる。そして、それらについては、常に憲法の規範や制度に関する理解の相違や議論の錯綜などが絡んできたといえる。

本稿では、日本国憲法の下における法制度上の「政治」の捉え方や取扱いの変遷を確認した上で、「政治主導」というものをどのように位置付け、理解すべきなのか、また、それがどのような問題を孕み、どのように限界付けられることになるのか、憲法に照らしつつ、若干の考察を加えてみたい。なお、「政治主導」との関係で論じなければならない点は、行政権や議院内閣制の意義・あり方をはじめ広範かつ多岐にわたるが、ここでは、紙数の関係から、政と官の関係、政府と政党・国会との関係の問題を中心に考察を行うこととしたい。

（1）　例えば、大石眞「憲法『改革』の時代を迎えて」外交フォーラム一五〇号（二〇〇一年）四六頁以下。ただし、大石教授は、憲法附属法による憲法改革だけで、現代の激しい時代の変化や制度のあり方をめぐる考え方の進展にどこまで有効に対応できるかは問題であるともされている。

（2）　この点、統治システム全般に対して憲法学説がこれ程までに大きな直接的影響を与えたことはなかったとする指摘（例えば、高田篤「統治システムについて」法学セミナー六一二号（二〇〇五年）一九頁）などもみられる。確かに、従来の憲法学のあり方からするとそのような評価も可能であろうが、それは行政改革会議と司法制度改革審議会に参加した佐藤幸治教授などによるものに限られ、また、高橋和之教授の国民内閣制論が後付けも含め政治改革・行政改革を支える憲法論を提供したとはいえ、一九九四年に制定された政治改革関連法への憲法学の影響は限定的なものにとどまったほか、地方分権改革、規制改革などにおいては憲法学の不在が他の分野の研究者から批判される状況であった。

（3）　日本における選挙での選択を通じての初めての政権交代だけに、それ自体が統治構造改革（政治改革）の成果だと指摘する向きもある。確かに、衆議院に小選挙区制が導入されたことが政権交代を生じた要因の一つであるとは思われ、また、政権交代がないことが日本の議会制民主主義の異常性ともされてきたところではあるが、選挙制度改革が政治腐敗防止策の一つとして打ち出され、かつ、政権交代の可能性や政党中心ばかりが強調された政治改革をどのように評価するかについては、なお慎重な検討が必要であり、むしろ政党をはじめ肝腎の政治の担い手のあり方について検討を欠いたことが問題として顕在化してきているようにも思われる。

二　法制度上における政治の取扱いの変遷と政治主導

政治主導の理解をめぐっては様々な議論がみられるところであるが、一九九九年に制定された「国会審議の活性化及び政治主導の政策決定システムの確立に関する法律」において、法律上、はじめて「政治主導」という言葉が登場することとなった。しかし、同法において、「政治主導」に定義が与えられているわけでなく、その内容も明らかではない。

そもそも、日本国憲法において、「政治」という言葉は、「政治道徳」（前文）、「政治的……関係」（一四条一項）、「政治上の権力」（二〇条一項）、「政治犯罪」（八二条二項）という形で用いられているにとどまり、統治の担い手や作用としての「政治」の意義やあり方については直接的に規定するものはない。また、政治の作用を考える上で不可欠な要素となるはずの「政党」についても、憲法は何ら規定していない。そして、憲法学においても、長らく「政党不在の憲法学」と呼ばれるような状況が続いたほか、「政治」という捉え方がなされることはほとんどなく、むしろ「政治」の概念はその外に追いやられてきたといえる。しかし、統治のあり方に関しその主体等として「政治」がここまで語られるようになっている以上、憲法の世界にあえて持ち込むべきではないとの議論がなお強いとしても、扱いの難しい「政治」にもある程度向き合っていかざるを得ないだろう。

そこで、まず、そのような日本国憲法の下で、法律上、「政治」というものがどのように捉えられ、そのあり方に関しどのような規定がなされ、それがどのように変化してきたかについて、特に、政党と、政と官の関係に着目しつつ簡単に振り返っておくこととしたい。

なお、ここで「政治」とは、とりあえず、アクターの面では、国民の選挙によって選ばれた国会議員や、国務大臣、副大臣、大臣政務官などの政治家、及びその基盤となる政党なども含んだ政治家集団を指し、その作用の面では、それらによって担われる政治的・政策的な調整や決定、政治的な指導監督等の作用を指すこととしたい。その意味では、政治は主体ということでは国会と行政府にまたがるものであり、また、憲法にいう「行政権」及び広義の「行政」の中には、政治とされるものも含まれ、両者が重なる部分も生じることになる。(4)

(一)　戦後初期における法制度上の「政治」

まず、戦後の初期に制定された法律をみると、日本国憲法の下で、改めて「民主政治の健全な発達」を期すことなどが目的として掲げられ、そのための制度の整備が進められることとなった。例えば、一九四六年に制定された政治資金規正法、五〇年に制定された公職選挙法、四七年に制定された地方自治法などをその例として挙げることができるだろう。ただし、その一方で、それらにおいては、政党政治復活の動きが活発化し、群小政党の整理と腐敗行為の防止が政治的な課題として浮上したことに伴って、政党その他の政治団体は、政治資金や、選挙運動を含む政治活動の面で、規律の対象とされ、(5)また、選挙については、制度上はあくまでも個人選挙の建前がとられた。

他方、政治と行政ないし官僚との関係については、四七年に制定された内閣法に、行政事務の分担管理に関する規定が置かれた。その背後に一部で指摘されるようなその立案をした官僚側の思惑があったかどうかは別としても、分担管理が、実務において憲法をも絡めた基本原則として位置付けられ、強調されることで、(6)各省庁の自律性（行政の政治に対する自律性）や割拠性を強める方向に作用することとなったことは否めない。また、国家行政組織法において、各省庁で官僚統制を行う存在として企図された次官制度についても、当初は各省の次官を特別職とし、これに政務官的な地位を与え、国会議員との兼職も認めるものとされていたところ、結局、各省次官は事務次官として一般職とされ、それとは別に政務次官が置かれることになり、その政務次官は、中途半端な位置付けなどから、企図されたような政治と行政の調整や官僚の統制を図る役割を果たすものとなることはなかった(7)。

また、それとともに、政治的中立性の確保ということから、行政における政治的なものの排除といったことも制度的に進められた。例えば、四七年制定の国家公務員法、五〇年制定の地方公務員法をはじめ公務員関係の法律では、党派性などの政治的なものは排除・抑制されるべきものとして、政治的な中立性が強調され、公務員の政治的行為について広範な制限が課されたが、そこでは、政治的中立性は、政治を行政から切り離すことによって確保・維持すべきものとされていた(8)。政治的中立性の関係では、そのほかに、行政委員会が当初数多く設置されたことにも触れておく必要があるだろう。

以上のように、戦後初期の法制度においては、官僚制の統制の強化の必要性は意識されながらも、政治については、どちらかといえば、ネガティブなイメージで捉えられがちとなり、できるだけ枠外に置かれるべきものとして取り扱われる傾向がみられたことを指摘することができるだろう。そして、それは、ややもすれば、官僚による非民主的・割拠主義的な行政の克服を企図した憲法と、憲法附属法との間で乖離が生じることにもなったといえる。

(二)　法制度上の「政治」の位置付け等の変化

(一)で述べたような基調は、戦後しばらくは変わることはなかったといえるが(9)、その間に法律上目に付くものとしては、相次ぐ政治スキャンダルを背景に行われた七五年の政治資金規正法の改正において、その規制が大幅に強化される一方で、同法の目的規定において「政党その他の政治団体の機能の重要性」ということが明記されたことがある。政治とカネの問題は、その後も問題となり続け、八〇年代には、「政治倫理」の確立が政治上の大きな課題とされるようになり、そのための法整備などが行われたほか、参議院において全国区選挙に代えて比例代表選挙が導入され、選挙制度において初めて政党が中心的なものとして位置付けられるようになった。

そして、その後も止まない政治スキャンダルに対する批判の高まりなどから、選挙制度改革等も含めた「政治改革」の動きが生じることとなったが、そこでも政党重視の議論が展開されることとなり、九四年の政治改革関連法では、政党中心・政党本位の選挙・政治資金制度とするための公職選挙法の改正、政治資金規正法の改正、政党助成法の制定などが行われ、法制度上政党中心という方向性が明確に打ち出され、政党が広く前面に出ることとなった。

すなわち、ロッキード事件以降、政治をめぐる中心的な課題となってきた政治とカネの問題については、その処方箋の一つとして政党の強化が常に掲げられることとなり、それが、九四年の政治改革においてとりあえず結実することになったといえるだろう。政党中心の強化は、その後も、二〇〇〇年の国会法等の改正による比例代表選出議員の政党間移動による議席喪失制度の導入などによって、さらに推し進められることとなった。

他方、政治と行政・官僚との関係では、戦前の反省の下に日本国憲法の下では内閣総理大臣の地位をはじめ内閣の位置付け・役割が強化されたにもかかわらず、戦後も一貫して内閣の主導性が問題とされ続けてきたといってよい。既に一九六四年の臨時行政調査会（第一次臨調）の意見書において、内閣の主導性や総合調整機能の強化の必要性が指摘され、その後の臨調方式による行政改革の検討においても常にそのことが課題として掲げられることとなったが、次第に内閣総理大臣の指導力やリーダーシップの強化に力点が置かれるようになり、九七年の行政改革会議の最終報告を受けた中央省庁等改革では、内閣の機能とともに、内閣総理大臣の主導性の強化がうたわれ、それを受けて、中央省庁等改革基本法の制定、内閣法改正、国家行政組織法改正、各省設置法の制定などが行われるに至っている。

この中央省庁等改革では、内閣総理大臣の権限の明確化、内閣の補佐機構の整備、省庁再編など広範な改革が行われたが、本稿の考察との関係で注目される点を挙げておくならば、一つは、それらの改革を通じて、内閣法三条の分担管理について従来の行政実務とは異なる理解が少なくとも制度的にはなされるようになったことである[10]。もう一つは、内閣ないし内閣総理大臣の地位を基礎付けるものとして「国民」が盛んに持ち出されるようになったことであり、法律上も、内閣法一条一項に「国民主権の理念にのっとり」との文言が挿入されるに至っている[11]。

さて、以上のような政治改革と中央省庁等改革の流れは、政策決定過程における政治の役割の強化という動きに結び付き、九九年に制定された「国会審議の活性化及び政治主導の政策決定システムの確立に関する法律」では、政務次官の制度に代えて副大臣・大臣政務官の制度が導入され、政府に入る政治家の数が増加されたほか、国会においては官僚主導の議論となる原因とされていた政府委員制度が廃止されることとなった[12]。そして、「政治主導」の名の下での政治の役割の拡大と官僚に対する統制の強化・官僚の役割の限定といった方向は、その後の国家公務員制度改革、さらには、政権交代後の民主党連立政権の下での政治主導関連法案にも引き継がれてきている。なお、それに加えて言及しておきたいのは、二〇〇八年に制定された国家公務員制度改革基本法で、政と官の関係を規定する理念ないし政治主導の上位概念として「議院内閣制」が規定され、それをもって官僚の内閣・内閣総理大臣・各大臣を補佐する役割が強調されたことである。そして、そこでは、明らかに、議院内閣制は、一定の方向性をもつものとして用いられていたといえよう[13]。

以上の流れを要約すれば、当初の政治の切り離し・枠外への放逐という方向から、政治の前面化やそれによる統制の強化という方向に大きくシフトし、それが法制度上も明確にされてきているといえる。それとともに、政治については、どちらかといえばネガティブな捉え方から、ポジティブな捉え方へと変わってきたということができ、また、そこでは、政党が存在感を高める一方で、内閣とりわけ内閣総理大臣がその中心に位置付けられるようになってきているのである。

このような流れは、政党不在ともいわれ、また、国会中心主義にこだわり続け内閣を官僚と一体的に捉えてきた憲法学における議論にも大きな影響を与えることとなった[14]。しかし、その議論が展開される間にも、現実の改革の方が先に進み、憲法政治はその姿を大きく変えてきており、そこでは、政治的なキャッチフレーズとして、多義的・論争的な憲法の基本的な概念が一定の方向性をもって法律上用いられるようになってきているのである。

(4) 論者によって捉え方は異なるものの、近年は、憲法学などでも「執政」という概念が用いられるようになっているが、それは行政権の意義との関係や執政権者とされる内閣の強化の文脈で用いられているものであり、ここでいう「政治」とは必ずしも同じものではない。なお、政治主導を内閣主導と捉えた場合には「政治」と「執政」はほぼ重なり得るようにも思われるが、いずれにしても作用の面で狭義の「行政」と明確に境界線を引くことは理論的にも実際上も困難であり、また、後述するように、「政治」にしても、「執政」にしても、それらを内閣だけで語ることは困難ではないかと思われる。本稿は、そのことを前提にしつつ、あえて「政治主導」について検討を加えるものである。

(5) 政治資金規正法では、広範な団体を対象とした政治団体の届出制が規定されるとともに、公職選挙法では、衆議院議員選挙法、参議院議員選挙法、地方自治法の選挙関係の規定を引き継ぎ、制定当初から詳細な選挙運動規制が定められたほか、五四年の改正により、選挙期間中の政党その他の政治団体の政治活動の規制も規定されることとなった。

(6) 従来の実務においては、分担管理原則は、憲法六六条、七四条等を根拠に、所管行政の最終的な処分権限は当該所管大臣にあり、内閣は調整権をもつに過ぎないとすることで内閣の権能を制約する機能を果たすものとして捉えられ、学説においてもこのような立場に立つものが有力であったといえる。そして、そのような理解は、内閣法六条の規定とともに、内閣総理大臣の権限強化やリーダーシップを阻む壁ともなってきた。これに対し、分担管理原則は憲法上の根拠をもつものではなく内閣法三条で定められたものにすぎず、内閣の権限を制約する意味をもたないと解する立場もあり、この考え方が九九年の中央省庁等改革では前提とされることになったとみることができる。

(7) 例えば、事務次官は「大臣を助け、省務を整理し、各部局及び機関の事務を監督する」とされたのに対し、政務次官は「大臣を助け、政策及び企画に参画し政務を処理する」とされたが、両者の関係が不明確であることは否めず、また、五七年には、政務次官の権限として「大臣の命を受けて大臣不在の場合のその職務を代行する」ことが追加されたものの、その射程は内閣法一〇条との関係に限られることとなった。なお、次官制度の整備に際しては、政治による官僚の統制のあり方の問題が絡み、国会審議でも修正が行われ、関係法律の規定が錯綜するなど、紆余曲折を経ることとなったが、この点については佐藤功「各省設置法及び行政機関職員定員法（1）・（3）」法律時報二一巻八号・一一号（一九四九年）等を参照。結局は、政務次官は十分な機能を果たしていないとして、九九年の国会審議活性化法により副大臣・大臣政務官の制度に変更されることとなる。

（8）　例えば、人事院総裁であった浅井清博士は、その当時に書いた「改正国家公務員法」（労働文化社、一九四八年）一六八頁において、『「政治」と「行政」とを切り離すことは、行政官吏の中立性を維持することである』と述べており、また、内閣編「新国家公務員読本」（白友社、一九四九年）一三七頁は、職員の政治的行為の制限を定める国家公務員法一〇二条につき「職員は、国民全体の奉仕者で公共の利益のために勤務すべき者とされる以上、国民の一部階層の代表と認められる、政党その他の団体に関係し、または政治的な目的のために活動することを禁止または制限したのが本条である」としている。そこにおいても、政治の決定を忠実に執行する行政や公務員との考え方が前提となっていたとしても、政治との明確な区分やその排除といった面が色濃く出ていたといえるだろう。

（9）　もちろん、それはあくまでも法制度上の話であり、実際には、自民党の長期政権の下での与党審査の発達、低成長期への移行に伴う各省間での予算・権限争いの激化などにより、政と官の融合といった状況が進むこととなった。しかも、与党議員と官僚の結び付き・癒着やそれに伴う割拠性の問題は、一九五〇年代から既に指摘・批判されてきたものであり、行政改革の議論においても、第一次臨調の時代から常に問題とされてきたといえる。

（10）　もっとも、分担管理が憲法に基づくものではなく内閣や内閣総理大臣の役割を限定するような厳格な意味をもつものではないとされ、それを強調する議論や抵抗は表面上は影を潜めることとなったとはいえ、内閣法三条の規定そのものが改正されたわけではなく、また、現実に縦割りによるセクショナリズムの問題が解消されたわけでもない。そうである以上、内閣や内閣総理大臣などとの関係でその意味や射程が再び議論となる余地はなお残っているともいえる。

（11）　このことは、九四年の公職選挙法改正において小選挙区比例代表並立制が導入されたことにも連なるものであり、内閣法一条二項に国会を修飾するものとして「全国民を代表する議員からなる」という文言を追加したことと相まって、正統性の連鎖を前提に、内閣総理大臣の民主的正統性を行政各部との対比において強調したものと捉えられるが、国民主権などに関する特定の理解を前提としたものであることは否めない。また、「国民主権」は、九九年に制定された行政機関情報公開法、二〇〇九年に制定された公文書管理法などでも規定されることとなったが、これは知る権利を法律上規定するかどうかのせめぎ合いの中で代替的に持ち出されたものともいわれる。

(12) ただし、政府特別補佐人と政府参考人の制度による官僚の国会答弁の余地などが残ることとなり、それが民主党連立政権下での改革の動きにつながることとなった。

(13) 国家公務員制度改革基本法二条一号及び五条一項。なお、憲法も含め法令上「議院内閣制」という言葉が用いられたのは、この法律が初めてであり、また、それは内閣中心構想を前提とするものであったとみることができる。

(14) その二つの潮流が、内閣を国政における主要なアクターと捉えるものであり、これには、大きく分けると、内閣中心構想による統治モデル論と、執政論などの行政権概念の見直し論の二つがあったといえる。

三　政治・行政の現状と政治主導をめぐる議論

(一)　官僚主導とは何であったか

従来においては官僚主導の形で政策形成・決定が行われているとする見方が一般的であり、そのことも相まって、統治構造改革においては、官僚主導の打破ということが中心的な課題とされてきたといえる。

官僚主導か政治主導かということは、政治的な評価にかかわるものであり、また、時代状況や、政策分野、さらには個別の事例ごとに異なってくるものであり、二者択一的な議論にそれほど意味があるとは思われない。また、行政国家現象の進展の下、官僚が政策形成・決定の過程において中心的な役割を果たすことが多く、そのことが様々な問題を生じさせてきた面があったとしても、その一方で、次のような留保も必要であろう。

第一は、与党の部会や族議員の台頭に伴って、政と官の役割の融合・混合といった状況が生じてきていたことである。すなわち、経済の低成長・マイナス成長に伴う予算のパイの奪い合い、各省（局）の割拠性の強さと脆弱な内閣の調整機能による各省間調整の困難化などによって、与党の部会や族議員の存在意義が高まり、与党部会（族議員）・省庁・業界による利益共同体の形成とそこでの事前の調整・根回しを重視する状況を生むこととなった。この点については、官僚の影響力の低下による政高官低論なども主張されることになったが、そのように言えるかどうかはともかく、官僚が統治の中枢を担っているといった素朴な官僚主導論が単純には当てはまらなくなっていたといえる。

第二は、そのような中で、これまでの日本の政策の形成・決定については、官僚をエンジン役としたボトムアップ的・分散的・多元的なプロセス、与党による事前審査の慣行の発達などによる政府と与党の二元的なシステムとなっていたことである。そして、それらによって、内閣の主導性や政策の機動性・統一性が阻害され、責任の所在の不明確化や政策形成過程の不透明化を招くとともに、利益分配型の政治が展開されてきたことが批判されてきた。しかし、それは、字義どおりの官僚主導とは異なるものであり、また、政府・与党関係にも目を向ける必要があることを意味することになる。

第三は、アメリカの政治学者ローウィが指摘したように「政策が政治を規定する」面もあるのであり(15)、そのような視点から、政策形成・決定のプロセスや政と官の関係をみることも必要となってくることである。そして、その点からは、必ずしもすべての政策分野において官僚が主導的な役割を果たしてきたわけではないことや、逆に政治の力を強めるとしてもなお官僚を中心に政策形成が行われるべきものも存在し得ることが指摘されよう。

第四は、以上のことを前提としても官僚主導として批判されるべき面があるとすれば、それは、どのような意味で官僚主導であり、また、どのような要因によるものなのかということである。この点について、ここで詳細に論じることは紙幅の関係から困難であるが、少なくとも、官僚が全面的に政策を主導してきたというよりは、官僚自体が政治化するとともに、調整などの政治の機能を官僚が一部代替してきたとみるべきであり、そのことは、政治が本来果たすべき機能を十分に果たさずに、官僚にゆだねてきたということでもある。すなわち、政治の役割まで担う官僚とその役割を十分には果たしてこなかった政治ということであり、批判されるべきは、政治と官僚の双方ということであろう。

これに対し、これまでの官僚主導批判というのは、そこにあまりに多くの問題が含ましめられてしまってきており、言葉だけが先行し、政と官の多様な姿やその真の問題性を見えにくくしている。そして、相次ぐ政策的な失敗や政治的なスキャンダル・公務員の不祥事に、国民の将来に対する不安や閉塞感なども加わって、国民の政治・行政に対する不満が高まるとともに、官僚主導の打破それ自体が目的化され、官僚たたきとして国民の不満の捌け口とされてきた面もあるようにみえる。しかし、そのような官僚批判は、逆に改革の本質や全体像を不明確なものとしてきたところもあるのではなかろうか。(16)

(二)　政治主導における「政治」をめぐる混乱

政治主導については、官僚主導批判の裏返しとして強調されているところがあるが、政治のあり方を問う問題でもあり、そうであれば、政治にどのような役割を期待し、また、政治が実際にそれを担えるものかどうかが論じられるべきであろう。ところが、その前提ともなるべき、その場合の「政治」とは誰を指すのかということについては、政治主導の強化のための改革が進められてきているにもかかわらず、共通の理解を欠いたままとなっており、それが混乱を生じる一因ともなっている。

すなわち、政治主導の主体となるのは、内閣、内閣総理大臣、各国務大臣（大臣を中心とした政務三役）、政党、国会、議員のいずれなのか、そこで政治が主導すべきものは何か、また、政治主導による政策形成・決定とはどのようなものか、その場合の官僚の役割についてはどのように考えるべきかなどをめぐって、様々な考え方や揺れ動きがみられ、議論も錯綜気味となっている。

この点、統治構造改革以降においては、行政国家の現実や、国政全体を見回した総合的・戦略的・機動的な政策判断・決定の確保などの観点から、内閣中心構想の考え方が強まり、その中でも特に内閣総理大臣のリーダーシップに重きを置く方向で改革が進められてきており、民主党連立政権の下でも、同様といえる(17)。

それでは、政治主導ということについて、憲法はどのような姿勢を示しているとみるべきだろうか。この点、改めて個々の規定の挙げるまでもなく、国会と内閣に関係する規定では、政治主導を前提とした規定が並んでいるということができるだろう。これは、戦前の反省に立つものでもあり、また、代表制や議会制民主主義の建前からしていわば当然のことということができるだろう。そして、それとの関係で、官僚主導は病理現象として批判されてきたのである。

しかし、そこで気を付けなければならないのは、それらの規定の運用には、一定の枠があるとはいえ、かなりの幅があることであり、また、政治主導の主体をいずれとすべきかについても一義的な答えを導き出すことはできないことである。

となると、問題は、政治の主導性の強化によって何をどのように変え、それによって何を実現していくのかということであり、その場合に政治をどのような文脈で捉えていくかということである。先の中央省庁等改革では、自由かつ公正な社会の形成ということを目標として、行政の総合性・機動性・透明性の向上がうたわれており（中央省庁等改革基本法二条）、そのベースとなった行政改革会議の最終報告が最も重視していたのは総合性と戦略性であり、そのために内閣総理大臣がその指導性を発揮できる仕組みの整備を打ち出したのであった(18)。そこでは、政治を機能的に捉えた上でそれを強化していこうとする思考・姿勢を読み取ることができる。もっとも、その場合に、各省のセクショナリズムの問題への対応ということから総合性・戦略性に重きを置かざるを得ない面があったとはいえ、透明性や答責性がやや疎かになったことは否めず[19]、その後の政治主導をめぐる動きでも、その強化が権力や責任の所在の明確化につながることが強調されるものの、透明性や答責性の確保に十分な留意が払われてきているとは言い難いようにみえる。

(三)　内閣中心構想と憲法の枠

憲法は、国会と内閣の基本的な関係として、議院内閣制を採用しているというのが一般的な理解である。もっとも、議院内閣制といってもその態様は採用する国によって様々であり、また、その本質を何に求めるかをめぐって責任本質説と均衡本質説などの対立もみられたところである。

また、従来においては、国会を国権の最高機関・唯一の立法機関とする憲法四一条の規定などを基に、国会中心の政治（国会中心主義）を前提とし、その機能回復や民意の反映の方策について論じる傾向が強かったが、近年においては、内閣を統治ないし政策の形成・決定の中心として位置付け、内閣あるいは内閣総理大臣のリーダーシップの強化を強調する議論（内閣中心構想）も有力となっており、政治改革や、中央省庁等改革をはじめとする行政改革はそれを色濃く反映する形で行われてきている。

これに関連して、議院内閣制における対抗関係をどのようにみるのかということについても、これを実質的に捉えようとする議論が有力となりつつある。すなわち、憲法学においては、これまで、議院内閣制を国会（衆議院）と内閣との対抗関係と捉えるのが一般的な理解であったといえるが、政治学や行政学などによる指摘を待つまでもなく、実質上は国会との関係では「政府・与党」対「野党」の対抗関係に変質しているのであり、また、政治と行政という視点からみると、国民によって選出される勢力である国会あるいは内閣が、非選出勢力である官僚をコントロールするための制度と捉えることも可能であり、議院内閣制は実質や機能から多面的・動態的に理解していくことも必要といえる。

そして、近年は、内閣への民意の反映、あるいは内閣の民意の基礎付けといったことから、本来的には、国民や国民主権とは直接に結び付くものではなかったはずの議院内閣制を、国民と結び付けて考える議論も有力となっており、現実の改革でもそのようなところが色濃く現れるようになってきている。

そのような議院内閣制の捉え方は、権力の分立よりも、権力の集中に重きを置くものということができ、そこでは、議院内閣制は国会中心主義と融合的ではなく、むしろ対抗的なものとして捉えられるようになってくる(20)。

問題は、憲法がその規定や規範構造からそれをどこまで許容しているかである。

その場合に注意しておかなければならないのは、憲法の制度や規定のそれぞれが意味することと、意味しないことがきちんと認識される必要があるということであり、また、そこで問われるべきは、一つのあるべき姿ではなく、許容される運用の幅ということであろう。そして、そこにおいては、憲法が定める制度をなぞるだけでなく、国家状況や政党の状況なども念頭に置きつつ、その実際の機能や民主政の運用のあり方までにらんだ立体的な検討が必要となる。

この点、憲法は、国会を国権の最高機関・唯一の立法機関とするが、その意味するところや射程は必ずしも明確ではない。また、国会中心主義が前提とする議会＝政策決定・政府＝法律執行とする決定─執行モデルは現実の国家状況に適合していない面があり、さらに、民主政の運用のあり方をめぐっても、従来は、多様な民意の反映に重点が置かれてきたが、民意の反映と集約のいずれを重視するのか、国民の多数派の意思を重視する多数派モデルと少数派も含めた広範な合意を重視する合意形成モデルのいずれを目指すべきかについて憲法からは必ずしも明確な答えを引き出せるわけではない。

ただ、少なくともいえることは、国会に関する制度については国会の自律性や権力分立が重視されたものとなっているほか、憲法自身が、国会と内閣を分立させているだけでなく、権力の分散につながる定めを置いていることである。例えば、参議院の制度、議員の全国民代表性などがその例ということができ、それらは憲法の規範的な枠を構成することになるといえよう。

ところが、内閣中心構想の議論においては、二院制なり参議院という要素が十分には織り込まれてはおらず、むしろ、参議院の制度は意図的に無視されたり、対立物とみなされたりしてきた。参議院制度との不適合は、特に衆議院と参議院とで党派構成が異なるような状況においてより顕著に現れることになり、その一つが参議院の政党状況によって政権の枠組みが左右される「国会内閣」ないし「両院内閣制」であることは改めて指摘するまでもない(21)。

しかし、立法について強い権限をもった参議院の政党状況が衆議院とは異なるということは当然予想され得るところであり、参議院の政党化ということも含め、憲法もそのことを想定していたといわざるを得ない。参議院の制度は、一院制を主張した連合国総司令部との妥協の産物であり、十分な制度設計を欠いたにわかづくりの制度との指摘もみられるが、その真偽はともかく、憲法で定めているものである以上、統治や民主政の運用を規定するものと捉えるべきである。主張する構想やモデルに合致しない面があるから欠陥のある制度というのは、論理が逆であり、憲法が規定している以上はそれを織り込んだ形でその運用が考えられていくべきであろう。

もっとも、その一方で、現在の国家状況や立法が政府の政策実現手段となっていることなどからするならば、単純な国会中心の構想・モデルに立つこともできず、そこでは、国会に期待する機能として何に重点を置くかということが問題となってくる。他方、衆参のねじれ状況の発生を肯定的に評価した上で、その問題の解決を参議院の良識やそれによる慣行の形成に待つとするのも、あまりにもナイーブな議論といえよう。

憲法の規範的な枠について、それに現代的な意義を見出し、意味あるものと評価するのか、それとも、適合性を欠くものとして憲法改正による是正を目指すのか(22)。いずれの立場に立つにせよ、憲法が改正されない限りは、現行の憲法の枠の中で、現実の国家状況や問題状況に対応した制度を構想せざるを得ない。そうなってくると、内閣だけで「政治」や「政治主導」のあり方を語ることは困難であり、国会との関係やそのあり方も含めて考えていかざるを得ないことを確認しておく必要があるのではなかろうか(23)。

(15)　Lowi, T. J. "American Business, Public Policy, Case Studies and Political Theory", *World Politics*, vol. 16, 1964, pp.686-689.

(16)　その点では、統治構造改革そのものの意義や改革の必要性は否定すべきでないものの、近年の改革の動きは、敵の設定と改革によって政治の求心力を高めようとする面があったことは否めないように思われる。

(17)　なお、その場合に、首相政治と内閣政治のいずれとすべきかといったこともしばしば問題とされる。この点、内閣総理大臣の主導性と内閣の主導性の問題は原理的にも実際上も微妙な関係にあり、その適切な調和を図っていくことが内閣中心構想においても重要となるが、いずれにしても憲法が定める内閣の合議制の枠を超えた運用を行うことは困難とみるべきであろう。

(18)　九七年の行政改革会議の最終報告では、今回の行政改革の要諦として、「まず第一に、内閣・官邸機能の抜本的な拡充・強化を図り、かつ、中央省庁の行政目的別大括り再編成により、行政の総合性、戦略性、機動性を確保すること、第二に、行政情報の公開と国民への説明責任の徹底、政策評価機能の向上を図り、透明な行政を実現すること、第三に、官民分担の徹底による事業の抜本的な見直しや独立行政法人制度の創設等により、行政を簡素化・効率化すること、を目指す」とし、国政全体を見渡した総合的、戦略的な政策判断と機動的な意思決定をなし得る行政システムを実現するためには、『内閣が、日本国憲法上「国務を総理する」という高度の統治・政治作用、すなわち、行政各部からの情報を考慮した上での国家の総合的・戦略的方向付けを行うべき地位にあることを重く受け止め、内閣機能の強化を図る必要がある』とされていた。

(19)　この点、行政情報公開法が制定されるなどしたものの、政策形成・決定過程自体の可視化・透明化などは、あまり進んでいないといえよう。

(20)　その場合の「国会中心主義」は、憲法学における一般的な理解となってきた権力分立を前提とした国会中心主義であり、仮に日本国憲法の解釈として別の理解が可能であれば、内閣中心構想を取りつつ議院内閣制と国会中心主義を融合的に捉える考え方も成り立つのかもしれないが、そのような解釈論の余地の有無については慎重な検討が必要となろう。

(21)　高見勝利教授は、九〇年代以降の頻繁に生じている衆議院と参議院の両院で多数派を確保すべく連立内閣を形成する状況をそのように呼ぶ（「国会改革の前提と課題」ジュリスト一一九二号（二〇〇一年）一四八頁以下）。これを憲法の予定する衆議院第一主義からの大きな逸脱とするか、それとも、憲法が採用する強い参議院を前提とする議院内閣制の運用として許容されるとするか評価は分かれ得るが、いずれにしても、小選挙区制により与党となる政党が衆議院選挙で絶対多数を獲得しやすくなる一方、中間選挙の意味合いをもつ参議院選挙では与党に厳しい結果を生じやすく、その結果により参議院での絶対多数、あるいは衆議院での三分の二以上の勢力の確保のために、衆議院の第一党が中小政党と連立政権を組む状況が続いていく可能性がある。

(22)　ただし、仮に憲法改正を目指すとしても、立憲民主制の観点から、行き過ぎた多数派政治やゼロサム的な政治とならないための工夫が必要となるのであり、ただ内閣中心構想に沿うような改正とすればよいというものではなく、将来の運用をにらんだ相当慎重な検討が必要となることはいうまでもない。

(23)　この点、大石眞教授は、「内閣機能の強化といわば対をなすものとして、国会の政府・行政に対する統制という観点をより鮮明にし、その機能を充実させる方向での検討も必要である。」とされる（「内閣制度の展開」公法研究六二号（二〇〇〇年）六五頁）。両者の調和をどう図りどのような統治モデルを描くのかということはあるにしても、憲法が規定する国会中心という建前を捨て去ることができない以上、重要な視点となってくるものと思われる。ただし、その場合には、内閣主導も国会による政策変換もといったいいとこ取りは難しく、結局は、内閣中心構想が描く統治モデルとは異なるものとなってくる可能性が高いのではなかろうか。

四　政官関係をめぐる議論とそのあり方

(一)　政と官の関係の捉え方

政と官の関係は、現実には多様であるが、基本的には、行政学において説かれているように、(24) ①統制の規範に基づく優越・従属関係、②分離の規範に基づく相互不介入関係、③協働の規範に基づく指導・補佐関係の三つの規範によって複合的に規律され、それらのバランスの中で政治と官僚は微妙な抑制均衡の関係に立つことになるものと考えるべきであろう。問題は、それぞれの射程とそのバランスのとり方である。

この点、これらの規範は、憲法によって何らかの形で基礎付けることも可能であるが、その一方で、それぞれの具体的な射程やバランスのとり方について、憲法から一定の方向を導き出すことは困難なように思われる。また、いずれの規範に重点を置くべきかについては、政と官の関係が問題となる場面[25]、その時代状況や問題状況などによっても異なり得る。

他方、政治主導の強化と官僚主導の打破を看板とした民主党連立政権では、当初は、官僚の分離（排除）と役割の限定を前提にした上で統制に重点を置き、政治主導を強化するため、国家戦略局の設置、多数の国会議員を政府に入れ込むための副大臣・大臣政務官の増員や政務スタッフの設置、国会での官僚の答弁の制限などを内容とする法律案も国会に提出した[26]。しかし、政治主導の名の下で政治の役割を強調し過ぎたがゆえに、政治が多くのことを抱え込み、様々な問題や限界も露呈することとなり、軌道修正を迫られることとなった。

そもそも、政と官の関係を論ずる場合に、いまだに政治の側が政策を決め、官僚がこれを実行するといった単純なモデルに基づいて政治と行政のあり方が論じられることが少なくないが、そのような古典的なモデルは、議会が政策を形成・決定し行政府がこれを実行するというモデルと同様に、単純にすぎ、そのような幻想にこだわることは、現代国家の機能や社会の複雑性を考慮するならば、現実性を欠くというべきであろう。政策形成のシステムをボトムアップ（上昇）型とトップダウン（下降）型とに分け、これまでのボトムアップ型をすべて官僚主導・利益分配型として批判し、内閣総理大臣中心のトップダウン型へと移行すべきことを主張する議論も、同様に問題を単純化しすぎているきらいがある[27]。ましてや、政治の力が強まることだけで、縦割りの問題が解消したり、総合性や戦略性が高まったり、政策決定過程の透明性が向上するものではない。

官僚主導批判からどうしても政府における政治の役割の拡大や政治による統制の強化に走りがちであるが、模索されるべきは、政と官のそれぞれの領域や政治による統制を確保しつつ、政策形成における両者の協働、すなわち、政治のリーダーシップと最終的な決定権を留保しながら官僚機構を上手く活かす道を探ることではなかろうか。また、その場合には、政治の領域に侵入し過ぎていた官僚の役割を限定する必要があることはもちろんであるが、その一方で、政治の側による執行の段階への介入の限界付けについても考慮されなければならない。また、政治主導の強化のための方策として、政府に入る政治家の数をさらに増員したり、政治任用による政務スタッフを拡充することのほか、幹部公務員の政治任用や内閣の一元管理なども検討されている。しかしながら、それらについては、それぞれの意義ないしメリット・デメリット、それら相互の関係などが十分に整理されているとは言い難い。

そもそも、成績主義による資格任用者である官僚については、専門性に基づく行政の質や安定性・継続性の確保と、政治に対する応答性という相対立し得る二つの要請が働くことになるのであり、特に幹部公務員はその二つの要請が交錯する境界領域ということもできる。現在の日本の官僚制が抱える問題の一つとして政治の領域への侵食とそれに伴う専門性の低下ということがあるとするならば、政府に入る政治家の数やそれを補佐する政治スタッフを増員することは一つの処方箋となり得ようが、それと同時に幹部公務員の政治任用を拡大するようなことは、政と官のバランス、官僚の専門性、行政の安定性などの確保の点から慎重な検討を要するのではないかと思われる。なお、政府に多数の政治家を入れることについては、そのモデルとされるイギリスでは、政府に入った議員が手柄作りに精を出すなどして短期的な政策に偏り、政府にとって本当に重要な中長期的政策を実現できなくなっているとの指摘もなされていることも(28)、政治の拡大を図る場合の留意点として念頭に置いておく必要があるだろう。

最近の議論や改革の動きは、政治＝民主的、官僚＝非民主的ということを所与の前提として、政治の主導性を強めさえすれば行政の民主性や総合性が確保されるという素朴な信仰の下で政治の拡大というところで思考停止となり、政治主導の強化によって何を実現するかということを見失いがちとなってしまっており、逆に、政治が縦割りの中に取り込まれたり、政策の調整・決定過程がより見えにくくなっているような状況も生じている。

きた。

㈡　行政の中立性の意味

行政の中立性ということは、これまで、政治の力を強める動きに対抗する官側の論理（政治の分離・排除の論理）としてしばしば持ち出される一方で、その官僚自体が政治の領域を侵食し、政治性を帯びてきたことが批判されてきた。

このため、政治主導の強化の議論においては、行政の中立性について、執行の面で政治の個別的な介入を排除するということだけでなく、政策の面で政治のリーダーが誰であろうと官僚はその指示・コントロールに服することを意味するものと捉えるべきことが強調されてきた。これは、政治主導の強化のモデルとされてきたイギリスの官僚制において専門家集団のプロフェッショナリズムとして発達・確立されてきているもので、官僚は政治的な論争にはかかわらないことを意味するものであり、その一方、人事や執行の面では政治からの一定の自律性も認められているものである。

他方、政府以外の政治との関係については、議員による口利きや利益誘導、官僚による根回し、両者の癒着などが問題となっていたことから、政官の接触の制限が志向されることとなり[29]、このことは国会審議における官僚の質問取りや答弁の制限の問題とも結び付けられることとなった。

そもそも、行政の中立性は、法治主義や議会制民主主義なども原理的な背景としつつ、行政の基本的な性格・あり方として求められているものといえる。最高裁も、公務員の政治的行為の制限をめぐるものではあるが、猿払事件判決（最大判昭和四九年一一月六日刑集二八巻九号三九三頁）で、「行政の中立的運営が確保され、これに対する国民の信頼が維持されることは、憲法の要請にかなうものであり、公務員の政治的中立性が維持されることは、国民全体の重要な利益にほかならない」とする[30]。

ただし、その中立性の捉え方については、行政の公共性・専門性・技術性を重視し、党派的な政治の介入の排除に重きを置く考え方と、政治の決定の忠実な実施に重きを置く考え方とがあり、従来においては、それらが混在しつつも、公共的利益の体現者は政治ではなく官僚というイメージの下で、制度上も運用上も、政治の介入の排除と官僚の自律性の方にベクトルが向いていたことは既に指摘したとおりである。

このように、行政の中立性は、憲法の規範的な要請とみることができるが、その一方で、抽象的・多義的なものであるだけに、容易に非民主的なものへと転換され得る面をもつ。憲法一五条二項の公務員の「全体の奉仕者」性も、政治の介入を排除する論理となり、行き過ぎた官僚の自律性の確保に結び付けられてきたところもある。

このため、政治主導の強化の動きの中では、党派性が排除されるべき場面も含め、広く政治による統制とそれに対する官僚の従属が強調されてきている。しかし、政策の決定と執行とは明確に区分することは困難であり、また、執行における政治のかかわりを全面的に否定することは難しいとしても、なお、執行においては専門性や技術性が求められ、その公正性や適法性を確保するためにも政治の分離・非介入が基本とされるべきであろう。そもそも、行政は、法治主義や民主主義の原理にのっとり行われるべきものであって、執行が法律や予算に基づいて行われるべきことはもちろんのこと、政策の方向付けや決定、政治による指導監督についても法による統制と無関係に全く自由になし得るものではなく、政治もそれに服することになる。

これまでのように政治の統制を排除し官僚の過度の自律性を確保するための論理とされることは許されるものではないが、その一方で、上記の意味での行政の中立性は、政と官の両方のあり方を規定し、それらを限界付けるものであることが改めて確認されるべきであろう。

(三)　政治主導と専門性・法的合理性

行政の中立性と専門性は、ともに行政の公正さや合理性を確保するために必要不可欠のものであり、両者は密接不可分の関係にあり、行政の中立性を確保することは行政の専門性の確保にもつながることになる。また、法治主義の原理の下で、行政については、法的な合理性・整合性・安定性が確保されることも重要となる。

ところが、専門性や法的な合理性・整合性・安定性に対しては、懐疑的な目を向ける社会的・政治的な風潮がみられ、政治の力が強まるに伴い、これらに対してあまり重きを置かないような状況がみられる。このことは、官僚の専門性等の低下と相まって、政策形成のあり方や政と官の関係をさらに混乱させることにつながってきているのではないかと思われる。

この問題は、政と官の関係だけでなく、例えば審議会のあり方などにも影響を及ぼしてきている。

周知のとおり、わが国では、政策形成において、審議会に諮問がなされ、その答申に基づいて進められることが多い。その場合に、審議会に期待される機能としては、一般に、①行政への民意の反映、②専門的知見の導入、③利害の調整などが挙げられるが、その一方で、省庁や官僚の御用機関・カクレミノなどと批判されてきた。

審議会については、一九八〇年代には、政治の側にも活用され、第二次以降の臨調に代表されるように、諮問政治あるいはブレーン政治といった言葉が用いられるほど、重きをなすこととなったが、その一方で、政治における議論や反対勢力などを押さえ込むことに利用されたことなどもあって、政治的な批判や不満が高まるとともに、審議会の人選や審議の不透明性などの問題も指摘されることとなった。

このようなことなどから、審議会については、九〇年代以降の行政改革では、改革の対象とされ、その人選や審議のあり方について見直しが行われたほか、中央省庁等改革では、その数が大幅に削減（二一一を九〇に整理）されることとなった[31]。なお、その際には、内閣府に、関係大臣と有識者によって構成される重要政策会議の制度が設けられ、小泉内閣の下で経済財政諮問会議が企画立案機能を発揮するといった状況もみられたが、それに対する与野党の反発も呼ぶこととなった。

このように、審議会を取り巻く状況の変化に伴い、その位置付け・役割・あり方にも変化がみられたが、これに対して、民主党は、審議会を官僚主導の元凶の一つとみなして批判的なスタンスを取り、政権獲得後は、審議会の活用に消極的な姿勢を取ることとなった。

確かに、現在の審議会のあり方については、なお問題があるといわざるを得ないが、その一方で、複雑化・多様化・高度化の様相を強める現代行政において、その制度の有用性を一切否定してしまうことはおよそ不可能といえよう。特に、審議会は、政策形成過程の透明性を高めることにつながり得るだけでなく、政策の形成・遂行にあたり高度の専門的な知識や判断が要求されるようになっている中でこれを安価に導入できる装置としての意味はそれなりに大きいといわなければならない。不確実性が増し専門性に対する信頼が揺らいでいるとはいえ、専門的な知見を導入することなく政策形成や行政を進めることは困難である。問題であったのは、その人選や審議・活用のあり方であり、その独善化やお墨付き機関化を防止するために、その透明性を高めるとともに、並行的な議論の活性化をはじめ情報や議論の多様性、検証の可能性が確保されるようにすることなどが必要となってこよう。

なお、審議会に対して批判的・懐疑的な姿勢をとり、政治主導による政策形成を重視する民主党連立政権では、それに代わり、政務三役の下に置かれた私的な研究会や政務三役に有識者が加わった懇談会、ブレーンの活用などを通じて専門的な知見を導入することとなったが、かえって不透明なものとなったとの批判も生じており、また、停止していた審議会を復活・再開する動きなども生じている[32]。しかし、その際には、なし崩し的に元に戻すのではなく、従来からの批判を踏まえその活用や審議のあり方などについて改善をしていくことが重要なのではなかろうか。

他方、法的な合理性・整合性・安定性との関係で政治との相克が集中的に現れることになったのが、内閣法制局の位置付けや役割の問題である。内閣法制局をめぐっては、従来においても評価と批判が交錯してきたところがあるが、散見される最高裁での違憲判決の少なさの原因を内閣法制局の審査に帰着させる見方には一定の留保が必要だとしても、行政府における法律顧問としての役割を果たし、法制度の体系性・整合性を確保し、内閣提出法律案の完成度を高めることに貢献してきたといえるだろう。

これに対して、政治の側からは、内閣法制局の「壁」に対する批判が強まるようになり、民主党連立政権の下では、内閣法制局長官の政府特別補佐人からの除外をはじめ、内閣法制局の役割を限定し、憲法も含めた法解釈を内閣（政治）の責任で行うことが強調されることとなった(33)。

確かに、行政府における法解釈を最終的に決定する権限をもつのは内閣であり、内閣法制局が述べる意見は拘束力をもつものではない。また、そもそも憲法も含め法の解釈は、価値判断を伴う実践的な行為であって、決して一義的なものではなく、政権交代による政策変更に伴い法解釈が変更される余地も否定できない(34)。ましてや、政策形成や行政において憲法適合性や法的な合理性・整合性を確保する方法は、多様であり、内閣法制局という仕組みに限られるものではない。

しかしながら、その一方で、実際上大きな影響力をもつ行政府の法解釈は、法の理念に照らし、様々な法的な価値を考慮しつつできる限り公正かつ中立的に行われるべきであり、そこでは、特に法的な安定性や整合性などが重視され、政治的な恣意や党派性はできる限り排除されるべきであろう。これに対して、政治に求められるのは、法律専門家の意見を踏まえて（尊重して）政府としての合理的な解釈を最終的に決定することであり、また、必要があれば、解釈よりも、法そのものを立法により変更することである。

法の解釈として内閣法制局によって実際にどのようなことが語られてきたかについては再検証する必要はあるとしても、法的なものと官僚的なもの一緒くたにして、ひたすら政治による統制を強めようとすることは必ずしも妥当とはいえないのではなかろうか。この問題は、行政や立法における法律専門家集団の役割・あり方、ひいては法の役割まで絡んでくるものであり、それらを考慮することなく、政治の民主的正統性のみによって語るべきものではないといえよう。それでもなお、内閣法制局がこれまで果たしてきた役割を縮小し、それを政治が担うことになるのであれば、必然的に、事後的なチェックシステムとしての司法の役割に目を向けざるを得ないが、現実問題として現在の司法に果たしてどこまで期待することができるのだろうか(35)。

(24)　例えば、西尾勝『行政学の基礎概念』(東京大学出版会、一九九〇年)二四頁以下。ちなみに、政官関係の問題については、一九九四年の公法学会において西尾教授によって報告がなされ(同「議院内閣制と官僚制」公法研究五七号(一九九五年)二六頁以下)、憲法学の議論にも大きな影響を与えてきている。

(25)　政と官の間では様々なインターフェイスがあり得るが、例えば、政府内における政治と官僚の関係、政府外の政治と官僚の関係では、後で述べるように、重視されるべき規範は異なってくるところがあるといえるだろう。ただし、国会審議における官僚の取扱いについては、別途、情報の開示や執行のチェックといった国会の機能や審議のあり方の問題が関係してくることにも留意が必要である。

(26)　二〇一〇年の一七四回国会に提出された「政府の政策決定過程における政治主導の確立のための内閣法等の一部を改正する法律案」と、「国会審議の活性化のための国会法等の一部を改正する法律案」がそれであるが、いずれも、成立の目処が立たない中で、東日本大震災に対応するための大臣・副大臣・大臣政務官の増員の問題に絡み、翌年の一七七回国会で撤回されるに至っている。

(27)　例えば、内閣総理大臣のトップダウンで行われるべきは、内閣の重要政策の方向付けやその総合的な行動計画の策定などであり、個別の政策について何でも内閣総理大臣の判断や思い付きによりトップダウンで行っていいというものではないといえよう。

(28)　イギリス下院の行政特別委員会(Public Administration Committee)の二〇一〇年三月一一日の第九報告書、二〇〇九年六月一八日の第八報告書など。特に、前者の報告書は、"Too Many Ministers?"というタイトルを付け、政府に入る政治家の数を減らすべきことを提言している。

(29)　政官接触の制限については、二〇〇二年の閣僚懇談会申合せ「政・官の在り方」で国会議員からの働き掛けで対応が極めて困難なものの大臣のへの報告が定められ、また、国家公務員制度改革基本法においては、当初案では職員の国会議員の接触には大臣の指示を必要とするなどの規律を設けることが規定されていたが、国会修正により、国会議員と接触した場合の記録の作成・保存・管理・公開について必要な措置を講ずることが規定されている(五条三項)。これも、政府外の政治家と官僚との徹底した分離を行っているイギリスをモデルとしたものである。もっとも、政官の接触の制限は、政府に入らない与党議員や野党議員の情報収集や官僚の統制の手段を限定することにもつながる面があり、また、国会審議における官僚の答弁の制限は、国会という公開の場におけるそれらの手段を限定することにつながる可能性もある。

(30)　最高裁は、そのように捉える理由として、「公務のうちでも行政の分野におけるそれは、憲法の定める統治組織の構造に照らし、議会制民主主義に基づく政治過程を経て決定された政策の忠実な遂行を期し、もっぱら国民全体に対する奉仕を旨とし、政治的偏向を排して運営されなければならないものと解されるのであつて、そのためには、個々の公務員が、政治的に、一党一派に偏することなく、厳に中立の立場を堅持して、その職務の遂行にあたることが必要となる」ことなどを挙げている。

(31)　平成七年の「審議会等の透明化、見直し等について」の閣議決定では、省庁出身者等を原則として委員に任命しないとされたほか、一般の審議会における原則的な会議の公開・議事録の公開、特段の事情により非公開とする場合の理由の明示と議事要旨の原則公開などが規定された。また、中央省庁等改革では、審議会は必要最小限のものに限るとしてその大幅な見直しが進められたが、その基となった行政改革会議の最終報告書では、それに代わるものとしてパブリックコメントの導入が提言されていた。しかし、パブリックコメントは国民に対する情報提供や広く国民の意見を求めるということでは重要であるが、審議会の役割を全面的に代替し得るものではなく、両者は行政の民主化の手段として相互補完的に用いられていくべきものといえよう。

(32)　例えば、地球温暖化対策基本法案の作成においては政務三役で原案が固められた後に中央環境審議会が開催されたことから、同審議会ではその議論の進め方の密室性に対して批判が集中した。また、地方自治法の見直しについては、総務大臣も入ったその私的諮問機関である地方行財政検討会議で検討されていたが、全国知事会などから不透明との批判や適正な手続による検討の要請を受けて、地方制度調査会での検討が復活することとなった。

(33)　内閣法制局長官を政府特別補佐人から削除する国会法の改正法案は、前掲注(26)で述べたとおり撤回されるに至っているが、それにかかわらず、内閣法制局長官を政府特別補佐人に指名しない運用がとられ、内閣法制局長官は委員会で要求があった場合に政府参考人として答弁するにとどまっている。また、内閣における法解釈を実質的に内閣法制局が行ってきた実態を改めるため、内閣における法令解釈に関する事務を担当する大臣が内閣総理大臣の指示の形で決められるなどしている。

(34)　この点、内閣法制局は、従来から、法の解釈については、その論理的な作業により一義的に定まるとの立場をとるが、法の解釈には価値判断が伴うものではある以上、やや特殊な見方との感は拭えず、自己の解釈を正当化するための論理となっているとはいえまいか。もっともその一方で、政府の法解釈については、その変更が認められないわけではないとしても、それまでに積み重ねられてきた法の解釈の重みなどを考慮することも必要となるといえよう。

(35)　この点、最高裁による違憲判決などの少なさが内閣法制局の厳格な審査に起因するものだとすれば、それを最高裁が行うことになるとの見方もできるかもしれないが、最高裁の消極主義は、人事のあり方、訴訟件数の多さ、政治との関係なども要因となっているとみるべきであり、そうであれば、それらの改革をすることなく、最高裁に期待することは難しいのではなかろうか。

五　政治主導と政党

統治構造改革において政治の強化ということで進められてきたのが、政党の位置付け・機能の強化と内閣ないし内閣総理大臣の主導性・機能の強化であったことは、既に見てきたとおりである。

しかし、これらは、内閣中心構想において、車の両輪ともなる一方で、必ずしも適合的・整合的とはならないところがあり、実際にも両者が衝突する場面も出てくる。例えば、内閣中心構想の下で内閣総理大臣の主導性の強化が進めば、内閣総理大臣が直接に国民に働き掛けるようなことも生じ、その場合、両者を媒介するはずの政党はパスされてしまうことになる。また、政府と与党の間に横たわる与党の事前審査制の問題も、両者の衝突の一つの事象とみることができるだろう。

(一)　政治主導と与党審査

与党の事前審査制（以下「与党審査」）は、内閣や与党議員が提出する法律案については、事前の与党の審査手続でその了承を得ておかなければ国会への提出を認めないとする慣行であり、自民党による長期政権の下で発達してきた日本独特の制度である。しかし、与党審査は、党議拘束と結び付き、国会での法律案の成立を保証するものともなったことなどから、国会審議がタイムスケジュール闘争の様相を呈し、その形骸化を招いているとの批判がなされてきたほか、与党の部会（族議員）と省庁（官僚）と業界団体とが結び付き、一種の権力機構化することで、政策の形成・決定のシステム・プロセスが二元化し、内閣の主導性を阻害する一因となってきたことが指摘されてきた。このため、与党審査は、国会中心主義からだけでなく、内閣中心構想からも厳しく批判され、民主党連立政権の下では、政権交代と同時に、与党審査は廃止されるに至っている。

しかしながら、わが国の憲法学も政治学も、政治のあり方との関係で、政党、とりわけ与党という存在をうまく位置付けられずにきたところがあり、それは国会中心主義であろうと内閣中心構想であろうと同じといえる。政治主導の強化ということからは、なおさら与党の取扱いは微妙となってくるが、与党審査の特異性や問題性ばかりが強調され、これを廃止さえすれば問題が一気に解決されるかのような見方が強まることとなった。

しかし、この問題の困難さは、民主党による与党審査の廃止後に早速露呈することになる。すなわち、政府と与党の一体化を図り、与党が政府の政策を支えるとしても、政府に入る与党の議員の数には限りがあり、与党審査を廃止し、政策に関する議論と決定を政府に一元化することになれば、政府に入らない与党議員の位置付けや役割が当然問題となってこざるを得ない。この点、自民党政権時代の与党審査は党議拘束と表裏一体となっていたところがあり、政府外の与党議員の意向が政府の政策に反映する機会がなくなれば、それらの与党議員が国会審議において内閣提出法律案の成立を全面的に支えることになるとは限らないといえよう。民主党による与党審査の廃止と政府への政策決定の一元化は、政府外の与党議員が、政策にかかわれないことに不満を抱き、内閣提出法律案への関与を求めるとともに、委員会を舞台に修正を模索する動きをみせたことなどで、すぐに試練を迎え、結局、政府と与党をつなぐ役割を期待された各省政策会議は廃止され、与党審査とともに廃止された党の政策調査会が復活することとなった。再設置された政策調査会はあくまでも審査・決定機関ではないとの位置付けがなされているものの、なし崩し的な与党審査の復活につながる可能性も指摘されている[36]。

現在の国会の制度では、その自律性が重視され、その運営に内閣が関与することは認められておらず、内閣は提出法律案の成立を与党に委ねざるを得ないところがあり、それが、与党審査が発達する一因ともなったといわれる。特に、国会については強い参議院、委員会中心主義など分散的なシステムが採用されており、与党審査として委員会に対応した部会で衆参両院の議員が参加した審査が行われることで、そのような分散的なシステムの下でも法律案の成立が保証されることになってきたところがある。

民主党は、与党審査を廃止する一方で、政策は内閣、国会の対応は党という切り分けを行ったが、それは逆に与党や国会審議の問題を際立たせることになったといえよう。

(二)　国会審議と与党

以上の考察からも明らかなように、政治主導と与党との関係を論じる場合には、国会審議のあり方をどう考えていくかということが避けて通ることのできない問題となってくる。

ところで、政治主導の下での国会審議の役割やあり方を論ずる場合には、内閣中心構想はアリーナ型、国会中心主義は変換型(あるいは政策形成型)と結び付けて論じられることも少なくないが[37]、議論はかなり錯綜しており、内閣中心構想の下での国会審議の姿が十分に描かれてきているわけではない。加えて、わが国の国会の場合には、強い参議院の存在ということも念頭に置かなければならない。

国会審議と政党の問題を考える上でポイントとなるのは、党議拘束の問題である。特に、わが国の国会における党議拘束は、すべての法律案について一律に国会審議に入る前の段階から衆参両院にわたり審議過程全般に及ぶものとなっている。そして、そのような党議拘束を可能としてきたのがまさに政党の事前審査であった。

したがって、与党審査を廃止するのであれば、従来のような党議拘束を維持するのかどうかが当然大きな問題とならざるを得ない。もっとも、仮にそれを維持しようとしても、事前に政策にかかわることのできない政府外の与党議員は、党議に従うインセンティブが働きにくく、それにもかかわらず党議を強要すれば不満が鬱積し反発を招くことになりかねず、他方、党議拘束を緩和し、与党議員の自由な行動や与党もかかわる形での国会修正を認めることになれば、それは目指したはずの政府への政策の一元化、ひいては内閣中心構想による政治や政策決定の姿とは異なるものとなる可能性がある。内閣中心構想では、法律案は内閣の政策を実現する手段、国会審議は同意調達の場とされ、そこでは、政府の政策が与党の支持によって基本的に維持されていくことが前提となり、野党による問題点の追求や多様な民意の表出を通じて時に修正がなされたり一定の限界が設けられたりすることは例外的に許容されるとしても、与党も絡んで頻繁に修正するというのはそもそもの構想とは整合的でない感は拭えず、また、現実問題として政府・与党がそのような方向を志向するとは考えにくい。

このように考えてくると、内閣中心構想の立場からは、提出法律案の国会での成立の確保まで念頭に置くならば、実は、与党審査の仕組みはそれなりに合理的・効率的なものとみることができるのかもしれない[38]。もちろん、その一方で、与党審査と党議拘束がもたらす国会審議の形骸化は、そのあり方として決して好ましいものではなく、その改善が追求されていく必要があることも否定できず[39]、国会審議をめぐる議論は隘路にはまりつつあるようにもみえる。果たして政治は何らかの知恵を見出していくことができるだろうか。

㈢　政治主導と政党の揺らぎ

政治改革において、政党の強化は主要なテーマとされ、それがために政党中心のシステムの整備が進められてきた。しかしながら、その一方で、政党の機能不全や国民の信頼低下といったことが問題となり、政党の融解といった状況もみられ、そのような中での政党中心の強化に対しては、政党のカルテル化とそれによる特権の拡大に対する懸念なども提起されている(40)。

ところで、政党については、戦後、日本国憲法の下で、一貫してその近代化や強化ということが問題とされ続け、そこでは、議員の自律性の強さや政党の社会的な基盤の弱さが、日本の政党の後進性の現れとされてきた。しかし、政党中心のシステムの整備が行われてきているにもかかわらず、政党の党員数の減少と無党派層の増大、民意の流動化などによる政党離れが進んできており、政党政治はむしろ混迷を深めている。そもそも、政治改革では、政党中心が標榜されながら、肝腎の政党の役割やあり方に関する議論を欠き、十分な展望もないままに政党が前面化され、国民がそれに失望するといった悪循環を招いているようにもみえる。

議会政にとって政党が不可欠の存在であるとしても、その機能や存在感は相対的に低下しつつあることも否めないところであり、いつまでも政党の近代化の議論を引きずるのではなく、改めて、その位置付け・役割・あり方を検討し、開放的・透明で自由・公正な政治過程の確保ということを常に念頭に置きつつ、選挙、国会なども含めた政党にかかわる制度を構想していくことが必要なのではなかろうか。

(36)　民主党連立政権の三つ目の内閣となる野田内閣の発足に伴い、法律案・予算・条約などの政府の政策決定については党の政務調査会長の了承を原則とするとの方針が野田総理大臣から示され、それを受けて、党議の決定については、総理大臣や官房長官も入った「政府・民主三役会議」において行うものの、同会議はそれを政策調査会長に委任することができるとされた。これは政策決定の政府一元化と矛盾するものではないとの議論もあるようであるが、それによって与党の事前関与が強められたことは否定できないところだろう。

(37)　議会の役割等を論ずる場合にしばしば引用される、アリーナ型と変換型は、アメリカの政治学者N・ポルスビーが提起したモデルであり、そのいずれかによって政党の役割も異なり得るとされる。しかし、議会の機能や審議の多様性にかんがみると、それを二者択一的なモデルとしてあまり強調すべきではないところもあり、また、実際に行われている国会審議の大半は、変換型とも、アリーナ型ともいえないものとなっているようにもみえる。ポルスビーのモデルについては、Polsby,Nelson W.（1975）."Legislatures," in F.I.Greenstein and N.W. Polsby,eds., Handbook of Political Science,Vol.5,Reading:Addison-Wesley Publishing Company.

(38)　与党審査については、部会を舞台とした権力機構化による権力・政策形成の二元化の問題も指摘されるが、この問題については、内閣や政務三役等による政治主導（官僚の統制）の確保と、政府外の与党議員と官僚の分離の強化によって、ある程度は改善していくことも可能であろう。

(39)　党議拘束の問題については、法案の内容に応じた党議拘束の段階的緩和、党議拘束をかける時期の工夫、党と会派の関係の整理などが、その対応策として論じられてきているところであり、筆者も「立法の常識五九　国会審議の過程」国会月報二〇〇一年五月号四二頁以下などで、この点について論じている。

(40)　カルテル政党は、アメリカの政治学者R・カッツとP・メアが一九九五年に"Party Politics"に掲載した'Changing Models of Party Organization and Party Democracy The Emergence of Cartel Party'で提起したもので、政党と国家の相互浸透と政党間におけるある種の結託に特徴づけられるものとされ、日本においても、その捉え方には論者によって若干の相違はあるものの、政党のカルテル化が指摘されるようになっている。

六　政治主導と国民

政治主導の強化をめぐる議論においては、「国民」ということが強調されてきているのも特徴の一つである。これは、国民主権や代表制の原理を背景として政治の民主的正統性を強調するものであり、特に内閣中心構想では、「国民」→「衆議院」→「内閣」→「各府省大臣」→「各府省」という構図（正統性ないし委任の連鎖）が内閣ないし内閣総理大臣の主導性を正当化付ける論理として援用されてきた。

しかし、その結果、きわめて論争的であるはずの「国民主権」という言葉が一人歩きをし、政治におけるマジックワードと化すこととなった。法律上も現れたこの言葉は、そこでは政治的な意味合いしかもたないものだとしても、その意味が拡散したり、意味不明確なまま切札化する可能性もないわけではない。

それと同時に、統治構造改革で掲げられたのは国民の主体性と責任の強化ということであり、とりわけ、そこでは、国民の統治の客体意識・行政依存体質といったことが問題とされるとともに、従来の日本の民主主義が観客民主主義に陥っていたなどとして、「人民による統治」が強調されることとなった。その背景には、新自由主義や公民思想の強まりといったことなども指摘できるだろうが、その結果、法律には「国民の責務」などの規定があふれることとなった。

そのような中、衆議院総選挙は内閣総理大臣と政策プログラムを選択する政権選択選挙と位置付けられ、劇場型の選挙・政治の現出や政権交代などもあって、選挙の有効性が高まったようにもみえるが、包括政党化した政党間では政策は中道化・近似化し、マニフェストも必ずしも選択の基準とならず、むしろ国民の方が選択を強いられてしまっているような状況もみられる。そもそも、民意は流動的かつ不確実である一方、抽象的で多様な政策を掲げたマニフェストを国民が包括的に選択をしたと擬制することにはやや無理があり、また、マニフェストに固執したり縛られすぎることになれば、状況の変化や新しく生じた問題に適切に対応できず、国政の停滞にもつながりかねない。

選挙は、民主政治において最も重要な選択の機会ではあるが、時間的には点であり、その選択には不確実性を伴い、また、それまでの実績の事後的評価の意味合いをももつことになるものである。となると、そこでの選択は重大な意味をもつものの、これを絶対視するのではなく、通常の政治における応答性や説明責任の連鎖・ルート（例えば、官僚→大臣→内閣→国会→国民、官僚→大臣→国会→国民など）が確保されるようにしていくことが必要であり、その中心的な場となるのが、国民代表である議員と政府が公開の場で不断に議論することが予定されている国会ということになってこよう。マニフェストについても、サイクルとして捉え、その作成や変更の過程における透明性や説明責任の確保といったことが重要となるといえる。

いずれにしても、国民の強調は、統治の効率性や権力と結び付けられることにより、その正統性を導き出すシンボルとされたにとどまり、いまのところ「客体」や「観客」から大きく変わったとはいえないようにみえる。とりわけ、そこには双方向による国民との対話などというものは存在せず、一方通行の政治やポピュリズムが繰り広げられており、盛んに用いられるようになった「説明責任」という言葉も、その意味が拡散するだけで空虚な響きしかもたないような状況が続いている。

七　まとめにかえて

以上考察を加えてきたように、政治主導は、これまで政官関係を中心に論じられてきたところがあるが、この問題を考える場合には、政党、国会はもちろんのこと、司法まで含めた統治のあり方に関する全体的な構想が必要となってくる。そして、そこでは、かなり複雑で多次元の連立方程式を解くことが必要となるが、おそらくそれらをすべてうまく処理することができる解といったものがあるわけではなく、現行の憲法の枠の中で何らかの妥協域を見出すほかはないように思われる。

これまで常に問題とされてきたように政治の主導性や責任を強化していく必要があることは否定できない。しかし、そこで、政治の民主的正統性ばかりを強調し、官僚を抑え込むことに傾注しすぎることは、政治の役割を極大化する傾向を生み、その結果、政治はその能力以上の役割を背負い込むことになりかねない。行政の事務の膨大さからすれば、政治がそれを主体的に担うことには限界があり、また、部分利益を代表しがちな政治が総合性・統一性・長期性・安定性を欠く傾向をもつことにも留意すべきであろう。政治の力を強めるのであれば、それと同時に、政治がどこまで担うべきか、また、どこまで担い得るかということも問われていく必要がある。その場合に、民主的正統性は、重要なものではあるが、その一方で、すべての場合において優先される切り札となるものではない。

すなわち、政治の力を強めるのであれば、その限界も意識するとともに、政治をチェックする論理やシステムにも目を向けていくべきであり、また、政治の量的拡大に質が伴うようにしていくことも必要といえよう。そのためにも、政治には、理性的な対応や自制なども求められることになってくるが、現在の政治にどこまでそれを期待できるかがまさに問われているのではなかろうか。

2　憲法改革と法律・命令・条例論覚書

堀内健志

曽我部真裕・赤坂幸一 編
大石眞先生還暦記念
『憲法改革の理念と展開（上巻）』
二〇一二年三月　信山社

2 憲法改革と法律・命令・条例論覚書［堀内健志］

一　序、憲法改革の意味

憲法典の改正によって憲法が変動すること当然であるが、憲法附属法の運用によりその具体的内容が大きな影響をうける。これを憲法改革と本書企画趣意は呼んでいる。

そして、組織法についてのみならず、基本権についても、法を具体化する法を憲法付属法に含めているが、本稿は、主として前者の国法形式である「法律・命令・条例」に関わる若干の論点を、近年の憲法改革の視点からその動向につき考察せんとするものである。ここでは、憲法理論上の変化の状況及びにその多角的な分析・評価、さらには憲法附属法及びいくつかの憲法改正試案などにみられる立法的改革・提言の動向についても検討することにしたい。

二　改革と改正案

(a)　まず、日本国憲法は、四一条で、

《国会は国権の最高機関であって、国の唯一の立法機関である。》

としたうえで、七三条六号は、内閣の職務として、

《この憲法及び法律の規定を実施するために、政令を制定すること。但し、政令には、特にその法律の委任がある場合を除いては、罰則を設けることができない。》

と述べて、「法律・政令（ひいては命令）」の関係を規律していた。

条例については、憲法九四条が、

《地方公共団体は、……法律の範囲内で条例を制定することができる。》

と規定するのみである。

(b)　かかる憲法典上の規定を受けて内閣法一一条は、

《政令には、法律の委任がなければ、義務を課し、又は権利を制限する規定を設けることができない。》

とする。

また、国家行政組織法七条四項は、行政内部組織である

《官房、局及び部の設置及び所掌事務の範囲は、政令でこれを定める。》

と規定する。

地方自治法は、上記憲法九四条の「法律の範囲内」を受けて、一四条一項で、

《普通地方公共団体は、法令に違反しない限りにおいて第二条第二項の事務に関し、条例を制定することができる。》

とし、同法一五条一項は普通地方公共団体の長につき、

《法令に違反しない限りにおいて、その権限に属する事務に関し、規則を制定することができる。》

としている。

(c)　このたびの平成の行政改革により、これらの規定は従前存した規定を継続維持されたものであるが、さらに、つぎのごとき規定が新たに加わることとなっている。

すなわち、内閣府設置法七条四項は、

《内閣府令には、法律の委任がなければ、罰則を設け、又は義務を課し、若しくは国民の権利を制限する規定を設

けることができない。》

と規定する。また、同様にして、国家行政組織法一二条三項は、

《省令には、法律の委任がなければ、罰則を設け、又は義務を課し、若しくは国民の権利を制限する規定を設けることができない。》

と規定した。

さらに、地方分権一括法後の地方自治法一四条二項は、従来の行政事務に関する規定を改め、

《普通地方公共団体は、義務を課し、又は権利を制限するには、法令に特別の定めがある場合を除くほか、条例によらなければならない。》

と規定した。

(d)　近年発表されている自由民主党の新憲法草案（二〇〇五年一一月二二日）七三条六号では、現行憲法同条同項に替えて、つぎのような条項が提示されている。[1]

《法律の規定に基づき、政令を制定すること。ただし、政令には、特にその法律の委任がある場合を除いては、義務を課し、又は権利を制限することができない。》

さらに、読売新聞社の憲法改正二〇〇四年試案（二〇〇四年五月三日）五二条は、つぎのように規定している。[2]

一項《立法権は、国会に属する。》

二項《国会は、国民の代表機関として、国政の適正な運営を図る。》

以上のうち、(a)は、現行憲法の規定。(b)は、従来からあった憲法附属法。(c)は、最近改正で加わった憲法附属法。(d)は、自由民主党の草案及び読売新聞社の草案である。それぞれが憲法改革との関連で有する意義・次元は異なることに注意する必要があるが、こうした動向については憲法改革の視点から看過できない。

（1）全国憲法研究会編『続・憲法改正問題』法律時報増刊（日本評論社、二〇〇六年）一〇三頁。
（2）全国憲法研究会編『憲法改正問題』法律時報増刊（日本評論社、二〇〇五年）三八六頁。

三　伝統学説と批判的見解

(a)　上記の内閣法一一条などにみられる〝義務を課し、又は権利を制限する規定〟が、ドイツ及びわが国公法学上のいわゆる「権利命題（法規）」を意味するものであること、周知の通りであるが、日本国憲法四一条後段の「立法」に二義が有り、この「権利命題」を内容とする「実質的立法」は「形式的立法」形式の「排他的所管事項」であるとなす伝統的立場が今日においてもなお通説であるといえよう(3)。

(b)　が、このような立論については、少なからず批判もあったはずである。例えば、つぎのような指摘がなされてきている。

（i）　そもそも、日本国憲法は、ドイツ出自の立論を採用しなかった。占領軍が念頭にあったのは、アメリカ流の「宣戦布告」をも含む「立法権」観であったが、日本側政府にはそれが理解されなかった(4)。

（ii）　日本国憲法上、「国民の権利義務に関わる『法規』のみを実質的な『法律』とする」立場を「伝統的観念」として認めるが、それはもはや「時日が経過したために賞味期限が過ぎてい」る。合わせて、「形式的な法律に『一般性』を要求する理論は」「大した毒にも薬にもなら」ない(5)。「二重法律概念は不要である」(6)。

（iii）　比較法学的にみても、英米法では、「個別法律」を認めているほか(7)、戦後のドイツ公法学でも、かかる学説は、「憲法から展開されたものではなく、外部から持ち込まれたものである」といわれている(8)。また、この区別は、「民主主義国家においては古くさくなっている(9)。」

(c)　こうした通説への批判は、(i)は比較的新しい批判であるが、他は何も最近初めて提起されたというのではない。ドイツにおいても、わが国にあってももう数十年前から多かれ少なかれ唱えられてきたものである。が、それなのにこのたびの憲法改革のなかに通説の伝統的立論が新たに顔をのぞかせているのはどういうことなのか。どのように説明されうるのか。また、批判的見解にも難点がなかったであろうか。こうした問題を設定してみることが許されるであろう。以下、分析・検討を加えてみることとしたい。

(3)　野中俊彦ほか『憲法Ⅱ〔第四版〕』(有斐閣、二〇〇六年)七一頁以下〔高見勝利執筆〕、大石眞『憲法講義Ⅰ〔第二版〕』(有斐閣、二〇〇九年)一三六-一四〇頁、渋谷秀樹『憲法』(有斐閣、二〇〇七年)四七五頁以下など。なお、行政法学上今日ほとんど例外なく教科書において、かかる立論を前提とする「法規」ないし「法規命令」が用いられている。藤田宙靖『第四版　行政法Ⅰ(総論)〔改訂版〕』(青林書院、二〇〇五年)五二頁以下、二八七頁以下、塩野宏『行政法〔第五版〕行政法総論』(有斐閣、二〇〇九年)六八頁以下、九二-九五頁、大橋洋一『行政法Ⅰ』(有斐閣、二〇〇九年)一三頁以下、二七七頁以下、稲葉馨ほか『行政法』(有斐閣、二〇〇七年)二一頁以下、四九頁以下、宇賀克也『行政法概説Ⅰ〔第三版〕』(有斐閣、二〇〇九年)二六頁以下、二五七-二五八頁など。

(4)　中川丈久「立法権・行政権・司法権の観念の序論的考察――権力分立の捉え方について」塩野宏先生古稀記念『行政法の発展と変革　上巻』(有斐閣、二〇〇一年)三五五-三五六頁。

(5)　玉井克也「国家作用としての立法――その憲法史的意義と現代憲法学」法学教室二三九号(有斐閣、二〇〇〇年)七二-七七頁。

(6)　浅野博宣「『行政権は、内閣に属する』の意義」安西文雄ほか『憲法学の現代的論点〔第2版〕』(有斐閣、二〇〇九年)所収一五六頁。

(7)　田中英夫「英米における Private Act(個別法律)」『法形成過程』(東京大学出版会、一九八七年)一二四頁以下(初出は『法学協会百年記念論集第二巻』(一九八三年)九五頁以下)。なお、この理解の仕方については、後述する。

(8)　Konrad Hesse, Grundzüge des Verfassungsrechts der Bundesrepublik Deutschland 19., überarbeitete Auflage 1993, S.205, コンラート・ヘッセ(初宿正典・赤坂幸一訳)『ドイツ憲法の基本的特質』(成文堂、二〇〇六年)三二二頁。

(9)　バドゥラ、オッセンビュールの見解として、H.Schneider, Gesetzgebung, Ein Lehre-und Handbuch, 3.Aufl.2002, S.17.

四　分析・検討

まず第一に、これは憲法改革というのでなく、日本国憲法典の「原意」そのものの問題であるが、(ⅰ)の指摘は、今後のあり方へも影響を持ち得るので、この点から吟味されなくてはなるまい。稿者は、以前に憲法制定過程における議論、とくに憲法四一条及び「法律の留保」に関する制憲者意思についてひととおりくまなくフォローしたことがあったが、そこでは旧憲法下の行政府による立法権行使という弊風を除去すべく現行憲法での「唯一の立法」機関性が伝統的立場に立った上で確立したことが明らかとなっている(10)。そこでは、占領軍側の意図が全く別のところにあったとは感じられなかったのである。(ⅰ)のごとき指摘、すなわち占領軍側の理解は伝統的思考枠組みとは別の枠組みであったとの指摘は、かなりショッキングなものであった。が、その後その影響を与えたと思われる「原意」なるものの具体像を探ってみたが、今のところはっきりしたことは出てきていない(11)。日本国憲法はわが国の制定物であり、その解釈意図も伝統的立場を背景としたうえで了解され制定されたものと考えざるを得ない(12)。

第二に、憲法典は、伝統的立場を採用したことを承認しつつ、しかし、時の経過によって、それはもはや大きな意味を持たなくなっているとの(ⅱ)の指摘については、いかなる法制度も歴史的創設物であり絶対固定のものではないことは認めなくてはならない。が、近代立憲主義的権力分立原理が妥当する憲法のもとで、立法と行政間で法規範制定権をどこにどのような棲み分けをするかということは必要であり、その際に「権利命題（一定の行態法）・組織法」や「一般的・個別的」規範の区別は一つの目安となり得る。また、排他的所管・競合的所管という区別も有用であろう。他にこれらに代わる全く別のものがあれば提示すべきである。

第三に、比較法については、まず、「法律の一般性」を根拠のないものとする一つの理由として、英米法では、「個別法律」が認められていることが挙げられる。けれども、これには誤解が含まれている。確かに、英米では、通常の法律のほかに、「個別法律」が存する。そして、歴史上英米の伝統的「立法権」観念はこれをも含むものとされる。が、両者は分類上異なる取り扱いがなされ、法案の提出・作成段階でも（司法的手続にも類似する）特別の手続がとられる。さらには、アメリカ合衆国憲法一編九節三項では議会による直接個人を処罰する法律を制定することを禁ずる bill of attainder の禁止条項が置かれ、その濫用が禁じられているのである。(13)

また、いかに伝統的立論が「民主主義国家」においては古くさくなっているとして「法律の一般性」否定し、立法権の拡大を主張する論者もさすがにこのような法律の制定権までは要求しないのではなかろうか。

つぎに、伝統的立場が、ドイツ基本法下「憲法の外部から持ち込まれもの」だとの指摘については、少しく説明が必要であろう。

(a)　ドイツ基本法の成立過程における経緯及び議論については、稿者はすでに調べたことがある。(14)後述するごとき諸ラントの憲法典とは異なり、ドイツ基本法には伝統的立場を明示する規定は存しないが、それを前提とする規定は存し、また制定過程は、それに肯定的な議論のなかで進められていたのである。

まずドイツ基本法八〇条一項は、つぎのようである。

《法律によって、連邦政府、連邦大臣又はラント政府に対して権利（法規）命令を発する権限を与えることができる。その場合には、与えられる権限の内容、目的及び程度は、法律において規定されなくてはならない。命令の中にその法的根拠が示されなくてはならない。……》

この基本法八〇条一項の「権利（法規）命令」が法律の授権を必要とする規定には、他方で八四条二項、八五条二項、八六条が一般行政規則の発布が執行権固有の管轄となしているのに対置され、そこにドグマチックな確立が認められる。また、

《立法は憲法的秩序に、執行権及び裁判は法律及び法に拘束されている。》

というドイツ基本法二〇条三項の文言の中にすでにその伝統的立論が含まれているとの理解がなされていたのであった。[15]

(b)　第二次世界大戦後の西ドイツ側のドイツ諸ラントの憲法典のなかには、伝統的立場に立った三類型の規定が認められた。すなわち、ヴァイマール期のバーデン憲法やバイエルン憲法にあった〝自由・財産〟条項はもはやみられないが、①〝作為、不作為若しくは受忍〟を強制するには「法律」を要するとするもの（バーデンヴュルッテムベルク憲法五八条、ヘッセン憲法二条二項、ラインラントプファルツ憲法二条、ザールラント憲法二条［後三者は基本権の章に置かれている］）、②旧ヴュルテムベルク憲法にみられた国民に対して向けられる〝拘束力のある〟命令を「法律」事項とするもの（バイエルン憲法七〇条一項、ベルリン憲法四五条一項）③旧ヘッセン憲法にみうけられた〝権利・義務を基礎づける一般拘束的命令〟を「法律」事項とするもの（ニーダーザクセン三二条）がそれである。[16]ちなみに、バーデンヴュルッテムベルク憲法五八条は、

《何人も、法律若しくは法律に基づく規定がそれを要求し若しくは許可しない限り、作為、不作為若しくは受忍を強制されえない。》

バイエルン憲法七〇条一項は、つぎのようである。

《すべての人々に対して拘束力のある命令、禁止は法律形式を必要とする。》

さらに、ニーダーザクセン憲法三二条は、

《権利若しくは義務がそれによって基礎づけられ、改正され若しくは廃止される国家権力の一般拘束力的命令は法律の形式を必要とする。》

と規定する。

(c)　では、現在のドイツ統一後の諸ラント憲法はどのような状況になっているのであろうか。

まず、西ドイツ内にあった諸ラント憲法も、戦後何度かにわたる改正が行われてきているが、二〇〇八年六月現在上記の①グループのバーデンヴュルッテムベルク一九五三年憲法（最終改正二〇〇八年）五八条、ヘッセン一九四六年憲法（最終改正二〇〇二年）二条二項、ラインラントプファルツ一九四七年憲法（最終改正二〇〇五年）二条、ザールラント一九四七年憲法（最終改正二〇〇一年）二条、②グループのバイエルン一九四六年憲法（最終改正二〇〇四年）七〇条一項、ベルリン一九五〇年憲法（最終改正二〇〇六年）五九条一項、③グループのニーダーザクセン一九五一年憲法（最終改正二〇〇六年）四一条と、いずれも伝統的立場を明文でさながら維持しているのである。[17]

また、ドイツ統一後それまで東ドイツ圏にあった諸ラントにおいても相次いで憲法が制定されたが、これらはどのようになっているのであろうか。

制定された諸ラント憲法は以下の通りである。ブランデンブルク一九九二年憲法（最終改正二〇〇四年）、メクレンブルクフォアポンメルン一九九三年憲法（最終改正二〇〇七年）、ザクセン自由国家一九九二年憲法、ザクセンアンハルト一九九二年憲法（最終改正二〇〇五）、チューリンゲン自由国家一九九三年憲法。

これらの憲法は、その成立事情を反映してか、内容的にドイツ基本法の規定にならうごとき規定を含んでいる。例えば、ブランデンブルク憲法八〇条は、つぎのようである。

《権利（法規）命令発布の権限は、法律によってのみ与えられる。その法律は、与えられる権限の内容、目的及び程度を規定しなければならない。命令の中に、その法的根拠が示されなくてはならない。……》

同様の規定は、他の憲法にも認められる。メクレンブルクフォアポンメルン憲法五七条、ザクセン憲法七五条、ザクセンアンハルト憲法七九条、チューリンゲン憲法八四条。そして、これらは、ドイツ基本法の八〇条一項の規定と同様である。従って、その限りで、やはりこれらのラント憲法も伝統的立論に否定的ではない（つまり、このような形で表明されている[18]。

(d)　そこで、K・ヘッセの言われる、〝伝統学説〟は「憲法から展開されたものではなく、外部から持ち込まれたものである」ということをどのように理解すべきであろうか。

K・ヘッセにおいて、「民主制秩序においていえば、立法は、政治的意思形成の形式である。」「民主的な正統性をもっともよく与えることができるのは、民主的に選挙された議会による決定である。」また、「……従来の国家行為の条件と限界とが確定され、同時に、社会扶助と生存配慮に対して形式と確固たる基準とが与えられることによって、立法は同時に、法治国家おける自由の保障の一形式ともなる。」従って、「……法律とは立法機関が立法手続にのっとり、法律という形式で定める指図のすべてである。この外見だけからは形式的な概念は、これを分割することができない。基本法によれば、形式面のみでの法律とか、実質面のみでの法律などというものは存在しないのである。」つまり、「法律」概念は一つであり、内容によって実質的法律とそうでないものとを概念として分割することはできないというものである[20]。

が、他方において、法律の優位、法律の留保については、まず、「法律が基本法第二〇条により他のすべての国家行為に優先するのは、法律が直接的な民主的正統性を基礎として、かつ政治的意思形成の民主的な形式において成立しているからであり、また、法律が合理化作用・自由保障作用を果たすためには、法律の優位がその前提となるからである[21]」としたうえで、「……法律の留保は、基本法第二〇条三項においては明文では定められていない。この原則によれば、一定の国家行為（伝統的な定式では《自由と財産権への介入（アイングリフ）》）は、形式的意味の法律による根拠を必要とする……。しかしながら、この原則は基本法第二〇条三項において前提されているといえる。というのも、仮にそれが前提されていないとするならば、一体どの範囲まで執行権と裁判権とが法律に拘束されるべきかという問題が未解決のままとなり、法律の優位はその意義を失うだろうからである。もとより、個別の場合において法律の留保がどこまで及ぶべきかということを、この規定から導くことはできないけれども[22]」と述べ、「この留保に含まれるものは、負担を課し、それゆえ行動の自由を制約するような国家行為、すなわち伝統的解釈での《自由および財産権》に対する侵害の許容性に関する決定である。近時において、これと並んで法律の留保が本質的な決定にまで拡大されているのは、正当である。」「基本権を制限したり……互いに衝突する基本権相互間の限界を画するような決定は、つねに《本質的》である。この考え方に従って連邦憲法裁判所が確立した命題は、基本権にとって重要な領域において《本質的》とは、ふつう、『基本権の実現にとって本質的』だということを意味する、というものであった」と言う[23]。つまり、「法律」概念ではなく、「法律の留保」という次元では、基本法二〇条三項において伝統的原則が前提とされているのである。また、「本質性」の理論においても「基本権」の限界づけということが基準にされているのである。従って、かかる意味・次元において結局は伝統的立場と結論において大差なく収斂することになるのではなかろうか[24]。

そもそも、K・ヘッセにあっては、「憲法は、公共体の法的基本秩序であ」り、「政治的統一体を形成し国家的課題を遂行する際の指導原理を規定するものである。憲法は、公共体内部における紛争の処理手続を規律し、政治的統一体形成と国家的活動のための組織および手続を整序する」ものである[25]。ここには、一九世紀ドイツ国法学にみられた「伝統的な国家と社会の二元主義を克服して、民主主義と社会国家の原理に基づき、個人や社会の自律的領域への国家機能の拡大を認めるとともに、国民全体のコントロールに服する『公共』の領域を設定・拡大する新たな国家観がうかがわれる[26]。」K・ヘッセが、「立法」を「政治的意思形成の形式」となすのも、かかる国家観の反映であること言うまでもない。

そうしてみたときに、われわれはここにドイツヴァイマール期に伝統的国法学を克服すべく登場したH・ヘラー、R・スメントらの憲法論を想起しないではいられない。国民の一般意思の全具現を「法律」概念に求める民主主義的観念とこれから切り離され、法律の留保は伝統、合目的性、権力状態、法意識により得られるとしたH・ヘラーの見解にかなり近似するところがある。[27]さらには、就中、K・ヘッセはスメントシューレの代表的憲法学者であった。R・スメントの統合理論にあっては、「立法」についても統合機能に着目されるが、その構成は当時のヴァイマール憲法テキストの権力分立にさながら従うのではなく独特である。概略すると、①立法と執行の政治的合同劇と直接政治的な、統合する機能としての統治、②法生活のトレーガーとしての立法と司法、③個別における国家による技術的福祉助長としての行政に分けられる。ここでは、「立法」は国家・統合と法との両体制に関わる最高の機能を演ずるところに特徴があり、前者においては、立法は執行と合同して国家的統合の機能を果たし、後者においてはとりわけ対裁判との関連で、正義の価値を実定化する。[28]伝統的二重法律概念学説で言うところの「形式的法律」と「実質的法律」はまさにこのそれぞれの立法機能に対応した分野ではじめて充分に説明され得るが、K・ヘッセにあっては、この両機能の存在を認めつつ、あくまでも後者の「法律」概念は否定された。また、法律の留保は事柄の統合的・技術的性格の対置を配慮して吟味される。いずれにしても、統合理論じしん憲法典に内在的なものというより、現代国家的把握という性格が強いように思われるのである。

第四に、R・スメントの立法と執行の国家統合的機能が話題となったところで、憲法四一条前段の国会が国権の「最高機関」であるとすることの意味について、一言触れておこう。憲法改革の視点からは、直接附属法でこれを補充する或は中身を変更しようとするものはないが、上述のごとく、改正試案のなかに工夫の跡が認められる。この四一条前段の「国権の最高機関」については、周知のごとく、学説上、通説であるいわゆる政治的美称説と何らかの法的な意味を与えようとする説（法規範説）が存するわけであるが、議論がかみ合っていないところがある。自民党案では、この条項を維持しているが、読売新聞社試案では、この「国権の最高機関」という前段規定を削除し（この点は同読売新聞社の過去一九九四年、二〇〇〇年の二回の試案ですでに削除されていた）、一項で、「立法権は、国会に属する。」二項で、「国会は、国民の代表機関として、国政の適正な運営を図る。」として、〝立法権及び役割〟を規定している。併せて、八七条一号では、内閣の職務の箇所を「国務を総理する。」に替えて「国務を統括管理する。」としている。[29] この後二者は、統治にかんする機能、議院内閣制における国家の政治的活動につき国会と内閣とによるいわば国家統合的機能を行う際に、両機関の役割分担を述べたものと理解することができよう。[30] このへんの事情について、つぎの大石教授の説明は、示唆的である。

《……国会の「権限」と「機能」との区別にも注意する必要がある。すなわち、国家機関の権限とは、法によって特定の組織や人間が国会意思を表すことのできる一定の範囲をいうもので、政治的美称説にいう権限はこのことを前提としている。しかし、ある国家機関が国政全体に対してもつ働き、すなわち機能は、法的な権限という形でくまなく定式化されているわけではない。例えば、議院内閣制の下では、議会は、一般に、①法律の制定・予算の議定をおこなうほか、②内閣の形成（六七条参照）、③政府に対する統制（六三条参照）、そして④国民に対する情報提供といった各種の機能をもっているが、後三者は、それ自体として憲法上の権限規定という形をとっているわけではない。右の法規範説にいう最高責任を負う機関とは、実は、こうした機能にも着目した考え方であって、政治的美称説が前提とする固有の意味における法的権限を前提としたものではないのである。いずれにせよ、憲法が「国権の最高機関」と呼ぶにふさわしい各種の重要な権能を国会に与えていることは確かである。[31]》

つぎに話題を移そう。第五として、上記、平成の行政改革及び地方分権一括法によって、憲法附属法のなかに、いわゆる「権利命題」規定が新たに加わったことについて、それらがどのようないきさつで、どのような意味合いで採用されたのか、が関心を持たれるところである。

そこで、この附属法が審議された衆・参両院の関連するつぎの日時の委員会及び本会議の議事録を調べてみた。が、結論から言うと、残念ながらこの問題を正面から詳細に議論した箇所はみあたらず、これといって明確な答えを得ることはできなかった。

まず、衆議院の行政改革に関する特別委員会については、平成一一年一月一九日、五月一八、一九、二五、二六、二七、二八、三一日、六月一、二、三、四、九、一〇日、八月一三日、本会議は、地方分権一括法につき、六月一一日、内閣府設置法等につき六月一〇日。

参議院の行財政改革・税制等特別委員会について、平成一一年六月一四、一五、一六、二八、二九、三〇日、七月一、二、七、八日、八月一三日。本会議は七月八日(32)。

ついでながら若干関連がありそうな発言は、わずかに、

(a)　参議院での、平成一一年六月三〇日の、岡崎トミ子氏への政府委員（東田親司氏）の答弁。

《一般的に、今回の審議会の整理に当たりましては、原則審議会は政令設置にするという基本方針がございまして、その中で特に、例えば国民の権利、利益に大きくかかわるような任務を持っているような審議会などにつきましては法律設置にする、こういう考え方で整理されたというふうに承知しておりますが、私どもの予定しておりますこの委員会につきましてはそのようなタイプのものには該当いたしませんので、政令設置として提案させていただいているということでございます。》

(b)　衆議院での、平成一一年六月九日　条例制定権の問題に関連しての渡名喜庸安氏の発言で、

《改正案におきましては、条例制定権に関する現行地方自治法一四条第一項の規定がそのまま残りますけれども、改正案第二条第二項の事務、すなわち自治事務と法定受託事務の両方にわたりまして条例制定権が保障されることになった点は、評価したいというふうに思います。

しかしながら、改正案一四条第二項では、いわゆる侵害留保説と呼ばれる規定が新設されております。義務を課し、権利を侵害する行政についてだけでなくて、権利、利益を与える行政についても、憲法の法のもとの平等の観

点からしましたら、条例で定めるべきではないでしょうか。また、地方分権をうたっているのであれば、例えば大気汚染防止法四条などに定めるような、条例による横出し、上乗せ規制についても何らかの配慮を示す規定が盛り込まれてもよいのではないかというふうに考えます。》

というところぐらいである。伝統学説に触れているというだけで、あまり重要な意味をみいだすことはできない。

つぎに、第六として文献上も、上記の問題について、とくに法律改正過程での議論を伝えているものは認められなかった。例えば、行政組織研究会（藤田宙靖ほか）の「中央省庁等改革関連法律の理論的検討」（一）～（四・完）自治研究七六巻九号三頁以下、一〇号三頁以下、一一号三頁以下、一二号一一頁以下（良書普及会、二〇〇〇年）においても、取り立てての言及はみられない。

わずかに、地方自治法一四条二項改正との関連で、成田頼明ほか編『注釈地方自治法〈全訂〉1』（第一法規・加除式）につぎのような解説がみられる程度である。

《……行政事務について条例をもって規律することを求めた本条二項を、行政事務に関する他の条項とともに削除する選択肢は理論的にはありえたといえる。しかしながら、立法者は、改正前の本条二項が内包していた「権利を制限し、義務を設定する事項については条例をもって規律する必要がある」との観念は地方自治体の事務全般に妥当する、との考え方から、より一般的な規律として本条二項を設けた。(33)》

《この点については、次の二点を指摘したい。まず、平成一一年の本項改正前の時点では、地方公共団体において首長と議会との二元的代表制が採用されていることとの関係で、首長等の制定する規則に対しても、条例に対して補充的・限定的な地位にとどまるにせよ、法規創造力を認めてよいのではないか、との学説も存在していた。例えば、長が条例によって定められた事務を執行するにあたっては、条例の明示の委任がなくても権利義務規範を規則で設けることができる――いいかえればその程度の「法規創造力」が長の規則には認められる――と解する余地がある、との見解はその一例である（参照、改正前の本条二項解説）。しかしながら、本条二項の立法経緯に照らすならば、立法者は、二元的代表制という地方公共団体の制度的特殊性への配慮よりも国会と国家行政との関係について形成された法律の留保に関する考え方を地方自治行政に忠実に移しかえることを重視したと考えられる。立法者のこのような考え方は条例のあり方について成立しうる一つの見解であるといえ、不合理なものとしてあえて排する必要はあるまい（ちなみに、条例の執行に関連して、条例の委任なく長が規則によって権利義務規範を設定しえることは、伝統的な法律の留保概念によっても説明することは可能である）。

次に、本項については、「侵害留保の原則を明確化した」ものであるとの説明がしばしば用いられている。しかしながら、侵害留保の原則とは、「義務を課し、又は権利を制限する」事項については法律の根拠を必要とするという命題のみならず、右の事項以外については法律の根拠を必要としないとの命題も含むものである。後者の命題については、必ずしも学説上完全な賛同を得ておらず、立法によって学説上の対立事項について決着を付け、かつ、将来における判例理論の発展の余地をつんでしまったと解することは、必ずしも適当ではあるまい。以上の点から、ここでは、本条二項は、義務設定・権利制限行為について条例の根拠が必要であることを規定したにすぎず、侵害留保原則の妥当性を地方自治領域全般について宣言したものではないと解することにしたい(34)。》

いわゆる「権利命題」を「条例」事項とする規定について、これが「規則」の「法規創造力」とかいうものを否定していないとか、また、法律の留保につき「侵害留保」原則を意味するものではないとかという見解があると述べられているようであるが、しかし、本条二項が、上記の内閣法や内閣府設置法、国家行政組織法の規定と口調が同じであり、同条項がそのような意味を述べるものでないという見解は理解できない。「条例・規則」間においてかりに地方分権一括法の法改正前後における複雑な事情があるとしても、一般原則からそれるには、本条二項でいう「法令に特別の定め」が必要であり、遡って言えば、「規則」による「権利命題」に関する規律には条例でなければ法律の授権が必要とされると考えるべきではなかろうか。なお、「侵害留保」の意味については、上記国会での審議でも問題とされていたが、今日決して狭い範囲のものではないと理解している。が、これについてはここでは立ち入らないでおく。

第七として、行政実務の面での扱いにも触れておきたい[35]。戦後わが国の行政実務の世界では「国民の権利義務の規律」（「権利命題」のこと）は、「法律事項」を指示するものとして重要な役割を果たしてきたのであった。特に、昭和三八年には、閣議決定までおこなって、補助金交付や国・地方公共団体の責務を記す「訓示規定」に過ぎないものなどは「法律」案としないように求めた[36]。しかし、近年になり、まず、この「権利命題（法規）」に組織規範が加えられた「修正された法規説」が実務でも有力になり、さらには、「改革（基本）法」や推進法という形式の規範性に乏しい（或いは、将来に開かれた）法律が多くなり、内容的に抽象的・プログラム的な訓示規定が多く、法の基本理念や改正法案のカタログを紹介するような規定を含む税制改革法（一九八八年）に典型的なごとく、「法律の果たすべき機能」の変化が認められるようになった。また、特別措置法、特例法といった形式のものも多くなった。これらの変化をどのように理解するかであるが、なによりもまず、「権利命題」については立法の排他的所管事項とすることは否定されたわけではないことに注意する必要がある。「訓示規定」については、「その時代時代の政治的・社会経済的諸状況を踏まえて」「法律として定めるにふさわしいと考える」本質的事項について、立法がなされるのである[37]。これはしかし、あらかじめこれと特定できるものではない[38]。「阪神・淡路大震災」や「オウム真理教事件」、そして平成一九年のC型肝炎国家賠償訴訟に関連して被害者を救済するためといった「現実の生活実態」を配慮した法律は、そのことのみで「法律の一般性」を失うわけではない。規律内容にかかっている。さらに、近年法律のスタイルが崩れてきていて、法令用語としては熟しない「遅くとも」「できる限り」など日常用語の使用も指摘される。これも、「立法の平易化」「国民嚮導」効果の観点からの前向き評価が存し得る[39]。こうした、「法律」の多様化現象は、それぞれその時々の事情を反映したものである。が、かといって、これらについてすべて排他的な「法律事項」として固定するということではなく、必要に応じた競合的な「法律事項」として国家統合的、教育的見地から対処すべきものとして位置づけられよう。

第八として、昭和五八年国家行政組織法の改正で、従来七条五項で「法律事項」にとされていた行政内部組織の《官房、局及び部の設置及び所掌事務の範囲》について、これを政令で定めることとしたのであった。上述のごとく、行政庁の「組織法」も「権利命題（法規）」に含まれるとなす見解のもとでは、かかる扱いをもって憲法違反とみる主張も出されうる。しかし、この点はそうではなく、確かに戦後議院内閣制の確立や行政の民主化などの要請が強く「法律事項」とされてきたのであるが、他面行政の統一的な政治責任の所在の明確化や行政需要への弾力的即応の要請も強く、「政令所管」化が表面化したのである。[40] そして、この扱いがそのまま今回の平成の行政改革でも維持されたということになる。従って、国家行政組織法上の行政内部の「組織法」の法定化問題と同法一二条三項「権利命題」関連の規定とは、別扱いとされているのである。むろん、内閣の組織、行政各部などの憲法組織法は、憲法六六条一項、七二条等を根拠に「憲法附属法」として「法律事項」とされる。

第九として、自由民主党の新憲法草案（二〇〇五年一一月二二日）七三条六号では、現行憲法の七三条六号の《この憲法及び法律の規定を実施するために、政令を制定すること。》の箇所を、《法律の規定に基づき、政令を制定すること。》に替えることを提言している。これは、従来、〝憲法を直接実施する政令〟が認められるかが争われてきていて、これに否定的に決着をつけようとする趣旨と思われる。ただ、果たして、それで充分であるかどうか。例えば、「栄典制度」についての政府見解は、これを法律によらなくとも憲法の規定（天皇の国事行為を規定する現行憲法七条七号）を実施できると解してきているのである。また、「実施」という言葉には、解釈上「執行命令」も含まれていたと思われるが、この案でも、「執行命令」を認めない趣旨ではないであろう。[41]

(10)　堀内健志「人権の実質的保障の一断章――〝法律の留保〟に関する制憲者意思と現代憲法学」菅野喜八郎教授還暦記念『憲法制定と変動の法理』（木鐸社、一九九一年）一〇五-一二六頁（『続・立憲理論の主要問題――人権論と立法・違憲審査制』（信山社、一九九七年）所収一二〇頁以下）。

(11)　例えば、最近の原秀成『日本国憲法制定の系譜』ⅠⅡⅢ（日本評論社、二〇〇四、二〇〇五、二〇〇六年）のなかにも、米国本国の情報でこの点に関わる資料は見あたらない。

(12)　堀内健志「世紀転換期における公法学研究の複合性・管見」人文社会論叢（社会科学篇）八号（弘前大学人文学部、二〇〇二年）九四-九五頁。

(13)　田中英夫・前掲参照。

(14)　堀内健志『立憲理論の主要問題』（多賀出版、一九八七年）五五頁以下（初出は、「ドイツ諸憲法典にみる実質的『立法』・補遺とその克服・離反論理の二類型」法学五〇巻七号所収二四九-二七三頁）。

(15)　審議過程における草案の詳細な推移については、堀内・前掲書六五-六九頁。

(16)　ヴァイマール期のものをも含めこれらの意味合いについての詳細は、堀内・前掲書五六-六五頁。

(17)　E・W・ベッケンフェルデが、「多かれ少なかれ法律の全部留保の唱道者たち（Vgl.Mallmann, Schranken nichthoheitlicher Verwaltung : VVDStRl19, S.181-194 und dortigen Nachweise）が、ドイツラント国法のこれらの留保条項へ全く立ち入らずに、彼らのテーゼを基本法のもとでむしろドグマチックなささえなしで、直ちに概念的確立を欠いて主観的な憲法政治的要求でもっての充足へ広く開かれているところの法治国思想から導いていることは耳目を聳動する（auffallend）ものである」と述べているのは看過され得ない（堀内・前掲書六四頁）。

(18)　これらのドイツ諸ラント憲法典の資料参照については、弘前大学人文学部の同僚である国際社会講座のフールト・フォルカー（Fuhrt, Volker Michael）准教授にお世話になった。ここに記して謝意を表しておきたい。

(19)　K・ヘッセ教授は、稿者が一九八一年フライブルク大学に学んだときの指導教官であって、まさにドイツ「法律」概念の研究を中心テーマに先生には数度にわたり研究室で差し向かえで直接指導を受けたほか、ゼミに出して頂いたり、滞在中様々と便宜をはかって頂いた（E・W・ベッケンフェルデ教授の講義も聴講できた）。残念ながら二〇〇五年に亡くなられた。ご冥福をお祈りする。

(20)　コンラート・ヘッセ・前掲書（二〇版訳）三二一-三二六頁、K.Hesse, a.a.O.8.Aufl.1975, S.205-207. このような「法律」概念は、N・アハターベルクらの見解にも認められる。堀内健志・立憲理論の主要問題前掲書五五-七六頁、同・続・立憲理論の主要問題前掲書二〇八-二一〇頁。

(21) コンラート・ヘッセ・前掲書（二〇版訳）三二六頁、K.Hesse, a.a.O.8.Aufl.1975, S.207.

(22) コンラート・ヘッセ・前掲書（二〇版訳）一二八頁、K.Hesse, a.a.O.8.Aufl.1975, S.81f.

(23) コンラート・ヘッセ・前掲書（二〇版訳）三二六-三二七頁、K.Hesse, a.a.O.8.Aufl.1975, S.201.

(24) このことの指摘は、堀内・立憲理論の主要問題前掲書二七四-二七五頁（短縮して初出は、「栄典法制をめぐって――憲法と法律・命令論」小嶋和司博士東北大学退職記念『憲法と行政法』（良書普及会、一九八二年）所収五五六-五五七頁）。

(25) コンラート・ヘッセ・前掲書（二〇版訳）一四-一五頁、K.Hesse, a.a.O.8.Aufl.1975, S.11.

(26) コンラート・ヘッセ・前掲書（二〇版訳）五〇九頁の訳者あとがきに引用されている同訳書旧版の阿部照哉教授による「訳者あとがき」の言葉。この点で、C・シュミットの「市民的法治国家の配分原理」の流れを汲み、「自由保障のために国家と社会の区別が維持されるべきことを主張する」E・W・ベッケンフェルデとは対照的である（E・W・ベッケンフェルデ『現代国家と憲法・自由・民主制』（初宿正典編訳）（風行社、一九九九年）［樺島博志解説］四〇五-四一六頁）。このへんについての最近の文献として、西原博史「憲法構造における立法の位置づけと立法学の役割」ジュリスト一三六九号（二〇〇八年）三二頁以下。

(27) 「H・ヘラーの民主主義的法律概念構成の試み」についての詳細な検討は、堀内健志『ドイツ「法律」概念の研究序説』（多賀出版、一九八四年）二二三頁以下。

(28) R・スメント学説の詳細は、堀内・ドイツ「法律」概念の研究序説前掲書二四七頁以下「R・スメントの統合学説からの帰結」を参照。ここで、法律が「権利命題」を含み形式・実質両法律が符合するという法治国的要請は、国家の内在的正当化の機能を有することになる（前掲書二六七頁）。なお、C・シュミット流の「法律の一般性」もかかる法治国的要請の枠内でのもので（これについての最近の議論として、阪本昌成『法の支配』（勁草書房、二〇〇六年）二一四頁以下）、実定制度上政治的・統合的な法律の機能の存在が否定されることになるわけではない。

(29) 全国憲法研究会編『憲法改正問題』法律時報増刊（日本評論社、二〇〇五年）三八六、三八八頁。

(30) この点については、堀内「現代日本法における『立法』『統治』概念（その二）」弘前大学大学院地域社会研究科年報五号（弘前大学地域社会研究科、二〇〇八年）九九-一〇九頁でやや詳しく論じている。

(31) 大石眞・憲法講義I第二版前掲書一二〇-一二一頁。大石教授は読売試案五二条二項について「……議院内閣制の機能を強化するねらいから、国会が『国政の適正な運営を図る』旨を明記したのは、一つの見識ではあろう」と評価する（読売新聞二〇〇四年五月三日一七面)。

(32) いずれも、国会のネットホームページより参照した。

(33) 成田ほか・注釈地方自治法〈全訂〉1前掲書七〇八頁〔小早川光郎・(加筆修正)高橋滋執筆〕。

(34) 前掲書七〇八-七〇九頁。

(35) このへんについて、詳しくは堀内「最近の憲法学の動向と問題点――伝統的公法学研究者からの弁明(その一)」弘前大学人文社会論叢(社会科学篇)二二号(二〇〇九年八月)一一八頁以下参照。

(36) 大森政輔・鎌田薫『立法学講義』(商事法務、二〇〇六年)九二-九三頁、一〇三頁〔山本庸幸執筆〕、大石眞「内閣法制局の国政秩序形成機能」『公共政策研究』六号(有斐閣、二〇〇六年)七頁以下。

(37) この「本質的事項」と憲法四一条との関連について、浅野一郎・上田章『憲法』(ぎょうせい、一九九三年)六四―七六頁参照。この事項につき、つまり、「国民生活に重大な影響を及ぼし、または国民の重大な関心事に関する政治的決定」については、「行政府の権限と競合的に所管する分野」と考えている(七〇頁)。

(38) 大森・鎌田・前掲書一一四頁〔橘幸信執筆〕。

(39) 現代立法の状況と特質については、立法学研究会「『立法』を分析する」(1)、(2)、(3)時の法令一六四八号五一頁以下、一六五〇号六八頁以下、一六五二号五六頁以下(二〇〇一年)。また、堀内・続・立憲理論の主要問題前掲書一五七頁以下(初出は「立法と国会」樋口陽一編『講座憲法学』五巻(日本評論社、一九九四年)所収一四五頁以下)も参照。最近の文献として、川崎政司「立法をめぐる問題状況とその質・あり方に関する一考察――法と政治の相克と、その折合いのつけ方」ジュリスト一三六九号(二〇〇八年)一二三頁以下。

(40) 堀内・立憲理論の主要問題前掲書三三一頁。

(41) さらに、紙幅の関係で本稿では詳論はできないが、緊急事態法制に関してである。まず、憲法に明文はない。テロ対策特別措置法(二〇〇一年〔最終改正二〇〇八年〕五条)は、基本計画に定められた自衛隊の部隊等が実施する協力支援活動、捜索救助活動又は被災民救援活動について、防衛大臣がこれらの対応措置の実施を自衛隊の部隊等に命じた日から二十日以内に、内閣総理大臣はこの実施につき国会の承認を求めなければならず、不承認の議決があったときは、速やかに終了させなければならないと規定する。読売新聞社二〇〇四年試案九〇条(二〇〇〇年の第二次試案八九条にも存した)が緊急事態宣言につき同様の規定が提案されていた。これらは、旧憲法八条の緊急命令体制に近似する方式である。二〇〇八年の補給支援特措法では、一年間の限時法ではあるが、「国会の承認」制ははずされている（この補給支援特措法については、民主主義科学者協会法律部会編法律時報増刊『改憲・改革と法』（日本評論社、二〇〇八年）四〇五―四〇六頁）。「統治」への議会的統制に関する憲法改革の視点から注意が必要である。

五　法律・条例論

(a)　条文を、改めてもう一度みておこう。憲法九四条は、

《地方公共団体は、その財産を管理し、事務を処理し、及び行政を執行する権能を有し、法律の範囲内で条例を制定することができる。》

と規定する。

(b)　地方自治法一四条一項は、

《普通地方公共団体は、法令に違反しない限りにおいて第二条第二項の事務に関し、条例を制定することができる。》

と、また一五条一項は、普通地方公共団体の長は、「法令に違反しない限りにおいて」、その権限に属する事務に関し、規則を制定することができる、と規定する。

(c)　読売新聞社二〇〇四年試案一一三条一項は、

《地方自治体は、その財産を管理し、事務を処理し、及び行政を執行する権能を有し、法律の趣旨に反しない範囲内で条例を制定することができる。》

と提案する。

これらに関して、つぎのような点を指摘することができよう。

まず第一に、日本国憲法の制定過程におけるこの九四条の「法律の範囲内」の「条例制定権」の意義についてである。詳細はここで展開できないが、(42)結論だけ言えば、この条項は九二条とともに当初総司令部案の同一条項から出たものであり、その内容としては、成立経緯において、①国家主権的権利、②法律の枠内で「自分のことは、自分で」というホーム・ルール・チャーター制、③「法律の範囲内での条例制定権」というふうに、権限が縮小されてきた。今日の議論にもこれらのそれぞれの主張がみられる。①は、地方公共団体に国家の権限とされたもの以外の「残余の」権限があるという立場になる。②は、地方の「固有事務」について国家的な干渉を排除する主張である（例えば、州の一般法による地方制度規制権は容認しつつ、特別法によるホーム・ルール侵害は憲法典で禁止するなど）。③は、条例の所管事項は法律によってその状況に応じて現実適合的に多様に規定できるものとする。制定過程における微妙なプロセスを経たがしかし、現行憲法はこのうち③の形式で成立したことには違いはない。しかも、この過程において、「法令に違反しない限り」という句は登場しない。「地方自治の本旨」や「条例制定権」については、「法律形式」による具体化が予定されることとなった。従って、ここで、憲法九四条の「法律の範囲内」というのは、かかる事情を述べるものであって、決して条例の「形式的効力」を意味するものではなかったのである。これが一つ。

さらに第二に、うえの事情は憲法レベルの問題であるということ。この「法律の範囲内」を受けて、法律レベルで、地方自治法は、その一つの選択的あり方として、「条例」が「法令に反しない限り」制定されることを規律したものである。だから、「法律の範囲内」とは次元が同じではない。憲法レベルの議論としては、地域の事情を配慮して「法律」を修正するごとき「条例」や「法律」の委任を受けてそれを実施する「条例」があっても、直ちに憲法違反となるわけではない。地方分権一括法制定前まであった「機関委任事務」を執行するような「条例」「規則」は憲法違反とされたわけではない。

第三に、しかし、通説はこれとは異なっている。通説的見解は、つぎのようである。

《「法律の範囲内で」と「法令に違反しない限りにおいて」は表現は異なるが、一般に両者は同旨と解されている。(43)》

《……地方自治法に規定する「法令に違反しない限りにおいて」とは、憲法の「法律の範囲内で」と同様に解すべきものであり、「第二条第二項の事務に関するもの」でない「自治立法（自主法）としての事項的限界」を逸脱する条例の規定は、ほとんどの場合、「法令に違反する」とも解せられ、逆に、「法令に違反する」条例の規定とは、法令が優先的に適用される事項についての法令と抵触する条例の規定であり、したがって「形式的効力に関する法的限界」の外の条例の規定は、「自治立法（自主法）としての事項的限界」を逸脱しているともいえる。つまり、法律（これに基づく命令を含む。）と条例の二つの立法権限が競合していて、その競合する範囲内で両者が相克することとなる場合、法令が優先的に適用され、当該条例の規定は、「法律の範囲内」ではないということであり、一般的には「法令に違反しない限りにおいて」も「第二条第二項の事務に関するもの」ということも、双方共、「形式的効力に関する法的限界」も「自治立法（自主法）としての事項的限界」も相互に包含していることとなるのではないかとみることもできる。》

《……「法律の範囲内で」とは、法律が個々の事項について条例の制定を認めることを必要とするのではないかと解される虞れもあることから、地方自治法においてはこの点に関し明確にするために、「法令に違反しない限りにおいて」と規定したものと解すべきである。(44)》

みられるように、ここでは「法律・条例」間において、競合的所管においてみられる法律の優位、「形式的効力」の上下関係も排他的所管にみられる無権限による条例の無効も区別されない。また、憲法レベルの「法律の範囲内で」と地方自治法レベルの「法令に違反しない限りにおいて」との意義及び次元の区別もない。しかし、伝統的公法学はこうした法規範相互間の法的論理関係を区別しながら、議論を構築してきたのではなかったであろうか。

読売新聞社二〇〇四年試案一一三条一項が、現行憲法の「法律の範囲内で」に替えて《法律の趣旨に反しない範囲内で》という文言になっているのは、こうした学説状況を反映してのものであろうか。この意図は「その解釈に幅をもたせ、自治体側のある程度の先駆的な政策立案権を保障した」ものであるとされる[45]。これは、上の通説的同義説からの発想であるが、本来の憲法上の「法律の範囲内で」なら、はじめからそのような憲法解釈の幅は与えられている。また、いわゆる「標準規定」を定める法律を上書きする条例すら同様に憲法上法律によって制度づけられ得るものである[46]。

(42)　これについて、堀内健志「『地方自治・分権』再考――憲法学研究成果と行政実務解釈との間のアンビヴァレンツ」人文社会論叢（社会科学篇）一八号（弘前大学、二〇〇七年）八一頁以下。
(43)　宇賀克也『地方自治法概説〔第三版〕』（有斐閣、二〇〇九年）一五〇頁。
(44)　松本英昭『新版　逐条地方自治法』（学陽書房、二〇〇一年）一一九―一二〇頁、同『要説地方自治法　第六次改訂版』（ぎょうせい、二〇〇九年）二一九頁。
(45)　読売新聞社編『憲法改正読売試案二〇〇四年』（中央公論新社、二〇〇四年）二六八頁〔依田裕彦執筆〕。
(46)　北村喜宣・鈴木庸夫・木佐茂男・礒崎初仁「〔座談会〕政策法務の意義と到達点」ジュリスト一三三八号（有斐閣、二〇〇七年）九〇―九三頁、角松生史「条例制定の法的課題と政策法務」ジュリスト前掲書一〇二―一一四頁、岩橋健定「条例制定権の限界――領域先占論から規範抵触論へ」小早川光郎・宇賀克也編塩野宏先生古稀記念論集『行政法の発展と変革　下巻』（有斐閣、二〇〇一年）三五七頁以下など参照。

六　結び、議論レベルの多様性と現実態、展望

(a)　本稿冒頭で述べたごとく、憲法改革とは、憲法典が改正されなくとも、憲法附属法の運用で憲法じしんの内容が大きく影響を受けるということであった。理論的に言えば、憲法を具体化する法律は憲法じしんではなく、それを補充する法に過ぎない。従って、立法政策により憲法の枠内でどうにでも変更可能である。

うえに検討した憲法九四条の「法律の範囲内で」の条例制定権は、法律の決め方一つで、条例の「形式的効力」もその所管事項も多様であり得る。憲法論はそのようになる。

しかし、地方自治法一四条一項で、「法令に違反しない限りにおいて」の条例制定権を規定することによって、「第二条第二項の事務に関し」条例の競合的所管（自主独立条例）が法定化される。そうすると、かかる事務事項においては、法律の排他的所管が排除され、法律委任に条件づけられる条例は認められないということになりかねない。こうした原理を回避するためには、「法令」のなかにそのような法律委任条例を組み込んでこれに違反できないようにあらかじめ規定するほかないことになる。逆にまた、上記のごとき法律の上書きを認める条例にあってもかかる趣旨の「法令」をあらかじめ規定しておくことになる。これが法的現実態である。また、これを憲法九四条は容認している。むろん、はじめから本条は、このような条例を立法化することを禁じているわけではない。

旧機関委任事務について、新法でこの事項が自治事務や法定受託事務に入れられた場合に、条例で自主的に改めることが許されるのか。少なくとも、新法制には違反していない。が、逆に旧法のような法律依存条例ないし規則体制も内容的に適切であることもあり得なくはない(47)。その場合には、これはこのまま維持され得よう。これも改正されるまでは「法令」に入るのであるから。自治体の側からはそのまま執行するかどうか政策判断が必要となり、またその辺りの切り替えが、個々に確認できず、済んでいないとすれば、法的整備が必要とされる(48)(49)(50)。

(b)　つぎに、「法律の一般性」について、司法の基準となる立法は原則として一般性を有すべきであるという法治国的要請は憲法原理の一つである。一般的法律制定は、「立法」の「排他的所管事項」であると言える。が、他面今日の国家の政治行政的需要は膨大であり、また臨機応変な対応を「立法」にも要求する。それ故に「立法」の機能は現実の生活実態に即応して措置することが避けられない(51)。民主主義的「立法」は個別法律をも要求する。しかし、これは絶えず個別的というわけではなく、またその機能は「競合的所管」を語り得るものである。現実には、国会は政府とともにこれら全体として国家的統合機能を果たすことになる。憲法改革との関連では、「法律・命令・条例」論もこうした複合的な国家機能論を踏まえて、はじめてその内容豊かな分析と展望がなされ得る。

(c)　最後に、憲法典はしばしば、ある問題について、明確には規定せず、一つの決定をせずに引き延ばすことがあるが(52)、「法律・命令・条例」論についても、厳格に決着をつけて固定することを回避している部分があり（まして や今日「立法」を憲法典で定義づける例はほとんどない）、それは将来の憲法附属法の定めに開かれている。それだけに憲法改革論の意義が高いものとなっている。が、逆にその間隙を制定経緯をよそに特定の憲法解釈によって公定してしまうことには注意する必要があろう。また、立法政策にゆだねられるものを憲法じしんの一義的決定と称して実定憲法論を政治的に押し切ってはならないのである(53)。

確かに、憲法改革論は、憲法の多くの分野においては、憲法制定時に想定されなかった新しい現代国家的憲法現実態を、憲法典の改正なしに現在そして将来に向けて憲法論に取り込んでいき、国民に光と希望を与えてくれるものであろう。本稿が扱った「法律・命令・条例」論において、例えば「立法」（と「行政」）の民主的・政治的統合機能や「条例」による先導的役割の拡大が期待される。そして、こうしたエネルギーが次世代の憲法を形づくって行くであろう。が、同時にこの「国法形式」論に限って言えば、伝統的近代憲法理論がなお底流として持続されている。

(47)　成田ほか・注釈地方自治法〈全訂〉1前掲書六五四頁もかかる法関係の可能性を認めている［小早川光郎・（加筆修正）高橋滋執筆］。

(48)　「特に介護保険法とか景観法など、新しくつくられた法律ほど精緻につくろうとしているためか、規律密度が高い。条例への委任事項などもあるのですが、その範囲が限定されている」ことが指摘されている（北村喜宣・鈴木庸夫・木佐茂男・礒崎初仁・［座談会］政策法務の意義と到達点前掲九二-九三頁）。

(49)　児童買春、児童ポルノに係る行為等の処罰及び児童の保護等に関する法律（平成一一年制定。最終改正は平成一六年）は、附則二条で条例との関係につき、「地方公共団体の条例の規定で、この法律で規定する行為を処罰する旨を定めているものの当該行為に係る部分については、この法律の施行と同時に、その効力を失うものとする」と規定するとともに、その場合において、「当該地方公共団体が条例で別段の定めをしないときは、その失効前にした違反行為の処罰については、その失効後も、なお従前の例による」としている。

(50)　旧公衆浴場法二条は、公衆浴場の経営を都道府県知事の許可にかからしめるとともに、その設置場所の基準を都道府県の条例で定めることとしていた。そして、この許可については、旧地方自治法一四八条、別表第三の一の二二で都道府県知事の機関委任事務とし、また設置場所の配置基準については、同じく旧地自法二条二項、三項一八号、別表第一の一二で都道府県の団体委任事務としていた。このたびの地方分権一括法により、機関委任事務が全廃され、「許可」について自治事務とされた（現行の地自法二条八号、同九項一号、同一〇項、別表第一の法定受託事務に数えられていない）。けれども、新公衆浴場法（最終改正は平成一八年）二条においても、従来の法的構成は、維持されており、「許可」は都道府県知事の権限とされている。

(51)　最近の個別法律についてのわが国学説等を扱う論稿としては、大石和彦「『個別法律の問題』の問題性」白鷗法学一三巻一号（二〇〇六年）一六七頁以下、松戸浩「法律の法規創造力の概念について・続――我国に於ける受容と変容」藤田宙靖博士東北大学退職記念『行政法の思考様式』（青林書院、二〇〇八年）所収一四一頁以下、赤坂正浩『立憲国家と憲法変遷』（信山社、二〇〇八年）二六三頁以下など参照。

(52)　憲法の妥協的性格については、C.Schmitt, Verfassungslehre, 1928, S.28ff. 尾吹善人訳『憲法理論』（創文社、一九七二年）三七頁以下。

(53)　「地方自治の本旨」について、R・アレクシー流の最適化を要請する「原理」として理解しうることについては、堀内健志「地方公共団体の概念」法学教室増刊『憲法の基本判例〔第二版〕』（有斐閣、一九九六年）二一五頁、堀内・「地方自治・分権」再考前掲一〇二―一〇三頁。

＊このような場で、小生の拙稿が掲載される機会を得たのは、大石眞教授の寛大なるご配慮によるものである。大石教授とは、故小嶋和司博士の同門の弟子として永年にわたりともに学問の道を歩み、かつ、常日頃刺激を受けつつ研究生活を送ってこられたことについてここに謝意を表し、大石眞教授のご還暦を心からお祝い申し上げる次第である。

（平成二一年九月脱稿）

3 立憲国家について

――「法の支配」と「支配する法」――

井口文男

曽我部真裕・赤坂幸一 編
大石眞先生還暦記念
『憲法改革の理念と展開（上巻）』
二〇一二年三月　信山社

3 立憲国家について［井口文男］

一　はじめに

帝国憲法を全面的に改正し、新たに日本国憲法を制定する舞台となった第九〇回帝国議会における一九四六年八月二六日(月曜日)の貴族院本会議において、宮沢俊義議員は壇上から政府に対し関連する七点の質疑を行った(1)。第一点は、ポツダム宣言の受諾は国民主権主義の承認を意味すると思うが、いかに考えているか。第二点は、この国民主権主義は終戦までの我が憲法の根本建前と原理的に異なるものと思うが、どうか。第三点は、新憲法草案は国民主権主義を採用していると思うが、どうか。第四点は、主権者たる国民の中に天皇が含まれるという政府の説明は理論的にも実際的にも不適当ではないか。第五点は、国民主権主義の承認を核心とする新憲法は、国体にどういう影響を与えるか。第六点は、明治憲法第七三条によって、国民主権主義の採用を内容とする憲法改正が許されるか。第七点は、民定憲法の建前と、この度の憲法改正手続との関係は、どうであるか。

尾高朝雄は、一九四七年一〇月に憲法普及会編の新憲法体系シリーズの一冊として『国民主権と天皇制』を江湖に問うた。その中で宮沢俊義議員の「質問演説」を要約して紹介したうえで次のように評価した。「理路整然、客観的な法理を以て事態を分析し、新憲法成立のもつ意味をば解明したものとして、永く記憶せらるべきであろう(2)」。これを額面どおりに受け取れば宮沢の論旨の明快さを高く評価しているのであり、それを批判したものとは到底いえない。ところが、宮沢は、国体の変革を「認識」するにとどまらず、これを「是認」しているともいう。その根拠として、宮沢が質疑の冒頭で、憲法改正が「日本の政治の民主化の道に於ける重要なる一歩前進である」ことを認め、「全体としてこの改正案が成立することを心から祈っております」と述べたこと、国体が変更されたということを正面から承認することは、「日本の政治の民主化という大変革を、国民全部の心の中に徹底させる為に」必要であると論じていることをあげている。(3) この叙述には宮沢批判につながるものがありそうである。

さて、宮沢が質疑を行った日の翌日の一九四六年八月二七日（火曜日）の貴族院本会議においては、南原繁議員が登壇して質疑を行った。(4) 南原は、まず、憲法改正草案の成立過程の秘密性・その審議の拙速性を問題にする。いわゆる松本委員会の憲法改正に対する消極的・現状維持的姿勢はよく知られていたが、「本年の三月六日突如として現在の政府草案の要綱が発表されたのであ」る。「この日位大きなる衝動を国民に与えたことは、昨年終戦の詔書渙発以来この一年なかったことである」。「憲法改正という如き重大なる案件に付きまして、斯様な急激なる変化、恐らくは同一政府の下では執り得べからざる政策の根本的転回であり」、「それがどうして左様になったかということにつき、「国民は今日までこれを不可解として、尚疑惑の中にある」。このように「国民の知らない間に改正案が作成され」、「それが一に政府の決定案として御発表になったということは、どういう理由に基くのであ」るか、「それでは如何にも独断的で、又しても上より与えられたる憲法という感がある」。「私共は日本政府がこの憲法の改正に対して、最後迄自主自律的に自らの責任を以てこれを決行することの出来なかったということを極めて遺憾に感じ、国民の不幸、国民の恥辱とさえ私共は感じているのであり」、「かくの如く致しましては、憲法は独り上より与えられたというだけでなしに、或は外より与えられたのではないかという印象を与える危険はないか」ということを憂慮せざるをえない。

南原は、又、草案全体の構造及び文体における「外国調」をも指摘し、「これは又恰も何かの都合で初め一先ず英文で纏めておいて、それを日本文に訳したが如き印象を与えるのであり」、「占領治下の暫定憲法というなればいざ知らず、これをその儘独立国家たる日本の憲法として、我々が子孫後代に伝えるに足る形式を果して持っているか」と疑問を呈示している。政府に草案作成の舞台裏を国民に知らせよと迫っているといってよかろう。

次に、草案の内容については、現状維持的な保守主義でもなく、政府草案にあるような肇国以来の大革命を進行させる主義でもない第三の途を選ぶ必要を説いているのが特徴である。これは天皇制と民主主義とを結合する日本的民主主義を目指すことをいう。

尾高は、この南原の「質問演説」を、「同じく、新憲法による国民主権主義の採用が国体の変革を意味することを認めつつ、国民の真の自主的な意志によらないでかかる重大な変革が行われれようとしていることに対して深甚の遺憾の意を表明し、さような不自然な状態の下に日本の伝統的な思想が断絶せしめられようとしていることを痛烈に批判し、惻々たる憂国の至情を吐露した」ものと評価している(5)。

尾高によるこの二人の「質問演説」の対比と評価から窺われるのは次のことではなかろうか。宮沢の議論は、冷たい論理としては整然としていても国民の心に響くものは何もない。「古来の日本の伝統を弊履のごとくに棄て去って、木に竹を継いだように国民主権主義を鵜のみにした(6)」ものにすぎない。

因みに、宮沢は南原が問題にした憲法草案作成の舞台裏を知悉していたようである。一九九六年一月にそれまで公開されていなかった『第九十回帝国議会貴族院　帝国憲法改正案特別委員小委員会筆記要旨』が参議院事務局編集として発行された。それによると一九四六年一〇月一日の小委員会においては、総司令部から要求のあったcivilian条項の追加が議題になった(7)。この点につき、高木八尺委員は次のように発言した。「この問題を扱うについては、最後の段階に至って突如として斯る修正が憲法に何故入ったかは、一般の公然の秘密として問題にならなければならないものと思う。すると貴族院が外部の要求に依って修正したことになると、これが自由に審議された憲法であるという事実を傷つけることになる。そこで斯る不必要な規定挿入の要求を貴族院としては拒んで宜いではないか」。これに対し、子爵織田信恒委員は、「これを拒むことに依って国家が大きな損害を来すよりも、ここでこれを呑んだ方が宜しくはないか」と返答した。宮沢俊義委員は、どう対応したか。「高木君の意見は一応御尤だが、憲法全体が自発的に出来ているものでない、指令されている事実は一般に知れることと思う。重大なことを失った後でここで頑張った所でそう得る所はなく、多少とも自主性を以てやったという自己偽瞞にすぎないから織田子爵に大体賛成」。

学者というよりは政治家の発言ではないかと訝られるが、日本国憲法が占領下において押付けられたものであることは、この小委員会においては公然の秘密であったのである。かかる事情を熟知していた宮沢が国体の変更を説いたところで、その基本的スタンスは日本国憲法の押付けを甘受した政府と同じであり、双方共に日本の伝統を弊履のごとくに棄て去ったのである。明言はしていないが尾高はこのように宮沢を暗に批判したと宮沢はうけとった(8)。かくして、尾高の予想に反して宮沢・尾高論争の第一石が置かれた(9)。

さて、問題は、この著名な論争を今日の段階においていかに評価したらよいのかということである。そのためには、「いかなる政治も、ノモスにはしたがわなければならない。したがって、政治の方向を最後的に決定するものを主権というならば、主権はノモスに存しなければならない(10)」という場合の「ノモス」の正体を古典ギリシャ時代に遡って突き止めなければならないであろう。本稿は、そのためのささやかな第一歩にすぎない。

(1) 『帝国議会貴族院議事速記録 72 第九〇回議会 上 昭和二一年』（東京大学出版会、一九八五年）二四一頁以下。なお、旧字体は適宜新字体に変えている。本稿における他の著書からの引用も同様である。
(2) 尾高朝雄『国民主権と天皇制』（国立書院、一九四七年）三二―三三頁。
(3) 前掲三三頁。
(4) 前掲・注(1)速記録二四五頁以下。圏点は引用者による。
(5) 前掲・注(2)尾高三三―二四頁。
(6) 前掲・注(2)尾高四〇頁。
(7) 『第九十回帝国議会貴族院　帝国憲法改正案特別委員小委員会筆記要旨』（参議院事務局、一九九六年）一六―一七頁。

（8）　宮沢俊義「国民主権と天皇制とについてのおぼえがき　尾高教授の理論をめぐって」国家学会雑誌六二巻六号（一九四八年）三‐四頁において、次のように記されている。「国民主権と天皇制との関係については、私は、まだ、まとまった見解を公にしたことはない。ただ、新憲法草案が帝国議会で審議されたときの、貴族院での私の質疑のうちには、この点についての私の見解が、部分的かつ断片的ながら、のべられている。尾高教授は、その著書で、右の質疑の内容を全面的に紹介され、その上で、そこにあらわれた見解とは根本的にちがう教授の理論を展開しておられる。したがって、その著書における教授の理論の展開のうちに、すでに、私の見解に対する批判が含まれていると考えられる」。圏点は引用者による。

（9）　尾高朝雄「事実としての主権と当為としての主権」国家学会雑誌六四巻四号（一九五〇年）一‐二頁において、尾高は宮沢との論争を烏鷺の争いに準えて、次のようにいう。「先番は私で、新憲法体系の中の私の小著『国民主権と天皇制』（昭和二二年一一月）が黒の第一石の役わりをつとめた。もっとも、私自身としては、この小著によって宮沢教授に対する「論争」の第一石を投じたつもりはなかった」。圏点は引用者による。

（10）　尾高朝雄「ノモスの主権について――宮沢教授に答う」国家学会雑誌六二巻一一号（一九四八年）三頁。

二　王としてのノモス

ヘロドトスによると、紀元前四八〇年、ペルシャ王クセルクセスの指揮するギリシャ派遣軍は戦闘員が二六四万一六一〇人、その他の従軍した非戦闘員も加えると総勢五二八万三二二〇人に達したという(11)。合理的すぎる現代人は、兵站面をも考慮してこの数字には首を傾げるかもしれないが、シモーニデースの「テルモピュライなる碑銘に」は次のようにうたっている(12)。

〈三百万の軍勢と
そのかみここに

あひ戦つた
ペロポンネーソスからの
四千の兵。〉

そうすると、この数字は必ずしも誇張とはいえないであろう。ともかく有史以来の大軍がアジアからギリシャに向かった。ヘレスポントス海峡を渡ったところでクセルクセスは全軍の閲兵を行い、その後スパルタの亡命王デマラトスと以下のような会話を行ったという。

クセルクセスは言う。「さあ、そこでわしに述べてみよ。ギリシャ人がわしに刃向かい抵抗するであろうか[13]」。デマラトスは答える。「ギリシャの国々にとって貧困は常に相伴うものであった。しかし、知恵の働きとノモスの力によって徳を身につけることになりました。ギリシャ人はこの徳を実践したがために貧困を、そして専制をも退けることができたのです[14]」。

ペルシャ風の奢侈に溺れることなく、徳による自由を謳歌するのがギリシャ人であり、その徳は知恵とノモスの賜であるという。さらにデマラトスは言う。「かくのごとくスパルタ人は一対一の戦いにおいても何人にも引けを取らないが、団結した場合には向かうところ敵なしとなります。というのは、彼らは自由であるとはいえ、いかなる点でも自由であるというのではありません。彼らの上にはノモスという君主がいて、彼らがこれを恐れるのは、閣下の臣下が閣下を恐れるどころではないのです[15]」。

ノモスは王以上に厳しきものであるとの認識をギリシャ人が抱いていたことが窺われる。すなわち「ノモスの支配」は「人の支配」以上に厳格であり、それであるが故に自由を獲得できるのである。この対話によりノモスの働きの一面を知ることができよう(16)。
ノモスについてはピンダロスの詩の断片が伝えられている。プラトン『ゴルギアス』における引用を見てみよう(17)。

〈νομος ο παντων βασιλευς
θνατων τε και αθανατων·
αγει δικαιων το βιαιοτατον
υπερτατα χειρι· τεκμαιρομαι
εργοισιν Ηρακλεος,〉

〈ノモスは万物の王である、
死すべきもの、不死なるものの。
実力によるものを正義にする、
強き腕でもって。その証拠に
ヘラクレスの所業がある、〉

この詩句の解釈は困難を極める。原始の混沌が実力でもって秩序づけられたが、これを正義とするのがノモスであり、ノモスは人間と神々に君臨するから主権者である、と読むこともできよう(18)。このノモスを法と訳すと法は実力と正義という二つの要素を内包するものとみなすことができよう。パスカルも『パンセ』において同趣旨のことを述べている(19)。

〈力のない正義は無力である。正義のない力は専制である。
力のない正義は反対にあう。というのは悪人はいつもいるからである。正義のない力は非難される。したがって、正義と力を結びつけなければならない。そのためには、正しいものが強いか、強いものが正しくなければならない。〉

それでは、実力と正義を内包する法は何を目指しているのか。再びパスカルに聞くことにしよう。(20)

〈人は正義に従うことが、力であるようにできなかったので、力に従うことが正しいとしたのである。正しいものと強いものとが一緒になって至高の善である平和がもたらされるために、人は正義を強力化できないので、力を正当化したのである。〉

すなわち主権者であるノモスは、至高の善を目指すのであるが、それはピンダロスにとっては秩序であり、パスカルにとっては平和である。(21)

それでは、尾高はノモスをどのように捉えていたか。同じくピンダロスの詩句を引用して、(22)「ノモスこそ王の上にある王であり、神々に対してすら王として君臨する。法は、地上の権力者によって勝手気ままに作られるものであってはならない。王が法を意のままに作るのではなく、王といえども法の理念にしたがってその権力を行使すべきである」という。(23)

尾高は、ノモスの正体をほぼ正確に把握していたようである。すなわち、人間の統治に代えて法が統治すること、すなわち法の支配を目指すのがノモスの主権を意味しているのである。換言すれば、王が法を作る（rex facit legem）のではなく、法が王を作る（lex facit regem）という理念に依拠しなければならないと尾高は説いたのであろう。

ここに、果たして法は権力を、すなわち政治を規制しうるのかという根本的な問題、とりわけ憲法学に従事する者にとっての難問が提示されることになった。これに対する解を古典古代の智慧に求めることにしよう。

(11) ヘロドトス『歴史』第七巻一八五、一八六。邦訳は、岩波文庫版下（松平千秋訳）の一一〇頁を参照されたい。
(12)『ギリシャ・ローマ抒情詩選（呉茂一訳）』（岩波文庫、二〇〇八年）三三頁。
(13) 前掲・注(11)第七巻一〇一。邦訳は六六頁。
(14) 前掲・注(11)第七巻一〇二。邦訳は六六-六七頁。
(15) 前掲・注(11)第七巻一〇四。邦訳は六九頁。圏点は引用者。
(16) この対話については、仲手川良雄『歴史の中の自由』（中公新書、一九八六年）四六頁以下を参照されたい。
(17) プラトン『ゴルギアス』四八四B。邦訳は、岩波文庫版（加来彰俊訳）の一二一-一二二頁を参照されたい。
(18) この解釈は、Gustavo Zagrebelsky, La legge e la sua giustizia, Il Mulino, 2008, 43s に従ったものである。
(19) パスカル（前田陽一・由木康訳）『パンセ』（中公文庫、一九九九年）二〇〇頁。訳文を適宜変更している。原文は、Pascal, Pensées, Bordas, Paris, 1991,p.200-201 を参照した。
(20) パスカル・前掲二〇一頁。原文は、Pascal,op.cit.,p.193-194 を参照した。
(21) Zagrebelsky, op.cit.,44.
(22) 前掲・注(2)尾高六二頁。ギリシャの詩人ピンダロスは、「ノモスはすべての人間および神々の王である」といったと記述されているが、引用の典拠は示していない。なお、カール・シュミット（新田邦夫訳）『大地のノモス 上』（福村出版、一九七六年）四二頁以下も参照されたい。シュミットは、νομοςが動詞νεμωに由来し、土地の分配に結びついていたことを解明している。彼によれば、ノモスとは、「陸地取得であり、また、陸地取得に存しそこから生ずる具体的な秩序である」（同・四八頁）。言語学的な検討を必要とするが、印欧語の語根に照らしても、おそらく彼の指摘には正しいものが含まれていると思われる。
(23) 前掲・注(2)尾高六三頁。

三　アンティゴネとクレオン

ここでソフォクレスの『アンティゴネ』に登場する二つの法の対立を見てみることにしよう。テーバイの王クレオンは王位を争って亡くなった兄弟のうちエテオクレスの埋葬はゆるしたが、ポリュネイケスの埋葬は禁止し、鷹や鴉の食い荒らすままにすることにした。この布告に反して兄ポリュネイケスを埋葬して逮捕されたアンティゴネは叔父である王クレオンに対し、次のように述べている(24)。

〈Ου γαρ τι μοι Ζευς ην ο κηρυξας ταδε,
ουδ' η ξυνοικος των κατω θεων Δικη·
ου τουσδ' εν ανθρωποισιν ωρισαν νομους·
ουδε σθενειν τοσουτον ωομην τα σα
κηρυγμαθ' ωστ' αγραπτα κασφαλη θεων
νομιμα δυνασθαι θνηθον ονθ' υπερδραμειν.
Ου γαρ τι νυν γε καχθες, αλλ' αει ποτε
ζη ταυτα, κουδεις οιδεν εξ οτου φανη.〉

〈だって私にこの布告を出された方はゼウスではないし、あの世をおさめる神々とご一緒の正義の女神でもないのです。またこのお二人が人間にこの法をお定めになったのでもないのです。あなたの布告にそのような効力があるとも思えませんでしたし、不文の揺るぎない神の法が死すべき者によって踏みにじられるとは。だって、それは今日や昨日のことではないのです。この法はいつでもいつまでも生きているもので、いつ現れたのか知っている人もいないのです。〉

この一文の解釈は西洋の法文化においてはもちろん、精神史において繰り返しなされてきたものである(25)。従って、慎重な検討の必要があるのはもちろんであるが、ここでは取りあえず次のように捉えておこう。まず、「この布告」を出されたのはゼウスでも正義の女神でもなく王であるとはいえ人間＝死すべき者であるクレオンにすぎないことに言及していることが注目されよう。人間の定めた成文のノモスとは別に神に帰属する不文のノモスが存在することを主張している。次に、このノモスは不文のものではあるが確固としたもので、人間の方では変更不可能と主張している。さらに、この不文のノモスは永久不変のものであると断言している。

かくして、永久不変の神の法と暫定的な人間の法、不文法と成文法、自然法と実定法の対比がなされているようであり、さらには国家法と家族法、男の法と女の法の対比がなされていると捉えることもできよう。悲劇においては両者が妥協することなくアンティゴネの敗北に終わったようにも受け取られるが、クレオンも息子と妻を同時に失っており、決して勝者になっているのではない。この悲劇の最後はコロスの次の歌で終わっている(26)。

〈Πολλω το φρονειν ευδαιμονιας
πρωτον υπαρχει· χρη δε τα γ'εις θεους
　μηδεν ασεπτειν· μεγαλοι δε λογοι
μεγαλας πληγας των υπεραυχων

αποτεισαντες
γηρα το φρονειν εδιδαξαν.〉

〈賢慮をもつということが、幸福の第一の条件である。神々に対しては決して不敬を働いてはならない。傲りたかぶる人々の大言壮語は、酷い痛手を受けることになり、年老いて賢慮を学ぶことになる。〉

すなわち法には実定法として有する実力の面と自然法としての正義の面があるが、この両面を適切に調整する賢慮を持つ者こそが法の支配する現世において幸福に達することができるといっている、と解釈できない訳ではない。ノモスは実力と正義の双面を有するヤヌスなのである。両者を賢明に調整することが法の支配の下で生きる人間の幸福にとって不可欠な作業であると諭しているようでもある。アリストテレスは、このことを端的に、「法の支配のないところには国体は存在しない」と言ったのである。[27]

(24) ソフォクレス『アンティゴネ』v.450-457. 邦訳は、岩波文庫版（呉 茂一訳）の三四頁を参照されたい。

(25) Zagrebelsky, op.cit. 64. なお、ヘーゲルは『精神の現象学 上巻』（金子武蔵訳）（岩波書店、一九九五年）四三九頁においてこのアンティゴネの科白の最後の二行を引用している。
〈この義の生くるは、昨日今日《きのふけふ》のことにあらで、永久《とは》なるを

この義の何時の日より顕《あ》れしかを　誰か知らん〉

『精神現象学』（長谷川宏訳）（作品社、二〇一〇年）二九二頁においては次のように訳されている。

〈きのうやきょうの話ではなく、永遠に生きるのが法というもの、
それがいつできたかはだれも知らないのだ。〉

因みに、前掲・注(24) v.332-375のコロスの歌（人間の無気味さ）については、ハイデッガーが『形而上学入門』（川原栄峰訳）（平凡社、二〇〇八年）二四〇頁以下において独特の解釈を行っている。彼の古典ギリシャ語の読解力の凄みを堪能できよう。

(26) 前掲・注(24) v.1347-1353. 邦訳は、岩波文庫版（呉茂一訳）の九〇頁を参照されたい。

(27) アリストテレス『政治学』第四巻第四章一二九二a三二。

〈οπου γαρ μη νομοι αρχουσιν, ουκ εστι πολιτεια.〉

邦訳は、岩波文庫版の山本光雄訳の一九〇頁及び岡山大学法学会雑誌第五一巻第一号（二〇〇二年）七四頁の荒木勝訳を参照されたい。

四　古代ローマにおける法の支配

ここではやはりキケロに登場してもらう必要があろう。まず『国家論』における法の捉え方が注目される(28)。

〈Est quidem vera lex recta ratio naturae congruens, diffusa in omnes, constans, sempiterna, quae vocet ad officium iubendo, vetando a fraude deterreat ;

・・・・・・・・・・・・・・・・・

nec erit alia lex Romae, alia Athenis, alia nunc, alia posthac, sed et omnes gentes et omni tempore una lex et sempiterna et immutatibilis continebit, unusque erit communis quasi magister et imperator omnium deus, ille legis huius inventor, disceptator, lator ;〉

〈ところで真の法とは自然に適合する正しい理性であり、、すべての人に及び、恒常的で永久なものである。それは命令することにより責任を負わせ、禁止することにより罪を防ぐ。

・・・・・・・・・・・・・・

法はローマとアテネにおいて異なることも、現在と将来において異なることもなく、唯一の永久不変の法がすべての国民をすべての時代において拘束するであろう。そして万人を等しく支配し指揮する唯一の神が存在するであろう。この神こそがこの法を発案し、審議し、制定したのである。〉

ここでいう法が自然法であることは明確であろう。そして古今東西の人類が普遍的な共同体をなしている。そして神の主権によりこの法は永久不変なものとなっている[29]。

さらにキケロは法の支配にも言及している[30]。

〈Ut tibi concedam hoc indignum esse, quod cuius modi sit iam videro, tu mihi concedas necesse est multo esse indignius in ea civitate quae legibus contineatur discedi ab legibus. Hoc enim vinculum est huius dignitatis qua fruimur in re publica, hoc fundamentum libertatis, hic fons aequitatis. Mens et animus et consilium et sententia civitatis posita est in legibus ; ut corpora nostra sine mente, sic civitas sine lege suis partibus ut nervis ac sanguine et membris uti non potest. Legum ministri magistratus, legum interpretes iudices, legum denique idcirco omnes servi sumus ut liberi esse possimus.

・・・・・・・・・・

Circumspicite omnis rei publicae partis : omnia legum imperio et praescripto fieri videbitis.〉

〈たとえそれが―どのようなものかすぐに見ることになるが―恥ずべきことだと私が認めるとしても、法に拘束される国家において法に従わないことの方がずっと恥ずべきことだと君は認めるべきである。なぜなら法は我々がこの国家で享受している尊厳の絆であり、自由の礎であり、公正の源だからである。国家の心と魂、熟議と決定は法に基礎を置いている。法のない国家は、精神のない肉体と同様であり、腱や血や手足のような部分を使うことができない。法を執行する政務官も、法の解釈者である裁判官も、つまりは我々誰もが自由であるために法の奴隷なのである。

・・・・・・・・・・・・

国家のあらゆる部門を見回してみたまえ。すべてが法の支配と統御の下にあることが分かるであろう。〉

贅言を要しないであろうが、法により尊厳・自由・公正が確保しうるのであるから、逆説ではあるが法の奴隷になること、法に服することで人間の本性を発展させることができるとキケロは主張しているのである。そうすると法の支配は自由獲得の欠くべからざる条件ということになろう。

したがって、ローマ人民の自由の根源を解き明かしたリウィウスの『ローマ建国史第二巻』の冒頭が次の文言で始まって[31]いるのはいわば当然のことだったのである。

〈Liberi iam hinc populi Romani res pace belloque gestas, annuos magistratus, imperiaque legum potentiora quam hominum peragam.〉

〈ここから先は、今や自由となったローマ人民の平時、戦時の事跡、年ごとの公職者、人間の支配よりも強力な法の支配を論ずることにしよう。〉

(28) キケロ『国家論』第三巻二二。邦訳については岡道男訳『国家について』（キケロ選集八）（岩波書店、一九九九年）一一三－一二四頁、岡道男訳注「マールクス・キケロー『国家について』（二）」同志社法学一〇九号（一九六九年）四六頁を参照されたい。

(29) Alexander Passerin d'Entrèves, Natural Law, 1951 (1994), pp.25. 邦訳としてA.P.ダントレーヴ（久保正幡訳）『自然法』（岩波書店、一九九二年）二三－二四頁を参照されたい。

(30) キケロ『クルエンティウス弁護』五三。邦訳については上村健二訳『クルエンティウス弁護』（キケロ選集一）（岩波書店、二〇〇一年）一七五－一七六頁を参照されたい。

(31) リウィウス『ローマ建国史 第二巻』一。邦訳は、岩波文庫版の鈴木一州訳『ローマ建国史（上）』一五二頁、リウィウス（岩谷智訳）『ローマ建国史以来の歴史 一』（西洋古典叢書）（京都大学出版会、二〇〇八年）一二八頁を参照されたい。

五 法の支配と立憲国家

中世の法観については聖トマス・アクィナスに聞くのがよかろう。『神学大全』Ⅱ―Ⅰ第九〇問題[32]が法の本質を考究したものである。その根底には、「善へと動かす外的根源は神であり、神は我々を法によって教導し、恩寵によって助ける」[33]という見地がある。そして、法は理性に属するものであること、法は共通善に秩序づけられていること、法を制定するのは民衆全体か民衆全体の配慮を行う公職者であること、法が効力を有するためには公布される必要があることを確認した後に法を次のように定義している[34]。

〈Et sic ex quatuor praedictis potest colligi definitio legis, quae nihil est aliud quam quaedam rationis ordinatio ad bonum commune, ab eo qui curam communitatis habet, promulgata.〉

〈かくして、既述の四点を総合して法の定義が得られる。それは、共同体の配慮に与る者によって制定・公布されたところの理性による共通善への何らかの秩序づけにほかならない。〉

法が理性による共通善への秩序づけを目的とするというのうは、ロマーノの法＝法秩序論に通じるものがあると思われる。また、法の制定者を人民またはその代理に求めているのも古代ローマ以来の人民による法律の制定という伝統に忠実である。(35)

法の本質が把握された後に、法の多様性を考察し、法には永遠法（lex aeterna）、自然法（lex naturalis）、人定法（lex humana）、神法（lex divina）があるという。法の支配の観点からは人定法についての考察が注目される。

そして、『神学大全』Ⅱ—Ⅰ第九五問題第一項に次の記述がある。(36) 哲学者が『政治学』第一巻で述べているように、「人間は、もし徳において完全であるならば、動物のうちで最善のものであるが、法と正義から離れてしまえば、すべての動物のうちで最悪である」から、人々の平和と徳のために法が制定される必要があった。(37) このように法の支配の必要性が確認されると、さらに、「人々の裁定にはできるだけ僅かのことが委ねられる必要があった」(38)。

稲垣良典は、トマスが、「人による支配」に対する「法の支配」の優越性を見ていたことの例証として、この記述を挙げている。(39) おそらく正当な指摘であろう。

近代における法の支配については周知のところであるが、国ごとに若干の違いがあるようにも思われる。行政権の行使に法の枠をはめることに着目するドイツの法治国家（Rechtsstaat）、一般意思の表明である法律の全権に依拠するフランスの法治国家（État de droit）、司法による権利救済が中心となる英米の法の支配（Rule of law）に分類することができよう[40]。

ドイツについてはオットー・マイヤーの定義が参考になろう。彼によれば、「法治国家とは、警察国家と同様に、国家がいかにして活動するかというその態様を特徴づけるものであり、そして実に警察国家と対蹠的なところは、国家活動全般を法の方法によって（in der Weise des Rechts）規定するところにある[41]」。換言すれば、「法治国家とは、よく秩序づけられた行政法を有する国家[42]」のことであり、また「法治国家とは、行政が可能な限り、司法の型をとることを意味する[43]」。当時のドイツの自由主義階級による強大な君主権力の制約を法の次元で実現することを狙ったものといえよう。

フランス革命は絶対王制と断絶するものではなく、国民議会がそれに取って代わったものであり、巨大な中央権力を生み出し、法律が聖化されることになった。これがフランスにおける法治国家（État de droit）の特色であるといえよう。トクヴィルは、革命後の新事態と旧体制を比較したミラボーの国王宛の手紙の一節を『アンシャン・レジームと革命』において引用しているが、そこには次のように書かれていた。「唯一の市民階級のみを形成するという理念は、リシュリューを喜ばせたことでしょう。この平等な表面は権力の行使を容易にします。絶対王制の多年の統治は、革命がただの一年で王権のために果たしたことを遂行しえなかったのです[44]」。これによりローマ帝国崩壊以来の巨大な中央権力が登場したことが理解できよう。分割しえない一般意思の表明としての法律については人権宣言の第六条に規定されているが、同四条及び五条を見れば法律が全権を有していることが分かるであろう。ここから法典化の理念が登場する。一七九一年憲法第一編「憲法により保障される基本規定」は、最後に次のように述べている。「王国全体に共通な市民法典（un Code de lois civiles）が制定される」。そして法律の神聖化がなされたことについては、ヴィクトル・ユゴーの小説『九十三年』の第三編　国民公会の一の三の叙述が参照さるべきである[45]。

憲法典なきイギリスにおける憲法の基本原則を成す法の支配につきダイシーは三つの観念を挙げている(46)。第一は、恣意的権力の欠如であるが、このことはすべての人が通常裁判所の管轄に服することを意味する。これが第二の観念である。第三に、裁判所の判決の集積が憲法の一般原則を成すことである。これは法治国家の第三のヴァージョンである司法権型と捉えることができよう。

さて、憲法典が存在するときにはどうなるのか。世界最初の憲法典を誕生せしめたアメリカ合衆国における法の支配を見てみよう。「合衆国政府は、人の支配ではなく法の支配に依拠していることを誇りとしてきた。もし、既得権の侵害に対して法が何らの救済を与えないとしたら、合衆国政府はこの高名に値しないものになろう」。一八〇三年のマーベリー判決(47)は、このように言う。問題は、この法の中に憲法に反する議会制定法（act）が含まれるかということである。人民が始原的権利を有する合衆国においては、「立法府の権限は、限定され、制限されている。この制限が見失われることのないように、あるいは忘れ去られることのないように、憲法が成文化されたのである」。こそして、「憲法は通常の方法では変更できない上位の至高の法である」。そうすると、「成文憲法を制定したすべての人々は、基本的で至高の国家法を作成しているものと考えていたことは確かであり、従って、かかる統治理論は、憲法に反する法律は無効であるということでなければならない」。「この理論は成文憲法に本質的に付随するものであり、当裁判所も、これをアメリカ社会の基本原理の一つであると考えなければならない」。

かくして、〈法の支配の観念〉と〈憲法の最高法規性の観念〉が結合することにより司法審査制が誕生することになった(48)。ただ留意しなければならないのは、法の二つの要素すなわち実力と正義のうち前者は議会制定法に残ったが、後者は憲法に取り入れられることになったことである。アンティゴネのノモスは憲法典として合衆国において復活し、クレオンの法は議会制定法となりアンティゴネのノモスに反することはできなくなったのである。したがって古典古代からの法の支配の理念は立憲国家として再生したといってよかろう(49)。ここでいう立憲国家とは立憲主義に依拠する国家のことをいう。(50) 佐々木惣一は、「立憲主義は現今世界文明国の政治上の大則であ」ると喝破し、「政治の大則が憲法に依って定めって居る」のが立憲政治であり、「立憲政治の下に在っては、政治の準則が定まって居るから、政治は其の準則に拘束せられる」と説いた。(51)

(32) Sancti Thomae de Aquino, Summa Theologiae, Editiones Paulinae, 1989, 939ss. 邦訳は、『トマス・アクィナス 神学大全 第一三冊』（創文社、一九七七年）を参照されたい。
(33) Sancti Thomae de Aquino, op.cit., 939. 邦訳は、前注・訳書一頁を参照されたい。
(34) Sancti Thomae de Aquino, op.cit., 942. 邦訳は、注(32)・訳書一二頁を参照されたい。
(35) 井口文男「憲法と民主制」岡山大学法学会雑誌第五三巻第三・四号（二〇〇四年）四九頁を参照されたい。
(36) Sancti Thomae de Aquino, op.cit., 959. 邦訳は、注(32)・訳書九一頁を参照されたい。
(37) ここで「哲学者」というのはアリストテレスのことである。『政治学』第一巻第二章一二五三a三一の引用であるが、若干の違いがある。「人間は、完成されたならば、動物のうちで最善のものであるが、法と正義から離れてしまえば、すべての動物のうちで最悪である」。すなわち古典ギリシャ語原文には「徳において」との語がない。
(38) Sancti Thomae de Aquino, op.cit., 959. 邦訳は、注(32)・訳書九二頁を参照されたい。
(39) 稲垣良典『トマス・アクィナス』（講談社学術文庫、一九九九年）四三一頁。
(40) Zagrebelsky, op.cit.,pp.97. また、Gustavo Zagrebelsky, Il diriito mite, Einaudi, 1992, pp.20 も参照されたい。
(41) Otto Mayer, Deutsches Verwaltungsrecht, 1. Band, dritter Auflage, Duncker & Humblot, 1923 (1969), S.58. なお、塩野宏『オットー・マイヤー行政法学の構造』（有斐閣、一九六二年）九五頁以下も参照されたい。
(42) Otto Mayer, a.a.O., S.58.
(43) Otto Mayer, a.a.O., S.62.
(44) Alexis de Tocqueville, L'Ancien Régime et la Révolution, Flammarion, 1988,p.104. 邦訳は、A・de トクヴィル（井伊玄太郎訳『アンシャン・レジームと革命』（講談社学術文庫、一九九七年）一〇九頁以下を参照されたい。
(45) とりあえず、『ヴィクトル・ユゴー文学館 第六巻』（潮出版社、二〇〇〇年）一四八頁を読まれたい。

(46) A.V.Dicey, An Introduction to the Study of the Law of the Constitution, Macmilian, 1915 (1967), pp.183. A・V・ダイシー(伊藤正己・田島裕共訳)『憲法序説』(学陽書房、一九八三年)一八三頁以下。

(47) Marbury v. Madison, 1 Cranch (5U.S.) 137 (1803).

(48) 周知のごとく、この観念は、『ザ・フェデラリスト』第七八編においてハミルトンが示していた。また、土井真一「法の支配」大石眞・石川健治編『憲法の争点』(有斐閣、二〇〇八年)四頁も参照されたい。

(49) ザグレベルスキは言う。「憲法は、法の有する正義としての側面を復活せしめたものであり、しかもそれは現在において唯一可能な方法である」。Zagrebelsky, supra nota 18, p.157. なお、長谷部恭男「立憲主義」前注六頁も参照されたい。ただし、古代ギリシャや中世ヨーロッパに立憲主義が存在していたという見解は支持しえない。立憲主義は近代になって登場したものである。したがって、立憲主義に広狭二つの意味があるというのは、誤解に基づくものといわざるをえない。

(50) 我が国では、「立憲国家とは、現在では人類の文化財」であるというヘーベルレの理論が普及している。P・ヘーベルレ(井上典之・畑尻剛編集)『文化科学の観点からみた立憲国家』(尚学社、二〇〇二年)一七頁を参照されたい。しかしながら、そこでいう文化科学の概念が広範にして人類の営為すべてを含むのであれば、結局何も言っていないこととかわりはないであろう。今日の立憲国家が人類の共生の視点から、その中への〈取込み(inclusion)〉と〈締出し(exclusion)〉の行為を敢行しなければならないことについては、Gustavo Zagrebelsky, Fragilità e forza dello Stato costituzionale, Editoriale Scientifica, 2006 を参照されたい。

(51) 佐々木惣一『立憲非立憲』(弘文堂、一九一八年)一頁、二一頁。

六 おわりに

以上の考察を踏まえて、「はじめに」で言及した宮沢・尾高論争を逆照射することにしよう。この論争の憲法学における標準的な受け止め方は次のようなものであろう。太平洋戦争で完敗し消滅の瀬戸際に追い込まれた天皇制に対し、歴史の継続という見地から新憲法における国民主権と天皇制との真の調和を説いて救いの手を差し伸べたのが、尾高の理論であり、そのために「ノモスの主権」という面妖な言辞を持ち出したのである。これに対し、宮沢は、主権を「政治のあり方を最終的に決定する力あるいは意志」と捉え、かかる意味での主権の主体は君主か国民かということにならざるをえないと説いたうえで、大日本帝国憲法下の天皇主権と日本国憲法下の国民主権とは原理的に両立不可能であると主張し、両者の間の断絶を強調した。このように、当時の歴史的変革を正確に認識して国体の変更を承認した宮沢説は、その後の憲法学の通説の地位を占めるようになった(52)。

憲法学者であれば心情的にも同業の宮沢に与したくなることは理解できないわけではないが、従来の評価とは異なる視点を提示する研究も登場してきている(53)。これまで憲法学においては尾高理論の基礎にあるフッサールの現象学(54)に注目がいくことはなかったようであるが、時本義昭は、この点で尾高の理論は、「異彩を放っていた」としたうえでノモス主権論の独自性に言及している。さらに、フランスの理性主権論と類似する面もあり、その意味ではノモス主権論に「一定の普遍性があるのではないか」という。また、主権の帰属主体であるノモス、理性、国民がともに「自ら主権を行使しえない抽象的存在であるとするならば」、この三者は同一の意味を有することになり、宮沢と尾高の対立は雲散霧消することになる。

確かに主権論のレベルにおいてはこのような捉え方にも一理あるものと思われる。ただ、天皇の代替わりも行われ、国民主権の下での象徴天皇が定着してきたとみなしてよかろうと思われる今日の時点からこの論争を回顧してみると、事態は尾高の想定した「新しい時代にふさわしい新しい天皇制の姿(55)」を求める方向で進行したようにも思われる。その理由は何か。

フッサールを哲学上の師とする尾高の視野は広くて深く、しかも時局に敏感に対応しえるものでもあった。これを国の政治に応用すれば次のような認識となる。「民主主義の社会でも、権力は少数者によって行使される。大衆が権力の行使にあたるということは、政治社会の統一を保つ上からいって、現実には考えられ得ない(56)」。すなわち、「政治社会は、その機能の本質からいって、権力のピラミッドを必要とする。しかも、それと同時に、発達した民主主義の下では、政治社会における主権は国民に存することが要請されている」[57]。この必要と要請という逆方向のベクトルを結合するのが国民代表と多数決の原理である。このように当為としての国民主権に事実の裏付けを与えるためには、「国民のための政治を国民の力によって築き上げて行く道」を開かなければならない[58]。すなわち尾高は、国民主権を天皇制の下で現実化していくことの可能性を自己の理論の下で真摯に探究し、その結果、実力と正義を体現するノモスにかなった政治の実現にそれを求めたといえるだろう。本稿の立場からいえば、法の支配の理念を継承した日本型立憲国家を太平洋戦争敗戦後の日本において樹立しなければならないと説いたのである。

これに対し、宮沢のいう天皇主権と国民主権の原理的相違及びその意味での国体の変更は、尾高のいうとおり、新旧両憲法の第一条を読み比べればただちに分かることである[59]。この当然の事理を指摘するのみでは日本という国の進路は何ら明らかにならない。やはり宮沢の態度には事態の本質を認識しながら拱手傍観しているソフィスト的色彩が強く見られると評価せざるを得ない[60]。

さて、「憲法叢書・統治の思想としくみ」の劈頭を飾る大石眞『立憲民主制』によれば、政治共同体における「国家性」は、「政治権力の働きによって政治社会の存立と維持を図る」という関係であるが、その作用が「規則性と定型性をもって行われる」ためには、「国家性は、何らかの準則に適合しつつ表出されるべきであるという要請が生まれる」[61]。これが「法治性」の原理と呼ばれる。この国家性の要求と法治性の原理の対立をいかに調整すべきかが立憲主義の課題となる。国家権力の行使の様式を定めると同時にその制約をも課するのが憲法であるとすれば、この調整ほど悩ましいものはないであろう。尾高は、政治にも則るべき筋道があるとし、それを「政治の矩」と名づけ、あるいは「ノモス」と呼び、政治と法の狭間で苦しむ者に準拠すべきものを提供したのである。私見によれば尾高の理論的営為は憲法学に従事する者の共有財産とされてしかるべきものである。

(52)　たとえば、杉原泰雄『国民主権の研究』（岩波書店、一九七一年）九頁を参照されたい。しかしながら、杉原が、この論争を、「宮沢教授の徹底的な勝利であった」（同書同頁）とか、「宮沢説の勝利であり、尾高説の敗北である」（同書一一頁）というのは余りにも皮相で無邪気な評価といわざるをえない。まず、学問上の論争は、スポーツとか囲碁の争いと同様にどちらが勝ったかという視点から捉えられるものではなかろう。この点では、前掲・注(9)尾高論文一頁及び七頁も見られたい。次に、論争当時の雰囲気を知る者が次のように報告していることに留意する必要があろう。「互いに敬愛する同僚でもあったこの独特の個性ある二人の権威が、力をつくして切りむすんだ主権論争は、それじたいとして見事な学問的景観であったし、戦後の憲法理論史上に残る一つのモニュメントにもなったといえよう」（小林直樹「宮沢憲法学の軌跡」ジュリスト六三四号（一九七七年）二〇頁。圏点引用者）。この「打ちかけ」となった論争に安易な断定を下すことは責任ある研究者のとる態度ではない。これに対し、岡田信弘「主権論の五〇年」樋口陽一ほか編『憲法理論の五〇年』（日本評論社、一九九六年）五頁は、「両者の議論は十分に噛み合っていたとはいえない」、「両者はお互いの問いに答えていない」という。この評価には違和感があるが、おそらく両者の議論の〈次元〉の捉え方に関わってくるのかもしれない。

(53)　時本義昭「ノモス主権と理性主権」龍谷紀要第二九巻第二号（二〇〇八年）一頁、同『国民主権と法人理論』（成文堂、二〇一一年）。

(54)　この点については、尾高朝雄『国家構造論』はしがき（岩波書店、一九四八年）を参照されたい。

(55)　前掲・注(2)尾高二〇六頁。

(56)　前掲・注(9)尾高論文一五-一六頁。

(57)　前掲・注(9)尾高論文一六頁。

(58)　前掲・注(9)尾高論文二五頁。

(59)　前掲・注(9)尾高論文一八頁、二六頁。この論争以前に尾高は次のように述べていた。「純粋の法理論からいへば、今度の憲法によって、明治憲法の宣明する「国体」が変革されたといふことは、ほとんど不可避の結論であると思はれる」（尾高朝雄「国民主権と天皇制」国家学会編『新憲法の研究』（有斐閣、一九四七年）一九頁）。

(60)　宮沢の第二論文は「ノモスの主権とソクラテス――ふたたび尾高教授の理論をめぐって」と題して国家学会雑誌第六二巻一〇・一一・一二号（一九四九年）一頁に公表されたが、国家学会雑誌第六四巻一号（一九五〇年）九六頁において訂正がなされた。それによると、表題は、「ノモスの主権とソフィスト」（圏点原文）が正しいとのことである。しかも、「校正の誤りではなくて、私自身の原稿の書き誤りである」という。ソクラテスとソフィストを書き誤るというのは通常想定しがたいことではある。事情は不祥であるが、何か腑に落ちないものがない訳ではない。なお、宮沢の論文二本は、その後宮沢俊義『憲法の原理』（岩波書店、一九六七年）に収録された。尾高の論文二本は、尾高朝雄『国民主権と天皇制』（青林書院、一九五四年）に収録された。

（61）大石眞『立憲民主制』（信山社、一九九六年）一六―一七頁。かかる問題意識の下で二〇世紀末から二一世紀初頭の日本における憲法秩序の変動を活写したものとして、同『憲法秩序への展望』（有斐閣、二〇〇八年）がある。

六　おわりに

4　韓国憲法における民主主義理念の変遷

國分典子

曽我部真裕・赤坂幸一　編
大石眞先生還暦記念
『憲法改革の理念と展開（上巻）』
二〇一二年三月　信山社

4　韓国憲法における民主主義理念の変遷［國分典子］

一　はじめに

制定以来、一度も改正を経験していない日本国憲法と比べて、同じく第二次世界大戦後に成立した大韓民国憲法は、一九四八年の憲法制定以降、長い独裁政権時代を経つつ、何度も改正を繰り返してきた。その改正はしばしば、体制の正当化を目的として行われている。しかしその中でも建国以来、変わらずに強調されてきたのが民主主義であった。民主主義については、制憲憲法以来今日まで、一条で「民主共和国」であることが謳われるとともに、前文で言及されている。

制憲憲法以降、前文が書き換えられたのは、六二年の第三共和国憲法、七二年の第四共和国憲法（「維新憲法」と呼ばれる）、八〇年の第五共和国憲法、そして今日の第六共和国憲法（八七年）の計四回であるが、いずれの前文でも民主国家の建設や民主改革が謳われ、制憲憲法および第三共和国憲法では「民主主義諸制度」の確立が、第四共和国憲法以降は「自由民主的基本秩序」を一層確固にすることが述べられている。韓国憲法が掲げた民主主義理念とは具体的にどのようなものであったのか。またそれは現在に至るまでの政治的変化に関連してどのように変遷を遂げてきたのか。このことを考えるのに学説上ひとつの論点となっているのが、「民主的基本秩序」や「自由民主的基本秩序」ということばの意味である。

現在の第六共和国憲法では、前記の前文、一条のほか、「統一条項」と呼ばれる四条、「政党条項」の八条でも、以下のように「民主」に言及されている。

四条　大韓民国は、統一を指向し、自由民主的基本秩序に立脚した平和的統一政策を樹立し、これを推進する。
八条　①政党の設立は自由であり、複数政党制は保障される。

② 政党は、その目的、組織および活動が民主的でなければならず、国民の政治的意思形成に参与するのに必要な組織を有しなければならない。
③ 政党は、法律の定めるところにより、国家の保護を受け、国家は法律の定めるところにより、政党運営に必要な資金を補助することができる。
④ 政党の目的または活動が民主的基本秩序に違背するときは、政府は、憲法裁判所にその解散を提訴することができ、政党は、憲法裁判所の審判により解散される。

このうち、八条の政党条項はたたかう民主制の観点から考察され、国家保安法との関係で問題とされてきた。本稿では、韓国憲法の変遷のなかでの「民主的基本秩序」と「自由民主的基本秩序」の意味を巡る議論を基礎に、韓国憲法の目指す民主主義がどのように具体化されてきたのかを考察することとしたい。

韓国憲法における前文の変遷

1948年	1962年
制憲憲法	第三共和国憲法
悠久の歴史と伝統に輝く我が大韓国民は、己未三一運動で大韓民国を建立して世界に宣布した偉大な独立精神を継承し、ここに民主独立国家を再建するに際し、正義人道及び同胞愛をもって民族の団結を鞏固にし、すべての社会的弊習を打破し、民主主義諸制度を樹立して政治、経済、社会、文化のすべての領域において各人の機会を均等にし、能力を最高度に発揮させて各人の責任と義務を完遂させ、内には国民生活の均等な向上を期し、外には、恒久的な国際平和の維持に努力して我ら及び我らが子孫の安全と自由と幸福を永遠に確保することを決議し、我らの正当かつ自由に選挙された代表により構成された国会で檀紀四二八一年七月一二日この憲法を制定する。	悠久な歴史と伝統に耀く我が大韓国民は、三・一運動の崇高な独立精神を継承し、四・一九義挙と五・一六革命の理念に立脚して新たな民主共和国を建設するに際して、正義・人道と同胞愛をもって民族の団結を強固にし、すべての社会的弊習を打破し、民主主義諸制度を確立して政治・経済・社会・文化のすべての領域において各人の機会を均等にし、義務を完遂させ、内には、国民生活の均等な向上を期し、外には、恒久的な世界平和に尽くすことにより我ら及び我らが子孫の安全と自由及び幸福を永遠に確保することを誓い、一九四八年七月一二日に制定された憲法をここに国民投票により改正する。

1987 年	1980 年	1972 年
第六共和国憲法	第五共和国憲法	第四共和国憲法 維新憲法
悠久の歴史と伝統に輝く我が大韓国民は、三・一運動により建立された大韓民国臨時政府の法統及び不義に抗拒した四・一九民主理念を継承し、祖国の民主改革と平和的統一の使命に立脚して正義・人道及び同胞愛をもって民族の団結を強固にし、すべての社会的弊習と不義を打破し、自律と調和を基礎として自由民主的基本秩序をより一層確固にし、政治・経済・社会・文化のすべての領域において各人の機会を均等にし、能力を最高度に発揮させ、自由及び権利に伴う責任と義務を完遂させ、内には国民生活の均等なる向上を期し、外には恒久的な世界平和と人類共栄に尽くすことにより、我らと我らが子孫の安全と自由と幸福を永遠に確保することを誓いつつ、一九四八年七月一二日に制定され、八次にわたって改正された憲法を、ここに国会の議決を経て、国民投票により改正する。	悠久な民族史、輝く文化そして平和愛護の伝統を誇りとする我が大韓国民は、三・一運動の崇高な独立精神を継承し、祖国の平和的統一及び民族中興の歴史的使命に立脚した第五民主共和国の出発に際して正義・人道及び同胞愛をもって民族の団結を強固にして、すべての社会的弊習及び不義を打破し、自由民主的基本秩序をより一層確固にして政治・経済・社会・文化のすべての領域において各人の機会を均等にし、能力を最高度に発揮させて、自由及び権利に伴う責任及び義務を完遂させ、内には、国民生活の均等な向上を期し、外には、恒久的な世界平和と人類共栄に尽くすことにより我らと我らが子孫の安全と自由と幸福を永遠に確保する新たな歴史を創造することを誓いつつ一九四八年七月一二日に制定され、一九六〇年六月一五日、一九六二年一二月二六日及び一九七二年一二月二七日に改正された憲法をここに国民投票により改正する。	悠久の歴史と伝統に輝く我が大韓国民は、三・一運動の崇高な独立精神と四・一九義挙及び五・一六革命の理念を継承し、祖国の平和的統一の歴史的使命に立脚して自由民主的基本秩序をより一層強固にする新しい民主共和国を建設するに際して、政治・経済・社会・文化のすべての領域において各人の機会を均等にし能力を最高度に発揮させて責任と義務を完遂させ、内には、国民生活の均等な向上を期し、外には、恒久的な世界平和に尽くすことにより我らと我らが子孫の安全と自由と幸福を永遠に確保することを誓いつつ、一九四八年七月一二日に制定され、一九六二年一二月二六日に改正された憲法をここに国民投票により改正する。

二　「民主的基本秩序」についての学説

(一)　金哲洙の見解

先に前文の変遷について、一九七二年憲法から「自由民主的基本秩序」という言葉が入ったことを述べたが、「民主的基本秩序」という言葉はこれより早く一九六〇年の第二共和国憲法一三条二項において用いられている。同項は先に挙げた現在の八条のもととなった条文で、政党の解散を規定しており、

「政党は、法律の定めるところにより国家の保護を受ける。但し、政党の目的または活動が憲法の民主的基本秩序に違背するときには、政府が大統領の承認を受けて訴追し、憲法裁判所が判決により政党の解散を命ずる」

としていた。この政党解散条項はその後の憲法でも受け継がれ、第三共和国憲法七条三項では、

「政党は、国家の保護を受ける。但し、政党の目的または活動が民主的基本秩序に違背するときには、政府は、大法院にその解散を提訴することができ、政党は、大法院の判決により解散される」

と規定された。第二共和国憲法は憲法裁判所制度を採っており、第三共和国憲法はアメリカ的な違憲審査制度を採っていたことから来る違いはあるが、二つの条文はほぼ同様な文言になっている。しかし、この二つの「民主的基本秩序」の意味内容については、当初から金哲洙により両者の相違が指摘された。以下、第三共和国時代に著された一九六四年のかれの論文における考察を見ておこう。

金哲洙は、第二共和国憲法一三条二項の「民主的基本秩序」については、韓泰淵の教科書を引用し「『憲法の民主的基本秩序』とは政党条項を規定した同条項の場合にのみ適用される規定ではなく、わが憲法秩序においての『す

べての行為の統一的基準となっている』とみて、それは『基本権の第一次的制限を意味するいわゆる一般的な憲法の留保』と考えられ、『わが憲法の全体を支配している窮極的な実定法上の価値基準を意味する』とされ、ひいては『憲法改正の限界、刑法、特に国家保安法による保護の対象、憲法裁判所の憲法解釈における実定法上の解釈の基準を意味する』と考えられていた」と述べている。そして「この見解は第三共和国憲法においても引き続き維持されている」と通説的見解を紹介した上で、第二共和国憲法と第三共和国憲法の「民主的基本秩序」の意味を同一視する通説の見方を批判しているのである(1)。

金哲洙が着目するのは、

一、「憲法の民主的基本秩序」(第二共和国)と「民主的基本秩序」(第三共和国)の文言の違い

二、第二章「国民の権利義務」から第一章「総綱」への条文の移行

三、西ドイツ基本法の「自由民主的基本秩序」(freiheitliche demokratische Grundordnung)(2)と第三共和国憲法の「民主的基本秩序」の異同

である。韓国の政党解散条項は、当時の西ドイツ基本法を範とするものであった。たたかう民主制を採るとされる西ドイツ基本法は二一条の政党条項以外に一八条の基本権喪失条項でも「自由民主的基本秩序」(freiheitliche demokratische Grundordnung)という文言を用い、さらに七九条三項では、一条、二〇条を挙げて、自由民主的基本秩序と並び、連邦制、共和制等を改正の限界としている。金哲洙は、西ドイツ基本法で複数政党制を保障する二一条は七九条三項の対象になっていないことを指摘し、この点からして「民主的基本秩序」が憲法の限界と同義語になるわけではないと述べる(3)。また、西ドイツ刑法において「国家危害に関する犯罪の保護法益は憲法の基本原則であって、憲法上の自由民主的基本秩序それ自体ではない」こと、西ドイツでは、憲法秩序への抵触すべてが自由民主的基本秩序への抵触ではないが、自由民主的基本秩序への抵触はすべて憲法秩序への抵触と考えられること、「自由

民主的基本秩序」は「民主的基本秩序」のなかでも「西欧的自由民主主義の概念と結びつくもののみ」を指すと考えられることにも言及している[5]。

こうした西ドイツ基本法の理解は、前述の第二共和国と第三共和国の条文理解にどのように結びつくのか。金哲洙は、西ドイツの「自由民主的基本秩序」と「韓国憲法の民主的基本秩序」は異なり、また「単なる『民主的基本秩序』」と「韓国『憲法の民主的基本秩序』」も異なるのだとしている。このうち後者の点については、「民主的基本秩序」が「一般的憲法概念」であるのに対し、「憲法の民主的基本秩序」は特殊憲法的な「民主的基本秩序」を指すとする。すなわち、「民主的基本秩序」は「特殊な制度を述べるというよりは、民主的立憲国家の最上の根本価値であるということができるものであって、窮極的には憲法に根拠づけられた憲法政策的な決断であり、施策的憲法たる民主的根本規範であるといえる[6]」と説明されている。このことは第二共和国憲法のいう「憲法の民主的基本秩序」が憲法に具体化された秩序を意味するのに対し、第三共和国憲法の「民主的基本秩序」はおよそ広く「民主的」という概念に包含しうるすべてを含みうる内容をもつものであると捉えることを意味した。

このように考えた場合、政党解散条項は恣意的に用いられる可能性がある。このため、金哲洙は第三共和国憲法七条三項を「国家機関としての政党の解散に関する規定ではな」く「憲法制度である政党を政府の恣意的な解散から保護するための規定」と捉え、厳格解釈の必要を主張している[7]。

こののち、前述のように、一九七二年の第四共和国憲法においては前文に「自由民主的基本秩序」ということばが盛り込まれる一方で、政党解散条項はそのままの形で残されたが[8]、金哲洙は同憲法下でも同様の議論をしており、「単純な『民主的基本秩序』は一般憲法的な概念である。形式論理上、民主的基本秩序は自由民主主義と社会民主主義等を内包する上位概念であり、それらの共通概念であるといえよう。特にわが憲法が『民主的基本秩序』と『自由民主的基本秩序』を区分しているのは、現行憲法が自由民主的基本秩序への過渡的憲法であることを強調しているものであるといえよう。従って自由民主的基本秩序は指向しなければならない理念であり、現実は自由民主的基本秩序のみであるとはいえないのである」[9]と憲法上の二つの概念を説明している。

なお、「民主的基本秩序」の具体的内容としては、かれは、基本権尊重、国民主権、権力分立、政府の責任、法治主義、司法権の独立、複数政党制、社会正義原理（＝経済的・社会的民主主義）、国際平和主義を挙げている。

(二) 権寧星の見解

以上のような金哲洙の見解に対しては、権寧星が批判を加えている。かれによれば、第一に、四・一九学生革命による民主化によって成立した第二共和国憲法の「民主的基本秩序」は「西欧民主主義をその内容とする一般憲法的なものであることは疑問の余地がない」[10]。金哲洙の解釈については、「法実証主義的」ないし「概念法学的」であるとし、西欧民主主義を指向する第二共和国憲法よりも第四共和国憲法の「民主的基本秩序」のほうが「特殊憲法的」、「韓国に特殊ないわゆる韓国的民主主義」であると述べるとともに、政党解散条項における「民主的基本秩序」を「自由民主的基本秩序」より広い概念だとすると、結果的には金哲洙のいう「厳格解釈」ではなく「拡大解釈」になってしまうと指摘している[11]。

権寧星は、韓国憲法上の「民主的基本秩序」は西ドイツ基本法の一八条、二一条と同趣旨であるとみて[12]、「近代史において、自由主義と民主主義はその対立勢力である絶対君主主義に対する闘争の過程で必然的に結合するようになったのみならず、民主主義は理念的にも暴力的・恣意的な支配を意味する全体主義を否定するものであって、自由主義的要素を取り除いた民主主義を考えることはできない」とし、「自由民主的基本秩序」と「民主的基本秩序」を同じとする通説的な見方を支持している[13]。

さらにかれは、この「自由民主的基本秩序」と同置される「民主的基本秩序」は「憲法制定権者の政治的決断を意味する大韓民国の建国理念であると同時に憲法の基本原理と基本秩序を意味する」[14]と述べ、これが「最高規範」として憲法改正の限界となるとともに、「すべての法解釈の基準」となるとみている。[15]
またこのように理解される「民主的基本秩序」の内容としては、主権在民、基本的人権の尊重、権力分立、司法権の独立、法治主義、複数政党制と政党活動の自由、国際的平和主義が挙げられている。[16]

(1) 金哲洙「民主的基本秩序」法政一九巻一号（一九六四年一月）七頁。
(2) 日本語で「自由な民主的基本秩序」と訳されることの多い freiheitliche demokratische Grundordnung の訳語については、後述のように韓国では議論のあるところである。
(3) 金哲洙、前掲注(1)「民主的基本秩序」七頁。
(4) *Gerhard Leibholz*, Strukturprobleme der modernen Demokratie, Karlsruhe 1958, S.132ff. が引用されている。
(5) 金哲洙・前掲注(1)「民主的基本秩序」七-八頁。
(6) 金哲洙・前掲注(1)「民主的基本秩序」八頁。
(7) 金哲洙・前掲注(1)「民主的基本秩序」一〇頁。
(8) 第四共和国憲法の政党解散規定は以下の通りである。
第七条　①政党の設立は、自由であり、複数政党制は、保障される。
②政党は、その組織及び活動が民主的でなければならず、国民の政治的意思形成に参与するのに必要な組織を有しなければならない。
③政党は、法律が定めるところにより国の保護を受ける。但し、政党の目的若しくは活動が民主的基本秩序に違背し、又は国家の存立に危害となるときは、政府は、憲法委員会にその解散を提訴することができ、政党は、憲法委員会議決定により解散される。
なお、憲法委員会は第四共和国憲法下の違憲審査機関である。
(9) 金哲洙「自由民主的基本秩序와 民主的基本秩序」考試研究六八号（一九七九年一一月号）一五-一六頁。
(10) 權寧星「民主的基本秩序」考試研究六四号（一九七九年七月号）四六頁。
(11) 權寧星・前掲注(10)「民主的基本秩序」四六頁。

(12) 権寧星・前掲注(10)「民主的基本秩序」四八頁。
(13) 権寧星・前掲注(10)「民主的基本秩序」四七頁。
(14) 権寧星・前掲注(10)「民主的基本秩序」五二頁。
(15) 権寧星・前掲注(10)「民主的基本秩序」五二-五三頁。
(16) 権寧星・前掲注(10)「民主的基本秩序」四九-五二頁。

三 韓国民主主義の変遷

(一) 第三共和国における議論

韓国憲法学の重鎮である上述の二学者の議論の中心は、①政党条項の「民主的基本秩序」は「自由民主的基本秩序」と同義なのか、②第三共和国の「民主的基本秩序」は特殊韓国的なものなのか一般的な概念なのか、という二点であった。このうち、①については、すでに述べたように権寧星の理解が通説的立場であるといわれているし、②についても、権寧星の指摘のように第四共和国の実情は、「韓国的」な民主主義(この点については後述する)であったといえる。しかし、①について金哲洙のように「民主的基本秩序」を「自由民主的基本秩序」より広い概念だとみることは、——仮に概念自体を「拡大解釈」するものであるとしても——政党条項についていえば、社会民主主義的なものも含めてより広い政党を許容するものであるといえたし、②についても金哲洙の解釈は第四共和国の「韓国的」な性格に歯止めをかけるという実践的な意味をもつものであったということができよう。

ここで②の点との関連で、韓国憲法史の変遷のなかでの民主主義の意味変化の問題に触れておきたい。第二共和国においては、「権力分立や基本権の保障」とともに「多元的政党制が憲法の民主的基本秩序の内容をなす」と考えられたのに対し[17]、第三共和国憲法下では、解釈上の問題が学者の間で紛糾した。第三共和国では、前述のように七条三項の政党条項に「民主的基本秩序」の文言があったが、この政党条項に関連しては西ドイツのたたかう民主制との異同が研究の対象となった。ドイツのたたかう民主制の規定では、政党条項のみならず、自由な民主的基本秩序（freiheitliche demokratische Grundordung）に違背する者については基本権喪失も定められていた。さらに非常事態における制限もある。韓国憲法についても西ドイツと同様に考えるべきなのか(18)。

第三共和国憲法では、この問題は政党条項と基本権保障の三二条の関係の解釈を巡る議論となった。三二条は以下のように規定していた。

①国民の自由と権利は憲法に列挙されないという理由で軽視されない。

②国民のすべての自由と権利は秩序維持または公共の福利のために必要な場合に限り法律によって制限することができるが、制限する場合にも自由と権利の本質的な内容を侵害することはできない(19)。

「民主的基本秩序」が何かはそもそも明確に規定できるものではない。それが政党解散の根拠となるとすれば、恣意的な運用がされる可能性がある。人権の制限との関連で、三二条二項の「秩序維持」の概念のなかに政党条項の「民主的基本秩序」の維持が入るのかどうかが争点であった。さらにこのことは「民主的基本秩序」に基づく自由の制限が法律の留保の問題なのか一般的な憲法の留保の問題なのかにも関わるものと考えられた(20)。

「秩序維持」の中に「民主的基本秩序」の維持が包含されると考える立場に立てば、基本権はそれがよって立つ国家の基本秩序の枠内で享有されなければならず、憲法が形成している基本秩序は民主的基本秩序なのであるから、個人の自由・権利はこれにより制限されるという見方になる(21)。但し、この場合も本質的な内容は侵害できない。これに対し、反対論を展開したのが韓泰淵であった。韓泰淵によれば、政党を規制する七条三項が国民の基本権までを規制すると考えるのは問題となりうるし、また「秩序維持」と「公共の福利」を理由に個人の自由を制限する場合にはその「本質的内容」を侵害することはできない。しかし、こうした「秩序維持」と「公共の福利」はあくまで「民主的基本秩序」を前提とするもので、それ自体が「民主的基本秩序」を包含するものではない。すなわち「民主的基本秩序」は「秩序維持」や「公共の福利」よりも上位の概念であるというのが韓泰淵の見方であった。そのような意味で個人の自由が「民主的基本秩序」に違背するときにはその自由と権利の本質的な内容の侵害が可能であるということができる。七条三項の「民主的基本秩序」は法律の留保なくして、「基本権の第一次的制限を意味するいわゆる一般的な憲法の留保に関する条項」と考えられることの意味はそこにあると考えられたのであった[22]。こうした「憲法の留保」の考え方や国家や社会の安寧については国家保安法による人権軽視につながることへの危惧からの批判があった[23]。この批判の指摘は、第四共和国憲法下で事実となったのである。

(二)　第四共和国憲法と「韓国的民主主義」

朴正熙大統領は七一年の大統領選挙前に自らの三選を可能にする憲法改正を行い、選挙に勝利はしたものの、新民党の金大中候補と僅差に終わり、続く国会議員選挙でも野党が議席数を伸ばした。そんな中で一九七一年一二月六日に政府は「国内政局の安定と南北間の緊張緩和」を名目として国家非常事態を宣言し[24]、一九七二年一〇月一七日には「大統領の特別宣言」を出して非常戒厳を宣布した(一〇月維新と呼ばれる)。維新憲法と呼ばれる第四共和国憲法は、この非常戒厳下で作られたものであった。

朴正熙の一〇・一七宣言のなかでは、国際変化の下で極東の安全保障についても変化が表れていること、その中で北朝鮮との対話、平和的統一の模索が必要なことが述べられるとともに、そのためにも、「この国の自由民主主義をさらに健全で充実し、そして能率的なものに育成、発展させ」ることが大統領の「確固たる信念」であると述べられている[25]。これを受けて維新憲法では、「韓国的民主主義」が重視された。この憲法の成立にあたっての提案理由では、「現行憲法下における政治体制がもたらした国力の分散と浪費を止揚し、これを組織化して能率の極大化を期し、民主主義の韓国的土着化を可能にする維新改革を断行することのみが国家の安定と祖国の平和統一を約束する唯一の道であることを確信する」[26]と述べられている。さらに大統領の特別談話では、「われらの歴史と文化的伝統、そしてわれらの現実に最も適した国籍のある民主主義的政治制度を創造的に発展させ、これを信念をもって運営しなければならないものと信ずる」と述べられ[27]、「他人の民主主義を模倣だけすることにより貴重なわれらの国力をつまらなく消耗する」のではない「能率的な民主秩序」が必要であるとされた[28]。このようにして生まれた第四共和国の民主主義は、具体的には以下のような内実をもつものであった。

統治構造としては、権力分立よりも「権力統合主義」ないし「権力融和主義」が重視された[29]。憲法四九条は「大統領は必要と認めるときには、国家の重要な政策を国民投票にかけることができる」とし、国民投票による直接民主制を重視する結果として、大統領に権力を集中させた。こうした直接民主制の導入理由としては、国民主権主義の徹底や政府と国会の過激な対立による憲法秩序の破壊の予防といった理由のほかに「時代錯誤的な国家機能の麻痺や分散、そして国民意思の分裂の要因を盲目的な西欧模倣の『高度の政党国家制』および過度の権力分立制に見出し、国民投票を通じた権力構造の改編によりこれを止揚すること[30]」が考えられている。

前述の韓泰淵とともに第四共和国憲法の制定に関与したといわれている憲法学者葛奉根は、「元来、民主主義は韓国人にとっては慣れないことばであった」とし、これを日本による植民地からの解放とともに「外から導入された新たな『政治的象徴』」であったとみる[31]。葛奉根によれば、この外来の西欧的民主主義は韓国の伝統的な統治概念や土着の政治慣習と異なったために、政治生活に多くの問題を抱えた。政党国家を目指したが、「政党の発展度は元来、民主主義の発展度、すなわち国民主権の行使の深度と密接に関係する。しかし韓国では、普通選挙と議会が実質的に動き始めてからの年数はきわめて浅く、そのような条件下でいまだ未熟なわが国の政党に政党国家制的な役割を期待するのは無理であった[32]」というのである。かれは政党制度について、西欧においても国民の利益を必ずしも正しく反映しておらず、政党自体の硬直性が現代国家の要請する国家機能の能率化に逆行するようになったと述べるほか、韓国においては政党が「近視眼的な利害関係」に走り、「政争」を起こし、国家利益や国民利益を代表するどころか、むしろ国民の政治的意思形成という政党本来の役割に逆行して国民意識の分裂さえ招来する結果をもたらしたとしている。こうした観点から複数政党制が民主主義から必要とされるとはするものの、「国民総和に違背する政党国家的な側面」には規制がかけられるべきものというのがかれの見解であった[33]。ここではルソー的な「公民」概念を用いることによって国民の同質性が考えられ、大統領の位置づけもその国民との関係で民主的正当性を与えられた[34]。南北関係が「競争時代に突入」したことから「韓国の内部的総和」が必要とされることを説く葛奉根[35]は、カリスマ性をもつ「領導者」による「権力の人格化」が国民の団結にとって重要であるとし、危機の状況では「土着的民主主義と権力の人格化の関連性が現れるものだ」と述べて「民族行動の原動力」としての大統領の権力を重視している[36]。

前文に「自由民主的基本秩序」の文言が入ったのは、この第四共和国憲法からであった。また、この憲法では三二条一項で、「国民の自由及び権利は、憲法に列挙されない理由で軽視されない」とするとともに、二項で「国民の自由及び権利を制限する法律の制定は、国家安全保障・秩序維持又は公共の福利のために必要な場合に限る」としており、新たに「国家安全保障」が法律の留保の理由として認められ、さらに第三共和国憲法にあった「自由と権利の本質的な内容を侵害してはならない」という文言は削除されている。

㈢　第四共和国憲法と「自由民主的基本秩序」

一九七二年当時は、ニクソン・ドクトリンに根拠をおく駐韓米軍の撤収と、アメリカ、中国、日本の関係正常化の動きが活発となっていた時期であり、維新政府はこの状況を危機と感じていた[37]。安全保障の危機への対処は国民からの支持も受けやすい状況であったといえる。この結果、上記の「韓国的民主主義」が語られる一方で、前文の「自由民主的基本秩序」の概念は「反共」を意識して理解されることとなった。

韓国では建国直後の一九四八年一二月一日に国家保安法が制定されていたが[38]、朴政権時代に反共法が制定された。反共法は軍事クーデターののち、一九六一年に法律六三四号として制定公布された。一条では、「本法は、国家再建課業の第一目標である反共体制を強化することによって、国家の安全を危うくする共産系列の活動を封鎖し、国家の安全と国民の自由を確保することを目的とする」としている[39]。また二条では、「本法で反国家団体とは、国家保安法第一条に規定された団体のうち、共産系列の路線に従って活動する団体をいう」とし、これに「加入し、または他人に加入することを勧誘した者」について、七年以下の懲役を定めていた（三条一項）。勿論、国家保安法も北朝鮮を実質的な対象としてきたという点では反共法と重なる内容をもっていた[40]。しかし「自由民主的基本秩序」の理解との関係で、反共法は「自由民主」の内容をより明確にするものとして働くことになったのである。

七二年の第四共和国憲法は密室で作られたために、公式記録により分析することが困難であるが、鞠淳玉は第四共和国前文の「自由民主的基本秩序」についてはいくつかの推測ができるとし、二つの見方を紹介している[41]。ひとつは西ドイツ、ボン基本法の「自由な民主主義的基本秩序[42]（freiheitliche demokratische Grundordnung）」の本質を充分に認識した上で、これを隠蔽するために「自由主義的民主主義」と誤解しやすい「自由民主」の表現を意図的に選んだと考えるもので、もうひとつはそのような問題意識とは全く関係なく「自由主義的民主主義」と「自由な民主主義」の本質的差異を認識できなかったとみる見方である。鞠淳玉自身は、第四共和国憲法制定に携わったといわれている前述の韓泰淵が「自由主義的民主主義」と「自由な民主主義」を同一視していたことを挙げ、当時の学問水準では後者であったかもしれないとみているが、どちらの見方をとるにせよこの用語法は第四共和国では反共を是認するものとして働くこととなった。

(17) 金南辰「民主的基本秩序와 憲法改正」새벽七号（一九六〇年九月）一六六頁。

(18) 金基範「民主的基本秩序」考試界一四巻八号（一九六九年八月）五八頁以下、参照。

(19) なお、現在の憲法三七条二項も「国民のすべての自由及び権利は、国家安全保障、秩序維持又は公共の福利のために必要な場合に限り、法律により制限することができるが、制限する場合においても、自由及び権利の本質的内容を侵害することはできない」としている。

(20) 朴一慶「民主的基本秩序」司法行政五巻一二号（一九六四年一二月）三五頁、参照。

(21) 朴一慶・前掲注(20)「民主的基本秩序」三七-三九頁、参照。

(22) 韓泰淵のこの見解は、朴一慶・前掲注(20)「民主的基本秩序」三八頁で紹介され批判されている。なお、同論文では、韓泰淵『憲法』からの引用として、韓泰淵が三二条二項について、「秩序維持とは、社会的平穏と安寧の維持を意味するが、このほかにも『国家の基本秩序』の維持まで包含するかということが問題となっている。従ってここで『国家の基本秩序』の維持までを包含するものとするときには本条は一般的な法律の留保を意味すると同時にまた『憲法の留保』を意味するようになる。しかし次の後段の『自由と権利の本質的な内容』を侵害することはできないという規定で推測されるところでは、ここでは『国家の基本秩序』は包含されないとみるほかない」と述べていることが紹介されている。筆者はここで引用されている一九六五年以前の『憲法』を調査したが、見つけることができなかった。

(23) この点で、前述の金哲洙の論は、第二共和国の憲法の留保としての「民主的基本秩序」と第三共和国のそれを分けることでこうした危惧を回避する意義を見出そうとしたものであったものともいえる。

(24) 李康爀「第四共和国憲法」韓泰淵・丘秉朔・李康爀・葛奉根『韓国憲法史』下巻（韓国精神文化院、一九九一年）二〇三頁、参照。

(25) 李康爀・前掲注(24)「第四共和国憲法」二一〇頁。なお、同論文に一〇・一七特別宣言の原文が出ており、ここではそれを参照した。

(26) 李康爀・前掲注(24)「第四共和国憲法」二一四頁。

(27) 一九七二年一〇月二七日の大統領特別談話の内容は、李康爀・前掲注(24)「第四共和国憲法」二一二-二一三頁に掲載されている。

(28) 李康爀・前掲注(24)「第四共和国憲法」二一二-二一三頁。

(29) 金栄秀『韓国憲法史』学文社二〇〇〇年五六三頁、参照。

(30) 李康爀・前掲注(24)「第四共和国憲法」二一五頁、参照。

(31) 葛奉根「韓国的民主主義와 維新憲法」『국민회의보』二号（통일주체국민회의사무처、一九七三年七月）二一三頁。
(32) 葛奉根・前掲注(31)「韓国的民主主義와 維新憲法」二一三頁。
(33) 葛奉根・前掲注(31)「韓国的民主主義와 維新憲法」二一七-二一八頁。
(34) 葛奉根・前掲注(31)「韓国的民主主義와 維新憲法」二一九頁。
(35) 葛奉根・前掲注(31)「韓国的民主主義와 維新憲法」二二一頁。
(36) 葛奉根・前掲注(31)「韓国的民主主義와 維新憲法」二二一-二二三頁。
(37) 大国間の緊張緩和が弱小国の安保に脅威をもたらすのではないか、弱小国の利益が犠牲にされるのではないかとの危惧が分断国家の韓国には強かった（李康爀・前掲注(24)「第四共和国憲法」二〇四-二〇五頁、参照）。
(38) 国家保安法は一九五三年の刑法制定より早く憲法制定と同じ年に全六条の法律として制定されている。「内乱行為特別措置法」案を母体とし、当時、麗水と順天で起きた麗順事件と呼ばれる軍部のクーデターを契機として、左翼団体取締りという制定意図が強まったとされている（박원순『국가보안법연구 1』（역사비평사、一九八九年）八一頁、参照）が、「国憲に違背して政府を僭称し、またはそれに付随して国家を変乱する目的で結社または集団を構成した者」（一条）、「殺人、放火若しくは運輸・通信機関・建造物その他主要施設の破壊等の犯罪行為を目的とする結社若しくは集団を組織した者またはその幹部の職にある者」（二条）と反共法に比べ、明確な規定になっていた。しかし、一条は一九四九年の改正で「政府を僭称し、若しくは紊乱を惹起する目的で結社若しくは集団を組織した者、または集団においてその目的遂行のための行為をした者」とされ、刑にも制定当初なかった死刑が加えられた。
(39) 反共法の全文については、박원순・前掲注(38)『국가보안법연구 1』三〇二-三〇四頁を参照。
(40) この点について、박원순・前掲注(38)『국가보안법연구 1』一九七頁、参照。
(41) 국순옥「자유민주적 기본질서의 의미와 내용」仁荷大学校社会科学研究所論文集一二集（一九九四年九月）五-六頁。また、김민배「자유민주적 기본질서와 국가보안법」法学研究四輯（仁荷大学校法学研究所、二〇〇一年一二月）一〇八頁もこの見解を紹介している。
(42) 日本の翻訳では、「自由な民主的基本秩序」と訳すのが一般的だと思われるが、ここでの訳は韓国語に即して訳出している。

四　国家保安法と「自由民主的基本秩序」

反共法は、第五共和国では廃止されたが、国家保安法改正によって反共法の内容はむしろ強化される方向で国家保安法に取り込まれた(43)。朴政権の崩壊ののちの民主勢力を抑えるためというのがその大きな理由であったと考えられている(44)。

民主化以降、国家保安法の問題は憲法裁判所に持ち込まれたが、憲法裁判所はこれを限定解釈することで合憲とみている。この問題のリーディングケースである国家保安法七条についての一九九〇年の憲法裁判所決定は、同法七条一項および五項が「それぞれその所定の行為が国家の存立・安全を危険にし、または自由民主的基本秩序に危害を与える明白な危険がある場合にのみ縮小適用されるよう解釈するならば憲法に違反しない」とし、「自由民主的基本秩序に危害を与えることとは、すべての暴力的支配と恣意的支配、即ち反国家団体の一人独裁ないし一党独裁を排除し、多数の意思による国民の自治、自由・平等の基本原則に基づく法治主義的統治秩序の維持を困難にするものであり、これをより具体的に述べるならば、基本的人権の尊重、権力分立、議会制度、複数政党制度、選挙制度、私有財産と市場経済を根幹とする経済秩序および司法権の独立等、わが内部体制を破壊、変革しようとするものと解釈することができるものである」として「自由民主的基本秩序」についての解釈を示した(45)。この解釈については「経済秩序に関する部分のみを除き、ドイツ連邦憲法裁判所が冷戦と敗戦の歴史的条件下で決定した一九五〇年代社会主義ライヒ党事件とドイツ共産党事件でボン基本法の freiheitliche demokratische Grundordnung について判示した内容と同じ」と評されている(46)。

上記決定ののち、一九九一年の国家保安法改正により、「共産系列」関連条項は廃止された。また一条二項で「この法律の解釈適用は、第一項の目的達成のための必要最小限度に止まるべきであり、これを拡大解釈することや憲法上保障された国民の基本的人権を不当に制限することがあってはならない」とされ、二条一項で「反国家団体」を「指揮統率体制を有する団体」としたことによって、安全保障の観点からの基本権の制限は法律上、より厳格な規制を受けることとなった。先に言及した鞠淳玉は、このことを国家保安法の憲法外在的イデオロギー（＝反共産主義）による超憲法的位置づけから憲法内在的体制イデオロギーへの組み入れと捉えている。(47)

民主化後、改正されつつ今日まで命脈を保ってきた国家保安法は、今日も強い廃止要求があるとはいえ、徐々にその内容を民主化時代に適応するものへと変化してきている。この点では、国家保安法の改正動向自体、そのときどきの「自由民主的基本秩序」の中身を具体化してきているともいえる。そもそも先の一九九〇年の憲法裁判所決定でも、「第六共和国憲法が指向する統一は平和的統一であるので……自由民主的基本秩序に立脚した統一のために、場合によっては北朝鮮を政治的実体として認定することも不可避となった。北朝鮮集団と接触・対話および妥協する過程で自由民主的基本秩序に危害を与えない範囲で、場合によってはかれらの主張を一部受容しなければならない場合も起こりうる。純粋な同胞愛の発揮として互いに助け合うこと、体制問題と関係なく協力することは単一民族としての共感の形成であり、これは憲法前文の平和的統一の使命に立脚し民族の団結を強固にする所為であるとして憲法精神に合致するものともいえる(48)」と述べていることを考えると、「自由民主的基本秩序」の中身は判例上もかなり弾力的に解されるべきものとされていると考えられる。(49)第六共和国憲法では「自由民主的基本秩序」の文言は冒頭に見たように、新たに四条の統一条項にも入れられており、前記の憲法裁判所の言及はそれを考慮したものと考えられるが、この言及は「自由民主的基本秩序」が北朝鮮に敵対的に捉えられる場合ばかりとは限らないことをも含意している。国家保安法の解釈・運用が事実上、憲法の「自由民主的基本秩序」の枠組を決定することになるともいえるであろう。

(43) 박원순・前掲注(38)『국가보안법연구 1』二〇四-二〇五頁、参照。
(44) 박원순・前掲注(38)『국가보안법연구 1』二一〇-二一一頁、参照。
(45) 一九九〇年四月二日憲法裁判所決定 89헌가113（憲法裁判所判例集二巻（一九九〇年）六四頁。
(46) 김민배・前掲注(41)「자유민주적 기본질서와 국가보안법」一一一頁。
(47) 국순옥・前掲注(41)「자유민주적 기본질서의 의미와 내용」三頁。
(48) 前掲一九九〇年四月二日憲法裁判所決定（六〇-六一頁）。
(49) 국순옥・前掲注(49)「자유민주적 기본질서의 의미와 내용」三二頁は、「自由民主的基本秩序」を朴政権においてもその後継政権においても「値千金の重みをもつ如意棒」のようなものだったと述べている。

五　おわりに

以上をまとめるならば、「民主的基本秩序」と「自由民主的基本秩序」の理解には学説上は議論があるものの、その具体的内容は実質的には国家保安法の規制対象との関連で理解されてきており、その理解は軍事政権時代から民主化への流れのなかでは、韓国的民主主義から多元的民主主義へ、北朝鮮に対しても単純な敵対ではなく平和的統合を視野に入れるべき対象へと推移してきているといえる。

こうした中で今一度、「自由民主的基本秩序」と「民主的基本秩序」の関係に戻って今日の理解をみておきたい。冒頭の「民主的基本秩序」の議論では、金哲洙と権寧星の学説はいずれも「民主的基本秩序」の内容として、基本権尊重、国民主権、権力分立、法治主義、司法権の独立、複数政党制、国際平和主義を挙げていた[50]。異なっているのは、金哲洙が政府の責任と社会正義原理（＝経済的・社会的民主主義）を挙げていることであるが、このうち「政府の責任」はドイツ連邦憲法裁判所の判例における freiheitliche demokratische Grundordnung の説明に従って入れたと金哲洙自身が述べており、[51]本質的な相違は「経済的・社会的民主主義」と等置される「社会正義原理」と呼ばれるものを入れるかどうかにあった。これを含めて考える金哲洙の理解は自由主義経済重視の見方を緩和するものといえる。但し、金哲洙の見方は、先に見たように、「特にわが憲法が『民主的基本秩序』と『自由民主的基本秩序』を区分しているのは、現行憲法が自由民主的基本秩序への過渡的憲法であることを強調しているものであるといえよう。従って自由民主的基本秩序は指向しなければならない理念であり、現実は自由民主的基本秩序のみであるとはいえないのである」とするものである。社会民主主義は過渡的意味をもつものと考えられている。

一方、権寧星は、今日まで一貫して政党禁止条項における「民主的基本秩序」については「自由民主主義だけを意味する」と述べているが、[52]同じ教科書の韓国憲法の原理についての一般的説明の中では「民主的基本秩序は自由民主的基本秩序と社会民主的基本秩序を包括する上位概念ではあるが、わが憲法がより力点をおいているのは自由民主的基本秩序のほうである。憲法がその前文で『自由民主的基本秩序をより確固とし、』と述べているのみならず、第四条では『自由民主的基本秩序に立脚した平和的統一政策を樹立し推進する』と述べているからである」としている。[53]「自由民主主義」に「力点」をおきつつも「社会民主主義」をも含めて「民主的基本秩序」を考えている点は金哲洙と違いはない。[54]さらに経済秩序について、権寧星の教科書は今日の一般的な理解に則り、韓国憲法が「社会的市場経済秩序」[55]を標榜するものとして「社会正義」と「経済民主化」を指向していることを説明している。[56]

先に言及したように、一九九〇年の憲法裁判所決定は、「経済秩序に関する部分のみを除き」「自由民主的基本秩序」についてドイツ連邦憲法裁判所と同じ理解を示すものと評されるものであった。また国家保安法の保護対象については、「『自由民主主義と市場経済』と要約された憲法体制こそが『国家保安法の核心的政治体制』なのだ」との指摘もある。[57]しかし一九九〇年決定で述べられている「経済秩序に関する部分」とは「私有財産制」と「市場経済」であり、これは「社会的市場経済秩序」においても保障されるべきと考えられているものである。[58]この点で、今日述べられる「自由民主的基本秩序」の実態は、そもそも社会民主主義ないし経済的民主主義とも親和的な内容をもっており、むしろそうした意味で「民主的基本秩序」とほとんど変わらないと考えられているのではないかとも考えられるのである。(59) 民主化後の今日、この「民主的基本秩序」が「自由民主」であるべきことがあえて強調される必要があるとすれば、それは権寧星がいみじくも言及しているように、南北統一に関連してのみということになるともいえよう。そしてそれが故に、国家保安法の解釈・運用が「民主的基本秩序」の本質を左右することにもなるのである。

五　おわりに

(50) このうち国際平和主義は、金哲洙では社会的法治主義と並んで社会民主的基本秩序の内容と考えられているが、権寧星も国際平和主義を挙げている。
(51) 金哲洙「民主的法秩序」서울대학교法学四一号（一九七九年八月）一〇七頁。ここで引用されているのは一九五六年八月一八日のドイツ連邦憲法裁判所判決（NJW1956. S. 1397.）である。
(52) 権寧星『憲法学原論［二〇一〇年版］』改訂版（法文社、二〇一〇年）一九五頁。
(53) 権寧星・前掲注(52)『憲法学原論［二〇一〇年版］』一五八頁。
(54) この点について김민배・前掲注(41)「자유민주적 기본질서와 국가보안법」一一〇頁が、権寧星の理論を要約するとともに、「表現上は金哲洙教授と見解が対立する視点であるが、この見解によるとその結果が何を意味するものであるかは知ることが困難である」としている。
(55) 「社会的市場経済」は権寧星の独自の見解ではなく、今日の韓国憲法一一九条以下の経済条項に基づく一般的な理解である。
(56) 権寧星・前掲注(52)『憲法学原論［二〇一〇年版］』一六九頁。
(57) 오동석「사상・양심의 자유와 국가안보」헌법학연구 一五巻三号（二〇〇九年九月）二二頁。
(58) 権寧星・前掲注(52)『憲法学原論［二〇一〇年版］』一六七-一六九頁、参照。
(59) ちなみに、制憲憲法当初、社会民主主義は新たな「二〇世紀的」民主主義理解として重視されたものであった。「自由民主主義」を重視する、あるいは「自由民主主義」が最終目標であるとしても、独裁体制を経て民主化した今日の韓国憲法における「民主的基本秩序」は、建国当初の民主主義理念を実質的に体現するものへと回帰してきているとも言えるかもしれない。

5 行政と司法の理論的区分に関する試論

櫻井智章

曽我部真裕・赤坂幸一 編
大石眞先生還暦記念
『憲法改革の理念と展開（上巻）』
二〇一二年三月　信山社

5　行政と司法の理論的区分に関する試論［櫻井智章］

一　はじめに

行政と司法は理論的に区分し得るのか？

この問題は、権力分立制に立脚する日本国憲法の解釈学にとって避けては通れない課題である。それ故に理論的な興味を引かれる重大問題であるが、それだけではない。

本書全体のテーマは、憲法典の改正によらない実質的意味の憲法の変動を意味する「憲法改革」である。[1]「この国のかたち」の再構築を目指して行われた一連の諸改革に代表される法現象を「憲法改革」として位置づけ、考察しようとするものである。そして、そうした『この国のかたち』の再構築」に関わる一連の諸改革の「最後のかなめ」と位置づけられたのが司法制度改革であった。[2] 司法制度改革としては、ロースクールの設置や裁判員制度の導入が世間的にも大きな注目を集めたが、もちろんそれ以外にも知的財産高等裁判所の新設、法テラスの開設、労働審判制度の導入など様々な改革がなされている。その中でも、ここでは二つの手続法改正、即ち①平成一五（二〇〇三）年の人事訴訟法の全面改正と、②平成一六（二〇〇四）年の行政事件訴訟法の改正に注目したい。

前者①においては、公開停止（人訴二二条）が憲法的には興味深い問題である（憲法八二条）[3]が、「最大のポイント」は人事訴訟事件の家庭裁判所への移管であった。[4] 移管問題自体は家庭裁判所の発足以前から取り上げられ、発足して以降も繰り返し議論されてきた課題であった。[5] そこでは移管の当否、[6] 移管する事件の範囲、移管に伴う非訟化の当否などの問題が争われてきた。[7][8] 今次の改革により、「訴訟という形態と絶縁して審判と調停に徹する」ものとして出発し、「いやしくも、家庭『裁判所』――Familien-“Gericht”――と名乗りながら、身分関係の訴訟を一切取り扱わぬという事態は、諸外国においては理解を絶することである」[9]と言われてきた家庭裁判所も、遂に訴訟事件を扱うようになった。しかし、かねてから反対論の強かった移管に伴う非訟化はなされなかった。さらに現在、非訟事件手続法及び家事審判法の改正が大きな課題となっている[10]。こうした状況にあって、理論的には、訴訟事件と非訟事件（審判事件）の関係という伝統的な問題について再検討する必要性が高まっているように思われる。そして、この古くて新しい問題においては、後述のように伝統的通説によれば訴訟＝民事司法、非訟＝民事行政であるが故に[11]、まさに行政と司法の関係が問題となっているのである。

後者②においては、原告適格の拡大や公法上の確認訴訟の明記など、公法学的に重要な改正がなされ、判例にも影響を与えつつある[12]。しかし、ここで注目すべきは、やはり義務付け訴訟の法定（行訴三条六項、三七条の二・三）であろう。更に残された課題としては、内閣総理大臣の異議制度（行訴二七条）の問題がある。これらの問題が、後述のように、行政と司法の関係を巡る問題の主戦場であったことは改めて指摘するまでもない。

以上のような状況に鑑み、やはり「行政」と「司法」の理論的関係・区分について再考することが必要ではないか。そうした問題関心から、本稿では改めて「行政」と「司法」の理論的区分について検討を試みることとする。もちろん「行政とは何か」「司法とは何か」、こうした問題だけでも壮大なテーマであるのに、更に両者の関係・区分を考察するなどということは、到底本稿のなしうるところではない。ここでは、旧来の学説について概観（二）した後に、意思決定論の観点から両者を区分する際の基本的な視座を提示し、その法理論的意義について考察する（三）にとどめざるを得ない（当初は、先の二つの手続法改正についても検討を加える予定であったが、紙幅の都合もあり、この点については別稿に譲らざるを得ない）。

（1） 本稿が捧げられる大石眞先生の近年の研究課題である。参照、大石眞『憲法秩序への展望』（有斐閣、二〇〇八年）。そうした視点からの「体系的な叙述の試み」として、大石眞『憲法講義Ⅰ』（有斐閣、二〇〇四年、第二版、二〇〇九年）をも参照。

（2） 『司法制度改革審議会意見書』（平成一三〔二〇〇一〕年六月一二日）「Ⅰ 今般の司法制度改革の基本理念と方向」（ジュリスト

一二〇八号一八七頁）。

（3）佐藤幸治「『公開裁判原則』再論」樋口陽一先生古稀記念『憲法論集』（創文社、二〇〇四年）二三三頁以下、笹田栄司「訴訟法改正と憲法的思考」（原題「『司法制度改革』における訴訟法改正と憲法学」（二〇〇七年））同『司法の変容と憲法』（有斐閣、二〇〇八年）一四八頁以下。

（4）高橋宏志ほか「人事訴訟法の基本構造」ジュリスト一二五九号（二〇〇三年）五頁（小野瀬厚）。

（5）岡垣学「人事訴訟事件の管轄権」（一九七七年）同『人事訴訟の研究』（第一法規出版、一九八〇年）一頁以下、安倍嘉人「人事訴訟事件の家庭裁判所への移管の趣旨及び今後の課題」野田愛子＝安倍嘉人監修『改訂人事訴訟法概説』（日本加除出版、二〇〇七年）五頁以下。

（6）参照、梶村太市「人訴家裁移管積極論と消極論の比較検討」石川明先生古稀祝賀『現代社会における民事手続法の展開・上巻』（商事法務、二〇〇二年）二五頁以下。積極論の代表として、三ケ月章「家庭裁判所の今後の課題」（一九七九年）同『民事訴訟法研究・第八巻』（有斐閣、一九八一年）二七七頁以下、近時の消極論として、戸根住夫「人事、家事関係訴訟の適正手続と管轄」（二〇〇二年）同『訴訟と非訟の交錯』（信山社、二〇〇八年）一七三頁以下。

（7）肯定的見解の代表として、平賀健太「人事訴訟」『民事訴訟法講座・第五巻』（有斐閣、一九五六年）一二八九頁以下、同「家庭裁判所」中川善之助ほか編『家事裁判〈家族問題と家族法Ⅶ〉』（酒井書店、一九五七年）一二〇頁以下。

（8）参照、岡垣・前掲注（5）「人事訴訟事件の管轄権」一二二頁以下、東京家庭裁判所編『家庭裁判所の制度と展望』（東京家庭裁判所、一九七〇年）二二六頁以下。

（9）三ケ月・前掲注（6）「家庭裁判所の今後の課題」二八四頁、二八五-六頁。

（10）参照、別冊NBL一三四号「非訟事件手続法・家事審判法の見直しに関する中間試案と解説」（二〇一〇年）、ジュリスト一四〇七号「非訟事件手続法・家事審判法の改正」（二〇一〇年）。

（11）兼子一『新修民事訴訟法体系〔増訂版〕』（酒井書店、一九六五年）四〇頁「訴訟の裁判は、法規に抽象的に予定されたところを適用して紛争を解決するのに対し、非訟事件では国家が端的に私人間の生活関係に介入するために命令処分をするのであって、前者は民事司法であるのに対し、後者は民事行政である。」（漢字の表記は改めた）。

（12）最大判平成一七年一二月七日民集五九巻一〇号二六四五頁（小田急高架事業事件）、最大判平成一七年九月一四日民集五九巻七号二〇八七頁（在外邦人選挙権制限違憲判決）等。

二　旧来の学説

(一) 行政概念に関する学説

本稿は、行政概念に関する諸学説を概観してその当否を論じることや新たな行政概念を提示することなどは目的としていない（次に扱う司法概念についても同様）。本稿の問題関心に必要な限りでまとめるなら、次のようになるであろう。[13]

控除説（消極説）が通説とされるが、それに満足せずに積極的な定義を試みる積極説が対置され、とりわけその代表的見解として田中二郎の見解（後述）がよく引用される。最近では、法律執行説が有力に唱えられる一方、「執政権」と理解する見解（執政権説）も大きな影響力をもつようになってきている。

従来の議論においては、憲法六五条の「行政権（executive power）」を巡る争いか、それとも「行政（狭義の行政 administration）」を巡る争いか、両者の関係・異同をどのように理解しているのか、が不明確であった。一方で控除説を採用しつつ、他方で行政を法律の執行と位置付けていることについて、佐藤幸治が「矛盾撞着」を指摘していたのも、この点に関わるものと思われる。[14]

その意味で、最近有力に主張されている執政権説は、狭義の行政（administration）に解消され得ない“executive power”を主題化するものとして注目に値する。しかし、この見解によったとしても、「執政（統治行為）」と区別された「行政（狭義の行政）」はどのように観念されるのか、が本稿の問題関心からは重要である。いずれにしろ、最近では議論の中心が「執政」に集まり、他方で批判もその点に集中し、結局のところ「行政」はますます「法律の執行」として捉えられるようになっているように見受けられる。

(二)　司法概念に関する学説

司法権に関しては、「具体的な争訟について、法を適用し、宣言することによって、これを裁定する国家の作用」という通説的定義[15]が、多少の表現の相違はあっても、広く受容されている。その上で、今や議論の中心は、専ら「具体的な争訟」即ち「法律上の争訟」（裁判所法三条一項）の問題に集まっている[16]。

こうした通説的定義においては、行為（作用）の性質だけでなく、「法律上の争訟」という対象の面からも限定が加えられている点が特徴的である。確かに、行政事件の扱いに関する明治憲法から日本国憲法への転換、抽象的規範統制の立法による導入の可否[17]、「法律上の争訟」を巡る判例の展開[18]、客観訴訟の位置づけを巡る問題（さらに客観訴訟における違憲審査と付随的審査制の関係の問題[19]）、事件性の要件を不要とする学説の登場など[20]、《法律上の争訟》が注目を集めるには十分な理由がある。しかし、最近の議論が「法律上の争訟」という対象面に専ら議論を集中させているため、行為（作用）の性質の検討は、憲法上の「司法権」概念を追求する佐藤幸治の見解（後述）や、対象面は「括弧に入れて」作用の性質（法的性格）の観点から司法の再定義を試みる高橋和之の見解[21]という重大な例外を除いて、あまり進展していないように見受けられる。また、対象面にウェイトを置くからこそ、行政事件の扱い方に関する大陸型と英米型の相違、そして明治憲法と日本国憲法の相違を無理なく説明するために、殊更に司法概念の歴史的流動性が説かれるのではないかと思われる[22]。

(三)　両者の関係

以上みてきた「行政」と「司法」の関係については、「行政」も「司法」も等しく「立法」の下における「法律の執行」として捉えられ、両者の同質性が強調されるのが通例である。「立法は、国民を拘束する成文の一般的・抽象的法規範を定立する作用であるのに対し、司法および行政は、ともに、立法によって定立された法規範を、個別的・

具体的な事件に適用し、執行する作用である」[23]。そして、そこには純粋法学[24]の強い影響が看取されうる。即ち、佐藤幸治が言うように「法段階説的発想を基盤とする、行政権と司法権との同質的理解[25]」である。

それだけでなく、戦後憲法学の泰斗・宮沢俊義は、よく知られているように、「司法作用に対して実質的に行政作用と異なる性質をみとめない。司法作用はその性質上行政作用の一部をなすものであるが、特殊な歴史的な事情にもとづいて特に他の部分から区別せられ、司法裁判所の権限に属せしめられるに適するものと考えられるようになっただけのことであると考える」歴史的概念構成と、「司法作用にはその実質において行政作用と異なった法律的性質があると考える」理論的概念構成とを対置し、「司法作用の実質概念を理論的に――歴史的にでなく――構成することは不可能だと観ている」「司法作用の実質概念を理論的に構成しようとする企図は到底成功の見込みはないといわなくてはならない。司法作用の実質概念はただひとえに歴史的にのみ構成せられうる」と述べていた[26]。こうした見解からは、そもそも「行政」と「司法」の理論的区分という問題自体が提起され得ないであろう。

こうした憲法学の状況に対して、《行政》や《司法》の特質を捉えようとしたのが、田中二郎及び兼子一であった。そして、様々な批判を受けながらも戦後の訴訟法理論・実務を強く規定してきたのは、紛れもなく両博士の見解（「兼子（一）・田中（二）理論[27]」「田中・兼子理論[28]」などと称される）であったといっても過言ではない[29]。それだけに、特に「行政訴訟の機能不全」が問題とされ、その抜本的改革が説かれる現在では、両博士の見解に対する批判的見解は枚挙に暇がないほどである。「行政」や「司法」の特質を捉え、そこから例えば、義務づけ訴訟を原則的に否定し[30]、内閣総理大臣の異議制度の合憲性を弁証したことなど[31]、確かに問題がなくはない（後述）。しかし、その反面として、両者の特質を描き、区分を強調することは、「行政府の権限拡大を意図する政治的主張[32]」、司法から行政を護るイデオロギー的な作業とすらされてきたというのが現状である。

（13）　単なる整理としてはそれぞれ個性が強すぎるが、文献も含め、毛利透「行政権の概念」小山剛＝駒村圭吾編『論点探求憲法』（弘文堂、二〇〇五年）二九三頁以下、阪本昌成「行政権の概念」大石眞＝石川健治編『憲法の争点』（有斐閣、二〇〇八年）二二二-三頁、淺野博宣「『行政権は、内閣に属する』の意義」安西文雄ほか『憲法学の現代的論点〔第二版〕』（有斐閣、二〇〇九年）一四九頁以下を参照。

(14) 佐藤幸治「内閣と『行政権』」同ほか『ファンダメンタル憲法』（有斐閣、一九九四年）二二一-二頁。この点につき、中川丈久「立法権・行政権・司法権の概念の序論的考察」塩野宏先生古稀記念『行政法の発展と変革・上巻』（有斐閣、二〇〇一年）三四一-五頁をも参照。

(15) 清宮四郎『憲法Ⅰ〔第三版〕』（有斐閣、一九七九年）三三五頁。

(16) 例えば、安念潤治「司法権の概念」大石＝石川編・前掲注(13)『憲法の争点』二五〇頁以下、南野森「司法権の概念」安西ほか・前掲注(13)『憲法学の現代的論点』一六九頁以下、長谷部恭男「司法権の概念」ジュリスト一四〇〇号（二〇一〇年）四頁以下など。

(17) 芦部信喜ほか『憲法の基礎知識』（有斐閣、一九六六年）一八二頁以下（小嶋和司）。

(18) 板まんだら事件（最判昭和五六年四月七日民集三五巻三号四四三頁）、一連の宗教団体の内部紛争（最判平成元年九月八日民集四三巻八号八八九頁、最判平成五年九月七日民集四七巻七号四六六七頁、最判平成一四年二月二二日判時一七七九号二二頁、最判平成二一年九月一五日判時二〇五八号六二頁等）、更に宝塚市パチンコ条例事件（最判平成一四年七月九日民集五六巻六号一一三四頁）等。

(19) 代表的には、佐藤幸治『憲法訴訟と司法権』（日本評論社、一九八四年）四頁、一七頁以下、同『現代国家と司法権』（有斐閣、一九八八年）二一三頁以下、野中俊彦「抽象的違憲審査の観念」（一九八三年）同『憲法訴訟の原理と技術』（有斐閣、一九九五年）二一頁以下。この問題に関連する文献は近時非常に多いが、文献も含め、宍戸常寿「司法のプラグマティク」法学教室三二二号（二〇〇七年）二四頁以下、駒村圭吾「非司法作用と裁判所」法学教室三二六号（二〇〇七年）四一頁以下、亘理格「法律上の争訟と司法権の範囲」磯部力ほか編『行政法の新構想Ⅲ行政救済法』（有斐閣、二〇〇八年）一頁以下、山岸敬子「『法律上の争訟』を離れる訴訟と司法権の範囲」公法研究七一号（二〇〇九年）一六二頁以下を参照。

(20) 高橋和之「司法の観念」（一九九五年）同『現代立憲主義の制度構想』（有斐閣、二〇〇六年）一五〇頁以下。

(21) 高橋・前掲注(20)「司法の観念」一四一頁以下、同『立憲主義と日本国憲法〔第二版〕』（有斐閣、二〇一〇年）三六六頁以下。

(22) 参照、野坂泰司「憲法と司法権」法学教室二四六号（二〇〇一年）四三頁。佐藤幸治・前掲注(19)『現代国家と司法権』二〇頁、土井真一「法の支配と司法権」佐藤幸治ほか編『憲法五十年の展望Ⅱ自由と秩序』（有斐閣、一九九八年）八九頁をも参照。この点につき、さらに後掲注(60)も参照。
(23)　清宮・前掲注(15)『憲法Ⅰ』三〇〇頁。
(24)　多くの文献の中から特に、Hans Kelsen, *Reine Rechtslehre*, 1.Aufl. 1934, S.73ff.〔横田喜三郎訳『純粋法学』（岩波書店、一九三五年）一一八頁以下〕を参照。「行政と通常呼ばれているものの大部分は、裁判又は司法と呼ばれているものと機能（作用）的には全く異ならない」（S.80〔横田訳一二七頁〕）。
(25)　佐藤幸治・前掲注(14)「内閣と『行政権』」一二二頁。
(26)　宮沢俊義「司法作用の概念」（一九三六年）同『憲法と裁判』（有斐閣、一九六七年）三〇-一頁、四二頁。
(27)　尾吹善人「司法権の本質」（一九六九年）同『憲法の基礎理論と解釈』（信山社、二〇〇七年）四一七頁。
(28)　小早川光郎『行政訴訟の構造分析』（東京大学出版会、一九八三年）二四六頁、角松生史「行政法との関係」法学セミナー六一二号（二〇〇五年）三三頁以下、南野・前掲注(16)「司法権の概念」一七五頁、一八五頁以下。
(29)　参照、小早川・前掲注(28)『行政訴訟の構造分析』二四六頁、今村成和『現代の行政と行政法の理論』（有斐閣、一九七二年）一七二-四頁、中村治朗「最高裁行政局時代の回顧」（一九八五年）同『裁判の世界を生きて』（判例タイムズ社、一九八九年）一八頁等。
(30)　兼子一「新行政訴訟の基礎理論」（一九四八年）同『民事法研究・第Ⅱ巻』（酒井書店、一九五四年）七八-九頁、田中二郎『新版行政法・上巻〔全訂第二版〕』（弘文堂、一九七四年）二八九頁以下（特に二九四-六頁、三〇〇頁、三〇八-一〇頁）、同「司法権の限界」（一九七四年）同『司法権の限界』（弘文堂、一九七六年）三〇頁以下（特に三二頁、四〇-四一頁）。
(31)　田中二郎「行政処分の執行停止と内閣総理大臣の異議」（一九五三年）同『行政争訟の法理』（有斐閣、一九五四年）二〇〇-一頁、兼子一「司法権の本質と限界」（一九五三年）同・前掲注(30)『民事法研究・第Ⅱ巻』一六三頁以下。
(32)　今村成和（畠山武道補訂）『行政法入門〔第八版補訂版〕』（有斐閣、二〇〇七年）一八頁。同・前掲注(29)『現代の行政と行政法の理論』一四四頁、一七五頁をも参照。

三　行政と司法の理論的区分

(一)　区分の基本的視座

ここでは、以上のような現状に抗して、あえて行政と司法の理論的区分についての試論的な考察を行うが、その際に意思決定論の観点からこの問題を扱いたい。即ち、行政的な意思決定のあり方と司法的な意思決定のあり方の相違からアプローチしていきたい。こうした意思決定のあり方の相違は、当然のことながら行為（作用）の性質の相違を生じさせることとなる。そうした点に着目して行政と司法の相違について考察していきたい。

行政的な意思決定のあり方と司法的な意思決定のあり方の相違については、やはり何よりもEckhoff = Jacobsenの「目的・手段モデル」と「包摂モデル」の対置[33]が参照されるべきである。また、同様のことは多くの論者によって説かれているところであって、例えばヴェーバーの「目的合理的行為」と「価値合理的行為」の対置[34]、ルーマンの「目的プログラム」と「条件プログラム」の対置[35]などを挙げることができる。日本においても、それらの見解をも踏まえた議論が展開されており、「目的・手段思考」様式（目的・手段決定モデル）と「法的思考」様式（法的決定モデル）とを対置する平井宜雄の見解[36]や、「要件・効果モデル（包摂モデル）」に基づく「普遍主義型法（自立型法）」、「目的・手段モデル」に基づく「管理型法」、「妥協的調整（合意型調整）モデル」に基づく「自律型法（自治型法）」という「法の三類型モデル」を提示する田中成明の見解[37]が注目される。

本稿は、基本的にこれらの見解に依拠するものである。即ち、これらの見解においても述べられていることであるが、「目的・手段思考」様式に基づく決定＝「行政的」決定であるのに対し、「法的思考」様式に基づく決定＝「司法的」決定と位置づけることが有益ではないか、というのが本稿の基本的な視座である。兼子一及び田中二郎が《行政》及び《司法》の特質として「行政は、あくまで公共の目的や政策を実現するための意思活動であって、行政は結果を目的とし、且つ、意欲するものである。之に対し、司法は、具体的事件に法規を適用する冷静な判断作用であり結果を目的とし、且つ意欲する作用ではない[38]」と特徴づけたのも、基本的には同じ趣旨だと理解することができるように思われる。

一定の目的を達成するために最適な手段を選択するという「目的・手段思考」様式については、ヴェーバーからルカーチ、フランクフルト学派に至る「物象化」論、「道具的理性」批判という思想史的文脈が指摘されうるほど[39]、現代社会では一般的に用いられている「合理的」な思考・決定様式である。それに対して、「法的思考」様式という特殊な思考・決定様式は、相応の組織・手続をも要請する。そしてそれらは、まさに伝統的に《司法権》の特質として多くの論者によって述べられてきた事柄に他ならない。本稿筆者なりに要点をまとめると、次のようになるだろう[40]。

第一に、司法的決定では、法的三段論法によって判断を正当化しなければならない。即ち、小前提としての過去に生じた具体的事実を、大前提としての法規範に包摂することによって判断を正当化しなければならない。このことは、法的判断が単純な当てはめ作業であるとか、裁判官は「法律の言葉を発する口」「法自動販売機」であるべきだということを含意しない。規範と事実の視線の往復を経て、様々な解釈技法を用いながら法解釈がなされることは言うまでもないことである。それにもかかわらず、あくまでも法的三段論法によって判断を正当化しなければならないのであって、ある解釈が政策的に望ましいとか、一定の目的をよりよく実現するといった理由づけによって正当化することは許されない。

第二に、司法的決定は過去志向的である。過去に生じた具体的事件を法的に解決すること自体が目的であり、将来に向けて一定の目的を実現させることではない。この点は、後に詳しく検討するように、決定の後に事情が変更した場合に大きな意味を持ってくる。裁判所が一定の政策（目的）を実現すべく行動した場合、例えば「ブラウン判決はアメリカ社会を変えたのか」という問いに象徴されるように、結果の実現が問われ続けることとなることに注意が必要である。

第三に、司法的決定においては、決定者の第三者性（中立性）が重要である。対等な二当事者の対立構造を前提として中立的な第三者として判断・決定する。行政過程の"dyad"に対して司法過程の"triad"と言われる点であるが、この点については兼子一が次のように指摘していた。即ち、「もちろん行政が法を執行し、又法を遵守しなければならない関係上、その前提として行政機関は法を解釈し、法律的判断を下すことになるが、目的を実現し、結果を意欲することに付随することに止まる。司法はこの判断作用だけを取上げて、目的実現の必要性や結果の適当不適当の考慮を離れて、専ら法律的な見地からの反省を行うものである。その故に、その目的を実現し、或はその結果について利害関係をもたない機関に行わせなければ意味をなさないわけである[41]」。

第四に、司法的決定においては、当事者にイニシアティブが与えられ、第三者的（中立的）に決定を行う者は受動的である。この受動性は、いうまでもなく、不告不理の原則、あるいは「訴えなければ裁判なし」という法諺で伝統的に言われてきたことである。しかし、それを超えて司法の消極性までも要求するものではないことは勿論である。

最後に、「目的・手段思考」様式と「法的思考」様式は究極的には相容れないという点に注意が必要である。そうであるが故に、平井宜雄は「目的＝手段決定モデル（科学的決定モデル）による法的決定モデルの侵蝕という現代的状況をどう考えるか」「法的決定モデルの固有の領域とその果す役割はどこにあるのか[42]」という問題意識をもって、現代型訴訟や家事事件における両者の「矛盾・相克」を問題とし、法解釈論について提言を行う一方で法政策学を構想したのである[43]。

以上要するに、「目的・手段思考」様式に基づく決定＝「行政的」決定、「法的思考」様式に基づく決定＝「司法的」決定、という対置・区分が有益ではないか、というのが本稿の基本的な視座である。しかし、現在の行政法学においては、こうした対置は行政の活動の内部で、即ち行政行為との対比で行政計画の特徴を論じる際に用いられることが多い(44)。その際に、行政行為が司法と同質的に理解されていることは勿論である。法治国家の要諦として「行政の司法形式性（Justizförmigkeit der Verwaltung）」を目指した近代公法学(45)の完成を、むしろここに見ることができるかもしれない。しかし、それでは捉えきれない行政法理論を同時に抱え込んでいることも確かである。その点について考察することが次の課題である。

(二)　区分の法理論的意義

では、こうした対置・区分は、法理論的にはどのような意義を有するであろうか。この点で参考になるのがカール・シュミットの見解(46)である。シュミットは、目的志向的な行為である「措置（Maßnahme）」の概念を、法原理を志向する「判決」と対比して特徴づける。そして、そうした「措置」の特徴として次のように述べている。即ち、「措置は、その概念からして、“clausula rebus sic stantibus（事情同一存続条項＝事情変更の原則）”によって完全に支配される(47)」。

ここから明らかなように、こうした思考・決定様式の相違が法的に大きな意味をもつのは、後発的な事情の変更が発生した場合である。

一定の目的を実現するために最適な手段を選択すべく行動する場合、後発的な事情変更によって目的に適合しない結果が発生したときには、事情変更に即応し改めて目的に適合するような手段が採用されなければならない。

そして、まさに《行政》は、「法律による行政の原理」「適正手続」「比例原則」などの基本的諸原理・諸制約の下で、公益という目的（それは現在では通常、根拠法律の第一条で規定される）を最大限に実現すべく行動すべきものとされてきた。控除説に満足することなく、「行政」と「司法」の共通性・同質性を強調して両者の差異を否定しようとする傾向に抗して、《行政的なるもの》を掴まえようとした田中二郎が、[48]「統治行為」とも区別された[49]「行政」の特質として挙げるものの一つは、まさに《行政》が将来志向的な目的実現活動であることであった。[50]

そうした《行政》の特質の法理論的な表れが、伝統的に説かれてきた行政行為の「撤回自由の原則」である。即ち、「行政上の法律関係は、事情の変遷に応じ、常に公益に適合したものとすることを必要とする。一旦適法有効に行政行為がされた後においても、事情が変遷し、又は新たな事由の発生によって、それを存続させることがもはや公益に適合しなくなった場合には、これを公益に適合させるため、行政行為を撤回しうるものと解しなければならぬ」。[51]そして、伝統的にはまさにこの点にこそ、司法との差異を見出そうとしてきたのである。「従来一般には、行政行為は、裁判判決と異なり、時々の事情に応じて公益を実現することを目的とするもので、目的とした効果がそれによって達せられなかったことが後になって判明し、又は行為当時は公共の利益に適したものが後に事情が変って之に適しなくなったことが明らかになれば、行政庁は適宜に其の処分を変更し又は撤回することによって、飽くまでも其の公益目的を追求すべき使命を有するものであることを理由として、其の取消撤回の原則的自由を主張し、此の点に行政行為の特色を見出さうとした」。[52]

現在においては、そもそも行政の目的（公益の実現）や特質（事情変更への即応）を根拠とする「撤回自由の原則」に対する批判が有力に唱えられ、むしろ「撤回制限の原則」（撤回不自由の原則）が説かれることすらある。[53]更に、撤回を認めるとしても信頼保護等の観点から制限が説かれており、撤回自由の原則が純粋に貫かれているわけではない。[54]しかし、たとえ具体的事案における結論は撤回制限の原則を採用した場合と異ならないとしても、「行政行為の性質」からして、あくまでも撤回は自由というのが《原則》だとされていたのである。[55]

それに対して、司法の判決は、紛争を解決することそれ自体を目的とするため、いったん決定が下された以上もはや取消・変更は許されない。そのため、司法の判決には「判決効の王様[56]」である「既判力」をはじめとする各種の特殊な効力が認められるものとされてきたのである。行政行為の概念自体、司法の判決をモデルとして形成されてきたものであり[57]、行政行為の効力論も判決の効力論をモデルとして展開されてきたものである。にもかかわらず、通常の行政行為には「自縛力」や「既判力（実質的確定力）」は認められないとされている。こうした点にこそ注目すべきである。

決定がなされた後、一定期間（不服申立期間・出訴期間や上訴期間）を経れば、もはや争い得なくなるという点では、行政行為も判決も同じである（形式的確定力＝不可争力）。しかし、行政行為においては、不可争となった（形式的に確定した）後でも、原始的瑕疵がある場合の職権取消[58]も、事情変更により後発的瑕疵が発生した場合の撤回も（例外的に制限されうるとしても、原則としては）可能である。それに対して、司法の判決には「自縛力（自縛性、羈束力、自己拘束力、不可撤回性）」が認められ、いったん下された判決の取消・変更は許されない[59]。さらに判決には「判決効の王様」である「既判力（実質的確定力）」が認められる[60]。

この点こそが、「行政的」決定と「司法的」決定の最たる相違である。そして、こうした相違は、思考・決定様式の相違、及びそこから生じる行為（作用）の性質の相違によるものである。従って、通常の行政行為とは異なり、紛争を解決することを目的とする行政行為、即ち「法的思考」様式に基づいて行われた行政行為、最高裁判所の表現を用いれば「実質的に見ればその本質は法律上の争訟を裁判するものである」ような「性質を有する[61]」行政行為については「不可変更力（自縛力）」が認められ、職権取消や撤回は許されないのである[62]。

現在では行政行為の各種の効力（公定力、不可争力）について、行政行為のアプリオリな特質としてではなく、実定取消訴訟制度（排他的管轄、出訴期間）の反映として説明するのが一般的傾向である[63]。しかし、それにもかかわらず、不可変更力に関しては、実定法制度的な説明はなされずに、紛争を解決するという行為（作用）の性質から説明された上で、肯定されるのが通常である。(64) まさに「司法的」決定であるが故に不可変更力が認められるのである。

他方、通常の「行政」は後発的な事情変更に即応しなければならない。"clausula rebus sic stantibus"は、通例は"pacta sunt servanda"という原則に対する例外と位置づけられ、その要件・効果を巡って主として契約法において議論されてきた。しかし、事情変更への即応性こそは本来《行政》の特質である。ところが現在ではむしろ逆に「行政法学は『時間』を、これまで信頼保護・法的安定性のために考慮してきた。既成事実ないし現状の尊重、つまり現在と過去の時間との継続性を尊重する回顧の観点である。……それに比べると、変化する状況に合わせて判断・決定を行い措置をとるという意味での適時性の観点を、行政法学は必ずしも正面から分析の対象にしてこなかったのではないか。適時性は、状況の一時性・可変性、その意味で現在から将来に向けて開かれていることを重視する展望の観点である」(65) とすら指摘されている。しかし、事情変更に即応して常に目的を実現することこそが《行政》の特質とされてきたはずである。だからこそ、先述のように、行政自身が対応する局面において（信頼保護等の観点から例外的に制限されうるとしても）「撤回自由の原則」が主張されてきたのである。さらに、「事情変更」が問題となる論点はそれだけではない。裁判所が対応する局面においても、違法性判断の基準時として、判例(66)・通説である処分時説ではなく、処分後の事情変更をも考慮に入れる判決時説が主張されていたのである。(67) 通説がむしろ「行政権の侵害」を主たる根拠として処分時説を採用していたのであるから、(68)《行政》の特質を捉えることが即ち司法権から行政権を護ろうとするイデオロギー的な作業であると看做すことは、短絡的で一面的である。

また、行政の特質を明らかにすることは、「行政権の広い裁量権を正当化」(69) するものだと言われることもある。しかし、たとえ行政に裁量が認められるとしても、行政に広い選択の自由を認めるのではなく、むしろ、裁量の範囲内であったとしても最善の選択（最もよく目的を達成する手段の選択）を行うよう行為規範として要請する点にこそ意義があるのである。

(三)　具体的検討

(a)　非訟事件

先述のように、訴訟と非訟の関係という問題は、行政と司法の関係にとって大きな問題である。非訟事件には様々なものが含まれるため、厳密な検討は別の機会に譲らざるを得ないが、以上見てきた本稿の基本的視座から、簡単に触れておきたい。

最近の見解は、最高裁判所の判例法理である「訴訟・非訟二分論（峻別論）」[70]を批判・克服することに集中し、なぜ非訟事件の裁判が「行政」と位置づけられるのか、即ち逆に、なぜ「司法」とは位置づけられないのか、についての反省的な検討がほとんどなされていないように見受けられる。まず行うべきは、この点の再検討であろう。

訴訟事件と非訟事件の相違・区分、非訟事件の特質については、まさに伝統的な「法学」らしく、様々なドイツの学説の紹介・批判的検討を通じて学説が展開されてきた[71]。しかし、最高裁判所の判例に即して考察するなら、「合目的的な裁量判断」による権利内容の具体的形成という点が非訟事件のメルクマールとして重要視されているように見受けられる。例えば、最高裁判所は夫婦同居の審判（民法七五二条、家審九条一項乙類一号）について、「民法は同居の時期、場所、態様について一定の基準を規定していないのであるから、家庭裁判所が後見的立場から、合目的の見地に立つて、裁量権を行使してその具体的内容を形成することが必要であり、かかる裁判こそは、本質的に非訟事件の裁判[72]」であるとしている。その際、旧来の見解においては、民法（民事実体法）に明確な要件・効果の規定がないことによる「合目的的な裁量判断」という点にウェイトが置かれてきたように思われる[73]。例えば、新堂幸司は非訟事件のメルクマールとして(イ)形成処分的性質、(ロ)形成処分をする際に裁量を要する性質、(ハ)迅速な解決を要する性質、㋥事情に応じて裁判を適宜変更していく必要のある性質、㋭対審構造に親しみにくい性質、㋬プライバシーの尊重が特に要請される性質、を挙げた上で、「とくに重要」な要素として㋺裁量性と㋭対審性を取り上げ、両者を軸に各事件の位置づけを試みている[74]。

そうした諸要素の重要性を否定するものではないが、むしろ「合目的的な裁量判断」という点にこそ注目すべきだろう。即ち、非訟事件の裁判においては、「一定の目的を達するために何がより合目的的かを判断し、その実現をすることに重点を置く[75]」と指摘されているように、目的志向的な判断・決定、即ち「目的・手段思考」様式に基づく判断・決定が行われているのである（兼子一が訴訟を「判断作用」、非訟を「結果を意欲する処分行為」と特徴づけ[76]、三ケ月章が訴訟を「回顧的判断」、非訟を「展望的判断」と特徴づけたのも同様の趣旨であると思われる[77]）。

まさにそれ故に、非訟事件の裁判は、既判力が認められないとされており[78]、取消・変更が可能である（非訟一九条一項）。また事情変更による取消・変更も認められるとされている[79]。「非訟事件の公益性、あるいは合目的性は、まさに非訟事件手続法一九条、ないしは事情変更による取消・変更に具現されている[80]」のである。「非訟事件の裁判の本質」を根拠に確定した裁判の取消を肯定した判例（最決平成一六年一二月一六日判時一八八四号四五頁）も存在するように、この点こそが、非訟事件の大きな特質であり、《訴訟》と《非訟》の最たる相違であるとともに、《非訟》と《行政》の類似点である。三ケ月章は「事情変更の原則に親しむか親しまないかで、当該司法活動の訴訟的性格と非訟的性格を判定することが可能なのである[81]」とすら述べている。「非訟＝民事行政」説は、十分な根拠のある見解だということができるであろう。

将来志向的（展望的）に法関係を合目的的（目的適合的 zweckmäßig）に形成する非訟事件においては、訴訟手続のようにリジッドな手続に基づいて当事者にイニシアティブを与えて行うよりも、裁判所にイニシアティブを与えて柔軟性・弾力性のある手続によって行う方が適合的である[82]。そうであるが故に、非訟手続の手続的インフォーマリズムが「手続保障」「当事者権の保障」という観点から問題とされることとなる。

実際、民事訴訟法学における手続保障論の展開には、手続保障を自己目的化する見解[83]が登場するに至るほど、目覚ましいものがある。[84] 非訟手続においても、ドイツ基本法一〇三条一項に規定された法的審尋（審問）請求権（Anspruch auf rechtliches Gehör）[85]の影響を受けて、「手続保障」「当事者権の保障」について議論の積み重ねが見られる。[86] そこでは、「訴訟手続では手続保障が必要的であるが、非訟手続ではそうではないという前提」[87]のもと、最高裁判所の訴訟・非訟二分論を批判し、訴訟と非訟の区別を相対化することによって、対審・公開の原則を保障する憲法八二条の趣旨や審尋請求権を保障すると解釈された憲法三二条の保障を及ぼすことにより、非訟事件における手続保障の確保を図ることが企図されていたということができる。[88]

非訟手続は、その柔軟性・弾力性・機動性の故に、適正手続の観点から問題とされうる点を孕んでいることは確かである。しかし、この点こそが非訟手続のメリットでもある。そのため、訴訟手続ほど厳格な手続が要請されるわけではないことは勿論である。しかし、非訟事件であるからといって、その手続がすべて立法裁量や担当裁判官の裁量に委ねられるというわけではない。後述のように、適正手続は本来的に国家権力がどのような手続に基づいて行使されようとも要請されるべきものである。事案の性質に応じた（nach der Natur der Sache）適正な手続の保障は、当然に憲法上要請されると解される。「訴訟手続では手続保障が必要的であるが、非訟手続ではそうではないという前提」はそもそも妥当しないと言うべきだろう。

そして、そのことは、非訟事件を性質上「行政」と位置づけたからといって変わりはない。実際、憲法学・行政法学においても、行政手続における適正手続の要請に関して著しい進展を見せているのであり、行政手続においても、告知と聴聞（告知、弁解、防御の機会の付与）、理由付記（理由の提示）等は適正手続の基本的要素と考えられている。伝統的には結果志向的な《行政》においても、現在では聴聞（Gehör, hearing）の重要性は一般に承認されており、行政手続法においても、不利益処分に際して「聴聞」「弁明の機会の付与」が行われるべきことが規定されている（一三条、一五条以下）。その際に「法律による行政の原理」と「行政裁判制度」という近代公法学の行政統制システム＝権利保障システム、即ち国民代表議会による事前的・一般的な統制と独立の裁判所による事後的・個別的統制という権利保障システムでは国民の権利保障にとって不十分であり、権利・自由の十分な保障のためには事前的にも個別的な権利保障の方法が必要である、というように適正手続の意義を単に権利保障の不十分性の補完として理解すべきではない。そもそも他の実体的な権利を保障するための手段という手段的な側面のみで理解すべきではない。個人は実体的にだけでなく手続的にも尊重されなければならず、手続における単なる客体へと貶めることは許されないという固有の意義を有している点に注意が必要である。そして、このように理解された適正手続の要請は、刑事手続、訴訟手続、非訟手続、行政手続といった手続の如何に関わらず、あらゆる手続において認められなければならないものである。ともあれ、現在では行政手続においても、事案の性質に応じた適正手続が――根拠については憲法三一条、憲法一三条、手続的法治国家原理など争いがあるものの――憲法上の要請だと解されている。(89)

先述のように、旧来の見解においては、訴訟と非訟の区別を相対化することによって、単に「裁判拒絶の禁止」という意味を超えて（対審・公開を保障する憲法八二条の趣旨も読み込んで）「適正・公正な裁判を受ける権利」と理解された「裁判を受ける権利」（憲法三二条）の保障を非訟事件にも及ぼすことによって、非訟手続における手続保障の確保を図ろうとしてきた。しかし、行政手続における適正手続論の進展に鑑みるならば、そうした方向よりも、訴訟と非訟の異質性（訴訟＝司法、非訟＝行政）を前提とした上で、非訟手続に関しては、行政手続（事前手続）・行政争訟手続との連絡を図る方向で議論を進めた方が有益ではなかろうか。実際、行政手続においても非訟手続においても、様々な事案があり、「事案の性質に応じた適正手続」ということは共通に言われてきたことなのである。最高裁判所の判例においては最早ほとんど発展可能性のない「裁判を受ける権利」に期待をかけるよりも、判例においても基本的には承認されている行政手続における適正手続に関する法理に期待をかける方が有用ではあるまいか。

まず、事前手続としては、「手続の結果に対して利害関係をもち、場合によっては不利益を受けるかも知れない者に手続に参加させ、自己に有利な主張や立証、相手方の主張・立証に対する反駁の機会を与えることは、デュー・プロセスの最も初歩的な要請であり、かつ手続的正義の最も重要な内容である」[90]と指摘されるように、少なくとも不利益処分に際しての「告知と聴聞」（告知、弁解、防御の機会の付与）は基本的な要請と位置づけられるべきである。[91]その点で、例えば最決平成二〇年五月八日判時二〇一一号一一六頁には問題がある。たとえ訴訟事項ではなく、従って従来の判例法理からすれば「『裁判を受ける権利』とは直接の関係がない」としても、適正手続の観点からは、なお問題とされるべきではなかろうか。非訟事件においては、その特徴の一つとして「裁量性」が挙げられていたように、実体的には裁判所の裁量に委ねられている面が大きいといえる。しかし、そのことは手続的にも裁量に委ねられるということを意味しない。むしろ逆に、最高裁判所も個人タクシー事件において認めているように、実体的に裁量に委ねられる面が大きいからこそ、適正手続の要請が重要になってくるのである。[92]従って、たとえ非訟事件手続法の規定が不十分であるとしても、憲法適合的な解釈・運用が要請されるというべきであろう。

また、事後的な不服申立の手続としては、「抗告」ではなく「抗告訴訟」が要請されるべき事案が存在する。非訟事件にも様々なものがあり一概に論じることはできないが、例えば過料の裁判ついては、制裁的な不利益処分であるから、入江俊郎裁判官の反対意見（最大決昭和四一年一二月二七日民集二〇巻一〇号二二七九頁（二二八八頁以下））が指摘していたように、過料の裁判自体はともかく、それに対する不服申立には訴訟手続が要請されると解すべきである。その際、従来のように訴訟と非訟の区別を相対化し、手続保障を段階的に捉えて、その最も適正な手続が訴訟手続であるというように量的に捉えるべきではない。もちろん、このことは訴訟手続が最も適正な手続であることを否定する趣旨ではない。むしろ、公正・中立な裁判官が対審・公開の手続に従って既判力を伴う判決という形式で理由を付して判断を下すという《訴訟手続》は、他の手続とは一線を画す質的に異なった手続であると理解すべきである。そのように解するならば、たとえ多数意見の述べるように、過料の裁判の手続は全体として適正な手続と評価でき、「憲法三二条に違反するものではない」としても、問題は手続保障には解消され得ないのであり、質的に異なる《訴訟手続》による不服申立が要請されるのであって、「法律上の争訟」に関しては憲法三二条によって「訴訟手続による裁判を受ける権利」が国民には保障されていると解すべきである（憲法三二条の保障範囲に関するこの結論においてのみ最高裁判所の判例法理と一致する）。

　同様に、裁判官の分限（懲戒）事件（最大決平成一〇年一二月一日民集五二巻九号一七六一頁）においても、たとえ「極めて異例の手続」（判例時報一六六二号六六頁）を定め「一般の非訟事件はもとより抗告訴訟との比較においても適正さに十分に配慮した特別の立法的手当がされている」（多数意見）としても、少なくとも不服申立に関しては訴訟手続が要請されると解すべきである。これらはともに、制裁的な意味を持つ不利益処分であり、行政庁が第一次的な処分を行ったのであれば、それに対する不服申立はまさしく「法律上の争訟」、即ち訴訟事項であり、訴訟手続が要請されることに何ら疑問の余地はない。

　にもかかわらず、訴訟事項と位置づけられない、即ち司法審査に服さないとされる理由は何であろうか。そうした理由として、長谷部恭男は「部分社会の法理の応用問題」として説明を試みている[93]。特に後者は、先述の入江反対意見でも特別権力関係を根拠に過料の裁判とは「事案を異にする」と言われていた事件であり、伝統的には特別権力関係の理論で説明されうるものであるから、部分社会の法理に馴染みやすい点があることは否定しえない。しかし、「部分社会の法理」がそもそも様々な問題点を抱えていることは長谷部自身も指摘している[94]のであるから、たとえその説明が成功していたとしても問題を残すものである。

やはり根底にあるのは、裁判所が行った判断だから信頼に値するという理由であろうか（宍戸常寿は「最高裁の反論は平たく言えば『俺たちがここまで丁寧にやっているんだから公開しないでも信頼してくれ』ということ」[95]と説明している）。そうであるとすれば、入江裁判官が述べていたように、「司法権の権威のために有難迷惑なこと」というべきであろう。

さらに、裁判官の分限手続に関する寺西判事補事件においては、手続面だけでなく実体面についても違憲審査が行われていることに鑑みるならば[96]、「非訟事件における違憲審査」という問題も浮上してくる。従来は客観訴訟における違憲審査ばかりが議論されてきたが、非訟事件の裁判こそ、制定過程において裁判所法三条一項にいう「法律上の争訟」ではなく「その他法律において特に定める権限」だと考えられていたのである[97]。寺西判事補事件では、まさに「固有の意味における司法権の作用ではなく」「純然たる訴訟事件についての裁判には当たらない」（が故に憲法八二条一項は適用されない）とされた手続において違憲審査権が行使され、裁判所法五二条一号の憲法二一条一項適合性が審査されているのである。「司法権の範囲内において行使されるもの」（最大判昭和二七年一〇月八日民集六巻九号七八三頁（七八五頁））とされる違憲審査権との関係はどのように説明さるのであろうか？

ことは特別抗告制度全体に関わる問題であり、通常は憲法八一条の要請に基づくものと説明されている特別抗告制度が実は憲法八一条違反であるという相当に思い切った結論を支持しない限りは、付随的審査制の再検討が避けられないであろう。

当初は、憲法八二条との関係から専ら手続の非公開（非訟一三条）が問題とされた非訟事件であるが、非訟事件を巡る憲法論は、今なお重大な問題を数多く残している。

(b)　仮処分

非訟事件の位置づけとも関連する問題として仮処分の性質問題がある[98]。仮の地位を定める仮処分とその他の保全処分を区別すべきか等の問題についても確固たる見解を持ち合わせているわけではなく、不十分な点があることは承知の上で瞥見しておきたい。

最近の見解では、仮処分は司法作用であるという見解が有力となっている[99]。確かに、「自力救済の禁止」の代償として裁判所による権利救済が必要かつ重要であること、他方で最も適正かつ厳格な手続に基づく訴訟手続に時間がかかることは避けられないこと、従って「権利の実効的救済」という観点からは仮処分（仮の権利保護）が決定的に重要であること、これらは否定すべくもない。しかし、そうであるからといって仮処分が性質上「司法」作用になるわけではない。仮処分を「司法」と位置づける見解が有力となっている背景としては、おそらく司法と位置づける方が「権利の実効的救済」に資するという考え方があるものと推測されるが、そもそもその関連性は定かではない。

仮処分の性質を理論的に考察するならば、北方ジャーナル事件において最高裁判所が仮処分による出版物の差止めについて「非訟的な要素を有することを否定することはできない[100]」と述べており、より一般的には三ケ月章が「如何なる〔保全〕処置がとられるべきかというこの判断は、正に典型的非訟事件で現れる判断と同質な目的指向性をもった判断だといわなくてはならぬ[101]」と述べているように、仮処分においては非訟的（行政的）な判断・決定、即ち「目的・手段思考」様式に基づく判断・決定がなされているのである。そして、まさにそうであるが故に、事情変更による取消が認められているのである（民保三八条）。

また最近では、直接には次に扱う行政処分の執行停止に関してであるが、「行政処分の取消しが司法権の行使だとするなら、それに比べ付随的なものである処分の執行停止権限も司法権に含まれるとするのが憲法七六条「司法権」の理解に適合的である[102]」という見解が有力に唱えられている。そのロジックの当否はともかくとして、このような見解によるならば、非訟事件のおける保全処分、例えば審判前の保全処分（家審一五条の三）はどのように位置づけられるのであろうか？

(c) 内閣総理大臣の異議

民事の仮処分の性質問題と密接に関連する問題として、行政処分の執行停止制度（行訴二五条以下）の性質問題がある。そして、その延長線上には内閣総理大臣の異議制度（同二七条）の合憲性という憲法上の大問題が控えている。

既に数多く論じられてきたように、「部分社会論」という別の「司法権の限界問題」の先駆ともなった米内山事件（最大決昭和二八年一月一六日民集七巻一号一二頁）において、「内閣総理大臣という行政機関が司法権の領域を侵犯して処分の執行停止を命ずるか否かという司法的処置に干渉するものであるから、三権分立の原則に違反する」と述べた真野毅裁判官の意見をはじめとして、内閣総理大臣の異議制度は憲法違反あるいは少なくともその疑いが強いと言われ続けてきた。しかし、それにもかかわらず今回の行訴法改正においても改正されることはなかった。憲法違反ではないと主張されるとき、その根底には、行政処分の執行停止は性質上「行政」だという考え方があること[103]も周知のことであろう。ここでは、その際に思考・決定様式が重視されている点に注目すべきである。「執行停止の決定は、裁判所が司法権の行使の一環としてするものではあるが、本来の裁判判決と異なり、これにあたる裁判官の思考方法――思考過程――やその手続は、むしろ行政処分のそれに近いものと思われる[104]」。そして、まさに《行政》的な思考様式に基づく決定だからこそ、後発的な事情変更に際して取消が認められるのである（行訴二六条一項）。

最近では、執行停止も司法作用だと位置づける見解が有力になってきている[105]。更には「学説上は、仮の救済を行政と見る見解は姿を消している[106]」とすら言われている。しかし、理論的に考察すれば、民事の仮処分と同様に、性質上は行政作用と位置づけられるべきである。この意味で、民事の仮処分は司法作用であるとする一方で、行政処分の執行停止は行政作用であるとする東京地裁の見解（東京地判昭和四四年九月二六日行集二〇巻八・九号一一四一頁）

には説得力を見出すことができない。

この東京地裁の見解には更に別の問題もある。即ち、執行停止が性質上「行政」作用だからといって、その後はすべて「立法政策の問題であって、合憲違憲の問題は起こらない」ということにはならないはずである。

この点で、「一歩譲って、執行停止権は仮に行政作用だとしよう。そうだとしても[107]」と述べた上で内閣総理大臣の異議制度に疑問を呈する佐藤幸治の見解が注目に値する。佐藤幸治の司法権論は、よく知られているように、自己決定の原則とデュー・プロセスの思想に基礎づけられた事件・争訟性の要件を司法権の本質的要素と位置付けつつ、「本来的司法権を核として、その周りには法政策的に決定されるべき領域が存在している」とする。しかし、その際に「法律により、裁判所に対し、本来的司法権ならざる権能を付与するについては、憲法上の限界がある」と留保を付し、「付与される作用は裁判による法原理的決定の形態になじみやすいものでなければならず、その決定には終局性が保障されなければならない」とする。そして、裁判所の判断に終局性を認めない点に、内閣総理大臣の異議制度の問題点を見出すのである[108]。

しかし、そもそも「仮の権利保護」の局面において「終局性」を持ちだすことには強い違和感を感じざるを得ない。また、裁判所の行う執行停止の決定を行政権が覆すことに終局性の観点から問題性を見出すのであれば、執行停止決定前に異議が述べられた場合をカバーできないのではないかと思われる。いずれにせよ、こうした見解は、司法権の定義（あるいは、先述のように伝統的通説においてその中核的位置を占める「法律上の争訟」の定義＝「当事者間の具体的な権利義務ないし法律関係の存否に関する紛争であって、かつ、それが法令の適用により終局的に解決することができるもの[109]」）において重要な位置を占めるにもかかわらず、従来必ずしもその意味内容が十分に検討されてこなかった「終局的に」という要素、即ち「終局性」の要件を真剣に考えることを要請しているといえる。この点については、既に述べたように「判決効」との関連性を重視すべきだと考えられるが、「終局性」要件の再検討が必要であろう。

ともあれ、この内閣総理大臣の異議の問題こそ、「行政権による司法権の侵害か否か」「行政 vs. 司法」という形で議論され、結果として逆に「行政と司法の関係」という問題に引き摺られ過ぎているように思われる。むしろ、執行停止を性質上「行政」と位置づけることによって「行政と司法の関係」問題という強力な磁場から自由になって考えるなら、次の点こそが問題であろう。即ち、現行法の下では、内閣総理大臣は、行政各部の指揮監督について「閣議にかけて決定した方針」に基づくことを要求され（内閣六条）、行政各部の処分・命令についても中止させ「内閣の処置を待つ」ものとされている（同八条）。行政各部との関係ですら、この程度の権限しか持たない内閣総理大臣に対し、裁判所の決定に対する「絶対的拒否権」（執行停止決定前であれば「絶対的命令権」）を与えることが、現行の法体系（即ち、実質的意味の“constitution”）と整合するであろうか。ありうるとすれば、今や合憲性擁護の最後の砦となりつつある「非常事態」ということになるであろうが、少なくとも現行法から非常事態のみを想定していることを読み取ることはできない。

(d)　**義務付け訴訟**

従来、兼子一及び田中二郎の見解以来、「行政と司法の関係」に関する主戦場の観を呈してきたのが、義務づけ訴訟の問題であった。先述のように、行政と司法の差異を「意思活動」と「判断作用」の対置として特徴づけた両博士の見解は、本稿の立場と近いものと思われる。しかし、既に多くの批判者が指摘していたように、義務づけ判決を行うことは法的判断として可能である。例えば、大西芳雄は「給付判決は行政庁に或る行為を命ずるという形で表現されるから問題となるのである。しかしこれとても法律上行政庁に或る行為をなす義務があり、行政庁はそれを為さなければならない、という法律的判断の表示であって、公益目的を以て一定の結果の発生を意欲し実現する行為ではない(110)」と正当にも述べていた。

そこで、義務づけ訴訟を否定する論拠として登場してきたのが「行政庁の第一次的判断権の尊重」という考え方である。[111] しかし、この「行政庁の第一次的判断権の尊重」という考え方は、本稿のような意思決定論の観点からする行政と司法の区分論とは無関係である。そもそも「行政庁の公権力の行使に関する不服の訴訟」（行訴三条一項）を「行政庁の第一次的判断を媒介として生じた違法状態の排除[112]」と理解する必要性もない。義務付け訴訟を原理的に否定する根拠はないと言うべきだろう。

(33) Torstein Eckhoff / Knut Dahl Jacobsen, *Rationality and Responsibility in Administrative and Judicial Decision-Making*, 1960.
(34) Max Weber, *Wirtschaft und Gesellschaft*, 5.Aufl. 1972, S.12ff.〔阿閉吉男＝内藤莞爾訳『社会学の基礎概念』（恒星社厚生閣、一九八七年）三五頁以下〕。
(35) 多くの文献の中から特に、Niklas Luhmann, *Zweckbegriff und Systemrationalität*, 1973, 88ff.〔馬場靖雄＝上村隆広訳『目的概念とシステム合理性』（勁草書房、一九九〇年）六〇頁以下〕; ders., *Rechtssoziologie*, 2.Aufl. 1983, S.88, 227ff.〔初版の邦訳・村上淳一＝六本佳平訳『法社会学』（岩波書店、一九七七年）一〇〇頁、二五〇頁以下〕を参照。
(36) 多くの文献の中から特に、平井宜雄『法政策学〔第二版〕』（有斐閣、一九九五年）一五頁以下、四一頁以下を参照。
(37) 多くの文献の中から例えば、田中成明『裁判をめぐる法と政治』（有斐閣、一九七九年）五六頁以下、同『法理学講義』（有斐閣、一九九四年）八一頁以下を参照。用語法の微妙な変化につき、同『転換期の日本法』（岩波書店、二〇〇〇年）二七頁注(6)を参照。また、以下の記述との関連で、同『法的思考とはどのようなものか』（有斐閣、一九八九年）をも参照。
(38) 兼子一「行政事件の特質」法律タイムズ二巻七号（一九四八年）一七頁（強調は引用者。漢字の表記は改めた）。この兼子論文に依拠して同旨を述べる、田中二郎「行政事件に関する司法裁判所の権限」（一九四九年）同・前掲注(31)『行政争訟の法理』一三三頁も参照。
(39) 参照、平井宜雄『続・法律学基礎論覚書』（有斐閣、一九九一年）二三-四頁注(14)〔『法律学基礎論の研究〈平井宜雄著作集Ⅰ〉』（有斐閣、二〇一〇年）二一四-五頁注(59)〕。
(40) 入門書における簡潔な記述であるが、小泉洋一＝島田茂編『公法入門』（法律文化社、二〇〇九年）三八頁以下（櫻井智章）をも併せて参照。
(41) 兼子一・前掲注(30)「新行政訴訟の基礎理論」七四頁（強調は引用者。漢字の表記は改めた）。

(42) 平井宜雄「幼児の引渡請求に関する一覚書」国家学会百年記念『国家と市民・第三巻』(有斐閣、一九八七年) 九四頁〔同『民法学雑纂〈平井宜雄著作集Ⅲ〉』(有斐閣、二〇一一年) 三三四頁〕。

(43) 平井宜雄『現代不法行為理論の一展望』(一粒社、一九八〇年) 一四八頁以下〔同『不法行為法理論の諸相〈平井宜雄著作集Ⅱ〉』(有斐閣、二〇一一年) 二〇六頁以下〕、同・前掲注(42)「幼児の引渡請求に関する一覚書」、同「『法の解釈』論覚書」加藤一郎編『民法学の歴史と課題』(東京大学出版会、一九八二年) 六九頁以下、同・前掲注(39)『法律学基礎論の研究』、同・前掲注(36)『法政策学』等。なお、同・前掲注(42)『民法学雑纂』三三五頁「追記」をも参照。

(44) 例えば、櫻井敬子『行政法のエッセンス』(学陽書房、二〇〇七年) 一四二頁以下。

(45) Otto Mayer, *Deutsches Verwaltungsrecht*, 3.Aufl. 1924, 1.Bd. S.62. 参照、塩野宏『オットー・マイヤー行政法学の構造』(有斐閣、一九六二年) 一一〇頁以下。また、石川健治「夢は稔り難く、道は極め難し」法学教室三四〇号 (二〇〇九年) 五四頁も参照。

(46) Carl Schmitt, Die Diktatur des Reichspräsidenten nach Art. 48 der Reichsverfassung (1924), in: ders., *Die Diktatur* (1921, 2.Aufl. 1928), 6.Aufl. 1994, S.211-57, bes. S.245-50〔田中浩＝原田武雄訳「ライヒ大統領の独裁」同訳『大統領の独裁』(未来社、一九七四年) 七-九二頁、特に六九-七九頁〕。

(47) Schmitt, a.a.O. (Anm.46), S.247〔田中＝原田訳七二-三頁 (邦訳は"clausula rebus sic stantibus"の訳が壊滅的であり、意味が全く通じない)〕。「事情変更の原則」については、五十嵐清『契約と事情変更』(有斐閣、一九六九年) が何よりも参照されるべきであるが、近時の見解として、吉政知広「契約締結後の事情変動と契約規範の意義 (一) (二・完)」民商法雑誌一二八巻一号四三頁以下、二号一六九頁以下 (二〇〇三年) を参照。五十嵐清「行政法における事情変更の原則」北大法学論集二七巻三・四号 (一九七七年) 八三頁以下は、行政契約における事情変更の原則を扱ったものであり、行政行為への適用については否定的である (一〇四頁)。

(48) 田中二郎・前掲注(30)「司法権の限界」一二頁注(1)、一二頁。

(49) 参照、田中二郎・前掲注(30)『行政法・上巻』二-三頁注(1)。

(50) 田中二郎・前掲注(30)『行政法・上巻』一頁以下、同・前掲注(30)「司法権の限界」一三頁以下。既に注(38)で見たように、兼子一に依拠して「行政は、公共の目的や政策を実現するための意思活動であって、行政は結果を目的とし且つ意欲するものである」と述べていたことも想起されるべきである。

(51) 田中二郎・前掲注(30)『行政法・上巻』一五五頁。

(52) 田中二郎「行政行為の取消に関する一考察」(一九三六年) 同『行政行為論』(有斐閣、一九五四年) 二五九頁 (漢字の表記は改めた）。

(53) 代表的には、杉村敏正「行政行為の撤回の法理」（一九五九年）同『法の支配と行政法』（有斐閣、一九七〇年）一八二頁以下。

(54) 田中二郎・前掲注(30)『行政法・上巻』一五五-六頁。学説状況につき、広岡隆「行政行為の撤回の自由性」ジュリスト三〇〇号（一九六四年）九二-三頁、乙部哲郎「行政行為の撤回」（二〇〇三年）同『行政行為の取消と撤回』（晃洋書房、二〇〇七年）四一六頁以下を参照。

(55) 参照、田中二郎・前掲注(30)『行政法・上巻』一五七頁注(2)。

(56) 谷口安平『口述民事訴訟法』（成文堂、一九八七年）三一六頁。

(57) Otto Mayer, a.a.O. (Anm.45), *Deutsches Verwaltungsrecht*, S.93.

(58) 参照、塩野宏『行政法Ⅰ〔第五版〕』（有斐閣、二〇〇九年）一五三頁、芝池義一『行政法総論講義〔第四版補訂版〕』（有斐閣、二〇〇六年）一五二頁、木村琢麿『プラクティス行政法』（信山社、二〇一〇年）九一頁等。

(59) 兼子・前掲注(11)『民事訴訟法体系』三三〇頁、谷口・前掲注(56)『口述民事訴訟法』四七五-六頁、新堂幸司『新民事訴訟法〔第四版〕』（弘文堂、二〇〇八年）六三一頁、伊藤眞『民事訴訟法〔第三版四訂版〕』（有斐閣、二〇一〇年）四六一頁、平野龍一『刑事訴訟法』（有斐閣、一九五八年）二八一頁、田宮裕『刑事訴訟法〔新版〕』（有斐閣、一九九六年）四三二頁等。

(60) 行政裁判の判決についても、かつては実質的確定力の有無が争われていた。参照、田中二郎「行政法に於ける確定力の理論」（一九三四年）同・前掲注(52)『行政行為論』一九一頁以下。日本において行政裁判の判決に実質的確定力（既判力）を認めない見解の代表として、佐々木惣一『日本行政法論・総論』（有斐閣、再版、一九二二年）七九六頁以下。行政訴訟の裁判が「行政」か「司法」かという問題は、対象面に関する歴史的な事情（大陸型か英米型か）からだけでなく、作用の性質の観点からも問題とされ得たのである。

(61) 最判昭和二九年一月二一日民集八巻一号一〇二頁（一〇三頁）。

(62) 田中二郎・前掲注(30)『行政法・上巻』一三四頁、一五二頁、一五五頁。実質的確定力が認められるか否かについては議論がある。参照、最判昭和四二年九月二六日民集二一巻七号一八八七頁における田中二郎裁判官の意見、雄川一郎「判批」田中二郎編『行政判例百選〔新版〕』（有斐閣、一九七〇年）一〇七-九頁、小早川光郎「判批」同ほか編『行政判例百選Ⅰ〔第五版〕』（有斐閣、二〇〇六年）一四〇-一頁。

(63) 塩野宏・前掲注(58)『行政法Ⅰ』一四四頁以下、藤田宙靖『行政法Ⅰ〔第四版改訂版〕』（青林書院、二〇〇五年）二〇九頁以下等。典型的には、大橋洋一『行政法①』（有斐閣、二〇〇九年）三一四頁以下、宇賀克也『行政法概説Ⅰ〔第四版〕』（有斐閣、二〇一一年）三二六頁以下。

(64)　塩野・前掲注(58)『行政法Ⅰ』一五六頁以下、藤田・前掲注(63)『行政法Ⅰ』二一九頁以下、大橋・前掲注(63)『行政法①』頁三一五-六等。

(65)　山本隆司「行政訴訟における仮の救済の理論（上）」自治研究八五巻一二号（二〇〇九年）二九頁（強調は引用者）。「回顧の観点」と「展望の観点」につき、後述の三ケ月章の「訴訟」と「非訟」の区分に関する議論を参照。

(66)　最判昭和二七年一月二五日民集六巻一号二二頁、最判昭和二八年一〇月三〇日行集四巻一〇号二三一六頁、最判昭和三四年七月一五日民集一三巻七号一〇六二頁等。

(67)　田中二郎・前掲注(30)『行政法・上巻』三四八-九頁、同・前掲注(31)『行政争訟の法理』一一七頁以下。

(68)　参照、可部恒雄「違法判断の基準時」鈴木忠一＝三ケ月章監修『実務民事訴訟講座⑧行政訴訟Ⅰ』（日本評論社、一九七〇年）二四一-二頁、二五一頁注(3)(4)。

(69)　原田尚彦『行政法要論〔全訂第七版〕』（学陽書房、二〇一〇年）七頁。

(70)　最大決昭和三五年七月六日民集一四巻九号一六五七頁〔強制調停〕、最大決昭和四〇年六月三〇日民集一九巻四号一〇八九頁〔夫婦同居〕・一一一四頁〔婚姻費用の分担〕、最大決昭和四一年三月二日民集二〇巻三号三六〇頁〔遺産分割〕、最大決昭和四一年一二月二七日民集二〇巻一〇号二二七九頁〔過料〕、最大決昭和四五年六月二四日民集二四巻六号六一〇頁〔破産宣告〕等。

(71)　例えば、石川明「非訟事件理論の限界」法学研究三〇巻一二号（一九五七年）六九頁以下、伊藤乾＝三井哲夫編『注解非訟事件手続法』（青林書院、一九八六年）三頁以下〔伊藤乾〕。

(72)　最大決昭和四〇年六月三〇日民集一九巻四号一〇八九頁（一〇九二頁）。

(73)　参照、鈴木忠一「非訟事件の裁判の既判力」（一九五六年）同『非訟事件の裁判の既判力』（弘文堂、一九六一年）五一頁、兼子一「人事訴訟」中川ほか編・前掲注(7)『家事裁判』一八七頁、戸根住夫「訴訟と非訟」（一九九六年）同・前掲注(6)『訴訟と非訟の交錯』一〇頁、三七-八頁等。こうした見解によれば、手続法を改正することにより訴訟事項を非訟手続で解決することに対する憲法上の限界を設けることは出来るが、実体法（法律）を改正することによって訴訟事項を非訟化することに対する憲法上の制約を提示することができない。本稿は、この問題に答えるものではない。参照、谷口・前掲注(56)『口述民事訴訟法』四二頁以下。

(74)　新堂幸司「訴訟と非訟」（一九七九年）同『民事訴訟法学の基礎』（有斐閣、一九九八年）二一四頁以下。

(75)　鈴木忠一・前掲注(73)「非訟事件の裁判の既判力」一一頁。

(76)　兼子一・前掲注(11)『民事訴訟法体系』四〇頁、同「行政処分の取消判決の効力」(一九五一年)同・前掲注(30)『民事法研究・第Ⅱ巻』一〇八-九頁。いうまでもなく、先述の「行政＝意思活動」「司法＝判断作用」という対置が想起されるべきである。この兼子理論は「判例法の形成の理論的支柱になった」と評されている(参照、新堂・前掲注(74)「訴訟と非訟」一一三頁)。

(77)　三ケ月章「訴訟事件の非訟化とその限界」(一九六九年)同『民事訴訟法研究・第五巻』(有斐閣、一九七二年)六六頁ほか各所。

(78)　兼子・前掲注(11)『民事訴訟法体系』四一頁、鈴木忠一・前掲注(73)「非訟事件の裁判の既判力」一頁以下、特に四一頁以下。

(79)　鈴木忠一「非訟事件に於ける裁判の無効と取消・変更」(一九五七年)同・前掲注(73)『非訟事件の裁判の既判力』八七頁以下、特に九四-六頁。林順碧「非訟事件の裁判の取消・変更」鈴木忠一＝三ケ月章監修『実務民事訴訟講座⑦非訟事件・審判』(日本評論社、一九六九年)七九頁以下、伊藤＝三井編・前掲注(71)『注解非訟事件手続法』一七三頁以下(三井哲夫)。非訟事件手続法が準用される家事審判(家審七条)につき、梶村太市『家事事件法』(日本加除出版、二〇一〇年)六三-四頁、梶村太市＝徳田和幸編『家事事件手続法〔第二版〕』(有斐閣、二〇〇七年)四二四-五頁(大橋眞弓)。

(80)　鈴木正裕「非訟事件の裁判の既判力」鈴木＝三ケ月監修・前掲注(79)『実務民事訴訟講座⑦』一〇五頁注(9)。

(81)　三ケ月・前掲注(77)「訴訟事件の非訟化とその限界」七〇頁注(3)。また、長谷部由起子「民事訴訟手続の基本原則と憲法」法律時報八一巻五号(二〇〇九年)五〇頁も参照。

(82)　参照、三ケ月・前掲注(77)「訴訟事件の非訟化とその限界」五八頁、六五-六頁、九二-四頁、新堂・前掲注(59)『新民事訴訟法』一二三-四頁。

(83)　井上治典『民事手続論』(有斐閣、一九九三年)。

(84)　参照、伊藤眞「学説史からみた手続保障」(一九八二年)新堂幸司編著『特別講義民事訴訟法』(有斐閣、一九八八年)五一頁以下、井上治典「手続保障の第三の波」(一九八三年)同・前掲注(83)『民事手続論』二九頁以下、新堂幸司「『手続保障論』の生成と展開」(一九九一年)同『民事訴訟制度の役割』(有斐閣、一九九三年)三三一頁以下、山本克己「当事者権」鈴木正裕先生古稀祝賀『民事訴訟法の史的展開』(有斐閣、二〇〇二年)六一頁以下等。

(85)　「法的審尋請求権」及びその基礎づけとなる「客体定式」(単なる客体として扱うことの禁止)として理解された「人間の尊厳」(基本法一条一項)については、文献も含め、櫻井智章「基本権論の思考構造(一)」法学論叢一五五巻三号(二〇〇四年)一二四-五頁、同「戦後ドイツにおける基本権論の展開の出発点」初宿正典先生還暦記念『各国憲法の差異と接点』(成文堂、二〇一〇年)四三六一七頁を参照。

（86）代表的には、山木戸克己「訴訟における当事者権」（一九五九年）同『民事訴訟理論の基礎的研究』（有斐閣、一九六一年）五九頁以下、鈴木忠一「非訟事件に於ける正当な手続の保障」（一九六九年）同『非訟・家事事件の研究』（有斐閣、一九七一年）二五九頁以下。文献も含め、高田裕成「訴訟と非訟」伊藤眞＝山本和彦編『民事訴訟法の争点』（有斐閣、二〇〇九年）一四頁以下を参照。

（87）伊藤眞・前掲注（84）「学説史からみた手続保障」六〇頁。片山智彦『裁判を受ける権利と司法制度』（大阪大学出版会、二〇〇七年）五〇頁、宍戸常寿「裁判を受ける権利」（二〇〇九年）同『憲法解釈論の応用と展開』（日本評論社、二〇一一年）一九七頁、笹田栄司「司法権の構造的理解と新たな『裁判』解釈」北大法学論集六一巻二号（二〇一〇年）五五三頁、五五九頁をも参照。

（88）例えば、林屋礼二「『訴訟事件の非訟化』と裁判を受ける権利」吉川大二郎博士追悼論集『手続法の理論と実践・上巻』（法律文化社、一九八〇年）六六頁以下、芦部信喜「裁判を受ける権利」（一九八一年）同『人権と議会政』（有斐閣、一九九六年）二五九頁以下、笹田栄司「裁判を受ける権利の〝本来的射程〟」（二〇〇三年）同・前掲注（3）『司法の変容と憲法』二三五頁以下、渋谷秀樹「裁判を受ける権利と非訟事件」大石＝石川編・前掲注（13）『憲法の争点』一七〇-一頁など。

（89）芦部信喜（高橋和之補訂）『憲法〔第五版〕』（岩波書店、二〇一一年）二三五頁以下、佐藤幸治『憲法〔第三版〕』（青林書院、一九九五年）四六二頁以下、五八六頁以下、大石眞『憲法講義Ⅱ』（有斐閣、二〇〇七年）五〇頁以下、塩野宏・前掲注（58）『行政法Ⅰ』二六七頁以下、最大判平成四年七月一日民集四六巻五号四三七頁等。

（90）谷口安平「手続的正義」『岩波講座基本法学⑧紛争』（岩波書店、一九八三年）四五頁。

（91）厳密には刑事手続に関する判例であるが、やはり、第三者所有物没収事件に関する最大判昭和三七年一一月二八日刑集一六巻一一号一五九三頁を参照。最近の文献として、宍戸・前掲注（87）『憲法解釈論の応用と展開』一九七頁、佐々木雅寿「訴訟と非訟」ジュリスト一四〇〇号（二〇一〇年）二四頁。

（92）最判昭和四六年一〇月二八日民集二五巻七号一〇三七頁。新堂・前掲注（74）「訴訟と非訟」二一六頁をも参照。

（93）長谷部恭男「憲法から見た民事訴訟法」（二〇〇九年）同『憲法の境界』（羽鳥書店、二〇〇九年）一四六頁以下、特に一四七頁注⑳。

（94）長谷部恭男『憲法〔第五版〕』（新世社、二〇一一年）三九二頁。

（95）宍戸・前掲注（87）『憲法解釈論の応用と展開』一九八頁。

（96）そのほか、博多駅フィルム提出命令事件（最大決昭和四四年一一月二六日刑集二三巻一一号一四九〇頁：取材フィルム提出命令に対する抗告棄却決定に対する特別抗告）、非嫡出子相続分規定事件（最大決平成七年七月五日民集四九巻七号一七八九頁：遺産分割審判に対する抗告棄却決定に対する特別抗告）など、主要な憲法判例でも行われている。なお、後者の判例を「非嫡出子相続分規定違憲訴訟」と名付ける（例えば、戸松秀典＝初宿正典編著『憲法判例〔第六版〕』有斐閣、二〇一〇年、九一頁）のは、不適切である。

(97) 大石眞「裁判所法成立過程の再検討」（一九九九年）同・前掲注（1）『憲法秩序への展望』二八五頁以下、特に三四七頁。

(98) 例えば、吉川大二郎「保全手続の訴訟性と非訴訟性」（一九四六年）同『仮処分の諸問題〔増補版〕』（有斐閣、一九六八年）二三頁以下を参照。

(99) 参照、笹田栄司「憲法学から見た行政事件訴訟法改正」（二〇〇四年）同・前掲注（3）『司法の変容と憲法』一三八頁以下。

(100) 最大判昭和六一年六月一一日民集四〇巻四号八七二頁（八七六頁）。

(101) 三ケ月・前掲注（77）「訴訟事件の非訟化とその限界」七三頁（亀甲括弧内は引用者による補足）。

(102) 笹田・前掲注（99）「憲法学から見た行政事件訴訟法改正」一三九頁。

(103) 学説では、田中二郎・前掲注（38）「行政事件に関する司法裁判所の権限」一四〇-一頁、同・前掲注（31）「行政処分の執行停止と内閣総理大臣の異議」二〇〇-一頁、兼子一・前掲注（31）「司法権の本質と限界」一六三-五頁、判例では東京地判昭和四四年九月二六日行集二〇巻八・九号一一四一頁（判時五六八号一四頁）、政府見解では内閣参質一五〇第一三号（平成一二年一二月一九日）。

(104) 田中二郎「行政争訟制度の改正」（一九六二年）同・前掲注（30）『司法権の限界』六九頁。また、雄川一郎ほか「行政事件訴訟法」ジュリスト二六一号（一九六二年）八五頁の田中二郎発言も参照。

(105) 参照、村上裕章「執行停止と内閣総理大臣の異議」芝池義一ほか編『行政法の争点〔第三版〕』（有斐閣、二〇〇四年）一二二頁、笹田・前掲注（99）「憲法学から見た行政事件訴訟法改正」一三七頁以下、山本隆司・前掲注（65）「行政訴訟における仮の救済の理論（上）」三三二頁等。

(106) 笹田・前掲注（87）「司法権の構造的理解と新たな『裁判』解釈」五九三頁。

(107) 佐藤幸治・前掲注（89）『憲法』三〇八頁。

(108) 以上、佐藤幸治・前掲注（89）『憲法』二九一頁以下を参照（引用は二九八-九頁）。佐藤幸治の違憲論（違憲であるとも明言していない）の論拠はあまり明晰ではないが、裁判所の判断の「終局性」を根拠として違憲性を主張する見解として、高橋和之・前掲注（20）「司法の観念」一五一頁注⒄を参照。

(109)　最判昭和五六年四月七日民集三五巻三号四四三頁（四四五頁、強調は引用者）ほか。
(110)　大西芳雄「行政事件訴訟の給付判決」（一九五四年）同『憲法と行政争訟』（有斐閣、一九七七年）八一頁。
(111)　田中二郎・前掲注(30)『行政法・上巻』二九三頁以下、二九六頁注(1)。この点につき、小早川光郎「行政庁の第一次的判断権・覚え書き」原田尚彦先生古稀記念『法治国家と行政訴訟』（有斐閣、二〇〇四年）二一七頁以下も参照。
(112)　田中二郎・前掲注(30)『行政法・上巻』二九三頁。同・前掲注(30)「司法権の限界」三一頁をも参照。

四　おわりに

本稿では、思考・決定様式の相違、及びそこから生じる後発的な事情変更への対応を軸としつつ、行政と司法の関係について考察してきた。

本稿はあくまで試論の域を出るものではなく、不十分な点も多々あることは自覚している。行政と司法の「境界の確定」という試みを行ってはみたものの、形式的形成訴訟とされている「境界確定の訴え」の性質に関する争い[113]にすら確固たる答えをもち合わせているわけではない。客観訴訟の位置づけについても、対象面からの問題であり、法的性質の問題ではないという理由で棚上げにしたままである。これらの点も含め、各論的な検討は今後の課題としたい。

更に、炯眼な読者は既にお気づきのように、「行政作用に属する事項をなぜ裁判所の権限に取り込んでよいのであろうか[114]」という根本的な問題には何ら答えられていない。訴訟と非訟の区分についても「実体法の規定の仕方が問題解決の出発点であり、同時にすべての決め手にもなる[115]」という問題をそのままにしている。

しかし、公法学でむしろ避けられてきた《問題》を再び主題化したという点には多少なりとも意義が認められるのではないかと思われる。大石先生の学恩に報いるには拙い試論ではあるが、公法学の今後の展開に、更なる「憲法改革」に、一つの有益な視座を提供し得たなら、本稿の目的は達成されたと言えるであろう。

(113) 村松俊夫『境界確定の訴〔増補版〕』(有斐閣、一九七七年)。この点につき興味深い見解として、山本和彦＝高橋滋「行政事件訴訟法」宇賀克也ほか編『対話で学ぶ行政法』(有斐閣、二〇〇三年)一五四頁。

(114) 安念・前掲注(16)「司法権の概念」二五一頁。

(115) 新堂幸司「強制調停を違憲とする決定について」(一九六〇年)同・前掲注(74)『民事訴訟法学の基礎』一五〇頁。注(73)でも述べたように、本稿はこの問題に答えるものではない。

［付記］校正後、平成二三(二〇一一)年五月一九日に新しい非訟事件手続法及び家事事件手続法が成立した(平成二三年法律五一号・五二号)。

6 わが国の防衛法制と警察官職務執行法
――武器の使用と同法七条――

小針 司

曽我部真裕・赤坂幸一 編
大石眞先生還暦記念
『憲法改革の理念と展開（上巻）』
二〇一二年三月 信山社

6 わが国の防衛法制と警察官職務執行法［小針　司］

一　はじめに

わが国の戦後防衛法制は、自衛官による武器使用にあたって警察官職務執行法（以下「警職法」という。）七条を準用することにその特徴の一端があると考えられる。けれども本来同条は個々の警察官にその職務執行過程で武器使用の根拠を与える規定であって、それを自衛官による武器使用に準用するとは、つまり自衛官の武器使用への警察法的対処とはどういうことであろうか。

ところで警職法七条に基づく自衛官の武器使用と外国で通常みられる交戦規定・部隊行動基準（Rules of Engagement：ROE）に基づく武器使用・武力行使との異同も問題になるが、ここでは特に同法七条にかかる判例・学説の動向を探り、比較検討を行う。要するに、本稿は戦後防衛法制（軍事法制ではないとされるが）とは何か、という問いに、警職法からアプローチする試みといえよう。

事実、戦後わが国では憲法九条一項の武力不行使原則に配慮してか、極力「武力の行使」という用語を避け、「武器の使用」をもって対処することとされてきた。そこで準用されるのが、ここで取り上げる警職法七条である。

二　警職法七条概観――武器の使用

㈠　問 題 提 起

警職法七条は次のように定める。

（武器の使用）

「警察官は、犯人の逮捕若しくは逃走の防止、自己若しくは他人に対する防護又は公務執行に対する抵抗の抑止のため必要であると認める相当な理由のある場合においては、その事態に応じ合理的に必要と判断される限度において、武器を使用することができる。但し、刑法（明治四〇年法律第四五号）第三六条（正当防衛）若しくは同法第三七条（緊急避難）に該当する場合又は左の各号の一に該当する場合を除いては、人に危害を与えてはならない。

一　死刑又は無期若しくは長期三年以上の懲役若しくは禁こにあたる兇悪な罪を現に犯し、若しくは既に犯したと疑うに足りる充分な理由のある者がその者に対する警察官の職務の執行に対して抵抗し、若しくは逃亡しようとするとき又は第三者がその者を逃がそうとして警察官に抵抗するとき、これを防ぎ、又は逮捕するために他に手段がないと警察官において信ずるに足りる相当な理由のある場合。

二　逮捕状により逮捕する際又は勾引状若しくは勾留状を執行する際その本人がその者に対する警察官の職務の執行に対して抵抗し、若しくは逃亡しようとするとき又は第三者がその者を逃がそうとして警察官に抵抗するとき、これを防ぎ、又は逮捕するために他に手段がないと警察官において信ずるに足りる相当な理由のある場合。」

ところで、次にかかげる自衛官が行う職務の執行には警職法七条のみならず警職法の規定の全部が準用される(1)。

ア　命令による治安出動（自衛七八条一項）又は要請による治安出動（同法八一条二項）を命ぜられた自衛隊の自衛官の職務の執行（自衛八九条一項）

ウ　防衛出動を命ぜられた自衛隊の自衛官が自衛隊法九二条一項の規定により公共の秩序の維持のために行う職務の執行（自衛九二条二項）

いずれにしても、ここに準用とは治安維持・公共の秩序維持（以下「治安維持等」という。）のため自衛官が行う職務の執行への準用ということである。この準用への疑問を提示しておくと次のようになる。

治安維持等であれば、原則的として武器の使用について警察官と自衛官の間に差はなく同様に対処するということになるが、はたしてこれで自衛官はその職責を適切に遂行できるのか。すなわち、治安維持等とはいっても、警察官と自衛官では出動のレベルが違い、自衛官が武器を使用するのは一般警察力をもっては対処できないほどのレベルに達した緊急事態においてである。いったい、この違いを無視できるのであろうか。自衛官が治安維持等のため国民のみならず、外国の武装工作員・テロリスト等に対しても武器を使用することが想定される（所定の要件のもとに戦闘員の地位が認められるゲリラは格別、武装工作員といっても国際法上の戦闘員でない以上、それへの対処は国内警察法上のそれであり、治安維持等の問題であると考えられる。なお、ここに武装工作員とは「殺傷力の強力な武器を保持し、わが国において破壊活動などの不法行為を行う者や、その協力者などをいう」（防衛省・平成二一年版防衛白書一六五頁））。その際、例えば比例原則といった法原則が警察官の場合と同様の厳格さで自衛官の場合にも適用されるのであろうか。治安維持等ではあるが、警察組織による対処の場合と比べ緊急事態のレベルが違うわけで、とすれば仮に比例原則が適用されるにしても、その厳格度等において違いが認められてしかるべきではないか、というのが筆者の疑問なり考えである。なるほど、後述するように治安出動及び防衛出動にあっては自衛官に特別の武器使用権限を付与して対応していることは事実であるが（自衛九〇条（治安出動）、その準用規定九二条二項（防衛出動））、警職法七条が準用されていることも否定できない（自衛八九条一項）。

こうした法状況を踏まえ、本稿はこの疑問の解明を行うとともに、その前提としてそもそも警察官による武器の使用とはいかなるものであり、どのような要件のもとでそれは違法性を阻却されることになるのかを考察しようと思う。

(二) 警職法七条とその準用

本条は警察官が実力行使の手段を用いる場合に、その最強の実力である武器を使用するための要件及び限界を明文で定めたものであるが、実は警職法制定前にあって警察官の武器使用については、法律の定めがなく、警察官吏武器使用規程という内務省訓令（内務大臣の職務命令とされているが、職務命令であれば、理論上、公務員に対する命令であって機関に対する行政命令（規則）とは異なるものであり、訓令をそのように解することには疑問がある―小針）[2]があるにとどまった。そこで、以下において武器使用にかかる法令等につき一瞥しておくこととする。

(a) これまでの経緯（法令の流れ）

所持については旧警察法に規定を欠いていたので、昭和二九年現行警察法制定に際し、その六七条に「警察官は、その職務の遂行のため小型武器を所持することができる」と定め、立法的に解決された。[3]

・戦　前

「警察官吏武器使用規程」（大正一四年三月一七日内務省訓令第九号）

・戦　後

昭和二一年一月一六日連合国軍最高司令官覚書「日本警察の武装」に基づく内務省警保局長通達「警察官吏拳銃ノ携帯使用ニ関スル件」により暫定的に「警察官吏武器使用規程」によることとなった。[4]

〈参照〉「警察官吏拳銃ノ携帯使用ニ関スル件」（昭和二一年一月一八日内務省発警第二号）

記

一　拳銃ノ使用ニ付テハ大正一四年三月一七日内務省訓令第九号警察官吏武器使用規程ニ依ルノ外連合国総司令部ヨリ内示ニ係ル別紙覚書ニ準拠シ厳重ナル注意ヲ加ヘ苟モ之ヲ踰越シテ物議ヲ誘発スルカ如キナカラシムルコト

覚　書

一　正当防衛
二　凶悪犯人逃亡セントシタルトキ
三　凶悪犯罪容疑者逃亡セントシタルトキ
四　令状の執行

以下、次に掲げる法令が続く。
「警察官等けん銃使用及び取扱い規範」（昭和三七年国家公安委員会規則第七号）
「警察官等特殊銃使用及び取扱い規範」（平成一四年国家公安委員会規則第一六号）
「警察官等警棒等使用及び取扱い規範」（平成一三年国家公安委員会規則第一四号）
「警察官けん銃警棒等使用および取扱い規範」（平成一三年改正前のもの。昭和三七年国家公安委員会規則第七号）
「催涙ガス器具の使用および取扱いに関する訓令」（昭和四三年警察庁訓令第一号）
「警察官等の催涙スプレーの使用に関する規則」（平成一四年国家公安委員会規則第一七号）
ちなみに、自衛隊についてであるが、平成一二（二〇〇〇）年になると、「部隊行動基準の作成等に関する訓令」（平成一二年一二月四日、防衛庁訓令九一号、改正平成一八年三月二七日訓一二号、改正平成一九年一月五日訓一号（後述））が発せられるに至った。

(b)　**武器使用をめぐる諸概念**

次に、武器使用をめぐる諸概念につきふれておこう。

①「武器」とは

以下、主に警察法令研究会『新版　注解警察官職務執行法』を参照して説明する。武器の定義にあたっては性能と用途二つのポイントがあり、これを踏まえて「人を殺傷する性能を有する器具で、主として人を殺傷する用途に供する目的をもって製作されたもの」とされる。

そして、人を殺傷する性能を有する器具は「凶器」といわれ、そのうち人の殺傷の用途のために製作されたものが「武器」で、人畜を殺傷する用途のためのものが「戎器」とされる。武器が軍隊の用に供される場合、それは「兵器」と呼ばれる。

・通常の武器：けん銃、小銃、刀、剣、やり等

・警職法七条にいう武器：警察法で所持が認められた小型武器（けん銃等）。

・警察官が通常所持していないライフル銃、刀、剣等も、本来武器であり、本条に定める要件に該当する形で警察官が使用すれば、本条による武器の使用である。

催涙ガスが武器に当たるか否かは微妙である。それが人の粘膜及び涙腺を異常に刺激し、激しい催涙をおこし、相当程度の時間中人の視力を失わせ、場合によっては結膜炎を生じさせるような、人の生理的機能に相当の障害を与えるような効力を持つものは（例、軍事目的で使用するような催涙ガス）「武器」とされる。他方、ごく一時的に視力の活動に若干の障害を与える程度のものであって、あとに機能障害を残さないようなもの（例、警備実施に際して使用している警察仕様の催涙ガス）は警職法七条にいう武器ではなく、実力行使のための一手段と解されている。(5) ただし、実際の運用では本法七条の要件と同じ要件のもとに使用される。

ちなみに、警棒及び警杖は、本来、自己防衛あるいは警告、指示、制止等のために製作されたものであるから、人を殺傷するためのものではないので、ここにいう武器とはいえない。したがって、本条は直接適用されない。これに対し、相手の顔面を突いたり、頭部を激しく殴打したりするのは、相手を殺傷する可能性がある場合であるから、そのような使用方法は、武器の使用に準ずるもので、本条が準用される。(6)

②　武器を「使用する」とは

武器を本来の用途に用いる、すなわちその武器の本来の性能を発揮させるために定まった用法と目的とに従ってこれを使うことであり、主に人を殺傷するために使うことを意味するが、人に危害を加えないものも含む。例えば、馬に乗っている人に対してその馬を撃ち、車に乗っている人に対して車のタイヤを撃ったり、威嚇のために上空に向けて撃ったり、拳銃を相手の前に構えて相手を畏怖させて、これを制圧したりすることがあげられる(7)。これに対して、けん銃をけん銃入れから取り出すことは、使用の準備行為にとどまり、使用には当たらないと解される(8)。

③　使用要件と危害要件

警職法七条からして、武器の使用要件は「犯人の逮捕若しくは逃走の防止、自己若しくは他人に対する防護又は公務執行に対する抵抗の抑止のため必要であると認める相当な理由がある場合」とされるが、その場合であっても武器の使用は「その事態に応じ合理的に必要と判断される限度」（比例原則）に限られる。この使用要件を構成する要素は「犯人の逮捕若しくは逃走の防止」「自己若しくは他人に対する防護」「公務執行に対する抵抗の抑止」「必要であると認める相当な理由」であるが、しかしこの要件が充足されても、それだけでは人に危害をくわえるに至るほどの武器使用（危害射撃）が許されるわけではない。そのためには、使用要件に加えて「危害要件」の充足が必要である。この危害要件を定めるのが、本条但書であって、すなわち「但し、刑法（明治四〇年法律第四五号）第三六条（正当防衛）若しくは同法第三七条（緊急避難）に該当する場合又は左の各号の一に該当する場合」がそれである。

したがって、人に危害をくわえるような方法で武器を使用するには使用要件に加えて危害要件の充足が必要となる。危害要件がない場合には、人に危害を与えないような方法（けん銃を構えての威嚇、上空への威嚇射撃等）でしか武器を使用できない。

ここでは最終的には自衛官の危害射撃を論ずることが本稿の眼目であるから、以下危害要件のうち正当防衛に的を絞って述べよう。

そもそも、法治国家においては、個人の法益に対する侵害を防止・排除するために個人の力で直接に相手の権利を侵害することは原則として禁止されている。ただし、国や公共機関による保護が間に合わないほど急迫不正の侵害があるときは、例外的に個人の実力によって自己の法益を防衛するため相手の権利を侵害することが認められる。これが、正当防衛である。警察官が職務執行として武器を使用した場合に、それが刑法の正当防衛の規定の定める事態及び要件と同じ事態、同じ要件に従って使用したのであれば、それは法令による要件に合致したものとして、相手の危害の結果について責任はない、とされる(9)。しかしながら、「職務執行に際して」である以上、刑法の正当防衛の規定に定める「同じ事態、同じ要件」はありえないはず、と筆者は考える。というのも、本来の正当防衛は自己の個人的な法益の防衛だからである。この点が、あまりにも当然視される正当防衛の援用によってほとんど顧みられていないように思われる(10)。

なお、前掲『新版　注解警察官職務執行法』も警察官としてのけん銃使用と一私人としてのそれとを対比させ、概要次のように説く(11)。

刑法第三六条の「自己又は他人」の「自己」とは、本条（警職法七条―小針）の場合では、職務執行中の警察官たる「自己」の意味であって、職務執行に関連しない一私人たる警察官をいうものではない。例えば、休暇中の警察官が自宅又は休暇先で暴漢に襲われ、自己を守るためけん銃を使ってその暴漢に傷害を与えた場合は、もっぱら刑法の定めるところによってのみ正当防衛の成否が判断されるのであって、本条とは関係がない。また、他人の権利を防衛するについても、それが職務執行と関連のない場合は、同様に、本条ではなく、刑法によって判断される。はたして休暇中の自宅で警察官のけん銃使用があり得るかといった疑問がないではないが、それをひとまず措くと、「休暇中の警察官が自宅又は休暇先で暴漢に襲われ、自己を守るためけん銃を使ってその暴漢に傷害を与えた場合は、もっぱら刑法の定めるところによってのみ正当防衛の成否が判断される」、まさにそのときこそが本来の正当防衛であり、違法性阻却事由も刑法三六条に求められるはずである。とすれば、職務執行中の警察官が職務の一環として危害射撃を行った場合にその正当化のため援用される正当防衛は刑法三六条のそれというのではなく、むしろ刑法三五条の正当行為（法令による行為）の要件と解される。このことは緊急避難についても同様に当てはまる。

しかしながら、正当防衛の法理からすれば、刑法三五条の正当行為の要件として同法三六条の正当防衛の要件を援用することは、どだい無理といわなければならない。正当防衛は所定の場合に例外的に個人の実力によって自己の法益、すなわち個人的法益を防衛するために他者の権利を侵害することを認めるものである。正当防衛は実力をもってする例外的な自救行為であって、職務のための自力救済は想定しがたい。とはいえ、これが現行法制の現実の姿である。

なお、刑法三六条の「自己又は他人の権利」に関する最高裁判決は、以下にみるように、一定の留保付きで「公益のための正当防衛」を認めたが、それはあくまでも例外的に許容されるものであって、職務執行の一環という意味ではなるほど「公益」性は認められるものの、警察官がその職務を執行するにあたって行う危害射撃にもその直接の適用をみるかは定かでない。そこで問題になる公益の防衛とは、急迫不正の侵害にさらされる国家公共それ自体の利益の防衛と解されるからである（例えば、極めて異常な事態であるが、テロリズムから国家公共の利益を護るためになされる私人による防衛、例えば私人によるテロリストの殺害など）。このような危機の防衛は、本来、国家公共自身の機関によってなされるべきことが、法治国家からの要請といえる。

ちなみに、上記最高裁判決（最判昭和二四年八月一八日刑集三巻九号一四六五頁）の判示するところは、おおむね次のとおりである。

公共の福祉を最高の指導原理とする新憲法の理念からいっても、公共の福祉をも含めてすべての法益は防衛されるべきであるとする刑法の理念からいっても、国家的、国民的、公共的法益についても正当防衛の許さるべき場合が存することを認めるべきである。しかし、本来、国家的、公共的法益を保全防衛することは、国家又は公共団体の公共機関の本来の任務に属する事柄であって、これをた易く自由に私人又は私的団体の行動に委すことはかえって秩序を乱し、事態を悪化させる危険を伴う虞がある。それ故かかる公益のための正当防衛等は、国家公共の機関の有効な公的活動を期待し得ない極めて緊迫した場合においてのみ例外的に許容されるべきものと解するのを相当とする。

このように、公益のための正当防衛にあっては、「（それが）国家公共の機関の有効な公的活動を期待し得ない極めて緊迫した場合においてのみ例外的に許容されるべきもの」であることを看過してはならない。

なお、正当防衛の場合、その構成要件上、「やむを得ずにした行為」であることが求められることから、危害射撃に先立って「威嚇射撃」の必要性が問題になるが、これについてはさしあたり次のように考えることができる。(12)

威嚇射撃により相手方の抵抗や逃走を阻止することが期待できるのであれば、通常は、まず適切な方法での威嚇射撃を試みるべきであるとされるが、事態が切迫していて威嚇射撃の時間的余裕がない場合、威嚇射撃が無意味である場合（翻意の可能性がない場合、騒音のため聞こえない場合）、威嚇射撃により事態が悪化するおそれがある場合（相手方を興奮させるおそれがある場合、跳弾等により第三者に危害を及ぼすおそれがある場合）等には、威嚇射撃は必要ではなく、直ちに相手方の身体に向けて射撃をすることも許される。

また、「やむを得ずした行為」の該当性判断は、反撃行為が防衛手段として相当性を有するか否かに帰着し、この相当性は、結局、急迫不正の侵害に対する反撃行為が侵害に対する防衛手段として相当性を有するものであることをいい、この相当性は、防衛手段としての必要性、法益の権衡、反撃行為の態様等を総合的に勘案して判断される。正当防衛の場合には、補充性（他に手段がないこと）や法益の厳格な権衡は必ずしも要求されないが、他の手段を容易にとり得るにもかかわらず殺傷行為に及んだり、法益の均衡を著しく失するような反撃行為に出たりする場合には、相当性は否定される。[13]

(三)　警職法七条、特に同条の正当防衛をめぐる判例とその動向[14]

(a)　警察官による武器の使用が正当防衛に当たるとして適法とされた事例（警職七条の適用を認め、違法性を阻却した事例）

①（電話線窃盗事件）転倒して警棒を落とし、けん銃を取り出しての警告も効果がなく、さらに棒杭で頭部に殴りかかられたため、けん銃を発射して死亡させた事例（東京高決昭和三二年一一月一一日東高時報八巻一一号三八八頁）

〈ポイント〉

・電話線窃盗の現行犯人による警察官に対する暴行・傷害（全治一週間の前頭部口唇内部各擦過傷）が認められた。

・警棒は落としてしまったので、使えない状態にあった。

・けん銃を取り出しての警告に効果はなかった（補充性にかかわる）。

・頭部に棒杭で殴りかかられた（急迫不正の侵害）。

・けん銃の発射により犯人死亡

②（交通事故事案）奪われた警棒で顔面を殴打され、けん銃を構えての威嚇も効果がなく、さらに頭部に警棒で殴りかかられたため、けん銃を発射して重傷を負わせた事例（大阪地決昭和三六年五月一日下刑集三巻五―六号六〇五頁）

〈ポイント〉

・奪われた警棒で顔面を殴打（加療約二週間を要する左顔面挫傷等）された。

・けん銃を構えての威嚇も効果はなかった（補充性にかかわる）。

・頭部に警棒で殴りかかられた（急迫不正の侵害）。
・けん銃の発射により犯人重傷（全治約八ヵ月の左大腿盲管銃創ほか）
③二人の酔客に暴行されけん銃を奪取されそうになり、威嚇射撃も効果がなかったため、けん銃を発射して死亡させた事例（福岡高決昭和四二年三月六日下刑集九巻三号二三三頁）

〈ポイント〉
・暴行を加えられ、けん銃を奪取されそうになった。
・威嚇射撃も効果がなかった（補充性にかかわる）。
・けん銃の発射により犯人三日後に死亡
④（シージャック事件）半狂乱状態にあるシージャック犯人の胸腹部をライフル銃で狙撃し、死亡させた事例（広島地決昭和四六年二月二六日刑裁月報三巻二号三一〇頁「旅客船ぷりんすシージャック事件」）

〈ポイント〉
・この犯人はけん銃一丁・ライフル銃二丁・散弾銃一丁を所持し、旅客船を奪取した。
・船員を人質に同船を乗っ取ったまま猟銃を発砲し続けた。
・家族、警察官の説得に耳を貸さなかった。
・出航し始めたため、船員ほかの生命に危険が及ぶおそれがあった。
・県警本部長の指示によりライフル銃で狙撃、犯人死亡（腹大動脈等貫通銃創による失血死）。
⑤（公務執行妨害事件）自動車の窓枠につかまって停止を命じる警察官を無視して加速を続ける公務執行妨害の現行犯人に対し、けん銃を構えて警告した上、上空、車輪、犯人の肩に順次発射し、犯人と同乗者を死傷させた事例（熊本地判昭和五一年一〇月二八日職務行為集四〇四頁）

〈ポイント〉

・職務質問しようとした警察官めがけて自動車を発車（公務執行妨害）させたので、犯人を逮捕しようとした。
・停止の指示を無視して、犯人は加速を続けた。
・当時の体勢では特殊警棒は取り出せなかった。
・再三の警告にもかかわらず、加速し疾走し続けたため、上空等に威嚇射撃をした。
・けん銃の発射により、犯人は加療約二週間の傷害、同乗者は右胸部盲管銃創により死亡

⑥二人組に警棒を奪われて執拗な攻撃を受け、さらにけん銃を奪われそうになったため、けん銃を発射して死傷させた事例（東京地八王子決平成四年四月三〇日判タ八〇九号二二六頁）

〈ポイント〉

・警棒を奪われて執拗な攻撃（暴行）を受けた。
・けん銃を取り出して警告したが、けん銃を奪おうと執拗に襲いかかられた。
・けん銃の発射により、犯人のうち一人は死亡（胸部貫通銃創）、もう一人は左大腿骨開放骨折

＊ただし、威嚇ないし威嚇射撃はなされなかった。

〈分　析〉

①～⑥の事例にみられるある種の共通項

ア　（特殊）警棒は落とすか、奪われるかなどして使用できる状態にはなかった（残された防御手段はけん銃のみ）。

①②⑤⑥

イ　危害射撃前に、警察官が犯人に暴行・傷害を受け、発射直前にも身体への侵害をうけそうになった。

①②③⑤⑥

ウ　危害射撃前に、けん銃を構えるか、警告・威嚇発射している。①②③⑤⑥
ほぼ、少なくともア～イの要件を充足して正当防衛が認められた、ということであろう。

(b)　**警察官による武器の使用が正当防衛に当たらないとして違法とされた事例**（警職七条の適用を認めず、違法性を阻却しなかった事例）

①列車内のデモ隊を逮捕しようとした同僚巡査が客車内から投げられた火炎びんで負傷したので、そのことに興奮した他の巡査が同客車内に入って見つけたデモ隊員の足元をねらってけん銃を発射し、負傷させた事例（大阪地判昭和三五年五月一七日下民集一一巻五号一一〇九頁「吹田事件」）

〈ポイント〉

・（特殊）警棒を奪われたわけでもなく、また失くしたわけでもなかった。

・自己又は同僚警察官への火炎びん等による攻撃は当該けん銃発射時点では認められなかった。

・危害射撃に先立ち、けん銃を構えるとかの対処行動はとられなかった。

②いわゆる血のメーデー事件（昭和二七年）の第二次衝突の際、皇居広場で集会警備中の警察官が、群衆に取り囲まれ、暴行を受ける等の事態になったため、自己防護等の過程において計六一発のけん銃弾を発射し、集会参加者を死亡させた事例（東京地判昭和四五年一月二八日下民集二一巻一・二号三二頁「血のメーデー事件」）

群衆に取り囲まれたり暴行を受けるなどしたので自己防衛のためけん銃を発射したこと自体はやむを得ないものとされながら、その程度では人に危害をあたえるような使用、すなわち危害射撃は許されないとされた。

③警察官がナイフ等で抵抗する被害者に対し職務の執行として二度にわたってけん銃を発射し死亡させ特別公務員暴行陵虐致死罪に問われ、当該けん銃の発砲が違法とされた事例（最決平成一一年二月一七日刑集五三巻二号六四頁）。

本件事例を解説した田中教授によれば、本決定の意義は次の点に求められる[15]。

第一に、警察官が職務として発砲し、それにより人に死傷の結果が生じた事例に関して、当該発砲行為の適法性について判断を示した、最高裁初の裁判例であること。

第二に、下級審を含め、当該発砲が最終的に違法と評価されて当該警察官の刑事責任が肯定された初めての事案であること。

実は、警職法七条はその本文で「目的要件（犯人の逮捕若しくは逃走の防止、……のため）」「必要性要件（必要であると認める相当な理由のある場合においては）」「比例性（原則）要件（その事態に応じ合理的に必要と判断される限度において）」という武器使用の三要件を定め、但書において正当防衛をはじめ危害要件を定めているが、本件事例は武器使用の目的要件の充足は認められたものの、他の二要件の充足は何れも否定された。

ちなみに、「比例性（原則）要件」についていえば、その限度の判断は、基本的には職務の執行に当たる個々の警察官の判断によるとしながらも、「（その判断が）客観的に合理的な範囲かどうかは、例えば、犯罪の性質、態様、危険の急迫性の程度、犯人の数、犯人等の抵抗の有無及びその方法、程度、兇器の所持の有無及び兇器の性質、時間、場所などの種々の要素を総合的に考慮して決する」こととなり、結局「必要最小限度の使用」にとどめなければならないとされる[16]。危害射撃にあっては、さらに要件が加重され正当防衛等の要件の充足が求められる。

警職法七条の解釈・運用にかんがみると、防衛出動や命令による治安出動に際し、警察官に替わって治安維持等の任にあたる自衛官は、警職法七条の準用である限り、危害射撃のためには上記ア〜ウの要件の充足が求められよう（防衛出動の場合は自法九二条二項、治安出動の場合は同法八九条一項）。

このような武器使用の方法では事態に対処できないとすれば、別な対応が求められる。それが自衛官に特別の武器使用権限を付与する自衛隊法九〇条である。本条には、警職法七条但書にいうような武器使用制限はついていないので、事態に応じ合理的に必要とする限度である限り、危害射撃も許されるという趣旨も含まれていると解されている(17)。

同条は次のように定めている。

「第七八条第一項（命令による治安出動──小針）又は第八一条第二項（要請による治安出動──小針）の規定により出動を命ぜられた自衛隊の自衛官は、前条の規定により武器を使用する場合のほか、次の各号の一に該当すると認める相当の理由があるときは、その事態に応じ合理的に必要と判断される限度で武器を使用することができる。

一　職務上警護する人、施設又は物件が暴行又は侵害を受け、又は受けようとする明白な危険があり、武器を使用するほか、他にこれを排除する適当な手段がない場合

二　多衆集合して暴行若しくは脅迫をし、又は暴行若しくは脅迫をしようとする明白な危険があり、武器を使用するほか、他にこれを鎮圧し、又は防止する適当な手段がない場合

三　前号に掲げる場合のほか、小銃、機関銃（機関けん銃を含む。）、砲、化学兵器、生物兵器その他その殺傷力がこれらに類する武器を所持し、又は所持していると疑うに足りる相当の理由のある者が暴行又は脅迫をし又はする高い蓋然性があり、武器を使用するほか、他にこれを鎮圧し、又は防止する適当な手段がない場合

②　前条第二項（「八九条二項　前項において準用する警察官職務執行法第七条の規定により自衛官が武器を使用するには、刑法（明治四〇年法律第四五号）第三六条又は第三七条に該当する場合を除き、当該部隊指揮官の命令によらなければならない。」──小針）の規定は、前項の場合について準用する。」

武装工作員などへの対処に適用されるのは、同条一項三号である。ただ、その場合でも、本条が自衛隊ではなく自衛官に対して特別な武器使用権限を付与する規定であることは看過されてはならない。

なお、韓国の例をあげると、一九九六年九月、韓国東海岸に北朝鮮の特殊部隊一三人が上陸したときは、韓国陸

軍延べ一五〇万人が動員され、全員を掃討するまでに一ヵ月半かかっている。[18]

このような特殊部隊による破壊工作に対する対処行動は、わが国の法制下にあって、どのようなものとなるのか。後述するように、ゲリラや特殊部隊による攻撃は武力攻撃事態とされ防衛出動の対象となるが（前掲防衛白書一六五頁）、特殊部隊であれば規模の如何を問わないと言い切れるかは検討の余地があろう。

ところで、各種の行動において自衛官に認められている武器使用権限には次のような疑問も投ぜられている。[19]

「武器の使用は、若干の例外（治安出動時の警職法による武器の使用）はあるが、総じて自衛官個人の権限として認められているに過ぎない。各種の行動に出動を命じられるのは部隊であるが、行動間の権限行使は個人単位ということになる。『自衛隊法』という組織集団を規律する法律に、『警察官職務執行法』という警察官個人を対象とする法律を準用したことに基本的誤りがあるといわざるを得ない。武器使用の権限は、組織集団を指揮統率する各級指揮官に付与されるべきであり、直ちに関連法を含め一括して改正すべきである。」(Page8 of 10)

この見解の中で、特に注目すべきは「『自衛隊法』という組織集団を規律する法律に、『警察官職務執行法』という警察官個人を対象とする法律を準用したことに基本的誤りがあるといわざるを得ない」というくだりである。自衛隊法における「警職法」の準用に対し、筆者も抱いている根本的な疑問を極めて的確に言い表しているように思われる。

むろん、上述のように治安出動及び防衛出動時における武器使用にあっては、刑法三六条（正当防衛）又は三七条（緊急避難）に該当する場合を除いて、当該部隊指揮官の命令によらなければならないとされてはいる。

（1）警察庁総務課監修　警察法令研究会『新版　注解警察官職務執行法〔全訂版〕』（立花書房、二〇〇四年）七頁。

（2）、（3）警察法令研究会・前掲注（1）一五九頁。

（4）警察法令研究会・前掲注（1）一六一頁。

(5)　警察法令研究会・前掲注(1)一七一頁。
(6)　警察法令研究会・前掲注(1)一七二‐三頁。
(7)　警察法令研究会・前掲注(1)一七三頁。
(8)　古谷洋一ほか『注釈　警察官職務執行法〔改訂版〕』（立花書房、二〇〇三年）三五五頁。
(9)　警察法令研究会・前掲注(1)一七五頁
(10)　拙著『続・防衛法制研究〔全訂新版〕』（信山社、二〇〇三年）一二六頁以下、特に一三五頁以下。
(11)　警察法令研究会・前掲注(1)一七六頁。
(12)　古谷・前掲注(8)三六九頁。
(13)　古谷・前掲注(8)三七〇頁。
(14)　古谷・前掲注(8)三六五頁以下。
(15)　田中開「警察官によるけん銃の発砲が違法とされた事例」ジュリスト一二二七号（二〇〇二年）一七一頁。
(16)　田中・前掲注(15)一七二頁。
(17)　宇都宮静男『防衛法』（自由国民社、一九七七年）三七五頁。
(18)　平成一二年一二月一六日（土）付産経新聞「産経主張」（拙著『防衛法概観』（信山社、二〇〇二年）二五四頁所収）
(19)　吉田暁路「軍事的即応性から見た有事法制の問題点：有事法制の有効性を問う――軍事的即応性から見たいくつかの懸念」(http://www.dcr-jpn.org/AR-7J/yoshida-03i.htm：閲覧年月日二〇一〇年一月七日)。

三　わが国の法状況――武力攻撃事態・緊急対処事態と武器使用

(一)　武力攻撃事態と緊急対処事態

(a)　武力攻撃事態――想定される武力攻撃事態の四類型

国民保護法三二条に基づく、国民の保護に関する基本指針（二〇〇五年三月二五日）において想定された武力攻撃事態は一概にいえないものの、おおむね次の四類型である（同指針「第二章　武力攻撃事態の想定に関する事項」参照）。

ただ、これらの事態は複合して起こることが想定される。ここでは、武力行使も予定されている。

①着上陸侵攻

・事前の準備が可能であり、戦闘予想地域からの先行避難が必要

・一般的に国民保護措置を実施すべき地域が広範囲に渡ることを想定

②ゲリラや特殊部隊による攻撃

・事前にその活動を予測・察知することが困難で、突発的に被害が生じることを想定

・攻撃当初は屋内に一時避難させ、関係機関が安全措置を講じつつ避難を実施

③弾道ミサイル攻撃

・発射された段階での攻撃目標の特定は極めて困難。発射後極めて短時間で着弾

・迅速な情報伝達等による被害の局限化が重要。屋内への避難が中心。

④航　空　攻　撃

・航空機による爆撃であり、攻撃目標の特定が困難なため、屋内への避難等を広範囲に指示することが必要

(b)　**緊急対処事態――想定される類型と具体的な事態例**

武力攻撃事態への転換は格別、この段階は未だ武力攻撃事態ではないので武力行使は予定されていない。

①危険性を内在する物質を有する施設等に対する攻撃が行われる事態

・事態例：原子力発電施設等の破壊、石油コンビナート・都市ガス貯蔵施設等の破壊

②多数の人が集合する施設及び大量輸送機関等に対する攻撃が行われる事態

・事態例：大規模集客施設・ターミナル駅等の爆破、新幹線等の爆破

③多数の人を殺傷する特性を有する物質等による攻撃が行われる事態

・事態例：放射性物質を混入させた爆弾（ダーティボム）等の爆発による放射能の拡散、炭素菌等生物剤の航空機等による大量散布、水源地に対する毒素等の混入

④　破壊の手段として交通機関を用いた攻撃が行われる事態

・事態例：航空機等による多数の死傷者を伴う自爆テロ

なお、武力攻撃事態対処法二七条は準用規定であるが、武力攻撃事態等にかかる対処基本方針を定める同法九条は準用されていない。したがって、緊急対処事態ではそれ自体は武力攻撃事態でないので防衛出動が想定さていない。現行法制下にあって、自衛隊法七六条にかんがみるならば、防衛出動が予定され武力の行使が想定されているのは唯一武力攻撃事態の場合のみである。

これら二つの事態における自衛官の武器使用とはどのようなものか。

(二)　二つの事態と武器使用

治安出動時における自衛官の特別の武器使用権限を定める自衛隊法九〇条一項の規定が同法九二条二項により防衛出動時の公共の秩序保持のためにも準用されるので、ここでは治安出動時の武器使用に限定して述べる。この武器使用のために自衛隊法は八九条と九〇条の二条を設けて対応しており、いわば二元的対応体制をとっている。各々の条文は次のとおりであるが、警職法を準用する八九条が原則規定で、同条以外の所定の場合に、正当防衛又は緊急避難にかかわらず、自衛官に危害射撃をも許容するのが九〇条である。なお、同条二項は警職法七条にもふれているが、それは、正当防衛又は緊急避難に該当する場合を除き、自衛官の武器使用が当該部隊指揮官の命令によることを義務付けるものである。まさに、「当該部隊指揮官の命令」という点に武器使用の組織性を読み取ることができる。

このように、自衛官の武器使用につき二元的対応体制をとるのであれば、実際問題としていずれの対応をとるべきかにつき識別基準を明確化することが部隊運用上必要となるはずである。これが適切になされなければ、一般自衛官のみならず部隊指揮官も困惑することとなろう。

自衛隊法八九条

「警察官職務執行法（昭和二三年法律第一三六号）の規定は、第七八条第一項（命令による治安出動—小針）又は第八一条第二項（要請による治安出動—小針）の規定により出動を命ぜられた自衛隊の自衛官の職務の執行について準用する。この場合において、同法第四条第二項中「公安委員会」とあるのは、「防衛大臣の指定する者」と読み替えるものとする。

二　前項において準用する警察官職務執行法第七条の規定により自衛官が武器を使用するには、刑法（明治四〇年法律第四五号）第三六条又は第三七条に該当する場合を除き、当該部隊指揮官の命令によらなければならない。」

同法九〇条（再掲）

「第七八条第一項又は第八一条第二項の規定により出動を命ぜられた自衛隊の自衛官は、前条の規定により武器を使用する場合のほか、次の各号の一に該当すると認める相当の理由があるときは、その事態に応じ合理的に必要と判断される限度で武器を使用することができる。

一　職務上警護する人、施設又は物件が暴行又は侵害を受け、又は受けようとする明白な危険があり、武器を使用するほか、他にこれを排除する適当な手段がない場合

二　多衆集合して暴行若しくは脅迫をし、又は暴行若しくは脅迫をしようとする明白な危険があり、武器を使用するほか、他にこれを鎮圧し、又は防止する適当な手段がない場合

三　前号に掲げる場合のほか、小銃、機関銃（機関けん銃を含む。）、砲、化学兵器、生物兵器その他その殺傷力がこれらに類する武器を所持し、又は所持していると疑うに足りる相当の理由のある者が暴行又は脅迫をし又はする高い蓋然性があり、武器を使用するほか、他にこれを鎮圧し、又は防止する適当な手段がない場合

二　前条第二項の規定は、前項の場合について準用する。」

四　今後の課題と展望――ルールズ・オブ・エンゲージメント（ROE）

わが国では武力攻撃事態も含む緊急事態における自衛官の武器使用は、これまでも述べてきたように、原則的に警職法七条の準用という形をとってきたが、欧米諸国には交戦規定（ルールズ・オブ・エンゲージメント（ROE））をもって対処している国もみられる。そこで、この問題について、ここでは当該分野に関する数少ない橋本靖明・合田正利両氏の論文[20]を用いて簡単にふれることにしたい。とにかくROEそのものが一般に公開される性格のものではないので、この分野の研究は極めて少なく、その意味で同論文の学術的価値は高い。この間の事情を橋本・合田両氏は次のように伝えている[21]。

「本来であれば、各国のROEを広汎に収集し、分析を加えるべきではあるが、ROEは基本的に外部に公開される性格の文書ではないため、直接に入手可能なわずかな資料に、間接的に入手できる情報を加味して行わざるを得なかった。」

そこで、対象とされたのが、米国、英国、北大西洋条約機構（NATO）及び国連のROEの一部であった。

ところで、ROEとは何か、それは「一定の政治目的のために軍隊を使用する場合と自衛権行使のために軍隊を使用する場合に軍の行動を導く一連の規則」である[22]。ただ、わが国の場合、国際紛争を解決するために武力を手段

としないだけでなく、自衛権行使の可能性をも非常に限定的に解釈している。したがって、政策実現のための自衛官等の国外派遣や武力行使をするためのＲＯＥという思考は存在余地がほとんどなかったと思われる。さらにまた、一方においてＲＯＥはシビリアンコントロールを貫徹するための政治手法の一つととらえられるが、他方、武力行使の現場の一挙手一投足までを政治が指示し、制御するための手段ではないとも語られている。[23]結局、ＲＯＥは「現場におけるより適切な軍事的判断を行うために必要な、政策、戦略を明確化し、その実現のために実施される当該軍事作戦の目的を明確に示すもの[24]」ということができ、適切なＲＯＥは軍の部隊に対しそれが武力行使を行う際の正当性を付与してくれるものでもある。ただし、ＲＯＥに対し軍事的合理性を無視した過度な政治介入がなされれば、軍の活動は容易にその効果を失い政治の目的も結局達成できなくなる危うさを孕んでいる。要は、政治による軍事の統制要請と軍事的合理性の確保要請という複数の要請をいかにバランスよくとるかである。

以下に、ＲＯＥについての私見を簡単に述べることにしよう。

自衛隊の部隊行動の根拠規範のあり方として警職法的対応とＲＯＥ的対応の何れが望ましく、適切であるか、というのが本稿を通底する共通の問題関心であった。それは、とりもなおさず、警職法的対応の限界と課題とは何かという問題に行き着く。逆にいえば、果たしてＲＯＥは前述の要請に応える手段方法として妥当なのであろうか、ということになる。

思うに、警職法は元来警察官個々の職務執行の根拠法であり、「一定の政治目的のために軍隊を使用する場合と自衛権行使のために軍隊を使用する場合に軍の行動を導く一連の規則である」ＲＯＥとは存立目的を異にする。種々議論はあるが、やはりＲＯＥは軍隊を使用する場合にその軍の行動を規律する規範なのであって、軍隊という組織の行動を律しようとすればＲＯＥをもって対処するのが筋である。なるほど、自衛隊は軍隊ではないという主張もないではないが、しかしながら自衛隊のみが武力の行使をなしうるのであって、その意味で自衛隊は紛れもなく対外的実力組織であり、その成員は国際法上戦闘員の地位にある。とすれば、警職法の準用というよりはＲＯＥ若しくはその準用に訴えることのほうが合理的で、自然である。有効適切に初期の目的を達成機能するか否かは、ＲＯＥの定め方いかんによる。

この点につき、橋本・合田両氏も次のように述べている[25]。

「東西陣営の対立を背景とした着上陸侵攻は考えにくくなる反面、ゲリラや不法工作員の上陸や活動、テロ等が懸念される。（中略）また、内乱などの騒擾時に軍によって在外自国民を救出しようとする場合、従来は他国に依頼することが多かった我が国が、今後、自衛隊を派遣することが増える可能性もある。かかる状況下で使用されるＲＯＥに関しては、作戦に従事する部隊の行動基準として、諸行動の政治上の目的、法的根拠などが明確化されていることが必要である。」

(20)　橋本靖明・合田正利「ルール・オブ・エンゲージメント（ＲＯＥ）――その意義と役割」防衛研究所紀要七巻二・三合併号（二〇〇五年三月）

(21)　橋本・合田前掲注(20)一頁。

(22)、(23)、(24)　橋本・合田前掲注(20)二八頁。

(25)　橋本・合田前掲注(20)三〇頁

五　おわりに

これまでの考察から、警察官による危害射撃にかかる判例からもうかがわれるように極めて厳格な要件のもとに正当防衛・緊急避難が認められていること、さらに自衛官の危害射撃が警職法七条の準用の場合とそれ以外の場合に二元化されていること、また本来部隊として組織的に対応すべきところ例外はあるが自衛官個々の判断に対応が委ねられてきたことなどが理解できる。こうして、防衛出動や治安出動時にあっては一方において警職法七条の準用という形をとりながら武器使用を認め、他方所定の場合には正当防衛・緊急避難の縛りを解いて自衛官に危害射撃を認めるというあり方を採用し、事態の要請にひとまず応えている。これはまた、警職法的対応の限界を示すものと言わなければならない。ひるがえって自衛隊という部隊の行動に着眼するならば、部隊としての行動を律する規範として日本版ＲＯＥ（部隊行動基準）の制定が模索されるべきではあるまいか。その意味では、「部隊行動基準の作成等に関する訓令」（平成一二年一二月四日防衛庁訓令九一号、直近改正平成一九年一月五日庁訓一号）が注目される。その際、問題になるのは、自衛隊の対処行動ではあっても、その性質上対内的治安維持作用であり、その意味で警察作用であるとされるとき、対処行動の対象が破壊工作や国際テロリズムといったものであってもなお厳格な警察比例の原則が妥当しなければならないか、ということである。この疑問は、自衛隊法九〇条が「その事態に応じ合理的に必要と判断される限度で武器を使用することができる」と規定する以上、同条にも当てはまる。これが不合理とすれば、対処行動を対外的防衛作用と再定義するか、あるいは対内的治安維持作用と解しつつも、対象の特殊性からして厳格な警察比例の原則はそのまま妥当しないと解するか、いずれかの選択肢が考えられる。(26)

ところで、現行憲法が公布・施行されてはや六〇余年になるが、ときに「囚われの主権者」とも呼ばれる国民が九条・防衛省・自衛隊に真正面から向き合うのはいつの日になろうか。それとも、今が予定調和の最善の姿ということになるのであろうか。(27)

(26)　注目すべき論文として遠藤哲也「安全保障における軍事と警察の差異――『グレイエリア』研究のための試論」国際安全保障三二巻四号（二〇〇五年）を挙げておく。同論文は次のように説く。

「本質論的意味において、『シヴィル』とは法と礼節に支えられる都市や国家コミュニティ内の文明的公秩序のある状態であり、それが停止するか存在しない場所こそがミリタリーの領域であり、軍事・警察の本質的作用領域もそこにある。」（同一一一頁）。

このように警察の本質的作用領域が「法と礼節に支えられる都市や国家コミュニティ内の本質的作用領域」であればこそ、そこに妥当する法原則は厳格な警察比例の原則ということになるであろう。これに対し軍事の本質的作用領域は、軍事をはじめとする武力・暴力をもってしか安全が保障されない「野蛮や混沌」の占める領域であって、かくして軍（military）は「文明と野蛮の境界線に位置して野蛮と対峙するものであり、当然にその取る手法も文明的なものとなり得ない」（同一〇八頁）ということになる。

とすれば、治安出動や防衛出動といった非常時にあって警察組織をもって対処できない事態に軍事組織が投入されて武器を使用するにあたり、いったい妥当すべき法原則はいかなるものであるべきか。これまでの想定から大きく隔たるテロリズムやゲリラ的抵抗に直面しても、なお、文明的公秩序のある状態への軍事組織の関与はあくまでも文明的法原則、すなわち警察比例の原則に厳格に服すべきであるということになるのであろうか。なるほど、わが国にあって自衛隊法九〇条には対処規定が一応認められるが、他方武器使用にあたり警職法七条の準用を捨てていないことも事実である。その限りでは、自衛隊という軍事（実力）組織が文明的公秩序のある状態へ関与する場合であっても、なお警察法上の法原則遵守という基本的スタンスを堅持していると解される。

(27)　筆者が取り上げた問題は、軍の部隊行動にかかわるものであるが、これを領域警備や対テロ活動の観点から考察した著書・論文は次のとおりである。松浦一夫「ドイツ連邦軍の対テロ活動と議会統制──対テロリズムと安全保障と『議会の軍隊』をめぐる憲法問題」比較憲法学研究（№21）（二〇〇九年一〇月）五九頁、富井幸雄「領域警備に関するわが国の法制度」新防衛論集二八巻三号（二〇〇〇年一二月）三頁、山下愛人『国家安全保障の公法学』（信山社、二〇一〇年）、特に「Ⅳ『領域警備』に関する若干の考察」、宇佐美淳「安全保障分野における防衛作用と警察作用の流動的作用に関する一試論──海賊対処法における武器使用基準及び国会関与の問題を中心に」国家安全保障三八巻一号（二〇一〇年六月）二〇頁、河本志朗「日本の対テロ政策──その現状と今後の課題」防衛法研究三四号（二〇一〇年一〇月）五三頁。

7 ドイツ防衛憲法改革の概念と論理
――軍隊の創設とその権力分立体制への編入を中心に――

山中倫太郎

曽我部真裕・赤坂幸一 編
大石眞先生還暦記念
『憲法改革の理念と展開（上巻）』
二〇一二年三月　信山社

7　ドイツ防衛憲法改革の概念と論理［山中倫太郎］

一　はじめに

ドイツ連邦共和国基本法は、一九五〇年代の二度の基本法改正を通じ、文民保護を含む防衛、より広くは安全保障に関する憲法規定を数多くもつこととなった。そして、かかる基本法の下で、憲法判例法理の形成と防衛関連法令の制定が進められてきた。こうした一連の流れにおいて、憲法改正、憲法判例法の形成および通常法律の制定を通じた、いわば「憲法改革」——ここでは、英国における"Constitutional Reform"のニュアンスから離れて、一般的に「実質的意味における憲法の改革」を意味することとする——が実現されてきた。

(一)　本稿の目的

こうした憲法改革の過程では、憲法解釈および憲法政策に関する、さまざまな基本概念と論理が継承され、展開をもたらし、時には新たに形成された。

本稿の目的は、戦後ドイツの防衛憲法改革の起源とでもいうべき、一九五〇年代の憲法論議の一端に分け入り、論議の基盤となった基本概念と、その概念を用いた論理を掘り起こして整理しつつ、ドイツ憲法学、国法学の視点を借りてささやかな解析を試みることにある。

二一世紀に入って既に久しい現在において、いまさらに一九五〇年代の憲法改革論議を回顧する意味はないようにもみえる。しかし、その憲法改革論議において現れた多くの基本概念は、当時の基本的な意味を現代に至るまで持ち越しつつ、これまで数十年間の憲法政策論議および憲法解釈論議の共通の基盤として機能してきたし、そのような概念を用いた論理の上に、さらに現代的な新しい課題に応えるべく新たな議論が堆積しつつある。したがって、その基本概念と論理を理解することは、現代のドイツ防衛憲法をよりよく理解する上でも欠くことができない。また、そのような作業は、日本の憲法解釈論および憲法政策論の概念および論理に欠けている部分を探し出し、それを補うためにも有益である。

(二)　本稿の構成

本稿では、以上の目的を達成するために次の構成をとる。まず二では、一九五〇年代の防衛憲法改革論議を理解するために必要な程度で、防衛憲法改革の歴史的背景と過程を整理しておく。次に、三では、防衛憲法改革論議において鍵となった基本的概念の意味を明らかにしつつ分析を加える。さらに四では、改革論議に現れた法論理を明らかにしつつ、その理論的含意を解析してゆく。

(三)　本稿で使用する用語・概念

まずは、そのような作業に取りかかる前に、本稿で使用する用語および概念を説明する。

(a)　国家憲法／防衛憲法

ドイツの憲法学および国法学の文献において、「国家憲法（Staatsverfassung）」と「防衛憲法（Wehrverfassung）」が概念上対比されることが少なくない[(1)]。その場合、国家憲法は、実質的意味の憲法の全体を意味するのに対して、防衛憲法は、国家憲法の一部分であって、防衛事項に関する構成部分を意味することになる（実質的意味の防衛憲法）。例えば、Joachim Saltzmann は、国家憲法が、「部分憲法（Teilverfassung）」から構成されているとしつつ、防衛憲法をそのような国家憲法の「切り抜き（Ausschnitt）」と表現している[(2)]。

(b)　実質的防衛憲法／形式的防衛憲法

もちろん、さきに述べた、実質的意味における防衛憲法に対しては、形式的意味の防衛憲法を対置することも可能である。ドイツの文献において〝防衛憲法〟という場合に、形式的意味の防衛憲法をさしていることも少なくない。この意味における防衛憲法は、憲法典の事項的一部、具体的には、ドイツ連邦共和国基本法の防衛関連規定をさすことになろう。

本稿で〝防衛憲法改革〟という表現を用いる場合には、実質的意味の防衛憲法の〝改革〟を意味することとし、〝改革〟とは、新たに法を創り出すことを含め、法状態の意識的変更を広くさすこととする。

（1）　Klaus Stern, *Das Staatsrecht der Bundesrepublik Deutschland*,Bd.2,1980,S.848.;Günter Hahnenfeld, *Wehrverfassungsrecht*,1965,S.15f.; Manfred Lepper, *Die verfassungsrechtliche Stellung der Militärischen Streitkräfte im gewaltenteilenden Rechtsstaat*, 1962, S. 52f. 防衛憲法について言及しつつも、防衛憲法という表現を避けて、「防衛秩序（Wehrordnung）」という表現を使用するものとして、vgl. Georg-Christoph von Unruh, Führung und Organisation der Streitkräfte im demokratisch-parlamentarischen Staat, *VVDStRL* Heft 26(1968)S.164-165.

（2）　Joachim Salzmann, *Der Gedanke des Rechtsstaates in der Wehrverfassung der Bundesrepublik*,1962,S.4. Salzmann は、この「部分憲法」の例として、防衛憲法の他にも、財政憲法（Finanzverfassung）、社会憲法（Sozialverfassung）、裁判所憲法（Gerichtsverfassung）、経済憲法（Wirtschaftsverfassung）を挙げている。

二　防衛憲法改革論争の過程

(一)　憲法改革の発端

一九五〇年代初頭に、Konrad Adenauer を首班とする政府は、冷戦の対立が深刻化しつつあるなか、西側諸国とのコミットメントの方向へと舵を切った。こうした決断は、東側との対立を決定的なものとし、東西ドイツの統一にとって決定的な後退となる可能性をはらみ、そのことは野党社会民主党（ＳＰＤ）によって懸念された。しかし、西欧諸国との軍事統合に対等な関係の下で参加することを通じて西ドイツの国家および国民を軍事的に防衛すること、そして、西側諸国との関係で占領状態を終結させ、西ドイツの主権の大部分を回復させることが、政府によって追求されることとなった。

このような基本構想の下、政府は、一九五二年五月二六日にドイツ連邦共和国と三国との関係に関する条約（Vertrag über die Beziehungen zwischen der Bundesrepublik Deutschland und den Drei Mächten）――いわゆるドイツ条約――を英米仏との間で調印することで、西ドイツの主権の部分的回復を実現しようとした。他方、翌日二七日には、欧州防衛共同体設立条約（Vertrag über die Gründung der Europäischen Verteidigungsgemeinschaft）を、西側六カ国（西独、伊、仏、オランダ、ベルギー、ルクセンブルク）の間で調印し、創設が予定された欧州軍に編入される形で再軍備を実現しようとした。前者の条約は、後者の条約の発効を発効の要件としていたから、結局、欧州防衛共同体設立条約の発効が焦点となった。

(二)　一九五四年三月二六日の基本法改正――防衛高権の確認または創設の過程

しかし、当時の基本法は、侵略戦争禁止規定（基本法二六条一項）、戦争遂行武器の製造、運搬および取引の規制の規定（二六条二項）、平和維持のための相互集団的安全保障制度への加入（二四条二項）、並びに良心的兵役拒否規定（四条三項）の他は、防衛事項につきほぼ規定をもたず、基本法が防衛高権の存在を認めているか疑問の余地があった。ヨーロッパ防衛共同体設立条約に議会が承認を与え、これを国内法化する法律（条約法律）は、防衛高権が存在することを前提とするものと解されたから(3)、その法律が基本法に反するか否かが問題となったのである。そのような憲法問題をはらみつつ、各条約法律案が提出され、審議入りした。審議においては、迅速な諸条約の発効を目指す政府与党側――キリスト教民主同盟・社会同盟（ＣＤＵ／ＣＳＵ）、自由民主党（ＦＤＰ）およびドイツ党（ＤＰ）――と、東西ドイツの統一の実現と中立政策の維持のためにヨーロッパ防衛共同体設立条約の発効を阻止したい野党側――社会民主党（ＳＰＤ）および連邦制同盟（ＦＵ）――の間で憲法論争が繰り広げられることとなった。(4)

連邦憲法裁に憲法論争が持ち込まれる契機となったのは、①一九五二年一月三一日に社会民主党議員を中心として提起された予防的違憲確認の訴え（七月三〇日に却下）、②六月一〇日に大統領によってなされた勧告的意見手続の申し立て（一二月一〇日に取り下げ）、③一二月六日に政府与党側によって提起された権限紛争の訴え（一九五三年三月七日に却下）である。その審理の過程では、相当に興味深い見解が当事者および鑑定人より披露されたが、(5)結局のところ、それらの見解に対して連邦憲法裁が実体判断をするまでには至らなかった。

他方、連邦議会における条約法律の審議は、このような連邦憲法裁における手続進行をにらみつつ実施され、特に一九五二年一二月三日から五日にかけての第二読会では、防衛高権の存否をめぐって活発な憲法論争が繰り広げられた。しかし結局、上記③の権限紛争の訴えが却下された後、連邦議会第三読会が開催され、一九五三年三月一九日には、依然としてあった野党側の反対を押し切って、ドイツ条約および欧州防衛共同体設立条約に関する条約法律が可決されることとなった。また、相当に微妙な勢力関係であった連邦参議院でも、バーデン・ヴュルテンベルク州首相で連邦参議院議長でもあった Reinhold Maier（ＦＤＰ）がＦＤＰ連邦党本部による圧力を受けて譲歩したことで、同院における勢力関係が変化した。その結果、五月一五日には、二つの条約法律が連邦参議院の同意を要する法律ではないとの前提の下で、基本法所定の期間内に法律に対する参議院の異議がなかったことが確認された。

ところが、これら条約法律の成立によって違憲確認の訴えの要件が満たされるや否や、野党側は、連邦憲法裁に対して、即座に違憲確認の訴えを提起した。連邦大統領は、野党に憲法訴訟の機会を与えるため、連邦憲法裁の判決によって合憲性が確認されるまでは条約法律の認証と公布をしないことを声明したので、連邦憲法裁による、初の実体判断が待たれることになったのである。

しかし、一九五三年九月六日の連邦議会選挙は、そのような状況を変えることになった。与党会派はこの選挙で圧勝したので、故郷追放者・権利剥奪者同盟（BHE）を連立に加えることで連邦議会において基本法改正に必要な三分の二の特別多数を確保できた。また、各州での勢力変化の結果、連邦参議院でも特別多数を確保できるようになっていた。そのような力関係を背景にして、政府与党側は、基本法改正に着手することになる。

もっとも、連立与党間にも、見解相違のある論点――具体的には、軍隊の連邦制的編制、統帥権（Oberbefehl）の帰属、連邦防衛行政機構の設置の問題など――があったが、それらの問題については、次の基本法改正に際して改めて検討することとした。その結果、さしあたり連立政党間で合意があり防衛高権論争に決着をつけるために必要な規定を含むものとして、一九五四年三月二六日に、基本法改正法（「一九五四年三月二六日の基本法補充のための法律（Gesetz zur Ergänzung des Grundgesetzes vom 26. März 1954）」）が成立することになった（BGBl. 1954 I S.45）。

この改正法では、連邦の専属的立法管轄権が「一八歳以上の男子に対する防衛義務および文民たる住民の保護を含む防衛」にも及ぶこととされ（七三条一号）、防衛高権の存否の問題にある種の決着がつけられた。また、ドイツ条約および欧州防衛共同体設立条約の基本法適合性を直接に確認する規定までが入念にも挿入されていた（七九条一項二文、当時の一四二a条）。そのことにより、野党により提起され実体判断が待たれていた違憲確認の訴えは、違憲審査の基礎を失った。そして、連邦大統領は、条約法律の基本法適合性の問題は解決されたものと判断し、条約諸法律を認証することとした。

(三)　一九五六年三月一九日の基本法改正──国家憲法への防衛憲法の編入の過程(6)

さて、このような紆余曲折を経てようやく欧州防衛共同体参加への途が開かれたかにみえた。しかし、欧州防衛共同体条約を提案したフランスの国民議会が八月三〇日に条約の批准を拒否したため、その構想は頓挫してしまった。

その後、欧州防衛共同体に代わる構想が模索されたが、イギリスの積極的な仲介が実を結び、その構想に代わる策が成った。すなわち、一九五四年一〇月二三日にパリ諸条約の調印がなされ、ドイツ連邦共和国は一九五五年五月七日に修正ブリュッセル条約である西欧同盟（WEU）に、さらに五月九日には、北大西洋条約機構（NATO）に加盟することが認められ(7)、また、パリ諸条約の発効に伴って五月五日には主権を──占領国の留保権を残したので完全にではないが──大きく回復することになり、一九五四年改正で創設または確認した防衛高権に対する占領法上の制約は解除されることとなった。

軍事的必要性に早急に応ずるために、Adenauer 政府は法律による防衛憲法の形成を急ごうとした。一九五五年六月二七日の政府声明に従って Theodor Blank 初代防衛大臣は、同日の連邦議会における、志願軍人の暫定的地位に関する法律案の審議に際して、軍隊設置のためには法的に必ずしも基本法改正を要しないとの立場に立った上で、創設されるべき連邦軍の基本構想を明らかにした(8)。

しかし、こうして法律で再軍備を進めようとする政府側の姿勢は、与野党議員の広範な反発に直面することになった。連邦議会では、既に成立して六年以上経過した基本法に整合する軍隊のあり方を基本法改正手続を通じた与野党協働の下で慎重に模索しようとする機運が、与野党の議員の間で広く形成されつつあったのである。かかる機運は、連邦議会防衛委員会の委員長として与野党間の合意形成に貢献した Richard Jaeger（CDU／CSU）の次のような説明によく代弁されている。

「民主制国家における政党間の紛争や闘争は、適切であり必要である。しかし、一連の領域、とりわけ国家の生存の利益にかかわる領域については、民主制国家を支持するすべての政治家と政党が、現在政府に参加しているか、野党にいるかに関わりなく、一致すべきである。我々は、以前よりそのような意見である。我々は、そのような状態を偉大なアングロサクソンの民主制国家に見てきたし、また、そのような状態が我が国でも支配的になることを、以前より願っている。」(9)

他方、社会民主党の議員の多くも、基本法体制に軍隊を編入するという課題を共有した上で(10)、軍隊に対する議会統制および軍人の基本権保障の徹底をはかるために積極的かつ建設的な提案をし、そのいくつかを実現させた。連邦議会防衛受託者制度や、特別の地位を有する防衛委員会の制度の提案などがその重要な成果である。

このように、与野党協働の下で、しかも基本法改正手続を経ることによって憲法改革を実現しようとする憲法実践が形成されたのである。かかる実践は、その後一九六八年の非常事態憲法の制定に至るまでの過程でもみられ（いわゆる「大連立」）、その後に現れることとなった連邦憲法裁による憲法判例法の形成と並んで、防衛憲法改革過程に関する一つの重要なモデルを成すこととなった。

もちろん、与野党間で見解対立がある論点もなかったわけではない。しかし、合意形成への障害をよく乗り越え、一九五六年三月一九日に基本法改正法（「一九五六年三月一九日の基本法補充のための法律（Gesetz zur Ergänzung des Grundgesetzes vom 19.März 1956）」が成立することになった（BGBl. 1956 I.S.111）。この改正法は、基本法の諸原則に軍隊の基本構造を服せしめること、すなわち国家憲法への防衛憲法の編入を目標とし、そのために七か条を変更または補充し、九か条を挿入するものであった。

その内容は、①軍隊・防衛の事項における基本権の保障および特別の制限に関わる規定（一条三項、一二条、一七

ａ条、一二七条一項)、②軍隊・防衛の事項における連邦制に関する規定(三六条二項)、③軍隊・防衛の事項における執行組織の設置および編制に関する規定(八七ａ条一項、八七ｂ条)、④軍隊・防衛の事項における執行権限の分配に関する規定(六五ａ条)、⑤軍隊出動の根拠、任務および手続に関する規定(五九ａ条、八七ａ条二項ないし四項、一四三条)、⑥軍隊・防衛の事項における特別の議会統制に関する規定(四五ａ条、四五ｂ条)、⑦軍隊・防衛の事項における大統領の形式的権限に関する規定(六〇条一項)、⑧軍隊・防衛の事項における裁判所に関する規定(九六条三項、九六ａ条)、⑨その他の規定(四九条)に概ね分けられる。[11]

このような数多くの防衛憲法上の諸規定を基本法の独立の一章として編成する案もあったが、結局のところ、諸規定を基本法の各箇所に分散して挿入することとされた。こうした体系的編成からも、国家憲法への防衛憲法の編入という防衛憲法改革の基本構想を知ることができよう。

(四)　防衛関連諸法令の成立

実質的意味における防衛憲法の形成にとって、通常法律の制定もまた重要な地位を占めていることはいうまでもない。連邦軍の基礎は、既に五六年改正以前に、一九五五年七月の人事鑑定委員会法(Gesetz über den Personalgutachterausschuss)および志願軍人の暫定的地位に関する法律(Gesetz über die vorläufige Rechtsstellung der Freiwilligen in den Streitkräften)の制定によって暫定的に確立していたが、五六年改正以降には、軍人の法的地位に関する法律(Gesetz über die Rechtsstellung der Soldaten)、防衛義務法(Wehrpflichtgesetz)、防衛刑法(Wehrstrafgesetz)、連邦議会防衛受託者法(Gesetz über den Wehrbeauftragten des Bundestages)など、基礎的かつ重要な防衛関連法律が多数成立し[12]、実質的な防衛憲法が具体的に形成されたのである。

(3)　かかる理解は、ドイツが防衛高権をもたなければその権能をヨーロッパ防衛共同体に委譲することは不可能であるという発想に基づく。

（4） 一九五四年の基本法改正までの経緯については、次の文献に依拠している。Werner Abelshauser/Walter Schwengler, *Anfänge westdeutscher Sicherheitspolitik 1945-1956*,Bd.4,1997, S.277ff. また、その経緯の紹介については、邦語文献でも、既に詳しいものがある。参照、比較法研究室（久野勝執筆）「ドイツの再軍備と憲法裁判（一）-（三）」法律論叢二七巻三号（一九五三年）六四頁以下、同二八巻一号（一九五四年）六九頁以下、同二九巻一号（一九五五年）七七頁以下、久野勝「西独再軍備と憲法裁判」公法研究一二号（一九五五年）四六頁以下。また、本稿では、その目的および紙幅の制約からほとんど立ち入ることができなかった政治的機微については、参照、岩間陽子『ドイツ再軍備』（中央公論社、一九九三年）二〇一-二二八頁。

（5） 予防確認訴訟に関する資料を収録したものとして、Institut für Staatslehre und Politik e.V. in Mainz, *Der Kampf um den Wehrbeitrag*,1.Halbband,1952（以下、*Der Kampf um den Wehrbeitrag* 1 と略記する）。また、勧告的意見手続に関する資料を収録したものとして、Institut für Staatslehre und Politik e.V. in Mainz, *Der Kampf um den Wehrbeitrag*,2.Halbband,1953（以下、*Der Kampf um den Wehrbeitrag* 2 と略記する）がある。

（6） 一九五六年の基本法改正までの経緯については、次の文献に依拠している。Hans Ehlert, *Anfänge westdeutscher Sicherheitspolitik 1945-1956*, Bd.3, 1993, S.430ff.;Zippelius/Würtenberger, *Deutsches Staatsrecht*, 31.Aufl.2005, S.489. また、その経緯に多少なりとも触れている邦語文献として、藤田嗣雄「西ドイツの再軍備と憲法改正」ジュリスト一一二号（一九五六年）五二頁、杉村敏正『防衛法』（有斐閣、一九五八年）一八頁以下、小林宏晨『国防の論理』（日本工業新聞社、一九八一年）九〇頁以下がある。

（7） 欧州防衛共同体構想の挫折から、西欧同盟および北大西洋条約機構への加盟に至るまでの国際政治過程については、岩間・前掲書二二九頁以下をみよ。

（8） BT-Sten.Ber.,92.Sitzung,27.6.1955, S.5213ff.その内容は、防衛政策の基礎および防衛憲法の基本原則に関する一九五五年六月二七日の政府声明に従うものであり、後の五六年改正の内容に基本的な点において合致している。

（9） BT-Sten.Ber.,132.Sitzung,6.3.1956, S.6845(D)-6846(A).

（10） 但し、基本法改正の意義を必要悪として捉える見解もあったことに注意を要する。かかる見解を代表するのは、社会民主党 Arndt 議員である。Arndt 議員は、既成事実とされてしまった軍隊が政治生活において自由で民主的な基本秩序を破壊することのないように最低限の備えをすることが、基本法改正の意義であると説いている（BT-Sten.Ber.,132.Sitzung,6.3.1956, S.6824(B)）。かかる説明は、本文中の Jaeger 議員の説明のようにポジティブなものではない。

（11）　なお、五六年改正を含め、基本法条項の文言の変遷については、高田敏・初宿正典（編訳）『ドイツ憲法集（第六版）』（信山社、二〇一〇年）が丁寧な解説を加えている。現行規定と五六年改正当時の相違については同書を参照されたい。

（12）　一九六一年までの法律制定の状況については、vgl. Gerhard Loosch, Die gesetzlichen Grundlagen der Bundeswehr und ihrer Organisation, *DöV* Heft 6(1961), S.207.

三　ドイツ防衛憲法改革の基本概念

防衛憲法改革過程における論議の基礎となった基本概念として、(一)**防衛高権（Wehrhoheit）**の概念および、(二)**軍隊（Streitkräfte）**の概念がある。本節では、その概念の意義、性質および範囲を学説を手掛かりにして解析することを通じて、防衛憲法改革論争の内容の一端に立ち入ることにしよう。

(一)　防衛高権（Wehrhoheit）

日本では、防衛高権の概念は、それほど馴染みのあるものではない[13]。これに対してドイツでは、五四年改正により基本法の明文で決着をつけるまでは、〝基本法は、防衛高権の存在を認めているか〟という形で解釈問題が提起され、防衛高権の概念は、解釈論争において基層的地位を占めることになった。

(a)　防衛高権の概念

中世の封建領主は領邦高権（Landeshoheit）を有したが、それは個別的で相互に関連性を有しない権利の集合体に過ぎなかった。しかし、絶対国家の発展の過程で、統一的で包括的な支配権または国権（Staatsgewalt）が形成されたものと観念され、それは一九世紀における近代法治国家の成立により法の制約の下に置かれることとイメージされるようになった[14]。

こうした国権は、事項領域ごとに、さまざまな高権へと観念の上で区別される。そのようにして、国法学では、財政高権（Finanzhoheit）、文化高権（Kulturhoheit）など種々の高権が観念され、それらと並列関係にあるものとして防衛高権が観念され、権限規律の基礎とされた(15)。統一的・包括的な国権から各領域の高権が〝流出する（fließen）〟という形而上学的イメージも伝統的に語られてきた。

そのように観念された防衛高権は、「防衛（Wehr）」という事項領域に限定された、国家の権能または権限をさしているといえようが（広義の防衛高権）、こうして国家の権能を事項領域ごとに縦断的に区分する発想は、国家作用の領域または分野に着目してのものである。かかる区分は、古典的な権力分立論における、立法、司法（裁判）および行政という作用論的分類といかなる関係に立つのであろうか。

この点に解説を加えている Manfred Sachau によれば、立法、司法（裁判）および行政という区分は、典型的な活動方法または作用様態に着目した区分（形式的な権力区分）であって、国家活動の事項領域または分野に着目した、高権論における区分（実質的な権力区分）の発想とは視角を異にする(16)。こうした分析に依拠するならば、分野ごとの区別に基づいて析出された防衛高権は、さらに権力分立論における形式的な区分の視角から、防衛立法権、防衛司法権および防衛行政権に区別されうることになろう。

そして、このような区分を前提として、国家の対外的な軍事防衛作用（の権限）――防衛高権の中核――が行政作用（の権限）に該当するか否かの問題、すなわち、権力分立体制における軍事防衛作用の作用分類上の位置づけの問題が現れるのである。この問題は、一九五六年の基本法改正の理論的意義に関わる重要問題であった（この問題については四(二)で詳しく検討する）。

(b)　**防衛高権の性質**

(i)　**国法上の概念としての防衛高権**

さて、以上のような防衛高権は、Sachau によれば国法上の概念とされるが[17]、それを国際法上の概念として位置づける見解がないではない。例えば、Adolf Arndt は、「ドイツ国民は、被占領国の地位がなくなった後、世界の全ての他の国民と同様に、自らを防衛するか否か、いかにして防衛するかを決定する国際法上の権限または自由を当然に有する」と説き、かかる権限または自由を「外的防衛高権（äußere Wehrhoheit）」と呼んで国法上の概念としての「防衛権力（Wehrgewalt）」と区別したのである[18]。

しかし、防衛高権の概念をそのような意味で理解する必要性は乏しく、それらは国際法の自衛権や主権という概念で十分にカバーされうる。したがって、Arndt のような用法があったことは意識しつつも、本稿ではより一般的な用法に従って、防衛高権を国法上の概念として理解しておく。

(ii) **防衛高権の対内性／対外性**　防衛高権は、伝統的な理解によれば、国家の支配権または国権を基礎とする。もとより、支配関係は、統治者と被治者の間で成立する社会関係であるから、支配権は、対人民関係で成立する権能（または権限）といえる。しかし、対人民関係において成立する権能が、常に対人民作用を内容とする権能であるとは限らないことに注意しなくてはならない。というのも、作用の方向性に着目して警察高権と防衛高権を対比した場合、警察高権が「国家の領域内に所在する人に対して向けられた作用」を内容とするのに対して、防衛高権はむしろ、「他の国家に対して向けられた作用」をその主たる内容とするからである[19]。

(c) **防衛高権の範囲**

このように防衛高権の内容の特徴を「他の国家に対して向けられた作用」に見出す見解は、対外的な軍事防衛作用――国家が、外国からの侵略に対して、自らの安全を守るために他国に事実上の力を行使する作用――に着目してかかる特徴づけをしている。防衛という事項領域に属する権限（広義の防衛高権）のうち、対外的軍事防衛作用という中核的または終局的な作用を内容とする権限自体のみを指して〝防衛高権〟と呼ぶ例が散見されるのである。こうした用例は、広義の防衛高権の中核には、対外的な軍事防衛作用の権限があり、その権限のみを特に指して〝防衛高権〟と呼ぶこともあることを示している（狭義の防衛高権）。

こうした概念の広狭に直面して用語法の問題が生ずる。しかし、一九五〇年代初頭の防衛憲法改革論争において〝防衛高権〟の有無が争点とされた場合には、対外的な軍事防衛作用の権限の周辺に位置しまたはその手段的位置にある軍隊設置権や徴兵権能の有無も中心的な論点をなしていた。[20] かかる事情は、防衛憲法改革の主題が広義の防衛高権であったことを示している。このような経緯に照らして、本稿で〝防衛高権〟という場合には、広義の防衛高権を指すこととする。

さて、かかる広い意味における防衛高権が実定憲法秩序においていかなる範囲で存在し、行使されうるかという問題それ自体が憲法解釈論争の主題になりえ、その概念自体を批判的に解消し、または再構成する理論的可能性もありえた。一九五四年の基本法改正では、こうした問題にある種の決着がつけられ、それが軍隊設置権、さらに徴兵権にも及ぶことが明らかにされたのである。この点は、**四**(一)で触れる。

(二)　軍　隊（Streitkräfte）

(a)　軍隊の概念

一九五六年の基本法改正により、「連邦は、防衛のために軍隊（Streitkräfte）を設置する」（基本法八七 a条一項）ことと定められ、基本法が予定する軍事組織を示すために「軍隊」という概念が使用されることになった（他にも、基本法六五 a条、八七 a条二項ないし四項）。

そもそも、ドイツ憲法史・軍制史において軍事組織に与えられた名称は多様であり、「防衛力（Wehrmacht）」（フランクフルト憲法一九条、ヴァイマル憲法四七条など）、「武力（bewaffnete Macht）」（フランクフルト憲法一一条および八三条、プロイセン憲法三六条）、「ライヒ軍（Reichsheer）」（フランクフルト憲法一二条）、「ライヒ国防軍（Reichswehr）」

（一九二一年の国防法一条）など、いくつかの名称があった。[21]

五四年改正に際して既に自由民主党（ＦＤＰ）は、「防衛力」の概念がドイツ憲法史の伝統を成しているとの理解の下、それを基本法でも――統帥権（Oberbefehl）の概念と共に――継承することを提案していたし、その後も、その名称に固執した。[22] 世論調査でも、かかる名称に対する支持率が最も高かったようである。[23]

しかし、そのような「防衛力」の概念を継承することは意識的に否定され、基本法では、ドイツ憲法史上初めて「軍隊」という概念が使用されることとなった。Richard Jaeger（ＣＤＵ／ＣＳＵ）は、五六年改正に際して、連邦議会防衛委員会における基本法改正草案の審議結果を踏まえて、「防衛力」の概念を継承しなかった理由として次の点を挙げている。

一つには、ドイツ国民が再出発に直面していることを表現するため、そして、より小規模でＮＡＴＯに編入された軍事組織を言い表すためには、伝統的な「防衛力」の概念は不適切であることである。また、かつての政治的過去のゆえに「防衛力」の概念は歴史的な陰影を帯びており、かかる印象を払拭する必要があった。[24]

こうした理由から、防衛委員会では、むしろ「連邦軍（Bundeswehr）」という具体的な名称を支持する案が多数を占めることとなった（賛成一八、反対八）。もっとも、基本法では「軍隊」という概念が使用され（基本法八七ａ条一項）、その具体的な名称が基本法で確定されることはなかった。しかし、五六年の基本法改正法と同日に制定された軍人法において、基本法における軍事組織の具体的名称は、「連邦軍」とされた。

Manfred Lepper は、Streitkräfte は、フランス語の force publique、英語の military forces をもっとも有意義な形でドイツ語に置き換えたものという。そして、そのようにして西側諸国の軍事組織を表す名称に対応する言葉が選択された根拠として、諸外国との国際的な協力を挙げている。[25] 確かに、ドイツの軍隊は、北大西洋条約機構（ＮＡＴＯ）と密接不可分の存在として構想されたから、それはその集団防衛機構の枠内で西側諸国の軍事組織と協力すべき存在であった。このような観点からみれば、軍隊の概念には、国際的協力という関心が萌芽的にも込められていたとみることができるかもしれない。

(b)　**軍隊の性質**

軍隊を権力分立体制に編入するに際して、その憲法的性質が理論的に問題となる。すなわち、軍隊が、議会、行政部（執行府）、裁判所のいずれに組織的に編入されるか、またいかにして編入されるかという問題関心のなかで、軍隊の憲法的性質が組織法的観点から問題となるのである。四(二)では、この問題に立ち入って検討するが、その準備作業として、ここでは軍隊の概念の射程を明らかにしておくことにしよう。

(c)　**軍隊の範囲**

既に述べたように、五六年の基本法改正法と同日に制定された軍人法では、ドイツ連邦共和国の軍事組織は、「連邦軍」と名付けられた。Lepper によれば、Wehr という言葉には、攻撃に対する「自己防御（Sichwehren）」「自衛（Sichverteidigen）」という含意があるとされる[26]。そのような含みをもつ具体的な名称が選択されたのは、連邦軍の防御的性格をより明確に表現するためであった[27]。したがって、連邦軍の概念には作用の性質が含意されていることになる[28]。

そして現在では、このような連邦軍と軍隊は、次のような関係にあるものと解されている。すなわち、連邦軍は、(i)**軍隊**と(ii)**連邦防衛行政機構**から構成され、(iii)**連邦防衛大臣**がその両者を統轄・調整する。したがって、基本法にいう軍隊の概念が指し示すのは連邦軍の特定の構成部分である。軍隊の概念の射程を具体的に理解するために、この点をより詳細にみてゆく。

(i)　**軍　隊**　五六年改正により、基本法には、「連邦は、防衛のために軍隊を設置する」（八七 a条一項）ことが定められることとなった。この「軍隊」は、軍事的団体のみを指すものと解されるが、その範囲は基本法で明文化されていない。その構成部分として、「部分的軍隊（Teilstreitkraft）」である「陸軍（Heer）」「空軍（Luftwaffe）」「海軍（Marine）」の他、種々の諸機関が設置されてきた。

(ii) **連邦防衛行政機構**　これに対して、五六年改正により、基本法には、「連邦防衛行政（Bundeswehrverwaltung）は、固有の行政下部機構をもつ連邦固有の行政として行われる。」（八七b条一項一文）と規定されることとなり、軍隊とは別の自立した連邦防衛行政機構（「組織的・制度的意味における防衛行政」）の存在が予定されることになった。その具体的な事務は、「軍隊の人員部門の任務および軍需品を直接に充填する任務」（同第二文）である。かかる事務は、防衛行政作用（「作用的意味における防衛行政」）と位置づけるに相応しい様態で実施される。したがって、連邦防衛行政機構によって防衛行政作用が実施されるという関係が基本的に成り立つ。

このように、基本法は、軍隊と防衛行政機構を別組織として区別する二元構造を採用しているのである。既に一九五五年六月二七日のBlank防衛大臣説明の中で、かかる二元主義の考え方が次のように表明されていた。

「純粋に軍事的な任務は、軍隊の戦闘力のために命令原理に従って実施されなくてはならないのに対して、行政任務は、特別に養成された文民の人員によって、一般的な行政諸原則に従って処理されるべきである。したがって、司令権および行政の任務は、特別の軍事的諸作用を一般的な行政活動と分離することが達成されるように配分され、相互に区別されなくてはならない。そのような場合にのみ、軍人がその軍事的な任務に専念し、行政任務が相応する予備知識をもつ専門的人々によって担当されるという基本的要請が充足されることになる。」(29)

(iii) **連邦防衛大臣**　そして、連邦防衛省（Bundesministerium der Verteidigung）は、軍隊と防衛行政機構の共通上級官庁である。連邦防衛大臣は、その長として二元的組織を統轄し調整することになる。そのことで、いわゆる〝軍政・軍令二元主義〟は制度的に克服される。また、軍隊の長としての位置づけを有する大臣――いうまでもなく文民である――を基点として軍隊に対する「政治の優位（Primat der Politik）」の確保が図られるのである。

（13） 防衛高権についてわずかに解説している邦語文献として、参照、安田寛『防衛法概論』（オリエント書房、一九七九年）二一頁。

（14） Gerhard Anschütz, Rückblick auf ältere Entwicklungsstufen der Staatsbildung und des Staatsrechts in Deutschland,in: Gerhard Anschütz /Richard Thoma (Hrsg.), *Handbuch des Deutschen Staatsrechts*,Bd.1,1930, S.25; *Der Kampf um den Wehrbeitrag* 2, S.9.

（15） Manfred Sachau, *Wehrhoheit und Auswärtige Gewalt*,1967, S.19f.

（16） Sachau, *a.a.O.*, S. 21. もっとも、行政の概念を控除説的に構成するならば、行政に関する限り本文のような説明では不十分であることになる。控除説は、国家活動の様式を積極的に規定していないからである。

（17） Sachau, *a.a.O.*, S. 22.

（18） BT-Sten.Ber.,241.Sitzung,4.12.1952,S.11307(B);vgl.Sachau, *a.a.O.*, S. 22f.

（19） 安田・前掲書注(13)二一頁。また、Sachau は、他の国際法主体に向けられた事実上の作用を内容とする点に防衛高権の特徴を見出し（Sachau, *a.a.O.*, S.25ff.）、防衛高権を外交権の一環として位置づけている。

（20） 徴兵権能との関係でドイツの防衛高権論争を整理する邦語文献として、さしあたり参照、拙稿「ドイツ防衛法制の現況と展望（一）」法学論叢一五五巻三号（二〇〇四年）五二―五八頁。

（21） Lepper, *a.a.O.* (FN1), S.11f.

（22） 五四年改正時のＦＤＰ案は、次の通りである。「連邦大統領は、連邦の防衛力（Wehrmacht）に対する統帥権を有する」（五九a条）（BT-Drucksache 2/171,S.1）。また、五六年改正過程の最終局面でのＦＤＰの異議については、vgl. BT-Sten.Ber.,132.Sitzung, 6.3.1956,S.6829(A)-(C).

（23） Ehlert, *a.a.O.* (FN6) S.508.

（24） BT-Sten.Ber.,132.Sitzung,6.3.1956, S.6830(A)-(C).

（25） Lepper, *a.a.O.*, S.13. Lepper は、force public と表記しているが、これはフランス憲法で使用されることのある（例えば、人および市民の権利宣言一二条および一三条）force publique（公の武力）のことであろう。

（26） Lepper, *a.a.O.*, S.12.

（27） BT-Sten.Ber.,132.Sitzung,6.3.1956, S.6830(A).

（28） Bundeswehr を「連邦国防軍」と訳してきた伝統的定訳は、かかる意味で正当である。ただ、防衛対象が国家に尽きるのかという問題が、基本法の「防衛（Verteidigung）」（基本法八七ａ条一項および二項）の概念を巡って存在していることに鑑みれば、より緩やかに「連邦防衛軍」あるいは「連邦軍」と訳す余地はあるように思われる。

(29)　BT-Sten.Ber.,92.Sitzung,27.6.1955, S.5218(C).

四　ドイツ防衛憲法改革の論理

(一)　防衛高権の存否および根拠

一九五四年改正以前の基本法は、侵略戦争禁止規定（基本法二六条一項）、戦争遂行武器の製造、運搬および取引の規制の規定（二六条二項）、平和維持のための相互集団的安全保障制度への加入（二四条二項）、並びに良心的兵役拒否規定（四条三項）の他は防衛事項についてほぼ規定をもたず、こうした法状態のゆえに、〃基本法は、そもそも防衛高権の存在を認めているか否か〃という防衛憲法改革の出発点に属する根源的な問題が、連邦議会および連邦憲法裁判所の審理において争点となった。

(a)　防衛憲法改革の経緯

(i)　政府与党側の論理

この問題につき、政府与党側は、当時の基本法の下でも防衛高権は存在していると結論づけた。

その一つの根拠として、国権（Staatsgewalt）の概念が挙げられた。ここで近代的な国権とは、個別の高権的諸権利の列挙ではなく、法の制約の下にある包括的な支配権力である。およそ近代国家にはかかる国権が帰属し、そこから防衛高権が〃流出する〃ものと考えられた(30)。

もう一つには、国家としての属性を有する共同体には、内外の攻撃からの市民および国家領域の保護という国家目標または国家任務が本来的に備わっているから、防衛高権の存在が推認され、それを否定するためには強い証拠を要すると主張された。[31]

さらに、国家は、国際法上の自衛権（Recht der Selbstverteidigung）を保有するところ、基本法二五条は国際法の一般原則を連邦法の構成要素としているから、自衛と結び付く任務のために必要な、立法および執行の権限が、憲法に従って確定される機関に与えられることになるという。[32]

こうした理論的背景の下で、防衛高権が存在することが前提とされ、〝基本法は、防衛高権の行使を禁止しているか〟という問題に関心が注がれることになった。しかし、基本法は、個別諸規定（四条三項、一二四条二項および二六条）の具体的意味からして、明示的にも、黙示的にも、軍隊の設置、軍事防衛活動および兵役義務の賦課を禁止していないと結論づけたのであった。[33]

かかる結論は、一方では、基本法の個別諸規定の解釈の積み重ねによって導き出されたが、同時に、そのような作業を通じて、防衛高権の行使に対して課されている憲法的制約の具体的な内容と射程が明らかにされることとなった。

例えば、侵略戦争禁止規定（基本法二六条一項）に関する論点があった。[34] この規定は、侵略戦争の準備を禁止することを明文で定めているが、その反対解釈により防衛戦争の準備は禁止されていないものと解された。[35] そして、そのような解釈は制定史上も根拠づけられるものとされた。基本法草案では当初、あらゆる戦争の準備が憲法違反であるという表現がとられていたところ、そのような表現が侵略戦争という形に限定されたこと、[36] また、「いかなる国民も、その防衛の義務から逃れる権利を有しない」という Dehler 議会評議会議員（ＦＤＰ）の見解表明が議会評議会の多数によって承認され、それが基本法二六条に明確に表現されたことが根拠として挙げられた。[37]

他方、基本法制定時の議会評議会には方向対立があったため、防衛問題について突き詰めて取り組まれることがなかったのであるから、基本法の文言は妥協の産物に過ぎないところ、かかる文言を解釈するためには、法以前に存在している法原理を探求しなくてはならず、その原理とはあらゆる国家が自己を防衛することができるという防衛権力の肯定である、とも主張された(38)。

かようにして、軍隊設置、軍事防衛活動および徴兵の権限の行使が基本法によって禁止されていないとの結論が導き出されたのである。したがって、基本法の制約の範囲内で、法律でこうした事項について規律をし、実質的な防衛憲法を形成することが許されている、という帰結が導かれることになった。

(ii)　**野党側の論理**

これに対して野党側は、「基本法は、防衛権力を構成しなかった（Das Grundgesetz hat keine Wehrgewalt konstituiert）」と結論づけ、政府側の主張を争った(39)。

その反論においては、伝統的な国権概念によって防衛高権を根拠づける政府側の理論に対して根本的な批判がなされた。すなわち、その理論においては、一般的・包括的な国権が存在し近代国家に帰属しているという観念が所与のものとして前提とされており、かかるドグマのゆえに政府が基本法を基準として防衛権力の存在と帰属を論証する責務を免れていることを批判したのである(40)。

さらに、かりに内外の攻撃からの市民および国家領域の保護という国家目標が国家に内在すること認めたとしても、そのことから直ちに保護の方法が定まるものではなく、防衛権力を基本法によって根拠づける必要性の有無については何ら解答を与えないとして、国家目標の観念から直ちに防衛高権の存在を根拠づけようとした政府側の主張に批判を加えている(41)。

また、国際法上の自衛権の概念に依拠する政府与党側の見解に対しては、自衛権の保有に異論はないものの、国家相互間で自衛権を有するという国際法規範の内容からは、国家と市民の関係を規律する憲法規範の内容はなんら導き出されるものではないとの反論がなされた(42)。

こうした問題意識の下で、政府与党側の理論に対しては、「憲法機関、法律制定機関も同様に、憲法によって授権されていることのみをなしうる」という命題を、民主的・法治国家的な立憲国家の基本原理――それは、国民主権、基本法の全体構造、そして個別規定（二〇条一項ないし三項、七〇条一項）に基づく――の表れとして対置したのである[43]。その基本原理によれば、憲法制定者たる国民が、憲法を通じて防衛権力を構成したことにより、その範囲および限度において、それは存在することになるであろう。

おそらく、このような理論的背景に整合する形で、防衛高権の概念が再構成されている。Arndt 議員（ＳＰＤ）は、「防衛高権は、国民が防衛憲法を自らに与えようとするか否か、いかなる防衛憲法を与えようとするかを決定する自由を自己のために要求することを意味するに過ぎない」というのである[44]。そこでは、防衛高権が防衛事項に関する憲法制定権力として理解されているようである。これに対して、防衛憲法により構成された権能のことが、「防衛権力（Wehrgewalt）」と呼ばれた[45]。

以上のような理論的背景および概念構成の下で、〝基本法は、防衛権力を構成したか〟という問題関心が成立し、〝基本法は、防衛権力を構成しなかった〟と結論づけるのである。その根拠となる主張として、次のようなものがある。

一つは、ドイツ憲法史の伝統において、防衛問題（統帥権や宣戦の権限の所在、非常事態における軍隊の出動など）は憲法典に規律されてきた事項であり、憲法制定者の基本決定に委ねられてきた、という主張である[46]。かかる防衛問題につき、憲法制定者の基本決定が基本法に定められていないことは、そもそも基本法が防衛権力を創設しなかったことを推認させよう。

また、基本法制定時に議会評議会はドイツ統一の不可侵に動機づけられていたところ、防衛権力を樹立することはその統一をあやうくするから、それをあえて設定しなかったのだと解された[47]。したがって、基本法規定は、かかる明確な動機に基づいて制定されたものであるから、基本法規定は妥協の産物などではないということになる。さらに、個別規定、例えば侵略戦争禁止規定についてみると、政府側が援用するDehler議員の見解表明は、政治的・道徳的宣言に過ぎず、防衛権力を設定したことの根拠とはなり得ないものと反論している(48)。

こうした主張・反論を通じて、軍隊設置、軍事防衛および徴兵の権力は基本法によって構成されなかったとの結論に至ったのである。したがって、野党側の論理によれば、実質的な防衛憲法の形成を通常法律で実現することは許されず、むしろ基本法改正法によらなければならないことになる。

(b)　防衛憲法改革の含意

このように、防衛高権観を巡る憲法理論的な対立をも根底に宿しつつ、基本法規定の意味について、制定史および基本法制定者の動機との関係でも激しい対立が生ずることになった。その論争に際して、基本法制定時の歴史的事実を客観的に確定するために、制定の当事者に証言を求める手続がとられていたことが注目される。しかし最終的には、そのような対立は、二(二)で概説した過程において解決されることとなり、一九五四年の基本法改正では、外交事務に関して連邦の専属的立法管轄権を定めていた七三条一号に、「一八歳以上の男子に対する防衛義務および文民たる住民の保護を含む防衛」という文言が追加され、防衛事務に関する連邦の専属的立法管轄権の存在が明文化されたのである。

かような規定は、防衛高権またはそれに類似する概念――防衛権力――を基本法に直接に定めていないが、その存在を間接的に推知させ、かつその範囲が徴兵権能にまで及ぶことを明らかにした。それは、防衛高権に関する理論的な対立に明確な答えを与えるものではなかったが、防衛高権の存否および範囲を巡る解釈論争に対しては、プラグマティックな決着をつけるものであった。

(二)　軍隊の権力分立体制への編入

このように五四年改正で防衛高権が確認されまたは創設されたことで、軍隊の設置、更には軍事防衛活動が憲法上許容されることが明らかになると、次に、軍隊の作用――特に軍事防衛の作用――または組織を、憲法体制、特に権力分立体制にいかにして編入するかという理論的に困難な課題に取り組む必要に迫られることになった。その課題は、軍隊の作用または組織を既に基本法で確立されていた法治主義（基本法二〇条三項）および基本権保障（基本法一条三項）の要請に服せしめかつ民主制的・議会制的構造に編入するという課題と交錯しつつ、国家憲法への防衛憲法の編入という一九五六年改正における一大テーマの中心[49]に位置することになった。かかる課題にとって最も重要であったのが基本法一条三項の改正であった。

(a)　防衛憲法改革の経緯

かつて基本法一条三項は、「以下の基本権は、直接に適用される法として、立法、行政および裁判を拘束する」と規定していたが、一九五六年の基本法改正では、その「行政（Verwaltung）」の文言が、「執行権（vollziehende Gewalt）」という文言に置き直された。一九五六年三月一日の法制度憲法委員会第二報告書では、その改正趣旨は次のように説明されていた。

「新しい条文は、全ての国権の行使が基本権に拘束されていることを明らかにしようとする。このことは、従来も、基本法の意思であった。『行政』に代わる『執行権』という表現は、基本法二〇条二項二文および三文で用いられる文言と一致し、連邦軍にかかわる全ての国家的措置も（執行権に）含まれることについて、あらゆる疑いを除去しようとしている。[50]」

こうした改正が直接の目標としたのは、「連邦軍にかかわる全ての国家的措置」が基本法一条三項に従って基本権に拘束されることを明確にすることであったことには争いがない。

(b)　防衛憲法改革の含意

その後、学説は、〝軍隊は、行政か？〟という——相当に漠然とした——問いを解明する一つの契機として、この文言変更の理論的意義を問題としてきた。かかる問題関心の下で、五六年改正の理論的意義には、次のように解釈の余地が残された。すなわち、この一条三項の改正は、国家作用論的観点に立って、軍隊の作用（または特に軍事防衛作用）を権力分立論の作用分類——立法、執行（Vollziehung）、裁判——における〝執行〟として位置づけたのであろうか（**i 作用論的分類？**）。それとも、国家組織論的観点に立って、軍隊の組織を権力分立論の組織分類——議会、裁判所、執行府（Exekutive）——における〝執行府〟として位置づけたのであろうか（**ii 組織論的分類？**）。

(i)　作用論的分類？　広義の防衛高権は、権力分立論における区分論の視角から、防衛立法権および防衛司法（裁判）権および防衛行政権に区分されうることは、既に指摘した。こうした作用論的観点からの三区分を前提として、〝軍隊の作用は、行政作用に含まれるのか〟という問題が成立する。ここで、もとより〝軍隊の作用〟とはいっても、行政作用に分類されることが明白な作用もある。例えば、「部隊行政（Truppenverwaltung）」は、行政作用ではあるが連邦防衛行政機構ではなく、軍隊に属する部隊によって実施されるのである。

こうした点に鑑みると、問題の核心は、軍隊の実施する全ての作用のうち行政作用として分類されないものがあるか、あるとすればその部分を作用論の観点からいかなる概念で統一的に把握するのかという点にあることが分かる。行政には包摂されない概念として軍事防衛という概念を析出することが理論的に正当か否かという問題も、かかる問題関心に由来する。

こうした問題につき、古典的には、Otto Mayer が、『ドイツ行政法』（初版の当時は、一八九五年）において、「戦争指導（Kriegführung）」――あるいは、「国家が祖国の防衛のために敵に対して軍隊を起こし、人を多数殲滅し、都市を破壊し、平和的な住民に軍務を課する」こと――は、「行政（Verwaltung）」ではないと説いていた[51]。その後も、Mayer 流の理論構成を踏襲するか否かはおくとしても、結論において、軍隊の特定作用――現代的には、特に軍事防衛作用――を権力分立論の三作用分類の外側に置く理論の潮流があった。こうした結論を支持する防衛憲法理論を〝第四作用論〟と名付けておきたい。

このような第四作用論は、五六年改正後の基本法の下で成り立ちうるであろうか。既に触れたように、五六年改正は、「行政」という文言を「執行権」に置き直した。そのことにより、基本法の権力分立論における作用分類は、〝立法、裁判および行政（Verwaltung）〟という分類から、〝立法、裁判および執行（Vollziehung）〟という三分類になったと解することができる。そして、この改正の趣旨は「連邦軍にかかわる全ての国家的措置」も「執行権」に含まれることを明らかにする点にあったと説かれたところ、そのことは、〝連邦軍の全ての作用〟が〝執行作用〟に属することを意味していたといえる。かかる趣旨の解決があったとすれば、〝軍隊の作用は、立法、裁判および執行のいずれの作用にも属しない〟という意味での第四作用論の成立の余地がほとんどなくなるであろう。

こうした解決によれば、軍隊の作用は執行作用に属することになろうが、さらにいえば、軍隊の作用（または特に軍事防衛作用）が、執行作用の内部においていかに位置づけられるかが問題となりうる。すなわち、一般的な分類によれば、執行の作用は、少なくとも、「統治（Regierung）」と「行政（Verwaltung）」に二分され[52]、それ以外の作用類型が存在するか否か、存在するとすればそれをいかなる類型として把握するかが論究の対象とされる。かかる論究の一環に、〝軍隊の作用は、行政か？〟という馴染みの難問が位置を占めるのである[53]。この問いは、軍隊の作用に対して、行政作用法理としての「法律による行政（gesetzmäßige Verwaltung）」の原理が適用されるかという問題とも関連性を有する。

この点、基本法規定の体系的位置からすると、「連邦法律の実施および連邦行政（Die Ausführung der Bundesgesetze und die Bundesverwaltung）」の表題をもつ基本法第八章に、軍隊の設置、出動および任務に関する八七a条があり、このような体系的編成からすれば、基本法もヴァイマル憲法と同じく軍隊の作用を行政とみているようにもみえる。かかる見解に対しては、「連邦軍にかかわる全ての国家的措置」の基本権拘束性を明らかにした基本法一条三項の改正（上記(a)を参照）の意義を、「軍隊の作用の行政的性格を否認したものである」ということにまで求めた上で、かかる趣旨からして基本法は軍隊の作用を行政とは捉えていないと結論づける見方もある。(54) しかし、もとより、基本法一条三項の改正経緯（「あらゆる疑い…」という説明）がそのような結論にとって十分な根拠となりえているか疑問なしとはしない。

結局のところ、基本法が、〝軍隊の作用は、行政か？〟という問題に対して解決を与えているとみることができるかそれ自体からして既に、基本法一条三項の改正趣旨をいかに解するかを巡っても微妙である。そうであるからこそ、かような論点に対する理論的解明が重要な意義を帯び、実際にそのような解明が学説の側から試みられてきた。もっとも、その場合には、統治および行政の定義（または活動類型の例示）という難問に逢着せざるをえず、周知の通り、行政概念一つとっても学説に対立のある一大問題である。

この問題につき、一方では、軍隊の作用を行政として位置づける見解が根強く、かかる潮流に属する理論が、Georg Christoph von Unruh によって受け継がれた。(55) 他方では、Klaus Stern や Konrad Hesse が、軍隊の諸作用のうち、軍事防衛（militärische Verteidigung）の概念を特に切り出してきて、それを、統治でも行政でもない独自の構成要素として国家作用論の体系のなかに位置づけていることが注目されよう。(56) こうした学説対立においては、統治、行政および軍事作用の間に存する、活動様式——構造、活動様態および実施手段——の異同(57)が決め手になりうることは指摘しておきたい。

(ii)　**組織論的分類？**　作用論的観点から、防衛立法権、防衛裁判権および防衛執行権に分類された防衛高権は、国家の統治機構に分属せしめられ行使される（もちろん、複数の機関に防衛執行権を重複的に配分し、機関間における機能的協働を予定しても構わない）[58]。さて、軍隊は、権力分立論の統治組織分類（議会、裁判所および執行府）のいずれかに位置づけられるであろうか。

この点、基本法一条三項の改正の理論的意義を、〝軍隊の組織が執行府（Exekutive）に属する〟[59]ことを組織法上明確にした点に見て取ることができるかもしれない。かかる理解は、創設されるべき軍隊の基本構想を連邦議会において既に一九五五年に明らかにしていたBlank防衛大臣説明にも合致している。そこでは、「連邦政府は、将来の軍隊を執行府の一部として組織するであろう」と宣言され、さらには、「軍隊は、執行府の一部である（Die Streitkräfte sind ein Teil der Exekutive)」と説かれていたのである[60]。

こうして組織法的観点から五六年改正の意義を見て取るならば、基本法一条三項の改正によって否定されることになったのは、〝軍隊は、議会、裁判所および執行府のいずれの組織にも属しない〟という理解である。本稿では、かかる理解を〝第四作用論〟とは区別して〝第四組織論〟と名付ける

かように軍隊が執行府に属するとした場合において、さらに、軍隊を「行政官庁（Verwaltungsbehörde)」、「行政官署（Verwaltungsstelle)」または「営造物（Anstalt)」と捉えることができるかという行政組織法理の適用範囲に関わる問題が待ち構えていることは意識しておきたい。この問題について、Blank防衛大臣説明では、「軍事的団体に加えて、様々な活動のために、諸官庁（Behörden）および諸行政官署（Verwaltungsstellen）が設置されるべきであろう」と説かれ[61]、こうした構想に合致する形で、五六年改正により軍隊・防衛行政機構の二元構造（既に第三節(二)(c)(ii)で説明した）が基本法に基礎づけられた。このような大臣説明は、軍隊が官庁や行政官署という性質をもたないことを示唆するものであったかもしれない。

(iii) 防衛憲法改革の帰結

このように、五六年改正の意義については、二様の理解――作用論的理解と組織論的理解――が成り立ちうるが、その相互関係が必ずしも明らかでない[62]。そうした理論的含みが残るのは、「執行権(vollziehende Gewalt)」概念が作用としての「執行(Vollziehung)」を意味するのか、それとも組織としての「執行府(Exekutive)」を意味するのか、「権(Gewalt)」の概念の多義性のゆえに必ずしも明らかでないからである。

しかし、基本法一条三項により基本権拘束がおよぶ対象とされたのが、執行作用なのか、それとも執行府なのか、そのいずれ(あるいは両方)であっても、軍隊がその作用または組織を捉える形で基本権に拘束されるのは確かである。また、基本法制定当初より既に、「執行権」が「法律および法(Gesetz und Recht)」に拘束されることとされていたから(基本法二〇条三項)、軍隊は法治国家原理にも拘束されることになるであろう。したがって、五六年改正において「執行権」という多義的な文言を――意図的にせよ、そうではないにせよ[63]――用いたことは、理論的な含みを残したものの、国家憲法への防衛憲法の編入という憲法改革の課題にとって要点をおさえた解決であった。

(30) *Der Kampf um den Wehrbeitrag* 2, S.9f.
(31) *Der Kampf um den Wehrbeitrag* 2, S.13ff.
(32) *Der Kampf um den Wehrbeitrag* 2, S.15.
(33) *Der Kampf um den Wehrbeitrag* 2, S.16.
(34) 他にも、いくつかの重要な論点があった。良心的兵役拒否規定(四条三項)の解釈については、ほんの一部であるが、かつて拙稿・前掲注(20)五六頁で触れたことがある。平和維持のための相互集団的安全保障制度への加入(二四条二項)の規定の解釈に関する議論も相当になされたが、問題が防衛高権の存否に止まらない側面も含んでおり、紙面を十分に割いて適切に触れる余裕がない。
(35) BT-Sten.Ber.,240.Sitzung.3.12.1952, S.11197(A).S11304(C).
(36) BT-Sten.Ber.,240.Sitzung.3.12.1952, S.11197(A).11304(C).
(37) *Der Kampf um den Wehrbeitrag* 2, S.18.
(38) BT-Sten.Ber.,241.Sitzung.4.12.1952, S.11306(A).

(39) BT-Sten.Ber.,240.Sitzung,3.12.1952, S.11201(D).

(40) *Der Kampf um den Wehrbeitrag* 2, S.247f.

(41) *Der Kampf um den Wehrbeitrag* 2, S.253ff.

(42) *Der Kampf um den Wehrbeitrag* 2, S.256f.; BT-Sten.Ber.,240.Sitzung,3.12.1952, S.11202(D)-11203(A).

(43) *Der Kampf um den Wehrbeitrag* 2, S.248.

(44) *Der Kampf um den Wehrbeitrag* 2, S.747.

(45) もっとも、論争においても、「防衛高権」と「防衛権力」の意味の異同および関係は必ずしも明確ではなく、両者が同義のものとして使用されている場合もあるようである。両者を同義のものと解するものとして、vgl. Sachau, *a.a.O.*, S.22. 両者の差異を見出すものとして、vgl. Manfred Erhardt, *Die Befehls- und Kommandogewalt*,1969, S.17ff. 社会民主党の側の用語法については、Erhardtの分析があてはまるとおもう。

(46) *Der Kampf um den Wehrbeitrag* 1, S.9ff.

(47) BT-Sten.Ber.,241.Sitzung,4.12.1952, S.11307(C)-(D). これに対しては、当時、再統一の不可侵という動機は、当時の議会評議会において表明されておらず、表明されていない動機を参酌すべきではないと批判がなされている（BT-Sten.Ber.,241.Sitzung,4.12.1952,S.11305(D)）。

(48) *Der Kampf um den Wehrbeitrag* 2, S.259.

(49) なお、軍隊に対する議会統制の問題や軍人の基本権保障の問題も、国家憲法への防衛憲法の編入という一大テーマにおいて、中心的地位を占めていた。

(50) BT-Drucksache 2/2150, S.2. また、参照、初宿正典「ボン基本法における《執行権》の概念についての若干の覚え書き」法学論叢一三二巻四－六号（一九九三年）一六七－一七四頁。

(51) Otto Mayer, *Deutsches Verwaltungsrecht*, Bd.1., 3.Aufl., 1924, S.10. 彼によれば、それは国家目的を実現する活動であるが、国内の法秩序に服さない点で、行政とは本質的に区別されている。

(52) 既に基本法制定時に現行二〇条三項の「執行権」の意味につきそのような理解が示されている。Vgl. Gerhard Leibholz/Hermann v. Mangoldt(Hrsg.), *Jahrbuch des öffentlichen Rechts der Gegenwart*, N.F.,Bd.1,1951, S200.

(53) ドイツではもちろん、我が国においても、小針司によってドイツ公法学説に対する分析評価がなされ、日本国憲法の解釈論との関係でも周知のものとなっている。参照、小針司『文民統制の憲法学的研究』（信山社、一九九〇年）二四四―二六三頁。

（54）　Stern, *a.a.O.*（FN1）, S.853. なお、Stern は、行政としての性格を異論なく有する連邦防衛行政の規定が、軍隊の設置、任務および出動を規定する八七ａ条と対置されている点も、軍隊の作用が行政ではないことの根拠としている。また、参照、小針・前掲書注（53）二五六―二五七頁。

（55）　Unruh, *a.a.O.*, S.167ff. "軍隊は行政か?" という問題に取り組む Unruh の見解は、国家作用論の文脈で位置づけられるべきであろう。Stern もまた、Unruh の見解を国家作用論の文脈で引き合いに出している（vgl. Stern, *a.a.O.*, S.851-853）。

（56）　Stern, *a.a.O.*, S.843ff.;Konrad Hesse, *Grundzüge des Verfassungsrechts der Bundesrepublik Deutschland*, Neudruck der20.Aufl., S. 233. 特に同書の体系的編成に注目されたい。

（57）　この点につき、詳細に分析を加えているのが、Quaritsch である。Hermut Quaritsch, Führung und Organisation der Streitkräfte im demokratisch-parlamentarischen Staat, *VVDStRL* Heft 26（1968）, S.219ff.

（58）　軍隊の作用および組織と権力分立原則の機能法的理解との関係については、さしあたり参照、松浦一夫『ドイツ基本法と安全保障の再定義』（成文堂、一九九八年）一四五―一四七頁。特に「結合的権力」論について一四八―一五〇頁をみよ。

（59）　Exekutive も、Regierung および Verwaltung と同様に、組織を意味する場合と作用を意味する場合があるため、注意しなくてはならない。Exekutive が組織を意味する場合には、それは、「憲法および法律に従って主として執行権の行使をする機関、すなわち、政府、諸省、行政官庁、その他の行政官署および公法上の法人」の集合名詞（Peter Badura, *Staatsrecht*, 4 aufl., 2010, S. 689（G15））として、「執行府」または「執行機関」と訳すことができる。これに対して、Exekutive を作用論の文脈で解説するものとして、例えば、vgl. Hartmut Maurer, *Staatsrecht I*,5.Aufl.,2007, S.592f.

（60）　BT-Sten.Ber.92.Sitzung,27.6.1955, S.5214（A）,5215（C）

（61）　BT-Sten.Ber.92.Sitzung,27.6.1955, S.5215（C）

（62）　Ferdinand Kirchhof, Verteidigung und Bundeswehr, in:Josef Isensee/Paul Kirchhof（Hrsg.）, *Handbuch des Staatsrechts der Bundesrepublik Deutschland*,Bd.4,3. aufl.,1992, S.636f. Salzmann, *a.a.O.*, S.73f.において、五六年改正の意義が作用論的に理解されているか、それとも組織論的に理解されているか、必ずしも明確ではない点もあり、両者の理解が混在しているようにもみえる。

（63）　基本法二〇条二項および三項において既に使用されていた「執行権」の表現と平仄を合わせようとする意図があったことは、確かである。

五　おわりに

かつて杉村敏正は、西ドイツの防衛法の形成の特徴を、「政治的環境がわが国に類似し、その防衛法の形成にわが国の場合に類似する闘争と疑惑を伴った西ドイツ防衛法の形成」(64)と表現した。まさにその通り、防衛法が形成された当時の日独の政治的環境には類似する側面がおおい。すなわち、両国の憲法典――五四年改正前の基本法と日本国憲法――は、敗戦後の占領体制下において武装解除の下で制定された憲法典であり、そうした歴史的背景から、軍隊組織の設置またはその活動を予定したものと解され得る規定をほとんど有しなかったこと、両国とも冷戦――とりわけ一九五〇年の朝鮮戦争の勃発――を契機として再軍備の必要性が生じた点において類似する歴史的背景を有し、そうした背景の下で実質的意味における防衛憲法の形成を出発させなくてはならなかった点で共通の基盤に立っている(65)。しかし、その後の防衛憲法の形成過程は全く異なった経過を辿った。

ドイツにおける防衛憲法の形成過程は、基本法改正という形式が採られている点で特徴的である。かかる形式を採るに至った理由の一つは、二(二)でみたように、五四年改正に際して、政府与党側は、抽象的違憲審査制の下における憲法論争の膠着のなかで基本法改正手続に着手せざるをえなかったところ、両院における特別多数の形成によって改正の現実的な条件が整ったことである。もう一つは、二(三)でみた五六年の基本法改正、さらには一九六八年の非常事態憲法規定の補充にみられるように、与野党間の広範な協働の下で基本法改正という方法をとる憲法改革過程モデルが成立したことである。

これに対して日本では、付随的違憲審査制度のいわば〝反射的効果〟として、政府の憲法解釈および国会の法律制定が防衛憲法形成過程において重要な地位を占めてきた。政府の憲法九条解釈、そして防衛関連法律（自衛隊法、防衛庁設置法［現在の防衛省設置法］）の制定と変更を通じて、実質的意味における防衛憲法の改革が遂行されてきたのである。(66)

このようにして憲法改正手続を経ない日本の防衛憲法改革の手続的正当性を問題視して、むしろドイツの憲法改革過程モデルを模範とみる議論もありうるであろう。しかしより重要な問題は、こうした日本の防衛憲法形成の過程おいて、国家憲法へ防衛憲法を編入する際に意識的かつ慎重に検討しなければならなかったはずの、防衛憲法の諸概念および論理の形成と発展が欠けていることではないか。

これに対してドイツでは、二(二)でみたように、抽象的違憲審査制度の下で与野党間の憲法論争が避けられないことになり、その主張反論の過程、そしてそれを契機とした公的な論議の活性化のなかで、憲法解釈上の概念と論理が生成し展開をみせることになった。このように、抽象的違憲審査制度の存在が五四年改正までの防衛高権の確立または創設の過程において概念および論理の形成を促進した側面がある。(67)日本の最高裁判所が、警察予備隊違憲確認訴訟最高裁判決（最判昭和二七年一〇月二八日民集六巻九号七八三頁）において、日本の憲法裁判制度が付随的違憲審査制であることを明らかにしたことは、防衛憲法の形成のあり方を方向づける一つの重要な転機であった。

またドイツでは、五六年改正の過程で国家憲法に防衛憲法を編入することを課題とする防衛憲法政策に与野党協働の下で取り組むなかで、基本法の基本原理と整合性を有する防衛憲法の概念および論理が憲法実践のなかで練り上げられ、それを契機にして学説における論議もそれなりに蓄積されてきた。日本においてかかる過程は十分に経られてきたであろうか。

本稿は、日本の防衛憲法論争のある部分について残されてしまったまま顧みられることも少ない、防衛憲法論議における思考形式の「欠缺（Lücke）」を埋める端緒を一九五〇年代ドイツの防衛憲法改革論議のなかに見出すことも目標としていた。もっとも、紙幅の関係上、軍隊の創設とその権力分立体制への編入の問題を検討するに止めざるをえなかった。その余の問題——例えば、命令司令権の配属、軍隊に対する議会統制および軍人の基本権保障などの重要問題——の検討は、稿を改めて行うこととしたい。

(64)　杉村・前掲書注(6)一頁。

(65)　同趣旨の記述として、藤田嗣雄「西独の再軍備と憲法改正」ジュリスト五七号（一九五四年）二頁。もっとも、藤田は、軍隊の創設を禁止する条項を有する日本国憲法と、それを有しない基本法の間に重大な違いを見出している（参照、藤田嗣雄「ボン憲法と再軍備問題」ジュリスト八号（一九五二年）三二頁）。

(66)　宇都宮静雄・西修（共著）『口語防衛法』（自由国民社、一九七七年）五二-五三頁では、日本の防衛法制の特質として、「防衛規定法律主義の原理」と特徴づけ、「国家防衛法規は憲法に代わって法律をもって定めることとし、法律主義の原則がとられている」点が指摘されている。そのことは、日本の実質的意味の防衛憲法が、憲法典ではなく、むしろ法律で規律されている点をよく示しているとおもう。また、特に「防衛作用法」における「法律主義」については、参照、杉村・前掲書注(6)八二頁。

(67)　それ以降には、NATO域外派遣合憲判決をはじめとした、連邦憲法裁判所の判例法を通じた、防衛憲法の補充と具体化が進んでゆき、そこには、ドイツの防衛憲法のもう一つの憲法改革過程モデルをみてとることができよう。防衛憲法の成立と発展を回顧した上で、かかるもう一つの憲法改革過程モデルに「基本法の防衛憲法の衰弱」の契機を見出す論考として、Joachim Wieland, Die Entwicklung der Wehrverfassung, *NZWehrr* (2006), S.133ff.

8 戦後日本銀行法の展開と憲法

片桐直人

曽我部真裕・赤坂幸一 編
大石眞先生還暦記念
『憲法改革の理念と展開（上巻）』
二〇一二年三月　信山社

8 戦後日本銀行法の展開と憲法［片桐直人］

一　はじめに

本稿で検討の対象とするのは、我が国の憲法体制において、中央銀行はどのような位置づけを与えられてきたか、という問題である。

中央銀行とは、通貨価値の安定や金融システムの維持といった公共的目的とそれを実現するための機能を備えた銀行組織のことをいい、中央銀行の独立性とは、そのような目的を実現するためには、中央銀行は、通常の政治過程から相対的に切り離された空間において政策運営に当たるべきであるとする考え方を指す。このような考え方そのものは、一九二〇年代においてその萌芽が見られるものの、近年では各国の通貨制度の根幹を成す基本的な考え方となっている(1)。

しかしながら、かかる独立性については、通貨政策が一国の経済社会に与える影響から、民主的正統性の欠如──民主政の赤字──を意味するものとして、激しい批判にさらされてきた(2)。すなわち、一国の経済社会に与える影響が大きい通貨政策を民主的正統性の連鎖から切り離された中央銀行に担当させることは、問題ではないかというのである。このことは、とくに、民主制と責任政治の原則を中心とする立憲主義を重視してきた憲法学にとっても重大な問題である。

このことは、我が国における中央銀行法制のあり方を巡る議論においてもまた例外ではない。日本銀行法は、一九四二(昭和一七)年の制定以降、一九九七(平成九年)にいたるまで抜本的改正を経ることがなかったが、その間、幾度かの重要な一部改正は行われたし、全面改正に向けた議論も行われてきた。それらを大別すれば、①一九四七(昭和二二)年の発券制度改革、②一九四九(昭和二四)年の政策委員会設置、③一九五七(昭和三二)年の準備預金制度に関する法律の制定に伴う改正とそれに前後する全面改正問題、④一九六五（昭和四〇）年のＩＭＦ八条国入りに伴う全面改正問題、⑤一九九七（平成九）年の全面改正の五つに分類できる。(3) これらのすべての段階において、日本銀行のあり方は、憲法問題と関連させて議論されてきたのである。

そこで、以下では、日本銀行の独立性に関する従来の議論を概観し、日本銀行のあり方について、憲法との関係でどこが問題とされてきたかを確認したうえで、従来の議論がどのような論理構造を持っているのかを検討する。(4)

（1）　中央銀行の独立性に関する邦語文献として、藤原賢哉「中央銀行の独立性の理論」三木谷良一・石垣健一編『中央銀行の独立制』（東洋経済新報社、一九九八年）七九-一〇五頁、白川方明『現代の金融政策――理論と実際』（日本経済新聞出版社、二〇〇八年）など。

（2）　中央銀行の民主制の赤字について、アメリカ連邦準備制度に関するものとして、U.S. Congress, *The Federal Reserve after Fifty Years*, Hearings, Subcommittee on Domestic Finance of the House Committee on Banking and Currency, 88th Congr., 2nd sess., 1964.; Blinder, Alan S., "Central banking in a democracy," Federal Reserve Bank of Richmond in its journal Economic Quarterly Fall (1996), pp. 1-14. 欧州中央銀行に関するものとして、Majone, Giandomenico, "Europe's 'Democratic Deficit': The Question of Standards," European Law Journal 4 (1998) pp. 5-28.; Gormley, Laurence and Jakob de Haan, "The Democratic Deficit of the European Central Bank," European Law Review 21(1996), pp. 95-112.; Siedentop, Larry, *Democracy in Europe* (London: Penguin, 2000), pp. 102-21.; Lastra, Rosa. M., *Central Banking and Banking Regulation*, LondonSchool of Economics (1996).; Zilioli, Chiara, Martin Selmayr, *The Law of the European Central Bank*, (Oregon: Hart Pub., 2001), pp. 47-50. ドイツに関するものとして、日野田浩行「中央銀行の独立性に関する憲法的考察」畑博行先生古希記念『立憲主義――過去と未来の間』（有信堂、二〇〇〇年）二〇一頁以下及びそこに挙げられている諸文献を参照。また、全体の概観として、片桐直人「中央銀行の独立性をめぐる法的問題」法学セミナー六七四号（二〇一一）三八頁以下を参照。

（3）　以下の概観全体の参考文献として、真淵勝『大蔵省統制の政治経済学』（中央公論社、一九九四年）、日本銀行百年史編纂委員会『日本銀行百年史』第五巻（日本銀行、一九八五年）、武藤正明「『バンキング・ボード』設置構想」創価経営論集九巻一号（一九八四年）二一-三三頁、同「『ポリシー・ボード』設置構想」創価経営論集九巻二号（一九八五年）一三-二四頁、同「政策委員会の設置」創価経営論集一〇巻一号（一九八五年）一七-三三頁、同「日本銀行法一部改正法案」創価経営論集一〇巻二号三三-四七頁など。

(4) ただし、一九九七年の改正については、すでに、別稿で検討したことがあるので、詳論しない。片桐直人「憲法と通貨・中央銀行法制に関する一考察(二・完)」法学論叢一五八巻三号(二〇〇五年)一一一頁以下を参照。

二 終戦直後における日本銀行法改正の推移

(一) 一九四七(昭和二二)年の発券制度改革

(1) 一九四二(昭和一七)年に制定された日本銀行法(以下、「旧日本銀行法」という)によれば、日本銀行は、「国家経済総力ノ適切ナル発揮ヲ図ル為国家ノ政策ニ即シ通貨ノ調節、金融ノ調整及び信用制度ノ保持育成ニ任ズルヲ以テ目的トス」(第一条第一項)とされ、「日本銀行ハ専ラ国家目的ノ達成ヲ使命トシテ運営」(第二条)されるとともに、「日本銀行ハ法令ノ定ムル所ニ依リ通貨及金融ニ関スル国ノ事務ヲ取扱フ」(第三条)ことが求められた。このような規定のあり方は、日本銀行の任務を、政府の政策遂行の手段と位置づけるものであり、それゆえに、同行の目的遂行に対しては、主務大臣の命令権が規定されていた(第四二、四三条)。

このような規定ぶりからも理解されるように、旧日本銀行法は、まさに戦時統制経済に向けられたものであった。と同時に、敗戦の混乱の下、我が国は激烈なインフレーションに直面しており、この点からも、通貨・金融政策のあり方が問われることとなった。それゆえに、戦争終結直後から、改正の必要性が認識されてきたことは当然のことであった。

(2) このような日本銀行法の改正及び通貨制度改革への取り組みは、①一九四五(昭和二〇)年八月に大蔵省に設置された戦後通貨対策委員会における提言[5]、②これに続く同年九月三〇日に発足した日本銀行制度改正準備委員会による「日本銀行法改正要綱」の答申[6]、③同年一二月五日に設置された第一次金融制度調査会内の第一部会による

「日本銀行法改正要綱」並びに「金融ニ関スル制度並ニ運営ノ共通的基本原則」の答申（一九四六（昭和二一）年一月）[8]、④日本銀行が独自に検討した「通貨発行審議会構想」[9]、⑤同年一二月に設置された第二次金融制度調査会による同年一二月二八日の「『通貨発行規制暫定措置』に関する決議」を経て[10]、「日本銀行法の一部を改正する等の法律」（一九四七（昭和二二）年四月一日法律第四六号、以下、「一九四七年改正法」という）に結実する。

一九四七年改正法では、とくに、インフレーションへの対処の一環として、発券制度の改革が急務とされ、通貨発行審議会が設置されることとなった。すなわち、一九四七年改正法においては、従来、主務大臣が定めることとなっていた銀行券の発行限度を、「通貨発行審議会の議決に基づき閣議を経た上で」定めることとし（第三〇条）、三〇日を超える制限外発行の認可や一五日を超える制限外発行について徴される発行税の最低割合の決定並びに銀行券発行保証物件の保証充当限度の決定についても、通貨発行審議会の議決に基づかなければ、主務大臣は権限行使ができない旨定められた（第三一条から第三二条まで）。なお、通貨発行審議会に関する規定は、別途勅令を以て定めることとされたが（第三六条）、最終的に、法律によってこれを定めることが適当であるとされ[11]、一九四七（昭和二二）年一二月に「通貨発行審議会法」が制定・公布された（一九四七（昭和二二）年一二月一七日法律第一九七号）。

右法律によって設置された通貨発行審議会は、その権限につき、「通貨発行審議会は、内閣総理大臣の所轄に属し、日本銀行法の規定によりその権限に属させた事項を掌る」ことのほか「通貨金融政策の基本に関する事項につき内閣総理大臣に建議することができる」ものとされた（通貨発行審議会法第一条）。また審議会の委員の構成は、「会長一人及び委員十三人」（第二条）の計一四名から成るものとされ、会長は内閣総理大臣が務め（第三条第一項）、それ以外の委員は、大蔵大臣（第三条二項一号）、経済安定本部総務長官たる国務大臣（同二号）、日本銀行総裁（同三号）、及びその他の委員（同四号）から構成されることとされた。このうち四号に定められる委員は、金融界代表者四人（このうち、二人は銀行法に基づき営業の免許を受けた銀行を代表する者、一人は特別の法律により設立された銀行又は金庫を代表する者）、産業界代表者三人、その他の学識経験のある者三人から構成されるとされ、内閣総理大臣が、これを任命することとされた。

通貨発行審議会は、内閣に対し金融経済政策について建議を行いうるという意味で、政策決定に強力に参画する機関になりうると考えられたが[12]、現実には、経済の拡大に伴う通貨の膨張を追認する結果となり[13]、行政機構改革と経済安定本部の廃止などもあって、一九五二（昭和二七）年に廃止されることとなった。

(3)　ところで、かかる通貨発行審議会の設置に関しては、一九四七年改正法の法案作成の段階で、作成作業を担当した大蔵省及び内閣法制局側とそれを審査した連合国最高司令部民政局側との間に、当該審議会の性格について、理解の相違があったことを指摘しなければならない[14]。そもそも、当該審議会の設置の動機は、発券制度に関わる主務大臣の権限に制約を加え、中央銀行の発券機能を政府が濫用することを防ごうというものであったわけであるが[15]、しかしながら、このような「主務大臣の権限に制約を加える」という性格を巡っては、大蔵省・内閣法制局と連合国最高司令部民政局との間に見解の相違があったことが明らかにされている[16]。すなわち、大蔵省・法制局側は、この点について、通貨行政は、大蔵大臣の行政権の重大な欠くことのできない権限であるとし、かかる権限行使に対して責任を負う以上、通貨発行審議会はあくまでも諮問機関としての性格を有するにとどまるべきものと考えていた[17]。一方で、民政局側は、通貨に関する事項は内閣全体として定めるべきであり、大蔵大臣がもっぱら所掌するものではなく、審議会についても、その権限を国会から与えられて直接に国会に責任を負う「コミッション」が望ましいと主張した。一九四七年改正法において、主務大臣の権限行使に際し、閣議を経ることが要求され、あるいは、審議会の議決に「基づく」こととされたのは、かかる意見の相違から生まれた妥協の産物であった。とくに、後者の「議決に基づく」ことの意義は、法的拘束力は有さないものの、政府は議決に反する決定を行うことができないという効果を有するとされた[18]。

(二)　一九四九（昭和二四）年日本銀行政策委員会の設置

(1)　日本銀行法の改正問題は、発券制度改革の取り組みと相並んで、戦後金融制度改革の一環としても議論された。この観点からの日本銀行法改正は、先に見た日本銀行制度改正準備委員会、第一次金融制度調査会、第二次金融制度調査会などを通じた一連の議論の中で、繰り返し検討がなされた[19]。そこで目指されたのは、いわゆる経済の民主化に対応した中央銀行制度の構築であったが、その具体的内容については、政府に対する中央銀行の中立性・独立性の確保に重きを置く立場、民間金融機関の政府・中央銀行からの自主性に重きを置く立場、従来の大蔵省が有する金融行政権限を極力維持しようとする立場など、微妙な意見の相違があったことが指摘されている[20]。

かかる議論の過程において、いくつか注目すべき案が検討されている。その中でも、通貨信用委員会の設置について言及しておく。通貨信用委員会は、第二次金融制度調査会の答申[21]のほか、大蔵省における検討などにおいても類似のものが構想された機関であったが[22]、通貨・金融政策に関する権限を有するものとされた。当該委員会の具体的内容については様々であるが、たとえば、第二次金融制度調査会答申における構想では、内閣総理大臣に直属する法制上の諮問機関として、通貨金融政策の基本案の作成、政策の運営、国会からの諮問に対する応答と発議などの権限を有する機関で、日本銀行総裁、金融・産業・労働者の各代表者、大蔵大臣、経済安定本部総務長官たる国務大臣から構成されるものとされた[23]。かかる通貨信用委員会は、その権限及び組織からみて、実現されれば通貨発行審議会に代わる組織として活動しうるものであったが、最終的に実現しなかった。

とはいえ、通貨信用委員会が、通貨発行審議会同様、通貨・金融政策に関する広汎で強い権限を有するものであったこと、大蔵大臣所管の機関ではなく、内閣直属の機関であったこと、国会の諮問に対する応答や国会への発案の権限を有していたことに鑑みれば、通貨発行審議会の際に問題となった点についても疑義が生じうるものであった。事実、通貨信用委員会を大蔵大臣の諮問機関とし、権限も相当程度縮小した案も検討されていたようである[24]。

(2)　このような日本側の検討と並行して、連合国軍最高司令部もまた、戦後金融制度のあり方を検討し、その一環として日本銀行制度の改正を検討していた。昭和財政史には、この当時の連合国最高司令部側の意図を示唆するような文書（経済科学局財政金融課作成の「金融業法案」）が採録されているが[25]、そのうち、日本銀行に関する点を挙げると、まず、政府機関として金融委員会を設置し、これが通貨・金融政策の決定・遂行に当たることとされた。金融委員会は、金融、保険、工業、農業の実務経験者七名から構成され、衆議院の同意を得て首相が任命し、任期は一四年とし、国会のみが委員を罷免できることとされた。また委員中より、金融委員会議長を任命し、金融委員会議長は職務上、内閣の構成員となることとされ、任期は一年とされた。一方で、日本銀行は、日本準備銀行へと改組し、金融委員会所定の通貨・金融政策に沿って業務を運営することとされた。

連合国側はこのような試案をたたき台に議論を進めたが、その過程は、なお紆余曲折を経るものであった。すなわち、かかる提案を受けたアメリカ陸軍省は、かかる提案は時期尚早ではないかと疑問を持ち、金融委員会の設置の代わりに、日本銀行の権限を拡大する案を提示した[26]。これに対して、財政金融課は、最終的に、金融委員会に代わって、日本銀行内に、「ポリシー・コントロール・ボード」を設置する案を作成した。かかる「ポリシー・コントロール・ボード」案こそが、後の政策委員会の設置につながるものである。「ポリシー・コントロール・ボード」案は、一九四九（昭和二四）年三月末に日本側に示され、以後、日本側と連合国側との間で協議が重ねられることとなり、最終的に政策委員会を設置する日本銀行法改正案がまとめられ、一九四九（昭和二四）年六月三日に「日本銀行法を一部改正する法律」（昭和二四年六月三日法律第一九一号、以下、「一九四九年改正法」という）として公布・施行された。

(3)　一九四九年改正法によって設置された政策委員会は、「政策委員会ハ第十三条ノ三第一号ニ規定スル日本銀行ノ業務ノ運営、中央銀行トシテノ日本銀行ノ機能及他ノ金融機関トノ契約関係ニ関スル基本的ナル通常信用ノ調節其ノ他ノ金融政策ヲ国民経済ノ要請ニ適合スル如ク作成シ指示シ又ハ監督スルコトヲ任務」とされた。ここに「監督」という文言が見受けられるのは、政策委員会が、日本銀行外に設置されるはずだった金融委員会から変更されたものだからである。[27] 改正された日本銀行法第一三条の三第一号に規定される日本銀行の業務運営とは、①日本銀行の職員によって行われる業務の運営に関する基本方針の決定、②割引歩合及び貸付利子歩合の決定・変更、③日本銀行の割り引く手形の種類・条件及び貸付の担保の種類・条件・価額の決定・変更、④公開市場操作の対象となる物件の種類・条件・価額の決定・変更、⑤臨時金利調整法第二条にいう市中金利の最高限度の決定・変更・廃止、⑥預金準備率の変更、⑦金融機関に対するに対する貸付及び投資並みに貸付の担保の種類、条件及び価額の限度に関する統制の決定及び変更、⑧日本銀行の経費の予算、資産の評価、決算其の他経理に関する事項の決定などである。また、同条によって、金融機関の状態及び運営、必要な法律の改正、当該年中における監督政策の変更、実施したる政策及び期の理由が主務大臣を経由して国会に報告されることとなった。

次に、政策委員会の構成については、日本銀行総裁、大蔵省代表一名、経済安定本部代表一名、金融業に関し優れた経験と識見を有する者二名（うち一名は地方銀行について経験と識見を有する者、他の一名は、大都市銀行に関し経験と識見を有する者）、商業及び工業に関し優れた経験と識見を有する者一名、農業に関し優れた経験と識見を有する者一名の計七名から組織されることとされた。このうち、日本銀行総裁と大蔵省、経済安定本部代表の二名を除く委員は、両議員の同意を得て内閣が任命するものとされ、任期は四年とされ、特に規定する場合を除いて、その意に反して罷免されない旨が定められた。また、議事については、大蔵省代表者と経済安定本部代表者は政策委員会において議決権を有しないこととされた。

(4)　かかる政策委員会の設置は、従来、大蔵大臣の権限とされていた事項の多くを政策委員会が行うこととし、かつ、政策委員会における大蔵省代表らの議決権を認めなかったという意味で、中央銀行の独立性・中立性の確保に寄与しうるものであった。しかしながら、その一方で、一九四九年改正法は、従前の日本銀行法に政策委員会関連規定を挿入するという行き方をとったために、大蔵大臣の一般的指揮権（第四二条）や業務命令権（第四三条）、日本銀行役員に対する内閣及び大蔵大臣の罷免権（第四七条）はそのまま残ることとなり、この点については一九四九年改正法が制定されたことによる影響はないとされた(28)。

通貨信用委員会の際と同様、政策委員会の設置の際にも、法案作成段階において、政策委員会と大蔵大臣との権限関係が問題となった。大蔵省は当初、政策委員会の権限は行政権であるとし、かかる行政権の行使については、国務大臣が国会に対して責任を負うのが憲法及び内閣法の趣旨であるとして、当該委員会を大蔵大臣の所管とし、当該委員会の議長についても大蔵大臣が務める旨提案した(29)。かかる提案は、通貨発行審議会の際に現れたのと同様の考え方に基づくものであったし、また、一般監督権その他の権限に関する理解についても引き継がれたものと考えることができよう。

(三)　終戦直後の日本銀行法改正の特徴

以上見てきたような終戦直後における日本銀行法改正の経緯は、当時の経済的混乱及び連合国総司令部の意向を受けて、従来、大蔵大臣の権限とされた多くの事項を、通貨発行審議会や日本銀行政策委員会といった特別の組織に委ねる方向で行われた。

かかる改正が行われる際には、大蔵省あるいは内閣法制局から、繰り返し反対の立場が示された。その論理は、通貨発行審議会並びに日本銀行政策委員会が行使する権限は行政権であるから、国務大臣（とくに事柄の性質上、大蔵大臣）が行使すべきであって、そうでなければかかる権限行使の責任の所在が曖昧になるというものであった。そして、そのような構造こそがまさに憲法及び内閣法の要請するところであるというのである。

しかしながら、通貨制度及び中央銀行制度の改革が連合国総司令部の強い関心事である以上、大蔵省・内閣法制局には、自らの意向を貫き通すことは、当然に不可能であって、それゆえに、一定の妥協がなされたといえよう。一方で、このような妥協の姿勢は、大蔵省及び内閣法制局の理屈は、現実には一定程度の変容を被りながらも、その根幹をなす思想については事態の推移の背後で生き延び続けたことを示唆する。

他方で、中央銀行の独立性を確保すべきだとする立場からは、かかる妥協が日本銀行法及び我が国における中央銀行制度上の欠陥であると理解された[30]。この点、大蔵省・内閣法制局側は、憲法や内閣法といった法律上の根拠を持ち出しつつ理論武装していたのに対して、中央銀行の独立性を確保すべきという立場は、中央銀行論や経済政策、あるいは、民主化の必要性といった実際上の観点を主に持ち出し、改革を推し進めたといえよう。このような実際上の必要性による改革は、法律論を基にする反対にあったとき、それを強力に擁護する者がいなければ、なかなか成就しない。日本銀行法の場合には、そのような擁護者が連合国総司令部であった[31]。結局のところ、日本銀行法は、日本の通説的な理解の下では、究極的には憲法と整合しない（が実際上は必要な）制度として位置づけられていたと評価することができるだろう。

しかしながら、連合国はいつまでも日本に駐留してはいない。後ろ盾がいなくなったとき、大蔵省・内閣法制局は猛然と巻き返しをはかるはずである。そして、それが表れるのが、預金準備制度の導入とそれに伴う日本銀行法改正問題を巡る議論の際であった。

（5）　大蔵省財政史室『昭和財政史――終戦から講和まで』第一二巻（東洋経済新報社、一九七五年）五七-六八頁、日本銀行百年史編纂委員会・前掲註（3）二六-二八頁。
（6）　日本銀行百年史編纂委員会・前掲註（3）一三六頁。
（7）　日本銀行百年史編纂委員会・前掲註（3）一三六頁。

(8) 日本銀行金融研究所編『日本金融史資料　昭和続編』第一〇巻（大蔵省印刷局、一九八一年）五〇-五二頁。
(9) 日本銀行百年史編纂委員会・前掲註(3)一三六-一三七頁。
(10) 大蔵省金融制度調査会編『新金融制度の研究——大蔵省金融制度調査会報告書』（板垣書店、一九四八年）二八九-二九一頁。
(11) 日本銀行百年史編纂委員会・前掲註(3)一四六頁。
(12) 日本銀行百年史編纂委員会・前掲註(3)一四八頁。
(13) 大蔵省銀行局編『中央銀行制度——金融制度調査会関係資料』（大蔵省印刷局、一九五九年）一八頁。
(14) 日本銀行百年史編纂委員会・前掲註(3)一四二頁。
(15) 日本銀行百年史編纂委員会・前掲註(3)一四〇頁。
(16) 日本銀行百年史編纂委員会・前掲註(3)一四一-一四三頁。
(17) 大蔵省財政史室『昭和財政史——終戦から講和まで』第四巻（東洋経済新報社、一九七七年）五〇四頁。
(18) 一九四七（昭和二二）年三月二二日貴族院日本銀行法の一部を改正する等の法律案特別委員会における河野通一政府委員答弁。
なお、日本銀行百年史編纂委員会・前掲註(3)一四二頁も参照。
(19) 真淵・前掲註(3)一一一-一二六頁、日本銀行百年史編纂委員会・前掲註(3)二六七-二二三頁。
(20) 日本銀行百年史編纂委員会・前掲註(3)二六九頁。
(21) 大蔵省金融制度調査会・前掲註(10)一二一-一二三頁。
(22) 大蔵省財政史室『昭和財政史——終戦から講和まで』第一三巻（東洋経済新報社、一九八三年）三六五-三六六頁。
(23) 大蔵省金融制度調査会・前掲註(10)一二一-一二三頁。
(24) 日本銀行百年史編纂委員会・前掲註(3)二七六頁。
(25) 大蔵省財政史室・前掲註(22)四一三-四一四頁。なお同第一二巻四七頁以下参照。
(26) 日本銀行百年史編纂委員会・前掲註(3)二九五-三〇一頁。武藤正明「『ポリシー・ボード』設置構想」・前掲註(3)、真淵勝・前掲註(3)一二〇-一二六頁を参照。
(27) 日本銀行百年史編纂委員会・前掲註(3)三一七頁。
(28) 一九四九（昭和二四）年五月九日の衆議院大蔵委員会における池田勇人大蔵大臣の答弁及び同年五月一〇日の衆議院大蔵委員会における愛知揆一政府委員答弁を参照。

(29)　大蔵省財政史室・前掲註(22)五二五頁。
(30)　この点、日本銀行の正史というべき、日本銀行百年史編纂委員会・前掲註(3)は、全編を通じて、日本銀行は、よりいっそうの独立性を主張したにもかかわらず、それが実現しなかったという論調を貫いている。もっとも、日本銀行もまた連合国総司令部の改革案には反対であり、それゆえに、改革を骨抜きにしようとしていたという指摘が、真淵・前掲註(3)一二三‐一二六頁によってなされている。本稿は、いずれの理解が正しいのかを判断するものではない。ここでの指摘は、あくまでも、日本銀行法が常に憲法問題と絡めて議論されていたことを確認するにとどまることに留意されたい。
(31)　真淵・前掲註(3)一三三頁。

三　預金準備法の制定と日本銀行法改正問題

(一)　預金準備法の制定過程

(1)　支払準備制度（準備預金制度、預金準備制度ともいう）は、銀行に対して預金の一定率の準備保有を強制することによって、預金者保護を図る制度である[32]。けれども、一九三〇年代に入ると、準備率の操作によって金融の調節がなし得ることが知られ、そのための手段としても活用されるようになった。もっとも、我が国においては、戦後しばらくの間、準備預金制度に相当するものが存在しなかったし、一九四九年の日本銀行法改正の時点においても、まだ、制度の導入は実現しなかった。そこで、戦後の金融制度改革の論議を通じて、かかる制度の導入が検討された[33]。

(2)　準備預金制度の導入に向けて、議論が本格的に行われたのは、一九五六（昭和三一）年に新たに設置された金融制度調査会においてである。このとき設置された金融制度調査会は、①支払準備制度の採否、②日本銀行法の検討、③銀行法の検討などを審議の対象とするものであった[34]。その中で、「通貨調節の手段としての支払準備制度」を検討する必要性が認識され議論が行われた。

金融制度調査会においては、大勢として支払準備制度の導入そのものに異論を唱える者は少なく、むしろかかる制度の運用主体をどうするかという点が問題となった(35)。そこでは、支払準備制度が通貨調節の手段として位置づけられることから、日本銀行政策委員会が準備率を決定すべきであるという考え方と、支払準備制度が強制を伴う行政的色彩の濃い政策手段であることから準備率の決定を政府の認可にかからしめるべきであるとする考え方が存在した。後者を支持したのが、大蔵省及び内閣法制局であったことはいうまでもない。

このような議論を背景にしつつ、また、支払準備制度を準備預金制度と呼び替えつつも、支払準備制度は、最終的に、一九五七（昭和三二）年五月に「準備預金制度に関する法律」として制定された。

(3)　「準備預金制度に関する法律」においては、通貨調節の手段として、銀行のほか、長期信用銀行、外国為替銀行、相互銀行、信用金庫などの金融機関が、自らの保有する預金のうち一定率を準備預金として日本銀行に預けることとされた。準備率は、最高一〇％を限度に、日本銀行政策委員会が決定するが、大蔵大臣の認可が必要とされた。

このような準備率に関する大蔵大臣の認可権については批判が強く(36)、続いて検討されるべき日本銀行法改正問題を議論する際に、日本銀行と政府の関係についても改めて整理・検討すべきであるとする論調が強かった。

(二)　中央銀行制度特別委員会と「二つの報告書」

(1)　準備預金制度の制定を巡って検討の必要性が指摘された政府と日本銀行との関係の整理・検討という問題は、金融制度調査会で引き続き議論された。すなわち一九五七（昭和三二）年八月五日から開始された日本銀行法改正に向けた議論がそれである。日本銀行法改正問題をとくに議論するために、金融制度調査会は、中央銀行制度に関する特別委員会及び常時企画委員会を設置した(37)。このうち常時企画委員会は基礎資料の収集、研究、作成を行い、特別委員会は常時企画委員会より提出された資料に基づいて検討を行うことを任務とし、一九五八（昭和三三）年六月に中間報告を金融制度調査会に提出した[38]。かかる中間報告においては、日本銀行法の問題点について逐条検討、中央銀行制度に関する問題点の検討、各国の中央銀行制度の比較などを内容としている。

とくに、専門委員として参加していた下村治及び松本重雄によって企画委員会に提出された二つの報告書[39]は、日本銀行法改正が問題になる度に対立した二つの立場を端的に表しているだけでなく、両者とも緻密な論理を組み上げている点で興味深い。

(2)　まず、下村治の手による「日本銀行法改正問題に関連した中央銀行制度の基本問題について」と題する意見書（以下、「下村意見書」という）は、「通貨価値の決定とその維持とは、由来、国の権限及び責任に属するもの」であると指摘した上で、管理通貨制度の下では、日本銀行券もまた、「国の貨幣高権の発動として発行される通貨へと変態を遂げ」ているのだから、「日本銀行券の価値維持の問題は、本来、政府の問題であり、政府がその最終の責に任ずべき問題」であると主張する。それゆえに、政府が、中央銀行の機能、政府によって中央銀行に附託された機能、政府の機能をすべて動員し、その総合的もしくは選択的な効果を利用するのは当然のこととして理解され、加えて、政府が有する責任からすれば、なお「直接的な規制」が行われる場合もありうるとされる。

下村は、このような前提からすれば、日本銀行法のあり方は、理論的には、貨幣法や外国為替及び外国貿易管理法といった通貨に関する法全体との関連で考察する必要があるという。ところが、管理通貨制度の下では、かかる通貨に関する法の問題は、たんに通貨の事柄を考えれば事足りるという問題ではない。通貨の管理は、国民経済の健全な発展に寄与することも目標とすべきであるからである。通貨の管理は、国の経済政策の「最も有力な武器」として利用されるものであり、この点からも、国が中央銀行の行動を指導する必要があるという。つまり、通貨金融政策と一般経済政策は、一体的な総合性を確保しなければならないということになる。

もっとも、通貨金融政策と一般的経済政策が常に調和のとれたものであるとは限らない。しかし、そうであるからこそ、調整に最も適した者が通貨金融政策の責任者でなければならない。それが最もなしうるのは、大蔵大臣であるというのが下村の立場である。

それゆえに、下村からみれば、日本銀行法について、自主性や独立性が足りないという指摘は適切ではない。むしろ、本来、大蔵大臣の認可事項とされるべき公定歩合の変更などの権限が政策委員会に委ねられていることの方が問題視される。

このような下村の意見書は、まさに、従来の大蔵省・内閣法制局の見解を緻密に理論化したものといえよう。とくに、通貨金融政策がなぜ行政権なのか、なぜ大蔵大臣にかかる政策に関する権限を持たせなければならないのかについて、実体的な理由付けを試みている点で注目されるべきものが含まれている。

(3)　次に、松本重雄の手による「中央銀行制度に関する意見書」（以下、「松本意見書」という）は、下村意見書に対して真っ向から反対し、日本銀行の独立性・自主性を強化しようとする見解に立つものであった。松本は、①中央銀行の目的、②金融政策と一般経済政策との密接不可分性、③通貨政策に対する政府責任の三点に対して重点的に反論する。

まず、①について、松本は、通貨価値の安定が経済発展に不可欠な目的であるにもかかわらず「当面の要求」から犠牲にされやすいこと、それゆえに中央銀行にはもっぱらそのような傷つきやすい目的を追求すべきことが要求されていることを根拠にしつつ、中央銀行がもっとも優先的に追求すべき固有の目的を通貨価値の安定に求め、「国民経済の健全な発展」であるとする下村の理解を退ける。

次に、②について、松本は、金融政策とこれに密接に関係する財政政策の関係を以下のように理解する。まず、金融政策とは、公定歩合政策、公開市場政策、準備率操作のことを指し、融資規制などのいわゆる質的金融政策はこれに含まないとする。一方で、財政政策については、これを国家の収入・支出及びその調整に関する政策であるとし、近年ではこのような政策を経済安定あるいは景気の調整のために積極的に用いる場合があることが指摘される。かかる二種の政策は、概ね対立矛盾することは少なく、多くの場合でその方向性を一致するというのが松本の認識であるが、その一方で、やはりなお、財政政策と金融政策が対立する場面も存在しうることは否定しない。もっとも、松本の認識において、このような対立はむしろ、「政治的考慮から経済の行き過ぎた拡大を意図」する場合に起こるとされる。このような場合に、国民経済の健全な発展を遂げるためには、金融政策と財政政策との一般的調整ではもはやない。金融政策は、そのような行き過ぎた拡大を引き留めるために、あくまでも政治的配慮からは中立に行われなければならない（金融政策の中立性）、とするのが松本の見解である。

むろん、松本も、金融政策と経済政策との調和それ自体を否定するものではない。そこで必要となるのは、金融政策の中立性を維持しつつ、経済政策との調和を実現しうるような制度的な手当てだ、ということになる。そしてそれゆえに、松本は金融政策と一般的経済政策を統一的に同一の主体の手に委ねることを問題視する。というのも、そのような制度は、経済政策の調和を否定するあまりに、金融政策の中立性を無視するものだからである。一方で、経済政策を担当する政府と金融政策を担当する中央銀行とを相互独立させる制度は、両者を抑制と均衡の関係に置くこととなり望ましいものとされる。

さらに③の点について、松本は、金融政策について政府が負うべき憲法上の責任はほとんどないという。松本によれば、責任政治の原則にいう責任とは、政府の有する法的権限の行使に関連するものであって、直接的にも間接的にも法的権限を有しない場合には、政治的責任を追及する余地はほとんどない。ここで注意が必要なのは、松本の理解では、政治的責任は、法的権限の存在を前提として初めて発生するものであるのであって、決してその逆ではない。すなわち、ある事項について政府が責任を持つべきであるから、その事項について法的権限を与えるべきであるという論法は誤りだということになる。それゆえに、金融政策について政府が法的に何らかの権限を与えられていない場合には、政府には直接の責任が生じないというのである。

この点、金融政策に関する権限が政府ではなく、日本銀行に与えられている場合であっても、金融政策には準備率の決定など本来的に行政行為と思われるものも含まれていることも否定できない。しかしこの場合であっても、松本によれば、いわゆる独立行政委員会同様の法理が妥当するという。それゆえに、日本銀行の政策決定機関が独立行政委員会と同様の条件を満たすのであれば、たとえかかる行政行為について政府が直接責任を負いうる制度になっていなくとも、憲法違反の問題は生じないという。

以上見てきたように、松本意見書は、中央銀行は国民経済の健全な発展に向けられた一般的経済政策を担うものではなく、通貨価値の安定に向けられた金融政策を行うものであること、かかる金融政策はその性格からして政治的配慮から中立的でなければならないこと、それゆえに中央銀行と政府とは相互独立した関係を保つべきことを指摘するものであった。松本も、金融政策の一部分に行政処分と認識されるようなものがあることも認める。しかしながら、独立行政委員会と同様の論理によれば、中央銀行に相当程度の独立性を認めてもよいというべきであるとする。ここで独立行政委員会理論が持ち出されたことは、後の法律問題小委員会における議論との関連で注目される。

(三)　一九六〇年答申とその理論

(1)　中央銀行制度特別委員会は、この後も、一九六〇（昭和三五）年九月に「日本銀行制度に関する答申及び説明書」を採択するまで活動を続けた。かかる答申においては、日本銀行の目的及び運営の理念、資本、政策委員会、業務などの諸点について触れられているが、最も注目すべきは、政府と日本銀行との関係について、委員間で意見の対立が見られ、両案併記の形が採られた点にある。[40] すなわち、「主務大臣は、日本銀行の政策が政府の政策の遂行に支障をきたすおそれありと認め、その調整に関し日本銀行総裁と話し合うも協議の整わない場合は、日本銀行に対し、日本銀行の政策に関し、必要な指示をすることができるものとする。ただし、日本銀行の運営の理念に反するものであってはならない。前項の事実の合った場合は、日本銀行は国会に対する報告書中に、その経緯を記載しなければならないものとする」というA案と「主務大臣は、日本銀行の政策が政府の政策の遂行に支障をきたすおそれありと認め、その調整に関し日本銀行総裁と話し合うも協議の整わない場合は、日本銀行に対し、日本銀行の政策に関し、一定期間、その議決の延期を請求することができるものとする」というB案がそれである。

(2)　答申と併せて採択された「説明書」[41] によれば、答申が、このような両案併記の形をとったのは、次のような理由による。

「説明書」は、まず、中央銀行が果たす金融政策は、経済機構の複雑化に伴い、金融政策に関する新しい手段が必要となっており、かかる新しい手段の中には、「準備預金制度の場合のごとく、……（中略）……〝行政的〟分野に属するものが」あると指摘する。[42]

このような指摘を行った上で、「説明書」は、憲法との関係において、日本銀行に対して「行政的権能」を付与しうるかを検討しなければならない、という。[43]

この点については、特別委員会における審議の過程で、特に検討を要する問題として、特別の小委員会（法律問題小委員会）を設置し、集中的にこの問題を検討している。同委員会においては、参考人として、宮沢俊義、佐藤達夫、鈴木竹雄、佐藤功の四氏が招かれ意見聴取が行われた。これを踏まえて出された報告書の骨子は次のようなものであった。[44] 日本銀行は法律上の性質において私法人の一種であるが、私法人に対して行政権能を付与することは、独立行政委員会同様に考えればよい。すなわち、「一面において、事務自体の内容・性質が政府からの独立性と中立性を認めるだけの合理性をもっており、しかも、他面において、人事権等を通じて政府がこれをコントロールすることができるようになっておれば、個々の具体的な処分・決定について政府からの独立性を認めても直ちに違憲とみることはできない」という独立行政委員会の法理が妥当するというわけである。かかる見地に立てば、政策委員会の任命権が内閣にあれば、その任命権を通してコントロールが果たされていると考えることもできる(45)。「説明書」は、かかる小委員会の結論を全面的に採用したうえで、準備制度の運用について、大蔵大臣の認可は不要であると結論づけた。

(3)　他方で、「説明書」は、日本銀行が行う通貨信用政策と政府の一般的経済政策との間で齟齬が生じた場合の調整を、このような憲法上の議論を離れてなお問題となる点であるとして、別途検討を加える(46)。

中央銀行と政府の政策に齟齬が生じる場合には、論理的に観て、政府の政策を優先する考え方、中央銀行の政策を優先する考え方、両者の調整のための第三者的機関を設置する考え方がありうる。「説明書」は、それぞれの考え方について、各委員から様々な見解が表明したことを記している。このうち、第一の考え方が上述のA案に、第二の考え方がB案になった。

まず、第一の考え方については、政策の総合性・一貫性を重視すべきであり、そのために政府の命令権・指示権を保留すべきである、金融政策が経済政策の一環となるのが世界の趨勢である、民主政治の原則から見て金融政策についても国民の意見が反映されうるようにすべきであるといった賛同が委員から寄せられた。

一方で、A案に対しては、指示権が発動されることがなくとも、指示権があるだけで潜在的な影響が大きい、指示権発動のための制限が逆に弊害があるのではないか、B案でも政府の政治的責任を十分に果たしうる、政治的責任を明確化するためには指示権を制度化するのではなく、総裁及び政策委員の罷免権を政府に与えるべきであるといった反対意見が示された。

次に第二の考え方については、命令権・指示権は中央銀行に特定の権能が与えられた趣旨に反する、調整の問題を制度上用意する必要はない、指示・命令権は政府統制主義的であり、日本銀行の中立性の要請に反する、かかる問題は実際的見地から考えるべきであって、形式的な法律論に拘るべきでない、そもそも金融政策と政府の経済政策が矛盾する場合はありえないなどの立場から賛意が寄せられた。もっとも第二の考え方に立つとしても、政府と日本銀行との間に何らかの調整方法がある方が望ましいという意見が多数を占めており、これが、B案へと結びついた。

B案への反対意見としては、議決延期請求権及び再議決請求権は、調整方法として不十分であるとか、かかる制度はかえって政府の責任が軽くなってしまうのではないかなどがあった。

第三の立場に賛同する者も少数であったが存在した。かかる立場からは、政策委員会を日本銀行とは別個に設置する、あるいは通貨審議会を設置するという意見が出されたが、答申には盛り込まれなかった。

(4)　中央銀行制度に関する金融制度調査会の答申については、いくつかの特徴があることを指摘できよう。

まず、「説明書」において採用された日本銀行政策委員会と政府との関係について「独立行政委員会の法理」を援用しようというロジックが採用された点が指摘できる。日本銀行（とりわけ政策委員会）の持つ権能（の一部）が行政と認識され、その結果、独立行政委員会同様の論理で説明されている。このような理解は、①日本銀行に対する一定の自主性の付与を正当化すると同時に、②内閣による任命権や予算統制権を通じた日本銀行の統制可能性を憲法上の要請として理解することにつながる。これは、換言すれば、内閣によって任命権や予算統制権が一定程度確保されるのであれば、その他の制度設計の詳細については、憲法問題を生じさせず、政策の当不当の問題とされることを意味していたといえよう。

つぎに、行政とされるものの範囲が、預金準備率の設定といった日本銀行政策委員会が有する権能の一部であるのか、それとも金融政策全体にわたるのかといった点については、見解がまとまることはなかった。A案では、金融政策についても、政府の一定の関心の下にあるはずで、内閣の指揮・監督権を確保すべきであるという理解が採用されているのに対して、B案では、日本銀行の有する権限のうち行政というべきものとそうでないものを区分した上で、前者については独立行政委員会法理に基づいて独立性を正当化し、後者については金融政策と一般的経済政策との調整の問題であると位置づけ、政府の指揮権のあり方を考えようというものであるといえるだろう。とくに後者のような見解に基づけば、日本銀行が実施する金融政策に対する指揮権はあくまでも政府の一般的経済政策の遂行に付随するものであって、金融政策が政府の権限に属するということではないということになろう。

(5)　金融制度調査会の答申は、両論併記がなされたため、この問題に対する結論が専門家の間でも分かれるところを明らかにし、結果として、法案提出すら行われずに、お蔵入りとなった。

しかしながら、その過程で収集・整理された資料及びそこで交わされた議論を見ても、我が国の中央銀行制度を巡る議論の中でも特筆すべき質・量を有している。その議論の構造は、①日本銀行政策委員会が有する権能には、一定程度、行政権というべきものがある、②それゆえに、政府が任命権や予算統制権を確保することは、憲法上の要請であるということを前提に、③については、(ア)一般経済政策との調整の観点から、あるいは民主的正統性の観点から、政府の指揮・監督権を残すべきという立場と、(イ)そのような指揮監督権は必要がないという立場に分かれたのである。

この後、一九六五(昭和四〇)年に日本がIMF八条国に加入する際にも日本銀行法の改正が検討され、実際に大蔵省において改正案が用意されたが、与党審査を通過できないまま頓挫し、日本銀行法の改正が行われるのは、実に、三〇年後のことであった[47]。

(32)　高橋亘「準備率操作(支払準備制度)」館龍一郎ほか編『金融辞典』(東洋経済新報社、一九九四年)一三四-一三六頁。

(33) 戦前の議論については、柿沼幸一郎「わが国における支払準備制度採用問題の提起」新庄博ほか編『準備預金制度』（東洋経済新報社、一九五七年）二-五頁。戦後の経緯については、日本銀行百年史編纂委員会・前掲註(3)五九六頁以下。
(34) 日本銀行百年史編纂委員会・前掲註(3)六〇四頁以下。
(35) 日本銀行百年史編纂委員会・前掲註(3)六〇七-六〇八頁。
(36) 日本銀行百年史編纂委員会・前掲註(3)六一二頁及び日本経済新聞一九五七（昭和三二）年二月一七日社説、朝日新聞一九五七（昭和三二）年二月二五日社説を参照。
(37) このときの議論の概観については、日本銀行百年史編纂委員会・前掲註(3)六二三-六七三頁を参照。なお、答申及び関係資料として、中央銀行制度特別委員会編『中央銀行制度（金融制度調査会資料）』（一九五八年六月）、大蔵省銀行局編・前掲註(13)、同『中央銀行制度――金融制度調査会答申及び関係資料』（大蔵省印刷局、一九六〇年）がある。
(38) 中央銀行制度特別委員会・前掲註(37)に掲載されている内容がこれに当たる。
(39) 下村治大蔵省財務調査官および松本重雄日本銀行特別審議室長（いずれも当時）の意見書。大蔵省『財政金融統計月報』第八五号（一九五八年）八五-一一六頁に全文掲載されている。なお、中央銀行制度特別委員会編・前掲註(37)八五-一一六頁にも同様の文書の掲載がある。
(40) このような両案併記に至る過程について、大蔵省銀行局編・前掲註(37)一九-七八頁の答申説明書を参照。
(41) 大蔵省銀行局編・前掲註(37)一九-七八頁。
(42) 大蔵省銀行局編・前掲註(37)四七頁。
(43) 大蔵省銀行局編・前掲註(37)四八頁。
(44) 大蔵省銀行局編・前掲註(13)七九-八三頁。
(45) もっとも、任命権を通じたコントロールで十分かどうかは、独立行政委員会の合憲性について学説の対立があることに鑑みれば、認可制まではいかなくとも他の何らかの手段を用意する方が望ましいとも指摘された。なお、かかる日本銀行を独立行政委員会と同視する論法は、田中二郎によっても主張されていた。田中二郎「日本銀行法の改正をめぐる法律上の諸問題――特に日本銀行の独立性と中立性とに関連して」経済法二号（一九五九年）一九-二六頁。
(46) 大蔵省銀行局編・前掲註(37)四九-五三頁。
(47) 大蔵省銀行局編『大蔵省銀行局年報（昭和四〇年度版）』（一九六六年）五四頁。

四　一九九七（平成九）年日本銀行法改正をめぐる議論

(一)　一九九七（平成九）年日本銀行法改正の経緯

(1)　一九六五（昭和四〇）年の日本銀行法改正大蔵省試案が挫折したのち、三〇年以上にわたって日本銀行法の改正は行われることとなったが、一九九六（平成八）年二月に当時の与党（いわゆる自・社・さ政権）によって「大蔵省改革プロジェクト・チーム」が設けられた。同チームは六月に「新しい金融行政・金融政策の構築に向けて（基本方針）」を発表し、日本銀行法の改正の必要性を訴えた。それを受けて、七月には「中央銀行研究会」[48]（首相の私的諮問機関）が発足する。九月になると上述の与党プロジェクト・チームが最終報告として「大蔵省改革についての報告書」を公表し、日本銀行法改正の提案を行った。その後、一一月に、中央銀行研究会が「中央銀行制度の改革」[49]を発表し、同月、金融制度調査会が日本銀行法改正小委員会の設置を決定する。翌年二月には、日本銀行法改正小委員会が「日本銀行の改正に関する答申」[50]を提出、それを受けて三月、政府は国会に日本銀行法改正法案を提出し、六月に成立した。

(2)　改正日本銀行法の概略は次の通りである[51]（なお、一九九七年改正当時以後、省庁再編を受けた文言の改正があるが、ここでは、改正当時の文言に従う）。まず、戦時統制色が強いとされた目的規定を改め、第一条で「日本銀行は、我が国の中央銀行として、銀行券を発行するとともに、通貨及び金融の調節を行うことを目的」とし、そのほか、「銀行その他の金融機関の間で行われる資金決済の円滑の確保を図り、もって信用秩序の維持に資すること」を目的とするとされた。また、第二条では「日本銀行は、通貨及び金融の調節を行うに当たっては、物価の安定を図ることを通じて国民経済の健全な発展に資することをもって、その理念とする」とされた。

日本銀行の独立性（自主性）については、旧日本銀行法において、大蔵大臣に、預金準備率に関する認可権、一般的業務命令権、役員解任権などの強い権限が認められていた点を改め、「日本銀行の通貨及び金融の調節における自主性は、尊重され」る（第三条一項）、「この法律の運用に当たっては、日本銀行の業務運営における自主性は、十分配慮されなければならない」（第五条二項）としたうえで、一般的業務命令権は廃止された。役員の任命・解任についても、従来「内閣の任命」とされていた総裁・副総裁について、「両議院の同意を得」ることを求め（第二三条）、役員の解任も「在任中、その意に反して解任されることがない」こととされた（第二五条）。

一方で、政府の経済政策との協調に関しては、「日本銀行は、その行う通貨及び金融の調節が経済政策の一環をなすものであることを踏まえ、それが政府の経済政策の基本方針と整合的なものとなるよう、常に政府と連絡を密にし、十分な意思疎通を図らなければならない」（第四条）という基本原則の下で、「大蔵大臣又は経済企画庁長官[52]は、必要に応じ、金融調節事項を議事とする会議に出席して意見を述べ、又はそれぞれの指名するその職員を当該会議に出席させて意見を述べさせることができる」（第一九条一項）ことに加えて、かかる会議に出席した政府代表は、「金融調節事項に関する議案を提出し、又は当該会議で議事とされた金融調節事項についての委員会の議決を次回の金融調節事項を議事とする会議まで延期することを求めることができる」（同条二項）とされた。

さらに、日本銀行の政策決定過程の透明性が強化されたことが指摘される[53]。まず、「日本銀行は、通貨及び金融の調節に関する意思決定の内容及び過程を国民に明らかにするよう努めなければならない」（第三条二項）とされ、そのうえで、議事録等の公表義務（第二〇条）、財務諸表等の一般閲覧（第五二条三項）、国会への業務状況の説明（第五四条）などが定められた。

(二)　一九九七（平成九）年改正法における日本銀行と政府との関係

(1)　以上のような改正日本銀行法の特徴は、いわば「開かれた独立性」とも言いうるものである。すなわち、それまでの日本銀行法に比して、政策委員会の自主性が強化された一方で、アカウンタビリティの充実が図られた。もっとも、本改正でなされた日本銀行の自主性の強化について、憲法六五条との関係でどのように考えられたのかは、必ずしも明らかではない(54)。

(2)　たしかに、一九九七年改正法については、基本的に、一九六〇年答申のB案同様の考え方を前提としているように思われる。たしかに、総裁をはじめとする役員及び外部の有識者から任命される政策委員について、国会の同意が必要な範囲が拡大された。しかし、「憲法上の要請も踏まえ」（中央銀行研究会）、あるいは「憲法上の要請から」（金融制度調査会）、政府に任命権を認めるべきであるとされている。内閣の任命権を全面的に奪うようなことは、憲法に違背すると考えられたものといえるだろう。

しかし、ここにいう「憲法上の要請」が何を意味するかについては、もう少し異なる文脈で理解することも可能である。この点について、大石眞教授が、近年のある論考(55)で、いわゆる国会同意人事の問題について触れ、次のような考察を行っている点は注目される。人事官や会計検査院検査官などの任命については、国会制定法の定めによって、内閣又は内閣総理大臣による人事権の行使に際し、事前に「両議院の同意」を必要としている。これは、国会による政府統制の一つの方法として、たしかに有意義であるが、他方で、そのよう「両議院の同意」のあり方が、衆議院又は参議院による一院制的な決定を排除したかたちで法定された場合、両院間の合意が得られない場合には、このような制度が準備された行政機関の正統な機能が大きく損なわれたり、機能不全に陥るおそれがある。それゆえ、憲法上、「国会両議院による内閣任命人事同意権は、内閣の人事権を奪うに等しいようなかたちで制度化することは認められない」とする。

さらに、大石教授は、右に引用した個所に続けて、日本銀行の総裁・副総裁の人事制度についても論及している。すなわち、日本銀行の総裁・副総裁の人事制度についても同様の国会同意人事制度が用意されている。この点、日本銀行は、人事院や公正取引委員会などと異なって、国の行政組織そのものではないが、金融政策それ自体は内閣の重要政策の一つであり[56]、内閣がその任命権を有するのは、その一環として把握されるべきであるとする。

このような大石教授の指摘は、この種の人事のあり方に関する法的統制の枠組みを憲法が予定する各種の作用の適切な発揮という観点から導き出すものであるといえるだろう。この主張自体、従来の独立行政委員会を巡る議論が、行政作用委譲が許される条件を扱ってきたのに比して、独立行政委員会等の組織のあり方を統制するものとして、注目に値する。ただ、ここで想定されている各種の作用の適切な発揮の意味するところについて、大石教授が、人事行政、会計検査、金融政策のそれぞれで微妙にその趣旨を変えていることには注意が必要である。つまり、人事院の場合、問題とされるのは統制を及ぼすべき内閣やその下にある行政機関の正統な機能が損なわれる場合であり、会計検査院の場合には、憲法上予定されている機関の機能不全であるのに対して、日本銀行の場合には、内閣の金融政策との関係で内閣に人事権が留保されることが根拠づけられている。ここで主張されているのは、日本銀行が行う種々の作用のうち、日本銀行がもっぱら責任を負う「通貨政策」と政府が基本的に責任を負う「金融政策」とを区別したうえで、後者との関係で内閣の人事権を肯定するということであろうと思われる。

そうであるとすれば、むしろ、これは、指揮・監督の要請ではなく、内閣が行う行政作用の適切な発揮とそれに付随する協調・調整の制度化を要請するものとして把握しうる。

(3)　このような観点からあらためて、現在の日本銀行法をながめると、このような政府と内閣との間の協調・調整は、実は、様々な個所で制度化されていると気がつくだろう。

中央銀行研究会は、早くから、日本銀行が行う業務には、様々なものがあって、政府との関係についても業務に応じて自ずと違いがあることを指摘していた。つまり、「金融政策のように高い独立性が認められる分野のほか、信用不安への対処や国際金融危機に対する国際支援等のように政府の関与が必要となる分野、為替介入や国庫事務運営のように政府が判断すべき分野に分けられ」(57)、それに応じた日本銀行と政府との関係が構築されたのである。

このように、通貨・金融の調節については、日本銀行政策委員会の自主性が尊重されると同時に、日本銀行の金融政策と政府の経済政策との整合性を確保するための明確な仕組みが用意されている。その理由として、「日本銀行の金融政策は、政府の行う経済政策と相まって、国民経済の健全な発展に寄与するものであり、両者の整合性が確保されることが必要である。このため、日本銀行は、常に政府と連絡を密にし、十分な意思疎通を図ることが必要であり、両者の金融政策に関する意見が異なった場合に政策の整合性を確保するための明確かつ透明性の高い仕組みを用意する必要がある」(58)との指摘がなされている。

信用秩序政策については、「内閣総理大臣及び財務大臣は、銀行法（昭和五十六年法律第五十九号）第五十七条の五の規定その他の法令の規定による協議に基づき信用秩序の維持に重大な支障が生じるおそれがあると認めるとき、その他の信用秩序の維持のため特に必要があると認めるときは、日本銀行に対し、当該協議に係る金融機関への資金の貸付けその他の信用秩序の維持のために必要と認められる業務を行うことを要請することができる」（第三八条一項）とされ、内閣総理大臣および財務大臣の要請権が認められている。これは、現在の金融行政においては、「自己資本の充実の状況に応じて、問題を先送りすることなく、政府が、適切な是正措置を講じていく」ためのものとされており、基本的には、政府の責任において行われるべきものであるが、「こうした政府が講じる信用秩序維持のための措置と日本銀行の行う流動性供給は、整合的である必要がある。このため、経営の健全性に問題のある金融機関の処理その他の信用不安への対処においては、政府が信用秩序維持のため、日本銀行に対し、信用秩序維持のため必要と認める措置を講じることを要請することができるものとし、この要請に、日本銀行が政策委員会の議決により同意した場合、必要な措置が講じられる仕組みとすることが適当である[59]」と考えられたためである。

このような重層的な協調・調整の仕組みも、日本銀行法の大きな特徴といえるだろう。

(48)　メンバーは以下のとおり(肩書は当時)。鳥居泰彦(座長・慶應義塾大学塾長)、今井敬(経団連副会長)、神田秀樹(東京大学教授)、佐藤幸治(京都大学教授)、須田美矢子（学習院大学教授)、舘龍一郎（東京大学名誉教授)、福川伸次（座長代理・電通総研社長)、吉野直行（専門委員・慶應義塾大学教授)。

(49)　中央銀行研究会「中央銀行制度の改革――開かれた独立性を求めて」（一九九六年）（http://www.kantei.go.jp/jp/singi/cyugin/hokokusyo.html. 最終アクセス二〇一一年九月一四日)。

(50)　金融制度調査会「日本銀行法の改正に関する答申」（一九九七年）(http://www.fsa.go.jp/p_mof/singikai/kinyusei/top.htm　最終アクセス二〇一一年九月一四日)。

(51)　一九九七年改正法の意義と問題点について、以下で取り上げる諸論考のほかに、鐘ヶ江毅『新しい日本銀行――改正日本銀行法の研究』(勁草書房、一九九九年)、高橋智彦「改正日銀法の意義と今後の課題」ニッセイ基礎研 REPORT 一九九七年九月号（一九九七年)、同「改正日銀法と中央銀行の独立性」公共選択の研究三四号（二〇〇〇年）三一-四二頁など。

(52)　この文言は、省庁再編に伴って、現在では、「財務大臣又は内閣府設置法（平成一一年法律第八九号）第一九条第二項に規定する経済財政政策担当大臣（経済財政政策担当大臣が置かれていないときは、内閣総理大臣。次項において「経済財政政策担当大臣」という。)」に改められている。

(53)　この点を強調する文献は多い。中央銀行研究会・前掲註(49)のほか、神田秀樹「日本銀行法の改正」ジュリスト一一一九号（一九九七年）一六-二二頁。

(54)　この点については、不十分ながら、すでに別稿で検討した。片桐・前掲註(4)参照。

(55)　大石眞「立法府の役割と課題」論究七号（二〇〇七年）八頁以下。

(56)　ここにいう金融政策とは、「金融の適切な機能を確保する」という意味での金融政策である。内閣府設置法三条・四条一項一五号参照。通貨発行量の調整などの「通貨政策」とは意味を異にする点に十分に注意されたい。

(57)　中央銀行研究会・前掲註(49)

(58)　金融制度調査会・前掲註(50)

(59)　金融制度調査会・前掲註(50)

五　おわりに

(1)　以上、日本銀行法改正の動向とそれを巡る議論について概観してきた。最後に、概観を通じて得られた問題の所在を整理して、本稿をとじることとしたい。

戦後幾度か行われた日本銀行法の改正を巡る議論においては、常に、日本銀行に対する主務大臣の監督権のあり方が問題とされてきた。この点について、大蔵省や内閣法制局が主張してきた見解は、通貨行政は大蔵大臣あるいは内閣が有する重大な行政上の権限であって、かかる権限を通貨発行審議会や日本銀行政策委員会といったその他の主体が行使することについては、重大な憲法上の疑義があるというものであった。それゆえに、時代によってその程度は異なるものの、大蔵大臣の認可権や一般的監督権といった一定の統制手段の必要性が主張されたのである。

しかしながら、かかる見解は、一九九七（平成九）年の全面改正に至るまで、一貫して一方的に分が悪かった。それは、中央銀行に一定の自主性・独立性を持たせることこそが通貨・金融政策にとって基本的な前提条件であるという理解が広く受け入れられていくという時代の流れからも致し方のないことであったように思われる。もっとも、そのような理解が政治経済学的な観点からの政策論としては妥当であったとしても、憲法秩序と整合的であるのかという点については別途検討しなければならない問題であったし、それゆえに、かかる理解に立つ者たちも、憲法理論と向き合わざるをえなかったといえよう。その際、中央銀行の独立性を支持する立場の者たちが採った解釈戦略は、①日本銀行が行使する権能のうち、行政作用と呼べるものとそうではないもの（とくに金融政策全般）とを分離し、②前者については独立行政委員会の法理を援用することによって中央銀行の独立性を擁護し、③後者についでは、政府の指揮・命令権を一般的経済政策の運営に付随するものとして理解したうえで、政府の日本銀行に対する権限行使をそのような一般的経済政策の運営上必要とされる調整の一環であるとして、その観点から一定の制約をかけよう、というものであった。このような考え方は、一九九七年改正法についても基本的に踏襲されたと言って良いだろう。

(2)　けれども、このような解釈は、いくつかの点で欠点を抱えていたといわざるを得ないように思われる。まず、いわゆる行政控除説に基づく限り、金融政策が、なお憲法第六五条にいう行政であると認識される可能性があるという点である。つまり、金融政策の立案・遂行は、作用上、立法でも司法でもないのであるからなお行政であるとされる可能性があるわけである。また、行政控除説を採用しないとしても、金融政策は国家の任務ではない、という反論は、今日の金融政策の重大性に鑑みれば、あまりにも日常的な感覚から外れているものである。また、比較法的に観ても、金融政策は、基本的には、(手段は私的なものであっても)「公的な性格」があるとか[60]、「最高次の行政的権能である」[61]などとされるのであって、やはり、金融政策に何らかの公的性格を見いださざるをえないのではないかと思われる。

(3)　また、すでに、一九六〇年の改正論議の際にも指摘されていたように、独立行政委員会法理の内容は、どのような場合にそのような委員会を設置してよいか(独立行政委員会設置の合理的根拠)という点と、行政権分離・指揮監督権排除はどの程度許容されるのかという点につき、見解が分かれている[62]。このうち前者については、独立行政委員会が担当すべき任務に「政治的中立性」、「高度の専門性」、「高度の公正性」などの特殊な事情が求められるかどうか、機械的に遂行される事務処理的業務かどうか、行政部が権限行使すれば「専恣」に陥る可能性があるかどうか、といった基準が提示されてきた。また、後者については、内閣からの統制が欠ける分だけ国会からの統制が行われる必要があるといった基準が示されてきた。

ところで、近年では、憲法第六五条にいう「行政権」が執政権と執行権の二つの内容を含むとする理解に基づいて、前者については、独立の機関は許容されないが、後者については、広汎な立法裁量が認められるという見解も有力である(63)。しかしながら、このような立場に立つと、日本銀行の独立性は、ますます擁護しがたいように思われる。というのも、金融政策が権力行政的な色彩がなくとも、執政作用に分類される可能性があるからである。そうであれば、金融政策が独立行政委員会的な組織に委ねられるのは直ちに違憲であるということになりうるのではないだろうか。

また、この点とも関連するが、独立行政委員会法理の援用がなされうるとすると、日本銀行法において制度化されている協調・調整の制度をどのように位置づけるべきか、という点も不明確であることも併せて指摘できよう(64)。

しかし、比較法的に観て、中央銀行に一定の独立性を付与するのが通常のことであるとすれば、それを上手く説明できる法理論が見つからなければなるまい。このような日本銀行法の特徴を踏まえて、中央銀行法をどのように位置づけるか、とくに、協調・調整の制度をどのように考えるべきか、なお今後の課題である。

五　おわりに

(60)　フランスにおいて、フランス銀行の任務は、通貨金融法典L.一四一条—一において次のように定められている。

「L.一四一条—一　フランス銀行は、ヨーロッパ共同体設立条約第八条により設置されたヨーロッパ中央銀行制度において、その一部を担い、同条約により当該制度に設定された目的を遵守しつつ、その任務の達成に参加する。

②この枠組みにおいて、かつ、物価の安定という基本的目的を妨げることなく、フランス銀行は、政府の一般的経済政策を支持するものとする。

③ヨーロッパ中央銀行制度へのフランス銀行が参加することによってフランス銀行が達成すべきこととなる任務の遂行に当たり、総裁、副総裁又は金融政策理事会のその他の委員により代表されるフランス銀行は、政府又はすべての者の指示を求めたり、受け入れたりしてはならない。」

この条文の下で行われるフランス銀行の活動は、行政作用または執政作用であると言われる。憲法院は、「金融政策とは、政府にその決定及び指揮が帰属する一般的経済政策の本質的かつ欠くことのできない要素である」(一九九三年八月三日判決)としており、コンセイユ・デタも「フランス銀行は、行政的な性質を有する公役務の遂行を法律によって委ねられた公法人である」(CE, 22 mars

2000, *Syndicat national autonome du personnel de la Banque de France: JCP G* 2000, n° 24, p. 1158）とする。なお、この点について、Pezard, Alice, Code monétaire et finaicier, Litec, 2006, p. 63.

(61) クラウス・シュテルンは、ドイツ連邦銀行の法的性質について、次のように指摘する。「基本法第一条三項及び第二〇条三項にいう国家の三つの権力の中では、ドイツ連邦銀行は、執行権（Exekutive）に最も近いものである」。それゆえに、連邦銀行を規律する「基本法第八八条は、法体系上、『連邦行政』という執行権（vollziehenden Gewalt）の法的連関のうちに置かれているのである。とはいえ、第八八条は、『連邦行政』を定める基本法第八章において、いくつかの観点で、特別規定としての性質を有する。すなわち、連邦銀行の行為は、法律の執行に特徴付けられない」。それゆえに、基本法第八八条一項は、「特別の態様の連邦執行権を規定したものである」。Stern, Klaus, Die Notenbank im Staatsgefüge, in: Deutschen Bundesbank (Hrsg.), Fünfzig Jahre Deutsche Mark: Notenbank und Währung in Deutschland seit 1948, München 1998, S. 147f.

(62) 近年の文献として、さしあたり、駒村圭吾「独立行政委員会」大石眞・石川健治編『憲法の争点』（有斐閣、二〇〇八年）二二八-二三一頁を参照。

(63) 駒村・前掲註(62)二三〇-二三一頁を参照。

(64) なお、この点について、藤田宙靖『行政組織法』（有斐閣、二〇〇八年）八〇-八三頁、九五-一〇七頁も参照。

9

地方自治行政の法理

——自治立法権のドグマーティクとパースペクティブ——

宇都宮純一

曽我部真裕・赤坂幸一 編
大石眞先生還暦記念
『憲法改革の理念と展開（上巻）』
二〇一二年三月　信山社

9　地方自治行政の法理［宇都宮純一］

一　はじめに——予備的考察と本稿の課題

(1)　分権の時代と言われて既に久しいものがある。分権の問題は明治憲法の下にも存在した。周知のように明治憲法は現行日本国憲法と異なり、地方自治に関する条項を有しない。しかし、一方において明治憲法の起草過程において地方自治制度を憲法規定として盛り込む構想が存したことは、既に先学の研究業績によって明らかにされているところであり(1)、また他方において、一九世紀ドイツの公法学、とりわけ法実証主義公法理論を学んだ日本の公法学者たちが明治憲法制定前後において、憲法問題として地方自治にも学問的関心を示したことは言わば当然であろう(2)。特にG・イエリネクに学んだ美濃部達吉博士は、地方制度を行政組織の範疇の中に把握し、「国家ノ作用」の中に行政官庁の命令と並べて「地方團體ノ自治立法」を含ましめて、自治団体の罰則制定権を認めている。さらに分権の問題についても比較的詳細に論述している。

(2)　先ず分権・地方制度・自治に関する議論の概要を示せば以下のようである。すなわち、地方分権に二種類の制度があり、それが行政上の地方分権と地方自治に依る分権制度である。そして地方制度を官治制度と自治制度の二つに分類し、この地方制度の一つである自治制度に関連して自治概念の意義について、その本来の意味における自治（第一の意義）を人民政治、つまり、被治者たる人民が上から治められないで或る程度に於て自分が自からの公共事務を行ふの意味と捉え（したがって、ここで地方行政についての自治制度とは、地方の行政に付いて其の地方人民をして之を処理せしめ、又は之に参与せしむるのが所謂自治の制度であるということになる。）、さらに自治の第二の意義として、それが公共団体の行政、つまり、国家内の公共団体が国家の監督の下に於て自ら其の公共事務を行ふ意味として使われているとし、これは主として自治という語に確然たる法律上の定義を与える必要から生じたとの説明がなされている。右の自治の第二の意義にあっては、団体を組織している点に地方自治の法律上の最も著しい特色を見出し、この結果、公の行政を存立の目的としている団体、すなわち、公共団体又は公法人が自己の目的たる公の行政を行ふことを法律上の意義における自治と定義されることとなった。こうして、自治の概念は、一種類の意義に、すなわち被治者たる人民をして政治に参与せしむるの意としての政治上の意味における自治と国家内の公共団体が国家の監督の下に於て自己の目的たる行政を処理するの意としての法律上の意味における自治の二義に理解されることとなったのである。(3) 右の自治の二つの意義が、一九世紀後半にドイツ公法学によって形成された両概念（団体自治と住民自治）に相応することは明白であるが、この点は既に日本の公法学説によっても指摘されているところである。(4) いずれにせよ、このような自治制度は立憲制度の施行に伴い、欧州諸国の例に倣って制定されたものと理解される結果、立憲制度の実施によって、人民は国の政治に与かる権利を与えられ、自治制度の実施によって人民は地方公共の事務を自らするの権利を与えられることとなり、人民は単に被治者たるものでなくして、自からの治者の一人として、一方には国の政治に参与することができるし、一方には地方公共の事務を自からするの権利を有すると結論付けられる。(5)

(3) 他方、自治立法権については、明治憲法における中央集権主義の原則の例外としての地方自治制度の理解を基礎に、論旨が展開される。

すなわち、明治憲法に地方自治制度に関する規定が無いことをもって、絶対にこれを否定する趣旨ではなく、これを法律の定むるところに譲っているに止まるとされる地方自治制度とは、府県・市町村の如き地方自治団体が、純然たる地方的利害に関する事務について、国家の監督の下に自ら統治を行ふ権利を有することを認める制度で、その行なうべき統治は極めて狭い地方行政の範囲に限られ、その権利は団体に属し、且つ国家から付与されたことに基礎を有するものであるが、なお統治権が或る範囲において地方に分たれているものに外ならないと捉えられる。(6)

右の制度を前提として、地方自治団体も法律により認められた自治権の範囲内において、その支配に服する人民を拘束すべき立法権を与えられ、これを「條例」と謂う。そして、地方自治団体の機能は「組織、財政及保育ノ三種ノ作用」に限られ、「條例」を以て規定し得べき範囲も、これらの事項にのみ止まるが、自治団体の罰則制定権については、地方自治制度と同様に憲法の明文にその根拠を求めることはできないにせよ、法律を以て地方自治の制度を設けることが憲法の認容するところを認むべきで、法律を以て自治権を与えることが許される以上、それに伴い必要な制裁を定める権能を与えることもまた必然的に許されているものと認めなければならない、と説く。(7) ただ、自治立法権に関する詳細な考察は行政法研究に譲られている。(8)

(4)　一方、美濃部達吉博士と対峙し、P・ラーバントに学んだ穂積八束博士は、地方自治（論）について、美濃部博士ほど強い関心を示しているとは言い難い。

穂積博士は、国家を公法上の法人と捉える文脈において、その国家と公法上の法人という点で重なるものとして地方自治体を捉える。この公法上の法人としての地方自治体は、「其ノ治區内ニ住スル者ニ權力ヲ應用シ命令シ得ル故ニ公法上ノ法人ナリ」とされ、国家と異なる点は、「自治體ノ有スル權力ハ国家ヨリ受得タル者ニシテ自ラ有スル者ニアラス」という。すなわち、地方自治体が公法上の法人として行使する権力は、国家の授権によるものであって、固有なものではない、というのである。この点で国家は「自存自立ノ者ニシテ其權力ハ自分ニ有スル者即チ權力ノ主體ナリ故ニ国家ヲ稱シテ統御ノ主體ト云フ」(9)。したがって、右にいう「権力」とは「統御」であり、これを統治権と言い換えてもよさそうである。そうであるとすると、地方自治体を国家の授権に係る統治団体として把握する点において、先の美濃部博士の理解と共通するものがある。これは、一九世紀後半のドイツの公法学説に学んだ者の共通項的な理解と言えようか。(10) また、両博士が地方自治の問題を、それぞれの行政法教科書で取り扱っていることから、地方自治を「行政」として把握し、地方自治法制を全体として行政法の研究領域の中に組み込むとい

う点でも、両者の理解は共通している。(11)

(5)　さて、明治憲法下の公法学説が見た近代国家の地方システムは、その基礎を明治憲法制定前に発布された一八八八(明治二一)年の市制町村制並びに一八九〇(明治二三)年の府県制によって据えられたが、このシステムの目標とするところは、先学の指摘するところに依れば次の二点である。すなわち、一つには国に近代国家の外見上の形式を付与すること、二つには国に憲法がそれを必然的に伴うところの立憲主義の近代的政治の心構えをさせるために、地方の次元での自治行政と責任に市民を慣れさせる、というものであった。(12)周知のごとく、明治憲法自体は中央集権化された強い政府の設置を目指し、(13)市町村並びに府県は、この強い政府の下部組織として、上からの指図によって創設されたものであった。したがって特に当時の内務省の権限が地方システムの創設の上で大きな役割を演じ、そこに(中央)政府の後見的作用が発揮される様相が極めて顕著なシステムであると解されることとなった。この点はドイツにおける公法学説の理解、受け止め方も同様で、日本においては、ゲマインデが一九世紀の終わりに、プロイセンの手本に基づいて、国家行政の非自主的な部分として創設され、ドイツの影響が確認されうると説明される。(14)

右のように、明治憲法と同様にプロイセン法の強い影響の下に法律によって創設された日本の地方システムは、以来その内容が「時代精神に相応して拡張され、ないし縮小されて、大きな変更が実行され」ながら、(15)今日に至るまで一〇〇年以上推移してきたわけである。

こののち第二次大戦後の日本においては、新憲法の制定、一九四七(昭和二二)年の地方自治法の第一次改正が行政事務を一般的に地方公共団体の事務とし、第一四条に条例の制定権に関する一般的規定を置くなどしたことを皮切りに、地方自治制度は累次の改革を積み重ねてきたことは周知の事実である。このような状況について一説には、自治立法権は包括的且つ広範な権限として地方公共団体に付与され、これを地方政府というにふさわしい統治団体に高めたと評されているところである。[16]

(6)　一連の改革の経緯は、自治権が憲法上の権利にまで高められたことによって地方公共団体の法的地位が高められ、その実体法上の権能が統治団体としての国に匹敵し、それと対等の地位にある行政主体へと進展していくという方向性をたどることになったと把えられる。[17]　このような方向性を「日本国憲法の地方自治の保障の充実の見地」と解するならば、[18]右の展開はまさに日本国憲法の意図するところと合致するものと評され、引き続き地方分権改革によって、さらなる進展をみることになる。とりわけ一九九七（平成九）年七月成立、二〇〇〇（平成一二）年四月施行の地方分権一括法（第一次地方分権改革）の地方自治法の改正により、これ以降、地方公共団体には「国の事務」が皆無となり、「地方公共団体の事務」とされる自治事務・法定受託事務の振り分けの結果、自治事務の範囲が拡大し、「自治体が独自に政策を策定し実施できる領域も拡大した」と評される状況となった。[19]　これに伴って自治立法権（条例制定権）は「量」的に拡大したわけである。[20]　このような進展の状況を積極的に受け止め評価する立場も勿論存する。地方自治体が「自らの事務」を規定する法令を「自ら解釈する」権限が制度的に確立したといった具合の評価がそれである。[21]　そして、このことを前提として、今後自治体が実践しなければならない課題が具体的に提示されることになる。[22]　しかし、後にみるように、前途には様々な障壁が存在することも既に指摘されているところである。

(7)　このようにみてくると、自治立法権は、累次の分権改革によって制度のハード面では確かに拡充されたが、反面、この権限を自治体がどのように活用するのかという制度のソフト面での課題が現在指摘され、自治体によるこの課題の具体的な実践が要請されている、という状況に置かれているといえる。しかし、制度のハード面に限ってみても、なおそこには依然として高い障壁、ハードルが存在するという状況が残されていることも事実である。憲法の地方自治関係規定は勿論のこと、地方自治法第一四条二項も改正されたわけではなく、「法律と条例に関する憲法の枠組み自体は、平成一一年改正自治法においても変更がない[23]」からである。さらに、「各方面で法律の留保、つまり法律の先占を定める立法例」が存在する状況もみられる。(24) 役割分担の原則という新たな法律上の原則が加わったものの、自治立法権は、困難な課題に直面しているのである。換言すれば、分権改革によって自治立法権（ないし条例制定権）は前述のごとく「量」的に拡大したとされた分だけ、つまり「自治体が独自に政策を策定し実施できる領域も拡大した」分だけ、「自治体が自主的法解釈権を活用して取り組むべき領域の幅が大きくなった」ために、問題の裾野はさらに拡大したのである。

(8) 右のような地方自治をめぐる問題状況を前にして、公法学(説)の任務、課題の一つは、解釈学説として、憲法の意図するところを抽出して、それを法令、特に憲法附属法令の解釈上の基準として提示することであろうと思われる。しかし、当該憲法規定は概括的表現にとどまっており、その指示するところには限度があって「憲法規範から直接一義的にひき出されるもの」は決して多くなく、また公法政策的に定められる領域が少なくなく、憲法上の特定法理を抽出するというこの任務の遂行は容易ではない。(25) そこで先学の提言に耳を傾けるならば、この点に関連して、本格的な改革期にある地方自治という法制度を今一度「従来の法制度あるいは法概念との冷静な対話」を通じて、日本及び諸外国において地方自治の基礎概念とされるものの具体的内容、日本へどのようなものとして導入され、現代社会のもとでその概念がどのような意義をなお持ちうるものであるかについて、法的に吟味を加えることの重要性が既に指摘されているところである。(26) この提言の意味するところをよく吟味し銘記すべきであろう。

(9) さて、日本における地方自治という法制度に関する論議において、有力な議論を展開・提示して従前学説の展開を先導してきた公法学説の先行業績を総括することは本稿の目的ではないが、これら学説史の蓄積に基づく到達点をふまえ、それを出発点としている。そこで本稿は先の提言を念頭に置きながら、ドイツと日本の地方自治行政、自治立法権に関するドグマーティクとパースペクティブをテーマとして、ドイツ基本法第二八条二項をめぐる学説・判例の解釈の在り方を管見することを通じて、今次の日本の分権改革をめぐる論議における憲法解釈論の当否（とりわけ地方自治の拡大を志向する立論の当否）や憲法の予定する枠組み論について論ずることを目的とする。憲法の下における地方自治や自治立法権の保障内容や規範的要求の内容の抽出に際して、実定憲法規定及び関係法律等の法体系をどう捉え、それらの法規範の解釈基準ないし原則を如何に定立するかはドグマーティクによる構成に負う部分が大きい。が、さればといってドグマーティッシュに理論構成することが勢い自己の希求する在るべき理想像を前提としての解釈論の展開となったり、主観的な解釈に基づく安易な拡大解釈に陥いることを回避することを常に心がけるべきである。この点は先学の戒めを忘れてはなるまい。

以下では、地方自治制度におけるその保障の根拠（いわゆる「かの地の自治制度の実相についての分析作業」[27]）並びに自治立法権の保障の在り方についてドイツにおける基本法の下での学説・判例の論議を管見する。その際、本稿は、地方自治の制度保障の問題や自治立法権の射程範囲や法律の留保の問題にも目を向け、以てこれらの問題の今次の分権論議における意義と役割を明らかにし、今後のこれらの問題を含めた地方自治、自治立法権の論議のパースペクティブを探ることとしたい。なお、国と地方自治体の役割分担論は、「地方自治の本旨」に関わる重要な論点ではあるが、本稿では立ち入らない。

（1）　小嶋和司「明治憲法起草における地方自治」宮沢俊義先生古稀記念『憲法の現代的課題』（一九七二）五五五頁以下（後に同、明治典憲体制の成立（一九八九）に所収）、さらに同論文は「明治憲法には、実は凡眼不学の論者には気付かない形で間接に地方制度に触れる規定の存したことをも教えてくれるであろう。」とし、明治憲法第一〇条「但書きは、明治憲法において、地方制度への顧慮を間接的に示すものである。」と結論する。同五五七-八頁及び六〇七頁参照。

（2）　このような明治憲法下の公法理論の形成に先立ち、幕末から明治初期にかけて、フイセリング著・津田真一郎訳『泰西国法論』（慶応二）や加藤弘之『立憲政体略』（慶応四）等が諸外国の制度事情に関する知見を提供していたことは周知のところである。小嶋・前掲論文註（1）五六二-三頁参照。

（3）　美濃部達吉『憲法講話』（大正七）二九〇-二九九頁、三一八-三二四頁参照。なお、美濃部学説について、斎藤誠「条例制定権の歴史的構造（四・完）――「アウトノミー」と「自主法」」自治研究第六六巻第七号（一九九〇）一一二頁及び一一五頁註(13)参照、また、「古典学説の自治理論」について、同「自治法理の史的展開（一）」国家学会雑誌第一〇六巻第一一・一二号（一九九三）一一頁以下参照。

(4) 芝池義一「団体自治と住民自治」法学教室一六五号（一九九四）一五頁参照。また、斎藤・前掲論文註(3)「史的展開（一）」一一三頁参照。なお、ドイツの基本法の下における同種の理解については後述する。Sachs. Grundgesetz, Art. 28. Rdn. 34, 35 (Nierhaus).

(5) 美濃部・前掲書註(3)三二四-三二五頁参照。

(6) 美濃部達吉『憲法精義』（一九二七）一三二-一三三頁参照。また、同『法の本質』（一九四八）一三四-三五頁参照。

(7) 美濃部達吉『憲法撮要』〔改訂第五版〕（一九三二）五四四-五四五頁、同『憲法精義』三六九-三七〇頁参照。

(8) 美濃部達吉『日本行政法（上）』（一九三六）（一九二六）及び同『行政法撮要・上巻』〔改訂増補第三版、一九三二〕、また斎藤・前掲論文註(3)「史的展開（一）」一一一-一一三頁参照。また、塩野宏『行政法Ⅲ〔第三版〕』（二〇〇六）一一六頁註(1)も参照。

(9) 上杉慎吉編『穂積八束博士論文集』（一九一三）一一一-一一四頁参照。また、斎藤・前掲論文註(3)「史的展開(一)」一一一-一一二頁参照。

(10) 抑、穂積八束博士にあっては、権力上の関係を規定するものを公法と捉え、本来、権力は他人の自由を制限するもので「命令シ得ル力」をいうと説かれている。地方自治体は、この権力を国家から授与されて行使するものとされ、その対象は地域に居住する者であるから、これを地域的な統治団体と理解する立場が穂積学説において提示されていることになる。なお、穂積学説にあっては、L・フォン・シュタインの学説に依拠して、地方自治を基本的に行政と捉える立場が、美濃部学説と比較して、それよりも顕著に示されている点に特色を見出すことができよう。

(11) 塩野・前掲書註(8)一二五頁は、「明治憲法的な伝来説により、かつ、国家作用の三分説をとると、地方自治に関する事項はすべて概念上、行政に関する事柄となる。つまり、地方公共団体の存在それ自体が法律の産物であり、また、その活動もすべて、国家の通常の法律によって委任されたものであるので、広い意味での国家行政の一部をなすということになる。したがって、地方自治法制は全体として、行政法ということになる。」と述べる。なお、同書では、地方公共団体の権能が憲法自体で付与されている日本国憲法の下では、地方公共団体の作用は当然には行政にのみとどまるものではない、との理解が示されている。この見地からすると、地方自治法は行政法ではなく、地方政府の法、law of the local government ということになる。同、一二五-一二六頁参照。この点、並びに、ドイツにおいて、地方自治法が現在でも行政法の一部であり、市町村（Gemeinde）の活動が条例（Satzung）を含めて全体として、行政に属すると把握されている点については後述する。

(12) YORIAKI NARITA, Der Wandel der kommunalen Selbstverwaltung im Nachkriegsjapan und der Trend zu einer neuerlichen Dezentralisation, in: Verfassungsstaatlichkeit, Festschrift für Klaus Stern zum 65. Geburtstag (1997), S. 211.

(13) 佐藤功「地方自治の機能」自治論文集（地方自治法施行四十周年・自治制公布百年記念・一九八八）一九-二〇頁参照。

(14) Horst Dreier (Hrsg.), Grundgesetz Kommentar, Band II, 2. Aufl. (2006) Artikel 28, Rdnr. 47. (S. 619-620)

(15) NARITA, a.a.O. 211. また、宮沢俊義「地方自治の本旨について」同『公法の原理』（一九六七）二七七頁参照。

(16) 原田尚彦「自治立法権の本質――先占理論の再検討」自治論文集（前掲註(13)）四四四頁参照。尤もドライアーは、一九四六年憲法の第九二条以下は、確かに地方自治体の自治行政を保障しているが、しかし、その実務は国家の官庁のいわば指図権（Weisungsrecht）によって特徴づけられる、と説明している。Dreier, a.a.O. Rdnr. 47.

(17) 藤田宙靖「行政主体相互間の法関係について――覚え書き」成田頼明先生古稀記念『政策実現と行政法』（一九九八）一〇三頁註(22)参照。後に同『行政法の基礎理論・下巻』に所収。

(18) 塩野・前掲書註(8)二二四頁参照。

(19) 斎藤誠「分権時代における自治体の課題と展望（上）――条例論を中心に」ジュリスト一二一四号（二〇〇一）二三頁以下参照。

(20) 横大道聡「条例制定権の拡大と憲法」法学セミナー六六五号（二〇一〇）五二頁参照。また、塩野・前掲書註(8)一七二頁も参照、そこでは積極的に評価する文脈においてではないが、地方自治法の定める役割分担の原則が立法実務に徹底されるならば、結果的に条例の範囲が広くなり、また、当該立法で特別の趣旨が明確でない限り「適切な役割分担」の解釈を通じて、条例の定める範囲が広く解釈されることはあり得る、と指摘している。

(21) 北村喜宣「第一次地方分権改革と自治体の対応――法律実施条例をめぐるいくつかの動き」都市問題二〇一〇年六月号六一頁所引註(4)参照。

(22) たとえば、網野光明「地方分権改革と自治立法権・市町村合併」国立国会図書館のインターネット上のＨＰの中の「立法調査資料・平成一八年刊行分」一九頁は「今後は、拡充された事務・権限が自治体の裁量によって行使され（自治立法権の拡充）、かつそれが住民の意思を尊重して民主的な統制の下で行われることが重要となる（住民自治の拡充）。」と述べる。また同二四-二五頁、並びに櫻井敬子『行政法講座』（二〇一〇）八二-八三頁も参照。ただ「『地方主権』なる言葉の登場にも示されているように論議が運動論に傾きすぎる嫌いがないでもない。」とする警鐘にも留意する必要がある。塩野宏「地方分権の理解のために」法学教室一六五号（一九九四）八一頁参照。

(23)　塩野・前掲書註(8)一七二頁参照。

(24)　塩野宏「自治体と権力」自治大学校創立四十周年記念論文集『二十一世紀の地方自治の諸課題』（一九九三）四九頁（後に同『法治主義の諸相』（二〇〇一）に所収）参照。さらに、北村喜宣「第一次地方分権改革と自治体の対応」六一頁は、「分権改革が明治維新や戦後改革と異なるのは、その直後に、『強い二の矢』が放たれなかったことである。『詳細な規律密度を持つ』と形容される法令は、旧態依然のままにあった。」と指摘し、横大道聡・前掲論文註(20)五二頁は、地方公共団体の事務に対する法令による義務付け・枠付け等の緩和は、「ほとんど全く手付かずに終わっている」との地方分権推進委員会最終報告（平成一三年六月）の評価を紹介し、以て「地方公共団体が主体的に活動できる範囲が限定されている状況は改善されていない、との認識」と捉える。

(25)　小嶋和司「第一〇講　条例制定権」同『憲法学講話』（一九八二）一八六-一八七頁、及び成田頼明「法律と条例」小嶋和司編『憲法の争点〔新版〕』（一九八五）二五〇頁参照。両者の説くところに共通しているのは、憲法は論者の欲するものを自由に引き出すことのできる玉手箱ではありえないという基本認識である。

(26)　塩野・前掲論文注(22)「地方分権の理解のために」八頁参照。

(27)　斎藤・前掲論文注(3)「史的展開(一)」（一九九三）頁参照。

二　地方自治の憲法的保障と自治立法権

(一)　地方自治の憲法的保障の意義

i　憲法第九二条論について

(1)　前節で述べたごとく、日本の自治立法権に焦点をあててみただけでも、累次の地方自治制度改革ないし分権改革によって、法律と条例の関係に関する憲法の枠組み自体は変更がなかった。ただ、日本国憲法第九四条が、地方公共団体の権能として「法律の範囲内」における条例の制定を明示したことにより条例という法形式による地方公共団体の立法権が定められることとなったのをはじめとして、憲法上地方自治が保障されることとなり、この点が地方自治が憲法上保障されたものでなかった明治憲法との大きな相違点である。そこで現行憲法の下で、憲法の地方自治条項をどのように解するかが憲法問題を形成する。新旧の憲法体制にあっては、少なくとも明治憲法下では、通常の法律によって自治の権能が地方公共団体に対して付与されたという法律構成がとられるのに対して、現行憲法下では、単なる法律によって地方公共団体に自治権が与えられているわけではないと解されることになるが[28]なお議論の余地は多分に存する。

たとえば、地方自治が憲法上保障されているという場合、それが意味するところとして、「一つの到達点を示す」行政法学説の一説には、そこに自治権保障の「権限付与機能」と「防御的機能」を抽出する見解も存し、前者は地方公共団体が具体的に権能を行使するに際して個別に法律の授権が必要かという観点からの問題、後者は地方公共団体の機能の中には法律によっても侵し得ないものがあるという問題意識に立って、これを憲法が保障している場合のそれとされる。[29]そして、このような機能の区別はアメリカ自治法論にいう authority granting function と protective function の区別に示唆をえているという。憲法による地方自治の保障の意味をこのように把握した場合、地方自治という「制度」が憲法上保障されていると捉えるドイツの制度的保障理論が、右の二つの機能のうち後者の点に力点をおいたもので、その問題関心には共通のものがあると説かれるが[30]、この「防御的機能」という捉え方につき、ドイツ基本法第二八条二項の解釈論にも同様の発想が存することについては後述する。

なお、制度的保障理論については「現在のドイツおよびわが国の通説である」と理解されているものの、その理論的当否ないし実用性につき揺らぎがあることは周知のところである。このような状況は日本もドイツも同様であるが、しかし、議論の在り方は必ずしも同じではない[31]。この点に関するドイツにおける基本法解釈をめぐる論議についても後に若干触れることにする。

(2) 他方、右の防御的機能が自治立法権への国家法の及ぶ範囲に関わるとすれば、これに対して、権限付与機能は、まさに自治立法権を憲法上基礎づけるものと捉えることができ、地方公共団体の機能として「法律の範囲内」における条例の制定を規定する日本国憲法第九四条が「条例という形式による地方公共団体の立法権を定めたもの」と解することは言わば自然の流れである。が、周知のように、問題となるのは、この条例制定権の範囲如何である。そこで、この問題には再度、憲法の地方自治に関する防御的機能への配慮が要請されることとなり、その上で憲法が想定する立法権への制約原理がドグマーティッシュに導き出されることになる。その一例として先の行政法学説は、この制約原理に係るものとして、地方自治の内容的保護システムと事項的保護システムの二つの制約的作用システムを提示する。前者は、地方公共団体の組織運営に介入する国法の内容に一定の憲法上の限界が存在すること、そして後者は、一定事項について国法と条例が競合した場合に条例が優先することをそれぞれ措定する。(32)

右の二つのシステムにおいて提示される憲法上存在する国法の内容の一定の限界や国法が立ち入ることが認められない一定事項とは何を意味するのか。これらのものを規律し、そのある程度具体的内容を提供しうるのは、やはり第九二条にいう「地方自治の本旨」であるということが想定されることになると考えられる。そこで、憲法の地方自治条項を全体として捉え、その文言に則した解釈の可能性が以下のように提示される。すなわち、まず憲法第九二条において、法律は本来、地方自治を制約することは認められず、そこで想定される法律とは、一つは事務配分に関する定めのような当然存在しなければならない法律であって、しかも、それが、地方自治の本旨に基づく形で制定されること、いま一つは、地方公共団体の内部組織について、地方自治の本旨を実現する意味から必要とされる基本的枠組みを示すこと、これらがいずれも憲法でいう地方自治の本旨に基づいた法律とされる。また、地方公共団体の意思決定のあり方については、憲法自体が住民自治に関する事項について規律しているところから、日本の地方制度の発展段階に鑑み、なお住民自治確保のため国の立法者が一定限度介入することを憲法自身が認めていると解する。そして、憲法第九四条においては、第九二条に比し、よりひろく地方公共団体に権限付与しているが、条例について法律の範囲内という制約を置いており、これは、いわゆる立法権限の競合を認め、かつ先占理論を前提にしているとみてよいが、ただ、その場合の先占については地方自治の本旨に基づいた解釈が必要とされるという。(33)

(3)　以上のように、右の解釈論における鍵概念は「地方自治の本旨」である。しかし、「地方自治の本旨」という概念から具体的な制約原理の内容を抽出することは可能であろうか。この憲法上の概念から、客観的、合理的な解釈によって、一定の具体的基準を導き出すことは理論的にかなりの困難を伴うとの感を禁じえない。勿論、公法学説の中には、この問題の理論的解明に取り組み、一定の具体的内容を提示するものが存在する。(34)が、それらの解釈論的解明が果たして日本の公法学説に一般的に受容されているかについては、なお疑問なしとしない。さらに翻って考えてみると、学説には「地方自治の本旨」について暗黙の内容が前提されるごとくの記述も見うけられるが、この概念から一定の内容を持った具体的基準を導き出すことには、解釈論上限界がある、あるいは憲法の概括的表現が指示する法には限度があると思い定めるべきである。(35)ここで一旦立ち止まって過去の学説の蓄積を見直してみることも必要であろう。このことを承認した上で、早急に結論を出す前に、これまでの周到な理論的探究の成果を踏まえつつ、どちらかといえば謙抑的に、この概念の外延ないし枠組みが模索されていくべきではないか、というのが筆者の基本的立場である。

右の立場を言葉を換えて述べるならば、「地方自治の本旨」のごとく概括条項あるいは不確定概念の解釈に際して法律学は基本的に謙抑的であるべきで、そこで参考に供されるべきは、せいぜい制定者意思ぐらいであり、その制定者意思も、こと第九二条に関しては、アメリカの提案にかかるものではなく、日本側の担当者の発案によるものであり、第八章の「はじめに総則的の条文を置いた方がよかろうということで第一〇一条として『地方公共団体ノ組織及運営ニ関スル規定ハ地方自治ノ本旨ニ基キ法律ヲ以テ之ヲ定ム。』という条文を新たに加えた。」と述懐され[36]、この法的表現が「一般にいわれている団体自治と住民自治と、この二つを根幹としていることはおのずから明らかであると思う。」と説くにとどまっている[37]。「条例制定権の問題をもふくめて、地方制度の設定を法律にゆだねるという起草者の意図は、憲法典の規定に十分示されている。」との指摘も勘案すると[38]、「本旨」概念は、やはり法律による具体化、詳細化を必要とする概念と捉えることを出発点とすべきであろう。そして、今後の考察・検討の方向性としては基本的に二つの道筋が考えられる。すなわち、一つは、あくまで第九二条の「地方自治の本旨」に執着して、その意味の解明を中心に考察を進めていくか、今一つは、「本旨」の意味の解明、その確保はそれ自体課題として設定した上で、法律以下の法形式による自治法体系の構築に向けての立法の整備と共に、地方自治保障を志向した法律解釈等を緻密化し、その理論的作業に収斂させていく、という二つの方向性が考えられる。概括条項の解釈は謙抑的であるべきとの立場をとる本稿は、後者の方向性を採ることの方が生産的であり、現実的であると評価している。

このように、法律以下の法形式によって地方自治保障の内容が整備されていくことを通じて、「本旨」自体の内実も確保され、且つ客観化されていくという道筋も、あながち否定さるべきではなく、むしろ日本における地方自治保障の伝統的な在り方に合致し、また今次の分権改革の方向性にも相応するものではないかと思考する[39]。とはいえ、先に述べたように「本旨」概念の外延ないし枠組みを理論的に模索することが重要な課題であることに変わりはない。そのような探究作業の一環として、日本の地方自治法制がドイツ法（プロイセン法）を継受したと捉えられること、また、「わが国の地方自治論のスタンダードを提供している学説がドイツの理論を参照している」ことに鑑み、ドイツ（公）法の理論的蓄積による成果に学ぶことによって、議論の地平を拓くことに一定の意味があると考える。もとより近時の研究成果は、改めて日本国憲法の地方自治法制の構築にアメリカ法の影響があることを指摘しており[40]、また、フランス法における地方自治法制の展開に学ぶことの意義を指摘する論稿も存するところであり[41]、従来の同旨の論稿も含めて、これらの米仏法を素材とした研究成果をも念頭に置きながら検討作業を進めていくこととしたい。

ⅱ　ドイツ基本法第二八条二項論序説

(4)　さて、日本の公法学説が地方自治が憲法によって保障されると把握するに際して、その保障が人権として個人の主観的利益の保障を主たる目的とするものなのか、あるいは地方自治は地方公共の利益のためにする作用であるから、基本権と区別して、国会、裁判所と並んで公の行政組織の一部として設定されたものなのかという視座[42]は、これをドイツの実定憲法規定やそれを解釈する公法学説及び判例理論から獲得したものである。それは、ヴァイマル憲法第一二七条が自治権の保障を国民の権利の保障に含めて規定したことから、ドイツ基本法第二八条が人権の保障とは区別して、つまり同法第一章の基本権ではなくて、第二章の連邦および州の項に規定したことへと推移していったことに対応している。この点に関して憲法学説の一つは、ドイツの地方自治の憲法的保障の在り方は、地方自治についての制度的保障といわれるもので、司法権による基本権保障と異なり、地方自治の権利は客観的な制度の保障として、それが、関係者個人の権利の保障を含まない限り、司法権の関与する法律問題でなく政治問題として国会、内閣の決定する事務であり、したがって政治的に解決するほかなく、また多くは立法によって決定すべきであると説く[43]。

前述のごとく、これまで地方自治という制度が憲法上保障されているとする制度的保障理論が、現在のドイツ及び日本の通説であるという理解が一般的に行われてきたところである。以下では、ドイツ基本法の当該規定である第二八条二項をめぐる理論的展開に焦点をあてて、その議論の在り様を管見していくこととする。

(5)　そもそも基本法第二八条二項に含まれる地方自治行政の保障は、言わばドイツの特殊な憲法伝統における要

（め）石であり、その伝統は四つの歴史的根源を提示するとされる。すなわち①フランス（革命期）の憲法制定議会において展開され、その後、とりわけ一八三一年のベルギー憲法第三一条及び第一〇八条において展開される pouvoir municipal の理論、②ナポレオンの中央集権に対して向けられ、今日、行政学の一般原理である地方分権の理論、③官僚制の撃退のための手段としての団体（Genossenschaft）の理論、④ルドルフ・フォン・グナイストがドイツにとって成果の多いものにしようと努めたセルフ・ガバメントというイギリスの理論、以上四つの根源である。尤も、これらの根源の中で大抵団体の構想、セルフガバメントにさかのぼる構想のみが、当地の発展を担い、それを支えるものとみなされたという。(44) また、理論においては、自治行政は、一部分（は）固有の事項の完全な執行を求める団体連合の権利とみなされ、また一部分は、名誉職による行政の遂行への国民の参加の意味での政治的原理として理解されたとされる。

他方、自治行政の理念は、特に古典的な三権力と並んで、第四権の承認、すなわち地方自治権力（Kommunalgewalt）の承認に基礎を置いた前記 pouvoir municipal の理論によって多大な支援を受けていたのであり、その背後には、国家の後見から自主独立したところの一定の事項の行政、並びに言わば固有の前国家的権利としての地域の領域における固有の勢力範囲（eigener Wirkungskreis）を求める市町村（Gemeinde）の請求権の観念が存在したと説かれる。(45) そして実定法上は周知のごとく、ドイツの自治行政は、先ず一九世紀において一八〇八年一一月一九日のプロイセン都市条例の中にはっきり現れるのを皮切りに、その後一八四九年のフランクフルト憲法草案第一八四条においても進展を示し、一八七一年のビスマルク憲法では一切触れられることがなかったものの、一九一九年のヴァイマル憲法第一二七条において再び法律の制限の範囲内ではあるが保障されることとなり、第二次大戦後、基本法第二八条二項にあっては、そこからもはや基本権的保障を看て取ることはできないこととなったという経緯をたどったわけである。そして、この基本法第二八条二項において市町村と市町村連合には自治行政の権利が保障され、市町村には全般的に、市町村連合にはその任務領域の範囲内で保障されている。尤も、その文面に従えば、第二八条二項は直接的保障ではなくて、各々の州にその側で自治行政を保障することを義務づけるということを含んでおり、そのことを同条三項が保障するという体裁をとっている。換言すれば、第二八条二項は自治行政に対する市町村及び市町村連合の権利について語っているのではなく、この権利が保障されなければならないということについて語っているのである。言わば、第二八条二項は州憲法立法者に向けられた規定、つまり、この規定は先ず第一に州の立法者あるいは州憲法立法者に向けられた立法委託を含んでいるのである。(46)けれども、これに対して第二八条二項は、初めから直接的な保障としても理解する立場も存し、そのことを今や憲法が第九三条一項四b号（市町村及び市町村連合の憲法訴願）によって実証していると説かれる。この規定が市町村及び市町村連合が基本法第二八条に基づく自治行政の権利の侵害のゆえに連邦憲法裁判所に法律を通じて申し立てることができることを規定しているからである（尤も州法律において州憲法裁判所への訴願が立ち上げられていない限りではあるが。(47)）。そしてこの規定は、同時に現に与えられている保障も同時に守っていると評される。

iii　基本法第二八条二項のドグマーティク

(6)　ところでドイツ基本法草案（ヘレンヒームゼー草案）を審議した憲法制定会議（Parlamentarische Rat）は、ヴァイマル憲法に基づく地方自治行政のわずかな意義に対する反動として、保障規範の長い討論ののち、全く新しい内容を盛り込んだ。しかし、F・L・クネーマイヤーの理解に依れば、連邦憲法裁判所は、その最初の決定（BVerfGE 1. 167ff.）において、この事実を誤解して、ヴァイマル憲法第一二七条に関して展開されたドグマーティクに与し、国事裁判所（Staatsgerichtshof）の裁判判決は、それを手本として用いた、しかもヴァイマル憲法第一二七条と基本法第二八条二項の単純な概観は、既に両者の根本的な相違を、内容においても、また憲法の基本権の部分及び組織の部分においても、その根本的な相違を目につかせるに違いないにもかかわらずである。(48)当該連邦憲法裁判所の見解に依れば、基本法第二八条二項が、それの前任規定から区別されるのは以下の点によってにすぎない。すなわち、基本法上の保障は、自治行政の概念を、その最初の一文において言い換え、この書き換え（書き直し）の中に全権限性の原理（das Prinzip der Allzuständigkeit）を受け入れたということによって区別されるという。また「法律の範囲内で」という文言は、自治行政権の制限は指摘された限界まで法律によってのみ生ずることが許されているということに他ならぬことを意味する、とも説いている。そして、この「間違った転轍」は、地域改良措置に関する広範囲にわたる裁判判決に至るまで、すぐ次の時代の憲法裁判の全体を規定したとされる。クネーマイヤーが、このような批判的論稿を著した八〇年代にあっては依然として、基本法第二八条二項は地方自治行政（Kommunale Selbstverwaltung）の制度的保障を内容として含んでいるということが言明されている。すなわち、制度そのものも、また客観的な制度保障から、保障領域への侵害の防御の権利を与えられたものの、主観的な法的地位も保障されると説かれる。このような解釈（ドグマーティク）の方向性を先導したのがクラウス・シュテルンであり、彼の解釈論がドイツにおける支配的学説を形成していったことは既に周知のところである。所謂基本法第二八条二項の中に含まれる三つの保障要素の理論である(49)。

この所謂「制度的保障」は、あるいは起こるかもしれない地方自治行政の領域への国家の侵害如何の問題のすべてに際して規準となる意義を与えているという。しかし、前記クネーマイヤーにあっては、その際、基本法の国家組織上の構造原理は大抵完全に無視されていると批判される(50)。とはいえ、ドイツの連邦及び州の憲法裁判所の裁判判決は、通例、これら三つの保障要素を区別することなく地方自治行政の制度的保障について語っているとの理解が一般的に行われている。

当のシュテルンの近時の論稿に依れば、基本法第二八条二項一文及びそれに相応する州憲法における同じ保護を保障する規律に従って、市町村に法律の範囲内で地域の共同体の事項を固有の責任で規律する権利が保障されねばならず、これは制度的保障、すなわち一般条項のような文言で言い換えられたところの複合的な公法上の制度（体）（Einrichtung）で、それに典型的に帰属し、それを本質的に特徴づけ、歴史的に広範囲にわたって伝えられ、機能的且つ制度的、法的且つ政治社会学的な内容を伴った制度を保証することであるという。そして、このことに関して、裁判判決や（学説の）理論において意見の対立は存在しないと明言する。(51) また、さらに意見の一致は次の点に関しても存在する。すなわち、基本法第二八条二項において重要なのは、制度的な権利主体保障であり、そして法制度保障であり、さらに裁判所による貫徹可能な市町村及び市町村連合のための主観的権利を伴った法的地位保障である、とする前記の所謂三保障要素の理論についても意見の一致をみているという。ただ、議論の余地があるのは、何が地域の共同体の事項に属するかという点である。この点については、それは将来的にも引き続き確定している任務領域を形作るものではないことは承認されていることであり、伝統及び慣習が、それの確定にとって重要な役割を演ずると説かれる。この指摘は、後述の核心領域理論に関わる。さらに指摘するところでは、市町村には、法律上の指示が為されていない限り、どのような任務を引き受けようとするのかに関して決定の自由が与えられ、その点にあらゆる市町村が個々にその能力を認められることを可能にする強い自治体政策上の委任が自身の基礎を置いているという。(52)

(7)　右のシュテルンの所説がドイツにおける基本法第二八条二項の解釈の方向性を教導する定式を示したということは学説のほぼ一致して認めるところである。テティンガーに依れば、制度的保障として理解された市町村及び市町村連合のための自治行政保障は、この国では今日でもなお一般に六〇年代からシュテルンの方向指示的言説によってその方角を定められ、前記の三面の視点で展開させられているとされる。(53) 第二八条三項一文の「権利が保障されなければならない。」という定式化の表現は、それに応じて制度的保障の名を挙げることになると捉えられ（Löwer の説明）、法制度、権利主体、主観的法的地位のそれぞれの保障の三面的保障として解釈論的に確定され、ドグマーティクに結実していったわけである。ドイツにおける各学説の理解は、シュテルンの説くところと完全に一致しているとは言い難いが、第二八条二項の保障対象の理解において、基本法自体がもはや地方自治体の自治行政を基本権ないし基本権類似のものとする捉え方と決別しているとの認識を共有しているといえる(54)。

そもそも基本法第二八条二項は、同条一項とは反対に法律によって形を整える権限を伴った規準となる（規範的）規定（Normativbestimmung）ではなくて、強硬な手段に訴える規範（Durchgriffsnorm）、すなわち連邦と州を直接拘束する憲法と捉えられ、その限りで同条項は、連邦と州の関係の中で妥当する同条一項及び三項の規準となる規定の文脈においては、異物であると理解される。さらに同条三項によって保障機能は、第九三条二項四〇号の権利保護保障（自治体の憲法訴願）の背後に完全に後退するという事情も加わる(55)。こうして、第二八条二項一文は、いかなる基本権も、そして基本権と同等の権利も含まず、また、市町村は基本法第一九条三項自体に従っても基本権を享受するに適格（を有する内国法人）でもないと評価、解釈されることになる。ここに自治行政権を制度的保障と基本権的自由との間の緊張関係の中で捉える視座が示されている(56)。

一方、自治行政は国法上の原理として民主的な自由理念を基本権的な自由理念と結び合わせる役割を担うとの理解を前提として、市町村の自治行政の憲法的保障は、法律によって充填することを必要とする制度（体）保障（Einrichtungsgarantie）であると同時に、憲法直接的な保護領域（憲法によって直接保障される保護領域）を伴った主観的権利でもあると捉える言わば仲介的意見も示される(57)。なお、前述のように、クネーマイヤーは、所謂制度的保障理論にあっては、基本法の国家組織上の構造原理が大抵完全に無視されていると批判したが、近時のドイツの公法学説にあっては、制度的保障としての地方自治行政の三面の視点に、さらに基本法の中に保障を受け入れたことで以て明示されたところの州の領域内に存在する階層に分けられた国家構造の一部、その構成要素としての地方自治団体の承認がつけ加わり、そこでは第二八条二項は、同時に国家組織上の構造原理であることも強調される(58)。

(8)　基本法第二八条二項がヴァイマル憲法第一二七条と異なるものであることは、ドイツの公法学説が強調するところである。この点は前記クネーマイヤーも同様である。基本法は、自治行政保障を基本権とは完全に別物として創設したのであり、それは何よりも先ず自治行政が存在するままに規律されるのではなく、市町村のために一定の内容的形成物、つまり、「すべての地域の共同体の事項を法律の範囲内で固有の責任で規律する権利」を伴って規律されたと捉えられる。そこでクネーマイヤーの所説にあっては、第二八条二項をヴァイマル憲法第一二七条という性質の異なる先任者によるドグマーティッシュな重荷から離れて考察するならば、シュテルンの理解とは異なる別の三局面の保障がその分析から生み出されることになる。クネーマイヤーの説くところは、全体として第二八条二項は三つの保障を含むとして、概要以下のような内容である。

すなわち、先ず市町村という制度及び市町村連合という制度が保障されるが、しかし、それは制度的保障の意味においてではない。つまり、制度が見い出され、それが憲法の次元にまでさらにその効果を高められるのではなく、それは明確な内容、つまり基本法自体において市町村のために規定された地域の領域における全権限性及び市町村連合にとってその法律上の任務領域に関連させられるような明確な内容を伴ったものである。第二に、自治行政が保障される、つまり法律の範囲内でアウトノミーが、そして共同行政だけではなく、クネーマイヤーの所謂相殺理論（Kompensationstheorien）の意味でのその他の参加権が保障される。この第二の要素はヴァイマル憲法第一二七条の自治行政概念に相当する。そして最後に市町村に法律の範囲内で地域の共同体のすべての事項を自分自身で（固有の責任において）管理運営する（verwalten）権利が保障されると説く(59)。これに対して市町村連合には、任務領域が憲法上保障されず、むしろそれには国家の法律によって形作られた任務領域の自治行政が保障される。このことによって（市町村と市町村連合という）二つの制度（Einrichtung）が同時に保障されるだけでなく、地方自治体の任務の担い手の二つの異なるタイプ（型）もまた保障されることになる。以上のようにクネーマイヤーの基本法第二八条二項のドグマーティクの起点は、同条項の規定する市町村の権利内容である。

(9) これに対して、シュミット-アスマンに依ると、連邦憲法裁判所によって夙に確認されてきたところは、地方自治団体を国家の側に位置づけ、地方団体として組織された行政の担い手を地方における公権力の最も重要な代表者であるとすると、もはやそれはそれ自体基本法第二条以下の意味での基本権の担い手ではあり得ないという命題であり、また、基本法第二八条二項を基本権あるいは基本権類似の保障として理解することは拒絶されてきており、そのことは一つにはヴァイマル憲法第一二七条に（反）対して変更された地位から推論されるところであり、二つには、個人の憲法訴願に対比して、基本法第九三条一項四b号に基づく自治体憲法訴願が示す補完性ゆえのより低い密度からも推論されるという。それゆえ、第二八条二項は通例、制度的保障として特徴づけられるというのが、シュミット-アスマンの前提的理解である。[60]

既述のごとく、右のような格付けに対してはドイツ公法学説においても二つの方向からの異議が提出されている。すなわち、一方において（H・マウラーのように）制度的保障としての解釈が主観的権利を認めていない点を非難し、その保障規範が「自治行政権（Recht auf Selbstverwaltung）」を含んでいることを指摘することによって、（基本法によって拒絶された）第二八条二項の基本権としての格付けを間接的に結果において回復しようと試みる立場があり、他方において、これと反対の方向から、第二八条二項の制度的保障としての特徴づけが、基本権ドグマーティクからの剥離を十分に明確に表現していない点を批判し、地方自治行政の保障の理解は、かのラシュテーデ決定において連邦憲法裁判所によって示唆されたように、（団体理論の変動に伴って）事実に基づいた（客観的な）権限付与と共に、基本権（としての）解釈から制度的保障を越えて組織規範へと展開されると主張する立場も存する、とされる。[61] K・ヴェヒターの所説がそれである。

右のような批判に対してシュミット-アスマンは必ずしもそれに同意しない。その説くところに依れば、先ず前者の批判については、通例、公法上のドグマーティクの基礎になっているのは必ずしも基本権だけではないのであり、このことが決定的な点である。そして、国家組織原理が正常にその機能を発揮しうることを目標とする保障の保護領域は、個人の自由の一端を書き著わす基本権の保護領域とは別様に構成されることを明確にしたことが、まさに近時の基本法第二八条二項についての裁判判決の優れた点である。法治国家的保証は、それを可能な限り概括的に考えられるすべての法関係に延ばすということの中には現実には示されないのであって、組織化された国家性の個々の担い手に主観的権利を与えるに際しては、むしろ基本権的自由と国家的権限の間のカテゴーリッシュな分離に注意を払うことが肝要である。それによって自治体の法的地位は、その保護がなくなるわけではない。けれども必要とされる保護スタンダードは自主的に発展させられるのであり、可能な限り広範囲にわたって基本権ドグマーティクに立ち戻ることによってではない、と説く(62)。

また、後者の批判については、従来、制度的保障に添えられたような保護給付は憲法上守られた国家組織原理によってももたらされうるものであったということが示される。尤も、シュミット-アスマンにあっては、基本法第二八条二項の解釈に際して、制度的保障という法的表象（概念）が完全に放棄されなければならないかどうかは不確かであるとして、全面的に否定はしていない。すなわち、この概念は、様々の歴史的及びドグマーティッシュな不確実な事柄を背負わされている可能性があるが、しかし、それは第二八条二項の枠内で地方（自治）団体の特別の地位、つまり国家の側に位置するが、固有の権利を賦与された特別の地位を的確に表現する割合に確固として輪郭を保っていると評される。それゆえ、この概念を維持し、且つその際に、自治体の「権利」を国家組織法上正統化する義務をあくまで自覚しつづけることに関して多くのことが語られることになるという。なお、シュミット-アスマンは、第二八条二項は、法によって拘束される権限として地方自治行政を創設し、それゆえ大規模な権限付与の内容にも拘らず、この規定は限界もまた表示しているとして、地方自治行政権の限界にも言及しているが、この点は後に触れる。

⑽　前記クネーマイヤーのドグマーティクの起点が第二八条二項の規定する市町村の権利内容であることを指摘したが、シュミット-アスマンの自治行政保障のドグマーティクの起点も同条項の構成要件である。(63) そして、そこに導入された諸概念、すなわち法主体保障、法制度保障及び法的地位保障という諸概念との結合から、今日注釈書及び教科書文献を規定する解釈の概念的枠組みが発展させられたと捉えられる。この概念的枠組みは、この枠組みの中に裁判所の決定を分類することによって方向が定められ、同時にどこに緊張と改正の必要性が現われるかを指示してくれるという。この方法で第二八条二項は、「最小限の保障」としてというより「構造を付与する保障」として作用するし、これに州憲法裁判所や国事裁判所の裁判判決も関係づけられうると説く。そしてここでのドグマの形成は、共通の学習過程としての基本権裁判に際してよりもはるかに強く組織化され、諸憲法裁判所の間の協力関係が存在するとすれば、それはまさにここにおいてであり、連邦憲法裁判所による自治行政作用の明確化が、この構造を付与する保障のドグマーティクにどのように影響を及ぼすのかが問われることになる。(64)

ドイツにあっては、クラウス・シュテルンによって提示された基本法第二八条二項に含まれる三つの保障要素という枠組みは基本的にこれを維持しつつ、さらに別の論証の指針や国家組織原理を盛り込んだドグマーティクが展開されているところであり、それは何よりも地方自治行政の憲法的保障の客観的な意義を獲得すべく鋭意行われている積極的な知的営為に他ならない。

㈡　自治行政の国法上の位置づけと機能

ⅰ　自治行政の国法上の位置づけについて

⑾　ところでドイツにおいて、自治行政は国法上どのようなものとして把握され、位置づけられているのか。自

治行政の概念そのものの区別の類型は既に前章で美濃部博士によって提示された理解として触れたところであるが、ドイツの公法学説においては一定の解釈が定着している。この論点に関してドイツの議論を代表するR・ヘントラーは、現時点でのドイツの文献は法律学的自治行政と政治的自治行政の区別に対する多くの批判にも拘らず、これに固執するということが広く行き渡っている指摘する。その際、政治的自治行政のもとに通常グナイストの理論に基づいて、公的な行政における名誉職（素人）の勢力の行為が理解され、これと合わせて専任の人員、特に職業官吏によって執行的業務が引き受けられるということが対照をなす。これに対して法律学的自治行政概念は今日でもなお優勢を占める理解に従って厳密に形式的な特色を持っており、それは（ヴォルフ、バッホフ等の標準的行政法教科書の定義に従って）国家の下位の担い手あるいは公的な行政の主体が自身の名において列記され、あるいは包括的に委託され、割り当てられた固有の公的な事項を自主的に、且つ専門的指令に拘束されずに引き受けること、このことを法律学的自治行政は暗に示しているという。(65)

同様にニールハウスも、自治行政を政治的意味並びに法律学的意味でヤヌスの頭を持つものと捉え、それは第一義的には憲法上の国家構成原理を含み、第二義的には政治的、執行上の分権化を意味すると説く。そして、この二つの要素が基本法の憲法モデルにおいては交差しており、地方自治体の行政の二重の機能へと集約されて一体となりうるという。(66)自治行政の二重の機能というのはシュミット-アスマンの指摘に係るもので、後に触れることとする。

他方、前項において地方自治の憲法的保障の意義との関連で自治行政の法的地位に着目した場合、ドイツの実定憲法の推移に伴って人権（基本権）としての自治行政から国家組織原理としてのそれへの推移について触れたが、これを自治行政の国法上の位置づけとしての区別の類型と捉えることも可能である。(67)そして、国家組織の内部では、自治体の行政は立法部ではなく行政部に属し、市町村代表は議会ではなく、従って自治体の法定立行為は国家の権力分立体系においては行政の領域に分類されるという命題は既にドイツの学説・判例の通説的理解を形成している。この点で地方自治行政の民主制へのより強い回帰的結びつきは近時の裁判判決において、何ものも変えることはなかったとされ、シュミット-アスマンは、この点でも地方自治体の行政の二重の役割に注意を払わなければならないと説く。(68) 地方自治行政の機能が基本法第二八条二項の解釈にとっての消尽点（Fluchtpunkt）であるとされ、近時の連邦憲法裁判所の裁判を規定しているのは、同法第二八条一項及び第二〇条一項乃至三項の構造決定の文脈において、この機能の特殊なメルクマールの常に正確な把握とそれに適応させられた独自の自治行政保障のドグマーティクであるとした上で、変更された憲法体系上の地位から基本法上の自治行政保障を解釈することが必要であるとする。このような立場から、市町村は公的な行政の担い手として国家の一部であるとの把握が生み出される。

⑿　前記シュミット-アスマンの説く地方自治行政（Kommunale Verwaltung）の二重の役割（二重の機能とも言われる）とは、一つには組織化された国家性の一部として、今一つは固有の民主的な正統化システム―それは、市民との（身）近さ、概観可能性（任務成就の見通しのよさ）、柔軟性及び自発性に結びつけられた正統化システムを伴った分散化（分権化）した参加（型）の行政として機能するというものである。そして、これはドイツの公法学説の共通の理解、認識と言える。シュミット-アスマンに依れば、ここで重要なのは、その中で民主制と行政とが独特に且つ自立的に一つに結びついている国家組織原理である。(69)

このように一九世紀中葉以来ドイツにおいて形成されてきた地方自治行政は、政治的な分権化の構造化されたモデルを具体化し、地域の共同体のあらゆる事項に取り組むための権限、所謂全権限性及び作用領域の一般性の意味でのモデルの基本構想の点で、今日まで何か変わるということはほとんどなかったとされる。自治体（市町村）は、憲法の決まりによって固有の、国家から分離された正統化システムと任務領域を賦与され、そのシステムや任務領域が前記市民との近さ、任務成就の概観可能性等を伴うことによって「系統的に構成された」民主制（gegliederte

Demokratie）、すなわち下から上への民主的国家構造の組織次元及び行動次元となる。[70]

ii　国家構造原理としての自治行政

⒀　前記ニールハウスの指摘するように、地方自治体の自治行政は、先ず第一に執行上の分権化ではなくて、根本的には政治的、憲法上の国家構造原理であると捉えられるが、しかし、この二つの原理の結合がドイツの自治行政に特色を与えているともいわれる。

ピュットナーに依れば、地方自治体の自治行政は、ドイツにおいては地方の次元での連邦主義の継承を意味しないし、市町村の自律（アウトノミー）も意味しない。既述のごとく市町村や郡（Kreis）には国家の特性は当然に与えられるものではなく、また自身で自身に「法律」を与えることもできない。それゆえ市町村や郡は自律的ではなく、国家の法律それ自体の範囲内で管理、運営を行うのであるという。しかし、自治行政は、地方や郡の段階における固有の責任（の重さ）を自覚した行政であるばかりでなく、地方の市民層の行政への参加並びに下から上への民主制の構造の実現でもあると捉えられている。一九世紀にあっては、こうした明白な刻印の中に地方自治体の自治行政は、すぐれて政治的な意義を有していたのであり、それは君主によって統治された国家に対して市民階級の一層の民主的に理解された国家における協力の要素を有効に働かせたと評される。この間、シュタイン-ハルデンベルクの改革や市民階級による名誉職の行政を自治行政の本質として強調したグナイストの理論構成を経て、民主的にその構造を与えられた自治行政が、一九一九年及び一九四九年に、民主的国家の地方の、並びに地域的な基礎として引き継がれ、さらに発展させられたと捉えられる。そして、今日においても地方自治体の自治行政は幅広く扇状に拡げられた「市民に身近な」民主制（bürgernahe Demokratie）の基礎になっているという。[71]ここで市民に身近なという命題は、地方自治体の自治行政とそれと結びつけられた番人としての機能が基本法の中には規定されていないが、一般的に受容されている目標、すなわち、すべての地方において少なくとも最小の基礎構造（インフラストラクチャー）の保障の形で、できるだけ同価値の生活関係を築くという目標を強調するということに現われているとされる。そのことは一つには市長以下、人民代表とされる機関が、その領域及び住民が不利益を与えられないということについて注意深く監視することによって担保されるのである。[72]

⒁　他方、ショルツは、自治行政という法概念自体はドイツにおいて明確に説明されてはいないと指摘する。[73]市町村やそのほかの市町村連合の自治行政を基本法の構造の中で解明するために基本法第二八条二項が学説・判例によって出発点として選択されているものの、明確に説明されているとは言い難いとの評価である。この条項の原則的な規律から、この概念が基本法によって伸縮性に富んだ、且つ実体のおぼろげなものとみなされているということが判明する。そしてここで確実なことは、基本法の意味での自治行政のもとに国家の限定された作用可能性を伴った法定立及び法執行の一定の現象形式が理解されうるのであり、その現象形式はさらに詳細に規定されなければならない、ということであると説く。[74]

そこでショルツの解釈は、条項の文言に着目して以下のように展開される。すなわち、基本法において自治行政の文言は、市町村連合についてだけ使用されているが、基本法の目標設定においては、まさに市町村にもふりかかってくるのであり、基本法は第二八条二項一文において、初めに第二文において初めて使用された概念の一種の法律にかなった定義を与えようとした、つまり、第二文の「もまた（auch）」という文言は第一文との関係を作っていることは明白である。自治行政の概念規定は、それが自治行政（を支持する）決定の作用、効果を、自治行政の前提あるいは概念のメルクマールの中に受け入れているということに悩まされることは珍しいことではない。そうだとすると、自治行政は自主独立の、すなわち指令から自由な規範の適用及び実行、あるいは固有の、国家から独立した機関による、規範によって拘束されない領域での目標の達成努力の中に存在するような固有の責任での任務の遂行に仕える活動として、多方面から解釈される。地方自治体の領域においては自治行政は明文をもっての強調がなくても、所謂アウトノミーを包含する、つまり条例の形態で一般的、抽象的な法規を発令する権限の中に現れるところの自治行政の担い手の内部領域のための法定立、それも固有の責任での法定立を包含するのである。たとえ自治行政の内容の把握に際して、それの歴史的な現象形態が顧慮されなければならないとしても、しかし、新しい展開から新しい観点が結果として生じることはありうるし、模範なしに新しく生れた制度（体）が自治行政の対象とみなされることもありうるのであるという。(75)

以上のように、自治行政の概念の構成は、指令に拘束されない規範の適用と実行、規範によって拘束されない領域での目標の達成の中に存する任務の遂行という抽象的なレベルに止ってはいるものの、そこに固有の責任という要素が加味され、基本的に国家構造原理としての自治行政は、その領域内部の事項について固有の責任において法定立の権限を承認されており、それを担う機関も国家から独立の地位が承認されることになる。一面において歴史的な現象形態にとらわれない解釈手法が採られている点が特徴的であり、近時の日本における新しい観点からの「地方自治の本旨」に関する公法学説と軌を一にするところがある。

(15)　また、シュミット・アスマンは、主として郡（Landkreise）に焦点をあてた論稿において、基本法の自治行政構想は区分モデル（Differenzierungsmodell）から出発しており、それは市町村や郡にとって二、三の共通の基礎的な採択に基づいているとして、この共通的基礎としての三つのものを提示する。すなわち直接的な民主的正統化（Unmittelbare demokratische Legitimation）、行政としての自治行政、そして概観可能性の原理（Prinzip der Überschaubarkeit）の三つである。国家構造原理との関係で注目すべきは、第一の直接的な民主的正統化である。(76)

シュミット-アスマンに依れば、市町村と郡は直接的な民主的正統化を連邦及び州と分け合っており、連邦憲法裁判所によってそう呼ばれた「民主的正統化基礎の統一性」は、地方自治体の国家構造の中での領域団体としての特別の地位を考慮に入れている。そして、そのような地位は、市町村には連邦憲法によって明確に、そして郡には州法によって伝来的に、その領域に関係づけられ、与えることを認められた全権限性の適切な必然的結果であるという。これに相応する基本法第二八条一項二文の規定は、同二頃の自治行政保障の最も重要な補充であり、すべての独立させられた行政の担い手のもとで、市町村と並んで、ただ郡だけを際立たせている同条項は、郡に機能に適した任務の法律による付与を含むところの制度的保障を与えており、それは結局、歴史的な展開によって正当化されるものではないと説く。

ここでは、基本法第二八条一項と二項との関係の捉え方、並びに自治行政の歴史的展開の解釈理論における役割の評価の点で、前記ショルツと同旨の地方自治体の解釈論が展開されている。いずれにおいても国家構造原理の中での自治行政の存在の一定の独立性が、基本法第二八条一、二項の解釈から導き出されており、そこにおいて歴史的展開の先導的役割というものが、解釈においてさほど大きなウエイトを占めていないという点で共通していることに注目しておきたい。

iii　自治行政の本質内容について

(16)　前記ピュットナーに依れば、地方自治体の自治行政の保障は基本法において定式化されているものの自己矛盾しているという。すなわち、一面において非常に広く捉えられ、地方自治体の独立性を強調する保障が眼目であるのに対して、他面では、地方の事項のみが保障され、その保障は「法律の範囲内で」行われるに過ぎない。それゆえ、その任務と形式可能性は市町村（そして郡）が、それの「地方の特性」を失うか、あるいは国家が法律による規律でもって介入することによって市町村（郡）からすべり落ちる可能性がある。その間、連邦憲法裁判所は、二つの問題に対して態度を決めてきたところである。(77)このため前述のごとく、一方においてピュットナーのように、自治行政はドイツにおいては市町村のアウトノミーを意味しないと説き、他方でショルツのように、地方自治体の領域では自治行政はアウトノミーを包括すると説くごとく理解が二分される。前者は、基本法第二八条二項一文の「法律の範囲内で」の定式に着目し、後者は、条例という形態での一般的、抽象的な法規を発令する権限をより重視した結果である。

右のアウトノミー概念は、公の議論において頻繁に非技術的な意味で用いられ、自治行政概念と同一視されていると言われる。しかし、ヘントラーに依れば、厳密な国法上及び行政法上の意味でのアウトノミーのもとには、法律上の権限授与に基づくところの条例という形式での客観法の固有の責任での定立に関する組織上独立させられた高権の担い手の権限が理解されうるのであり、従って、ここで問題なのは、公法上の制度の自己立法権（Selbstgesetzgebungsrecht）ないし条例制定権であるが、法律学の領域においてもアウトノミー概念の内容に関する完全な一致は存在しないという[78]。その点でこの概念は一義的に明確なものではないので、立法者が自治行政権を供与した高権の担い手が、この概念によって「機械的に」条例制定権をも有するということから簡単に出発することはできない。むしろこの問題はその都度、個別的事例において具体的な規範素材に基づいて特別に審査されなければならないとされる。

ただ、ヘントラーに依れば、二、三の自治行政の担い手にとって条例制定権は、既に憲法から直接的に生じるものであり、このことは例えば市町村（基本法第二八条二項一文）並びに大学（同第五条三項一文）に当てはまるとされる[79]。この条例制定権は、手段の関係で自治行政のために存在するものと捉えられるが、自治行政の担い手に課せられている任務を固有の責任において果す際に、それら担い手の特別に重要な行動手段及び形成手段であることが判明する。その点で、アウトノミーが連邦憲法裁判所（の判決）によって「自治行政の本質的要素」と呼ばれているのは正当であると評される[80]。

(17)　一方、前記ピュットナーの関心事は、基本法第二八条二項の「地方の事項」並びに「法律の範囲内で」という文言である。この点に関して連邦憲法裁判所のラシュテーデ決定が援用され、そこから基本法は市町村に一つの

「特殊な機能」を割り当てたのであり、第二八条二項は市町村のために憲法上の任務原理を含んでいるとの命題を描き出している。そこで共同体の事項とは、地方の共同体に基礎を持ち、あるいはそれと特別な関係を持つような要求と利益であり、まさにそのようなものとして市町村の住民に共通している要求と利益である。かくして市町村には地方の事項の形成の中に一定の任務領域が、そして郡には適当な任務領域が原則として保障されるとすれば、「法律の範囲内で」という定式が何を意味するのか、つまり立法者はどの程度までその任務を取り上げ、固有の責任を限定する介入が許されるのかという問題には決定的な重要性があることになる[81]。

ただ、立法者が、与えられた法律の留保を任意に内容で満たすことができるとすれば、自治行政保障は空虚なものとなるが、他面、第二八条二項の本文から、どこに立法者の規律権力がそれの限界を見い出すべきか、そこにいかなる指示も看て取ることができない。ピュットナーに依れば、かつての古い裁判例は、この問題の解決のために、立法者は自治行政の「本質内容」を不可侵の状態にしておかなければならないという命題を展開したが、それは、何が自治行政の「本質内容」に属するのか、ということに関する果てしない、そして結果においてあまり実り豊かでない論争を惹起し、判例・学説は確かに常に「本質内容」の理論に固執したが、この「本質内容」がどのように定義することができるのか解明されることはなかったという。一説として、後にノルトライン-ヴェストファーレン州憲法裁判所が「本質内容」の理論の困難さを意識して比例原則の力に頼ったが、この最初の試みが、しばしば看取された下から上への任務の移動（置き換え）に対してどの程度まで保護を提供するのか、なお見通すことができないと評される[82]。そこで新しい、且つ実質的に自治行政の保護の態勢に入る理論を展開したと評されるのが一九八八年二月二三日の連邦憲法裁判所のラシュテーデ決定である[83]。

⒅　すなわち同決定に依れば、立法者は核心領域の外においても規制にとらわれないわけではなく、むしろ憲法に基づいて市町村に認められる「特殊な機能」を考慮しなければならない。また立法者は特に市町村の全権限性の

原則に注意を払わなければならないし、市民に身近な行政の意味で、憲法によって望まれた任務配分原理をも考慮に入れなければならない。そして、地方の共同体に基礎を有し、市町村における人間の共同生活に関係する事項は、任意に、且つとりわけ行政能力の不足のゆえに、市町村から取り上げられてはならないという。(84)

ここでは自治行政保障の核心領域（Kernbereich）なる概念を提示し、それが立法者の法律による形成に一定の限界を設定、提供するとされる。尤も、ドイツの公法学説においては、自治行政保障の核心領域（本質内容）には、いかなる具体的、確定的に叙述された任務の存続も固有の責任のスタンダードもふさわしくないとの見解も存し、(85)この核心領域の具体的内容は必ずしも明確に示されているというわけではない。が、連邦憲法裁判所（判例）は比較的積極的に具体的内容を提示する傾向にある。この点イプセンの説明に依れば、同裁判所は、自治行政は核心領域において保護されるということから出発しており、その核心領域は確かに確固たる任務カタログとして把握されうるものでないという。(86)しかし、同裁判所のラシュテーデ決定の提示した定義に依ると、法律によってとくに公の行政の他の担い手に委ねられないところの、特別の権限権限なしに地方の共同体のすべての事項を引き受ける権限（市町村の作用領域の一般性）が、その核心領域に属するとしている。(87)これに従えば、イプセンに依ると、基本法第二八条二項一文の規範的意図は、市町村に原則として「地方の共同体のすべての事項を包括する任務領域」を保障することであるという。また、一説には、第二八条二項は制度的保障として法律によるあらゆる削減に対して地方自治体の自治行政の本質内容（Wesensgehalt）を保護しており、その点で自治行政を絶対的に法律に対して強い（gesetzesfest）ものにしているとし、伝統的理解に従えば、基本権制限に関する第一九条二項において明確に規範化されている本質内容というバリケードの中に憲法上の保障の本来の意義が見い出されるとするブリューメルの立場も存する。(88)ここにおいて核心領域といい、本質内容あるいは根本的存立（Grundbestand）といい、いずれの概念もその機能は同じものとして捉えられている。本稿では核心領域理論（Kernbereichstheorie）と呼んでおくことにする。

⒆　右のように核心領域理論が立法者の法律による形成に一定の限界を設定する（不可侵の本質内容は立法者にとって最大の限界を形成する。）ということは端的に言えば、法律の留保原則に対抗する、あるいはそれを制約する役割を担うことになる。従って、この核心領域ないし本質内容を法律の留保の限界として捉えて、論旨を展開する議論も見られ、その一つが前記ドライヤーの註釈解説である。それは、連邦憲法裁判所の諸判例を念頭に置いて、基本的に核心領域と市町村に特殊な任務の配分原理との二段階の構造を持つものを法律の留保の限界として提示する。(89)その概要は以下のようなものである。

すなわち、法律の留保が地方自治体の自治行政の「アキレウスのかかと」になってはならないとすれば、立法者の干渉にそれの立場で限界が設定されなければならないという認識が出発点である。右のような問題構造の類似性のゆえにドライヤーに依れば、基本権（保護）のために展開された「制約（に対する）・制約」理論（Lehre von den Schranken-Schranken）が、かつてひっぱり出されたが、周知のように連邦憲法裁判所は、ラシュテーデ決定でもって一般に認められているわけではないところの段階に分けられた構想をそれに対置させている。それに依ると、地方自治体の自治行政の核心領域が先ず第一に保護され、それの周辺領域（Vorfeld）においては、市町村に特殊な任務の配分原理が適用されるという。このように、市町村の自治行政保障の法律による制限は、先ず第一に自治行政（保障）の核心領域ないし本質内容を侵害されないままに置かなければならない。確かに、核心の存続は厳密且つ具体的に任務に固定しうるものではない。むしろ核心領域を規定するに際しては、なかんずく歴史的な展開及び様々の（伝統的な）現象形態が顧慮されなければならない、と説かれる。(90)

なお、連邦憲法裁判所判例においては、法律によって他に割り当てられない任務に対する Zugriffsrecht（手出し（把握）権）と並んで、市町村の存立及びその領域を変更することは、公共の福祉という理由からのみ、且つ関係する領域共同体の聴聞ののちに初めて許されるという原則を核心領域の一部とみなし、さらに核心領域においては、市町村の自主的な組織に関する形成能力が結果において圧殺されるような規律は不可能であり、それに応じて財政上の最小限度の装備もまた保護される核心領域に算入されるとする説示が見られるという。この地方自治体の「手出し（把握）権あるいは任務案出権（Zugriffs-oder Aufgabenerfindungsrecht）」は、前記ニールハウスの理解では、伝統的なアイデンティティを規定するメルクマールの意味での本質内容を特別にはっきり強調されて示されたもののみを意味する。というのは連邦憲法裁判所は相変わらず比較的古い裁判判決に固執しており、それに従うと、自治行政は、それがなお見せかけだけの存在しか身につけていないという結果を伴って、完全に除去され、あるいはうつろにされてはならず、力強い活動のための機会が市町村から奪い取られてはならないとされるからである[91]。こうして市町村は、核心領域でもって特別に強力な干渉からのみ保護され、それゆえ、その周辺領域においては、連邦憲法裁判所は、市町村に特殊な任務の配分原理をそこに根をおろさせているということになる。

(20)　さらにラシュテーデ決定は、法律による任務剥奪に対する市町村の絶対的保護が与えられているわけではなく、保護には限界があることも認めている。それは共通の利害関係という理由から、若し仮に規定通りの任務履行が保証されないとすれば、市町村の任務がより上位の機関に移されることも許されるということである。勿論、行政の簡易化や権限の集中といった単純な目標は、基本法の秩序の意味に従うならば、そのための十分な根拠とはならない[92]。したがってピュットナーに依れば、同決定によって確かに結果においては、自治行政の従来の保護に比較して相当なものが勝ち取られているが、ただ、非常に多くのものではないと評される。ここでは、自治行政保障の相対性が際立たせられることとなり、事実、自治行政保障の実質的な内容として挙げられる個々の地方自治体高権（Hoheiten）も、今日すべて法律によってかなり制限されていると指摘されるのである[93]。

さて、自治行政保障の内容の具体的説明のために挙げられる個別的な地方自治体高権の一つである条例高権（die Satzungshoheit）、すなわち、地域法の発令としての条例制定権は、基本法第二八条二項一文の解釈問題を提起してきたことは周知のところである。「法律による形成を必要とする」と解される自治行政保障の重要な構成要素が、「法律の範囲内において」「規律する権利」を保障するとされることとの関連において、どのようにドグマーティクが展開されるのか、以下で検討していきたい。

(三)　自治立法権の地位と役割

(21)　前節でのショルツの所説に見られたように、地方自治体の活動領域では、所謂アウトノミーが条例の形態で一般的、抽象的な法規を発令する権限の中に現れる法定立と同義のものと捉えられていた。また、前記ヘントラーにおいても、市町村という自治行政の担い手にとっては、条例制定権（Satzurgsrecht）は、既に憲法から直接的に生ずるものと解されている。

右のような解釈はシュミット-アスマンにも共有されている。すなわち、シュミット-アスマンは、基本法第二八条二項は、地方自治体の自治行政を基本的に法設定権限として構成していると捉えられるとともに、同条項は最小限の保障としてというより構造を付与する保障として作用する捉えるが[(94)]、このことは、前述のごとく自治行政保障のドグマーティクは一目でわかる方法で基本法第二八条二項の構成要件のメルクマールに結びつけることができる、つまり構成要件のメルクマールをドグマーティクの根拠とすることができるとの認識と結びついている。そして、法定立は、地方自治体の団体の必須の意思表示形式であり、それが自由に使用できる行政上の法定立の形式によって差し出されているように、一般的、抽象的な、あるいは計画に係る目標を設定する規律の可能性なくしては、その中で行政任務が地方自治体の団体によって引き受けられる範囲内で、その任務は成し遂げることはできないとの認識が前提とされる。このようにシュミット-アスマンにおいても、地方自治体の次元において法定立とは、先ず第一に条例の設定の意味であり、条例は固有の責任での任務の実行の典型的な手段である。それゆえ、固有の事項の領域で条例を発令する権限は、憲法上定着した自治行政権に属するという結論に至る。市町村規定や郡規定は、それらの条例条項の中に、ただ単にこの自治行政権の確認を含んでいるに過ぎないということになる。(95)

(22) なお、イプセンに依れば、行政とは個別事例の決定並びに（法律より下位の）法定立をも意味するとされ、自治行政は首尾一貫して固有の法定立の手段が自由に使えるということを意味しなければならない。従って、個別事例の決定に限定される行政だとするならば、それは本質的に外から制御されており、その点で自治行政たりえない。それゆえ、シュミット-アスマンと同様に、地方の領域団体の条例制定権は基本法第二八条二項によって保障されていると解され、地方自治体の自治行政の核心領域の中に組み込まれているという。(96)

さて、周知のように、ドイツ基本法は地方自治体の条例制定権を明文規定をもって保障しているわけではない。しかし、オッセンビュールも説くように、市町村の条例アウトノミーは、地方自治体の本質的な構成要素として憲法によって保障され、それは基本法第二八条二項の「規律する（regeln）」という文言から直接導き出される、というのが一般的理解である。(97) この「規律する」という文言の中に固有の地方の事項に関して、自律的な規範定立権限が防護されているように見えるとの示唆を見い出すのである。(98) 歴史的展開において、条例権限がなくては、地方自治体の自治行政の本質は考えられないとの認識のもと、現在の法秩序に依れば、地方自治体の条例権限は基本法第二八条二項において共に保障されているとの結論に至っている。ただ、オッセンビュールに依れば、条例権限はその時々の市町村が引き受ける地方の共同体の固有の事項に限定される。そこで、地方自治体の条例は、特に三つの専門領域について中心的な意義を有するという。

すなわち、第一に条例は地方自治体の自己組織化の手段であり、第二に地方自治体の条例は租税及び大衆行政の成就のための規律手段及び公の制度の形をとった市町村の生存配慮の制度的秩序のための規律手段であり、そして第三に条例は地方自治体の計画の手段である。第一の領域が特に主要な条例の中に登場するもので、そこで市町村は、法律によって予め与えられた地方自治体の体制の枠組みの中で、個別具体的な組織化の規約を与え、設定するというものである。[99] この点に地方自治行政の国家構造原理との密接な関係性が示唆されている。

(23)　なお、オッセンビュールは、条例アウトノミーの着想に関する解釈理論をめぐって、条例アウトノミーと国家法との関係に着目して、実際的な影響はわずかしか示していない三つの代表的な立場を紹介している。そして、これらの立場は大筋においては部分的に互いに混ざり合っているとされる。[100] すなわち本源性理論（Originalitätstheorie）、放棄理論（Dereliktionstheorie）、そして委譲理論（Delegationstheorie）の三つの理論である。

第一の本源性理論は、本源的な権利としての条例アウトノミーが自治行政団体の生来の作用領域にふさわしいということから出発しており、その点で、この理論は自然法によって基礎づけられ、それによって供給されたアウトノミー観念の表現であるとされる。この理論に依ると、条例は国家によってその存立を承認された自律的団体の固有の法定立権から生ずるものであり、条例アウトノミーは国家によって付与されたのではなく、本源的な法定立権として許され、承認されたものである。この理論は前述のごとく自然法上基礎づけられた法的地位としての市町村の自由の観念に基礎を置くものとして、国家に対する共同体的、社会的な自治行政の意味で（の）市町村の自治行政を限定し、その法的地位を防御すべきものとされたのである。

第二の放棄理論に依れば、共同体的自治行政が基礎を置いているのは、自治行政の担い手には国家によって放棄された公の事項が、固有の形成のための固有の事項として与えられるという発想であり、また自律的団体の法定立権が基礎を置いているのは、前記本源性理論とは異なり自然法上の基礎ではなくて、国家の規律の放棄である。国家は何も委譲しておらず、それがアウトノミーの担い手に固有の法定立のルートを開拓することによって特権を付与し、資格を与えていると捉えられる。自律的団体の条例制定権は、国家によって解放され、自由にされた空間（活動範囲）の中で展開され、そのことによって国家の規律独占は原理において承認されることになる。（換言すれば、条例制定権は国家権力の外に、そして場合によっては国家権力に対峙して存在するのではなくて、むしろ国家による正統化を必要とする。）

そして第三の委譲理論はさらに一歩進んでいる。この理論に依ると、条例アウトノミーは国家によって国内の団体に委譲されているとされる。そうすると条例は（国家法から）導き出された派生法源であるように見えることになり、その特殊性と法規命令に対する境界設定について説明が必要となる。

(24)　右の三つの解釈理論は前述のごとく実際的な影響はわずかであると評される。すなわち第一の理論は今日、時代遅れとして扱われており、第二と第三の理論の間には理論的に認識できる相違はほとんどないとされる。オッセンビュールに依れば、国家が国内の団体に法定立権力を委託するか、あるいは委譲するかどうかはほとんど「物の言い様」であるように見えるし、二つの可能性の間の相違は、むしろ空間的、象徴的な観念の領域の中で動いている。[101]

条例アウトノミーと国家法との関係についてのオッセンビュールの理解は、右の解釈理論のいずれとも異なり、むしろ国家権力ないし国家法に基礎を有するアウトノミーという構図を基本とする。

すなわち、基本法の標榜する民主的法治国家の法定立独占は、原理的な国家の法定立権力は、国家権力の表現として存在することは議論の余地がない。とりわけそれの表現が法定立であるところの高権権力は、基本法の秩序においては、国家にのみ当然与えられる。それゆえ条例アウトノミーを含めてすべての高権権力は、その起源を国家に求めることができなければならないし、国家によって正統化されなければならない。アウトノミーもまた、国家法にその基礎を持ち、国家による授与に基づいている。国内の行政の統一性や団体（市町村等）の法定立権力は、国家の権能付与に基づき、且つその枠組みの中でのみ存在する。その限りで国家の法定立権力と自律的な法定立権力の間の競合は存在しない。個々の法共同体の調整されないことによる法創造の無秩序に対して、国家の主権の文明に基づく成果に固執されるべきである。基本法の憲法秩序は確かに多元主義的に構造を与えられているが、しかし団体主義的にではない。(102)

また、条例アウトノミーは、比較的局限された行政の統一性の理解力への信頼に基づいた法定立権力であり、国家はその権力を（基準に従って）民主的に正統化された下位の組織段階の市町村に所属させている。このことを前提にすると、条例は確かに国家から導き出された法源ではあるが、しかし、それは国家法ではなくて自律法である。この自律法は、予め基準として与えられた国家法の枠組み内ということを保たなければならず、それゆえその名前に値しなければならない。なぜなら、その名前は、国家機関によって予め形成された意志ではなくて、自律的な意志によって担われるからである。(103)

右のようなオッセンビュールの立場に接すると、日本の憲法学説の説く伝来説あるいは新伝来説を彷彿とさせるものがあり、ドイツにおける地域団体、特に自治都市の歴史的発展過程を思うとき、やや意外の感もないでもない。しかし、ドイツ基本法の採る民主的法治国家において、原理的な国家の法定立独占が国家権力の表現として存在するということが議論の余地がないとするオッセンビュールの理解が正しいとすれば、そこから推論するならば、右のような特に条例制定権の地位に関する解釈は当然の帰結ということになろう。われわれは、既に紹介されているように、(104)ヴァイマル期から第二次大戦後初期にかけてのドイツの支配的見解が「市町村をはじめとする自治行政体は、本来的な条例制定権を備えず、国家により与えられた枠内で、その権限を有するにとどまると解された。」とされる段階から、大枠を維持したまま、アウトノミー概念を積極的に展開することを通じて、自律性を加味して自治立法権を充実させる方向へ学説を進展させていった理論的成果の一つをここに見ることができる。

(28) 塩野・前掲書註(8)一一八-一一九頁、一二一頁参照。
(29) 塩野・前掲書註(8)一二一頁参照。

(30)　塩野・前掲書註(8)一二三頁参照。

(31)　たとえば行政法学説の指摘するところを示せば、「わが国での地方自治の制度的保障理論は、抽象化されたものとなるが、それだけに、保障された制度の内容を明確化することは困難である。つまり、制度的保障というだけでは、内容は確定してこないという問題があるのである。」という。塩野・前掲書註(8)一二二-一二三頁参照。一方、憲法学説にも次のような指摘が存する。すなわち、「制度的保障」を説く意味が実際には乏しいとした上で、「制度の周辺部分は立法で形成可能だが、核心部分の変更は、憲法改正が必要だという意味で『制度的保障』を語り、『地方自治の本旨』がその核心に当たる、と説かれる場合もあります。しかし、これは、『憲法九二条によって地方自治の本旨に反する立法はできない』という自明の事柄を言い換えたにすぎません。このように、制度的保障という性格づけから何か有益な帰結が導かれるわけでもないので、最近ではこの説明を避ける教科書も増えています。」と指摘する。宍戸常寿「統治機構(6)地方自治」法学セミナー六六三号（二〇一〇）五五頁参照。実際、右の指摘にあるように、地方自治に関連して制度的保障についての説明の無い憲法教科書が存在するが、因みに、大石眞教授の執筆された『憲法講義Ⅱ（第二版）』（二〇〇九）においても、地方自治の講で制度的保障理論についての叙述は見られない。なお、財産権の保護との関連では「制度保障説」に言及している。同書Ⅰ一六九頁参照。

(32)　塩野・前掲書註(8)二〇七頁、同「地方公共団体の法的地位論覚書き」同『国と地方公共団体』（一九九〇）二二頁以下参照。

(33)　塩野・前掲書註(8)二〇八-二一〇九頁参照。

(34)　たとえば、従来、地方自治の本旨の要素とされていた団体自治と住民自治に国と地方の役割分担原則あるいは自治体における自己決定・自己責任の体制を加える説のほか、実定法律規定に手がかりを求めて、地方自治法第一条の二及び第二条一一項から一三項までの規定を憲法第九二条の具体化と捉える説、北村喜宣『分権改革と条例』（二〇〇四）一四頁以下、同「新地方自治法施行後の条例論・試論（上）」自治研究第七六巻第八号（二〇〇〇）四七頁以下参照、従来の団体自治、住民自治には自治の中味の説明がなく、団体と住民が対等の位置に設定されているので、現在地方自治を論じる上でふさわしくないとして、団体自治は地方政府のもつ地方統治権に、住民自治は住民のもつ地方参政権と呼びかえるべきなどと説いて、地方自治の本旨は地方統治権、地方参政権、対中央政府独立性、地域内最高性の四つの概念によって把握されるとする説などがある。渋谷秀樹「憲法と条例――人権保障と地方自治」ジュリスト一三九六号（二〇一〇）一二八頁、同『憲法』（二〇〇七）六七一頁以下（六七三-四）参照。なお、同じく地方自治法第二条諸規定に着目する、斎藤誠「条例制定権の限界」『行政法の争点〔第三版〕』（二〇〇四）一五九頁は、「改正自治法が『地域における事務』（二条二項）という概念を採用し、国・地方公共団体の役割分担（一条の二）、立法・解釈・運用における、地方自治の本旨、役割分担の配慮（二条一一項・一二項）、自治事務における地域の特性に応じた処理への国の配慮（同条一三項）につき定めたことが、意味をもつ」として、「地方自治体は、地域における事務の遂行にあたり、法令の遵守義務を負っており、国は、地域性のある事務についても法令により法的規律空間を一般に創出できる。しかし、義務の範囲は、憲法上の地方自治保障と二条諸規定によって画される。」と説く。右の「事務の地域性」を重視する同論者の別稿として、同「国法の規律と地域性」小早川光郎・宇賀克也編『行政法の発展と変革（下）』（二〇〇一）四〇七頁以下の特にM・ブルギの所説の紹介も参照。また以下の論稿も参照、塩野宏「地方自治の本旨に関する一考察」自治研究第八〇巻一一号（二〇〇四）二七頁以下及び白藤博行「地方自治の本旨」『行政法の争点〔第三版〕』一五六頁以下。

(35)　成田頼明「地方制度改革と憲法第八章」都市問題第九六巻第五号（二〇〇五）六七頁は、「国・地方の役割分担については憲法第八章から規範原理をひき出すことができず、現行憲法の限界を痛感させられたものである。」と述懐している。

(36)　佐藤達夫「日本国憲法成立史（四）」ジュリスト第八四号（一九五五）一二頁参照。

(37)　佐藤達夫「憲法第八章覚書」地方財務協会・地方自治論文集（一九五五）四〇頁参照。

(38)　小嶋・前掲論文註(25)「第一〇講　条例制定権」一九三頁参照。

(39)　横大道・前掲論文註(20)五四頁は「条例制定権拡大の第一義的役割を担うのは、やはり憲法ではなく法律である。そして法律の解釈で拡大を目指そうとするのであれば、地方自治に関する広範な立法裁量を受けて、『地方自治の本旨』を充足させている地方自治法の解釈が重要となってくる。」と指摘する。また、北村喜宣「法律改革と自治体」公法研究第七二号（二〇一〇）一一四頁は、「公法学としては、現行法を所与とすることなく、大胆に制度の転換をした第一次地方分権改革の意義を受けとめ、それをより具体化する議論をしなければならない。」とし、「大改革の成果を現実のものにするため、それを推進する大解釈が必要である。」と説く。なおクネーマイヤーの以下の論稿も参照。Franz-Ludwig Knemeyer, Gewährleistung des notwendigen Handlungs-und Entfaltung-sspielraums der kommunalen Selbstverwaltung. in: NJW. 33. Jg.（1980）. Heft 21. S.1140 ff. 地方自治体の基本法上保障されたオートノミーがその現実性が除去されていることにつき、同法第二八条二項の憲法上の基本決定は基本法制定当時と同じ意義を有しているとして、憲法の規定の修正ではなく、法律以下の憲法に相応する形成と適用が必要と説く。

(40)　豊永郁子「現憲法下におけるアメリカ型地方自治の可能性」地方自治第六七二号（二〇〇三）二頁以下参照。また、以下の論稿も参照。原田一明「日本国憲法が規定する『地方自治の本旨』」兼子仁先生古稀記念『分権時代と自治体法学』（二〇〇七）七五頁以下、佐々木高雄「『地方自治の本旨』条項の成立経緯」青山法学論集第四六巻第一・二合併号（二〇〇四）一五二頁以下、須貝脩一

「憲法第八章」法学論叢第八八巻第四・五・六号（一九七一）一頁以下。

（41）飯島淳子「フランスにおける"地方自治の本旨"」地方自治第六七二号（二〇〇三）二頁以下、同「フランスにおける地方自治の法理論（一）～（五・完）」国家学会雑誌第一一八巻第三・四、七・八、一一・一二号、第一一九巻第一・二、五・六号（二〇〇五－二〇〇六）、同「地方分権・地方自治の法構造」法学（東北大学）第七三巻第一号（二〇〇九）一頁以下参照。

（42）田上穣治「憲法と地方自治」自治論文集（前掲註（13））二頁参照。

（43）田上・前掲論文註（42）二－四頁参照。

（44）Peter J. Tettinger, in: Mangolt: Klein, Starck (Hrsg.), Bonner Grundgesetz, Band 2. 4. Aufl. (2000), Art. 28, Rdnr. 126, Klaus Stern, Das Staatsrecht der Bundesrepublik Deutschland, Band I, 2. Aufl. (1984), S. 399（シュテルンは、セルフ・ガバメントではなく、ローカル・ガバメントと表記）. Hans Pohl, Wurzeln und Anfänge der Selbstverwaltung, dargestellt am Beispiel der Städte, in: von Mutius (Hrsg.), Selbstverwaltung im Staat der Industriegesellschaft, Festgabe zum 70. Geburtstag von Georg Christoph von Unruh (1983), S.3 ff.

（45）Tettinger, a.a.O. Rdnr. 126a.

（46）Wolfgang Löwer, in: von Münch, Kunig (Hrsg.), Grundgesetz-Kommentar, Band 2, 5. Aufl. (2001), Art. 28, Rdnr. 34, Dirk Ehlers, Die verfassungsrechtliche Garantie der kommunalen Selbstverwaltung, in DVBl 115. Jg. Heft 18, (2000), S. 1301.

（47）従って、この第二八条二項は、自治行政の権利そのものを市町村及び市町村連合に授与しており、そのことは既に連邦が自身で守る必要のない義務を州に負わせるとすれば、それは矛盾したものであろうとの考察から生じあっているという。Ehlers, a.a.O. S. 1301, Günter Püttner, in: J. Isensee, P. Kirchhof (Hrsg.) Handbuch des Staatsrechts der Bundesrepublik Deutschland, Band IV, 2. Aufl. (1999), §107 Kommunale Selbstverwaltung, Rdnr. 11. また、自治行政保障を補う第九三条以外の個々の保障や州憲法規定の規律については、Püttner, a.a.O. Rdnr. 12, 13. なお、自治体の憲法訴願は、かつて連邦憲法裁判所法第九一条によって認められていたものであり、それが削除されたという経緯がある。

（48）Franz-Ludwig Knemeyer, Die verfassungsrechtliche Gewährleistung des Selbstverwaltungsrechts der Gemeinde und Landkreise, in: Festgabe zum 70. Geburtstag von Georg Christoph Unruh. S.210 f. なお、全権限性（Allzuständigkeit）の概念について以下のマウンツの論稿も参照。Theodor Maunz, Die Kommunaie Allzuständigkeit, in: Festschrift fur wolfgang Zeidler, Band 2 (1987).

（49） Klaus Stern, a.a.O. S.409. ①市町村及び市町村連合の制度的権利主体保障――同時に国家組織上の構造原理としてその基本法第二八条一項二文及び三項との連結の中に示される市町村と市町村連合の制度の保障、②地方自治行政の客観的な法制度保障――自治体の任務と自治体の固有の責任を果すことの保障、③権利主体保障及び法制度保障への侵害の際の市町村及び市町村連合の主観的法的地位保障――授与された権利の侵害の場合における権利保護。また、白藤博行「裁判の保護に値する地方自治」室井力先生古稀記念論文集『公共性の法構造』（二〇〇四）四一七頁参照。

（50） Knemeyer, a.a.O. s. 211.

（51） Klaus Stern, Die Reform des gemeindlichen Wirtschaftsrechts in Nordrhein-Westfalen im Lichte der verfassungsrechtlichen Selbstverwaltungsgarantie, in: Rechtsstaat und Grundrechte, Festschrift für Detlef Merten, (2007), S. 295. ここで、シュミット-アスマンの論稿をはじめ、主要なドイツ基本法注釈書のほとんどが同旨の理解として列挙されている。

（52） Stern, a.a.O. S. 295. また、市町村は、固有の責任で決定することが認められ、また決定しなければならない。この固有の責任とは、伝統的に一束の高権、所謂市町村高権の中に展開されており、この高権に数え入れられるのは地域、組織、人事、財政、計画並びに法定立の高権であると説明される。ドライヤーは、これを「区分された保護システム（ein differenziertes Schutzsystem）」と呼ぶ。Dreier, in: ders.（Hrsg.）Grundgesetz, Kommentar. BandII. a.a.O. Rdnr. 99.

（53） Tettinger, a.a.O. Rdnr. 154.

（54） たとえば、Dreier, a.a.O. Rdnr. 87. 基本法は地方自治体の自治行政を基本権類似のものとして理解することに反対の立場を決めたのであり、第二八条二項は基本権ではなく、様々の要素を伴った制度的保障である、と説く。

（55） Michael Nierhaus, in: M. Sachs（Hrsg.）, Grundgesetz, 3. Aufl.（2003）. Art. 28, Rdnr. 39.

（56） Herbert Bethge, Das Selbstverwaltungsrecht im Spannungsfeld zwischen institutioneller und grundrechtlicher Freiheit, in: Selbstverwaltung in Staat der Industriegesellschaft, a.a.O. S. 149 ff.

（57） Nierhaus, a.a.O. S. Rdnr. 40.

（58） Tettinger, a.a.O. Rdnr. 159.

（59） Knemeyer, a.a.O. S 213. 以上の三つの保障を整理すると、①市町村と市町村連合の制度の保障、②地域の作用領域の一般性の保障、権限の決定の画定、③法律の範囲内でのオートノミーの保障。ders. a. a. O. S. 226. また、第二八条二項は国家と市町村の中で作用する組織原理を構成するだけでなく、同時に市町村と市町村連合の間の関係において作用する権限画定規範をも創設する。そして、このような二重の作用（性）から、客観的な保障を越えて、市町村及び市町村連合の主観的保障並びに国家の干渉に際してのそれらの任務履行の主観的保障が生じてくるという。

（60） Eberhard Schmidt-Aßmann, Die Garantie der kommunalen Selbstverwaltung, in: P. Badura, H. Dreier (Hrsg.), Festschrift 50 Jahre Bundesverfassungsgericht, 2. Band (2001), S. 806. ただ、基本権の担い手ではありえないとしても、基本法第一〇一条及び第一〇三条の手続基本権並びに平等原則は例外とされる。

（61） Schmidt-Aßmann, a.a.O. S. 807-808. なお、ラシュテーデ決定に関する邦語論稿として、白藤・前掲論文註(42)四二八頁、同「ドイツにおける地方自治改革と法理」室井力先生還暦記念論集『現代行政法の理論』（一九九一）三三二頁以下、同『ドイツの最新憲法判例』（一九九九）三六〇頁以下、薄井一成『分権時代の地方自治』（二〇〇六）四六-四七頁、五八頁、二〇一-二〇二頁、須藤陽子「地方自治における比例原則、補完性原理」兼子仁先生古稀『分権時代と自治体法学』（二〇〇七）一〇一頁以下参照。さらに参照、Schmidt-Aßmann, kommunale Selbstverwaltung "nach Rastede"-Funktion und Dogmatik des Art. 28 Abs. 2 GG in der neueren Rechtsprechung, in: Festschrift für Horst Sendler, 1991, S. 121 (123ff.). Markus Kenntner, Zehn Jahre nach "Rastede", in: DÖV 51. Jg. Heft17 (1998), S.701 ff. 右の薄井・前掲書七四頁は、ラシュテーデ決定は、制度的（体）保障の理論に主観的な法的地位保障の内容を追加したと評する。他方、Kay Waechter, Einrichtungsgarantie als dogmatische Fossilien, in: Die Verwaltung, 29. Band, 1996, Heft 1, S.47 ff. (S. 64, 72)は、詳細に考察した場合には、今日、制度体保障（Einrichtungsgarantie）はもはや必要ではないと認識できると述べ、通例、制度保障という法的表象と結びつけられるドグマーティッシュな帰結は制度体保障としての格付けから生ずるのではなくて、事後に他の論証方針から基礎づけられ、それに書き加えられたものである。従って、これらの帰結のすべては組織法及び基本権作用のドグマーティッシュな基礎から、制度体保障という表象へ遡及することなしに導き出されうるのであり、とりわけ自治行政保障は国家構造規範及び権限規範として理解することが可能で、そのことによって必要な作用が失われることはない、と説く。ヴェヒターの論稿の表題がまさに制度体保障を「ドグマーティッシュな化石」と捉えている点が象徴的である。同旨、Ehlers, a.a.O. S. 1301ff.

（62） Schmidt-Aßmann, a.a.O. S.807-808.

（63） Schmidt-Aßmann, a.a.O. S.812 f.

（64） Schmidt-Aßmann, a.a.O. S.812-813.また Ehlers, a.a.O. S.1302 ff. の判例分析参照。

（65） Reinhard Hendler, § 106 Das Prinzip Selbstverwaltung, in: J. Isensee, P. Kirchhof (Hrsg.), Handbuch des Staatsrechts der

Bundesrepublik Deutschland Band IV 2. Aufl. (1999), Rdnr. 12,13. また、芝池・前掲論文註（4）参照。

(66) Nierhaus, a.a.O. Rdnr. 34.

(67) 大橋洋一「Selbstverwaltung（ドイツの自治行政）」法学教室第一六五号一八頁参照。

(68) Schmidt-Aßmann, a.a.O. S. 811. ニールハウスも市町村と市町村連合は、国家組織法上は州（Länder）の側に属し、従って三つの部分から成る国家構造（連邦・州・市町村）について語ることはできないとした上で、その際市町村は、それに自治行政の権利が保障されているにも拘らず、公権力それ自体の担い手として国家の一部であり、もはや国家組織に対する防御的地位にはない、と説く。Nierhaus, a.a.O. Rdnr. 34. この点テティンガーの表現を借りれば、保障の基本法への受容で以て明示された地方自治団体の承認は、州の領域の内部における階層に分けられた国家構造の構成単位としてである。Tettinger, a.a.O. Rdnr. 159.

(69) Schmidt-Aßmann, a.a.O. S. 806. 地方自治行政を、地方分散化させられた民主制の形式として捉えるドライヤーも同旨、Dreier, a.a.O. Rdnr. 85. 86. なお、地方自治行政と民主制との関係を論じたものとして、以下のクネーマイヤーの論稿も参照。F.-L. Knemeyer, Stärkung kommunaler Selbstverwaltung durch Stärkung örtlicher Demokratie, in: Staatsphilosophie und Rechtspolitik, Festschrift für Martin Kriele zum 65. Geburtstag (1997), S. 1141ff.

(70) Rainer Pitschas, Kommunale Selbstverwaltung und Mediation, Zur Notwendigkeit neutrale Streitschlichtung in Konflikten mit der lokalen Zivilgesellschaft, in: Der Wandel des Staates vor den Herausforderungen der Gegenwart, Festschrift für Winfried Brohm zum 70. Geburtstag (2002). S.710 f. なお、ピーチャスは、地方自治行政が一面では執行的、組織的機能を持つとし、分権化は公の財産の供給に際して公的な行政の能率と実効性を高めることに仕えるものでなければならないと説くと共に、それの民主的、政治的作用にも言及し、それは現実政治においても依然として権力分立及び権力統制のシステムの構成要素として放棄できないと説く。ders. a.a.O. S. 711-712.

(71) Püttner, a.a.O. Rdnr. 1〜4.

(72) シュミット-アスマンに依れば、この市民に身近な行政は四つのメルクマールによって規定される。すなわちその給付の性質、給付調達（Leisturgserbringung）の到達可能性、基礎になっている決定の閲覧可能性、そして市民階級の協力態勢を呼び起こす能力、以上四つによって規定される。なお、任務と給付が地方自治体の学問と実践の中心的概念であるという。Schmidt-Aßmann, Perspektiven der Selbstverwaltung der Landkreise, in: DVBl, 1996, Heft 10, S. 533.

(73) Maunz / Scholz, in: Maunz, Dürig (Hrsg.), Grungesetz Kommentar, (stand 1996), Art. 28, Rdnr. 42.

（74）　Maunz / Scholz, a.a.O. Rdnr. 42. 基本法の発効以来、地方自治体の自治行政の事実上の前提や基盤が激しく変化したとされ、しかもその上、自治行政が基本法によって求められ、規律された意味でなお存立しているのか、あるいは既に第二項がそれとは合致しないほどに崩壊させられているのかどうか、という疑念すら浮かび上っているが、しかし、そのような疑念にも拘らず、先ず第一に基本法の念頭にあるのは何か、基本法が何を要求しているのかということが吟味されなければならないと説かれる。a.a.O. Rdnr. 43.

（75）　Maunz / Scholz, a.a.O. Rdnr. 44.

（76）　Schmidt-Aßmann, in: DVBL. 1996, Heft 10, S. 534.

（77）　Püttner, a.a.O. Rdnr. 16.

（78）　Hendler, a.a.O. Rdnr. 38. 一九世紀並びにヴァイマル時代の国法学及び行政法学において既に自治行政が概念上アウトノミーを包括するか否か議論が戦わされていたが、今日まで意見の相違は取り除かれなかった。一部には自治行政概念はより広い意味で理解され、アウトノミーにまで広げられており、また一部では、この概念は専ら規範を執行する業務に結びつけられるが、しかし規範を与える業務には結びつけられてはいないとされる。

（79）　Hendler, a.a.O. Rdnr. 39.

（80）　Hendler, a.a.O. Rdnr. 40. 連邦憲法裁判所判決として、BVerfGE. 12, 319（325). なお、条例制定権については次節で再度取り上げる。また、オッセンビュールもヘントラーと同旨で、アウトノミーを自治行政の本質的要素であることを前提として議論を進め、市町村の「条例アウトノミー」は地方自治行政の本質的構成要素として憲法によって保障され、それは基本法第二八条二項（"regeln"）から直接導き出されるとしている。Fritz Ossenbühl, §66 Satzung, in: J. Isensee, P. Kirchhof（Hrsg.), Handbuch des Staatsrechts der Bundesrepublik Deutschland, Band III, 2. Aufl.（1996), Rdnr. 2, 17.

（81）　Püttner, a.a.O. § 107, Rdnr. 19. ラシュテーデ決定に基づくならば、第二八条二項の保障、さらに法律の留保もまた、固有の責任の原則だけではなく、任務の存立にも関連し、法律による任務の存立及び任務の割り当てへの法律による介入は、第二八条二項の中に基準と限界も見い出すことは明白であるとする。

（82）　Püttner, a.a.O. Rdnr. 20, 21.

（83）　BVerfGE. 79, 127（143).

（84）　BVerfGE. 79, 127（143). さらに地方自治体の自治行政の機能との関係で論じたものとして、Schmidt-Aßmann, a. a. O. Die Garantie der kommunalen Selbstverwaltung, S. 805. また、薄井・前掲書註(61)四六-四七頁参照。

(85) Nierhaus, a.a.O. Rdnr. 64.

(86) Jörn Ipsen, Soll das kommunale Satzungsrecht gegenüber staatlicher und gerichtlicher Kontrolle gestärkt werden?, in: JZ 1990, Heft 17, S. 790.

(87) BVerfGE. 79, 127 (146). 因みにシュテルンの提示している定義は、本質内容は人がそれの構造及び型を変更することなしに制度から取り除くことのできない制度に必須のものである、という内容である。Stern, a.a.O. (Staatsrecht I), S. 416.

(88) Willi Blümel, Wesensgehalt und Schranken des kommunalen Selbstverwaltungsrechts. in: Selbstverwaltung im Staat der Industriegesellschaft. S. 296. 尤も、基本法第一九条二項の本質内容概念を援用することに対しては、同条項からは限界は生じないとするドライヤーの有力の反対論がある。というのは、同法第二八条二項は基本権ではないからである。Dreier, a.a.O. Rdnr. 125.

(89) Dreier, a.a.O. Rdnr. 124ff.

(90) Dreier, a.a.O. Rdnr. 125.

(91) Nierhaus, a.a.O. Rdnr. 64.

(92) Püttner, a.a.O. Rdnr. 22, 23.

(93) Püttner, a.a.O. Rdnr. 24, 25.

(94) Schmidt-Aßmann, Die Garantie der kommunalen Selbstverwaltung, a.a.O. S. 808, 812f.

(95) Schmidt-Aßmann, Die Rechtsetzungsbefugnis der kommunalen Körperschaften, in: Selbstverwaltung im Staat der Industriegesellschaft, S. 607. なお、日本の法事情について同旨のものとして、塩野・前掲論文註(24)「自治体と権力」四九頁参照。

(96) Ipsen, a.a.O. S. 790.また、塩野宏「国と地方公共団体との関係のあり方」ジュリスト一〇七四号（一九九五）三三頁「ある組織体の自己決定権の有無を判断する最も重要な要素は、規範定立権である。」も参照。右の「自己決定権」を「アウトノミー」とほぼ同義のものと理解しても大過あるまい。

(97) Ossenbühl, a.a.O. Rdnr. 17.

(98) Löwer, a.a.O. Rdnr. 82.

(99) Ossenbühl, a.a.O. Rdnr. 5. なお、オッセンビュールは、条例から区別されるべきものとして、地方自治体の法規命令を挙げており、これは正式法律による委任に基づいて発布され、国家行政の任務に関係し、その最も重要な適用領域はポリツァイ法である。Ossenbühl, a.a.O. Rdnr. 6.

(100) Ossenbühl, a.a.O. Rdnr. 18, 19, 20.
(101) Ossenbühl, a.a.O. Rdnr. 21.
(102) Ossenbühl, a.a.O. Rdnr. 21.
(103) Ossenbühl, a.a.O. Rdnr. 22.
(104) 薄井一成・前掲書註(61)六八頁参照。

三　おわりに

前記オッセンビュールも確認しているように、法定立形式としての条例の設定は、市町村にとって基本法第二八条二項において認められている。(105) この点はシュミット-アスマンらも同様の解釈を提示しており、そのことは日本にも紹介されている。(106) その日本の公法学説状況に目を向けると、日本国憲法第九四条によって地方公共団体に自治立法権が保障されたということ、つまり、自治立法権は憲法から付与されたものである、オッセンビュール流に換言すれば、同条が条例という形式による地方公共団体の立法権を定めたものであることを積極的に評価する立場を出発点として議論を進展させていく傾向が支配的である。さらに、法律先占理論や政令制定権との関係にも着目して、その積極性を増幅させ踏み込んだ議論も見られる。(107) また、このような憲法第九四条によって地方自治体に自治立法権が保障された意義やその射程範囲を問うことに止まらず、地方自治の憲法的保障の（法的）意味を問う議論は改めて立法権による地方自治の侵害に対する（実効的な）裁判的保護、救済の問題にまで、議論の裾野を広げている。他方、次元を異にするが、地方自治体の条例の法令適合性を争う訴訟形式の創出の当否あるいは可否を問う議論も提出されており、この点はなお未解決の問題であり、立法論も視野に入れた今後の課題となっている。(108)

右の点に関連して、ドイツ基本法上の自治立法権（条例制定権）に関しても前述のように、法律の留保の制約に対する条例制定権の対抗原理ないし防御原理の役割を果している「核心領域」ないし「本質内容」理論と関連において、「法律の範囲内で」という法律の留保条項について今少し掘り下げた理論的検討が必要であろう。また、条例の法律適合性の裁判的統制との関連では、ドイツ行政裁判所法上の規範統制訴訟手続の検討も要請されることとなろう。さらにドイツにおいては、地方自治体高権のうちの財政高権に焦点をあてた、より広い視野に立った議論も提示されており、K・ベヒターの論稿がそれである。[109] そこでは、地方自治体の自治行政の様々の侵害に関する連邦憲法裁判所の審査基準を解明することを目標とし、なかんずく自治行政の基礎である財政的保障が考察対象として取り上げられている。これらの点は今後の研究課題として残されることとなった。以上の研究課題を設定して、既に与えられた紙数を大幅に超過していることでもあり、ここで大石眞教授の今後の益々の御活躍をお祈りしつつ、筆を擱くこととする。

(105) Ossenbühl, a.a.O. Rdnr. 24.
(106) 大橋洋一「条例論の基礎」法政研究（九州大学）第五九巻第三・四合併号（一九九三）四八八頁参照。
(107) 原田・前掲論文註(16)四五五頁以下、田上・前掲論文註(42)一四頁以下参照。
(108) 塩野・前掲書註(8)二二七頁註(3)、成田・前掲論文註(25)二五二頁参照。
(109) Kay Waechter, Verfassungsrechtlicher Schutz der gemeindlichen Selbstverwaltung gegen Eingriffe durch Gesetz, in: AöR, Band 135 (2010), Heft 3, S.327 ff.

10

民主制原理と機能的自治

日野田浩行

曽我部真裕・赤坂幸一 編
大石眞先生還暦記念
『憲法改革の理念と展開（上巻）』
二〇一二年三月　信山社

10 民主制原理と機能的自治［日野田浩行］

一　はじめに

(i)　社会の中で生きる私たちは、様々な組織や団体の一員として活動することにより、何らかのかたちで自己の意思に対する制約を受けることになるが、他方で、そうした組織や団体を通じて、自己の理念や目標をより効果的に実現できることをも知っている。かかる組織や団体には、一定の公的役割を担うものもあるが、自己実現という人間としての基本的欲求が、そこへの積極的関与への要求という方向へと向かうとき、それは他の組織・団体、あるいは政治的全体社会としての国家に対する関係においては、しばしば「自治」の主張へと展開されることになる。(1)

日本国憲法の枠内でのこうした「自治」の現象形態として即座に想起されるのは地方自治であろうが、地方公共団体以外にも、公共の利益の実現を目指す自治組織・団体は多く存在し、なかには独立の行政主体性を認められるものもある。(2)ところが、このような組織・団体における一定の「自治」の主張ないしその認容は、国民全体の意思との関係での理論上および事実上の緊張をもたらす可能性を生ぜしめることになる。本稿は、ドイツにおいて公法上の社団としての地位を有する職能団体や、土地所有者ないしその他の財産権者の地位や責任に基づき設立される水利組合等に認められる、いわゆる機能的自治（funktionale Selbstverwaltung）が民主制原理との関係で生ぜしめる問題状況につき、彼の地の判例および学説の状況を整理し、一定の検討を行うものである。(3)

(ii)　機能的自治とは、地方自治とは異なり、地域を指標とするのではなく、特定の領域における行政任務を指標とする自治主体による行政を総称する言葉である。(4)その現象形態や各々の機能には様々なものがあるが、ヴィンフリート・クルートは、これらを、自治の根拠の規範レベルおよび個々の事項領域に応じて、次の五つに分類している。すなわち、①大学の自治にみられる基本権を基礎とする自治、②医師や弁護士等、自由業の職業団体における自治、③とりわけ商工業、手工業あるいは農業の領域においてみられる職業団体の自治、④水利、森林管理等の法領域においてみられる物的団体（Realkörperschaft）、および⑤ビスマルクの社会保障改革にその淵源を有し、基本法八七条二項により公法上の社団としての地位を有する社会保障主体等による社会保障領域の自治である。(5)

こうした異なる法・行政領域において活動する種々の団体を包括する概念規定的要素として、機能的自治の民主的正統化に関する今日のスタンダード・ワークともいえる Dissertation 公刊書を著したエルンスト・トーマス・エムデ(6)は、対国家との関係での対外的側面としての権利能力性を強調するエルンスト・フォルストホフの学説(7)につき、現代の民主的行政国家の機能の多様性とそれに伴う行政組織形態の多様性に即した行政組織の精緻な体系化という観点からは不適切であるとしたうえで、当該自治団体の成員の共同体としての内部構造こそが「自治」の理念型を特徴づけるメルクマールであると述べ、こうした内部関係および外部関係両面を包含する概念として、機能的自治を次のように定義している。すなわち、「専門的訓令に拘束されない公法上の法人による行政であり、その決定諸機関が、典型的には当該法人の成員である関係当事者（die Betroffenen）から構成されているもの」という定義である。(8)組織的・制度的な独立性と関係当事者の自己責任による特定の公的事務の執行という二つの側面を兼ね備えた機能的自治の概念構成は、一九世紀初頭のプロイセン改革期、とりわけフライヘル・フォン・シュタインの都市法以来の伝統的な自治の理念に着目して、自治の対象となる各々の公の任務の遂行に携わる人的範囲確定のために「関係当事者性」（Betroffenheit）のメルクマール(9)を用いたうえで、「関係当事者の参加による制度化された当事者保護（institutionalisierter Betroffenenschutz durch Betroffenenteilnahme）」として、法概念としての自治の意義をとらえるラインハルト・ヘンドラーの学説(10)の影響もあり、今日、機能的自治を扱う業績において、基本的な支持を集めていると言ってよいであろう。(11)

(iii)　ところが、関係当事者から選任される機能的自治の執行機関は、通常の内閣行政や地方自治行政とは異なり、国民や住民全体による選挙を基点とする民主的正統化の人的な繋がりを有してはいない。このことは、ドイツ連邦共和国基本法二〇条二項の定める国民主権原理や民主制原理との関係で無視することのできない問題を投げかけることになるが、それは、たとえば大学の自治のように基本法上明確な基礎づけを有しているもの以外の機能的自治の類型について、特に重要な憲法問題として扱われることになる。本稿では、大学の自治のほか、時に機能的自治の問題として扱われる基本法五条一項二段に基づく放送営造物、あるいは基本法八七条二項において明確に言及がなされている社会保障領域を除いた領域における機能的自治と民主制原理との緊張関係につき、とりわけ二〇〇二年一二月五日の連邦憲法裁判所決定(12)を手がかりに考察を進めるが、まずは、基本法における国民主権原理および民主制原理の要求につき、確認をしておくこととしよう。

（1）　本稿においては、ドイツ公法学における Selbstverwaltung の訳として「自治」の語を充てるが、そこでの代表的学説が説くように、Selbstverwaltung とは、「国家直接的な官庁システムからは制度的に独立せしめられているものの、国家共同体の一部に組み込まれた公法上の組織体」により「特定の公的事務が、それによって特に影響を受ける人々、つまり関係当事者により、自己の責任の下で（つまり国家による法的監督以上の介入を受けることなく）管理・執行される」ことを指すものであり、第一義的には法執行のレベルでの活動である。これに加えて、自治の概念が一定の法定立権能をも含むものか否かについては議論がある。組織的に独立化された自治主体が定立する法形式は Satzung と呼ばれるが、この定立権能については、むしろ「アウトノミー」(Automonie) の用語が用いられ、自治権能を委ねられた高権主体が Satzung の定立権能をも認められるか否かについては、個々の具体的な法令等の規範内容に即して判断されるべきであるとされる。以上につき、vgl. *Reinhard Hendler*, Das Prinzip Selbstverwaltung, in: Josef Isensee/ Paul Kirchhof (Hrsg.), Handbuch des Staatrechts der Bundesreplik Deutschland（以下 HStR と表記）, Bd.IV, 3. Aufl. 2008, S.1103ff., Rn.19f.,37ff. また、地方自治における条例制定権との関係で、ドイツの自治法理の形成史及びその継受に焦点を当てる斎藤誠「条例制定権の歴史的構造（一）——『アウトノミー』と『自主法』」自治研究六六巻四号一〇三頁（一九九〇年）一〇八頁以下、並びに彼の地の行政法学における地方自治の学説史を詳細に検討する木佐茂男「プロイセン＝ドイツ地方自治法理論研究序説（一）」自治研究五四巻七号九六頁（一九七八年）九八頁註（8）参照。

（2）「行政主体」の概念をめぐるわが国の行政法学の学説状況については、さしあたり藤田宙靖『行政組織法』（有斐閣、二〇〇五年）二一頁以下参照。国および地方公共団体以外の特別行政主体（塩野宏『行政法Ⅲ［第三版］・行政組織法』（有斐閣、二〇〇六年）八三頁以下参照）の中でも、特に憲法二三条の学問の自由の保障の観点からする国立大学法人のあり方については本稿の対象から除外するが、「国における自治法人組織」（山本隆司「行政組織における法人」塩野宏先生古稀記念『行政法の発展と変革（上）』（有斐閣、二〇〇一年）八四七頁、八七三頁以下参照）と評される公共組合と国家との関係（安本典夫「公共組合」雄川一郎ほか編『現代行政法体系7・行政組織』（有斐閣、一九八五年）二八七頁、三一七頁以下参照）や、公権力の行使を委任された弁護士会等のいわゆる士業団体のあり方が本稿のテーマと関係するであろう。

（3）行政法学の観点から参照されるべき近年の業績として、山本隆司・前掲註(2)のほか、薄井一成「商工会議所と自治行政：公共組合の法理論」一橋法学二巻二号四九九頁（二〇〇三年）参照。

（4）*Winfried Kluth*, Funktionale Selbstverwaltung, 1997, S.12f.

（5）*W. Kluth* (Fn.4), S.30ff. Vgl. auch *Eberhard Schmidt-Aßmann*, Das allgemeine Verwaltungsrecht als Ordnungsidee, 2.Aufl. 2004, Fünftes Kapitel Rn.42.（太田匡彦・大橋洋一・山本隆司訳『行政法理論の基礎と課題――秩序づけ理念としての行政法総論』（東京大学出版会、二〇〇六年）二六三頁参照）。

（6）*Ernst Thomas Emde*, Die demokratische Legitimation der funktionalen Selbstverwaltung, 1991.

（7）フォルストホフの概念定義によれば、自治とは、「公法上の社団、営造物および財団による国家事務の実施」と定義される（*Ernst Forsthoff*, Lehrbuch des Verwaltungsrechts, Bd.I, 10. Aufl., 1973, S.478.）。

（8）*E. T. Emde* (Fn.6), S.9.

（9）*Reinhard Hendler*, Selbstverwaltung als Ordnungsprinzip, 1984, S.309ff.

（10）*R. Hendler* (Fn.1), Rn. 14. もっとも、職業身分的な視野狭窄の傾向に対する実効的な権利保護や立法者の全体的な責任が個々の構成員の保護のために必要不可欠であるとして、関係当事者の参加とその保護の等値には疑問も投げかけられている。Vgl. *Gunnar Folke Schuppert*, Selbstverwaltung, Selbststeuerung, Selbstorganisation — Zur Begrifflichkeit einer Wiederbelebung des Subsidiaritätsgedankens, in: AöR 114 (1989), S.127ff., S.137. 斎藤誠「自治法理の史的展開（一）」国家学会雑誌一〇六巻一一・一二号九〇三頁（一九九三年）九二三頁註(10)参照。

（11）*Sandra Köller*, Funktionale Selbstverwaltung und ihre demokratische Legitimation, 2009, S.26; *Matthias Jestaedt*, Demokratie-Prinzip und Kondominialverwaltung, 1993, S.69, 71f.; *W. Kluth* (Fn.4), S.25.

(12) BVerfGE 107, 59.

二　ドイツにおける行政の民主的正統化の理論

(一)　基本法二〇条二項における国民主権原理と民主制原理

ドイツ連邦共和国基本法は、その二〇条一項において「ドイツ連邦共和国は、民主的かつ社会的な連邦国家である。」と規定するとともに、同条二項において、次のように定めている[13]。
「すべての国家権力は、国民（Volk）に由来する。国家権力は、選挙及び投票において国民により、また、立法、執行権及び裁判の個別の諸機関を通じて行使される。」

とりわけ本条項前段の規定は、「民主的秩序の基本命題であり、国民主権原理の表明である」とされるが[14]、その基礎にあるのは、「国民の共同生活の秩序は、国民の自由と自己決定の表現でなければならない[15]」という思想である。こうして、国民主権の原理は、「政治的支配権力の創設と組織化が、国民自身に、すなわち国民に由来する正統化と決定に帰しうること[16]」を要求するが、エルンスト＝ヴォルフガング・ベッケンフェルデによれば、それは国民が直接に、あるいは代表民主制の政治制度を通じて実際に統治を行うことまで要求するものでは必ずしもない。国民主権原理は、まずは国民の憲法制定権力の中にその具体的発現をみるのであり[17]、これに対して、実際の政治組織上、民主的な政治制度を要求するのは、むしろ基本法二〇条二項後段が具体的にその内容を定めている民主制原理（Das demokratische Prinzip）であるとされる。基本法二〇条二項は、その前段において国民が政治権力の淵源および主体であることを示すことによって国民主権原理を表明し、後段において、そうした国家権力の主体たる国民が国家権力を実際に保持し行使すること、およびその態様を示すことによって民主制原理を定めているが、こうして、同条項において両原理が互いに密接に関連づけられることにより、民主制原理は、国民主権原理を国家権力の「行使」にかかわる国家の統治形態のレベルにおいて、さらに具体的に形成する原理としてとらえられるのである[18]。

ただし、マティアス・イェステットが指摘するように[19]、国民主権原理と民主制原理の関係が示す権力の帰属とその行使とは、抽象化と具体化の関係に立つものではない。国家理論的には、民主制は、単に国民主権の具体化にすぎないものではない。イェステットによれば、国民主権原理と民主制原理は、むしろ目的と手段との関係に立つものであって、前者は、国家の権力行使が全体としての国民に対する責任の下に行われなければならないことを要求し、後者は、そうした国民全体に対する責任を実現するための手段たる「統治の技術」(Herrschafttechnik) を提供するものであって、政治的統一体としての国民の行為能力および決定能力を基礎づけ、組織化し、そして構造づけるものである[20]。

こうして基本法二〇条二項において民主制原理を通じて具体的な現象形態を得た国民主権原理により、国民が「国家権力の行使に対して、実効的な影響力」を保持しうる地位になければならない[21]ことが要求される。すなわち、侵害行政の領域であれ生存配慮の領域であれ、あるいは当該行為の法形式ないし当該行為の組織形態にかかわらず、「決定」としての性格を有するすべての国家行為につき、実効的な民主的正統化 (effective demokratische Legitimation) が必要とされるのである[22]。

(二)　民主的正統化の諸方式とその協働

この民主的正統化の具体的・制度的な実現方法については、その体系的な理論化により次款に示す連邦憲法裁判所の判例形成にも大きな影響力を持ったベッケンフェルデにより、次の三つの方式が区別されている[23]。すなわち、①憲法制定者自身が、立法、執行および司法をそれぞれ独自の国家作用として定め、同時にそれら国家作用につき、基本法二〇条二項が定めるがごとく、国民がそれらを通じて国家権力を行使するところの国家諸機関を創設したことによる作用的・制度的な民主的正統化（funktionelle und institutionellde demokratische Legitimation）、②個別具体的な事務の遂行に携わる職務担当者（Amtswalter）の個別的任用が、国民により直接選挙された議員により直接的にであれ、あるいは官吏が議会に責任を負う大臣によって任命される場合のように間接的にであれ、議会を中心的結節点とした「とぎれることのない民主的正統化の連鎖」（eine ununterbrochene Legitimationskette）により国民の意思へと遡って正統化されるという意味での組織的・人的な正統化（organisatorisch-personelle demokratische Legitimation）(25)、ならびに③議会以外のすべての国家機関が法律に拘束されることにより、また、国民に対する議会の政治責任および大臣の指揮監督権に服する行政庁の行為についての内閣ないし大臣の対議会責任を通じて制度的に担保される責任とコントロール体制を通じて、国家権力の行使が、その内容の面から国民の意思から導かれることを要求する事項的・内容的な民主的正統化（sachlich-inhaltliche demokratische Legitimation）(26)である。

こうした国家権力の民主的正統化の諸形態のうち、作用的・制度的な民主的正統化の形態は、個別の機関責任者および個別の国家権力行使について具体的に要求される民主的正統化をさらに必要とし、従って他の二方式を代替することはできないとされるが(27)、（作用的・制度的な民主的正統化を前提として）個別具体的な国家行為についてさらに要求される組織的・人的な正統化と実体的・内容的な正統化は、独立に機能するものというよりは、むしろ相互に組み合わされることによって、基本法二〇条二項により要求される実効的な民主的正統化の実現に仕えるものとされる。その意味において、一方が他方を完全に代替することはできないが(28)、一定の限度で一方を他方が補償することは、全体として、必要とされる「正統化のレベル」（das Legitimationsniveau）の達成に疑問が提示されない限りは、可能であるとされるのである(29)。

(三) 判例における民主的正統化の理論の受容

以上の理論枠組みは、ベッケンフェルデ自身が裁判官として関与した連邦憲法裁判所第二法廷による一九九〇年代の判例により、とりわけ基本法の民主制原理に関する判例法理として、確立することとなった(30)。

まず、ハンブルク市州の市区議会選挙につき、一定の要件を満たした外国人の選挙権制度を新たに導入した同市州の一九八九年の法律の規定が、基本法二〇条二項と結びついた形での同二八条一項一段に違反する、との判示を行った連邦憲法裁判所第二法廷一九九〇年一〇月三一日判決(31)は、基本法二〇条二項後段が「国民主権の原則を具体化するもの」であることを述べ、この規定は、国民が、ここに定められた諸機関による国家権力行使に対して実効的な影響力を有することを前提としているとする。そして、そのために必要な国民と国家支配との繋がりは、とりわけ議会の選挙、この議会によって議決される執行権の行為基準たる法律、政府の施策に対する議会の影響力行使、および政府の訓令に行政が原則として拘束されることにより、実現されるものとする。そのうえで、こうした民主的正統化の十分な実質的内実が達成されているか否かの判断に当たっては、連邦憲法裁判所の先行判例(32)および学説において区別される制度的、作用的な正統化、事項・内容的な正統化、および人的な正統化の諸方式が「それぞれ個別的にではなく、それらの協働において意義を有すること」が強調され、次のように述べられる。「憲法的な観点から見て決定的なのは、国家行為の民主的正統化の方式ではなく、その実効性であり、必要とされるのは、正統化の一定のレベルなのである(33)。」

同判決は、こうして基本法が、立法、行政、司法の国家諸機関による権力行使に対して、国民による民主的正統化を要求していることを明らかにした後、民主的正統化の対象となる「国家権力の行使」とは、「決定としての性格を有するすべての職務上の行為(34)」であること、そして民主的正統化の主体たる「国民」とは、基本法一一六条一項に定められたドイツ国民の総体であることを確認したうえで(35)、本件で問題となった外国人選挙法の合憲性についての具体的検討を行うのである。

同様に、シュレスヴィヒ・ホルシュタイン州の一九九〇年公勤務者協議会共同決定法の諸規定の合憲性が争われた事案についての連邦憲法裁判所第二法廷一九九五年五月二四日決定[36]においても、民主的正統化の要求において重要な点はその実効性であり、正統化の一定のレベルが要求されることが再確認されたが、本件においては、公勤務の内部領域においてなされる諸措置が、各々の公的職務に従事する者との関係においては、その勤務者及び労働者としての特殊な利害関心に関わるものとしての側面も有することがふまえられ、民主制原理は、公勤務者が、自らの労働条件の形成にあたって、自己の利益を確保するために、一定の範囲において共同決定的な、あるいはその他の形態で関与することを許容しているとの判断のもと、その限界につき、次のような説示がなされる。「こうした共同決定は、一方では、公勤務上の内部的措置にのみ、しかも、公勤務者の勤務関係に関わる特殊な利害関心がそれを正当化する限りでのみ及びうる（保護目的からする限界）。他方で、民主制原理は、国家権力の行使につき、少なくとも、委託された公的職責の遂行にとって有意義な諸決定に際しては、議会に責任を負う行政担当者の最終的決定の確保を要求する（責任性からする限界[37]）。」こうした枠組みの中で、下されるべき決定が、①類型的にみて、委託された公的職責の責任ある遂行にどの程度関わるものか、そしてそれが他方で、②公職務従事者の利害にどの程度の影響を与えるかに応じて、公勤務者代表の関与については、いくつかの異なる類型を区別することができる、とされ、そうした三つの類型について、要求される民主的正統化のレベルが異なる、とする理論が展開されたのである[38]。

(四)　いくつかの問題点

以上の民主的正統化の理論に関し、まずベッケンフェルデのいう作用的・制度的な民主的正統化の方式については、そこにおける正統化の主体は、民主制原理が個々の国家権力行使につき要求する民主的正統化の主体たるべき、特定の時定における具体的な pouvoir constitué としての国民ではないこと、(39) さらに、憲法による権力の創設と国家作用の配分は、第一義的には民主制原理の要求というよりは、むしろ権力分立原則から導かれるものであり、それは、国家の各作用領域において、民主的正統化の具体的な実現方法が異なった形で形成されることを導くものとして位置づけられるべきことが指摘されている。(40) いずれにせよ、個別具体的な国家権力行使の民主的正統性を確保する方式としては、とりわけ人的正統化と事項的・内容的正統化の方式が重要な役割を果たすこととなるが、これら両方式の関係については、人的正統化が優位するとする見解、(41) 事項的・内容的正統化が優位するとする見解も主張されるものの、一般には、両者はどちらかが優位に立つものではなく、両正統化の方式が、相互に補償されうる関係にあるとされる。(43)

特に問題となるのは、これら諸方式の協働を通じて、全体として、基本法二〇条二項により要求される民主的正統化のレベルがどのように決定されるのか、という点である。まず連邦憲法裁判所の判例によれば、立法、行政、司法の各国家権力行使の現象形態においては、異なる正統化のレベルを想定しうるのであり、特に執行権については、「政策形成に携わる、議会に責任を負う内閣と法律の執行に義務づけられた行政」、すなわち「執政」と「行政」の作用配分が顧慮されるべきであるということになる。(44)

そこで、各々の国家作用につき要求される正統化のレベルないし態様が基本法の解釈により確定されなければならないということになるが、(45) 行政について要求される正統化のレベルについては、とりわけ基本法が想定する行政組織の態様との関連で、次のような議論の状況がみられる。すなわち、一方では、基本法が想定している行政の正統化モデルを、原則として内閣行政および地方自治行政のそれとして捉え、(46) たとえば基本法一一四条二項に定められた連邦会計検査院のほか、同八六条および八七条において想定されている連邦直属の公法上の社団ないし営造物等、内閣から一定の独立性を保持して事務処理にあたる行政組織は例外として限定的に捉えたうえで、後者と同様の組織形態については、内閣行政ないし地方自治行政に比肩しうる正統化のレベルが満たされていないとして、それを正当化する特別の憲法上の根拠が必要である、とする立場が示される[47]。

他方で、国民代表議会とそれに対して責任を負う政府を経由する正統化の道筋とは異なる「自律的な正統化」(autonome Legitimation) の道筋を基本法が許容しているとしたうえで[48]、特定の団体等について、基本権やそれ以外の特定の制度的な利害関係の実現を図る目的で、当該団体の構成員の参加を通じて、個別の利害を、そうした場面での決定に機能適合的に代表させることを目指す機能的自治の場面では、民主的正統化と自律的正統化の協働が見られるのであって、この場合、基本法二〇条二項により必要とされる正統化のレベルは、内閣行政につき要求されるものと同等ではない[49]とする立場もみられる。

個別具体的な行政権限の行使につき基本法二〇条二項により要求される民主的正統化のレベルをめぐるこうした見解の対立は、基本法の民主制原理や行政組織レベルでのその実現のあり方についての基本的な理解の相違を反映しているものであり、そうした理解の相違は、しばしば、「一元的な民主制理解」(das monolistisches Demokratieverständnis) と「多元的な民主制理解」(das pluralistisches Demokratieverständnis) の対立という形で図式的に説明されている。以下、節をかえて、この点に関する議論状況を整理しておこう。

(13) ドイツ基本法本条の邦訳は、高田敏・初宿正典編訳『ドイツ憲法集[第五版]』(信山社、二〇〇七年) 二一二頁以下による。
(14) *Horst Dreier*, Art.20(Demokratie), in: ders.(Hrsg.), Grundgesetz Kommentar, Bd.II, 2. Aufl. 2006, Rn.86.
(15) *Ernst-Wolfgang Böckenförde*, Demokratie als Verfassungsprinzip, in: HStR Bd.II, 3.Aufl. 2004, Rn.3.
(16) *E.-W. Böckenförde* (Fn.15), Rn.5.
(17) Vgl. *E.-W. Böckenförde*, ebenda. 憲法制定権力の理論につき、vgl. *Ders.*, Die verfssungsgebende Gewalt des Volkes-ein Grenzbegriff des Verfassungsrechts, 1986.
(18) *E.-W. Böckenförde* (Fn.15), Rn.1,8. Vgl. auch *Roman Herzog*, Art.20, II, in: *Theodor Maunz/ Günter Dürig* (Hrsg.), GG.

Loseblatt-Kommentar, Art.20, II, Juni 1978, Rn. 3, 36.

(19) *M. Jestaedt* (Fn.11), S.161.

(20) 民主制原理については、むしろそうした「統治の組織化」の機能が重視されるべき点につき、vgl. *Klaus Stern*, Das Staatsrecht der Bundesrepublik Deutschland, Bd. I, 2.Aufl. 1984, S.604.

(21) BVerfGE, 83, 60(71); *H. Dreier* (Rn.14), Rn.88.

(22) *E.-W. Böckenförde* (Fn.15), Rn.11ff. これに対して、こうした「決定」に向けての起案段階における助言的活動ないし「決定」の技術的側面を補助する活動については、必ずしも民主的正統化は要求されない。

(23) *E.-W. Böckenförde* (Fn.15), Rn.14ff. ベッケンフェルデは、ノルトライン＝ヴェストファーレン州における裁判官選出委員会制度の立法案をめぐる基本法上及びラント憲法上の疑義を検討した一九七四年の著作（*E.-W. Böckenförde*, Verfassungsfragen der Richterwahl: Dargestellt anhand der Gesetzentwürfe zur Einführung der Richterwahl in Nordrhein-Westfalen, 2. Aufl. 1998 [unveränderte Aufl. des in 1974 erschiene, erste Auflage]）において、すでに国家権力の民主的正統化の原理の内容につき検討を行い、民主的正統化の形式とその強度は、国家権力行使の各々の領域において異なりうるが、民主的正統化自体は決して放棄されえないものであることを強調した後、この民主的正統化が実現される方式として、組織的・人的道筋（organisatorish-personeller Weg）と事項的・内容的道筋（sachlich-inhaltlicher Weg）の区別を示し、前者につき、国民からのとぎれることのない民主的正統化の連鎖を要求していた（Ebenda, S.73ff.）。

(24) 人的正統化に関して、こうした職務担当者の「個人的・個別的任用」が必要であることにつき、*E.-W. Böckenförde* (Fn.15), Rn.16のほか、*R. Herzog* (Fn.18), Rn.53; *S. Köller* (Fn.11), S.247ff.

(25) 合議制機関につき、その構成員すべてが人的な民主的正統性を有していなければならないか否かについては議論があるが、ベッケンフェルデは、そうした合議制機関における多様な視点の確保および社会的統合の観点から、一部の構成員がたとえば社会的・経済的団体によって選任されていたとしても、民主的正統化を受けた構成員が、自らの見解を積極的に貫徹することができれば、その合議体自体は、人的な民主的正統化の要求を満たしている、とする。*E.-W. Böckenförde* (Fn.15), Rn.17ff. Vgl. auch. *ders.* (Fn. 23), S.74ff. また、連邦憲法裁判所も、合議制機関については、その過半数の構成員が人的な民主的正統化を保持し、実際の意思決定を担う多数派も、この人的な民主的正統化を保持する保持する構成員によって担われることが必要であるとする、いわゆる「二重の多数の原理」（Prinzip der doppelten Mehrheit）を採用している（BVerfGE 93, 37(60)）。

(26) 法律による規律と責任・コントロール体制の間には相関関係があり、たとえば司法権におけるように、民主的責任体制と訓令拘束性がその作用の性質からして欠けている場合には、その独立性に必然的に伴うものとして、民主的正統化の観点から、自己の法形成余地のない厳格な法律による拘束が要求され、他方で法律自体がその執行につき大幅な裁量の余地を認めている場合には、事項的・内容的な民主的正統化を確保するために、原則として責任体制および訓令拘束性が必要不可欠なものとされる。*E.-W. Böckenförde*（Fn.15）, Rn.22.; *ders.*（Fn.23）, S.79.

(27) *E.-W. Böckenförde*（Fn.15）, Rn.15.

(28)「正統化のレベル」の概念も含めて、ベッケンフェルデは、後で示す連邦憲法裁判所の判例とともに、とりわけ *E. T. Emde*（Fn. 6）, S.327ff. を引用している。

(29) *E.-W. Böckenförde*（Fn.15）, Rn.23. 民主的正統化の組織的・人的方式と実体的・内容的方式相互の補完関係については、vgl. auch *ders.*（Fn.23）, S.79.

(30) 連邦憲法裁判所判例の分析として、太田匡彦「ドイツ連邦憲法裁判所における民主政的正統化（demokratische Legitimation）思考の展開――BVerfGE 93,37まで」藤田宙靖・高橋和之編『憲法論集［樋口陽一先生古稀記念］』（創文社、二〇〇四年）三一五頁以下参照。

(31) BVerfGE 83, 60. 同じ日に、一定の居住要件等を満たした外国人に、地方議会の選挙権を付与するシュレスヴィヒ・ホルシュタイン州の市町村議会および郡議会選挙法改正を違憲とする判決が下されている（BVerfGE 83, 37）。

(32) Vgl. BVerfGE 49, 89（125）. いわゆるカルカー決定であるが、ここで引用されている箇所においては、議会が援用しうる人的正統化とは異なる、制度的・機能的な民主的正統性についてふれられているにとどまり、本判決、及び次に紹介する一九九五年決定のように民主的正統化の理論が詳細に展開されているわけではない。

(33) 以上、BVerfGE 83, 60（71f.）.

(34) BVerfGE 83, 60（73）. Vgl. BVerfGE 47, 253（273）.

(35) BVerfGE 83, 60（71. 74ff.）.

(36) BVerfGE 93, 37.

(37) BVerfGE 93, 37（S.68f.）.

(38) BVerfGE 93, 37（S.71ff.）.

(39) *S. Köller* (Fn.11), S.128, 168; vgl. auch *M. Jestaedt* (Fn.11), S.278.

(40) *S. Köller*, a.a.O., S.127f.; *M. Jestaedt*, a.a.O., S.278ff., 288ff. 連邦憲法裁判所も、この意味において制度的および作用的正統化のトポスを用いている（BVerfGE 49, 89 (125); 68, 1 (89, 109)）が、そこでは、権力分立原則のみならず、民主制原理も援用されている（vgl. auch BVerfGE 107, 59 (87)）。

(41) *W. Kluth* (Fn.4), S.338; vgl. auch *Janbernd Oebbecke*, Weisungs- und unterrichtungsfreie Räume in der Verwaltung, 1986, S.77, 84.

(42) *E. T. Emde* (Fn.6), S.46.

(43) Vgl. *M. Jestaedt* (Fn.11), S.282f.; S. Köller (Fn.11), S.170. ただし、ベッケンフェルデが両方式の補償関係を前提にしながらも、いずれか一方の方式により他方が完全に代替されることはできないとの立場をとるのに対して、イェステットおよびサンドラ・ケラーは、必要とされる正統化のレベルが全体として満たされる限りで、こうした代替の可能性を否定しない。*M. Jestaedt*, S.284.; *S. Köller*, S.184f. Vgl. auch *H. Dreier* (Fn.14), Rn.117. なお、プログラム化された法令の執行については、決定の内実（Entscheidungsgehalt）が少ないことにより、民主的正統化の要請を縮減することも可能であるとの判例の見解につき、vgl. BVerfGE 83, 60 (74).

(44) BVerfGE 83, 60 (72); 93, 37 (67).

(45) *M. Jestaedt* (Fn.11), S.288f. イェステットは、基本法に定められた立法、司法、執政、行政という四つの組織モデルと密接に結びついた各々の正統化モデルの区別を行っている。*Ders.*, a.a.O., S.297f., bzw. 291ff. Vgl. auch. *ders.*, Demokratische Legitimation — quo vadis?, JuS 2004, S.649ff., S.650.

(46) 内閣行政を行政の原則的な組織モデルとし、地方自治行政は、むしろ例外とみなすか（*M. Jestaedt* (Fn.11), S.528f.）、それとも地方自治行政も、内閣行政と同等の行政組織モデルとみなすか（*W. Kluth* (Fn.4), S.363）についても、意見は分かれうるが、ケラーは、民主的正統化の実現形態こそ異なれ、人的正統化および事項的・内容的正統化の両面において十分なレベルが確保されている点において、両組織形態を基本法の原則的なモデルとして想定しうるとする。*S. Köller* (Fn.11), S.174.

(47) 代表的な学説として、M. Jestaedt (Fn.11), S.297. ただし、前掲註(46)に記したとおり、イェステットは、行政の原則的な組織モデルとしては内閣行政のそれを想定し、地方自治行政はむしろその例外とみなしていることに注意。

(48) こうした立場を代表するものとして、エバーハルト・シュミット＝アスマン（*Eberhard Schmidt-Aßmann* (Fn.5), Zweites Kaiptel, Rn.80ff.）のほか、エムデの見解（*E. T. Emde* (Fn.6), insbesondere S.383ff.）、および「民主的正統化は、国の立法機関によ

る授権に基づくものであれ、あるいは内閣の授権基づくものであれ、全体としての国家から導かれうるが、場合によっては、組織内部の意思形成を通じても生じうる」（*Winfried Brohm*, Strukturen der Wirtschaftsverwaltung, 1969, S.246）として、経済行政の領域にみられる様々な組織体ないしその秩序形成権能についてみられる、団体構成員による独立した意思形成を基礎とした「自立的な民主的正統化」（eigenständige Legitimation）について語るヴィンフリート・ブロームの見解（insbesondere a. a. O., S.253ff.）を参照。

（49）　Vgl. *E. Schmidt-Aßmann*（Fn.5）, Zweites Kapitel, Rn.90ff., 99.

三　二つの民主制モデル

本稿が対象とする機能的自治の民主的正統化論との関連で、基本法が定める民主制原理の理解ないしその規範内容をめぐっては、学説において、基本的に次の二つの立場が示され、これが多くの論者により議論の枠組みとして援用されるようになってきている。すなわち、一元的民主制論ないし一元的民主制理解、およびそれに基づく行政組織の一元的モデルと呼ばれるものと、多元的民主制論ないし多元的民主制理解、および行政組織の多元的モデルと呼ばれるものである。(50)

(一)　**一元的民主制理解**（das monistische Demokratieverstandnis）

(a)　正統化の主体

一元的民主制理解ないし一元的モデルは、上記のこれまでの連邦憲法裁判所の判例の基本的見解であり、その構想を提供したベッケンフェルデの見解によって代表されるものである。その骨子は、基本法二〇条二項にいうVolkを、国籍保持者の総体としての「国民」としてとらえ、(51)こうした総体としての「国民」のみが、基本法に定められた民主的正統化の主体たりうる、とみるところにある。そこで強調されるのは、こうした総体としての国民内部における国民相互の政治的平等と同質性が民主制原理により基本的に要求される点である。すなわち、総体としての国民が国家権力の正統化の源となるべきであるとするなら、すべての国民が国家権力行使につき、共同して、平等に影響力を行使しうるのでなければならない。その意味における、政治的共同体の構成員としての国民の参政権の平等が、形式的・機械的に保障されなければならない[52]。一人の個人、ないし一定のグループが他の国民より大きな政治的影響力を保障されるとすれば、そうした政治のあり方は、もはや民主政ではなく、君主制、独裁制、寡頭制ないし階級支配等と称されることになってしまう[53]。

(b)　行政組織モデル

こうした一元的民主制理解の立場からすれば、行政レベルへの民主的正統化の伝達は、（とりわけ一元論的議院内閣制の政治体制においては）国民代表機関である議会を通じて、一元的に生ずべきものとなる。それは、議会が議決する法律や予算を通じた規律、およびその執行についての政府の対議会責任の制度により、国民代表議会の意思が具体的な行政においても貫徹されることにより確保されることになる。こうして、行政組織としては、内閣の対議会責任のもと、主任の大臣による下級行政庁への指揮監督に服するヒエラルヒッシュに構築された内閣行政が原則モデルとされ[54]、機能的自治は、基本権を保障するために必要な場合、あるいは、その任務が専らその構成員の利害に関わるものである場合等において、伝統的な自治行政の本質的メルクマールを考慮に入れて法律により創設される場合には、例外的に憲法上許容されるが、一般公衆に関わりのある事務、あるいは政治的重要性のある事務は、そうした機能的自治による処理に委ねられることはできないとされるのである[55]。

(二)　**多元的民主制理解**（Das pluralistische Demokratieverstandnis）

これに対して、多元的民主制理解ないし多元的モデルは、必ずしも体系的に完結した形で提示されているわけではないと言われる。[56] このことは、多元的民主制理解ないし多元的モデルが、通説的な一元論的理解ないしモデルに対する問題提起ないし批判の形で提示されてきたという状況[57]とともに、前者はまさに民主制理解の「開放性」（Offenheit）によって自らを特徴づけており、厳格な正統化のモデルは、前者が意図する民主制のデュナミークとは相容れないといったことから説明しうるとされる。[58]

(a)　正統化の主体

基本法が定める民主制原理につき、多元的理解の理論構築をめざすブルン＝オットー・ブリュデは、その議論の出発点として、民主制原理を人間の尊厳の原理と関連づけることにより、それを個々の人間の自由な自己決定の理念を実現するものとして位置づける。[59] この点、一元的民主制理解を代表するベッケンフェルデも、国民主権原理の理念的基礎として自己決定の原理に言及しているが、ブリュデは、こうした理念を政治的共同体において実現する段階で、一元論的理解が、その様々な決定に参与する者の範囲を「ドイツ国民」という前実定的な概念に依拠して設定していると批判したうえで、むしろ当該決定により国家権力の対象となる個人や団体の地位に目を向け、そうした決定ないし権力行使との「関係当事者性」こそが、「自己決定の必然的な相関概念」（notwendiges Korrelat zur Selbstbestimmung）として、政治的決定の単位およびそれに参加する者の範囲を定める際に必要となる第一の指標とされるべきである、とする。[60]

もっとも、関係当事者性の概念は、政治的共同体の諸決定により被る影響の強度の差異を許容する相対的な概念であり、とりわけ多様な利害関係が複雑に絡み合っている現代社会の状況をふまえてその範囲をあまりにも広く認めてしまうと、当該決定についての各々の影響力はそれだけ小さなものとならざるをえない。そこで、いま一つ、やはり自己決定の思想と結びついた「実効的な参加の指標」（Kriterium effektiver Partizipation）が考慮に入れられるべきである、とされる。こうして、共同体の決定の最適な単位ないしかかる決定に参加する者の範囲は、とりわけ関係当事者性の指標と実効的な参加の指標を軸にすえた実践的整合性の規準（Maßstab praktischer Konkordanz）を通じて、より多くの関係当事者の範囲という要請と、より実効的な参加という要請との比較衡量により判断されるべき問題となる。この問題についての最も重要な定めは、基本法自身が、連邦、ラントおよびゲマインデの事務配分という形で行っているが、それ以外の問題について、最適な共同体の決定単位は、国民国家の内部で、あるいはそれを超えた形で形成されうるのであって、たとえば、ヨーロッパにおける共同の環境政策は、ＥＵ統合の成功事例として注目されるべきであるとされている。(61)

ここで注意すべきは、こうした理解において、基本法二〇条二項の民主制原理は、厳格な「法準則」としてではなく文字通り「法原理」とみなされ、その要求を他の憲法原理との関係において、あるいは場合によっては当該原理の内部で対立する様々な価値や目標（ブリュデの議論でいうと、最大限の関係当事者の包摂の要求と最大限の実効的な参加の要求）を、実践的整合性の規準に従い最大限実現することを目指す「最適化命令」（Optimierungsgebot）として理解されることである。(62)

(b)　行政組織モデル

こうしたブリュデの多元的民主制論においては、行政組織のあり方については、議会が、関係当事者性と実効的な参加の両指標を衡量しながら具体的な制度形成を行うべきであり、その判断に広い裁量の余地が認められるべきであるということになる。その際、国民代表の選挙を通じた政治的コントロールの手法は、確かに平等な政治参加の手法であるかもしれないが、あまりにも包括的かつ pauktuell であり、国家権力行使への個々の市民の影響力としては最小のものとならざるをえないこと、そして、ヒエラルヒッシュな行政組織構造は、現代行政を制御するものとしては、それだけでは機能不全におちいっているのみならず、民主的正統化の観点からしても、単に形式的なものとして、あまりにも中身の乏しいものとなっていることが指摘される。結果として、一元的モデルにおいては、

「平等の要求を最大化させるために、市民が臣民の地位へと成り下がってしまう」ことになる、とされるのである。[63]

こうしたブリュデの理論にみられるように、行政組織の多元的モデルの基礎にあるのは、現代における行政組織構造の現状分析をふまえた、行政活動の民主的コントロールないし制御のあり方をめぐる問題意識である。この点、トーマス・グロースは、一元的モデルの想定とは異なり、法律による行政活動の規律、および政府の対議会責任の制度を通じての行政の制御には、法的にも事実上も、重大な限界があることを次のように指摘する。[64]

まず第一に、行政の法律による規律に関しては、そもそも、法律の適用という作業自体、通常、一定の判断余地を伴うものであり、一義的な法律の定め（たとえば一定の数額を定める税法や社会法規範）から、（たとえば計画法の領域にみられる）比較衡量の過程により具体化されるべき抽象的な指令へと至る、あるいは条件プログラムと目的プログラムの間での一定のスケールの上にあるものとしての法律を実施する過程としてとらえるべきであり、こうした様々な領域およびそれに即した規範構造に基づく多様な行政形態を、単なる「法律の執行」という定式で一括して表現すること自体が、不適切である。[65]

第二に、政府と議会との関係は、ラントによる連邦法律の実施や地方自治、あるいはＥＵ指令の遵守などをふまえれば、一元的モデルが想定する単純な正統化伝達過程よりも、実際は、はるかに複雑である。また、連邦首相に対する建設的不信任案の可決を除けば、内閣構成員に対する議会の責任追及は政治的な性格のものであるうえに、議会多数派が内閣を構成する議院内閣制の構造、および行政活動に対する議会の情報収集能力を考慮に入れると、行政に対する議会の実質的なコントロール権能は限定されていると言わざるをえない。

第三に、議会に対して責任を負う政府による行政のコントロールも、実は包括的なものではない。一元的モデルが想定する大臣の全般的な指揮監督権という想定は、組織の長がその組織の業務全般についての包括的な情報収集と判断を委ねられれば、必然的に当該長への過重負担が生じ、情報処理能力の不全が生じるという問題を過小評価している。訓令権が有意義な形で行使されるためには、それは例外的場合に限られるべきであり、その他の場合においては、政治的な指揮監督との関係でも、日々の業務の運営に携わる官吏の側に、（法律の規律のもとにおける）一定の判断余地が残されることになる。その意味でも、大臣の下にある職務担当者の人事に関する人的正統化がきわめて重要な意義を有するが、専門的訓令権の帰属が、人事高権を必ず伴うものでもない。

（50） *Thomas Groß*, Das Kollegialprinzip in der Verwaltungsorganisation, 1999, S.163f. グロースは、政治学の理論枠組みを援用してこれら両モデルを行政組織構造の規範的分析枠組みとして展開しているが、近年、とりわけ *S. Köller* (Fn.11), 45ff.が、基本法二〇条二項に定められた民主的正統化の主体たる Volk 概念の検討において、これら二つの基本的スタンスを分析枠組みとして用いている。本稿におけるこれら二つの立場の表現も、さしあたりケラーのこの Dissertation 公刊書のそれに従った。Vgl. auch *Alexander Hanebeck*, Bundesverfassungsgericht und Demokratieprinzip, in: DöV 2004, S. 901ff ; *Görg Haverkate*, Die Einheit der Verwaltung als Rechtsproblem, VVDStRL 46 (1988), S.217ff.

（51） BVerfGE 83, 37 (51), LS 3a.; *E.-W. Böckenförde* (Fn.15), Rn. 26f.

（52） *E.-W. Böckenförde* (Fn.15), Rn. 41ff.

（53） *R. Herzog* (Fn.18), Rn.6.

（54） Vgl. *T. Groß* (Fn.50), S.179, 184ff. ; *M. Jestaedt* (Fn.11), S.138ff.; *Horst Dreier*, Hierarchische Verwaltung im demokratischen Staat, 1991, S. 129ff.; *Kay Waechter*, Geminderte demokratische Legitimation staatlicher Institutionen im parlamentarischen Regierungssystem, 1994, S.32ff.

（55） *E.-W. Böckenförde* (Fn.15) Rn. 34.

（56） Vgl. *H. Dreier* (Fn.14), Rn.118.

（57） *T. Groß* (Fn.50), S.164.

（58） *S. Köller* (Fn.11), 50ff.

（59） *Brun-Otto Bryde*, Die bundesrepublikanische Volksdemokratie als Irrweg der Demokratietheorie, StWStP 5 (1994), S.305ff., 322.

（60） *Brun-Otto Bryde*, Das Demokratieprinzip des Grundgesetzes als Optimierungsaufgabe, in: Redaktion Kritische Justiz (Hrsg.), Demokratie und Grundgesetz. Eine Auseinandersetzung mit der verfassungsgerihtlichen Rechtsprechung (Sonderheft der

Kritischen Justiz), 2000, S.59ff., S.63f.

(61) *B.-O. Bryde* (Fn.60), a.a.O., S.64ff.

(62) *B.-O. Bryde* (Fn.60), S.62.; *Hans-Heinrich Trute*, Die demokratische Legitimation der Verwaltung, in: *Wolfgang Hoffmann-Riem/Eberhard Schmidt-Aßmann/Andreas Voßkule*, Grundlagen des Verwaltungsrechts, Bd.I, 2006, S.307ff., Rn.16. ハンス＝ハインリヒ・トルーテは、連邦憲法裁判所が正統化のレベルを問題にしていることを、同裁判所が基本法の民主制原理を「法原理」とみなしていることを示すものとして挙げているが、このようなとらえ方には批判もある（*Eberhard Schmidt-Aßmann*, Verwaltungslegitimation als Rechtsbegriff, in: AöR 116, 1991, S.329, 366; S. Köller (Fn.11), S.171）。

(63) *B.-O. Bryde*, (Fn.60) S.68ff.

(64) Vgl. *T. Groß* (Fn.50), S.174ff.

(65) Vgl. auch *E. Schmidt-Aßmann* (Fn. 62), S. 346; *Winfried Brohm*, Die Dogmatik des Verwaltungsrechts vor den Gegenwartsaufgaben der Verwaltung, in: VVDStRL 30 (1972), 245ff. (S. 254f.). こうした観点から、グロースは、行政の形成作用および判断・評価作用をよりよく描写するものとして、（レナーテ・マインツらにならい）「インプレメンテーション（Implementation）」の概念の方が「執行（Vollzug）」のそれより、はるかに適切であるとする。

四　水利組合ラント法の合憲性に関する連邦憲法裁判所第二法廷決定

(Beschluß des Zweiten Senats vom 5. Dezember 2002 — BVerfGE 107, 59)

(一)　事案の概要

このような学説の対立状況の中、二〇〇二年一二月五日、連邦憲法裁判所第二法廷[66]は、二つの水利組合にかかるラント法の基本法適合性に関する事案において、それまで留保してきた機能的自治の民主的正統化の問題についての判断を示すこととなった[67]。

本件においては、ドイツのルール地方を流れるライン川の二つの支流であるリッペとエムシャーの各流域について設立された二つの水利組合、すなわちリッペ水利組合（Lippeverband）、およびエムシャー共同水利組合（Emschergenossenschaft）の組織や権限について定めた二つのラント法（一九二六年一月一九年の「リッペ組合に関する法律」および一九〇四年七月一四日の「エムシャー共同組合に関する法律」を改正した、一九九〇年二月七日の「リッペ組合法」および「エムシャー共同組合法」）の諸規定が、基本法二〇条二項および同二八条一項一段に定められた民主制原理に適合するか否かが争われた。これらの流域においては、鉱物資源の採掘による地下水の上昇や人口の増加、および急激な工業化による河川への有害物質の流入に対処するため、一九〇〇年代初頭以降、下水の浄化および排水規制を任務とする水利組合が設立され、その根拠となるラント法により、両水利組合は、領域内の重要な水利行政上の任務をすべて担うものとされていた。その構成員（社員）としては、①水利組合の領域内にある市、ゲマインデ、郡、②水利組合内にある鉱業および企業の所有者、並びに③水利組合の活動を必要とさせる、あるいはその活動を困難とさせるおそれのある施設および土地の所有者（地上権が設定されている場合は地上権者）が参加するものとされているが、リッペ水利組合においては、このほか、④ノルトライン＝ヴェストファーレン州、および⑤水の供給を行う公企業およびその他の取水者も構成員として定められている（リッペ組合法六条、エムシャー共同組合法五条）。

これら両水利組合の機関としては、それぞれ、総会、評議会、および理事会が定められている。総会は、定款およびその変更等について議決を行う、いわば最高意思決定機関であり、そのメンバー（総数は両組合の定款で定められる）は、両組合の各構成員が各々の年間出資額に応じた数の代議員を選出するが、出資額が一定の単位に満たない場合には、いくつかの構成員が、一つの投票グループを構成することもできると定められている。なお、リッペ水利組合においては、このほか、ヴェストファーレン＝リッペ農業会議所も、一議席を確保している（以上、リッペ組合法一二条、エムシャー共同組合法一一条）。総会は各々一票ずつを与えられた代議員の過半数の賛成で議決を行う

（リッペ組合法一五条、エムシャー共同組合法一四条）。

さらに、実質的な水利組合の行政執行権限を有する理事会の、いわば監督機関的な役割を果たすものとして、両水利組合には、評議会が設置され、その構成員は、総会により選任される（リッペ組合法一四条一項、エムシャー共同組合法一三条）。評議会には、理事および理事長の選任、予算外の支出の許可といった重要な権限が与えられているほか、理事会による建築計画および措置計画について、あるいは組合構成員ないし第三者の土地および施設の使用命令、その場合の金銭補償の画定については、評議会の同意が必要とされている。その構成メンバーについては、両組合とも、両ラント法により一五人と定められており、内訳は、リッペ水利組合の場合、ノルトライン＝ウェストファーレン州主任大臣のほか、取水企業に一議席、市・ゲマインデ・郡に三議席、関係企業および土地・施設の所有者に二議席、その他の構成員グループに三議席、残る五議席が労働者代表に割り当てられている。このうち労働者代表については、各々の水利組合の職員協議会が、一〇人の候補者を提案し、その中から五人が総会において選任されるという形になっている（リッペ組合法一六条、エムシャー共同組合法一五条）。評議会の議事も、過半数をもって議決を行う（リッペ組合法一八条、エムシャー共同組合法一七条）。

本件では、評議会における労働者代表の選任に異議をとなえていた両水利組合の関係私企業構成員により、各評議会構成員の選任および人事・社会保障担当理事の選任の無効確認訴訟が提起されることとなった。そして、行政裁判所による第一審・控訴審の判断を経て連邦行政裁判所に上告がなされ、連邦行政裁判所は、一九九七年一二月一七日の決定により、基本法一〇〇条一項の定めに従って手続を中止し、関係法規の合憲性についての問題を連邦憲法裁判所に提示したのであるが、同裁判所は、その手続中止および連邦憲法裁判所への提示決定の中で、本件の関連規定が基本法違反であるとの判断を示している(68)。そこでは、内閣を頂点とする直接国家行政の領域および地方自治の領域について連邦憲法裁判所が展開してきた民主的正統化の要求が、機能的自治組織の行為についても、それが構成員のみに関わる事務を離れて「重要な公共の利益ないし第三者の利害に関わる事務」(„überragende Gemeinwohlbelange und Angelegenheiten Dritter“)[69]に及ぶかぎりにおいて妥当するとされる。そして、両水利組合に委託されている任務には、その構成員の水利行政上の利益の実現のみならず、水の確保と保護という共同体全体の生活にとって必要不可欠な重要な公共の利益の実現も含まれることが確認されたうえで、にもかかわらず、評議会の選任等についての総会の決定が、常に人的な民主的正統化を得た代議員の多数によりなされることは法律上確保されておらず、法律による規律もこの人的正統化の欠損を補償するまでの具体的な目標および行為基準を提供していないとされたのである。

(二) 連邦憲法裁判所の判断

これに対して、連邦憲法裁判所は、両ラント法の関連諸規定は基本法に適合しているとの判断を示した。

まず、連邦憲法裁判所は、連邦行政裁判所と同様、これまでの憲法裁判所判例の中で展開された行政の民主的正統化の理論を整理したのち、①これまでの民主的正統化に関する判例が内閣を頂点とした直接国家行政および地方自治に関して展開されたものであり、本件で問題とされる機能的自治の憲法的許容性については判断を保留していたこと、②しかし他方で、本件で問題とされる水利組合という形態は、地域的な自治とは異なる種類の自治として憲法上許容されたものとみなされ、歴史的に確立してきたこと、③基本法も、八七条二項および三項、並びに一三〇条三項に見て取れるように、こうした機能的自治という組織形態の存在を認識し、憲法上受け入れてきたこと、④連邦憲法裁判所が、一方で間接国家行政の諸形態を承認しながらも、他方で自治団体の権能の限界を示す判断を繰り返してきたこと、を確認したうえで、機能的自治の基本法二〇条二項適合性について、以下のように、その論理を展開している（以下、（　）内において連邦憲法裁判所判例集の該当頁を記す。また、傍線部は、同判例集における本件紹介の冒頭に掲載されている判旨に該当する箇所である。なお、基本法のその他の条項との関係での説示は、割愛する）。

(a)　基本法二〇条二項の民主制原理と機能的自治

基本法二〇条二項は、国家目的規定および憲法原理を内容としているが、その法原理としての性格により、様々な形へと展開可能な（„entwicklungsoffen"）規定である。「国家権力が国民に由来する」という言葉の意味は、国民にとっても、国家機関にとっても、具体的場面において経験しうるものでなければならないし、実際上、その実効性が確保されなければならないのである。従って、異なる事実関係の下では、状況に応じた修正が必要となる。直接国家行政、およびその担当事務が事項的・対象的に限定されていない地方自治行政以外の領域においては、民主制原理は、とりわけ、とぎれることのない人的な民主的正統化の要求から逸脱した、国家権力行使の他の組織形態をも受け入れるものである。さらに基本法二〇条二項のこうした解釈は、民主制原理の基礎にある自治およびアウトノミーの原則を、適切な形で実現させることをも可能とするものである。代表民主制という形で制度化された国民による政治支配の枠内で、基本法は、公の任務の遂行における関係当事者の参加の特殊な諸形態をも容認しているのである（S.91f.）。

その限りで、機能的自治は、民主制原理を補完し、これを強化するものである。機能的自治が、すべての者の自由な自己決定という、より上位にある目的の実現に仕えるものである限りにおいて、それは民主制原理の具体化として理解しうるものである。民主制原理と自治は、基本法の下で相互に対立するものではない。すべての職務担当者につき、国民へと断続することなく遡上する正統化の連鎖という意味における伝統的形態における民主制原理も、専門知識を有する関係当事者の、彼らの利害に関わり合いのある決定への組織化された参加形態としての機能的自治も、共に、両者をつなぎ合わせる上位の憲法理念、すなわち、自由主義的秩序において自己のあり方について自律的決定を行う人間という理念（基本法一条一項）を実現するものなのである（S.92.）。

(b) 機能的自治組織設立についての立法府の裁量とその限界

以上のことから、基本法二〇条二項の民主制原理は、公の任務の処理におけるある限定された（事項）領域につき、民主的正統化を受けた国民代表議会が議決する法律でもって、自治という特殊な組織形態を創設することを許容するものであるといえる。そうして一定の公の任務の遂行を自治組織に委ねることにより、立法者は、関係当事者の実効的な関与権を保障し、行政外部の専門的知識を動員しうるし、さらに、当該任務の内容に即した利益衡量を容易にするという目標を追求し、かくして当該法律の目的をより実効的に達成せしめることを促進しうるのである。機能的自治の組織形態を通じて、公の任務の責任ある遂行を私的な利益確保と両立する形で結合することに成功すれば、それは法律の実効性の向上につながるものである（S.92）。

ただし、国家が自らの官庁組織により遂行しなければならない狭義の国家任務といえる公の任務を自治組織体に委ねることは許されない。また、こうした自治の組織形態が選択される場合、立法者は、関係当事者の利害関係に即した自律的自治という基本思想、および公の任務の実効的遂行に合致しないような制度形成を行ってはならない。従って、当該自治団体の組織構造に関する諸規律において、関係当事者の利害関係が適切に考慮され、個別の利益が優先されないよう、十分な制度的予防措置が講じられていなければならない。この点を除けば、自治組織体に委ねられるべき任務の選択、およびその実施の決定過程と構造に関する規律は、広範な立法府の裁量に委ねられている（S.93）。

(c) 機能的自治団体による法的拘束力ある決定が憲法上許容される要件

機能的自治組織体の創設及び具体的形成に関して立法者に認められる裁量により、当該自治主体に対して、決定としての性格を有する拘束力ある行為（verbindliche Handeln mit Entscheidungscharakter）を行うことを授権することも許容され、また、こうした決定権限は、一定の限られた範囲においてであれ、第三者、すなわち、非組合構成員に対しても認めうる。公の任務の遂行ということそれ自体からではなく、決定としての性格を有する拘束力ある行為を行う権限が与えられているということからして、これら自治団体が、その委ねられた任務を遂行するにあたって行う措置の合憲性につき、基本法二〇条二項の基準に則して判定を行うことが必要になってくるのである。このことは、機能的自治の領域においては、国民から個々の決定権限を有する者まで、とぎれることのない人的な正統化の連鎖が確保されていなければならない、ということを意味するものではない。しかし、決定としての性格を有する拘束力ある行為が、機能的自治主体の諸機関に認められるのは、憲法的観点からすれば、次のような限りにおいてのみである。すなわち、その場合においても、国民が、これらの行為に対する決定的な影響力を確保することにより、その自己決定の権利を保持するが故に、またその限りにおいてのみである。このことは、それら諸機関の任務および行為権限が、国民代表により議決された法律において、十分にあらかじめ決定を受けており、それら諸権限の行使が、人的な民主的正統化を受けた職務担当者の監督に服することを要求するのである(S.93)。

(d)　両水利組合に係るラント法の合憲性

以上の基準に則して判断すれば、両水利組合の組織構造および決定構造は、基本法二〇条二項に違反するものとはいえない。

(i)　本件において合憲性の審査が行われている両ラント法は、本件自治団体の任務、両水利組合の創設およびその権限につき、これ以上の規律は両組合の自治団体としての性格を失わしめるであろうと考えられる程度の詳細な法律の定めを置いている(S.94ff.)。

この点をリッペ組合法に即してみてみると、まず同法は、リッペ水利組合の目的を公共の福祉と同水利組合構成員の利益に仕えることと定め(一条一項三段)、それを具体化する形で、二条一項において、排水規制および地表水質の保持、地下水位の再生および規制、汚水処理および水利組合の任務遂行に伴う廃棄物の処理といった任務を定めたうえで、同水利組合の事業の具体的内容として、その三条一項において、こうした任務の処理に必要な施設の計画、建設、運営及び維持、並びに任務の実施に必要なその他すべての調査及び作業を挙げている。

また、同法七条においては、水利組合構成員の様々な義務が規定されている。水利組合の任務遂行のために、構成員は、組合の受託者に対して情報を提供し、資料の閲覧・提供を行い、構成員自らの負担において必要な測定設備を設置・管理しなければならない（七条一項一段）。また、構成員には、水利経済上の様々な調査の実施および水利組合の事業の実施および準備のために必要な限りで、その所有する土地および施設について、様々な受忍義務および不作為義務が課せられているが（七条三項）、同条五項により、利害関係者は、被った損害についての金銭補償を請求できるとされている。さらに、同法八条によれば、非組合構成員に対しても、こうした権限行使がなされうるとされ、その際には、当該非構成員は、同様に金銭補償請求権を有するものとされる（同条二項四段により、七条五項を準用）。水利組合の任務の遂行に必要であれば、極端な場合には、関連ラント法上の規律による公用収用も可能である（九条）。

こうしてリッペ水利組合の任務及び権限、並びにこれに関連する組合構成員及び非構成員の義務は精確に確定されており、さらに、定款定立権限、組合機関の任務および組合の代表に関する内部組織規定（一一条、一四条、一七条、二〇条、二一条）も同様に詳細で広範囲に亘るものとなっており、これらが、二二条以下に定められた同組合の財政に関する諸規定によって補完される形になっている。

エムシャー共同組合法の関係諸規定も、リッペ組合法のそれと全く同じ文言が用いられ、同様の規律が用いられており、同様の結論に至ることができる。

(ii) さらに、両ラント法は、法的監督並びに端緒的な専門的監督を含む詳細かつ包括的な国家による監督について規定している。

まず、両組合の総会および評議会の会議には、監督庁たるノルトライン＝ヴェストファーレン州環境・国土・農業大臣の代理人が常に出席し、同大臣は自ら、またその受託者を通じて両組合のすべての事務事業につき情報を得ることができる（リッペ組合法三五条一項・二項、エムシャー共同組合法三四条一項・二項）。また、両組合が法律および定款に定められたその任務ないし義務を果たさず、あるいは時宜に適った形で、ないし必要な範囲でそうしない場合には、監督庁は、期限を定め、両組合により必要な措置がとられるよう是正指示を行うことができ、その不遵守の場合には代執行も可能である（リッペ組合法三六条一項、エムシャー共同組合法三五条一項）。その他、監督庁は、総会や評議会の議決に理事会が異義を申し立てた場合の裁定権、法律または定款に違反し、または両組合の任務若しくは義務に反する議決の取消権を有し（リッペ組合法三六条三項・四項、エムシャー共同組合法三五条三項・四項）、究極の例外的な措置として、秩序に則った任務の遂行を確保するため、両組合の費用的負担によりその（全部または個別の）任務を遂行すべく特別代理人を任命することができる（リッペ組合法三七条一項、エムシャー共同組合法三六条）。その他、両組合の一連の重要な業務につき、監督庁の認可が必要とされている（リッペ組合法三八条、エムシャー共同組合法三七条）

(e)　**労働者による共同決定について**

労働者共同決定についての諸規定も、同様に、基本法二〇条二項には違反しない。自治行政における労働者の共同決定は、民主制原理の根本にある思想、すなわち、公の任務の遂行の際の関係当事者の参加という根本思想に、原則として合致している。少なくとも労働者の利益の補助のため、および労働条件の設定・改正のために、限定された形での参加は正当なものであり[70]、機能的自治の領域においては、（さらに）任務遂行の能率性向上のために、各々の団体の首脳部に労働者代表を招聘すること、あるいはそうした代表ないし外部の代表者に任務遂行一般への関与を認めることも、許容されるというべきである。本件において、バランスのとれた適切な諸利益の顧慮の原則、および特殊利益の特権化の禁止に対する違反は確定しえない。

(三) 本決定の学説における評価

以上のような連邦憲法裁判所第二法廷の判断は、それまでの同法廷の立場を明示的な判例変更という形で覆すものではない[71]。内閣を頂点とした直接国家行政および地方自治行政については一元的な民主的正統化のモデルが妥当することを前提に、機能的自治における関係当事者の参加による公の任務の遂行という特殊な組織形態は、当該任務および具体的な事務の内容、具体的組織形成や機関の権限等が法律によって十分に決定され、また人的な民主的正統化を受けた職務担当者による監督に服することを前提に、基本法が容認しているとの判断がなされているのである。しかし、この新たな判断は、基本法の民主制原理の法原理としての性格、およびその「開放性」を指摘し、関係当事者の参加による機能的自治という組織形態が民主制原理を実現する一つの形であるとして、一定の条件の下で憲法上認容されることを確認することにより、従来の一元的な民主的正統化論に対して、民主制原理の新たな展開の方向を指し示すものであるとの評価が示されているのである[72]。

これに対して、イェステットは、本決定が（自治行政一般ではなく）機能的自治の特殊性を、民主的正統化の理論の中に位置づけえていないのみならず、民主制原理と自治行政をともに、（ほぼすべての憲法規範が追求すべき）「自律的」人間の「自己決定」という抽象的な高次の目的に仕えるものとすることにより、民主制原理の解釈論上の固有の意義を失わせしめている、との批判を展開している[73]。同様にサンドラ・ケラーも、本決定が、「望ましい結論のために、恣意的にいくつかのアプローチを組み合わせ、これら異なるアプローチが、一部両立しえないものであり、したがって、相互に補完関係にあるものとはいえないことを見過ごしている」とし[74]、結局、本決定における機能的自治における人的正統化の大幅な緩和が、個人の自律および自己決定に寄与するものであるとの背景的「哲学的な」

理由により許容されている、としたうえで、そうした議論を批判している。[75]

いま一つ問題とされるべきは、連邦行政裁判所がその手続中止および連邦憲法裁判所への提示決定の中で述べるように、両水利組合に委託されている任務が、その構成員の利害のみに関わるものではなく、同時に水の確保と保護という「重要な公共の利益ないし第三者の利害に関わる事務」であり、その場合、評議会の選任等についての総会の決定は、常に人的な民主的正統化を得た代議員の多数によりなされることが法律上確保される必要があるのではないか、という点である。特に、本件両ラント法におけるように、第三者に対しても様々な義務が課せられる場合には、機能的自治主体による決定は、自己決定の表現ではなく、他者決定（„Fremdbestimmung"）としてとらえられることになる、との指摘がなされていることには、注意が必要であるが、[76]連邦憲法裁判所は、先にみたように、本決定において、当該自治団体の諸機関の任務および行為権限が、法律においてあらかじめ十分に定められており、さらにそれら諸権限の具体的行使についても、国家の監督に服することを条件として、機能的自治団体が第三者に対して一定の規律を行うことも許容している。

本決定後、連邦憲法裁判所第一法廷は、二〇〇四年七月一三日、機能的自治主体たる公証人保険組合への立法委任をめぐる事案において、「自治およびアウトノミーの原理は、民主制原理に基礎を有し、憲法の自由主義的な性格に則している」と述べ、本決定を引用して、機能的自治が「自由な自己決定の実現という目標を伴う基本法二〇条二項の民主制原理の具体的形態」としての制度であることを確認したうえで、他方で、立法者は、とりわけ構成員の基本権領域に関わる規律を、当該機能的自治団体の定款定立権能に完全に委ねることはできないとする判断を示している。[77]そこでは、上記連邦憲法裁判所第二法廷決定のいう関係当事者の利害関係の適切な考慮の原則、および個別利益の優先禁止のための制度的予防措置として講じられるべき組織的・手続的規律の内容が具体的に明示され、当該自治団体の機関の組織形成、その任務および権能の基本構造が法律により、十分に確定されていることが要求されると共に、立法者は、特に、機能的自治団体の機関による権利侵害的性格を有する拘束的な自律的規律が、内部における民主的な意思形成過程の結果として成立することを確保しなければならない、とされている。注目されるのは、こうして、「組織的および手続法的諸規定により、適切な利害関係の顧慮に配慮がなされている場合、法律による実体法的規律への要求は、それに応じて減じられる」と述べられている点であるが[78]、この点については、連邦憲法裁判所が、機能的自治の領域においては、正統化諸形式の相互の補償関係という従来の思考枠組みにとらわれずに、その団体的な意思形成および決定過程に民主的正統化の論拠を見いだすようになったと評される一方で[79]、国民全体の意思の拘束力の大幅な緩和という観点からの疑問も表明されている[80]。

(66) BVerfGE 107, 59(88f.).
(67) BVerfGE 107, 59.
(68) リッペ水利組合につき、BVerwGE NVwZ 1999, S.870. エムシャー共同水利組合につき、BVerwGE 106, 64.
(69) BVerwGE NVwZ 1999, S.873; BVerwGE 106, 64 (76).
(70) BVerfGE 93,37 (69).
(71) Vgl. *Ernst Thomas. Emde*, Herrschaftslegitimation ohne Volk?, in: Der Staat, Beiheft 17(2006), S.65ff., S.69.
(72) Vgl. *E. T. Emde* (Fn.71), S.69f.; *H.-H. Trute* (Fn.62), Rn.16; 19f.
(73) *M. Jestaedt* (Fn.45), S.652.
(74) *S. Köller* (Fn.11), S.305.
(75) *S. Köller* (Fn.11), S.311.
(76) Vgl. *Andreas Musil*, Das Bundesverfassungsgericht und die demokratische Legitimation der funktionalen Selbstverwaltung, in: DöV 2004, 116 (S.120). ただし、こうした事態は、当該第三者に対する国家権力行使に際して問題となっているのが、その自治主体の任務遂行の枠内での非典型的な例外的事例ないし副次的活動にとどまる限りは許容される、とされる。なお、様々な経済活動を行う自治組織の自立的正統化について語るブロームも、第三者に対する命令権との関係では、国家を通じた民主的正統化が必要であるとする（*W. Brohm* (Fn.48), S.258)。

(77) BVerfGE 111, 191 (216f.).

(78) BVerfGE 111, 191 (217f.).

(79) *H.-H. Trute* (Fn.62), Rn.20.

(80) *S. Köller* (Fn.11), S.310, Anm.474.

五　機能的自治の民主的正統化をめぐって

基本法二〇条二項の民主制原理の解釈に関し、以上確認した連邦憲法裁判所判例の新たな傾向をふまえ、以下、機能的自治の民主的正統化をめぐる議論を整理し、若干の検討を行うこととする。

(一)　機能的自治の民主的正統化の欠損

まず、機能的自治においては、とりわけ一元的民主制理解の論者が要求する正統化のレベルが大幅に減じられていることを、前節でみた連邦憲法裁判所判例で問題とされた二つの水利組合の組織・決定構造に照らして検証しておこう[81]。

(a)　組織的・人的な民主的正統化の欠損

先にみたように、両水利組合の構成員には、ラント、あるいは郡やゲマインデといった公共団体のみならず、私企業ないし私的土地所有者も含まれている。そして、たとえ総会の代議員の過半数が公共団体の利益を代表するものとして人的な民主的正統化を保持していても、それらが常に同趣旨の行動をとることが保障されていなければ、たとえば私企業や私的土地所有者の代議員全員と、公共団体の代議員の何名かの賛成で議決がなされることも可能である。また、定足数は単に代議員の半数であり、公共団体の代議員が個々の議決においては少数派となることもありうる。[82] こうしたことからしても、連邦憲法裁判所の判例が採用する「二重の多数の原則」の要求は満たされていないといわざるをえないし、そもそもエムシャー共同水利組合については、公共団体の代議員は、全体の3分の一にしかすぎない。[83] したがって、両水利組合の総会による評議会の選任、さらには評議会による理事会の選任に人的な民主的正統性の伝達を認めることはできない。

(b)　法律による規律と権限ある官庁による監督措置

次に、連邦憲法裁判所が強調する、両水利組合についての十分な法的な規律と権限ある官庁による監督措置の確保という点については、確かに水利行政の領域においては、両水利組合の設立法のみならず、連邦およびラントの汚水処理や地域開発計画に関わる計画法あるいは法規命令などの諸規定も併せてみれば、相当程度の緻密な法的規律がなされているとされる。[84] しかし、これらの法令上の諸規定が定める目標を実現する手段の選択、および個別事例において場合によっては対立する様々な目標設定の調整方法は、水利組合の決定主体に委ねられているとの指摘がなされている。[85]

また両水利組合については、先にみたように、監督庁による様々な監督権限が定められているが、これらにつき、緻密な法律上の目標設定に基づく強度の法的監督を語ることはできるかもしれないが、この監督権限は、専門的監督と性格づけることはできない、との指摘がなされている。[86] 実際、両水利組合の設立法自身、監督権限についての章のタイトルを「法的監督」と定めており、特に是正指示および代執行権には民主的正統化にとっての比較的大きな意義が認められるが、これら行政行動の合法性の確保に限定される法的監督手段は、合目的性の観点をも包括しうる訓令権に及ばず、また、常に問題となる行政主体の違法な行動を前提とし、それに対応するものとして受動的に行使されるものであって、積極的・主導的に行使される指揮監督権限行使の手段としての訓令には、この点においても代替されうるものとはいえない[87]。さらに、認可権の留保は、最終的には純粋な拒否権としての性格を有するのであり、認可庁がそれに替えて自らの意思を積極的に貫徹しうるわけではない。また、自治団体の個別の決定に関して定められている多くの認可権の留保は、むしろ過度の財政的負担から当該自治団体を保護するためのものであり、監督官庁の意思を貫徹させるべく定められたものではない[88]。

こうしたことから、問題となった両水利組合につき、少なくとも人的な民主的正統化の欠損を全面的に補償しうる程度の強度の実体的な民主的正統化を想定することは困難である。それどころか、ケラーが適切にも指摘するように[89]、機能的自治の領域において、法律を通じたより強度の内容的指示を要求しようとする思考は、そもそも自治の本質ないし存立根拠を大幅に削ぐものとなってしまうことに注意が必要である。

(二) 機能的自治の正当化のモデルとその批判

以上のように、直接国家行政について要求される程度の正統化のレベルを機能的自治について認めることは困難であるとすると、そうした民主的正統化のレベルの低下をどのように評価するかが問題となり、まさにこの点をめぐって、学説において、様々な正当化のためのモデルないしアプローチが提唱されているのである。以下、本稿の問題関心との関係で、とりわけ二つのアプローチをとりあげることとする[90]。

(a) 正統化の主体としての機能的自治構成員

まずは、機能的自治団体の構成員に、民主的正統化ないしそれに並び立つ自律的正統化の主体性を認めようとするアプローチがある。このアプローチにも、基本法二〇条二項前段に言うVolk概念自体の解釈をめぐりいくつかの異なる立場があるが、その最も先鋭的な立場は、先に見た多元的民主制理解の主唱者の一人であるブリュデのそれのように、基本法二〇条二項前段に言うVolkの概念自体を国民国家的な構成から解き放ち、権力行使の対象となる個人の観点から、関係当事者をかかる権力行使の正統化の主体としてみなす試みであるが、分権化の構造をも内包する基本法において、機能的自治体の構成員が、基本法二〇条二項の枠内における「部分国民」("Teilvölker")として、正統性を伝達する主体となるという立場も見られる[91]。

他方で、先にみたように(二(四)参照)、機能的自治組織の構成員は、基本法二〇条二項の枠内での国民とはみなされないものの、同条項による民主的正統化と並び立つ「自立的正統化[92]」ないし「自律的正統化[93]」の主体となりうる、という立場もある。とりわけ機能的自治を民主制原理の実現方式(Realisationsmodus des demokratischen Prinzips)とみなすエムデの見解によると、各々の自治主体の民主的な内部構造は、基本法二〇条二項の正統化に並び立つ自律的な正統化を媒介するものとされ[94]、基本法二〇条二項により要求される国民による民主的正統化の欠損は、この自律的正統化により補償され、国民による統制の欠損は、利害関係当事者による統制により代替されるといわれる[95]。

(b) 他の憲法上の論拠による正当化

いま一つ、内閣行政のメカニズムを通じた民主的正統化の枠組みから逸脱する機能的自治を正当化する論法として、民主制原理以外の他の憲法上の論拠、たとえば基本権保障や、あるいはより広く法治国家原理を援用するアプローチが学説においてみられる。実際、「基本法の民主制原理に基づく厳格な正統化論による拘束から機能的自治を開放しようとする試みにおいて、その憲法上の特殊な地位を示そうとするものほど好んで用いられる議論のトポスはない[96]」とも言われ、自治の制度的保障を導く基本権解釈等が、そうした趣旨における一般的な見解の一つとして挙げられるのである。たとえば大学の自治を基本法五条三項一段による学問の自由の保障の構成要素として認め、あるいは放送営造物を機能的自治の一つの形態として扱ったうえで、これを基本法五条一項二段により基礎づけるのと同様の論法により、様々な職能団体の自治[97]や、本稿で扱っている水利組合等の物的団体への参加権[98]を、職業の自由を保障する基本法一二条や、財産権保障に関する同一四条等の基本権確保の観点から説明しようとする試みがそれに当たるが、ここでは、これらの基本権の自由権的な側面ではなく、手続法的ないし組織法的側面が重視されることに注意が必要である。[99]

クラウス・ディーター・クラッセンは、こうした議論をより一般化した形で、国家の決定の民主的正統化の問題を考える際には、国民へのフィードバックを保障する民主制原理の視点と共に、決定の「質」を手続形成により可能な限り合理的に保障する法治国家原理の視点が必要となるとしたうえで、個々の市民に一定の強制を要求しうるだけの国家の決定の「質」が、特定の組織的構造および適切な手続により、確保されうるか否か、そしてどの程度そうなのか、ということが考察されるべきであるとする。[100] そして、個々の具体的事例において、法律、および法律において具体化された「国民の意思」の意図ないし趣旨が、いかなる手段において最も実効的および効率的に実現されうるかが問われるべきであるとすれば、内閣行政が、すべての事項領域において自動的に優位に立つわけではなく、特定の場合に、行政組織の他の形態が、特別の決定の質を保証することもあるとされ、それらの行政組織形態は、いくつかの観点から、とりわけ「通常の」国家行政から一定の「距離」を確保することを目指しているとされるのである。[101]

(c)　一元的民主制論の観点からの批判

以上の機能的自治の正当化の試みに対しては、とりわけ一元論的民主制理解の論者から、厳しい批判がなされている。以下、イェステットとケラーによる批判を中心に確認しておこう。

(i)　まず、(a)のアプローチに対して。第一に、基本法二〇条二項前段にいうVolkの概念を関係当事者性のメルクマールにより規定しようとする試みに対しては、そこで想定されているのが、具体的場面での権利侵害という意味での当事者性なのか、それとも、潜在的な利益の侵害や影響をも含むそれなのか、が区別されねばならず、[102] しかもいずれの意味においても、それは、基本法二〇条二項前段にいうVolkの規範的意味内容を示すものとしては不適切であるとされる。なぜなら、前者の意味において語られているのであれば、それは、国家権力行使への参加の権利を導くものではなく権利保護の要求を導くものであり、後者の意味において語られているのであれば、特定の規制ないし国家行為によって潜在的にその利益に影響を受ける者の範囲をどのように特定するのか、という問題が生じるからである。とりわけ環境保護の領域における問題設定および決定にみられるように、現代社会における様々な事項領域ないし問題の相互の影響ないし依存状況に鑑みれば、ここで一定の線引きを行うことは困難であり、さらに、利害状況が複雑に絡み合い一定の決定による影響を網羅的に予測することが困難な問題状況においては、潜在的な利益侵害の可能性を事前に想定することも難しい。そもそも、そうした潜在的な利益への影響は、国境を越えて及ぶ場合も多い。また関係当事者性のメルクマールを提唱する論者は、その概念上の柔軟性をむしろ利点として挙げるが、関係当事者性の段階づけをさらにどのような基準で行うのか、またそれぞれの段階にどのような関与権が対応するのかも明確にされていない[103]。結局、多元的民主制理解の論者が想定する自己決定と関係当事者性との関連は、理念的・理論的なレベルにおけるものであり、Volk概念の規定を行うための実践的に有用な基準とはいえない[104]。

第二に、国民の政治的参加における形式的・図式的な平等性の要求は、民主制原理の根幹をなす重要なものであるが、関係当事者ないし部分国民といった視点は、国民の間に政治参加の権利に実質的な差異を設け、その平等性を掘り崩すことにつながることになる[105]。つまり、関係当事者のメルクマールは、国民の政治的参加の権利につき、個々の具体的決定との関係での状況に応じて、個別の国民を異なる形で取り扱うものであり、関係当事者に、一般国民以上の政治的参加の権利を認めるものである[106]。

第三に、基本法が定める連邦制の構造と地方自治の保障は、確かにラント、郡およびゲマインデの住民に、各々正統化主体性を認めているようにもみえるが、そこでは、全体としてのドイツ国民から独立し、それと並び立つ、独立の正統化主体性が認められているわけではなく、全体としての国民を前提とし、その中での空間的に限定された部分の構成が認められているにすぎない[107]。また、基本法における連邦制や地方自治の保障から「部分国民」の観念を導き、そうした「部分国民」による民主的正統化の伝達を機能的自治についても認めようとする議論は、地方自治と機能的自治についての重要な相違点を見過ごすものである。基本法二八条一項二文に挙げられた諸領域及びその人的結合は、関係当事者から成る団体とは異なる「国家類似の構造[108]」を有しており、基本法二八条におけるVolk概念は、基本法二〇条二項一文のそれと重なるものとして理解されるべきである[109]。すなわち、ラント、郡およびゲマインデは、すべての事項領域への相対的な一般権限（eine relative Allzuständigkeit）を有しており[110]、また各々の地域的団体の国家権力が及ぶ範囲は、領域的に決定され、住所という規準によりそこに属する人的結合は、「不特定の一般住民」（unbestimmte Allgemeinheit）[111]により特徴づけられている。従って、これら地域的団体においては、普通および平等選挙を通じて、国におけると同様、いかなるものであれ、すべての個別利益に実現のチャンスがあるのに対して、機能的自治においては、初めから特定された任務のもと、多かれ少なかれ厳密に定められた事務の実施が目指されているとともに[112]、関係当事者という一定のグループ性を示すメルクマールによって構成された、特殊な人的範囲とその利益が問題となっているのである。

第四に、基本法は、民主制を、正統化主体としての任意の人的結合体に結び付きうる、単なる支配の正当化の形式とみなしているわけではなく、その二〇条二項において、国民主権という目的の実現に結びつけている。したがって、国家権力正統化の淵源としては国民がその独占的地位を得ることになる一方で、自治団体の内部構造は、それが構成員による選挙や多数決を定めていたとしても、基本法上の民主制原理の実現とみなされることはできない[113]。従って、ある国家権力行使を国民の意思へとたどりうる条件の欠如は、それを関係当事者の一グループの意思に帰することにより、埋め合わせることはできない。両者は、同一の目的を目指しているわけではないからである[114]。

(ii)　次に、(b)のアプローチ、とりわけ基本権保障を援用しての機能的自治の正当化に関しては、そもそも伝統的な自由権としてのその機能とは異なり、基本権の客観法的ないし手続的機能については学説においてもなお議論があるとの前提のもと、次のような批判がなされる。まず第一に、基本権を基礎とした自治団体の構成員の参加権により民主的正統化の要求の緩和を導くためには、基本権が、そうした参加権によってより実効的に保障されるという議論では不十分であり、自治の組織形態およびそれに伴う民主的正統化の緩和が基本権により「要求されている」(gebietet) ことが示される必要があるが、そうした要求は、基本法上は大学の自由など、ごく限られた場合にのみ認められるにすぎない[115]。

第二に、そもそも、基本権からそうした参加権を導くことによって民主的正統化を緩和しようとする試みは、結局のところ、個々の構成員の基本権領域への介入を、同じ基本権によって正当化することを意味するが、そのことは、基本権本来の個人権的・自由権的な性格を、軽視する姿勢につながる危険を生ぜしめる。こうした逆説的状況は、とりわけ当該自治団体について、強制加入制が採用される場合に顕著に生じることになる[116]。

(三)　自治の理念・制度とその憲法的位置づけをめぐって

民主的正統化の主体たる全国民からの国家権力の導出、並びに国民代表議会とその議会に責任を負う政府を中心とした政策決定と実施は、政治参加への厳格な平等の観念と結びついた代表民主制の理念に鑑みれば、基本法が想定する民主制ないしその組織化の原則的プロセスとして位置づけることができるであろう。しかし他方で、一元的モデルが要求する厳格な民主的正統化の理論にも、次のような問題点があるように思われる。第一に、民主制および自治の究極の根拠としての自由な自己決定の理念という議論は、単なる憲法理論のレベルに止まるものではなく、連邦憲法裁判所が示すとおり、具体的な憲法解釈のレベルにおいても重要な意義を有するものではないか[117]ということ、第二に、具体的な制度の評価に当たって、クラッセンが指摘するような、他の憲法原理、とりわけ法治国家原理をも視野に入れた多面的考察が不十分であること、第三に、現代の行政組織構造に関して、多元的モデルに見られるような現実的分析が十分にふまえられているとは考えられないこと[118]、そして第四に、上記の三点とも密接に関係することであるが、自治の理念が有する憲法上の意義や機能に十分な配慮がなされていないと思われることである。以下、この第四点につき、ヘンドラーの説くところを中心にみてみることにしたい。

(a)　基本法における民主制原理と自治の理念

近代的自治の制度が芽生えた一九世紀の政治状況を特徴づける社会と君主制的官憲国家の緊張関係が消失した現代民主主義国家において、自治の原理はその実存意義を本質的に失ったとするカール・シュミットの議論[119]や、「中央政府の立法府において表明される全体の意思が、個々の自治行政組織における部分の意思により無力化せしめられるおそれ」について語ったハンス・ケルゼンの民主政論[120]が示すように、民主制と自治の関係につき、むしろ敵対性のテーゼを提唱していたワイマール期の憲法学[121]とは異なり、基本法下におけるドイツ公法学は両者の親和性を強調し、連邦憲法裁判所の判例も、先にみたように自治とアウトノミーの諸原則が民主制原理を基礎とするものであるとの立場を示している[122]。しかし他方で、民主制の「枢要な原理[123]」とも称される政治的平等の原則の観点から見ると、そこには、前款(c)で見たような緊張関係を認めざるをえない。

ヘンドラーは、こうした問題状況を意識したうえで、とりわけ一九六〇年代以降、政治的および学問的領域において顕著になった「参加」「民主化」「共同決定」等の概念をめぐる議論状況の影響を受けて、ライプホルツが指摘した平等原則についての「ますます急進化し形式化されてゆく傾向[124]」とは逆に、政治的意思形成の領域における「細分化された平等理解」（ein differenzierte Gleichheitsverständnis）が支持を集めつつあるとする[125]。そこでは、国民全体が参加する普通選挙を通じた議会制民主主義の制度において一般利益の確定とその実現が図られる一方で、個別の決定により影響を受ける関係当事者には、特別な関与の権利が認められるという構図のもと、この関係当事者の関与権を拡大したものが、当該事務事業の自己責任による処理という自治の形態として理解されるのである。[126]

(b) 法治国家原理と自治

他方でヘンドラーは、自治の理念を憲法上基礎づけるためには、民主制原理の観点のみならず、他の基本法上の価値決定および構造決定も含めた基本法の全体的観点からする考察が必要となるとし、[127] とりわけ、自治制度が連邦制の国家構造にさらに加えて、垂直的権力分立の意味における公権力の担い手の多元化を生ぜしめることを指摘し、[128] 自治が法治国家原理とも密接に結びついているとする。こうした組織法的観点からする法治国家原理と自治との関係に加え、ヘンドラーが注目するのは、とりわけ自治の理念が、基本法の自由権保障の理念と、明確な親近性（eine ausgeprägte Affinität zu den grundrechtlichen Freiheitsintentionen）を示している点[129]である。自治の制度は、国家との近接性を示すその公法上の法形式にもかかわらず、基本権同様、国家との「距離」を生ぜしめ、その権力を抑制を加えるものであって、基本法上の自由の保障は、政治的な意思形成および意思決定の段階で、自治の諸組織・制度により支援を受け、また補完されることになる。なぜなら、こうした自治の諸組織・制度は、人間が社会的生活を行ううえで必要な個人の自由の規律と制限が、（議会への普通選挙を通じて）国民全体によって行われるのみならず、それらの規律と制限に特に関わり合いになる当事者から成るより狭い範囲の人々によっても行われる状況を生ぜしめ、そのことにより、諸個人がその自由行使の枠組みとなる諸条件の形成に、より強く影響力を行使する機会を与えることになるからである。

また、自治における強制加入制と構成員の自由との関係について、ヘンドラーは、その制限につき厳格な要件を定められている結社の自由（基本法九条一項参照）が公法上の社団としての自治団体については妥当しないとする連邦憲法裁判所判例を支持する文脈で、この問題につき、次のような実質的な視点を示している[130]。すなわち、多くの自治団体につき、強制加入制を欠く場合には、その任務をもはや実効的に達成しえなくなるであろうこと、さらに当該自治団体が担っていた機能を私的部門のイニシアティブによっては十分に達成しえないであろうことを併せて考慮に入れると、そうした場合、従来自治団体に委ねられていた領域が直接国家行政の活動にとって代わられることとなり、その領域が著しく拡大する可能性が生じることになる。こうしたことを考えると、自治団体における強制加入制を、官憲国家の時代に由来する個人の自由に敵対的な遺物と評価するのは適切ではない。一定の公的事務が国家直接的な機関によってではなく、関係当事者の自己責任において遂行することを可能にせしめるという意味において、それはむしろ、今日の重要な社会領域における「自由の基盤となる一つの要素」ととらえられるべきである。

(c)　自治制度の憲法上の位置づけ

ただしヘンドラーは、連邦憲法裁判所の判例同様[131]、一般的に公法上の組織体としての自治主体が、それ自体基本権を主張できるわけではないとし、また、基本法二八条二項や、五条一項および三項の場合を除き、基本権の保障自身が自治組織の創設と形成を義務づけるわけでもない[132]とする。この点については、基本法が定める国家の基本的秩序全体の中における自治の理念ないし制度の位置づけないし限界が考察されねばならない。ヘンドラーによれば、基本法の基本原理は、自治の意義を憲法上基礎づける一方で、それを限定するものでもあって、特に基本法の民主制原理、およびこれと密接に結びついた絶対的平等の意味において理解されるべき政治的平等原則は、「一般国民にとって本質的に重要な公的事務」が、普通・平等選挙による国民代表議会およびこれに責任を負う政府から、かかる政府の訓令の下にあるヒエラルヒッシュな官僚機構へと連なる「正統化の連鎖」に基づき処理されることを要求する。したがって、こうした国民全体にとって重要な意義を有する公的事務の遂行は、自治団体に委ねられるべきではない、とされる。(133) こうして、細分化された平等思想に基づく自治の原理は、ヘンドラーにおいては、基本法全体の構造の中では、国民全体の意思を代表する議会およびこれに対して責任を負う政府を中心とした政治的意思形成および決定プロセスを補完し、ある種の調整を施すためのもの（eine Art Regulative）としての位置づけを与えられているのである。(134)

したがってヘンドラーは、公的事務を国家官庁に直接に執行せしめるか、それとも自治団体にその執行を任せるかについての選択が原則として立法者の採用に委ねられるとする立場を肯定しながらも、立法者には、基本法上、自治組織を恣意的に拡大して設立したり、あるいは自治組織に任意に拡大された権限を付与することまで許容されているわけではないとするのである。(135)

(81) これら二つの水利組合については、機能的自治に共通するメルクマールを備えていると言う意味で、機能的自治組織の代表例としてとらえることができる、とされている。Vgl. S. *Köller* (Fn.11), S.187.

(82) S. *Köller* (Fn.11), S.188.

(83) BVerwGE 106, 64(80).

(84) Vgl. *Jürgen Salzwedel*, in: *Peter J. Tettinger/ Thomas Mann/ ders.*(Hrsg.), Wasserverbände und demokratische Legitimation, 2000, S.67 (71ff.).

(85) S. *Köller*, (Fn.11), S.205.; vgl. auch *J. Salzwedel* (Fn.84), S.80ff.

(86) Vgl. *J. Salzwedel* (Fn.84), S.76ff. ここでザルツヴデルは、拡張された法的監督(S.69)について語り、「専門的監督上の介入の必要がその前段階でくい止められ」ている(S.76)という。連邦行政裁判所も、確かに専門的監督の手がかりについて語りながらも、この点につき強化された法律上の拘束とも述べている（BVerwGE 106 64(81)）。

(87) S. *Köller* (Rn.11), S.157; *M. Jestaedt* (Fn.11), S.343.

(88) S. *Köller* (Rn.11), S.201.

(89) S. *Köller* (Rn.11), S.209.

(90) ここでとりあげるものの他、①とぎれることのない正統化の連鎖を確保する人的な正統化、並びに法律および政府による指揮監督を通じた事項的・内容的正統化以外の正統化の方式として、行政庁の裁量判断における決定の「受容」（Akzeptanz）の要素の指摘（*Thomas Würtenberger*, Die Akzeptanz durch Verwaltungsverfahren, in: NJW 1991, S.257(263); *E. Schmidt-Aßmann* (Fn.5), Zweites Kapitel, Rn.105. 連邦憲法裁判所の判例（BVerfGE 86, 90（111））も、こうした考慮要素の一つとしての「受容」の観点を援用している。）、あるいは決定の質に着目した「アウトプット指向の正統化」（Outputorientierte Legitimation）モデルの提唱（*Utz Schliesky*, Souveränität und Legitimität von Herrschaftgewalt, 2004, S.597ff.）、②民主的正統化の伝達にとって重要な規準となるのは、潜在的な内容面でのコントロールであるとするモデル（*Axel Tschentscher*, Demokratische Legitimation der Dritten Gewalt, 2006, S.137, 141.）、および国民から決定権者への正統化の連鎖の切断を、自治団体の創設行為に目を向けることにより克服しようと試みる集団的な人的正統化のテーゼ（*W. Kluth* (Fn.4), S.376ff.）による人的な正統化の欠損を無効化する試み等がみられるが、これらの理論ないしモデルに対しては、とりわけケラーにより包括的な批判がなされている。Vgl. *S. Köller* (Fn.11), 228ff.; 234f.; 242ff.; 247ff.

（91）R. *Herzog* (Fn.18), Rn.56ff.; *Dirk Ehlers*, Die Staatsgewalt in Ketten — zum Demokratiegebot im Sinne des Grundgesetzes, in: *Heiko Faber/Götz Frak* (Hrsg.), Demokratie in Staat und Wirtschaft, FS für Ekkehart Stein, 2002, S.125 (S.131ff.). Vgl. auch *Hans Kelsen*, Allgemeine Staatslehre, 1925 (Nachdruck 1993), S.180ff.

（92）*W. Brohm* (Fn.48), S.248ff.

（93）*E. T. Emde* (Fn.6), S.322ff., 384f., 387f., 402ff.

（94）*E. T. Emde* (Fn.6), S.382ff.

（95）*E. T. Emde* (Fn.6), S.387. これに対して、シュミット・アスマンは、同様に関係当事者たる団体構成員の参加の要素を強調しながらも、民主的正統化の欠損を自律的正統化によって補償することはできない、とする（*E. Schmidt-Aßmann* (Fn.62), S.378）。

（96）*E. T. Emde* (FN.6), S.314.

（97）*Claus Dieter Classen*, Demokratische Legitimation im offenen Rechtstaat, 2009, S.63f. もっとも、ここでクラッセンは、自治行政の領域においても、国家を通じた民主的正統化は、完全に放棄されることはできないとする。自治団体の諸機関による決定は、場合によっては第三者に対して少なくとも事実上の効果を伴うことになるが、こうした権能は、少なくとも基本権のみからは導きえない。そうした決定のための手段を構成するのが、一方では当該自治団体の事務、権能および制度的構造についての法律上の規律であり、他方では国家による監督であって、そこでの立法者による規律の密度は、侵害行為の強度に対応するものとならなければならない、とされる。Vgl. auch BVerfGE 111, 191(218). また、基本権から、団体の自治とそこへの参加が必然的に導かれるわけではないとしながらも、限定的に、自治団体への参加による「基本権の実効化」、ないし職業身分的な自治団体の基本権上の正統化機能について語るものとして、Vgl. *Michael Kleine-Cosack*, Berufsständische Autonomie und Grundgesetz, 1986, S.122ff. Vgl. auch *Herbert Bethge*, Das Selbstverwaltungsrecht im Spannungsfeld zwischen institutioneller Garantie und grundrechtlicher Freiheit, in: FS für Georg Christoph von Unruh, 1983, S.149(ff., S. 169). さらに、公法上の社団としての手工業者組合の自治に関わる組織改正につき基本権保障の観点から論じるものとして、Vgl. *Ludwig Fröhler*, die paritätische Mitbestimmung in den Handwerkkammern als verfassungsrechtliches Problem, in: GewArch 1974, S.2ff, S.4.

(98) 本稿で扱った二水利組合に関する連邦憲法裁判所の審判における労働者の共同決定に関する鑑定意見参照。Vgl. BVerfGE 107, 59(83). またクルートは、土地・水利組合の活動により、その構成員の基本法一四条による基本権が制約を受けるとしても、それは基本的にはそれら構成員の聴聞を受ける権利を基礎づけるだけであり、協働的な参加権を必ずしも導くものではないが、構成員の基本権的参加権が、関係当事者性の観点からする個々の構成員の協働に差異をもたらすことはあるとする。Vgl. *W. Kluth* (Fn.4), 451ff.

(99) *C. D. Classen* (Fn.97), S.64.

(100) *C. D. Classen* (Fn.97), S.37ff. クラッセンは、こうした考察が、結果として註(90)で示したアウトプット指向の正統化モデルと同様の結論を導くことになるとする。

(101) *C. D. Classen* (Fn.97), S.41ff.

(102) *S. Köller* (Fn.11), S.104f. イェステットは、後者につき Statusbetroffenheit の語を用いる。Vgl. *M. Jestaedt* (Fn.11), S.80f, 217, 508f.

(103) *S. Köller* (Fn.11), S.104ff.

(104) *S. Köller* (Fn.11), S.110.

(105) *S. Köller* (Fn.11), S.111ff. イェステットは、これに加え議会制民主主義の原理違反をも指摘する。M. Jestaedt (Fn.11), S.217ff.

(106) *S. Köller* (Fn.11), S.114f.

(107) *S. Köller* (Fn.11), S.98f. なお、先にみたハンブルク市州市区議会選挙における外国人参政権の導入の可否についての連邦憲法裁判所第二法廷判決も、基本法がその二八条一項二段において、行政の担い手たるゲマインデ及びクライスにつき、それぞれ、民主的正統性を媒介する"Volk"をわり当てており、これを、国家構造における地方公共団体の特殊な地位に基づくものであるとしながらも、しかし、このことから、民主制原理は、行政の領域において、地域的な関係で結ばれた・より小さな法律上の地域団体の構成員に対して、国民総体及び議会を経由せずに、正統化能力を承認することを、いかなる形でも許容するとは決していえないとしている。「それは、一体としての国家権力からの分離独立を意味することになろう。」Vgl. BVerfGE 83, 60 (74ff.).

(108) Vgl. *M. Jestaedt* (Fn.11), S.526.

(109) *S. Köller* (Fn.11), S.103.

(110) *S. Köller* (Fn.11), S.100. Vgl. BVerfGE 83, 37 (54)（いずれも、郡およびゲマインデに関して。ラントに関しては、vgl. M. Jestaedt (Fn.11), S.511. ただしケラーは、郡とゲマインデの一般権限保有は、それ自体国家としての性格を有するラントのそれとは、当然異なったものとして理解されるべきであろうとする。*S. Köller* (Fn.11), S.100 (Anm.299)。

(111) *S. Köller* (Fn.11), S.100. Vgl. BVerfGE 83, 37 (55); *M. Jestaedt* (Fn.11), S.526f.

(112) *W. Brohm* (Fn.48), S.120, 249, 259.

(113) *S. Köller* (Fn.11), S.215; *M. Jestaedt* (Fn.11), S.497ff.

(114) *S. Köllerr*, Ebenda; *M. Jestaedt* (Fn.11), S.514.

(115) *S. Köller* (Fn.11), S.300; *E. T. Emde* (Fn.6), S.314; K. Waechter, (Fn.54) S.108ff.

(116) *S. Köller* (Fn.11), S.300f.; *M. Jestaedt* (Fn.11), S.576ff.; *K. Waechter* (Fn.54), S.149ff.

(117) *H.-H. Trute* (Fn.62), Rn.20 (Anm. 94).

(118) グロースは、行政組織における自治や独立化の状況につき、「『伝統的国家の多元的解体の傾向』として非難されるべきものではなく、むしろ社会の諸関係がきわめて異質な様相を呈し、それゆえに憲法史を刻む以前の時代に比べて、極めて多様な任務を遂行しなければならない現代国家の正統化需要に対する一つの対応である」とする（*T. Groß* (Fn.50), S.194f.）わが国の学説も、概して一元的思考には批判的であるように思われる。山本・前掲註(2)のほか、毛利透「民主主義と行政組織のヒエラルヒー」法学論叢一五二巻三号一頁（二〇〇二年）一七頁以下参照。

(119) *Carl Schmitt*, Der Hüter der Verfassung, 1931, S.75, 92f.

(120) *Hans Kelsen*, Vom Wesen und Wert der Demokratie, 2. Aufl. 1929, S.72f.（傍点部分は原文ではゲシュペルト）.

(121) Vgl. *R. Herndler* (Fn.9), S.167ff.

(122) BVerfGE 107, 59 (91) unter Bezugnahme auf BVerfGE 33, 125 (159).
(123) *Gerhard Leibholz*, Strukturprobleme der modernen Demokratie, 3.Aufl, 1967, S.147.
(124) *G. Leibholz* (Fn.123), S.137.
(125) *R. Hendler* (Fn.9), S.314. 同様にブロームも、国民の一般的均等化の傾向に抗する、職業身分的ないし経済利益上の様々な組織団体の増大という今日の憲法現実をふまえて、「基本法により特徴づけられ、また前提とされているような政治的共同体においては、職業身分および共通の経済的利益による分節化は、国家という全体組織における図式的な平等を補完する実質的に必要不可欠な制度である」と述べる（*W. Brohm* (Fn.48), S.259f.）。
(126) *R. Hendler* (Fn.9), S.316.
(127) *R. Hendler* (Fn.1), Rn.50.
(128) *R. Hendler* (Fn.9), S.320 m. weit. Nachw. 権力分立現象としての自治につき、*K. Stern*, (Fn.20) S.403, 796.
(129) 以下につき、vgl. *R. Hendler* (Fn.1), Rn.54; *ders.* (Fn.9), S.329.
(130) 以下につき、*R. Hendler* (Fn.9), S.336ff.
(131) BVerfGE 21, 362(369ff.); 61, 82(100ff.); 68, 193(205ff.); 75, 192(195ff.).
(132) *R. Hendler* (Fn.1), Rn.56; *ders.* (Fn.9), S.330ff. したがって、たとえば基本法八七条二項の拡大解釈により、社会保障法領域における自治の制度的保障を説く学説に対しては消極的な姿勢が示される。*R. Hendler* (Fn.1), Rn.58.
(133) *R. Hendler* (Fn.1), Rn.57; *ders.* (Fn.9), S.317ff.
(134) *R. Hendler* (Fn.1), Rn.60; *ders.* (Fn.9), S.318.
(135) *R. Hendler* (Fn.1), Rn.56, Rn.59f.; *ders.* (Fn.9), S.317ff.

六　おわりに

本稿の冒頭でふれたプロイセン改革期の最中、フライヘル・フォン・シュタインは、いわゆる「ナッサウ覚書[136]」の中で、「給与を得て働く官吏のみから成る官庁」の弊害について、次のように述べている。すなわち、そこでは「単なる形式の中での生活、行政の対象となる管区についての無知識、そこへの無関心やしばしば見られる愚かな嫌悪、および仕事を増加させることになる変化や革新への恐れと、その結果として、社会の優秀な構成員がますます負担を強いられることになり、他方で低劣な者が負担を免れることになる状況」が生じるということであり[137]、こうした官庁における「形式ばったがらくたと勤務メカニズム」(„Formenkram und Dienst-mechanismus")は、「実践的な生活の混沌の中にいる人間を受け入れることにより打ち砕かれ、その代わりに生き生きとした、努力を怠らない創造的精神、および自然の充溢から得られた豊かな視野と感覚」がもたらされるべきであるとされるのである[138]。

自治の制度は、個々の人間の身近な公共的課題への利害関心を梃子にして、そうした共通の利害関心を有する者の努力と責任に一定の公共事務の実施を委ねる仕組みであるといってよいであろう。もっとも自治の理念の源流であり、今日においてもおそらく憲法上の地位において最も重要なものとみなされるべき地方自治においては、機能的自治に見られるほど、自治の担い手に強い共通の利害関心が生じているわけではない。にもかかわらず、そこでもやはり、特定の地方自治体の個別利害が、場合によっては国民全体の一般的意思に抗してでも保障される構図が見てとれることを、ヘンドラーは強調する(彼は、このことの例として、特定の地方自治体の領域内ないしその近辺に、たとえば廃棄物処理施設の設置や空港の拡張といった、一般的公益に資するとはいえるものの、地域住民の権利・利益の重大な侵害につながるおそれがあるインフラ整備計画が実現されることに、当該地方自治体が反対する場面を挙げている[139])。彼によれば、自治の保障は、特定の事務事業により特に影響を受ける市民の一団が有する自由に対する制約が、「その制約により何ら自己の人格的発展の余地への制約を感じることのない他の市民の同権的な参加により共同決定されてしまうという政治的現象」を緩和ないし排除するための基本原理なのである[140]。

他方で、一定の関係当事者による自治の形で実施される公的事務事業が、複雑化および相互依存の度合いを高める現代の経済・社会生活の諸関係のなかでは、他の国民に対して多かれ少なかれ影響を及ぼさざるをえない状況があることにも注意が必要である。たとえば、医師や弁護士の職業上の規律は、確かにそれらの職業に属する者に特に関わり合いの深いものであろうが、そうした規律は、他の一般国民にとっても、無視することのできない重要性を有するものである。[141] こうしたことからも普通選挙を通じて選出された議員から成る議会を中心とした代表民主制の政治システムにおける政治的意思形成および意思決定プロセスとその実現には、なお中心的な役割と重要性が認められるべきであるが、そうした代表民主制を基軸とする憲法体制においても、多層的かつ多元的な政治・行政の組織構造の中で、国民全体の平等な政治参加による一般的利益の実現を図る一方で、自治の制度による人々の政治的実存の活性化と個別的な権利利益の実行化にも配慮した全体的システムを実現することは、なお求められると言えるのではないか。その際、立法者には、①問題となる公の任務ないし公共事務の基本的性質と内閣行政を通じたコントロールからの「距離」の確保の必要性およびその程度、②かかる公の任務ないし公共事務についての関係当事者の利害関係ないし専門的知識の強度、③当該利害関係ないし専門的知識を「自治」という形で組織化することの必要性・合理性ないし他の組織形態や私的セクターに委ねることとの比較検討、④一定の立法権限を委任することの可否ないしその範囲、⑤第三者への影響、⑥他の公的事務との関係や全体の中での位置づけ、および⑦自治の組織形態による当該事務の実施の効果とアカウンタビリティ確保の手立て等の考慮要素を総合的に判断したうえで、法令の規律密度と具体的な制度設計を適切に形成し、絶えず検証することが求められることになろう。

(136) *Freiherr von Stein*, „Über die zweckmäßige Bildung der obersten und der Provinzial-, Finanz- und Polizei-Behörden in der preußischen Monarchie“ (Nassauer Denkschrift), Juni 1807, in: ders., Briefe und amtliche Schriften, bearb. v. Erich Botzenhart, neu hrsgg. v. Walther Hubatsch, Bd. II/ 1. Teil, 1959, Nr.354.

(137) *Freiherr. v. Stein* (Fn.136), S.389.

(138) *Freiherr. v. Stein* (Fn.136), S.394f. もっともシュタインにおいて、こうした行政への参加は、平等な市民の民主的参加の理念に基づくものではなく、教養と財産の所有層に属する者により、身分制的・自由主義的原理に従って達成されるべきものとしてとらえられていたことには注意が必要である。Vgl. R. *Hendller* (Fn 1), Rn. 4 ; *ders.*, (Fn. 9), S.9f.

(139) *R. Hendler* (Fn.1), Rn.17.

(140) *R. Hendler* (Fn.1), Rn.54. ケルゼンが、「部分国民」の概念について語る文脈で、「自己決定という意味における自由は、規範に服従しない個人であってその規範の創設に関与する者が多くなればなるほどますます少なくなる」ことを指摘していることが、あわせて想起されるべきであろう。*H. Kelsen* (Fn. 91), S.181.

(141) *R.Hendler* (Fn.9), S.332.

六　おわりに

11

ドイツ連邦州における自治体合併の考察

――メクレンブルク・フォアポメルン州憲法裁判所による二〇〇七年違憲判決の検討――

松塚晋輔

曽我部真裕・赤坂幸一　編
大石眞先生還暦記念
『憲法改革の理念と展開（上巻）』
二〇一二年三月　信山社

11　ドイツ連邦州における自治体合併の考察［松塚晋輔］

一　はじめに

メクレンブルク・フォアポメルン州は人口約一七二万を擁し、面積二三、一七三平方キロメートルであり、他の州と比べて、最も低い人口密度である[1]。

さて同州の機能・郡構造改革法（Gesetz über die Funktional- und Kreisstrukturreform des Landes Mecklenburg-Vorpommern）（二〇〇六年五月二三日）は、既存の一二郡（ラントクライス）を解体して、五つの新たな郡を創設し、そこに既存の六つの郡独立市（郡に属さない市）の編入を予定した。しかし、この州法は、二〇〇七年七月二六日、同州グライフスヴァルト憲法裁判所（VerfG Greifswald）によって憲法違反とされてしまった。この違憲確認によって同法はもはや適用できなくなったのである[2]。

現在、我が国では、平成の市町村合併が一段落し、都道府県合併や道州制移行が提言されている。なぜ同州で郡の削減と広域化が違憲とされたのか、また、それに関して学説はどのように評価しているのかを研究することは、日本の合併策、道州制、地方自治改革を考える上で有益であると思われる。

なお、Kreis や Landkreis は、直接公選議員がいるなど、日本でいう郡と制度が異なるが、本論文では郡と表記する。Gemeinde については、市町村と表記することを予め断っておく。

（1） Sebastian Herlt, Das Urteil des Landesverfassungsgerichtes von Mecklenburg-Vorpommern zur Kreisgebietsreform — eine rechtswissenschaftliche Analyse, Norderstedt 2009, S.5.

（2） Hubert Meyer, Was Neues aus dem Nordosten: Landesverfassungsgericht stärkt kommunale Selbstverwaltung, in: C. Büchner / J. Franzke / M. Nierhaus (Hrsg.), Verfassungsrechtliche Anforderungen an Kreisgebietsreformen, Potsdam 2008, S.68.

二　判決までの改革の流れ

この判決を検討するに当たって、最初に、州憲法裁判所二〇〇七年判決までの改革の推移を概観しよう。

東西ドイツ統一後、東ドイツの連邦州で郡が再編された。(3)メクレンブルク・フォアポメルン州では、自治体領域改革によって領域区分を拡大することが計画された。(4)目的は、諸資源の結合、合理化、統制能力の向上によって地方自治を強化することであった。その際、市町村にも、差し当たり連合市町村（Amt）(5)にも、合意による自主的な合併（Zusammenschluss）の原則が適用された。(6)この自主的段階の後、内務省の命令（Verordnung）や行政決定（Verwaltungsentscheidung）によって、連合市町村を新たに指定することができた。これに対し、郡は改革法に基づいて合併されるものとされた（sollten）。(7)

この措置が進展すると、資源の豊富な自治体のために、資源の乏しい自治体数が減らされるものとなる。(8)また、連合市町村の行政や市町村の行政を地域で協働（Zusammenführung）させることによって、将来採算の合わない二重構造を解消し、調整することの利点（Koordinationsvorteile）が得られることとなる。自治団体の自主的な合併を促進するため、合併の種類に応じて、州は刺激策として二〇〇四年一二月三一日まで合併プレミアム（Fusionsprämie）を支給した。(9)この領域改革を実施するために、州立法者は市町村や連合市町村の規定規模（Regelgrößen）を引き上げた。これによると、市町村は住民五〇〇人を、連合市町村は六、〇〇〇人を下回らないものとなる。(10)通常、連合市町村は八、〇〇〇人を擁し、最大一〇の市町村を管理することになる。そして、住民五、〇〇〇人以上の市町村だけが自立し続けることができる。(11)

この例外をなすのは、地理的状況や遠隔交通において特殊性を持つ地域である（例、Hiddensee, Ostseeheilbad

Zingst)[12]。これらの市町村は少なくとも一、〇〇〇超の住民を擁する場合、連合市町村から独立の（amtsfrei）ままでいることができる[13]。この措置を実現するため、州政府（内務省）は、該当する連合市町村行政（Amtsverwaltungen）を強制的に合併させ、市町村を連合市町村に編入させ、市町村が連合市町村から独立するかを法規命令で定めることができる[14]。そして、任意の合併によって、二〇〇四年一二月三一日まで連合市町村から独立の市町村は三四に、連合市町村は七九に減少した[15]。

一方、郡の次元ではラディカルで強制的な領域改革が予定された[16]。機能・郡構造改革法七二条以下によれば、既存の一二郡は法律による合併で、五郡だけになり、六つの郡独立市を含むだけである。その中枢は、従来の郡独立市となった[17]。

このような改革法の予定する領域改革に対して、一二のうち一一の郡により憲法訴願が、当時の野党ＣＤＵ議員により抽象的規範統制申立てがなされた[18]。

（3）　Herlt, a.a.O., S.5.

（4）　Jens Tessmann, Die Zukunft der Kreise in Deutschland zwischen Aufgabenkooperation und Territorialreform, Potsdam 2009, S. 201f. 同州の行政地域改革については、参照、森川洋「ドイツ新連邦州メクレンブルク・フォアポメルン州における行政改革計画とその進行」地理学評論八〇巻九号（二〇〇七年）五〇三頁以下。同『行政地理学研究』（古今書院、二〇〇八年）一八二頁以下。村上博『広域行政の法理』（成文堂、二〇〇九年）二八九頁以下。

（5）　Amtとは、市町村からなり、クライスの直下にある公法上の社団である。ここでは、連合市町村と訳すことにする。参照、メクレンブルク・フォアポメルン州自治体憲法（Kommunalverfassung）一二五条一項。

（6）　Tessmann, a.a.O.（Anm. 4）, S.202.

（7）　Tessmann, a.a.O.（Anm. 4）, S.202.

（8）　Tessmann, a.a.O.（Anm. 4）, S.202.

（9）　Tessmann, a.a.O.（Anm. 4）, S.202.

(10) 参照、メクレンブルク・フォアポメルン州自治体憲法一条三項、一二五条三項。
(11) 参照、メクレンブルク・フォアポメルン州自治体憲法一二五条四項。
(12) Tessmann, a.a.O.(Anm. 4), S.202.
(13) 参照、メクレンブルク・フォアポメルン州自治体憲法一二五条五項。
(14) 参照、メクレンブルク・フォアポメルン州自治体憲法一二五条六項。
(15) Tessmann, a.a.O.(Anm. 4), S.202f.
(16) Tessmann, a.a.O.(Anm. 4), S.203.
(17) Herlt, a.a.O., S.7.
(18) Herlt, a.a.O., S.7; Thomas Danken, Auswirkung des Urteils des Landesverfassungsgerichtsurteils vom 26.07.2007 auf das Politiknetzwerk der Kreisgebiets und Funktionalreform in Mecklenburg-Vorpommern, Nordstedt 2008, S.5.

三　メクレンブルク・フォアポメルン州の機能・郡構造改革法違憲判決

メクレンブルク・フォアポメルン州の憲法裁判所は、郡長（Landrat）、とりわけ名誉職代表として現職の郡議会議長（Kreistagspräsidentinnen und -präsidenten）らにも意見を深く述べる機会を与えた(19)。そして、二〇〇七年七月二六日、判決が下された。判旨は以下である(20)。

郡（Landkreis）の憲法訴願と州議会議員による抽象的規範統制申立てにおいて、メクレンブルク・フォアポメルン州憲法裁判所は、機能・郡構造改革法（二〇〇六年五月二三日）の七二条から七七条までの規定が、メクレンブルク・フォアポメルン州憲法七二条一項二文と抵触することを確認する（一一〇三頁）。

地方自治は、基本法二八条二項において行政機構の構造原理として与えられており、これに基づき州によって保障されている。制度的保障として、地方自治は立法者による形成を必要とする。

地方自治というは、市民をその固有の事務について活性化させること（Aktivierung）である。地域共同体で生活する諸力（Kräfte）は、住民の福祉を促進し歴史上の故郷の特質を維持する目的をもって、自己責任による公的事務の履行に関わる。この表現は市町村と郡に同様に関係する（一一〇三頁）。

郡領域改革にはさらに次のことが妥当する（一一〇五頁）。

領域改革は憲法上保護された自治の中核部分に触れない。しかし、地方自治の中核部分に属するのは、現状変更（Bestandsänderung）や領域変更が公益上の理由で、かつ関係自治体の事前聴聞後においてのみ認められるということである。公益上の理由については個々に議会が定める（一一〇五頁）。

メクレンブルク・フォアポメルン州機能・郡構造改革法七二条から七七条までは憲法違反である。州憲法上保障されている郡の自治という利益が、メクレンブルク・フォアポメルン州行政近代化法（これは機能・郡構造改革法を含む［著者注］）において本質的なものであるが、ここにその重要性とともに十分な考慮がされなかったからである（一一〇六頁）。

行政の整序（Einräumigkeit）・統一という立法目的の確定は、地方自治の市民的民主的次元が、その憲法上の重要性全てとともに考慮に入れられなかったことにつながっている。市民的民主的次元というのはその本質上、地域共同体の固有の事務または市町村間に及ぶ事務を郡次元で処理し決定することである。郡住民が、郡議会とその委員会において名誉職的活動（ehrenamtliche Tätigkeit）を継続的で耐え得る形で（zumutbar）展開できるように、郡は形成されなくてはならない。立法者はこの観点をおざなりにした。名誉職的活動が、郡議会やその委員会の構成員として、郡領域がかなり拡大される場合、同様にかなり困難になり得るし、多重化（vielfach）するのは明らかである。これと結びつく時間コスト増加のため、市民が郡次元で名誉職を遂行する意欲（Bereitschaft）がさらに弱まる危険が明らかであるという。法案中・新たな郡の中枢がその地域（Region）の人々にとってよく到達できるという議論に、領域面積を関連付けてみると、立法者自ら地域（Region）と称している広大な領域で名誉職的活動が困難となる問題は、様々な点で考慮されていないことになる。将来の郡中枢の近くに、現在の郡都（Kreisstädte）の近くよりも多くの人が住むと査定されている。しかし、この情報は説得力がない。なぜなら、将来の郡中枢の近くに、現在の郡独立市の住民が特に居住しているからである。この住民を差し引きすると（ausrechnen）、今日よりずっと僅かな郡住民が、郡中枢の近くに住むであろうと言える。また、遠隔地では、人口の二一・二八パーセントが直線距離で四〇キロメートル以上、郡中枢から離れて住むであろうと査定される（一一〇九頁）。

まとめると、郡でなお、州憲法三条二項の意味における下から上への民主主義の構築に貢献できているのか疑わしい。ほぼ広範囲の住民が郡議会の活動から締め出されると、郡が民主主義の学校として機能することは困難である。

市民的民主的な自治の点で郡領域改革の結論（五つの大きな郡の形成）が問題ありとされる場合、州議会議員の責任ある決定の根拠として、立法手続または少なくともその準備に際し、より緩やかな代替手段（schonendere Alternativen）を考慮していれば、場合によっては憲法上容認できるかもしれない。そうしてのみ、一方で行政の効率性、他方で地方自治の市民的民主的要素のための異なるモデルの長短が適切に考慮され得たであろう。しかし、これはなされていない（一一一一頁）。

州憲法裁判所は、メクレンブルク・フォアポメルン州機能・郡構造改革法七二条から七七条までを無効確認することはしない。むしろ、当該規定が州憲法と抵触することを言い渡す（一一一三頁）。

（19）　Meyer, a.a.O., S.52.

（20）　LVerfG MV, Urteil vom 26. 7. 2007, DVBl. 2007, S.1102.

四　民主主義と効率性の緊張関係

判決の内容を分析しよう。

効率的な行政と市民民主主義の要素が緊張関係に立つという見解をしばしば見受ける。[21] あるコメントによると、同州憲法裁判所は、立法者が郡議会と構成員の仕事を専門職化（Professionalisierung）することで自明となる民主主義の後退に対処しようとすることにもはっきりと反対した、として好意的である。[22]

また、名誉職による郡議会事務の履行が空間的に可能となるよう、郡を線引きするということは、現実的には、郡議会の場所（Sitz）と、郡の帰属地（Ortschaften）の距離が、適切な時間で結びつき得ることであるとする。[23] もっとも、憲法上の自治の保障に含まれている可視性（見渡せること Überschaubarkeit）の原則は、自治体議会の構成員に名誉職的活動を実際に可能にさせることに尽きるものではない。[24] というのは、もし郡領域の拡大で郡議会構成員の一部にしか直接的に関係しないような決定がたくさん行われるとすると、市民が自らの事項を活動的に遂行しようとすることの長所が失われてしまうからである。[25]

これに対して、州憲法裁判所判決への異論も強く主張されている。自治体政治を専門職化する傾向だけで、名誉職の原則が侵されるというのは、証明されていない想定（郡中枢と郡議会構成員の住む市町村との距離が拡大することで、民主主義が後退するという主張も同様）であると。[26]

また、Korioth 論文は、効率性と民主制について、緊張関係を論じることが実際にできるのかどうかは疑問であると論じる。[27]

曰く、効率性と市民近接性（Bürgernähe）はむしろ結び付く。自治体でその事務を自ら利用できる資源で適正に執行できないところは、市民参加（bürgerschaftliches Engagement）の接点であることもない。例えば、極端に細分化された構造によって、市民参加はよく見渡せる範囲ではもちろん可能であろうが、細分化された自治体は行政力がないため最低基準（Minimalstandard）の履行をできず、いわんやより大きな事務量を効果的に履行できなければ、地方自治は矛盾が証明されることになろう。従って、効果性・合理性と市民自治との緊張関係というドグマとはいとまごいすべきである、と。

同様に、Seitz 論文も、州憲法裁判所が経験的基礎なしに強く用いている議論（より大きな郡は、郡次元での市民的民主的参画にネガティブに作用するという議論）に対して次のように異を唱える[28]。

郡構造改革に際しては、より大きな郡構造形成のコストは、市民的民主的参画の損失というものに関して（in Termini）、なおざりにできるほど小さいことを起点にしなくてはならない。それとともに、このようなプロセスでは経済的効率性という観点に決定的重要性が与えられなければならない[29]。また、計量経済的分析からすると、住民数による郡の規模と郡議会への投票との間には有意味でネガティブな関連はあるが、その重要度からしてなおざりにできるものである[30]。さらに、投票と郡の面積との間には（僅かであったとしても）ポジティブな関連が見られる。そしてさらに、分析によると、郡議会選挙での投票における地域間（interregional）格差は、郡の規模ではなく、定住構造や人口密度によって説明できるものであることが示されている[31]、と。

（21）参照、Stefan Korioth, Verfassungsrechtlicher Rahmen und verfassungsrechtliche Bewertung der Neugliederung der Gebiete der Landkreise in Sachsen, in: Ralf Brinktrine (Hrsg.), Rechtsfragen der Kreisgebiets- und Verwaltungsreform 2008 in Sachsen, Berlin 2009, S.14.

（22）Meyer, a.a.O., S.64. もっとも、州憲法裁判所の立場はおそらく通説に合致しており、目新しいものではないとする。

（23）参照、Hans-Günter Henneke / Klaus Ritgen, Aktivierung bürgerschaftlicher Selbst-Verwaltung in Städten, Kreisen und Gemeinden — zur Bedeutung der Lehren des Freiherrn vom Stein für die kommunale Selbstverwaltung der Gegenwart, DVBl. 2007,

S.1265.

（24）Henneke / Ritgen, a.a.O., S.1266.

（25）Henneke / Ritgen, a.a.O., S.1266. 生きている自治というものは、自治体代議員と市町村・郡住民との間で恒常的なフィードバックの過程があることを前提とする（Henneke / Ritgen, a.a.O., S.1266）ということである。

（26）Hans Peter Bull, Falscher Abwägungsprozess oder —„falsches" Ergebnis?, in: Büchner / Franzke / Nierhaus（Hrsg.）, a.a.O., S.29.

（27）Korioth, a.a.O., S.15.

（28）参照、Helmut Seitz, Das Urteil des Landesverfassungsgerichts Mecklenburg-Vorpommern im Lichte sozialwissenschaftlicher empirischer Evidenz, in: Büchner/Franzke/Nierhaus（Hrsg.）, a. a. O., S. 102. 同様の見解として、Tessmann, a.a.O.,（Anm. 4）, S.168; Bull, a.aO., S.27.

（29）Seitz, a.a.O., S.102.

（30）Seitz, a.a.O., S.93.

（31）Seitz, a.a.O., S.93.

五　自治権

基本法二八条二項は、市町村や市町村組合に自治権を保障している[32]。この規定は、個々の活動の範囲を保障することと並んで、地方次元と自治体の個別の保障ではなく、制度的な保障を含んでおり、地方領域改革は原則として可能である。存続と領域の変更は、憲法上保護された地方自治権の中核部分に触れることはない。また、自治体は憲法訴願をもって領域改革に対し防御することができる[33]。

連邦憲法裁判所も市町村についてこれを是認している[34]。すなわち、基本法二八条二項一文は、市町村を個々にではなく、制度的にのみ保障しており、市町村の解消（Auflösungen）、市町村合併（Gemeindezusammenschlüsse）、市町村編入（Eingemeindungen）その他の領域変更は、憲法で保障された自治権の中核部分を侵害しない、としている。

地域共同体のあらゆる事務を自己の責任で規律する権利は、市町村だけが有するのではない。自治権は郡にもあるとされる。[35] もっとも、市町村と違って、郡は本来の自治の担い手ではない。[36]

本件において州憲法裁判所は、七、〇〇〇平方キロメートルまでの面積でそもそも基本法二八条二項の意味での郡を語ることができるかに関して控えめであり、また、州憲法裁判所はこの問題への答えから逃れているようであると言われる。[37] というのは、他の理由から、当該領域改革が憲法違反とされるからである。[38] また、州政府と州議会が、名誉職の継続的遂行に関して、地方自治の市民的民主的次元を十分考慮しなかったという事実がこれに加わるという。

さて、事務の履行に介入する場合、郡の自治事務の最低量（Minimalbestand）は維持されなければならない。[39] この点で、空間的な区分けに関して、公益の実体法的根拠として上限と下限が妥当するという。郡住民の結合や郡の可視性が上限であり、給付能力が下限である。[40] つまり、地方自治（Selbstverwaltung）とは、民主主義と行政が特別な結合をする組織原理なのである。[41]

また、郡次元における領域変更の法的根拠は、州憲法や州の郡法にあり、これらの規定により、郡の解消・創設・境界変更が可能となる。[42] 郡は行政契約や郡議会の多数決により自主的に合併しまたはその領域を再編することもできる。[43] 領域変更契約は内務省による許可を必要とするが、許可は公益上の理由に抵触しない限り発せられる。また、強制による領域変更は、州法によって可能であり、公益上の（重大な überwiegend）事由がある場合にのみ、当該郡の聴聞を経てから実施することができるとされている。[44]

最後に、自治というものは、専門職化に歯止めをかけようとするが、この歯止めは、名誉職の参画（Mitwirkung）を改善しようとする試みにブレーキをかけるものではないと言われる。[45] 他方で、自治の長所よりも、行政体間の調

整にかかる費用が大きい場合、行政体は合併されるべきとする見解が見られる。(46)

（32）　Korioth, a.a.O., S.11. 参照、Bernhard Stür, Kommunale Selbstverwaltung durch bürgerschaftliche Mitwirkung und Aufwertung der Kreisebene gestärkt, in: Büchner / Franzke / Nierhaus（Hrsg.）, a.a.O., S.106.

（33）　Korioth, a.a.O., S.11f. 言い換えると、州内の領域変更は、自治権（Selbstverwaltungsrecht）の中核を制約しない限り、原則として認められる（Herlt, a.a.O., S.11）ということである。

（34）　BVerfGE 50, S.50(50).

（35）　Michael Nierhaus, Einführurung, in: Büchner / Franzke / Nierhaus（Hrsg.）, a.a.O., S.8.

（36）　Tessmann, a.a.O.（Anm.4）, S.139. 参照、Nierhaus, a.a.O., S.8. これによると、国に由来しないオリジナルな事務の範囲は、郡にはないとする。

（37）　参照、Matthias Dombert, Auf dem Weg zu bürgerschaftlich-demokratischer Mitwirkung — Parlamentarische Strukturen für den Kreistag?, in: Büchner / Franzke / Nierhaus（Hrsg.）, a.a.O., S.34.

（38）　Dombert, a.a.O., S.34.

（39）　Tessmann, a.a.O.（Anm. 4）, S.139.

（40）　Tessmann, a.a.O.（Anm. 4）, S.139.

（41）　Korioth, a.a.O., S.14.

（42）　Tessmann, a.a.O.（Anm. 4）, S.135; Manfred Rolfes, Kreiskonstruktionen in Mecklenburg-Vorpommern, in: Büchner/ Franzke / Nierhaus, a.a.O., S.73.

（43）　Tessmann, a.a.O.（Anm. 4）, S.135.

（44）　Tessmann, a.a.O.（Anm. 4）, S.135. 参照、Meyer, a.a.O., S.55; Herlt, a.a.O., S.10.

（45）　Dombert, a.a.O., S.48.

（46）　Tessmann, a.a.O.（Anm. 4）, S.175.

関係する郡による任意の連携（Kooperationen）によって、即ち目的連合（Zweckvereinbarungen）、目的組合（Zweckverbände）及び行政共同体（Verwaltungsgemeinschaften）によって、改革の目的をより緩やかな方法で達成できるかという問題が常に提起される(47)。

六　代替手段

一方で、代替手段活用に好意的な見解は、自治体再編成を実施する前に立法者には、任意段階の中で、例えば連携形式（Kooperationsformen）その他の方法で財務欠乏や事務欠損を賄う可能性を郡に与える義務があるという(48)。実際に、自治行政の自主的な連携は、市民の中ではヒエラルヒー的に実施される領域改革よりもずっと多くの同意があるようだ(49)。故に、好意的見解によれば、郡独立市が財政的に行政組織的に、その機能を遂行できるのであれば、郡編入（Einkreisung）は断念すべきであるとされる(50)。同様に、従来、郡の自治事務や補充事務・調整事務を十分履行してきた郡もまた、存続を保障されるべきであると(51)。さもなくば、「中庸の道（Mittelweg）」として、社会経済的に結束した地域（Region）となっている二つの隣接郡が合併する（zusammenlegen）モデルが選択されなければならない(52)とする。

他方で、懐疑的見解は、目的連合、目的組合及び行政共同体は、通常、包括的な自治体領域改革にとって役立たない手段であると述べる(53)。これらは個々の事務をまとめ、その履行を束ねるだけであり、関係する自治体の任意性が大変重要となる。しかし、自治体領域改革のあらゆる経験が示しているように、統一的な機能改革と結びつく包括的な改革は、この方法では達成できない(54)というのである。

自治体間の共同作業（Zusammenarbeit）は、もちろん、自治体の個々の問題状況に取り組むには非常に適しているが、それは包括的な問題状況のための手法ではない[55]。従って、共同作業は最適化として理解すべきであり、適切な構造の代用として理解すべきではないと指摘されている。これに対し、郡領域改革は、完全な調整圧力・結合圧力（Koordinations- und Bündelungsdruck）において確固たる解決になると主張する[56]。

また、懐疑的見解によれば、連携が行われるのはほとんど、極度の政治的危機が他の手段を容れない場合だけである[57]。市長や郡長が隣接する自治体と事務の共同実施をしない理由として、連携手法によって、権力や決定権が直接喪失することと並んで、長期的な拘束や狭い形成裁量がもたらされることが挙げられる。しかも、代表機関（議会のこと）もこの手法にあまり関心がなく、あらゆる交渉が主要な官吏によってなされ、後の決定がほとんど技術的次元で行われることになるという[58]。この点、連携による調整（kooperative Arrangements）は憲法上の民主的な観点からすると、むしろ補完的な性格だけを持ってよい[59]との指摘がある。連携についての合意内容や後の執行に影響を与える可能性が、市民代表にはほとんど残されていない[60]からである。よって、地域（Region）において、民主的な統制可能性を超え、正統性限度を超え得ることが明らかになるやいなや、郡の領域改革が検討されなくてはならない[61]という。

もっとも、懐疑的立場の論者の中にも、連携の可能性（Kooperationspotential）は最初に利用し尽くすべきであると[62]するものが見られる。私見であるが、好意的見解と懐疑的見解との隔たりはさほど大きくはなく、手続、過程、順序の問題として、接近させることができるのではなかろうか。

(47) Korioth, a.a.O., S.18.
(48) Nierhaus, a.a.O., S.12.
(49) Jörg Bogumil / Stepfan Grohs, Möglichkeiten und Grenzen von Regionalverwaltung, in: Jörg Bogumil / Sabine Kuhlmann (Hrsg.), Kommunale Aufgabenwahrnehmung im Wandel, Heidelberg 2010, S.107.

(50) Nierhaus, a.a.O., S.12.
(51) Nierhaus, a.a.O., S.12.
(52) Nierhaus, a.a.O., S.12.
(53) Korioth, a.a.O., S.18.
(54) Korioth, a.a.O., S.18.
(55) Bogumil / Grohs, a.a.O., S.107.
(56) Tessmann, a.a.O.(Anm. 4), S.162.
(57) Bogumil / Grohs, a.a.O., S.107. 比較的少ない約四〇〇の連携数が物語っているのは、極端な財政圧力でさえ事務の共同実施につながらないということであるという。
(58) Bogumil / Grohs, a.a.O., S.107.
(59) Tessmann, a.a.O.(Anm. 4), S.161. それは事務履行の中核をなしてはならないとする。
(60) Bogumil / Grohs, a.a.O., S.107.
(61) Tessmann, a.a.O.(Anm. 4), S.161f.
(62) Tessmann, a.a.O.(Anm. 4), S.161. なお、ブランデンブルク州では、個別事務にかかる協働（Zusammenarbeit）のほうが、郡による遂行に優先するという。Tessmann, a.a.O.(Anm. 4), S.49.

七　郡の中枢

一方で、新たに形成される郡の中枢（Kreissitz）を定めるに当たり、特別な公共の要請を考慮しなければならない(63)という見解がある。一般的に郡の中枢は、政治、行政、また社会及び文化の活動を束ね調整することができるものでなければならない(64)という。つまり、郡の中枢は郡の空間を代表するものでなければならない。郡の中枢に住民が到達できるかは、考慮判断に際し適切に尊重されなければならない(65)と。

これに対峙する見解によれば、大部分の郡住民が、空間的に郡の中枢の近くに居住すべきであるのは重要ではない[66]とする。なぜなら、当事者参加が前提とするのは、あらゆる郡領域の住民が適切に郡議会で代表されることであるからだという。

この裏付けとして、郡議会立候補者（Bewerber）の居所に基づくラインラント・プファルツ州やブランデンブルク州での分析によれば、郡議会に立候補（Kandidatur）する意欲（Bereitschaft）と、居所・郡中枢の距離（Distanz）との間にはいまだ関連すら見出すことはできない（noch nicht einmal in Ansatz erkennen lassen）[67]とのことである。郡中枢にさえ、地の利（Ortsvorteil）はないという。つまり、政治に参画し、市民的民主主義に活動的たろうとする市民は、時間コストが会議期日ごとに二〇分ないし三〇分増えた場合、この心構えを失うことはない[68]と指摘されている。

しかも現実に、行政と市民間における多くの情報・コミュニケーション・取引の過程は、電子的方法によってインターネット・固定電話・携帯電話を通じ、場所に関係なく進行しているとのことから、多くの給付プロセスやその一部に際し、行政を訪れることはもはや必要でない[69]と言われる。こうして、郡行政の所在地と市民の居住地との空間距離は相対化されているのである。

(63) Korioth, a.a.O., S.22.
(64) Korioth, a.a.O., S.22.
(65) Korioth, a.a.O., S.22f.
(66) Henneke / Ritgen, a.a.O., S.1265f.
(67) Seitz, a.a.O., S.100f. 参照; Bull, a.a.O., S.27.
(68) Seitz, a.a.O., S.100.
(69) Tessmann, a.a.O. (Anm. 4), S.171.

八　考慮過程と総合評価

州憲法裁判所は、州議会の聴聞手続をかなり疑問視している(70)。五郡モデルは、極めて簡略な聴聞手続の中で関係する郡が示唆や異論を出したにも拘わらず、州議会ではもはや修正を見なかったからである(71)。また、あるコメントでは、州政府は立法者と同じく、合理的な事務履行の意味で給付能力を形成維持するという目的を一面的に押し出したと評されている(72)。従って、これを州憲法裁判所がバランスのない一方的なものとして批判したのは正当であると帰結されている。

これに対峙する立場によれば、大きな郡の面積が郡議会での名誉職への信託にネガティブな影響があると州憲法裁判所は認めるが、この影響は過大評価されたものであり、裁判所が名誉職を耐えられない過剰要求から保護しようすることは、同裁判所が認めたほど重要なことではないとする(73)。実際、補償措置（Kompensationsmaßnahmen）が、政府法案、立法手続、特に州憲法裁判所での口頭弁論の中で述べられている(74)。つまり、あり得る民主主義の後退を補填するため、会派への財政的援助や常勤職員（hauptamtliches Personal）による適切な支援のための財政的援助が予定されていたというのである(75)。

この点、州憲法裁判所は、立法者の所見（Prognose）が明白に若しくは一義的に反証可能であるか否か、または憲法秩序に抵触するか否かの審査だけに自己抑制しなかったと見ることもできよう(76)。州憲法裁判所は、立法者の判断特権（Einschätzungsprärogative）を無視することによって、当該法律を違憲にすることができたという訳である。

さらに批判的見解は、州のほとんど全ての郡長、郡自治の中央機関、州議会での野党ＣＤＵ、及び地方自治法・憲法学者の多数意見による強力な圧力に、州憲法裁判所が屈服していると評する(77)。改革の否定による州への影響、おそらく逃した州にとってのチャンス、及び過小評価できない時間と金の浪費については、州憲法裁判所はその判決でついでに触れているだけである（sich nur am Rande beschäftigen）[78]という。

また、全体的批判として、本判決には、経験的言明ではなく条件文が本質的な箇所に見られるが、これは実際の表現の正しさが証明されていないことを覆い隠してしまっている、[79]というコメントがある。法的な結論が、単に「疑問（Zweifel）」や「懸念（Bedenken）」などと言い表されているというのである。

（70）Meyer, a.a.O., S.67.
（71）Meyer, a.a.O., S.51.
（72）Nierhaus, a.a.O., S.9.
（73）参照、Johannes Freiherr von Gayl, Kreisgebietsreform in Mecklenburg-Vorpommern, in: Bogumil / Kuhlmann（Hrsg.）, a.a.O., S. 140.
（74）Dombert, a.a.O., S.34.
（75）Dombert, a.a.O., S.34f. 名誉職の郡議会構成員にとって作業コストが高まるので、常勤職員によって立法作業を支援する必要があるという（Dombert, a.a.O., S.34.）
（76）Bull, a.a.O., S.28.
（77）Jens Tessmann, Zur Verwaltungsreform in Mecklenburg-Vorpommern im Spiegel der Rechtsprechung, in: Büchner / Franzke / Nierhaus（Hrsg.）, a.a.O., S.123.
（78）Tessmann, a.a.O.（Anm.77）, S.123.
（79）Bull, a.a.O., S.26.

九　判決後

二〇〇六年五月の郡領域・機能改革は、二〇〇七年、違憲性確定によって潰えた。そこで、二〇〇七年末、州政府は新たな改革像に合意した。[80] それによると、郡の面積は四、〇〇〇平方キロメートルを超えず（nicht überschreiten）、住民数一七五、〇〇〇を可能な限り下回らない（nicht unterschreiten）ものとされている。[81] 小さな郡独立市については、郡編入が考慮されるものとされている。結局、二〇〇九年二月、州政府は法案で、従来の一二郡と六郡独立市から、六郡を形成することに合意した。つまり、五郡モデル（機能・郡構造改革法）から六郡モデルとなったわけである。[82] 但し、ロストックとシュヴェリンだけが将来も郡から独立のままとされている。[83] 二〇一〇年七月七日、ラント議会はこの法案を僅かな修正を施した上で多数で議決した。[84] 郡の平均面積は、行政近代化法では四、六三五平方キロメートルであったのに対し、今日三、八一二平方キロメートルである。[85]

さらに、二〇〇九年一一月の新しい自治体財政調整法は住民数五〇〇未満の市町村の合併（Fusion）を促進している。[86] 該当する小さな市町村（Einheiten）は将来、交付金の減額を甘受しなければならないであろう。従って、原則として、任意性に欠け模範例にもとる合併参加（Fusionsengagement）には消極的なサンクションが予定されている。[87]

さて、判決後の改革に関して、自治体の数が多いと、いわゆる分裂効果にも常に配慮しなければならない[88] という指摘がある。この分裂効果は、少数の国家官庁を多数の地方官庁に委譲する場合、考慮しなくてはならないものである。

また、ある説によれば、メクレンブルク・フォアポメルン州憲法裁判所の判決は、多くの点で攻撃可能であり、少なくとも、他の州に対し委縮効果を有するべきではないし、または現在の改革に係る州横断的な憲法上のスタンダードとして読み込むべきではない[89] とする。

このように、同判決については、他州への影響を踏まえ、その射程が議論され続けている。

（80） Tessmann, a.a.O.（Anm. 4）, S.209.
（81） Tessmann, a.a.O.（Anm. 4）, S.209.

(82)　参照、Gayl, a.a.O. S.135.
(83)　Gayl, a.a.O., S.135; Tessmann, a.a.O.（Anm. 4）, S.209.
(84)　Tessmann, a.a.O.（Anm. 4）, S.209.
(85)　Gayl, a.a.O., S.136.
(86)　Tessmann, a.a.O.（Anm. 4）, S.212.
(87)　Tessmann, a.a.O.（Anm. 4）, S.212.
(88)　Gayl, a.a.O., S.133.
(89)　Korioth, a.a.O., S.25.

一〇　おわりに

日本における東京への一極集中構造に対し、ドイツにおける複数都市への首都機能分担の構造に見るように、非常に対照的な両国を簡単に比較の土俵に乗せるのは控えめでなければなるまい。しかも、本件州憲法裁判所判決は、郡合併に関するものである。[90] しかし、あえて日本への示唆となるであろうドイツの議論を最後に摘示したい。

日本でも市町村合併で、行財政の効率性や合理性が追求されてきた。これはもちろん、市町村が地域の総合行政主体であるという命題を前提にしており、故に、市町村合併による市域の拡大は必然のものとなる。[91] この潮流の中、市町村では、面積の拡大に伴って、市民と議員が疎遠となることが懸念される。[92] 本件州憲法裁判所の郡再編に関する違憲判決も、郡議会の名誉職（無給）構成員についてその活動が広域圏では困難になることを根拠とする。ところが、ドイツの学説には、批判的なものも多く見出され、とりわけ、そもそも郡面積と民主主義との関連性は乏しいと統計分析する文献まである。さらには、市町村の連携・協働では、むしろ市民の要望が反映されにくくなり、民主主義の後退となってしまうという攻撃的な理論も展開されている。この点、日本における広域連合[93]も直接民主制の要素を入れて制度設計されたものであるにもかかわらず、住民と広域連合との疎遠さは否定できない[94]。常に直接代表者を選挙する市町村や都道府県との比較において、そう感じざるを得ない。

さて、日本の平成大合併では、市町村合併の法的強制は制度化されていない。他方、ドイツでは法律による市町村合併は当然可能であると憲法解釈されている。連邦憲法裁判所も同じ見解である。もちろん、強制合併に先立って、市町村の連携・協働が試みられるべきであるとか、あるいは合併促進のためのプレミアムや補助金が用意されるべきであるとかいった学説が見られるし、そういう過程・経過を、メクレンブルク・フォアポメルン州は踏んだようである。

この点、日本の市町村合併を促すための合併特例債や合併算定替[95]も同じような政策である。しかし、なぜ平成大合併では強制合併が用意されなかったのであろうか。今日、日本の憲法や法律の解釈上、非効率な行財政の市町村を強制合併しようとする議論があまりなされない。強制合併策に対する批判を恐れて、政府が合併を促すため必要以上の特例債等の疑似餌[96]をまいていたと、後世から非難されはしまいか。地方権、自治権、地方自治の本旨などの議論は、市町村自治を擁護するのはもちろんである。しかし、それは市町村の強制合併を原理的に不可能にするほど強い法的用語であろうか。これは将来の都道府県合併や道州制移行にも影響する。ドイツにおいて、市町村や郡を強制合併させるのは州法によると理解されていることを想起したい。

(90)　森川洋『ドイツ市町村の地域改革と現状』（古今書院、二〇〇五年）二四四頁。
(91)　総合行政主体論を受け入れると、全国どこでも市町村は総合行政主体でなくてはならないという。佐藤克廣「市町村合併の論理——〈総合行政主体〉論をめぐって」北海学園大学法学部編『変容する世界と法律・政治・文化：北海学園大学法学部40周年記念論文集』（二〇〇七年）二一五頁。これへの対案として、横山純一「市町村合併が進まない北海道」町田俊彦編著『「平成大合併」の

財政学』（公人社、二〇〇六年）一六〇頁。参照、塩野宏「地方自治の本旨に関する一考察」自治研究八〇巻一一号四二頁以下。
(92)　合併すると議員数が減るため、地域の声が届きにくくなるという指摘が見られる。中村良広「政令市の『指定の弾力化』と合併促進——熊本市の挑戦と挫折」町田編著・前掲所収一七三頁。
(93)　広域連合については、参照、牛山久仁彦編著『広域行政と自治体経営』（ぎょうせい、二〇〇四年）四〇頁以下。
(94)　参照、村上・前掲八九頁、九三頁以下。
(95)　参照、町田俊彦「地方交付税削減下の『平成大合併』」町田編著・前掲所収二七頁以下。
(96)　特例債の活用がうまくいっていない合併例の紹介として、参照、兼村高文「合併特例債に踊った篠山市」町田編著・前掲所収九九頁以下。

・参考資料

◇ドイツ基本法（Grundgesetz für die Bundesrepublik Deutschland）（出典、http://www.gesetze-im-internet.de/gg/、二〇一一年五月九日四時閲覧。本条は一九九七年以来、改正されていない。BGBlI S.2740）

第二八条　州の憲法秩序は、この基本法の意味における共和制的、民主的及び社会的法治国家の原則に合致しなければならない。州、郡及び市町村において、国民は、一般、直接、自由、平等及び秘密の選挙で選ばれる代表を有しなければならない。郡及び市町村の選挙に際し、ヨーロッパ連合の加盟国の国籍を有する者も、ヨーロッパ連合の法により、選挙権及び被選挙権を有する。市町村において、選挙される団体に代えて、市町村集会（Gemeindeversammlung）を設けることができる。

2　市町村には、地域共同体のあらゆる事務を法律の範囲内で自己の責任において規律する権利が保障されなければならない。市町村組合もまた、その法律上の事務の範囲内において法律により自治権を有する。自治の保障は、財政上の自己責任の基盤（Grundlage）をも含む。この基盤には、税率権をもつ市町村に与えられる、経済関連の税源が属する。

3　……

◇メクレンブルク・フォアポメルン州憲法（Verfassung des Landes Mecklenburg-Vorpommern vom 23. Mai 1993）（出典、http://mv.juris.de/mv/gesamt/Verf_MV.htm、二〇一一年五月九日四時閲覧）

第三条第二項「市町村及び郡における自治は、下から上への民主主義の構築に仕える。」

第七二条第一項「市町村は、その領域において当該共同体のあらゆる事務を法律の範囲内で自己の責任において規律する権限があり、またその給付能力の範囲内で義務付けられている。郡は、その法律上の事務の範囲内において法律により自治権を有する。」

◇メクレンブルク・フォアポメルン州自治体憲法（Kommunalverfassung für das Land Mecklenburg-Vorpommern in der Fassung der Bekanntmachung vom 8. Juni 2004）（出典、http://mv.juris.de/mv/gesamt/KV_MV.htm, 二〇一一年五月九日三時閲覧）

第一条第三項「市町村は人口五〇〇を下回らないものとする。」

（連合市町村の一般的地位）

第一二五条　連合市町村（Ämter）は、同一の郡（Landkreis）の市町村からなる公法上の社団である。連合市町村は、地方領域（ländlicher Raum）における市町村自治を強化することに仕える。連合市町村は、この法律が定め又は認めている場合、公行政事務の担い手として市町村に代わる。

2　地域共同体のあらゆる事務を法律の範囲内で自己の責任において規律し、及びその領域においてあらゆる公的事務を給付能力の範囲内で履行する市町村の権利は、法律で別段の定めがない限り、不変のままである。

3　連合市町村の面積及び人口については、給付能力を有し、倹約的で、経済的に作動する行政が、名誉職による指示（Leitung）の下で達成されるように調整（bemessen）されなければならない。この場合、地域関係は、特に交通、学校及び経済上の関係並びに文化的で歴史的な関連を適切に考慮しなければならない。連合市町村は、通常、人口八、〇〇〇以上を有するものとするが、少なくとも人口六、〇〇〇を有するものとする。連合市町村には、通常、一〇市町村を超えて属してはならない。

4　市町村議会が議決し、市町村の財政力が恒常的な事務実施を保障し、その他公共の福祉の理由に反しない場合、少なくとも人口五、〇〇〇を有する市町村は、連合市町村から独立して行政を行う（amtsfrei）ことができる。この法律の施行の日に連合市町村から独立して行政を行っていた市町村は、第一文（nach Satz 1）によるその他の要件を満たす限り、人口五、〇〇〇未満であっても、引き続き独立して行政を行う。

5　人口五、〇〇〇未満で一、〇〇〇を超える市町村については、当該市町村が島の閉じた（abgeschlossen）領域に延びかつ接する場合、又は当該市町村が、他の特別な地理的状況若しくはその外部交通の特異性に基づいて、特別な地位を認められる場合、連合市町村から独立して行政を行う（amtsfrei）ことができる。これによって二〇〇三年一二月三一日に独立して行政を行っていた市町村は、さらに第四項の要件を満たす限り、引き続き独立して行政を行う。

6　州政府は法規命令によって次の権限がある。

一　連合市町村の解体、変更、創設、及びこれと関係する法的承継を規律すること。
二　連合市町村に属さず、本条第四項又は第五項の要件を満たさない市町村を連合市町村に帰属させること。
三　連合市町村に属さず、本条第四項又は第五項の要件を満たさない市町村の連合市町村からの独立（Amtsfreiheit）を定めること。
州政府は法規命令によって内務省に、本項第一文又は一九九二年三月一八日の連合市町村法（Amtsordnung）第一条第六項に基づいて発せられる法規命令の変更を授権することができる。法規命令が発せられる前に、関係する市町村、連合市町村及び郡の聴聞をしなければならない。本項第一文第二号及び第三号により法規命令が発せられるまで、権限のある郡が、委譲された作用範囲内の事務の担い手である。

7　……

◇メクレンブルク・フォアポメルン州機能及び郡構造改革法（Gesetz über die Funktional- und Kreisstrukturreform des Landes Mecklenburg-Vorpommern Vom 23. Mai 2006）（出典、http: //www. juris. de/jportal/portal/t/h27/page/jurisw. psml? pid = Dokumentanzeige&showdoccase = 1&js_peid = Trefferliste&documentnumber = 1&numberofresults = 1&fromdoctodoc = yes&doc.id = JURE080013616%3Ajuris-r03&doc.part = K&doc.price = 0.0&doc.hl = 1&doc.az = all#focuspoint. 閲覧二〇一一年五月一〇日一二時）

（郡の解体及び郡独立市を編入した上での郡の創設）
第七二条　既存の一二郡を解体する。そのうち五つの新たな郡を創設し、そこに既存の六つの郡独立市を編入する。

（メクレンブルギッシュ・ゼーンプラッテ郡）
第七三条　メクレンブルギッシュ・ゼーンプラッテ郡を創設する。
2　同郡には、第七八条による市町村の交換を留保して、従来の郡であるデミン、メクレンブルク・シュトレリッツ及びミュリッツの市町村並びに従来の郡独立市であるノイブランデンブルクが属する。
3　郡の中枢（Sitz）はノイブランブルク市である。郡議会は二〇一〇年六月三〇日までに、その構成員の多数でもって決議により郡の中枢を他に定めることができる。

（ミットレレス・メクレンブルク・ロストック郡）
第七四条　ミットレレス・メクレンブルク・ロストック郡を創設する。
2　同郡には、第七八条による市町村の交換を留保して、従来の郡であるバート・ドベラン及びギュストロウの市町村並びに従来の郡独立市であるハンザシュタット・ロストックが属する。

3　郡の中枢はハンザシュタット・ロストックである。郡議会は二〇一〇年六月三〇日までに、その構成員の多数でもって決議により郡の中枢を他に定めることができる。

（ノルトフォアポメルン・リューゲン郡）

第七五条　ノルトフォアポメルン・リューゲン郡を創設する。

2　同郡には、第七八条による市町村の交換を留保して、従来の郡であるノルトフォアポメルン及びリューゲンの市町村並びに従来の郡独立市であるハンザシュタット・シュトラールズントが属する。

3　郡の中枢はハンザシュタット・シュトラールズントである。郡議会は二〇一〇年六月三〇日までに、その構成員の多数でもって決議により郡の中枢を他に定めることができる。

（ズュートフォアポメルン郡）

第七六条　ズュートフォアポメルン郡を創設する。

2　同郡には、第七八条による市町村の交換を留保して、従来の郡であるオストフォアポメルン及びユッカー・ランドウの市町村並びに従来の郡独立市であるハンザシュタット・グライフスヴァルトが属する。

3　郡の中枢はハンザシュタット・グライフスヴァルトである。郡議会は二〇一〇年六月三〇日までに、その構成員の多数でもって決議により郡の中枢を他に定めることができる。

（ヴェストメクレンブルク郡）

第七七条　ヴェストメクレンブルク郡を創設する。

2　同郡には、第七八条による市町村の交換を留保して、従来の郡であるルートヴィクスルスト、ノルトヴェストメクレンブルク及びパルヒムの市町村並びに従来の郡独立市である州都シュヴェーリン及びハンザシュタット・ヴィスマールが属する。

3　郡の中枢は州都シュヴェーリンである。郡議会は二〇一〇年六月三〇日までに、その構成員の多数でもって決議により郡の中枢を他に定めることができる。

◇第二部◇ 議会制度改革の展望

12

判例からみた立法行為論

新　正幸

曽我部真裕・赤坂幸一　編
大石眞先生還暦記念
『憲法改革の理念と展開（上巻）』
二〇一二年三月　信山社

一　はじめに

さしあたり、立法過程を組成し立法手続法上の効果を有する個々の行為を広く立法行為と呼ぶならば、それらは相俟って一つのまとまりのある体系をなしているものと考えられる。実際、最高裁のある判決において、当然のことながら事件の解決という限られた範囲においてであるが、そのような体系の一斑が立法行為の分類として展開されている。

本稿の目的とするところは、かかる判決を概要し、そこで提示された立法行為の分類について議会法ないし立法過程の見地から若干の分析を行うとともに、それを踏まえて、立法行為論と国家賠償法上の違法性の関連について少しく考察しようとするものである。

二　立法行為の分類――平成九年判決の概要

最高裁が、その判例において、立法行為全体の体系的分類とでもいうべきものを初めて提示したのは、いわゆる議員発言と病院長自殺事件最高裁判決（最三小判平成九・九・九民集五一巻八号三八五〇頁）においてであった（以下「平成九年判決」と略称する）。そこで、まずこの事件について、以後の論述のために必要な限度において概観し、さしあたりは、判決中の立法行為全体の体系的分類にかかわるところに焦点をあて、その概要を抽出することにしたい。

一　事実の概要

本判決は、議院の委員会審議における国会議員の質疑での発言について、それが憲法五一条の免責特権との関係で、国家賠償法（以下「国賠法」と略称する）一条一項の違法性の評価を受けるかどうかが争われた事件であるが、事実の概要は、略、次のようなものであった。

昭和六〇年一一月二一日に行われた衆議院社会労働委員会において、当時衆議院議員であり同委員会の委員であったY_1（被告・被控訴人・被上告人）は、そこで議題となっていた「医療法の一部を改正する法律案」の審議において、地域医療計画における国の責任、医療圏・医療施設に関する都道府県の裁量権、地域医療計画策定についての医療審議会への諮問等に関する同法律案の問題点を指摘するとともに、A病院の問題を実名でとりあげて質疑した。その質疑において、Y_1は、A精神病院の院長Aの異常な行動をうわさ・伝聞に基づいて紹介し、さらに、「五名の女性患者に対して破廉恥な行いをして」いるとして被害者から直接聞いたという話を披瀝した上で、「現行の行政の中でチェックできないでしょう。これができない限り、患者の人権は守れない」として、Aの精神鑑定の必要性を示唆し、また医師法および薬剤師法違反の疑いを指摘し、当該「病院の調査を総合的にもう一度厚生省の責任で初めからやり直」すよう政府委員に求めた(1)。それは、患者の人権を擁護する見地から問題のある病院に対する所管行政庁の十分な監督を求める趣旨のものであったが、かかる本件発言があった翌日、Aは自殺した。

Aの妻X（原告・控訴人・上告人）は、Y_1の発言が事実無根であり、それによりAの名誉が毀損され、Aは自殺に追い込まれたとして、Y_1に対しては民法七〇九条・七一〇条に基づき、Y_2（国――被告・被控訴人・被上告人）に対しては国賠法一条一項に基づき、それぞれ損害賠償を求めた。

それは、以下の主張を骨子とするものであった。

①憲法五一条にいう「演説、討論又は表決」は、国会の働きを充実させる国政レベルに関する事実や意見につい

ての発言をいうと解すべきところ、本件発言は、特定の者を誹謗するものであるから、同条にいう演説等には当たらない。

②憲法五一条の免責特権は、絶対的免責特権を規定したものではなく、相対的免責特権を規定したものであって、本件発言には適用されない。

すなわち、議員の免責特権は絶対的なものでなく、議員が議院で行った発言が国民の名誉やプライバシー権を侵害するとき、右発言が虚偽と知りながらなされた場合もしくは不適正ないし違法な目的のために発言した場合には、濫用として免責特権は妥当しない（アメリカにおける制限的特権の考え方）。あるいは、右発言を議員が虚偽と知りながらまたは虚偽か否かを不遜にも顧慮せずになした場合には、免責特権は妥当しない（アメリカにおける「現実の悪意」の法理）。

しかるに本件発言は、十分な調査をしないまま妄想患者からの伝聞を安易に信じ、Aの名誉を毀損し、医師の世界から抹殺させようと発言したものであるから、右の場合に該当し、よって本件発言には、憲法五一条は適用されない。

これに対して、被告Y_1は、以下のように主張した。

①本案前の主張　本件発言は、憲法五一条の保障する免責の対象となることは明らかであるから、Xの主張自体が失当であり、訴状は却下されるべきである（旧民訴二二八条一項・二項、二二四条一項／現行一三七条一項・二項、一三三条二項）。仮にそうでないとしても、本件訴えは、被告および事件がわが国の裁判権に服さない場合、または本件訴えの提起自体不適法な場合として却下されるべきである。

②本案の主張　本件発言は、憲法五一条の保障する免責の対象となることは明らかであるから、不法行為責任を負わない。憲法五一条は、原告のいうような制限的免責を規定したものではなく、国民主権・代表制原理の下で

認められ国会特権のコロラリーとして既に憲法レベルで諸権利との調整を考慮した上で、絶対的免責特権を規定したものである。

被告Y_2国側も、本件発言は、憲法五一条の演説等に該当すると主張し、憲法五一条は絶対的免責特権を規定していること、そして憲法五一条は、国会議員が議院で行った演説等の表現の自由の側面にかかるものについては、国民全体に対する関係で政治的責任を負うにとどまり、個々の国民に対する関係で何ら法的義務を負わないこと、すなわち国賠法上およそ違法が問題とされる余地がないことを定めたものである、と主張した。

第一審判決（札幌地判平成五・七・一六判時一四八四号一一五頁、民集五一巻八号三八六六頁）は、本件Y_1の発言について、以下のように判示して請求を棄却した。

①本件発言が憲法五一条の保障する免責の対象になるとしても、被告および本件はわが国の裁判権に服し、訴えは適法である。

②本件Y_1の発言は、「衆議院議員としての立法過程における職務上の行為」というべきであり、憲法五一条にいう両議院の議員の議院で行った「演説」に当たる。

③憲法五一条は、いわゆる絶対的免責特権を定めたものであり、本件発言は、免責の対象となる。

④仮に原告の主張する制限的免責特権の立場によるとしても、Y_1の発言が、その内容が虚偽であることを知りながら、または虚偽であるか否かを不遜にも考慮せず、もしくは不適正、違法な目的のために行われたということを認めるに足りる十分な証拠はない。

また、Y_2に対する請求の可否について、Y_2の前記主張（憲法五一条が妥当するとき国賠法上およそ違法が問題とされる余地がないとの主張）を「独自の見解」で「根拠を欠く」と退けた上で、国賠法上の責任の有無を問題とし、在宅投票制廃止違憲訴訟最高裁判決（最一小判昭和六〇・一一・二一民集三九巻七号一五一二頁）を引用しつつ、Y_1の発言に職務上の法的義務に反する違法があったどうかを問題とし、上記④の説示のとおりで、違法があったことを認めるに足りる十分な証拠はないから、Y_2国の責任も認められないとして、請求を斥けた。そこで、原告は、控訴した。

第二審判決（札幌高判平成六・三・一五民集五一巻八号三八八一頁）は、Y_1に対する請求については、たとえその発言が免責の対象とならないとしても、国賠法上、公務員個人の賠償責任は問えないから失当として棄却し、また、Y_2に対する請求については、第一審とほぼ同様の理由により棄却した。そこで、Xは、上告した。上告理由は、略、第一審の主張と同様の理由に基づいて、原判決の違法を主張するものであった。

第一点　第一審および原判決は、憲法五一条の解釈を誤り、Y_1に対する請求を斥けた違法がある。

第二点　原判決には、国会議員の演説等が例外的に国賠法上違法となることがあるとしながら、例外的事情の有無について証拠調をしなかった点において釈明権不行使の違法、審理不尽の違法等がある。

二　判旨と若干のコメント

最高裁は、以下のように判示して、上告を棄却した。

(i)　Y_1に対する請求について

①公務員個人は、国賠法上の責任を負わない。

「本件発言は、国会議員であるY_1によって、国会議員としての職務を行うにつきされたものであることが明らかである。そうすると、仮に本件発言がY_1の故意又は過失による違法な行為であるとしても、Y_2が賠償責任を負うことがあるのは格別、公務員であるY_1個人は、Xに対してその責任を負わないと解すべきである（最高裁昭和二八年（オ）第六二五号同三〇年四月一九日第三小法廷判決・民集九巻五号五三四頁、最高裁昭和四九年（オ）第四一九号同五三年一〇月二〇日第二小法廷判決・民集三二巻七号一三六七頁参照）」。

「したがって、本件発言が憲法五一条に規定する『演説、討論又は表決』に該当するかどうかを論ずるまでもなく、XのY1に対する本訴請求は理由がない」（三八五二頁）。

(ii) Y2に対する請求について

②国賠法一条一項の性質

「国家賠償法一条一項は、国又は公共団体の公権力の行使に当たる公務員が個別の国民に対して負担する職務上の法的義務に違背して当該国民に損害を加えたときに、国又は公共団体がこれを賠償する責めに任ずることを規定するものである。そして、国会でした国会議員の発言が同項の適用上違法となるかどうかは、その発言が国会議員として個別の国民に対して負う職務上の法的義務に違背してされたかどうかの問題である」（三八五三頁）。

因みに、右の第一文は、在宅投票制廃止違憲訴訟最高裁判決（最一小判昭和六〇・一一・二一民集三九巻七号一五一二頁、以下「昭和六〇年判決」という）と同じであり（いわゆる「職務行為基準説」、正確には職務義務違反構成）、第二文は、それを「国会議員の発言」に当てはめたものである。

③議会制民主主義における国会の役割と国会議員の行動のあり方

「憲法の採用する議会制民主主義の下においては、国会は、国民の間に存する多元的な意見及び諸々の利益を、その構成員である国会議員の自由な討論を通して調整し、究極的には多数決原理によって統一的な国家意思を形成すべき役割を担うものであり、国会がこれらの権能を有効、適切に行使するために、国会議員は、多様な国民の意向をくみつつ、国民全体の福祉の実現を目指して行動することが要請されている」（三八五三頁）。

④国会議員の立法に関する責任・義務の性質と国賠法一条一項の違法性

「国会議員は、立法に関しては、原則として、国民全体に対する関係で政治的責任を負うにとどまり、個別の国民の権利に対応した関係での法的義務を負うものではなく、国会議員の立法行為そのものは、立法の内容が憲法の一義的な文言に違反しているにもかかわらず国会があえて当該立法行為を行うというごとき、容易に想定し難いような例外的な場合でない限り、国家賠償法上の違法の評価は受けないというべきであるが（最高裁昭和五三年（オ）第一二四〇号同六〇年一一月二一日第一小法廷判決・民集三九巻七号一五一二頁〈昭和六〇年判決〉）、この理は、独り立法行為のみならず、条約締結の承認、財政の監督に関する議決など、多数決原理により統一的な国家意思を形成する行為一般に妥当する」（三八五三－四頁）。

因みに、右引用文の前段も、ほぼ文字通り昭和六〇年判決と同じであり、明示に引用されている。それに続く後段は、この例外法理の適用が、「立法行為そのもの」（昭和六〇年判決とは異なり「そのもの」という文言が付加されていることに留意）だけでなく、条約の締結の承認や財政の監督に関する議決等、多数決原理により統一的な国家意思を形成する行為一般に及ぶことが論じられている。そこから、そこにいう「立法行為そのもの」（引用中、傍点筆者）が、ひろく立法に参与する行為一般（広義の立法行為）ではなく、法律案を法律へと確定し成立せしめる本来の意味の立法行為、すなわち議員の法律案に対する賛否の意思表示行為たる「表決」を意味し、その結果としては、国会の法律「議決」を意味することは明らかである。国会の法律「議決」は、両院関係によって定まるが（憲法五九条）、法律案に対する議員の「表決」は、議院の法律「議決」の先行行為であり、表決の結果が法律「議決」となるからである。

⑤質疑等の法的性質

「これに対して、国会議員が、立法、条約締結の承認、財政の監督等の審議や国政に関する調査の過程で行う質疑、演説、討論等（以下「質疑等」という。）は、多数決原理により国家意思を形成する行為そのものではなく、国家意思の形成に向けられた行為である。もとより、国家意思の形成の過程には国民の間に存する多元的な意見及び諸々の利益が反映されるべきであるから、右のような質疑等においても、現実社会に生起する広範な問題が取り上げられることになり、中には具体的事例に関する、あるいは、具体的事例を交えた質疑等であるがゆえに、質疑等の内容が個別の国民の権利等に直接かかわることも起こり得る。したがって、質疑等の場面においては、国会議員が個別の国民の権利に対応した関係での法的義務を負うこともあり得ないではない」（三八五四頁）。

因みに、後に論ずるように、この判示箇所が、立法行為の体系にとって重要である。というのは、立法について、性質を異にする二つの種類の行為が類別されているからである。すなわち、一つは、「多数決原理により国家意思を形成する行為そのもの」、立法に即していえば、「立法行為そのもの」すなわち前述の本来の意味の立法行為（議員の表決とその結果としての国会の法律議決）、いま一つは、「質疑等」という用語によって包括されているところの、「多数決原理により国家意思を形成する行為そのものではなく、国家意思の形成に向けられた行為」である。後者も、「立法」だけでなく、よりひろく「条約締結の承認、財政の監督等の審議や国政に関する調査の過程」を含むが、いま「立法」についていえば、そこでは、法律という「国家意思の形成に向けられた行為」、つまり後に論ずる筆者の用語に即していえば、「立法追行行為」が念頭に置かれていることは明らかである。その際、留意すべきは、当然のことながら、「質疑、演説、討論等」とされ、憲法五一条の文言に即していえば、「表決」が除外されていることである。なお、本判決の意義という観点からいえば、この「質疑等」の行為類型（立法追行行為）の場合には、個別の国民に対して法的義務を負うことの可能性が原理的に承認されていることに注目されるべきである。

⑥質疑等の法的性質と国賠法一条一項の違法性

「しかしながら、質疑等は、多数決原理による統一的な国家意思の形成に密接に関連し、これに影響を及ぼすべきものであり、国民の間に存する多元的な意見及び諸々の利益を反映させるべく、あらゆる面から質疑等を尽くすことも国会議員の職務ないし使命に属するものであるから、質疑等においてどのような問題を取り上げ、どのような形でこれを行うかは、国会議員の政治的判断を含む広範な裁量にゆだねられている事柄とみるべきであって、たとえ質疑等によって結果的に個別の国民の権利等が侵害されることになったとしても、直ちに当該国会議員がその職務上の法的義務に違背したとはいえないと解すべきである。憲法五一条は、……と規定し、国会議員の発言、表決につきその法的責任を免除しているが、このことも、一面では国会議員の職務行為についての広い裁量の必要性を裏付けているということができる。もっとも、国会議員に右のような広範な裁量が認められるのは、その職権の行使を十全ならしめるという要請に基づくものであるから、職務とは無関係に個別の国民の権利を侵害することを目的とするような行為が許されないことはもちろんであり、また、あえて虚偽の事実を摘示して個別の国民の名誉を毀損するような行為は、国会議員の裁量に属する正当な職務行為とはいえない」（三八五四-五頁）。

⑦要　旨

「以上によれば、国会議員が国会で行った質疑等において、個別の国民の名誉や信用を低下させる発言があったとしても、これによって当然に国家賠償法一条一項の規定にいう違法な行為があったものとして国の損害賠償責任が生ずるものではなく、右責任が肯定されるためには、当該国会議員が、その職務とはかかわりなく違法又は不当な目的をもって事実を摘示し、あるいは、虚偽であることを知りながらあえてその事実を摘示するなど、国会議員がその付与された権限の趣旨に明らかに背いてこれを行使したものと認め得るような特別の事情があることを必要とする」（三八五五頁）。

⑧本件について

「これを本件についてみるに、……本件発言が法律案の審議という国会議員の職務に関係するものであったことは明らかであり、また、Y_1が本件発言をするについてY_1に違法又は不当な目的があったとは認められず、本件発言の内容が虚偽であるとも認められないとした原審の認定判断は、原判決挙示の証拠関係に照らして首肯することができる」（三八五五-六頁）。

以上が、本判決の骨子である。本判決は、国会の立法過程における国会議員の発言の自由と、その発言によって個人の名誉が侵害されたとされる場合、その調整をどのような形でなされるべきか、かかる調整のあり方に関連して憲法五一条の議員の免責特権の意味が正面から問われた事件であったが、(2)この憲法上の論点についていえば、いわば憲法五一条についての肩すかしのような判決で、五一条の免責特権の保障は、判旨⑥に示されているように、国賠法上の違法性の問題のレベルで処理され、「国会議員の職務行為についての広い裁量の必要性を裏付け」るものへと矮小化されてしまった。(3)

三　本判決の特質

だが、本判決は、国会議員の立法に参与する行為が国賠法一条一項の違法性の評価を受けるかどうか、もし受ける場合があるすればどのような場合かという、極めて限定された観点から立法行為の法的性質を論ずるものであるとしても、その論証の過程において、昭和六〇年判決で問題となった国会議員の「立法行為（立法不作為も含む。）」、すなわち、「立法行為そのもの」つまり本来の意味の立法行為（議員の表決とその結果としての国会の法律議決）と、「質疑等」の、法律という「国家意思の形成に向けられた行為」（立法追行行為）とを区別することによって、広い意味での立法行為の体系的な分類を判例として初めて提示したこと、そしてかかる分類を基礎にして、それぞれの法的性質の相違を国賠法上の違法性の評価に反映せしめ、前者について六〇年判決の「例外」定式に、後者ついては本判決の「特別の事情」定式に収斂させた点において、大きな特色をもつものと考えられる。

しかし、それは、そこからも知られるように、どこまでもいわば大局的な体系的分類であって、必ずしも理論的に詰められたものではない。なぜなら、本判決は、いうまでもなく、立法行為の体系を提示することを目的として論じられたものではなく、上述の訴訟上の争点を解決するために必要な限りで、立法行為の体系的な分類に関する論述がなされているにすぎないからである。

そこで、本判決において提示された立法行為の体系的な分類が、まずはそれ本来の議会法ないし立法過程の見地から理論的にどのような意味をもち、どのように整序しうるかについて、若干の分析を試みることにしよう。

（1）　昭和六〇年一一月二一日第一〇三会国会衆議院社会労働委員会議録第二号二頁以下参照。

（2）　本件で問題となった憲法上の論点については、佐藤幸治、安藤高行、吉田栄司教授による一連の論稿がある。佐藤幸治「『議員の免責特権』についての覚書」法学論叢一二六巻四・五・六号（一九九〇年）一〇六頁、同「『議員の免責特権』について」法学教室一四三号（一九九二年）四八頁、同「議員の免責特権について　札幌高裁平成六年三月一五日判決」ジュリスト一〇五二号（一九九四年）七九頁、安藤高行『憲法の現代的諸問題』（法律文化社・一九九七年）「Ⅲ議員免責特権」（二一五〇頁）、吉田栄司「国会議員の対国民責任について」佐藤幸治・初宿正典編『人権の現代的諸相』（有斐閣・一九九〇年）三八二頁、同「国会議員の免責と非免責」『現代立憲主義と司法権　佐藤幸治先生還暦記念』（青林書院・一九九八年）五四九頁。また、本件についての判決の評釈・解説として、上記のものの他、第一審判決については、吉田栄司・ジュリスト一〇三八号（一九九四年）一三二頁、沼田寛・法律のひろば四七巻二号（一九九四年）四八頁、原田一明・平成五年度重要判例解説（一九九四年）三六頁、第二審判決については、倉持孝司・判例セレクト九四（一九九五年）一六頁、毛利透・平成六年度重要判例解説（一九九五年）二二頁、上告審判決については、川岸令和・判例セレクト九七（一九九八年）一一頁、安藤高行・平成九年度重要判例解説（一九九八年）二四頁、秋山義昭・判例評論四七六号（一九九八年）三六頁、石井忠雄・法律のひろば五一巻一〇号（一九九八年）三四頁、宍戸常寿・法学協会雑誌一一六巻四号（一九九八年）六八一頁、大橋弘・ジュリスト一一三三号（一九九八年）一八〇頁、同・最高裁判所判例解説民事篇平成九年度（下）（二〇〇〇年）一一八〇頁、原田一明・憲法判例百選Ⅱ〔第五版〕（二〇〇七年）三三八頁参照。

（3）　安藤高行・前掲注(2)平成九年度重要判例解説二五頁、原田一明・前掲注(2)憲法判例百選Ⅱ〔第五版〕三八八頁等参照。

三　若干の分析——議会法ないし立法過程の見地から

本判決の特質は、上記の如く何よりも、立法過程を組成する立法行為を、「多数決原理により国家意思を形成する行為そのもの」と「国家意思の形成に向けられた行為」とに類別したことにあるが、問題は、この二つの行為の類別が、立法行為の体系にとってどのような理論上の含意をもつかということである。この点について、この類別は、理論的には、国家意思形成の主体の区別、立法に即していえば、立法の「主たる参与者」（立法の本来的主体）と「従たる参与者」（立法の従属的主体）の区別に基づくものと考えられるので、以下その理由について、少しく論じることにしたい。(4)

一　「多数決原理により国家意思を形成する行為そのもの」の意味

かかる行為は、立法過程においては、本来の意味の立法行為、理論上正確には、法律という国家意思を形成する行為すなわち「法律議決」であるが、法律議決の主体は、いうまでもなく、合議体としての国会である（憲法四一条）。しかし、国会は両議院よりなる複合合議制機関として、その法律議決は、独立固有の議決権を有する両院の議決関係によって定まるから（憲法五九条）、各議院もまた、もとより法律議決の主体である。

かように、法律議決権を有する合議制の一つの国家機関を、「立法の主たる参与者」すなわち「立法の本来的主体」と呼ぶならば、法律議決権を有するものとしての国会、議院、そして議院の内部機関たる委員会もまた、議院との関係においてさしあたり独立固有の議決権をもつ限り、「立法の本来的主体」ということができる。

議院および委員会を構成する個々の議員および委員は、概念上形式的には「立法の本来的主体」といえないが、しかし、表決権を有するものとしての議員・委員は、議決権を有するものとしての「立法の本来的主体」の実質をなすものであり、この意味で、実質的には「立法の本来的主体」に属するものと考えなくてはならない。「表決」と「議決」とは、先に示唆したように、概念上明確に区別されるべきであるが、「表決」は「議決」の先行行為であり、「表決」の結果が法上合議体の意思決定すなわち「議決」となるからである。

しかしながら、「立法の本来的主体」の立法行為は、法律議決のみに限定されるわけではない。

第一に、立法の本来的主体の立法行為は、法律案に関する議決のみ限定されるわけではない。議院の議決には、法律案に関する議決（基本的議決）もあれば、それ以外に修正案について議決（附随的議決）もあり、さらには議事の手続・進行に関するいわゆる議事規則動議についての議決（派生的議決）もある。これらすべては、立法の本来的主体の立法行為に属する。

第二に、立法の本来的主体の立法行為は、法律案に関する議決にのみ限定されるわけではない。法は、法律案について審理をも要求しているから、審理を実施することも立法の本来的主体の立法行為に属する。ここに法律案の審理とは、「法律の実体形成」に即して、立法の本来的主体の側からいえば、いかなる法律議決を行うかについての確証をみずから主体的に形成する作用の全体をいう。(5)

第三に、議院の議事整理権・秩序保持権・議院事務監督権・議院代表権は議長に委ねられ（国会法一九条）、また委員会の議事整理権・秩序保持権・委員会代表権は委員長に委ねられているが（国会法四八条、衆議院規則（以下「衆規」と略称する）六六条、参議院規則（以下「参規」と略称する）四三条）、議院または委員会を代表し各会議を主催する議長・委員長が右職権に基づいて行なう行為もまた、立法の本来的主体の立法行為に属する。

以上が、立法の本来的主体の立法行為であるが、本判例は、そのうち、その中心となる法律議決たる立法行為のみを眼中においている。憲法訴訟で、立法の作為・不作為が通例問題となるのは、かかる行為であるから、その限りで問題はないが、しかし立法行為の体系という見地からは、かかる理解は、極めて限られたものといわなければならない。

二　「国家意思の形成に向けられた行為」の意味

本判決は、「国会議員が、立法、条約締結の承認、財政の監督等の審議や国政に関する調査の過程で行う質疑、演説、討論等（以下「質疑等」という。）は、多数決原理により国家意思を形成する行為そのものではなく、国家意思の形成に向けられた行為である」として、立法についてはいえば、法律という「国家意思を形成する行為そのもの」（法律議決）と、立法の過程で行なわれる「質疑、演説、討論等（以下「質疑等」という。）」の「国家意思の形成に向けられた行為」を類別する。本判決によれば、「質疑等は、多数決原理による統一的な国家意思の形成に密接に関連し、これに影響を及ぼすべきもの」とされるのみで、その精確な意味は必ずしも明確でないが、立法についていえば、それは、立法の本来的主体の法律議決を目標として、法律の実体形成に向けられた「立法の従たる参与者」（立法の従属的主体）の立法追行行為と理解しうるであろう。この場合、質疑、演説、討論等の「質疑等」の行為の主体は、議員・委員である。しかし、それは、表決権を有するものとしての議員・委員ではなく、どこまでも、質疑等の権能、つまり立法追行権を有するものとしての議員・委員である。

すなわち、議員・委員は、立法過程においては、二つの法的性質を異にする主体として登場するのである。一つは、表決権を有するものとしての議員・委員であり、その行為は、体系的には、立法の本来的主体の立法行為に属する。もう一つは、発議権・質疑権・討論権を有するものとして議員・委員であり、そこでは、議員・委員は、法律議決を目標として、それを追行する「立法の従たる参与者」（立法の従属的主体）としてあらわれる。今ここで、立法追行者を立法の従属的主体としたのは、その行為（立法追行行為）が、窮極的にはすべて、立法の本来的主体の法律議決を目標として行われ、法律議決を離れては独自の意義をもたず、議決との関係において初めて法的意義を有しうるものだからである。

さて、本判決のいう「国家意思の形成に向けられた行為」を、立法についていえば、理論上かように、「立法の従たる参与者」（立法の従属的主体）の立法追行行為と捉えられるとすれば、そこから、それについての本判決の問題点も指摘されうる。

第一に、立法追行行為ついて、本判決は、「質疑、演説、討論等」（「質疑等」）と例示的に挙げ、その範囲は明確でないが、理論上それに限定されるわけではなく、立法に即していえば、何よりもまず、法律案の「発案」がこれに属する。このことは、極めて重要な意味をもつ。なぜなら、法律発案は、法律案を議院に提出して、その審理・議決を求める行為として主要立法過程の起点をなす行為であり、まさに立法過程における指導形象として中心的位置を占めるからである。憲法は、法律発案について明示の規定を欠くが、法律により、議員（国会法五六条一項）および委員会（国会法五〇条の二）と並んで内閣にも法律発案権が認められているから（内閣法五条）、内閣提出法律案の場合には、内閣総理大臣・国務大臣等がその立法追行機関として登場し、立法追行について極めて重要な働きをする（憲法七二条・六三条、国会法六九条・七〇条・七一条等参照）。

第二に、本判決では、「質疑、演説、討論等」（「質疑等」）と併記され、それぞれの行為の法的性質の違いについては全く言及されていない。この点について、筆者はかねてより、左のように立法追行行為を理論上三つの範疇に分けて、その法的性質を分析したが、このようなその内部の理論的な掘り下げも何らなされていない。

（1）すなわち、立法追行行為の第一の範疇は、議院に対して一定の議決を求める意思表示行為である。「申立」と呼ぶなら、具体的には、立法過程における基本的な申立としての「法律発案」、それに付随する申立としての「修正動議」、さらにそれらから派生する立法手続に関する個々の事項（多くは議事の手続・進行等）について申立としての「議事規則動議」がそれに属する。

（2）立法過程は、いうまでもなく、法律発案から法律議決に至る基本的立法過程を中心に発展するから、それに即していえば、立法追行行為の第二の範疇は、法律発案を基礎づけ理由あらしめるためになされる行為である。理論上「主張」と呼ぶならば、それは、その内部で、法律発案を法的に基礎づける行為（「法的主張」）と、それをさらに事実によって基礎づける行為（「事実的主張」）に区別される。

具体的には、前者に属するものとして、何よりも法律案それ自体をあげなければならない。というのは、法律発案は、法律案の審議・議決を求める意思表示行為であるが、それによってもたらされる法律案それ自体は、将来法律となるべきものの実体について法的に構成された発案者の蓋然的判断を示したものであって、形式的には法律案を成立せしめると同時に（法律案を具えていなければ、法律発案は不適法となる）、実質的には法律発案の法的正当性を基礎づけ理由あらしめるための行為としての性格を有するからである。また、後者（「事実的主張」）に属するものとして、まず発案の際に付される「理由」、さらに審理の段階における「趣旨説明」（国会法五六条の二、衆規四四条・六九条、参規三九条・一〇七条）あるいは「趣旨弁明」（衆規一一七条、参規一一八条）をあげなければならない。その「提案の理由」において、まさに「法的主張」（法律案）を基礎づけ理由あらしめる政治的・経済的・社会的な一般的事実、すなわち立法事実についての判断の表示がなされるからである。しかし、事実的主張は、もとよりそれに限定されるわけではない。次にみるように質疑および討論においてもなされうる。そこで法的主張が争われるときには、事実的主張によって基礎づけられ理由づけられなければならないからである。

（3）　立法追行行為の第三の範疇は、提起された立法事実の主張が争われた場合、立法資料・証拠によってその真実性・確実性を証明し、もって「事実的主張」を基礎づけ理由あらしめるためになされる行為である。理論上「立証」と呼ぶならは、これに属するものとして、まず第一に法が「質疑」（国会法六一条、衆規四五条一項・一一八条・一三四の二・一三九条・一四〇条・一四二条、参規四二条一項・一〇八–一一二条）と呼んでいるものに対してなされる行為、すなわち「答弁」をあげることができる。一般に質疑とは、議題についてその疑義を質すことをいうとされるが、通例それは趣旨説明者に対してなされるのを例とし、そこにおいて、法律案を裏付ける一般的事実（立法事実）に関する蓋然的判断の表示、すなわち「事実的主張」について疑義が提出され争われた場合には、その答弁において「事実的主張」を基礎づけ理由あらしめるために種々の立法資料・証拠を用いて「立証」がなされる。特定の法分野を除いて、今日重要な法律案の大部分は内閣提出法律案であるから、実際にこれにあたるのは、国務大臣等政府関係者である（国会法六九条、なお衆規四五条の二、参規四二条の三第一項参照）。

法は「質疑」の次の段階として「討論」（衆規一一八条、参規一一三条）を規定している。一般に討論とは、議題に対してなされる議員または委員の賛否の表明をいうとされるが、そこにおいても、その前提として「事実的主張」がなされ、さらにそれについての「立証」がなされうる。

要するに、立法過程においては、「事実的主張」と「立証」が必ずしも手続上明確に区別されず、趣旨説明・質疑・討論の中で、さらに場合によっては証人の証言・公述人の発言・参考人の意見の中で、いわば渾然と行われているのである。

以上が立法追行行為の概要であるが、そもそも法はなぜ立法手続に趣旨説明・質疑・討論というような一連の行為を規定しているのであろうか。いうまでもなくそれは、発案者の側からいえば、自己の法律発案が、いかに法的に正当なものであり、かつまた、いかに事実によって裏づけられたものであるかを論証し、もって、表決権を有する他の議員の意思形成に働きかけて、自己に有利な議決（可決）を獲得しようとするのを可能ならしむるためである。また、逆に法律発案に反対する議員の側からいえば、それがいかに法的にも事実的にも根拠がないものであるかを論証し、もって、他の議員の意思形成に働きかけて、自己に有利な議決（否決）を獲得しようとするのを可能ならしむるためである。この意味で、かかる行為を、いわば立法過程における「確信＝心証（Überzeugung）形成行為」と呼ぶことができるであろう。それは、他の議員の意思形成に働きかけて、自己に有利な判断を形成せしめるという意味をもつが、翻って、当該法律案の当否を決定する判断主体たる個々の議員の立場からいえば、かかる働きかけを斟酌しつつ、自ら主体的に自己の判断内容を形成するという意味において「確証形成行為」であるから、結局、両者は、同じことの二つの表現と考えることができる。かかる「確証形成行為」こそ、まさしく「法律の実体形成」

の核心をなすものであって、立法過程は、これを中心とする法律の実体形成行為と、それを目的とする手続形成行為によって重畳的に発展するものと捉えうるのである。

第三に、上記のことからも知られるように、立法過程の発展は、その内容面では、法律の実体形成であり、形式面では手続の形成である。立法過程の本来の目標は、法律の実体形成を行い、法律を確定することにあるから、立法過程における手続形成は、法律の実体形成に対しては、内容に対する形式、目的に対する手段の関係たち、実体形成を目標とする種々の立法行為の連鎖よりなる。かようにして、立法過程は全体として、手続形成とその上に成り立つ法律の実体形成とが互いに不可分に結びついた重畳的性質をもつのであるが、本判決においては、しかしながら、このような立法過程の重畳的性質、殊に手続形成過程については、全く言及されていない(6)。

以上、平成九年判決において提示された立法行為の分類について、それ本来の議会法ないし立法過程の見地から若干の理論的分析を試みた。

しかるに、判決では、かかる見地から立法行為を分類しつつも、それが、国賠法上違法と評価を受けるかどうかという、立法過程法上の効果ではなく、それとはレベルを異にする個別の国民に対する職務上の法的義務が問題とされているのである。

そこで次に、立法行為の国賠法上の違法性という特殊の問題について、立法行為論の見地から、最高裁の判例の特質と問題点を少しく検討することにしたい。

（4）以下の論述は、概ね拙著『憲法と立法過程』（創文社・一九八八年）九七頁以下に基づく。本文の立法主体の区別を示唆するものとして、Vgl.Walter Jellinek, Das einfache Reichsgesetz, *Handbuch des Deutschen Staatsrechts* II, 1931, S.164.

（5）「法律の実体形成」の概念については、小野清一郎「立法過程の理論」『刑法と法哲学』（有斐閣・一九七一年）八三頁以下、団藤重光『法学入門〔増補〕』（筑摩書房・一九八六年）一五四頁以下（『法学の基礎』〔有斐閣・一九九六年〕一七八頁以下）、なお、その分析については、拙著・前掲注（4）六九頁以下参照。

（6）　かかる理論よりみるとき、本判決は立法過程の「内容面」、法律の実体形成に関わる事案であるのに対して、会期延長の議決の効力が問題となった警察法改正無効事件（最大判昭和三七・三・七民集一六巻三号四四五頁）、委員長・議長の議事手続に対する公務執行妨害罪等が問題となった第一次国会乱闘事件（東京地判昭和三七・一・二二判時二九七号七頁）および第二次国会乱闘事件（東京高判昭和四四・一二・一七判時五八二号一八頁）、法律発案につき「機関承認」の要件が問題となった国民投票法案不受理事件（最二小判平成一一・九・一七訟月四六巻六号二九九七頁）は、いずれも立法過程の「形式面」、手続形成に関わる事案であることがわかる。かようにして、それぞれの事案の特質も、立法行為論に即して体系的に整序しうるであろう。

四　立法行為論と国賠法上の違法性

一　国会議員の「立法行為（立法不作為を含む）」について

昭和六〇年判決が、「国会議員の立法行為（立法不作為を含む。以下同じ。）が同項の適用上違法となるかどうかは、国会議員の立法過程における行動が個別の国民に対して負う職務上の法的義務に違背したかどうかの問題であって、当該立法の内容の違憲性の問題とは区別されるべきであり、仮に当該立法の内容が憲法の規定に違反する廉があるとしても、その故に国会議員の立法行為が直ちに違法の評価を受けるものではない。」という場合の「立法行為（立法不作為を含む）」とは、国会議員が主体であるかぎり、法律案に関する賛否の意思表示行為たる「表決」を意味するであろう。立法主体論よりすれば、実質的には確かにそうであるが、しかし、理論上正確には、かかる「表決」の結果としての国会という合議体としての法律案についての意思決定、すなわち法律「議決」と捉えられるべきことについてはすでに述べた。平成九年判決が、「この理は、独り立法行為のみならず、条約締結の承認、財政の監督に関する議決」などに一般に妥当するものとして「議決」を語り、そのうえで、法律という国家意思を形成する「立法行為そのもの」としているのも、その故であろう。

問題は、それがどのような場合に、国賠法上違法の評価を受けるかということである。この点についてのポイントは、在宅投票制違憲訴訟において、第一審および控訴審が、法律議決によって成立した法律の内容（あるいは法律議決がなされなかったことによる立法不作為の内容）が違憲かどうかを問題とし、それが違憲であるということから、直ちに法律議決それ自体の国賠法上の違法性を導出したのに対して、最高裁昭和六〇年判決は、両者を峻別し、前者すなわち「立法内容の違憲性」ということから、直ちに後者すなわち「立法行為の国賠法上の違法性」が導かれるのではないとした点にある。

なぜか。その理由は、判例によれば、「国会議員の立法過程における行動で、立法行為の内容にわたる実体的側面に係るもの」――先の立法行為論の用語に即して言えば、立法過程の「実体面」の終結点に位置する法律議決行為――は、「これを議員各自の政治的判断に任せ、その当否は終局的に国民の自由な言論及び選挙による政治的評価にゆだねるのを相当とする」からである。かようにして、かかる文脈において憲法五一条の免責規定も援用され、「憲法五一条が、……国会議員の発言・表決につきその法的責任を免除しているのも、国会議員の立法過程における行動は政治的責任の対象とするにとどめるのが国民の代表者による政治の実現を期するという目的にかなうものである、との考慮によるのである」。かくて、「国会議員は、立法に関しては、原則として、国民全体に対する関係で政治的責任を負うにとどまり、個別の国民の権利に対応した関係での法的義務を負うものではないというべき」とされる。

ここまでは、先に概要した立法行為論の見地からも、それとして――ただし、「立法内容の違憲性」と「立法行為の国賠法上の違法性」の峻別論ないし二分論が、法的様相の理論による「権限規範の様相」と「行為規範の様相」の区別に基づくものと捉える限りにおいて(7)――十分に理解しうるものであるように思われる。しかし、それにつづく、「国会議員の立法行為は、立法の内容が憲法の一義的な文言に違反しているにもかかわらず国会があえて当該立法を行うというごとき、容易に想定し難いような例外的な場合でない限り、国家賠償法一条一項の規定の適用上、違法の評価を受けない」との例外定式は、上記の立論と整合しない。なぜなら、「国会議員の立法行為（立法不作為を含む。以下同じ。）が同項の適用上違法となるかどうかは、国会議員の立法過程における行動が個別の国民に対して負う職務上の法的義務に違背したかどうかの問題であ」るとすれば、かかる問題が生じうるのは、当該立法行為によって成立した法律という客観的な国家意思が、法律の一般性という原則に対する例外として処分的性質を有し、かかる処分的法律によりある特定の個別の国民の憲法上の権利ないし自由が侵害されるという例外的な場合に限定されるものと解されるからである。しかし、憲法上、そのような処分的法律が是認されるか否か、そのような例外がそもそも立法不作為の場合に認められる余地があるかどうか、仮に認められる余地があるとして、極めて限定的なものとならざるをえないであろう(8)。

その後、最高裁は、在外日本国民選挙権行使制限規定違憲判決（最大判平成一七・九・一四民集五九巻七号二〇八七頁、以下、「平成一七年判決」という）において、かかる例外定式を、「立法の内容又は立法不作為が国民に憲法上保障されている権利を違法に侵害するものであることが明白な場合や、国民に憲法上保障されている権利行使の機会を確保するために所要の立法措置を執ることが必要不可欠であり、それが明白であるにもかかわらず、国会が正当な理由なく長期にわたってこれを怠る場合などには、例外的に、国会議員の立法行為又は立法不作為は、国家賠償法一条一項の規定の適用上、違法の評価を受けるものというべきである」と再定義し、昭和六〇年判決は、「以上と異なる趣旨をいうものではない」としている。しかし、一般に、平成一七年判決は、昭和六〇年判決の例外要件を緩和したものであり、事実上の判例変更と理解されている(9)。

以上のように、国会議員の立法過程における「表決」、結果としては国会という合議体の「法律議決」という本来の意味での立法行為は、判例において、立法行為論の見地からも体系上正当に位置づけられ、またそれが国賠法一条一項の適用上の問題にも反映され、原則として違法の評価を受けないものと正当に捉えられているが、しかし、その理論的根拠は明確にされず、したがってまた、その例外定式も原則とは整合しない不明確なものとなっているといわなくてはならないように思われる。

二　国会議員の立法過程における「質疑等」について

これに対して、国会議員の立法過程における「質疑等」については、平成九年判決において、「国家意思の形成に向けられた行為」と位置づけられ、内容的には、法律という「多数決原理による統一的な国家意思の形成に密接に関連し、これに影響を及ぼすべきもの」と捉えられていたこと、そして、理論的には、立法追行行為として位置づけられ、全体として立法過程の「実体面」をなし、法律の実体形成行為に属することについてはすでにみた。かようにして、判例により提示された「質疑等」の立法行為論は、必ずしも内容的に詰められたものではないが、しかし、それは、それとして理論上十分に主張しうるものであったということができる。

問題は、かかる立法行為の体系上の位置づけが、正当に国賠法上の位置づけに反映されているかどうかである。

この点について、上記判決の特質は、「質疑等」が立法行為論にいう立法追行行為としての性格をもつことから、まず第一に、「質疑等」の行為は、「表決」ないし「議決」行為とは異なり、そのあり様如何によっては、「具体的事例に関する、あるいは、具体的事例を交えた質疑等であるがゆえに、質疑等の内容が個別の国民の権利等に直接かかわることも起こり得る。したがって、質疑等の場面においては、国会議員が個別の国民の権利に対応した関係での法的義務を負うこともあり得ないではない」、ということである。これが、「質疑等」が「表決」ないし「議決」行為と決定的に異なる点であり、このことは、通例の立法過程において生ずることであって、処分的法律の場合にのみ問題となるというようなことはない。すなわち、立法手続において法律案について主張・立証のプロセスにおいて問題となる事実は、先に指摘したように、法律案を基礎づけ理由あらしめる一般的事実としての立法事実であるが、その具体的例証として具体的事実に即して質疑がなされることも可能であり、本件事案はまさにそのような例に属するということである。

かようにして、第二に、憲法五一条の免責特権の規定の意味にも微妙な違いが生ずる。すなわち、「国家意思を形成する行為」＝「立法行為そのもの」（法律議決）の場合には、もっぱら「政治的責任」との結びつきだけが問題とされるのに対して、「国家意思の形成に向けられた行為」＝「質疑等」（立法追行行為）の場合には、「質疑等においてどのような問題を取り上げ、どのような形でこれを行うかは、国会議員の政治的判断を含む広範な裁量にゆだねられている事柄とみるべきであって、たとえ質疑等によって結果的に個別の国民の権利等が侵害されることになったとしても、直ちに当該国会議員がその職務上の法的義務に違背したとはいえないと解すべきである」とし、この文脈で憲法五一条が援用され、「憲法五一条は、……と規定し、国会議員の発言、表決につきその法的責任を免除しているが、このことも、一面では国会議員の職務行為についての広い裁量の必要性を裏付けているということができる」とし、「法的義務」の存在を原理上前提としたうえで、もっぱら「広い裁量の必要性」を基礎づけるものと位置づけられる。

かくて、問題は、第三に、「質疑等」の広い裁量の必要性が要請される行為によって「結果的に個別の国民の権利等が侵害される」場合、両者の調整をどのように図るべきかということになるが、本判決は、この点について、「国会議員が国会で行った質疑等において、個別の国民の名誉や信用を低下させる発言があったとしても、これによって当然に国家賠償法一条一項の規定にいう違法な行為があったものとして国の損害賠償責任が生ずるものではなく、右責任が肯定されるためには、当該国会議員が、その職務とはかかわりなく違法又は不当な目的をもって事実を摘示し、あるいは、虚偽であることを知りながらあえてその事実を摘示するなど、国会議員がその付与された権限の趣旨に明らかに背いてこれを行使したものと認め得るような特別の事情があることを必要とすると解するのが相当である」として、極めて厳格に限定された「特別の事情」を要請していることである。

「質疑等」の場合には、「表決」ないし法律議決の場合とは異なり、そこで問題となっている法律となるべきものの内容が違憲かどうかという「立法内容の違憲性」は問題とならない。ここでは、「表決」ないし法律議決の場合とは異なり、個別の国民に対応した関係で発言内容の「法的義務」が問題となるのであり、そこでは「裁量に属する正当な職務行為」といえるがどうかが判断の基準となるものとされ、憲法五一条の解釈を媒介として、上記のような「特別の事情」定式が導出されている。

この点について、本判決は、大局的には、「質疑等」の行為の特質を、立法行為論の体系において「国家意思の形成に向けられた行為」すなわち立法追行行為として正当に位置づけ、それを国賠法の適用上の違法性の問題に反映させたものとして、基本的には妥当と考えられるが[10]、しかし、そこには、なお幾多の問題点が含まれていることも留意しなければならないであろう。

問題点として、一方では、厳格に限定された「特別の事情」の要件により、これでは、国民の名誉、プライバシーの権利が十分に保障されないのではないか、という指摘がありえよう[11]。しかし、他方では、そのような問題との調整は憲法レベルですでに調整済みのもとして規定されているのであるから、議院における議員の発言について、「特別の事情」のもとであれ、裁判でその違法性が問題とされること自体、議員の発言に萎縮的効果をもたらす等、重大な影響を及ぼすのではないかという指摘もありうる[12]。

本判決は、内容的には、議員の免責特権の保護領域を制限的に捉え、「誹謗的侮辱〔中傷的名誉毀損〕（verleumderische Beleidigungen）」を保護領域から明示に除外するドイツの憲法規定（四六条一項）[13]に一脈通じるところがあるようにも見えるが、しかしそれについては、なお立ち入った比較憲法的検討を要するであろう(14)。

(7)　この論点については、拙稿「立法の不作為に対する違憲訴訟(1)——在宅投票制度廃止事件上告審」憲法判例百選Ⅱ〔第五版〕四三八-九頁、拙著『ケルゼンの権利論・基本権論』(慈学社・二〇〇九年)三二六頁以下・三五二頁以下、同『憲法訴訟論〔第二版〕』(信山社・二〇一〇年)三〇五頁以下・三二六頁参照。

(8)　拙著・前掲注(4)二四二頁、前掲注(7)『憲法訴訟論〔第二版〕』三〇九頁以下参照。

(9)　同・前掲注(7)三二五頁参照。

(10)　本判決における立法行為の二つの区別について、その意義に言及したものは意外に少ないが、そのような中にあって、特に注目されるのは、宍戸評釈である。それによれば(前掲注(2)六八六頁以下)、本判決は、本件と在宅投票最判を「国会議員の立法過程における行動に対する国賠請求」という一応同じ性質の事案と理解した上で、両者の区別を試みるものであるが、しかし、事案に即した区別の契機は、在宅投票最判は「国会全体の行動」ないし「立法不法」の事案であり、他方で本件は「公務員による名誉毀損に対する国家賠償」ないし「公法上の名誉保護」(Ehrenschutz im öffentlichen Recht)に関する事案であるということにあるのであって、ただともに憲法五一条を援用しうる点に共通点があるに過ぎない。だとすれば、在宅投票最判の説示を本件に引用する必要はなく、従って、「国家意思を形成する行為」と「国家意思の形成に向けられた行為」の対称も不要であったのではないか、とされ、かかる区別に否定的な見解が提示されている。しかし、両事案は、まさに国会議員の立法行為に関するものであり、立法行為論における各行為——一方では議員の「表決」、結果としは国会の法律「議決」が、他方では、議員の「質疑」——の体系的位置づけに基づいて、それが国賠法上の違法性のあり方——一方では「例外」定式、他方では「特別の事情」定式——に反映されているものとみるべきであろう。本稿が本文において「基本的には妥当」と積極的に評価するのも、このように立法行為論の体系的理解による。

(11)　佐藤教授のこのテーマに関する一連の論文(前掲注(2)参照)は、本件最高裁判決に直接に言及したものではないが、基本的にはかかる立場を代表するものと捉えられるであろう。なお、かかる文脈において、控訴審判決が、「虚偽であることを通常払うべき注意義務をもってすれば知り得たにも拘らずこれを看過して摘示した」場合にも違法性を認めていたが、本判決では、違法性の基準からかかる注意義務違反、過失の要件は外されていることが、重要な論点となろう(佐藤幸治『日本国憲法論』〔成文堂・二〇一一年〕四七三頁参照)。大橋・前掲注(2)ジュリスト一一三三号一八一頁、最高裁判所判例解説民事篇平成九年度(下)一一九五頁、宍戸・前掲注(2)六八八頁、原田・前掲注(2)憲法判例百選Ⅱ三八九頁参照。

(12)　かかる立場を代表するものとして、安藤・前掲注(2)が挙げられよう。特に『憲法の現代的諸問題』二七九頁以下、平成九年度重要判例解説二五頁参照。

（13）　島川豊「西独における議員の免責特権及び不訴追特典」レファレンス一二八号（一九六一年）一頁以下、藤田晴子「議院の自律権」『日本国憲法体系（宮沢俊義先生還暦記念）第五巻　統治の機構Ⅱ』（有斐閣・一九六四年）三三四頁以下等参照。Vgl.N. Achterberg, *Parlamentsrecht*, 1984, S.240f.; v.Mangoldt, Klein, Starck, *Das Bonner Grundgesetz*, Bd. 2, 4.Aufl., 2000, S.1584ff.; H.Dreier (Hrsg.) *Grundgesetz Kommentar*, Bd.II. 1998. 985ff.

（14）　Vgl.W.Härth, *Die Rede- und Abstimmungsfreiheit der Parlamentsabgeordneten in der Bundesrepublik Deutschland*, 1983, S.15ff.; R.Wurbs. *Regelungsprobleme der Immunität und der Indemnität in der parlamentarischen Praxis*, 1988, S.84ff.

五　むすび

大石眞教授は、この十数年来の制度改革において、「憲法典の条項はまったく変わっていないのに、主要な憲法附属法の改正と制定――これに新たな憲法判例の成立を加えることができよう――によって、統治構造のあり方が大きく変わってきた日本憲政の動きについて」、憲法典の改正（憲法改正）と区別する意味で、実質的意味における憲法または憲法秩序が変動するさまを「憲法改革」の歩みとして説明することができるとして、このような「憲法改革」という視点を通して、この十数年来のさまざまな統治構造改革の動きを――憲法史的な見方を交えつつ――分析し、鳥瞰するとともに、今後の憲法秩序の再構築に向けた、まことに重厚な研究をなされている。(15)

本書は、同教授の還暦記念論集として、まさに「憲法改革の理論と展開」を統一テーマとするものであるが、かかる「憲法改革」の概念よりすれば、本稿でとりあげられた平成一七年判決は、立法不作為について、その違憲性を前提として、国賠法上例外的に違法と評価されるべきことを最高裁として初めて認めた画期的な判決であるから、まさに「憲法改革」としての「新たな憲法判例の成立」と位置づけるに値するものかもしれない。しかし、本判決は先に指摘したように理論上幾多の問題点をかかえており、本当にそのように位置づけられるかどうかは、なお今後の推移を注意深く見守る必要があるように思われる。

その際、国会議員の「表決」ないし合議体としての法律「議決」および「質疑等」について、国賠法の適用上の違法性如何が問題となる特殊な場面においても、ひとまずそのような関係から離れて、かかる行為が立法過程を組成する行為として本来どのような性質をもつかを見極めることが重要であるように思われる。この小論の帰結として、このようなことからも、立法行為論の理論的構築が要請されることを指摘して、まことにささやかなものであるが、もってこのような祝賀記念に参加する機会を与えられたことを謝するとともに、この分野の研究の益々の進展を祈念し、ひとまず本稿を閉じることにしたい。

(15) 大石眞『憲法秩序への展望』(有斐閣・二〇〇八年)ii頁、なお、一〇頁以下・二六頁以下・三六頁以下参照。

13 ドイツにおける委任命令への議会による統制

毛利　透

曽我部真裕・赤坂幸一　編
大石眞先生還暦記念
『憲法改革の理念と展開（上巻）』
二〇一二年三月　信山社

13 ドイツにおける委任命令への議会による統制［毛利　透］

一　はじめに

大石眞は、立法の委任のあり方にも関心を寄せ、特に日本において、委任立法に対する、授権機関である議会による統制がほとんど存在しないことを問題視する。大石は、「政府案を議会に提出することを義務づけ、議会はその効力を否認することもできるという方法（議会的統制）」がイギリスに存在することを挙げ、「立案された委任立法・政府立法に対して政策的な妥当性又は当否といった観点からも審査をおこなう」この手法を「責任政治の原理から見ても注目すべき工夫」であると評価している(1)。

イギリスにおける議会による委任立法統制の仕組みについては、日本でも紹介がなされてきたところである(2)。しかし、ドイツにおいても委任立法に対し議会による各種の統制手法が用いられていることは、あまり知られていない(3)。ドイツの委任立法に関しては、基本法上授権規定の特定性を詳しく求める基本法八〇条一項の規定が、委任の限界論との関連で注目されてきた。一方、命令内容への議会による統制については、基本法上明文の規定はない。これが日本での注目が低かった一因かもしれないが、しかしこの条文の欠如は、ドイツにおいては議会的統制をめぐる活発な法的論争を惹起する原因となっている。つまり、執行府が法律の委任を受けて制定する命令に対して、議会が基本法上規定のない権限を行使することができるのかが、憲法解釈上の問題として問われるのである。ご他聞にもれず連邦憲法裁判所が一定の立場を示しているのだが、それへの異論も相次ぐ状況で、特に近年興味深い議論の展開が見られる。本稿は、ドイツにおける命令への議会的統制の実務およびそれに関する憲法論議を詳しく紹介することをねらいとし、最後に若干の感想を付け加える。なお、以下本稿では、「命令」という語は、執行府が制定する、対外的効力を有する一般的規範としての「法規命令」（Rechtsverordnung）の意味で用いる。

まず、委任立法についての中心的規定である基本法八〇条を、必要な限りで見ておこう。同条一項は、「法律によって、連邦政府、連邦大臣または州政府に対し、法規命令を発する権限を与えることができる。その場合には、与えられる権限の内容、目的および程度は、法律において規定されなければならない。命令の中にはその法的根拠が示されなければならない。権限がさらに委譲されうることが法律に規定されているときは、その権限委譲には法規命令が必要である。」と定める。二項は連邦参議院の同意が必要な法規命令の範囲を定める。個別対象分野の列挙も含む長い条文であるが、そもそも連邦法律で別の規定を設けることを明文で認めているから、法律規定の違憲性を根拠づける条文にはならない。列挙事項の中で重要なのは、連邦参議院の同意を必要とする法律に基づく命令、および執行を州が行う法律に基づく命令の制定に、連邦参議院の同意を求める点である。連邦法律の執行は州が行うというのが基本法上の原則であるから（八三条―八五条）、連邦レベルの命令には原則として連邦参議院の同意を要するというのが、基本法の立場であるということになる。これは、連邦法律については連邦参議院の同意を必要とせず連邦議会の意思を貫徹させることの方が原則であること（七七条、七八条）と対照的である。さらに八〇条三項は、連邦参議院の命令提案権も定めている。本稿の趣旨からは外れるが、このように、基本法がむしろ連邦法律執行過程への関与こそ連邦参議院の主たる役割であると位置づけていることは、この機関のドイツ連邦制の歴史に根ざす特殊性をよく示す側面である(4)。そして、本来の立法機関による委任命令への統制を検討対象とする本稿の関心からは、基本法が命令制定の原則的手続として定める連邦参議院の同意は、検討対象とならない。

これに対し、現在の基本法上、命令制定に連邦議会の同意を必要とする旨の条文は存在しない。実は、二〇〇九年七月改正前の基本法一〇九条四項には、一定の財政事項について連邦法律での規律を認めた上で、その法律に基づく命令につき、「法規命令は、連邦議会がその廃止を要求する限りにおいて、廃止されなければならない。」と定める条文が存在した。これは、一九六七年の改正で付加された条文であり、委任命令に対する連邦議会の関与を規定する基本法中唯一の規定であった。この規定が、基本法上規定のない命令への議会による統制の合憲性にとっていかなる意味を有するのかが一応問題となる。だが、プラスにも（一〇九条四項は、実定法上の実例を前提にしてつくられた条文で、一般に法律で付与することが認められる議会の権限を特に憲法上確保するためのものである。）、マイナスにも（一〇九条四項は、他の場合には許されない手法を例外的に許容するための規定である。）推論できるので、解釈論を左右するものではないというのが大方の見解であった。(5)いずれにせよ、現行基本法にはこのような条文は存在しない。

ただし、基本法上規定がないことから、直ちに、連邦議会の命令への法的拘束力を有する統制は授権法律における委任範囲の定めに限られるとする解釈は、ほとんどとられていない。(6)では、どのような議論がなされているのか。次節以下ではドイツの実務・議論状況を詳しく見ていくことにするが、議会の命令への関与の形態は様々であるので、まずここで大きく二つに分類し、本稿で扱う問題を限定しておくことにする。一つ目は、授権法律に基づく議会権限の留保であり、本稿が扱うのはこの類型である。これは、授権法律において、命令の発行に議会の同意を必要とするなどと定める形態である。単なる同意権ではなく、修正権や発効済み命令への廃止要請権などといった種類もある。二つ目は、法律による命令改正である。ドイツでは、端的に法律によって命令を改正するという実例が頻繁にみられる。この場合はもちろん、あらかじめ授権法律でその旨規定しておく必要はない。両形態とも活発な憲法論議を呼んでおり、後者の類型については別の拙稿で検討した。(7)基本的な争点は、基本法八〇条一項が委任の相手方として列挙する連邦政府・連邦大臣・州政府以外のものが、命令内容の決定に法的拘束力をもって関与してよいのか、という点にある。なお、本稿ではこの委任の相手方全体を、実定法上の機関としての政府と区別するため、「執行府」と総称しておくことにする。

（1）　大石眞『憲法秩序への展望』一四九—一五二頁（二〇〇八）。なお、大石は日本における議会的統制の例外的事例として災害対策基本法一〇九条を挙げるが、同条は緊急措置として制定された政令につき、直ちに召集されるべき国会または参議院の緊急集会で、その措置を継続すべき場合には当該政令に代わる法律が制定される措置をとること、その他の場合には政令を制定したことについて承認を求めることを、内閣に義務づける（四項）。法律制定はまさに国会の権限であり、また事後的承認が得られなくても政令の効力には関係ない。したがって、本条は、厳密には国会が命令の効力を否認する事例とはいえない。ただし、国会が当該法律を成立させなかった場合にも命令の効力は失われる（五項）ので、これを実質的に国会による命令の無効化と考えることはできる。ただ、いずれにせよこの政令は時限立法である（六項）。

（2）上村貞美「議会による委任立法の統制」香川法学五巻二号二二七頁、九五―一〇四頁（一九八五）、八木保夫「イギリス議会による委任立法の事後的統制」議会政治研究二一号九三頁（一九九二）、木村弘之亮「イギリス議会における省令承認手続き」自治研究八四巻一一号三頁（二〇〇八）、田中祥貴「英国議会と委任立法」長野大学紀要三二巻一号二九頁（二〇一〇）など参照。

（3）上村・前掲注(1)論文九二―九四頁に簡単な紹介があるが、本文で後述する「修正留保」登場前のものである。なお、英独を比較しつつ論を進める有益な文献として、vgl. Armin von Bogdandy, Gubernative Rechtsetzung (2000), S.415-434.

（4）連邦参議院の地位についての最近の文献として、高田篤「ドイツ「連邦参議院」の展開についての一考察」佐藤幸治・平松毅・初宿正典・服部高宏編『現代社会における国家と法（阿部照哉先生喜寿）』四二七頁（二〇〇七）。周知のとおり、度重なる基本法改正により連邦参議院の同意を必要とする法律の割合が増えすぎたというのが、二〇〇六年の基本法大改正における最大の問題意識であったが、一方で命令制定への連邦参議院の関与を減らすべきだという主張は聞かれない。連邦参議院の本来のカウンターパートは、連邦議会ではなく連邦政府であるという意識があるのではなかろうか。基本法上他にも、連邦政府の法律案は議会への提出前にまず連邦参議院の意見を聴取するよう定められており（七六条二項）、また州が執行を行う連邦法律に関しては、連邦政府が対外的効力を有しない一般的行政規則を制定する際にも、連邦参議院の同意が必要とされている（八四条二項、八五条二項）。

（5）Johannes Schmidt, Die Beteiligung des Bundestags beim Erlaß von Rechtsverordnungen (2002), S.98-101; Fritz Ossenbühl, Rechtsverordnung, in: handbuch des Staatsrechts, Bd.V (3.Aufl. 2007), S.261, 290. 命令制定への議会の法的拘束力を有する関与の合憲性を結論として否定するClaus Pegatzky, Parlament und Verordnungsgeber (1999)も、一〇九条四項の存在が決定的な根拠とならないことは認めている。ただし、基本法上ある国家機関による他の国家機関の権限行使への拘束力をもった介入は、明文がなければ認められないという立場を補強する条文にはなるという（S.112-117）。逆に、同条からむしろ合憲性を補強する解釈を引き出すのはHans Heinrich Rupp, Rechtsverordnungsbefugnis des Deutschen Bundestages?, NVwZ 1993, S.756, 757.

（6）唯一といっていい例外がPegatzky, ebd である。同書は、前注で示した立場を基本法解釈方法論として導き、それをこの論点の決定的論拠としようとするので、出発点を共有しない他の文献とかみ合わない叙述が大半を占めることになっている。

（7）毛利透「法律による命令改正――ドイツの実例」法学論叢一七〇巻四・五・六号（二〇一二）所収。このテーマについての最も包括的な研究であり、個性的見解によってドイツ学界での議論の活性化にも大きく貢献した Arnd Uhle, Parlament und Rechtsverordnung (1999) は、一つ目の形態を「法律に基づく（auf Grund eines Gesetzes）議会の影響力行使」、二つ目を「法律による（durch Gesetz）議会の影響力行使」と名づけている。なかなかうまいネーミングであるが、財産権収用における同じ用語での区別を連想させること（もちろんそれがねらいなのだろうが）は、議会の影響力行使の対象がどちらの場合も一般的法規たる命令であることからすると、いささかミスリーディングであるように思われる。本稿では、さしたる工夫もなく本文のような用語法をとることにした。

なお、命令制定手続への議会の関与としては、命令案の議会への提出義務づけや議会での説明義務づけもあるところであるが（ebd., S.104-108）、このような内容的拘束力をともなわない形態の許容性については異論のないところであり、本論の検討対象とはしていない。

二　授権法律に基づく議会権限留保の諸形態

(一)　同意留保・廃止留保

法律が執行府に対して命令制定を授権するとき、命令発効のためには議会の同意決議を必要とするという条件（同意留保、この条件を満たして成立した命令を同意命令（Zustimmungsverordnung）と呼ぶことが多かった[8]）、あるいは命令制定後議会が廃止決議をなす（あるいは同意を拒否する）場合にはその命令の廃止を義務づけるという条件（廃止留保）をつける例は、ドイツでは古くから見られる。連邦レベルでも帝政期から多くの立法例があったが、特にワイマール期には事例が増加した。この時代には白紙委任的な条文で広範な委任がなされたことが知られているが、その多くにおいて、議会権限の留保、特に廃止留保がつけられていた。これは、ワイマール憲法四八条三項が、大統領の緊急事態権限について議会の失効要求権を認めているのと同様の仕組みを、それ以外の状況における命令について、法律によって導入するものといえた。さらに、ワイマール期には議会の委員会にそのような権限を留保する立法例が見られるようになった[9]。

基本法下でも、このような立法例は持続した。ただし、ワイマール期とは異なり、連邦議会の委員会に命令制定に関して独自の権限を与えることはなくなった。これは、連邦憲法裁判所の初期のある判決が、占領期の法律の読み替え（基本法一二九条一項参照）の際に、命令への経済評議会の委員会の同意留保条項を連邦議会の委員会の同意留保と読み替えることを認めず、「立法機関の委員会は、基本法秩序においては、もはや自立的に法定立に関与する権限を有していない。」と述べたことが[10]、その後の立法にあたって考慮されたものである。ただし、州レベルでは、委員会への留保事例も見られる[11]。

このテーマについての詳細な研究を公表したアルント・ウーレによれば、基本法下での最初の議会の同意留保を伴う授権法律は、一九五一年の関税率法（Zolltarifgesetz）四条で、「連邦政府は、連邦参議院に二週間以内に立場を表明する機会が与えられた後、連邦議会の同意を得て、法規命令により、一、経済的理由により、関税率を引き下げ、あるいは廃止する、二、……（以下列挙事項が並ぶ）ことができる。」というものであった。連邦議会は、当時の不安定な経済状況への対処のため、政府に対して広範な権限を与えざるを得ないと判断しつつ、そこから生じる議会の影響力低下を防ぐため、命令発効に自らの同意を求めることにしたのである。これに対し、連邦司法大臣は命令制定への議会の同意留保は違憲であるとの見解を示したが、議会はその異議を入れずに法律を成立させた。その後も同様の議会権限留保を有する授権法律が多く制定されていった[12]。

現行法でよく言及される例としては、所得税法（Einkommensteuergesetz）五一条二項、三項がある。二項は連邦政府に対し、「大きな物価上昇を伴った、あるいはそれを予期させるような、経済全体の均衡阻害が生じた場合、あるいはその見通しがはっきりした場合、特に、投資財や建築業への国内需要が供給を大きく上回る場合」に、控除などの特別扱いを認める命令の制定を授権するが、その際、次のように定めている。「この授権に基づく法規命令には、連邦議会と連邦参議院の同意が必要である。連邦政府からの提出を受けてから連邦参議院が三週間以内に、連邦議会が四週間以内に同意を拒まない場合には、同意は与えられたものとされる」。三項は、同様の場合に一年以内の期間、税率を一〇パーセントまで引き上げること、および逆に需要が大きく落ち込み不況になったときには、やはり一年以内の期間一〇パーセントまで税率を引き下げることを命令で定められると授権するが、その命令にも連邦参議院と連邦議会双方の同意が求められる。ただし、こちらの場合には、二項のようなみなし規定はなく、積極的な同意決議がなければ命令を制定することはできない[13]。

一旦発効した命令に対する廃止留保の立法例も多く見られる[14]。現行法では例えば、輸出入法（Außenwirtschafts-gesetz）二七条二項は以下のように定めている。「（この法律の規定に基づく──引用者注）法規命令は、その公布後遅滞なく連邦議会に、および連邦参議院にも、伝えられる。……連邦議会が公布後四月以内にその廃止を要求する限りにおいて、法規命令は遅滞なく廃止されなければならない」。あるいは、エネルギー確保法（Energiesicherungsgesetz）三条四項は、同法が連邦政府にエネルギー供給の危機がなくなったとき、エネルギー源確保が困難に陥ったときに価格統制などを定める命令制定を授権していることに関して、「連邦議会と連邦参議院が要求するときには」その命令を廃止するかその適用を停止しなければならないと定める。廃止要求に期限を設けていないこと、両機関の一致した要求があった場合にのみ廃止を義務づけていることが特徴といえる[15]。

(三) 修正留保

同意留保と廃止留保は、基本法以前からドイツで知られていた立法技術であり、また後述するように連邦憲法裁判所のお墨付きもあったため、それほど大きな反対を呼んだわけではなかった。これに対し、議会の命令制定への関与の問題性への注目を高めたのが、一九八五年の商法改正で新たに導入された、執行府から提示された命令案を議会が修正できるという仕組み（修正留保）であった。それまでは、議会は執行府の命令（案）に対し一括して同意したり反対したりできるだけであったが、修正留保により、条文そのものを変更しつつ、それを執行府の命令として公布させることが可能となったのである。これにより、命令内容への議会の関与はより深まることとなるのだが、本来の命令制定者でない議会がそのような権限を行使することまで憲法上認められるのかが、より疑問視されることにもなる。

問題となったのは、コンツェルン決算書やコンツェルン状況報告書の作成免除に関する法規命令授権規定である商法(Handelsgesetzbuch)二九二条四項であり、現行法では以下のように規定している（一九八五年改正法と実質的に同じである）。「法規命令は公布前に連邦議会に提出される。それは、連邦議会の決議により修正され、または否決されうる。連邦議会の決議は、連邦司法省に伝えられる。連邦司法省は、法規命令の公布にあたり、この決議に拘束される。連邦議会が、法規命令を受け取った後三週間の会期が経過してもこれについて審議しない場合には、修正されない法規命令が連邦司法省に公布のため伝えられる。連邦議会は、一会派を結成するのに必要な人数と同数の連邦議会構成員の動議に基づき、法規命令を審議する」。この案の審議にあたった法務委員会の報告書は、議会による命令案修正という新たな手法を「同意命令の下位事例」であると位置づけており、新たな憲法問題が発生するとは考えていなかったようである(16)。

その後この修正留保は、特に経済法や環境法において広く用いられるようになった。現行法では例えば、一九九〇年制定の環境責任法（Umwelthaftungsgesetz）二〇条二項が、同条一項で授権された命令につき次のように定めている。「法規命令は、連邦参議院に提出される前に連邦議会に提出される。それは、連邦議会の決議により修正され、あるいは否決されうる。連邦議会の決議は、連邦政府に伝えられる」。そして、議会審議の期限や審議を求める動議を提出できる人数の制限については、商法二九二条四項と同じ規定をおいている。執行府が議会決議に拘束される旨の明文はないが、それは当然のことだと解されていた。(17) 一九九四年制定の循環経済・廃棄物法（Kreislaufwirtschafts- und Abfallgesetz）五九条も同様の規定であるが、動議提出の人数制限についての規定を欠く。また、連邦イミッシオン防止法（Bundes-Immissionsschutzgesetz）四八b条もこれと同様の規定であるが、これは、同法にあった同意留保条項を二〇〇二年に改正して入れられたものである。この改正を提案した環境委員会の報告書からは、その趣旨が連邦議会の権限強化にあることが明確に読み取れる。(18) このように、近年の立法では、議会は命令内容を直接形成できる修正留保をより好むという傾向が見られる。「修正留保の合憲性問題が、次第に主要な関心事となってきている。なぜなら、連邦立法者が基本法八〇条一項の命令授権を、この最も介入度の強い関与形態で制約することが増えているからである。その政治的関心のありかは明らかである。立法者は、政治的に重要で繊細な法律具体化の問題において、委任された法定立に対し強化された議会統制を行使し、この領域での（実際の、あるいは憶測上の）制御力の欠如を補償したいのである(19)」。

（8）　同意命令とは、基本法下では同意法律が連邦参議院の同意を必要とする法律を意味することからして、紛らわしいネーミングであるが、使用されていた。廃止留保もそれを行使しないことが黙示の同意を与えるものといえるから、同意命令という術語は、議会の関与を経て成立した命令を全般に指すこともあった。しかし、後述のとおり議会の権限が単に同意あるいは拒否というだけでなく、命令案修正にも拡大され、しかもそれが議論の焦点となるにつれ、「同意留保」「修正留保」といった法律上の仕組みを叙述する用語の方が広く用いられるようになっている。修正された命令を「同意命令」という概念に含めることは困難であり、かといって「修正命令」という用語はさすがにおかしいと感じられるからであろう。

（9）帝政期およびワイマール期の叙述については、具体的条文の例示とともに、vgl. Uhle（Anm.7）, S.33-63.

（10）BVerfGE 4, 193, 202f.

（11）Ossenbühl（Anm.5）, S.292. もちろん、理論的な検討は行われている。Vgl. Uhle（Anm.7）, S.511-524; Thomas von Danwitz, Die Gestaltungsfreiheit des Verordnungsgebers（1989）, 116-122; Wito Schwanengel, Einwirkungen der Landesparlamente auf die Normsetzung der Exekutive（2002）, S.115-133. ただし、連邦レベルでの実例がないため、主要な争点を形成しているわけではない。

（12）Uhle（Anm.7）, S.111f.

（13）その他の例として、環境適合性審査法（Umweltverträglichkeitsprüfungsgesetz）三条一項（提出後三週間の会期内に同意を拒まない場合には、連邦議会は同意したものとされる）、水資源法（Wasserhaushaltsgesetz）四八条一項（同内容のみなし規定をもつ）など。

（14）Uhle（Anm.7）, S.138-143.

（15）その他の例として、食糧配慮法（Ernährungsvorsorgegesetz）三条五項（連邦議会と連邦参議院の要求により、命令の適用停止を義務づける）など。

（16）BT-Drucks. 10/4268, S.113. Vgl. Uhle（Anm.7）, S.130.

（17）Vgl. Rainer Lippold, Erlaß von Verordnungen durch das Parlament und Wahrnehmung des Parlamentsvorbehalts durch Schweigen?, ZRP 1991, S.254, 255. 実は連邦政府からこの法案の送付を受けた連邦参議院は、議会権限留保条項への憲法上の疑義を示している。そこでは、命令は連邦政府と連邦参議院の協力で制定されるというのが基本法の原則的立場であり、「立法と執行それぞれの責任領域の明確な分離」を確保するため、および八〇条一項の定める授権規範の特定性要求の引き下げが正当化されないために、連邦議会の関与は例外的な場合に限られるべきだとされている。そして、議会権限留保はそれのない委任に比べて立法権限の委譲が少ない「マイナス」に過ぎないという、後述する連邦憲法裁判所の根拠づけにも、法律制定には連邦参議院の関与が保障されているが、授権の際の議会権限留保にはそれがないと反論している。しかし、修正留保という新たな手法の問題性に着目する記述はない。BR-Drucks. 127/90（Beschluß）, S.21-23. いずれにせよ、立法当事者がこの修正留保に法的拘束力を認めていたのは明らかである。

（18）BT-Drucks. 14/8895, S.5f.

（19）Michael Nierhaus, Art.80 Abs.1, in: BK-GG（86.Lfg. 1998）, Rn.189. Vgl. Uhle（Anm.7）, S.130-136.

三　同意留保についての連邦憲法裁判所判決

ある法律の同意留保につき、連邦憲法裁判所（以下、憲法裁と略すことがある）は一九五八年に合憲判決を示していた。[20] 問題となったのは、主に価格統制を定める占領期の法律「価格法」（Preisgesetz）の授権規定であり、その委任を受けて制定された命令に違反したとされた者が、命令および授権法律の有効性を争ったのである。多くの争点があったが、ここでは同意留保の合憲性問題に焦点を絞る。この法律は、重大な価格変動を定める命令には経済評議会の同意を必要としていた。この同意主体は、基本法施行後は連邦議会と読み替えられる。しかし、基本法上規定のない、命令制定に連邦議会の同意を必要とするという仕組みは合憲なのか。憲法裁はまず、「国家の実務が、以前からの例と結びつきつつ、『同意命令』の許容性を肯定してきた。」と述べ、基本法施行の前後を通じ一貫して同意留保を有する法律が制定されてきたことを指摘する。そして、基本法解釈としても次のように述べる。「『同意命令』制定の授権は、確かに、執行府と立法府の責任の明確な区別には寄与しない。しかし、それは執行府への法定立の完全な委任と比べれば、マイナスである。いずれにせよ（jedenfalls）、それは、立法府に次のような正当な利益（ein legitimes Interesse）が承認される対象領域においては、基本法と一致する。それは、確かに一方で執行府に法定立を委任するが、他方で――定められるべき規定の重要性からして――、命令の制定とその内容への決定的な影響力を確保しておくということについての正当な利益である」。そして、問題となった価格法の授権規定について、この「正当な利益」を認めた。また、このように命令制定に立法府と執行府が関与する手続が、権力分立原理に違反するわけでもないと付け加えている。

憲法裁はさらに、この同意命令の法的位置づけについていくつかの判示を行っている。まず、「『同意命令』は、立法府の参加によっても法規命令としての性格を失わない」。したがって、その有効性については一般の裁判所が確定的に判断できる。また、命令制定に議会の同意を必要とするとしても、基本法八〇条一項の授権規定への特定性要求は妥当する。「もし授権規定がこの基本法の定めから解放されるとすると、法規命令と法律両形式の間に位置する法定立形式が可能となってしまう」。連邦議会の同意決議は、連邦参議院の関与がないなど法律制定よりも簡単に得られるから、それで基本法の命令制定への要求を棚上げにすることはできない。「基本法は、ここで問題となっている領域において、法律と法規命令という形式での法定立しか知らず、他の法定立形式を許容しない」。法規命令である以上、どのような手続を経るものであれ八〇条の要求は妥当するのである。

このように、連邦憲法裁判所は同意留保の合憲性を、主に、その実務における伝統と、完全な委任に比べれば立法府の権限委譲の程度が低いという評価に求めているといってよい。ただし、憲法裁が同意留保の場合についても授権規定に求められる特定性要求の引き下げを認めなかったことは、注目される。八〇条一項の委任の限界規定は、広範な授権法律がワイマール民主政の崩壊を招いたという反省の下につくられた、基本法を特徴づける重要規定の一つであり、まだ一九五八年の憲法裁がその意義を相対化するわけにはいかなかったのはよくわかる。しかし実際には、複雑化する社会状況の中で立法者にとって前もって明確な方針を示した授権を行うことが困難であるからこそ、命令案を提示させてからその是非について判断するという、その意味で事後的な統制手段の意義が増しているのである。憲法裁の立場は、授権の特定性要求を貫くことで法律中の実体的規定が骨抜きになる危険を防止したといえる一方で、議会権限留保の積極的意義を論じることを困難にしている。昔からなされてきたから、あるいは留保のない委任に比べれば「マイナス」だから合憲だという論旨は、この脈絡をよく表している。

この立場からの帰結として、判決の論理では同意留保規定に「正当な利益」が求められる理由がはっきりしない。この「正当な利益」は、今日において委任命令の内容に対し議会が影響力を確保することの重要性を前提にしているはずであるが、そのことが判決中で説明されないのである。「マイナス」だから合憲なのであれば、このような条件は不要なはずである。[21] 読みようによっては、憲法裁は単に「マイナス」だから合憲としたのではなく、同意留保の積極的意義を合憲の理由づけにしているとも考えられるのだが、「正当な利益」の必要性を論じる際に「いずれにせよ」というあいまいな言辞を用いていることもあり、結局全体としての論理が不明確になっているといわざるをえない。

(20) BVerfGE 8, 274, 319-323.

(21) Uhle (Anm.7), S.322; Stefan Studenroth, Einflußnahme des Bundestages auf Erlaß, Inhalt und Bestand von Rechtsverordnungen, DÖV 1995, S.525, 530.

四　議会権限留保の合憲性についての学説状況

(一)　同意留保・廃止留保は合憲だが、修正留保は違憲だとする説（通説）

この連邦憲法裁判所判決に規定されるかたちで、少なくとも近年までは、同意留保と廃止留保については合憲性を肯定する見解が圧倒的であった。完全な委任に比べれば「マイナス」だから許されるという憲法裁の判示は、廃止留保にはより一層妥当すると考えられる。一九八〇年段階で、クラウス・シュテルンは次のように述べている。「立法機関の関与権限は、今日では判例においても学説においても一般的に承認されている。なぜなら、執行府はやはりその限りで立法府から委任された権限を行使しているからである」[22]。また、このように考えるなら、議会権限留保の合憲性要件として「正当な利益」を求める必要もない。やはり修正留保登場前にクラウス・グルップは、「関与留保によって制限された授権は、権力分立図式の破れを緩和することを意味し、むしろ原則的な機能分配にずっと適合している」のだから、常に合憲であると主張していた[23]。実務上も、各種の議会権限留保は特に「正当な利益」の有無を真剣に問われることなく採用されていたといえよう。

しかし、修正留保が使用され始めると、その合憲性につき多くの学説は同意留保・廃止留保の場合とは態度を変え、否定的に判断するようになった。修正留保は完全な授権の場合と比べて単なる「マイナス」とはいえないというのである[24]。同意留保についての憲法裁判決が既に、立法府と執行府の責任区分の不明確化への懸念を示していたが、修正留保においてはそれが許容範囲を超えるものとなる。同意留保・廃止留保の場合、命令の内容形成は執行府の判断に委ねられているが、議会が決議によって命令内容を変えられるとなると、実質上執行府には提案権しかないということになる。「連邦議会が命令制定者として、あるいはその代わりに行為する」という事態は、基本法八〇条一項が命令制定を委任する相手方として執行権に属する三者を列挙した趣旨に反する。実質的に議会が制定者となる命令は、基本法が予定しない「別種（aliud）」の法形式を生み出すことになる、とされる。このような法規範は、「法治国原理から導かれるべき、責任の明確性とその帰責可能性要請」を侵害するものでもあり、許容できない。執行府が制定者となる命令は、国民に対してその内容につき執行府が責任をとれるものでないといけないはずである。国民に対し「誤った旗」を示すことになる修正留保は、この要請を侵害する。

また、連邦憲法裁判所は、一九六七年のある判決で「法規命令、すなわち法律より下位ランクの規範の制定は、執行府の任務および権限分野に属する。立法者によって制定される規範は法律である。立法者が命令を制定することは禁じられている。立法者は、その憲法上の任務以外の活動をすることはできない。」と述べ[25]、法律と法規命令のランクを明確に区分しており、中間形態の法形式を認めない姿勢をより明確化している。修正留保は実質的に「立法者が命令を制定する」もの、つまり制定者自体を動かすものであり、この憲法裁の立場からしても、委任の程度を低める単なる「マイナス」とはいえず、認められないはずである。

さらに、議会が命令内容を修正できるとなると、議会はそれを法律の代わりに用いることができることになる。執行府の命令内容が気に入らない場合、修正留保がなければそれを覆す法律を制定する必要がある。法律制定には基本法の定める手続をふまなければならず、議会の決議だけで成立させられるわけではない。これに対し、修正留保は単なる議会決議で成立するのであり、連邦参議院や連邦大統領といった、立法手続にはかかわってくる他機関の関与を除外あるいはより限定することができる。(26)このような手法は、基本法の立法手続規定を骨抜きにするものであり、認められない。議会は、政府の命令内容の一部に同意できないのであれば、それを覆す内容をきちんと法律として制定すべきであるとされる。また、議会が法律であえて詳細な定めをせずに授権規定を置き、後から修正留保を使って自己の意思を実現しようとすることも考えられる。このような脱法行為を可能にする手法を許すべきではない。

(二)　執行府が制定を義務づけられるか否かで区分する説

このように、修正留保違憲説は、実質的な命令制定権が議会に移ってしまうことを最大の問題としていた。しかし、修正留保なら常にそうなるというわけでもないという説もある。カール-ペーター・ゾマーマンは、修正留保条項も、執行府にその修正を入れた命令制定を義務づけるものと、それなら制定しないという選択肢を執行府に認めるものとに区別できるとし、後者であれば合憲といいうるとする。この場合には、最終的には執行府がその内容に責任を負えると判断したといいうるからである。(27)

この立場を徹底し、執行府が制定を義務づけられないことを議会権限留保の合憲性のほぼ唯一のメルクマールとするのが、ウーレである。ウーレは、通説が同意留保・廃止留保と修正留保に異なった憲法上の評価を与えていることには根拠がないと批判する。通説は、前者は完全な委任と比べて「マイナス」であるが後者はそうではない、というのだが、ウーレによればそのような区別はできない。もし議会同意が立法活動の一環だとすると、同意命令は執行府と議会が共に参加する新種の法定立形式と言わざるをえなくなるが、これは連邦憲法裁判所の否定するところである。他方憲法裁の言うように同意命令も命令であるのだとすれば、案への議会同意は立法手続の一環ではなく、命令発効のための要件だということになる。だとすると、ここでは命令制定手続が加重されているのであって、より少ない委任がなされているわけではない。そして、この命令制定手続の加重によって、議会には命令制定への関与という基本法上規定のない権限と責任が与えられることになる。これを単なる「マイナス」と評価することはできない。逆に、このように議会に新たな権限を与える同意留保を「マイナス」といえるのであれば、執行府に命令提案権と公布権さえあれば議会にどんな権限を与えても「マイナス」といえてしまうはずである。つまり、同意留保・廃止留保と修正留保には憲法上の評価において差異は存在しない。

また、憲法裁が要求していると思われる「正当な利益」要件についても、上述のとおり同意留保の「マイナス」との位置づけと整合しないことに加えて、法律の留保の範囲についての本質性理論が定着した時点では、次のような問題がある。つまり、「本質的」なことは法律で決めなければならないとすると、委任される内容は本質的ではない事項のはずである。その中で議会が「決定的な影響力を確保しておく」必要のある事項とそうでない事項をさらに区別することは、困難である。(28)

その上でウーレは、命令制定への議会権限留保の合憲性は議会による執行府統制（コントロール）権で根拠づけるべきだと主張する。立法府は執行権コントロールの多様な形態を構築する広い権限を有する。ただし、統制権の行使は統制する側とされる側の区別を確保しつつ行われる、つまり統制される側の自己の権限行使についての最終的決定権が保持される、という限界内で行われなければならない。そうでなければ、それは統制ではなく権限剥奪になってしまうからである。しかしウーレは、議会による同意や修正が執行府を拘束するとしても、執行府が議会の望む文面での制定を拒否することができるなら、この限界は守られていると考える。「統制される機関が対外的関係での最終的決定の余地を奪われないのであれば、執行府の職務遂行に、最終的決定よりも前の段階で拘束的に影響力を行使することも、議会による統制の領域に含まれる」。つまり、議会権限留保の合憲性は、その形態ではなく、執行府が議会の望む命令制定を拒否することができるか否か、つまり授権法律が執行府に命令制定を義務づけているか否かによって判断されるべきだということになる。このことは同意留保や廃止留保についても当てはまる。制定が強制される以上、執行府は議会に同意してもらえる内容の命令を提案し、公布せざるをえないからである(29)。

ウーレは、憲法裁判決以来通説を形成してきた「同意留保は完全な委任に比べてマイナスだ。」という命題を否定し、議会権限留保の合憲性をより積極的に議会の執行府統制権で根拠づけ、同時にその論拠により制度が合憲となる要件まで明示したことにより、注目を集めた。ただし、ゾマーマンやウーレのように、議会権限留保の合憲性を命令制定が執行府に義務づけられているか否かで区別する学説に対しては、執行府が命令制定自体を断念しなければ、議会によって修正された内容にも責任を負うと判断したと考えるのは擬制的であるという、当然予想される批判がなされている。また、命令制定が法律で義務づけられているか否かは、実は条文だけからではっきり分からないとの指摘もある。授権規定の解釈はその条文だけからではなく、法律全体を視野に入れてなされるべきものであり、例えば明示的に制定が義務づけられていなくても、法律執行に必要な場合にいわば「裁量権のゼロへの収縮」が認められることもありうる。したがって、この基準は法律や命令の合憲性を依拠させるには不明確にすぎる、とされる(30)。

確かに、このような批判にもうなずけるところがある。しかし、ウーレの示した合憲性要件は、通説が依拠してきた「マイナス」論を崩した上で、それでも議会権限留保を合憲というために持ち出されたものであったことには注意を要する。ウーレの功績は、命令制定における議会権限留保において、議会のなす同意や修正といった決議の法的意味を真剣に問うたところにあるといえよう。また、ウーレが合憲性の根拠を議会の執行府統制権に求めたことは、冒頭での大石の位置づけと呼応するものであり興味深いが、このことは同時に、議会権限留保には常に、それが議会による政府統制の範囲内に収まっているといえるのかという問題が伴っていることをも示唆している。

(三)　オッセンビュールの全面合憲説

このような状況の中、修正留保まで含めた全面合憲説を唱えるのがフリッツ・オッセンビュールである。オッセンビュールの学説は、実務を丸ごと正当化するものではあるが、しかしその内容は実は最も過激な主張を含むといってもよい。オッセンビュールは言う。「現行憲法によれば、政府は議会が認める限りでのみ命令制定権を有する。議会がこの命令制定権許容に制限を付すことを妨げるべき理由は見出せない。連邦憲法裁判所は連邦議会の関与留保に『正当な利益』を求めている。そのような『正当な利益』は、具体的事例において簡単に見出せるだろう(31)」。これは、ウーレが可能だといっていた、あらゆる議会権限留保を「マイナス」と見る思考法であるといえよう。

ただし、オッセンビュールの学説はこれにとどまらない。彼は、同意命令を通常の命令と同じランクに置いた憲法裁の判示には反対する。彼は、「連邦議会の同意によって、法規命令には更なる民主的正統性が帰属することになる。」とした上で、それを「第三の法定立形式」として正面から承認すべきであると主張するのである。「生じてきた規律の必要が、形式的法律（だけ）によっても、法規命令（だけ）によっても、事態適合的に（sachgerecht）満たされえない」からこそ、そのような新たな法形式が必要とされているのである。憲法裁のいう「正当な利益」とはこのような事態への対処の必要と解されるべきものである。「同意命令という手法は、一般に、次のような場合に適切であると思われる。つまり、事態適合的な規律をなそうとすると、授権立法者が基本法八〇条一項二文の特定性要求を十分考慮することができず、それゆえ重要な決定を命令制定者に委ねざるを得ないような場合である」。「そのような場合には、実際のところ、授権法律の特定性の欠如を議会本会議の同意留保によって補償することができる」。彼は、この、基本法の授権法律への特定性要求を命令への議会権限留保に置き換えることができるという主張（以下「補償テーゼ」と呼ぶ）を、次のように根拠づけている。「これは、特定性要求によって追求されている憲法上の保護目的とまったくもって整合的でもある。なぜなら、その保護目的は、議会がその立法権を白紙委任的に執行府に委譲することを防ぐことに向けられているのだから。これは民主主義の要請であって、授権根拠の特定性によってだけではなく、議会本会議の同意留保によってもかなえることができる」(32)。

近年の環境法に多い修正留保は、例えば環境基準を法律で定めることは困難であるが、しかしその具体的数値は執行府に完全に任せてしまうには重要すぎるというような状況に対応した手法である。このように、議会が影響力を行使したい部分にだけ行使できるという柔軟な手法が、環境法の規律対象の特徴に適合的なのである。オッセンビュールは、戦後ドイツは白紙委任への反省から、法律と基本法八〇条に従う法規命令という法形式二元論を堅持し、そこからの逸脱を「タブー視」してきたが、しかしこの立場はもはや現実の必要性に対応しておらず、基本法に明示のない混合的法形式も実質的に正統化できる限りで柔軟に認めるべきであるというのである(33)。

このように、オッセンビュールは実務を是認するだけではなく、議会権限留保つきの命令を基本法八〇条の定める法規命令とは別の法形式と解した上で、それを正面から認めようというところにまで論を進めた。上述のように、ウーレは本質性理論において委任できるのは本質的ではない事項に限られるのだから、もはや「正当な利益」論は維持できないと指摘していた。オッセンビュールは、補償テーゼによってこの点を突破し、まさに本質的事項を法律で決めることを要求せず、議会権限留保つき命令という新たな法定立形式を使用することの必要性こそ、ここでいう「正当な利益」と考えるべきだと主張する。オッセンビュールは、この用語の使用法が、同意留保にも八〇条一項の要件の遵守を求めた憲法裁のそれとは異なることをもちろん自覚している。彼は、自覚的に「タブー」を破ろうとするのである。

そのような説だけあって、彼のいう補償テーゼは多くの学説から集中砲火的な批判を受けている。そもそもこのような主張が基本法の明文と整合的でないのは当然であるが[34]、この点はオッセンビュールも認めるところである。補償テーゼが憲法解釈として支持できない理由としては、以下のようなことが挙げられている。上述のとおり、議会決議は法律制定よりも手続要件が簡略化されているから、法律の不備を決議で補償することはできない。近年の修正留保のように、議会の不作為によっても命令制定が可能となるような留保形式なら、なおさらである。また、授権規定の特定性は、規律内容をできるだけ法律で定めて市民の予見可能性を確保する機能を有するが、この機能は命令制定への議会権限留保では代替できない。さらに、もし現代社会において重要な事項をどのように規律すべきかの判断が難しいのであれば、なおのこと、その結論はやはりきちんと立法手続を経た法律で示すべきである。自らは詳しく立法する能力のない事項について、執行府の命令案を見た後でなら実効的に統制できると考えることにも、根拠がない。補償テーゼは、「関与留保によって隠された立法者の責任からの逃避」を正当化するものである[35]。

これらの批判は、基本法解釈としては説得的である。基本法が法律の授権規定に特定性を求めている以上、それを法律以外の手段でかいくぐろうとしても無理が生じるのは当然である。しかし、多くの論者が無理をする必要を感じていないのは、現状における多くの授権規定に憲法上の問題はないと考えるからであろう。オッセンビュールは、この点に疑問をもつからこそ無理を承知の主張をなすのであり、彼の説はむしろ現実の法状態に対するより高い危機意識の現われなのである。環境基準の決定をあげて命令に委任する法律規定が、特定性要請を満たしているといえるのだろうか。率直に言えば満たしていないと言うしかないのだとしたら、その正当化は議会権限留保に求めるしかないのではないか[36]。だとしたら、むしろ第三の法形式を正面から認めるべきではないか。彼の破りたい「タブー」とは、むしろ多くの授権規定において基本法が求める特定性要請が遵守されているという理解——通説から授権規定を合憲というためには、そう強弁せざるを得ない――なのであろう。

オッセンビュールの説は今日における命令制定への議会関与の必要性を積極的に正当化するものであり、共感できる部分も少なくない。とはいえ、授権規定への特定性要求の放棄を正面から認めることの弊害もやはり無視できない。法治主義の観点から、法律の意義を相対化することには特に慎重でなければならない。法律を読んだだけでは国家による規制内容が大体のところも読み取れない、という事態を正当化することは、やはり困難であろう。また、授権内容の特定性が欠けていても議会権限留保のついた命令は第三の法形式として正当化できるというためには、その留保により民主的正統性が十分付与されることが必要であるが、現状の議会権限留保の多くの形態がそのようなものといえないのではないかということは、上の批判でも紹介した。

ただし、オッセンビュールの問題関心自体の重要性は否定できないだろう。現実に不明確な授権規定が多く存在する以上、その合憲性は別として、それに基づく命令にできるだけ民主的なチェックをかけようと志向することは、憲法上正当化できるのではないか。もちろんその際、第三の法形式を正面から認めないのであれば、執行府の命令制定権との兼ね合いは問題となるであろうが。

この点にも留意した、より抑制の効いた全面合憲説として、アルミン・フォン・ボグダンディの主張がある。彼は、今日の社会における議会の立法能力の限界からして、政府が主導的役割を担う命令制定への議会関与という「中間的形態」の意義を積極的に認めるべきだという志向では、オッセンビュールと類似しているが、基本法八〇条一項の要請を破ってよいという補償テーゼの導入にまでは踏み込まない。フォン・ボグダンディは、議院内閣制においては憲法上も議会と政府の権限行使における密接な協働が予定されており、両者は「責任共同体」を形成しているといえるのであって、その関係形成に厳格な限定を設ける必要はないという。また、議会権限留保を経た規範も命令とされるのであれば、対外的な責任の不明確化は生じないとする。[37] つまり、対外的責任を執行府が負うとしても、議院内閣制においてはそのことから対議会関係での執行府の権限保持の要請を導く必要はなく、議会のコントロール権限行使の手法も広く試されてよいというわけである。これは、議院内閣制において議会権限留保を広く認めるには、一番説得的な論理の筋のように思われる。ただし、確かに議院内閣制において議会と政府の権限は相互に密接に影響しあって行使されるものであるとしても、逆にだからこそ憲法上それぞれに認められている権限が侵食される危険は大きいともいえる。憲法が命令制定権を他ならぬ執行府に与えたことに意味を認めるのであれば、やはり議会の拘束的な介入権限には一定の限定を課すべきだということになるのではないか。

㈣　メラースの全面違憲説

こうして、授権法律に基づく議会権限の留保については、少なくともその一部は合憲とする説がほぼすべてといってよい状況であった。そこに全面違憲説をぶつけたのが、クリストフ・メラースである。それは彼の教授資格論文である浩瀚な権力分立論の一部であり、当然、その権力分立論体系を前提にした主張であるので、簡単に紹介するのは難しい。だが、メラースはこの問題を立法権と執行権の関係の中で割合重視して扱っており、その叙述は興味を引く。また、このテーマについての彼の態度を見ることは、彼の権力分立論体系の特徴を知るためにも役立つように思われる。

メラースは、国家権力の正統性を自己決定から説き起こす。その際、個人的自己決定と民主的自己決定とが区別される。個人的自己決定から個人の権利保護の要請が引き出され、これは主に司法権によって担われる。司法権による法定立は、個人の自己決定を確保するために、それに適した手続でなされなければならない。このために、手続が厳格に法化された裁判所が設けられる。これに対し、民主的自己決定からは、民主的手続による法定立が求められるが、その手続のもつべき民主的正統性としては、権力の責任性、扱われるべき事項の一般性、参加者の平等性が挙げられる。そして、立法権がこの正統性を担い、法を定立する。[38] 国においては議会が立法権を有するのが通例であるが、立法手続はできるだけ法的規制からは自由に委ねられ、最終的には多数決での政治的判断がなされることが求められる。ただし、その正統性根拠からして、立法権の権限行使は個人的自己決定を直接侵害するものであってはならない。具体的には、遡及効をもって具体的個人の権利義務を確定することは許されない。立法権は、理念としては集団の自己決定として「一般化、未来志向性、開放性」を志向するものである。[39]

　では、執行権はどのように位置づけられるのか。メラースは、執行権は固有の正統性様式に対応しておらず、だからこそその定義づけが人々の頭を悩ませてきたのだという。そして、この点が彼の理論の一つの特徴であるが、彼はそれを立法権と司法権を媒介する権力だと位置づける。執行権は、「個別化された法生成機能と一般化された法生成機能を同時に認識し、互いに結びつける」。そのために、「ヒエラルヒー的組織構造」が必要になる。「ヒエラルヒーの垂直構造は、執行権による法生成の、上から下へと進行する具体化と法化を保障する」。注意すべきは、この媒介過程における具体化は、各階層を経る形で徐々に行われるべきものだということである。ヒエラルヒーの各階層は、この媒介過程でそれぞれ固有の役割を担っており、それに適した組織構造を有している。その頂点には民主的に選ばれた政府が存在し、「一般性の程度の高い、機能的には立法に近い未来志向的な法を準備する」。下位階層になるほど、その機能は司法に近づき、決定の一般性は減少し、法的拘束性は増す。これに対し、例えば「個別事例を政府のトップが決定することは、一般的・民主的に責任を負うレベルが個別化された決定を行うということであり、機能的に要請される、段階を追った具体化をまさに飛び越えてしまうものである」[40]。メラースはこのように、執行権を立法権と司法権とを結びつけ、法の具体化を段階的に行う権力と位置づけるのである。

　では、このような図式において、命令制定への議会権限留保はどのように評価されるべきか。彼は、この留保によって議会の統制権が強まるという見方に反対する。「議会の決定が立法権の民主的で熟議を経た質に貢献できるのは、決定手続が憲法で定められた代表形態に対応しているときのみである」。それを超える議会統制を、法的拘束力をもつかたちで及ぼすことは、憲法上求められていない。「逆に、こういう場合には、政治的意思形成が法律の議決で終わっていないことになる。これは疑念を呼ぶ。なぜなら、それにより、立法権によってなされえたはずの決定が、個別事例の留保（Einzelfallvorbehalt）に従属させられ、個別事例がそれには不適合な、一般的効力を目指す代表手続の中で決定されることになるからである」。メラースは、立法権による一般的法生成は法律制定によって終了し、その後は執行権が段階的法具体化作業に入るという分立を確保する必要があることを強調する。「立法手続の終了後に法生成が再び政治化される」ことは、「執行権による組織的具体化能力を無視する」ことになり、権力分立を阻害するというのである。

メラースはこのように、議会権限留保の違憲性の根拠として立法権が個別事例に介入すべきでないということを挙げるのだが、しかし当然のことながら、ここでは文字通りの個別事例の議会決議での規律が問題になっているのではない。メラース自身、アメリカのI.N.S. v. Chadha, 462 U.S. 919（1983）（個別の外国人への強制退去停止措置を、連邦議会のどちらか一院の拒否権で取り消すことを認める法律を違憲とした事例）との比較でこの相違を認めている。メラースがこの文脈で「個別事例」と呼ぶのは、立法者が「一定の一般性の程度でなされた法律での決定」では意識的に決めなかった内容の決定が問題となる場面全般を指している。立法者が決めなかった以上、それは執行権による具体化に委ねられる段階に移るのであり、その段階の問題を再び議会に持ち出すことは、議会が「自らの一般的決定をアドホックに、予見していなかった個別事例に応じて相対化する」ことを意味することになる。こうして、同意留保も含むあらゆる議会権限留保の違憲性が主張されることになる。(41)

上記のとおり、メラースは立法権の限界づけとして個人の権利義務の直接的規律を挙げていたが、命令制定への議会権限留保という具体的な問題においては、「個別事例」という用語を「法律により執行権に決定が委ねられた問題」というような非常に広い意味で用い、議会権限の限定を導いていることが分かる。しかし、個別の行政処分ではなく一般的な命令規範の吟味であっても議会での手続に不適切な問題だというのは、簡単には納得しがたい主張である。ここで、執行権を立法権と司法権の媒介機能を果たすべき権力と位置づけたことが、法律ができた以上その具体化は執行権に任せるべきだという論拠として作用していることは確かである。しかし、なぜ執行権のトップレベルが命令制定に適した組織なのかが詳しく説明されるわけではない(42)。彼の論述の重点は、むしろ議会が命令制定段階を自らに「逆移送する」(43)ことは立法手続の正統性に適合しないという主張にある。だとするとメラースは、実際には、法律の一般性要件を独特の意味で非常に重視しているのだということになろう。民主的に正統化できるのは一般的法規範の定立であり、立法者が一般的に定められると判断するところまでの法規範にとどまる。政治的事情等の考慮事項からして法律中で一般性をもったかたちで定められる内容には限界があるが、まさにそれも立法者の決断なのであり、立法権の正統性はこの段階で尽きる。それ以上の特定性を有する法規範の定立は、立法権と司法権の媒介という機能を担う執行権に委ねられる。だから、命令制定段階で議会権限を発動し、再び議会レベルでの政治的判断を行おうとすることは、法規範のレベルに沿わない手続だということになる。法律の一般性要件を重視するということは、議会における政治的判断の正統性の及ぶ範囲を限定するということも意味するのである。

メラースの立場は、立法の委任の限界についての叙述を考慮するとより分かりやすくなる。彼は委任の限界を、むしろ何をどこまで決めるかについての立法者の判断権を制約する原理であると理解しており、政治的重要性というような観点から司法権が限界を定めて立法権に強制することには消極的な姿勢を示している。立法者が一般性をもったかたちではこれ以上決められないと判断したのなら、その政治的判断は原則として尊重されるべきだということになる。その上で彼は、委任の法的な限界は、個人の権利保護という法治国的要請からのみ引くことができる、としている(44)。彼は、立法者の何をどこまで一般的規範たる法律として定めるかについての判断権を尊重しつつ、同時にその正統性をこの判断権に限定しようとしているのだということになろう。

メラースはこうして、立法者に、法律制定の権限と責任を強く自覚させようとしている。問題は、文字どおりの個別事例でない一般的規範の制定であっても、議会が法律として確定することにそれほど強くこだわる必要があるのかどうかであろう。確かに、議会権限留保は法律制定後に再び問題を「逆移送」できることを認めることにより、法律制定段階での政治的責任を軽視することにつながる危険はある。しかし、これに対しては、法的にはやはり委任の限界論で対処すべきであろう。「法律としてはこの程度にしか詳しく規律しない」という立法者の判断が、一般的規範たる命令についてのその後の議会の政治的判断権をも遮断するほど強い意味をもつと解することには、強い根拠はないのではないか。一般的規範の内容が詳細化することと文字どおりの個別事例を扱うこととの間には質的相違があり、前者を改めて議会での政治的議論・採決の対象とすることが権力分立原理に反するとは、必ずしもいえないように思われる。メラースは、法律議決が「一般性を向いた政治的手続の終了」となり、その後は執行府による具体化作業に完全に移るべきだと主張する際、ニクラス・ルーマンを引用する[45]。確かにルーマンは、政治システムが法律を、それが法システムによってどのように適用されるか分からないままに制定することによってこそ、両システムの構造的結びつきがうまく機能すると考えている[46]。しかし、メラースの権力分立論はルーマンのシステム理論に依拠しているわけではないし[47]、この法社会学の理論的記述が、憲法解釈論において具体的帰結を導けるようなものなのかどうかも、疑問である。社会学的に言うなら、これまでのドイツの実務で、議会権限留保は特に政治システムや法システムの機能不全を招くことなく運用されてきたのではないか、という批判も可能であろう。

法律制定後にはその具体化は執行権に完全に任されるべきだという主張は、ウーレの議論枠組みにひきつけて言えば、議会権限留保はすべて執行権への統制の範囲を超えた、その権限剥奪だという主張だということになる。立法権の権限行使は法律によって完結すべきだとの立場からは、そう主張することになろう。そしてこの態度は、現実への柔軟な対応を求めるオッセンビュールとは対極に位置することになる。オッセンビュールに対し柔軟すぎるとの指摘をなしうるとしたら、メラースに対しては硬直的すぎるとの指摘をなしえよう。法律制定後の判断権行使を留保するという柔軟な立法方式が全面的に許されないという主張は、議会手続の正統性の及ぶ範囲を狭く解しすぎているのではないか。この点は、メラースの権力分立論全体の評価ともかかわる問題であるが、本稿での検討はこの程度にしておく。(48)

(22) Klaus Stern, Das Staatsrecht der Bundesrepublik Deutschland, Bd.II（1980）, S.664f. Vgl. Manfred Lepa, Verfassungsrechtliche Probleme der Rechtsetzung durch Rechtsverordnung, AöR 105（1080）, S.337, 348-350.

(23) Klaus Grupp, Zur Mitwirkung des Bundestages bei dem Erlaß von Rechtsverordnungen, DVBl. 1974, S. 180. Norbert Achterberg, Parlamentsrecht（1984）, S.440-442も「正当な利益」要件は不要とする。一方、Danwitz（Anm.11）, S.112-116は同意留保につき、それを簡単に法律と同視することはできないとしつつ、「授権する国家機関と同意する国家機関の同一性は存在している」ことは確かであるとし、また責任不明確化の懸念を指摘しつつも、「正当な利益」がある場合には「少なくともそれと等価値の、権力分立体系における諸機能配分の憲法に基礎を置いた努力」としてその合憲性を承認できると述べている。単純な「マイナス」であると判断するのに躊躇する論者は、それを払拭するために「正当な利益」要件を使用することになるのだといえよう。

(24) 以下の叙述は、主にNierhaus（Anm.19）, Rn.199-214によるものであるが、同旨の見解を示すものとして、vgl. Rupp（Anm.5）; Olaf Konzak, Die Änderungsvorbehaltsverordnung als neue Mitwirkungsform des Bundestages beim Erlaß von Rechtsverordnungen, DVBl. 1994, S. 1107; Studenroth（Anm. 21）; Silke Thomsen, Rechtsverprdnungen unter Änderungsvorbehalt des Bundestages?, DÖV 1995, S.989; Christian Seiler, Parlamentarische Einflussnahmen auf den Erlaß von Rechtsverordnungen im Lichte der Formenstrenge, ZG 2001, S.50, 63-69; Hartmut Bauer, Art.80, in: Horst Dreier（Hg.）, Grundgesetz-Kommentar（2.Aufl., 2006）, S.1827, 1846-1849. 本文中で使用した「誤った旗」という用語（ドイツの文献でもしばしば引用される）は、Ruppによるもの。

(25) BVerfGE 22, 330, 346. この判決については、法律による命令改正について検討する別稿（毛利・前掲注（7））で詳しく取り上げた。 Vgl. BVerfGE 24, 184, 199.

(26) 命令制定の場合、連邦参議院の同意が必要な場合であっても、法律制定手続のように政府案を議会提出前に参議院に示してその意見を聞く（基本法七六条二項）といった必要はない。また、法律制定手続においては連邦参議院に合同協議会の開催請求権があり（七七条二項）、そこで法案修正を求めることができるが、命令の場合にはこのような制度がないので、参議院には案全体に同意するか否かの選択肢しかない。さらに連邦大統領の法律認証・公布権（八二条）は、その合憲性についての実質的審査権を含むと解されており、実際に違憲性を理由に法律認証が拒まれる例があるが、命令は制定者が認証・公布するのでこのハードルが欠如している。また、これは基本法上の相違ではないが、議会での法律案審議には三読会を経る必要があるのに対し、単なる決議の場合には一読会の審議で議決をなしうる（連邦議会職務規則七八条一項）というように、議会内部の手続においても修正留保によって法律としての制定を迂回することへのインセンティブは存在する。

（27）Karl-Peter Sommermann, Verordnungsermächtigung und Demokratieprinzip, JZ 1997, S.434. 同論文は、執行府が命令制定を義務づけられる場合を「義務的効力をもつ修正留保」、執行府が制定すべきか否か判断できる場合を「任意的効力をもつ修正留保」と呼ぶが、これでは「義務的」か「任意的」かの対象が修正決議に従って命令の条文を修正するか否かであるようにも理解でき、紛らわしい。ゾマーマンも修正決議が執行府を拘束することは当然の前提としており、問題となっているのは、そのように修正された命令を制定するよう強制されるか、それなら命令制定自体を止めるという判断ができるかの区別である。この説に従うものとして、Schmidt（Anm.5）, S.103–129.

（28）Uhle（Anm.7）, S.314–323.

（29）Ebd. S.348–354, 426–437. ウーレはその他にも議会権限留保を合憲とする要件として連邦制に由来する事項などを挙げているが、議会と政府の間での権限分配の問題に関する限界として挙げているのは実質的にこの要件のみである。ウーレ説に従うものとして、Schwanengel（Anm.11）, S.72–80.

（30）Seiler（Anm.24）, S.68（Fn.90）; Nierhaus（Anm.19）, Rn.197f.; Johannes Saurer, Die Funktionen der Rechtsverordnung（2005）, S.378.

（31）Fritz Ossenbühl, Gesetz und Rechtsverordnung im gegenwärtigen Staatsrecht, ZG 1997, S.305, 315f.

（32）Ossenbühl（Anm.5）, S.291. この箇所では、オッセンビュールは「正当な利益」条件は「真剣に受け止められる」べきと述べているが、今日の社会状況が全体として授権法律の明確性要求を困難にしているのならば、この条件は広く認められることになろう。

（33）Ossenbühl（Anm.31）, S.316–319.

（34）Uhle（Anm.7）, S.341.

（35）Schmidt（Anm.5）, S.144–180; von Danwitz（Anm.11）, S.128–134. Vgl auch Pegatzky（Anm.5）, S.137–140; Studenroth（Anm.21）,

S.531f.; Nierhaus（Anm.19）, Rn.207f.; Rupp（Anm.5）, S.758; Schwanengel（Anm.11）, S.90–114; Saurer（Anm.30）, S.397–400.

（36）このような問題関心をより直截な表現で表す論稿として、vgl. Fritz Ossenbühl, Der verfassungsrechtliche Rahmen offener Gesetzgebung und konkretisierender Rechtsetzung, DVBl. 1999, S1, 3f.

（37）von Bogdandy（Anm.3）, S.416, 422–431. フォン・ボグダンディは、補償テーゼについて、それが成立する論理的可能性を認めつつ、議会が自らに留保された権限を非常に消極的にしか行使していない現実からして、憲法解釈としてとるべきではないという結論に至っている（S.431–434）。

（38）Christoph Möllers, Gewaltengliederung（2005）, S.40–56. 本書の題名のように、彼は一般的なGewaltenteilungに代えてGewaltengliederungという用語を提唱するが、本格的メラース研究ではない本稿では、この点にこだわらず「権力分立」と表記した。

（39）Ebd., S.105–111.

（40）Ebd., S.112f. ヒエラルヒーから自立化した行政組織の許容性については、vgl. S.121–133.

（41）Ebd., S.198–206.

（42）メラースは、政治的責任を負っている執行権トップによる規範定立の場合には、その手続を法化する必要はないともいう。Ebd., S.189–197. しかし、議会に政治的責任を負うという組織のあり方がなぜ命令制定に適しているといえるのか、積極的な説明を行っているとはいえない。

（43）Ebd., S.206.

（44）Ebd., S.180–188.

（45）Ebd., S.200（Fn.318）.

（46）Niklas Luhmann, Das Recht der Gesellschaft（1993）, S.426–429. 毛利透『民主政の規範理論』六一–六二頁（二〇〇二）参照。

（47）メラースは、システム理論の法学による受容について、むしろ基本的に慎重である。Vgl. Möllers, ebd., S.38（Fn.44）. Christoph Möllers, Legalität, Legitimität und Legitimation des Bundesverfassungsgerichts, in: Matthias Jestaedt u.a., Das entgrenzte Gericht（2011）, S.281, 318 でも、自己とルーマンの理論的出発点の相違が自覚されている。正統性概念を重視しないルーマンとそこから憲法解釈論を開始するメラースが相容れないのは、当然といってよい。

（48）付言すれば、「個別事例」という用語の広すぎる使用法は、それ自体批判の対象となりうるだろう。ちなみに、彼は「一般性（Allgemeinheit）」という言葉も多義的に用いており、意味がとりにくい箇所が散見される。

五　むすび

以上、ドイツでの委任命令に対する議会統制の一類型としての、授権法律に基づく議会権限留保の実例およびそれに関する判決・学説状況を検討してきた。ドイツでもイギリスと同様、命令発効に議会同意を求めるという実例が多く見られ、しかも修正留保というかたちでそれ以上の議会権限を認める例も増えてきている。一方でドイツは実効性の高い成文憲法を有しているため、この実務の合憲性についての議論が詳細に行われている。いくつかの学説を検討したが、修正留保についてはその合憲性を否定するのが通説であり、連邦憲法裁判所がこの問題についてどのような判断を示すか、その機会が待たれるところである。私は今のところ、同意留保・廃止留保は合憲としつつ修正留保を違憲とする通説でよいのではないかと考えている。命令制定の授権の仕方については議会の裁量が広く認められてよいだろうし、今日における議会による政府統制の必要性を考慮すべきであろう。他方で、語義的に完全な委任に対する「マイナス」といえるかどうかで区別することは確かに困難だが、議会が修正した内容をそのまま命令の中身とすることを義務づけるのは、執行府の命令制定権を侵害しすぎているといわざるを得ないのではないか。政府が制定を義務づけられているかどうかで区別する主張は、同説への批判の言うとおり、擬制的なところが残る。執行府に命令案全体を丸呑みするか否かの決断を求めればよいというのは、その制定者としての地位に反するものではないか。またウーレは、命令制定が義務づけられていれば、同意留保でも修正留保でも執行府の最終的判断権は奪われているというが、議会権限を命令案に賛成か反対かしか選べない限度にとどめることは、その介入度合いを明らかに減少させるものであり、議会統制の範囲内に収まるのではないか。

日本でも政令制定権は内閣にあるとされており（憲法七三条六号）、国会がその制定過程にどの程度関与できるかは憲法問題を提起するはずである。ドイツの議論は日本の憲法学・立法学にとって参考になるところが大きいと思われる[(49)]。ただ、日本では命令制定に国会が法的拘束力をもって関与するという実例がないため、今のところ具体的な法学的議論はまったく生じていない。確かに憲法上疑義のある実務は存在しない方がよいのかもしれないが[(50)]、しかし、このような状況はただ単に法律による委任後の状況に対する国会の無関心を示すものなのではないのかとの疑念が強くわくところでもある。実はドイツ連邦司法省は今日でも、議会と政府の責任分担の不明確化などを理由に授権法律に基づく連邦議会の権限留保には全般的に消極的な姿勢を示しており、政府提出法案には当該条項を入れないよう指示している。ただし、違憲とまでいうわけではなく、連邦議会が法案を修正してそれを入れることには反対しないというスタンスのようである（憲法上「正当な利益」が必要だという立場もとっていない[(51)]）。議会権限留保は執行府の命令制定権の制約なのだから、ここで議会と政府の見解が対立するのは当然といえば当然である。ドイツでは、政府が反対する制度でも議会が押し切って導入してきたのであり、それは委任命令内容の統制に対する授権者の強い関心を示すものだといえよう。日本の国会がこのような意欲をまったく持ち合わせていないことは、あまり積極的に評価できることではないように思われる[(52)]。

(49)　私は、日本国憲法解釈論としては行政権とは法律の執行権であると解すべきだという立場をとっているが、そのことから法律自体の内容が限定されることは、法律が個別の措置を定めてはいけないという程度以上にはないと考える。毛利透「行政概念についての若干の考察」ジュリスト一二二二号一三二頁（二〇〇二）参照。一般的規範たる命令を定める手続に国会が介入する旨法律で定めることも、権力分立違反となるわけではない。Studenroth (Anm.21), S.529も、命令制定権への議会関与が「執行権の中核領域への介入とはならない」ことを認める。問題は、法律規定が実定憲法上与えられた執行府の命令制定権を侵害していないかどうかである。

(50)　一九四七年のある委員会において、政令発効を国会の議決に依存させる制度は憲法上許されないとの内閣法制局次長答弁があった（浅野一郎・杉原泰雄監修『憲法答弁集』四二〇頁（二〇〇三））。ただし、このことが戦後の立法例に影響しているのか、あるいは今日でも内閣がこのような立場なのかは、明らかでない。

(51) Bundesministerium der Justiz, Handbuch der Rechtsförmlichkeit (3.Aufl. 2008), Rn.402-404. これは、各種の法形式についての連邦司法省の公式見解を示す文書である。一九九九年刊行の第二版では、政府案に含むべきでないとされているのは修正留保のみであるから (Bundesministerium der Justiz, Handbuch der Rechtsförmlichkeit (2.Aufl. 1999), Rn.349)、議会権限留保に対する政府の態度は近年硬化しているようである。他方、第二版当時まさに広まりつつあった修正留保は、議会が政府の明示的見解に抵抗しつつ導入していったものであることが分かる。

(52) 日本では二院制が議会留保制度化を困難にする面もあるだろうが、衆参両院が政令案を拒否すれば制定できないという最も介入度の低いものなら取り入れることも可能なのではないか。

14 参議院と内閣——抑制と均衡——

田村公伸

曽我部真裕・赤坂幸一 編
大石眞先生還暦記念
『憲法改革の理念と展開（上巻）』
二〇一二年三月　信山社

14　参議院と内閣［田村公伸］

一　はじめに

二院制を考えるとき、第二院の役割は第一院の「抑制と補完」という文脈で語られることが常であった。このような両院関係に加えて、立法府（国会）と行政府（内閣）間でのあるべき「抑制と均衡」を考えるとき、この問題は複雑に展開する。(1) 第一院である衆議院と内閣との「抑制と均衡」関係は、普遍的な下院と内閣とのあり方として憲法規定上も整備されているが、第二院である参議院と内閣との「抑制と均衡」関係は必ずしも十分に検討され制度設計に反映されてきたと言い難いからである。

いわゆる五十五年体制の下で、自民党ないしその連立与党が衆参それぞれで過半数の議席を得ていたときは参議院と内閣との対立という問題は潜在化していたが、参議院で過半数を割ると一気に顕在化し、特に二〇〇七年及び二〇一〇年参院選の結果がもたらした二度にわたる「ねじれ」は、政治の遅延・停滞をもたらす深刻な問題であることが誰の眼にも明らかになった。

内閣が議会（ことに下院）の信任を在職の要件とする議院内閣制は、内閣が議会と対立する可能性が少ないだけに、大統領制と比べて政治の安定性が高いと言われる。しかし、第二院がどのように構成され、またどのような権限を有しているかによって、いわゆる「ねじれ」（「分割（分断）政府」divided government）が生じ、政権の運営が不安定になる可能性が、大統領制と同じようにあると言うべきである。

もちろん、内閣は下院多数派の信任の下にあるのだから、一定範囲で下院の優越を認める両院間の意思調整方法を十分に整備すれば足りるという考え方もあろう。憲法制定時における政府の考えもそうであった。(2) しかし、これまでの運営実態から言うなら、たとえ与党が衆議院で特別多数を有し、最終的に衆議院の意思を基に決着が図られるにしても、そのタイムラグの分だけは不安定になるし、会期制のため意思調整できないまま提出議案が廃案になることもある。衆議院で与党が特別多数を持たないなら状況はさらに厳しいことは言うまでもない。

本稿は、議院内閣制と参議院の「抑制と均衡」が如何にあるべきかを考えるに当たって、「解散」を一つの切り口とする試みである。

（1）「抑制と均衡（checks and balances）」は、国家権力を機能別に分離し、それぞれ独立対等の部門に分属させ、それぞれの部門が行き過ぎたり、権限の濫用に走ることのないよう互いに牽制させる原則であるが、同種の国家権力間についても、その一つが行き過ぎたり、権限の濫用に走ることのないよう適用されることがある。この例の一つがアメリカにおける二院制であり、その根拠として、連邦制のみならず、強大な立法権の力にかんがみ、立法府を上下両院に分割し、立法府による危険な権力侵害を抑制すべき点が挙げられている（ハミルトン、ジェイ、マディソン「第五一篇　抑制均衡の理論」『ザ・フェデラリスト』（岩波書店、一九九九年）二三九-二四〇頁）。なお、マディソンは、「防御のための方途は、……攻撃の危険と均衡していなければならない。」と述べている（同二三八頁）。

（2）金森国務大臣は、「二院制度を設けた限り意見の抵触を当然予想しなければならない、……そこで適当な方法に依り二院の間の論争を調和する……色々の規定が設けてあります、併し、……最後の断固たる決定に行きますする前に、二院が十分協議をせらるることは当然」（衆議院議事速記録第六号八二頁、一九四六・六・二七）、「法律に付きましても、予算に付きましても、総理大臣の推薦に付きましても、或いは政府の不信任に付きましても、直接に政府と対立するような権能を持って居りませぬ」（貴族院議事速記録第二六号三一八頁、一九四六・八・三〇）と述べている。この文脈からは、「ねじれ」により参議院と内閣が対立して政局を左右する事態をどの程度まで予想していたか疑問である。

二　国会における「ねじれ」

これまで国会においてどのような「ねじれ」が生じ、どのような政治停滞の結果を生じたか。現在まで参議院において与党が過半数を占めていなかった事例は五回ある。その時期に、参議院と内閣の関係がどのようなものであったかを振り返る。[3]

(一)　これまでの「ねじれ」と経緯

(a)　第一期（一九四七年五月～五六年一二月）［第一回～二五回国会］

参議院が創設されてからいわゆる五十五年体制に組み込まれるまでの約九年七月の期間であり、この間は緑風会が多数を占め大きな影響力を持った。その間の内閣は、片山（四七・五～四八・二）、芦田（四八・二～四八・一〇）、吉田（第二次～第五次）（四八・一〇～五四・一二）、鳩山（第一次～第三次）（五四・一二～五六・一二）の四内閣であるが、各内閣とも参議院の同意を得るため苦渋の選択を迫られた。[4]

緑風会は、政党色を有せず議員個人の主義・主張を尊重する会派であり、党議拘束を行わなかったため、与党から参議院で過半数を獲得するために緑風会メンバーに対する説得はもちろん、各党派間においても様々な工作が行われた。吉田内閣（第二次）では、緑風会から閣僚（文相）、政務次官を起用し、吉田内閣（第三次）では、民主党との連立工作が行われた（ただし過半数には達しなかった）。その後、吉田内閣（第五次）では、改進党・日本自由党との協力も行われている。緑風会は、政権獲得を目指さず政権から距離を置いていたため、その法案審議は決して倒閣目的ではなかった。それでも政権与党にとっては法案成立のためどのように参議院の同意を得ていくかが最大の課題だったのである。

戦後約一〇年を経た一九五五年一一月に民主党・自由党によるいわゆる保守合同が行われて自由民主党が設立され、同党が五六年七月参院選の結果一二四議席を占め、さらに同年一二月参院補欠選で勝利して過半数を得て、いわゆる「ねじれ」は解消した。以後、八九年までの約三三年余、与党が両院で過半数を占め、いわゆる「ねじれ」を生じることはなかった。その間、参議院に於いては、「カーボンコピー論」が揶揄されながらも、与党内においては強力な参議院自民党リーダー（松野鶴平議長（五六・四〜六二・八）、重宗雄三議長（六二・八〜七一・七））が与党人事を通して政権構成に大きな影響を与えてきた。その反省から、河野謙三議長（七一・七〜七七・七）の下で、参議院改革が動き始め、現在に至るまで継続して大きな課題となっている。

(b) **第二期（一九八九年八月〜九三年八月）［第一一五〜一二六回国会］**

一九八九年参院選（いわゆる消費税選挙）で与党が敗北し、細川連立政権が成立するまでの四年間である。海部（第一次〜第二次）（八九・八〜九一・一一）、宮澤（九一・一一〜九三・八）の二内閣にわたる。参議院第一党は自民党であったが、過半数を占めることはできなかった。

第一一五回国会では、参議院において首相に指名されたのは土井たか子社会党委員長であり、続く第一一六回国会では、参議院において消費税廃止関連九法案が可決または修正議決された（衆未了）。その後、与野党で税制問題協議会設置を合意され、九一年に消費税是正法案が成立した。また、九〇年一一月、自民・公明・民社が国際平和協力で合意し、九二年六月ＰＫＯ法案が成立した（第一二三回）。その後、時に応じて政党間の政策連合の動きが模索される。

九三年八月、第一二七回特別会で細川連立内閣が成立し、政権が交代した。この政権再編により、参議院でも連立を構成する会派で過半数を超え「ねじれ」が解消された。翌年、政治改革関連法案をめぐって参議院社会党の議員の一部が造反し、参議院で否決されたが、両院協議会を経て妥協案が成立した。なお、九四年六月、第一二九回国会会期末に羽田内閣総辞職し、村山内閣が成立した（自社さ連立）が、これによる「ねじれ」は生じていない（自社さ連立は九八年六月に解消された）。

(c) **第三期（一九九八年七月〜九九年一〇月）［第一四三〜一四五回国会］**

金融不況や消費税率が上げられた余波で一九九八年参院選で与党が敗北し（橋本内閣から小渕内閣へ交替）、自自公連立が成立して過半数を回復するまでの一年四月の期間である。

第一四三回国会では、参議院において首相に指名されたのは菅直人民主党代表であり、続く第一四四回国会（金融国会）では、民主等野党提出の金融再生関連法案を丸呑みせざるを得ない結果となった。特記すべきは、同国会で額賀防衛庁長官に対する問責決議案が提出され可決されたことである（九八・一〇・一六）。同長官は同国会閉会後に辞職し、法的拘束力のない問責決議案が政治的には大きな力を持つことを示した。

参議院で過半数を得るため自民党は連立を急ぎ、九九年一月に自由党と連立、同年一〇月に公明党とも連立した。以後、二〇〇九年の衆院総選挙で敗北するまで自公体制が続くため「ねじれ」は生じていない。

二〇〇一年小泉内閣が成立後、〇五年に郵政民営化法案及び同関連五法案について、参議院で否決され、これを契機にいわゆる郵政解散が行われた。同年九月の総選挙で与党連合が三分の二を超える議席を獲得し、たとえ参議院で法案が否決されても衆議院での再議決が可能となった。

(d)　**第四期（二〇〇七年八月〜〇九年九月）［第一六七〜第一七一回国会］**

二〇〇七年参院選で与党が敗北し、〇九年衆院選で民主党が勝利して与党となり衆参で過半数を得るに至るまでの二年二月の期間である。その間の内閣は、安倍内閣、福田内閣、麻生内閣の三内閣にわたる。参議院第一党は民主党であるが、五十五年体制以後、自民党以外が第一党になったのは初めてであり、民主・社民・国新で過半数に達した。一方、衆議院では与党が三分の二を超える議席を獲得しているために、衆議院での再議決権が行使されたことが大きな特徴である。

法案再議決の事例として、福田内閣では、新テロ特措法案（参・否決、衆・再議決（第一六八回：〇八年一月））、公債特例法案・国税法案・地方税法案等五本（参・みなし否決、衆・再議決（第一六九回：同年四月））、道路財源特例法案（参・否決、衆・再議決（同年五月））、後継の麻生内閣では、新テロ特措法改正案（参・否決、衆・再議決（第一七〇

回：同年一二月））、金融機能強化法等改正法案（参・修正議決、衆・再議決（第一七〇回：同年一二月））、財投特会繰入法案・国税法案・地方税法案等五本（参・否決、衆再議決（第一七一回：〇九年三月））、国民年金改正法案、海賊対処法案、租税特措法案（参・否決、衆・再議決（同年六月））があった。

また、国会同意人事で特に重要なものとして、日銀総裁が決まらず約一か月空席に（第一六九回：〇八年三月）、副総裁は約半年空席となる事態が生じた（件数は後述）。

さらに、問責決議については、福田内閣総理大臣問責決議案可決（衆は同信任決議案可決（第一六九回：〇八年六月））、麻生内閣総理大臣問責決議案可決（衆は同不信任決議案否決（第一七一回：〇九年六月））と二度も行われた。

(e)　第五期（二〇一〇年七月～　）［第一七五回国会～　］

民主党が政権を獲得してから一年も経たないうちに、平成二二年参院選で与党として過半数を得ることができず、現在に至っている。参議院第一党は民主党であるが、与党として過半数を得ていない。同年一一月、参議院において仙谷内閣官房長官及び馬淵国土交通大臣に対する問責決議案が可決された。翌年常会召集前に内閣改造が行われ、両大臣は交替した。

(二)　「ねじれ」の影響と効果

「ねじれ」は政治に何をもたらしたのか。現在進行中の第五期は別として、第一期から第四期を振り返る。

第一期は約十年に及んだが、参議院の影響が直接に内閣の進退に及ぶことはなかった。法案成立には難渋したとしても、緑風会は、党議拘束がなく個々の議員が是々非々を判断したし、また政権獲得を目的として倒閣を目指した法案審議が行われたわけではなかったからである。

第二期は、五十五年体制下での最初の「ねじれ」である。野党が目指したのは消費税廃止を内容とする法案（議員立法）成立ではなかったために内閣が行き詰まることはなかった。しかし、参議院で過半数を得ることの重要性が改めて認識され、党派を超えた政策連立が模索されるようになる。

第三期は、期間は短いが、初めて国務大臣に対する問責決議案が議決され、結果的に辞職に追い込まれるという内閣にとって衝撃的なダメージをもたらしたという点で、これまでの「ねじれ」とは質的に異なる様相を示した。この問責事件以降、参議院で過半数を得るため、単に政策連立に留まらない政党連立へと進むことになる。

第四期は、野党が内閣提出法案の審議を通して、倒閣・政権交代を目指した。連立与党は衆議院で三分の二を超える議席を有していたため、法案の再議決で対抗したが、それでも国会の混乱によるダメージは大きく、福田・麻生内閣とも一年足らずで退陣に追い込まれる結果となった。また、直接的な結果はもたらさなかったが、内閣総理大臣に対する問責決議案が戦後初めて可決された。

その意味で、第三期以降は、内閣に対して以前と質的に異なる対応が参議院でとられた、すなわち、衆参に跨る二大政党間での政権獲得競争において、野党に有利な議院で倒閣に最も有利な手段がとられるようになったと言える。この背景には、衆議院における小選挙区制選挙の採用とこれに伴う二大政党制の進展とにより、両党間での妥協が難しくなっていることも指摘される（四参照）。

このような経緯を通して明確に意識されるようになった参議院の強さは、特に、法案審議、人事案件、問責決議において示された。時の内閣を大きく揺さぶるばかりか、内閣の存続を左右しかねない「強さ」であった。

(a) 法案審議

第四期より前においては、参議院の否決またはみなし否決による衆議院の再議決例はそれぞれわずか一件ずつに過ぎず[5]、第二六回国会（一九五七年）を最後に、その後五十年以上にわたって、その例はなかったのである。

ところが第四期においては、前述のように、第一六八回（〇七年）において一件、第一六九回（〇八年）において一件、みなし否決五件、第一七〇回（〇八年）において一件（なお参議院の修正に同意せず再議決したもの一件）、第一七一回（〇九年）において八件と急増した。また、第一期の二例は必ずしも重要法案とは言えないものであったが、第四期の例はいずれも予算関連あるいは外交防衛に係る重要法案であった。

(b) 人事案件

国家公務員等の任命に関して両院の同意を要する案件（いわゆる人事案件）について、どの職が国会の同意を要するかは基本的にそれぞれ個別の根拠法に規定されているが、この同意は両院対等であって、衆議院の優越はない。また、両議院の間で先議後議の関係で議決されるものでなく、別々に提出され、議院運営委員会で諮られた後、それぞれ各院で議決される。参議院で不同意となったものは、第一六八回三件三名、第一六九回四件九名（なお一件一名未了）、第一七〇回二件八名、第一七一回四件八名であった。

そこで与党は、第一七一回国会に、同意を得られなかった場合の職務継続を定める衆法（「両議院の同意に係る国家公務員等の職務継続規定の整備に関する法律案」）を提出したが、審議未了となっている。

(c) 問責決議等

衆議院における内閣不信任決議に対比されるのが参議院における内閣総理大臣問責決議である。「政府に対し政治的責任を問う」ことを内容とする点では同じだが、衆議院における内閣不信任決議と異なり（憲六九）、法的効果は伴わない。一方、個々の国務大臣に対する不信任決議（参議院では問責決議）は、内閣総理大臣がその任免権を有している（憲六八）ため、衆参ともに法的効果は伴わない。しかし、政治的効果しかないとしても、議院の意思を内外に表明する議院の決議であり、事実上の効果は極めて大きい。

第四期より前においてこのような問責決議が可決されたのは、前述したように第一四三回国会（九八年）の「防衛庁長官額賀福志郎君問責決議案」[6]のみであるが、問責を受けた大臣が辞任しなければ委員会の法案審査に応じないという状況の中で、辞任に追い込まれる結果となった。そして、第四期においては二回、内閣総理大臣問責決議が行われた。ただし会期末に行われたため、辞任の直接的契機にはならなかった。

(d)「強さ」の本質

主に三つの形で示された参議院の「強さ」であるが、その本質はやはり法案審議における事実上の対等性をもたらす「三分の二」条項（憲法第五九条）に求められる。人事案件での両院対等性は憲法ではなく法律に根拠があるにすぎないし、また、問責決議等も法的効力がなくとも、その後の法案審議が困難になることによって事実上の効力を持つのであり、両者とも法案審議における強さの裏付けがあって意味を持つものだからである。

一方、たとえ与党が衆議院で三分の二以上の議席を有する場合であっても、法案審議について限定された局面でしか再議決権を行使できないのは第四期の実例からも導き出される。与党も世論の批判は常に意識せざるを得ないからである。このように、法案審議は参議院にとって強力な武器になるのに対して、内閣は効果的な対抗手段を有するとは言いがたく、「抑制と均衡」の観点からは問題を残す結果となっている。

(3) 国会史の公的な記録として、衆議院・参議院編『議会制度百年史 国会史』（大蔵省印刷局、一九九〇年）及び参議院編『参議院五十年の歩み』（参友会、一九九八年）。「ねじれ」の詳細な概観として竹中治堅『参議院とは何か』（中央公論新社、二〇一〇年）参照。

(4) その例として、片山内閣における労働省設置法案修正、芦田内閣における国家行政組織法案修正、吉田内閣（第二次）における地方税法案（シャウプ勧告）の否決（廃案）（第七回）、吉田内閣（第三次）における食糧管理法案の否決（廃案）（第一〇回）、国家公務員法改正法案（人事院廃止）の否決（廃案）（第一三回）などが挙げられる。

(5) 否決例「モーターボート競走法案」（衆法）（第一〇回：一九五一年）、みなし否決例：「国立病院特別会計所属の資産の譲渡等に関する特別措置法案」（第一三回：一九五二年）。

(6) 第四期より前における問責決議等の事例は次のとおり。①内閣総理大臣問責決議案　二七件（撤回五、未了九、否決一三）（なお、「ねじれ」期では、第一期二件（撤回二）、第二期四件（撤回一、未了二、否決1）、第三期一件（否決））②内閣に対する警告決

議案　二件（撤回一、可決一）（二件とも第一期であり、可決されたのは第一九回（一九五四年）「法務大臣の検事総長に対する指揮権発動に関し内閣に警告するの決議」）③首相戒告　一件（否決一）（第一期）④国務大臣問責決議案　七二件（撤回一八、未了三三、可決一、否決二〇）（第一期六件（撤回五、否決一）、第二期一一件（撤回一、未了一〇）、第三期八件（未了六、可決一（前述）、否決一））。

三　参議院と内閣の「抑制と均衡」——議院内閣制と第二院の解散

衆議院と内閣の関係においては、内閣不信任決議と解散権という形で「抑制と均衡」が図られているのに対して、参議院との関係においては、内閣不信任決議（問責決議）に法的拘束力が伴わない代わりに、解散権もないという形で消極的「抑制と均衡」が図られている。その一方で、内閣不信任決議に等しいような意味を持つ内閣提出重要法案を否決した場合に、衆議院に対しては解散権を行使できるのに、参議院ではできない事態があり得る。いわゆる郵政解散（二〇〇五年）がまさにその事例で、賛成した衆議院を解散して国民の信を問うたのであった。世界的に見ても多様な価値が共存する先進民主国家で下院与党が議席の三分の二以上を占めるのは稀な事態であり、衆議院で与党が三分の二以上を有しないからといって、衆議院を解散して国民の信を問うしか対抗方法がないのは制度論としても妥当か問題のあるところである(7)。

もし憲法制定により新たに制度設計が可能なら、「抑制と均衡」の観点から参議院を解散できるという選択肢もあったはずである。なぜ参議院の解散を規定しなかったのか。また、比較憲法的に第二院は解散されない性質のものなのか。

(一) 参議院の解散（憲法制定時の議論）

憲法制定時において、参議院の解散を問う議論がなかったわけではない。貴族院では高名な学識経験者が勅撰議員を務めていたが、憲法分野では、美濃部達吉博士と並んで、佐々木惣一博士が議員を務めていた。そして、同議員から「全国民を代表するものと考えられるものが、そう云う同じ任務を持って居るものが二つあると云うことは果たして必要であるかどうか、……同じ国民の意思を伝達すると云う職責を持って居るものであります以上は、何故衆議院の方が優越するか、……」「これは少し細かいようですけれども、重大な問題でありますが、若し国民の選挙に依って国民の意思を知る為の参議院と致しますれば、その点が衆議院と同じものだと致しますれば、何故参議院に対する解散と云うことの制度を認めないか、……これによって国民の意思を伝達し、よって即ち国民の選挙に依るという建前を取る以上は、参議院に対しても解散ということがあらなければならない、」との疑問が質されている。これに対する金森国務大臣の答弁は、「国民と云うものは多角形のものであります、複雑なものであります、それを違った角度に於て代表せしむることが論理的に不可能であると私は考えて居りませぬ、唯如何に代表せしむべきか、詰り如何なる角度を採って、国民のどの角度を採って之を衆議院に代表せしめ、どの角度を採って之を参議院に代表せしむべきかと云うことは、是は憲法の全精神、憲法の各規定に現れて居ります全精神を汲み取って適当なる制度を設けなければならぬことは、自明の理である」とし、解散のないことについては、「次に何故に参議院にも解散を認めないか、是は参議院の働きと其の地位とから考えまして、解散は不適当だと考えております、何故かと言えば、参議院は憲法の予想するところは、第一院というよりも第二次の院であります、衆議院の議決には十分の効力がある、参議院の議決には、補助的な効力と言うと甚だ薄くなりますけれども、とにかく多くの制約を受けた権能しかありませぬ、法律に付きましても、予算に付きましても、総理大臣の推薦に付きましても、或いは政府の不信任に付きましても、直接に政府と対立するような権能を持って居りませぬ、したがって、参議院に解散のないということは、同時に参議院が政府の総退却を要求する憲法上の権能がないということと相対比致しまして、釣合の取れて居るものと考えて居ります」としている(8)。

なお、これ以上の議論の進展はなかった。

(二)　議院内閣制及び二院制を採用するとともに第二院の解散を認める国の例

我が国のように、議院内閣制及び二院制を併せて採用している国は少なくないが、その中で第二院の解散を認める憲法上の規定を有する国は決して例外ではない。議会制民主主義が十分に根付いた先進国にあっても、次の四カ国が挙げられる(9)。

(a)　イタリア

上院（元老院）は、直接公選（基本は拘束名簿式大選挙区比例代表制）により選出された三一五名及び元大統領の終身議員（二〇一一年六月現在六名）で構成される。任期は五年であり、基本的に権限対等である。また、「政府は、両議院の信任を有しなければならない。」（第九四条）と規定する点で、下院の信任のみで足りる一般的な議院内閣制と異なる。そのような特殊性から、上院の解散につきイタリア憲法は、「共和国大統領は、議長の意見を聞き、両議院または一議院を解散することができる。」（第八八条）と規定する。

(b)　スペイン

上院（元老院）は、直接公選（基本は大選挙区制限連記制）により選出された二〇八名及び自治州議会が指名する五六名の二六四名で構成される。任期は四年であり、基本的に権限対等である。首相の任命には下院の信任が必要である。上院の解散につきスペイン憲法は、「一　内閣総理大臣は、閣議での審議の後、自らの責任において、下院、上院または国会の解散を申し出ることができる。解散は国王によりこれを布告する。解散の布告には選挙の期日を定める。二　解散は、内閣不信任動議が提出されているときは、これを申し出ることができない。三　第九九条第五項で定める場合（下院で内閣総理大臣の信任が得られなかった場合の解散）を除き、前回の解散後、一年を経過するまでは、新たに解散を行うことができない。」（第一〇五条）と規定する。

(c)　オランダ

上院（第一議院）は、州議会議員による間接選挙（複選制）により選出された七五名で構成される。任期は四年であり、基本的に権限対等である。上院の解散につき「各院は、勅令により、解散される。」（第六四条）と規定する。

(d)　オーストラリア

上院（元老院）は、直接公選（単記移譲式比例代表制）（州代表については一州当たり一二名で六州、連邦直轄地については二名で二地域）により選出された七六名で構成される。前者は任期六年、後者は三年であり、基本的に権限対等である。宗主国だったイギリスと同じく、憲法に規定はないが、総選挙後に下院で多数を占めた政党党首が首相になるのが憲法習律である。上院の解散につきオーストラリア憲法は、「一　元老院が、代議院が可決した法律案を否決し、もしくは議決せず、または代議院が同意しないような修正を付して可決した場合において、三か月が経過した後の同一または次の会期中に、代議院が、元老院が作成、提案もしくは同意した修正を付して、または付さないで当該法律案を再度可決したにもかかわらず、元老院がこれを否決し、もしくは議決せず、または代議院が同意しないような修正を付して可決したときは、総督は、元老院及び代議院を同時に解散することができる。ただし、解散は、代議院の任期満了の日の前六か月以内に行ってはならない。二　前項の解散の後、代議院が、元老院が作成、提案もしくは同意した修正を付して、または付さないで当該法律案を再度可決したにもかかわらず、元老院がこれを否決し、もしくは議決せず、または代議院が同意しないような修正を付して可決したときは、総督は、元老院及び代議院の議員による合同会議を召集することができる。」（第五七条）と規定する。

三　オーストラリアの「同時解散」制度

これらの上院の解散を認める国の中で、特に両院間の意思が衝突し決着できなかった場合に備えて興味深い制度設計を行っているのがオーストラリアである。(10)「同時解散」(double dissolution) 制度は、法案をめぐって両院が対立して異なる結果を出し、法案を往復させる過程でも妥結でき得ないとき、一定の要件の下に両院を解散して国民に信を問い、もってその暗礁 (deadlock) を解消しようとするものである。

前述したように、オーストラリアは二院制と議院内閣制を組み合わせて採用している国の中でも、特に第二院である上院の権限が強い。立法上の権限は、財政関係法案を除いて（オーストラリア憲法第五三条）基本的に対等である。その財政関係法案についても、上院は直接修正することはできないが、下院に修正を要求できるため、最終的に上院が同意しなければ成立せず、実質的に下院とほぼ同等の権限を有していることになる。なお、両院協議会の制度もあるが、内閣の下院与党に対する統制は強く、内閣と交渉しなければ効果的な方策を選択するのは困難であるため、あまり活用されていない。実際、一九三〇年及び三一年の二回しか開催されていない。

両院の同時解散が行われた例は、①一九一四年（公務員差別禁止法案を巡り対決、野党が上下院で勝利）、②一九五一年（連邦銀行法案を巡り対決、野党が上下院で勝利）、③一九七四年（連邦選挙法等六法案を巡り対決、与党下院で、野党上院で勝利）、④一九七五年（上院が憲法習律に反して財政関係法案に反対、野党が上下院で勝利）、⑤一九八三年（財政関係法案等を巡り対決、野党が上下院で勝利）、⑥一九八七年（オーストラリア・カード法案を巡り対決、与党下院で、野党上院で勝利）の六回である。

なお、たとえ同時解散が行われても依然として「ねじれ」が残る場合があることは否定できない。オーストラリアでは、一九七四年及び一九八七年と二回「ねじれ」が残ったが、最後の解決手段となるのが、前述した憲法第五七条第二項に基づく「両院合同会議」の制度である。憲法で下院議員数は上院議員定数の二倍とされ（第二四条第一項）、上下両院議員全員が参加してその絶対多数で議決する制度のため、合同会議では下院与党の意見が通る可能性が極めて高い。一九七四年の事例では、両院合同会議が開催され（開催はこの一回のみである）、法案が成立したが、一九八七年の事例では、両院合同会議を開催することなく、内閣は法案の成立を断念した。

（7） 大石眞「解散権の根拠と習律上の制約」ジュリスト一三三一号（有斐閣、二〇〇六年）参照。

（8） 貴族院議事速記録第二六号三〇四-三〇五頁及び三一八頁（一九四六・八・三〇）。

（9） レイプハルトは、オーストラリアを強い二院制（権限対等、異なる人的構成）に、イタリア、オランダ、そして日本をやや強い二院制（権限対等、類似の人的構成）に、スペインをもう一つのやや強い二院制（権限非対等、異なる人的構成）に分類している。Arend Lijphart, *Patterns of Democracy* (Yale University Press, 1999), p212 参照。これらの理論的整理については、高見勝利『現代日本の議会政と憲法』（岩波書店、二〇〇八年）一六-二五頁。なお、各憲法条文の訳は、阿部照哉・畑博行編『世界の憲法集［第四版］』（有信堂高文社、二〇〇九年）による。

（10） 大曲薫「対称的二院制の現在——オーストラリアの場合」『総合調査「オーストラリア・ラッド政権の一年」』（国立国会図書館調査及び立法考査局、二〇〇九年）、山田邦夫「オーストラリアの憲法事情」『諸外国の憲法事情3』（国立国会図書館調査及び立法考査局、二〇〇三年）参照。オーストラリア議会の先例録として、*House of Representatives Practice*, 5th edn. Department of the House of Representatives, Canberra, 2005. pp 453-77. *Australian Senate Practice*, 12th edn. Department of the Senate, Canberra, 2008. pp 544-83. 参照。

四 「議院」内閣制と「両院」内閣制

(一) 議院内閣制における「議院」の意味

二院制である国会と議院内閣制との「抑制と均衡」は如何に保たれるべきか。議院内閣制は、政府（内閣）が議会（ことに下院）の信任を在職の要件とする制度というのが通説の理解であるが、現実には、「ことに下院」といいながら、歴代内閣は参議院の信任を得るのに腐心してきたのはこれまで見てきたとおりである。

元々、「議院」内閣制は、Parliamentary government が穂積八束によりこのように訳されて戦前から慣用され、日本国憲法下でも定着したものである(11)。しかし、このような定義とは別に、第三期以降の現実の政治の場では、参議院による信任も内閣の「在職」要件と意識されつつある。現在の「強い」参議院をより正確に定義するなら、このような「両院」内閣制の状態を指すと考えられる。

元々「多角形……複雑な」民意を「違った角度に於て代表せしむる」のが二院制の趣旨であり、そのため、参議院が公選により構成されるとともに、内閣は衆参両院から成る「国会」に対し連帯して責任を負う（憲法第六六条第三項）とされるのは論理的な帰結と言える。これまでの参院選を見ても、国政選挙に相応しくその時の民意を反映しているのは間違いなく、特に国民の関心の高い基本的な政治スタンスや政策が争われるときは投票率も高く、主権者たる国民は選挙を通して内閣及びその政策をコントロールしたいとの意思が背後にあることは明白であった。

オーストラリアにおいても、上院が自律性を持たず、下院が議会を支配するときは、上院廃止論が多数を占め、上院が政策修正機能を発揮すると、上院存続論が多数を占める傾向が示されている(12)。

その一方で、「両院」内閣制の状態にあっては、内閣と参議院との間には、前述した消極的「抑制と均衡」しか与えられていないから、与党が衆議院で三分の二以上の議席を有しない場合には、たちまちデッドロックに陥らざるを得ない。

(二)　現行憲法下でデッドロックを回避できるか

「ねじれ」による政治的分断から生じた政権運営の不安定さや政治の停滞を回避する方策は、現行憲法の規定を前提とする限り、自ずと限定される。

第一は、大連立である。強い二院制議会において、それぞれの議院での多数派が相互に敵対する場合の解決策は、両院を跨ぐ大連立内閣を形成することが解消の道ということである。この考え方は、実質的な「両院」内閣制を求めるものとなるが、少なくとも下院の選挙制度が比例代表制ではなく小選挙区制の場合は、次の総選挙で連立内での激烈な闘争がが起こることも予想され、結果的には脆弱になる可能性が高い。

第二は、衆参同日選挙を常例とすることである(13)。同時期に選挙すれば、両院に同じ多数派が送り込まれる可能性が高い。もちろん参議院は半数改選のため「ねじれ」が解消されるとは限らない(前述のように、オーストラリアでも両院「総」解散であるにもかかわらず「ねじれ」が解消されなかった例が二回ある)が、少なくとも両院とも同じ最新の民意を反映しているため、勝利した多数派の公約に基づく一貫した国政運営が期待できる。その反面、中曽根内閣による同日選(一九八六年)に対する批判で、参議院の独自性を損ないかねない、緊急集会の開催が困難になる、首相の解散権を制約することになる等の問題点が指摘されているが(14)、同じように当てはまる。

第三は、両院協議会の抜本的改革であり、国会法等の改正という法律レベルで可能である(15)。現行の両院協議会は衆参各々一〇名の委員で構成され(国会法八九条)、しかも委員は院の議決を構成した会派から各々選出される(先例)から、基本的な対立点の調整を期待することは困難である。そこでこれを衆議院の優越を認める、あるいは賛否の議員数を反映させ按分比例して委員を選出する等の方策が考えられる。しかし、憲法規定上は法案審議についての両院協議会の結論に参議院が必ず拘束されるわけではない。そのため両院協議会で結論が得られれば参議院は必ず同意するという憲法習律が形成されなければならず、完全な回避策になる保証はない。

第四は、下院選での選挙公約で言及した法案についてその基本原理には反対しないというイギリスでの「ソールズベリー合意の慣行(16)」を我が国でも憲法習律化することである。しかし、公約の総花的曖昧さも相まって、何が法案の基本原理かを見いだすことは難しいのが現実である。また、例えば二〇一〇年のように、衆議院総選挙後の参院選で異なる国民の意思が示された場合も適用は難しい。

(三)「参議院の解散」再考

「ねじれ」と参議院の権限の強さにより、本当に内閣の統治機能が麻痺するような事態が生じるおそれがあるのなら（オーストラリアでも一九七五年同時解散の事例は「憲法危機」[17]と呼ばれた）、そして前述したように現行憲法下で適切な対処が困難であるならば、然るべき憲法改正を視野に入れなければならないだろう。

参議院の権限を縮小して国政の重心を衆議院に置き、首相選任も含めた総選挙の公約が国政の基本方針となるべきという意見は強い[18]。しかし、その意図は十分理解できるにしても、制度原理の観点からは、憲法制定過程でも示されたように、構成の在り方と権限の在り方とは連動させざるを得ない[19]。すなわち、同程度に民意を反映して直接公選により議員が選出されるなら、合理的な調整の範囲を超えて権限縮小を図るのは論理的とは言い難いのではないか。第二院の直接公選制を維持するならば、前述したように、権限縮小ではなく参議院に対しても解散を認める方が理論的には一貫する[20]。

もちろん、参議院の解散を認めるとしても、解決しなければならない複雑困難な問題があるのは疑いない。すなわち、①どのような場合に解散を認めるのか、特定の場合のみに限定すべきか、②解散権者は誰か、自律解散もあり得るのか、また、再度の解散は可能か、③衆参同時解散を原則とすべきか、④解散できる期間に制限を設けるべきか、⑤参議院の緊急集会制度をどうすべきか、⑥解散による任期短縮と参議院議員に衆議院議員より長期の任期を設けた趣旨との整合性、⑦参議院議員の半数改選を維持する場合、解散後の半数改選の措置等、解決しなければならない問題が少なくない。

試論の域を出ていないが、方向性としては次のように考えたい。

①について。参議院の基本的性格は、諸外国の第二院においても言われるように、再考・熟慮・慎重といったものであり[21]、また長期の任期を活かした中長期的取り組みが求められる。したがって、七条解散が正当化される衆議院と異なり、あくまで衆議院及び内閣とのデッドロック状態を解消する場合に限定されるべきだろう。すなわち、基本的にオーストラリア憲法第五七条が想定するのと同様の場合である。②について。内閣との「抑制と均衡」を回復する手段であるから、衆議院の場合と同じく、実質的決定権は内閣にあり、また、①の理由から自律解散は認めるべきでない。なお、相当の事情変更がない限り同一事由に基づく再度の解散は認めるべきでない。③について。デッドロック状態を解消するために解散するのであるから、オーストラリア憲法第五七条と同様に衆参は「同時」に解散されるべきである。④について。衆議院の解散権に時期的制約はないのだから同時解散の場合も設けるのは適当でなかろう。⑤について。緊急集会はこれまで一九五二年及び五三年の二回しか開催されていない。しかし、緊急事態に対応して両院合同の機関は必要と考えられる[22]。⑥について。解散は限定的例外的なもので趣旨と矛盾するものではない。⑦について。第一回参院選のように、任期六年の議員と三年の議員とを選挙することが考えられる。

なお、オーストラリア型「両院合同会議」の制度も検討に値するが、両院各々の議員定数が法律事項となっている我が国では前提が異なるため、制度設計はより複雑にならざるを得ない。

いずれにしても参議院の解散には様々な困難な問題が含まれる。その「抑制と均衡」は、たとえ「二重解散」に限定するにしても発動要件の設定次第で内閣に有利な方向へ一気に振りかねない、極めてバランス取りの難しい微妙さの上にある。また、「二重解散」は衆参同日選を導くものであるから、衆参同日選に対する批判が当然当てはまることになる（その批判を承知でデッドロック解消を優先させるものである）。

しかしこのような問題を含むとしても、その検討を通して、既に出尽くした感のある二院制と議院内閣制の同時採用が孕む問題点と課題を新たな視点から掘り起こすことが可能になるのではないか。

(11)　高見勝利「議院内閣制の意義」『憲法の争点』二一八頁（有斐閣、二〇〇八年）。
(12)　大曲・前掲注(10)五九-六〇頁。
(13)　長谷部恭男「「ねじれ」ないように」法学教室三六四号八七-八八頁（有斐閣、二〇一一年）。
(14)　「特集・衆参同日選挙の法的問題」ジュリスト八六八号（有斐閣、一九八六年）参照。
(15)　国会改革諸提案でも必ず含まれる項目の一つである。第五期で「ねじれ」に直面した民主党も提案している（「今後の国会運営のあり方に関する提案——政策を実現し国民の期待に応える「熟議の国会」のために」二〇一一年一月一八日）http://www.dpj.or.jp/news/files/110118teian_1.pdf 参照。
(16)　その沿革及び内容については、英上院図書館部がまとめた、Library Note: *The Salisbury Doctrine* が詳しい。(http://www.parliament.uk/documents/upload/HLLSalisburyDoctrine.pdf)。これを紹介翻訳したものとして、吉田早樹人「英上院・選挙公約の政府法案は否決しない」『議会政治研究』七六号（二〇〇五年）参照。第二次大戦終了を契機に、イギリスでは、保守党から労働党へ政権が交代した。過酷な戦争と窮乏生活に耐えた国民は、勝利を導いたチャーチルにではなく、福祉国家政策を軸に戦後の復興を図ろうとしたアトリーに政治を託したのであり、その時の上院保守党リーダーであったソールズベリーは、国民の意を汲んだのであった。なお、イギリスに両院協議会に相当する機関はない。大山礼子『比較議会政治論』（岩波書店、二〇〇三年）一七九頁。
(17)　前掲注(10)参照。もっとも「ねじれ」だけでなく憲法習律に反した総督の行為もあった。
(18)　後述のように、ウェストミンスター・モデルを支持する立場からは当然である。代表的な論点整理として、「特集・国会の役割と行方」ジュリスト一一七七号（有斐閣、二〇〇〇年）参照。
(19)　一部任命制も入れた「三月二日案」では、再考ないし反省機能を果たすには遅延権で十分だとしたのに対し、GHQの主張により、すべて直接公選による国民代表へと変更したことに伴って、特別多数による再議決という厳しい要件に変ったのはこのような観点からである。
(20)　高見・前掲注(9)『現代日本の議会政と憲法』一五九-一六〇頁参照。
(21)　第二院の類型を問わず、その存在意義として主張されるのが、第一院の「反省」機能であり、第二院に「再考・熟慮」（ベルギー、ノルウェー）、あるいは「反省・賢者」（フランス）を期待することが多い。なお、憲法制定過程において松本説明書（三月二日案）では、「不当ナル多数圧制ニ対スル抑制ト行過キタル一時的ノ偏倚ニ対スル制止トニ在」るとしている。六年の任期も松本案による。

(22) 例えば、ドイツ連邦議会の合同委員会が参考となる（ドイツ憲法第五三a条、第一一五e条参照）。

五 おわりに

参議院の「ねじれ」及び内閣との関係が質的に変わってきたのは、前述したように、第三期からであり、衆議院で小選挙区制が導入され、二大政党制へ大きく踏み出し、また「強い」首相による政治主導が叫ばれた時期とほぼ軌を一にしている(23)。前述のレイプハルトは、デモクラシーの理念型として、権力融合を特色とする「ウェストミンスター・モデル」と権力分担を実現する「コンセンサス・モデル」の二類型を提示し整理した(24)。元来、日本国憲法の想定する二院制は、このコンセンサス・モデルとより親和性の高いものであった(25)。しかし、一九九四年の政治制度改革等により政治主導を実現するため、ウェストミンスター・モデルが議会モデルとして目指され、そのために参議院の位置づけがより問題視されるようになっていった。ウェストミンスター・モデルを徹底させていくなら、参議院の権限縮小は必然である。その一方で、野党にとっては現行の権限の強い参議院を残してこれを梃子に攻勢をかけたいと考えるのも当然であろう。

しかし、ウェストミンスター・モデルが万能薬でないことは、イギリスでも、さらにウェストミンスター・モデルを継承した国の経験でも明らかとなっている(26)。

小選挙区制に基づく二大政党制の是非は別にしても、国民主権の価値観がより深く広く浸透してきた現代において、民主的正統性を持たない第二院を持つという選択肢は難しい。イギリスの上院改革で、常に直接公選による民主的正統性を求める議論があるのも当然である。その際、「調整」以上の権限縮小を図るのが困難なことは前述のとおりである。

また、ウェストミンスター型二院制を実現できたとしても、その下院で与党が過半数を取れず、ハング・パーラメント（hung Parliament）化して暗礁に乗り上げ、結果としては同じような混乱と停滞を招く可能性はある。近時において、イギリス、ベルギー、オーストラリア、スウェーデンなどで与党が下院で過半数を獲得できない現象が続いている。政党の支持基盤層がかつての数や勢いを失い、無党派層が増える先進国の政治現象の下では、二院制の問題を解決すれば済む状態ではなくなっている。

本稿は、議院内閣制と参議院の「抑制と均衡」を確保するための制度的試みとして、参議院の「権限縮小」ではなく「解散」を一つの視点とするものである。もっとも我が国も含めた現実政治の流動性の前では、憲法改革による特定の制度変更で問題すべてを解消することは不可能である。これまで以上に柔軟な「熟議」と合理的な慣行の憲法習律化が求められなければならない。

(23)　只野雅人「議院内閣制の基本構造」『岩波講座憲法4　変容する統治システム』（岩波書店、二〇〇七年）参照。
(24)　ウェストミンスター・モデルとコンセンサス・モデルの詳細な分析について、注(8)及び大山礼子『比較議会政治論』（岩波書店、二〇〇三年）参照。
(25)　高見・前掲注(9)『現代日本の議会政と憲法』二七‐二九頁参照。
(26)　大山・前掲注(16)はその詳細な分析である。

15 日本国憲法成立過程における両院制の構想

木下和朗

曽我部真裕・赤坂幸一 編
大石眞先生還暦記念
『憲法改革の理念と展開(上巻)』
二〇一二年三月　信山社

15 日本国憲法成立過程における両院制の構想［木下和朗］

序

本稿は、日本国憲法成立過程において両院制がどのような思考によって構想されたかについて整理、検討するものである。

目下、我が国における議院内閣制が機能不全を呈していることは衆目の一致するところであろう。衆議院と参議院の間の多数会派が一致していないという状況はこの不全の通奏低音になっている。当該状況において両院制を論ずる場合、参議院が一院制論に対抗し得る正統性と独自性を発揮できるかということのみならず、上院たる参議院がいかなる構成及び権能を有し、いかなる手続を通じて、日本国憲法が採用する議院内閣制、より広くは立憲政治全般の制度及び運用の発展にとってどのような役割と機能を果たし得るかが問われている。(1) 近時は無論、このような問題意識をもつ憲法学説及び政治学説の議論も活発である。(2) 本稿は、これらの学説に学びつつ、日本国憲法が規定する両院制構想の「原意」を、憲法成立過程における議論を整理することを通じて検討し、今後の両院制論にとっての示唆を得ようとする。(3) 確かに、日本国憲法における両院制の規定については、『『生い立ち』における制度設計のミス」(4) との評価がある。(5) しかし、成立過程における議論を通覧するならば、日本国憲法における両院制は、日本政府側と連合国最高司令官総司令部側との妥協を反映する面もあるが、当時の文脈において整合した思考の下に構想されたと解釈することが可能であり、一定の規範的含意があるというのが本稿の立場である。

両院制の理解にとって重要な、憲法成立過程における史実は次の通りである。①マッカーサー草案は一院制を採用したのに対して、日本側は両院制の採用を主張した。②総司令部は、「両院共ニ民選議員ヲ以テ構成セラルル条件下ニ」両院制の採用を認容した。③日本国憲法における両院制に係る原初案は、三月二日案である。一九四六年三月四日から五日にかけての逐条審議において、④参議院の構成に関する規定が削除され、衆参両議院ともに「国民ニ依リ選挙セラレ国民全体ヲ代表スル議員ヲ以テ組織ス」と規定された。⑤法律制定に係る衆議院の優越に関して、参議院の権能を遅延権に制限した日本案に対して、総司令部側が憲法第五九条第二項となる衆議院の再議決権を提案し、日本側も受諾した。⑥貴族院段階において、憲法第五九条第三項となる法律案に係る両院協議会に関する規定の追加修正がなされた。以下、これらの史実を踏まえて、成立過程における両院制構想の「原型」を検討する。

（1）　大石眞教授は年来、国家機関のあり方を憲法学の観点から論ずる場合、①組織、②権能及び③手続という三つの要素を検討すべきことを説いてこられた。大石眞「憲法問題としての『国会』制度」［一九九八年］同『憲法秩序への展望』（有斐閣・二〇〇八年）所収一二三頁以下、一二三頁。

（2）　二〇〇七年から八年の間に公表された文献につき、木下和朗「イギリス一九一一年議会法の憲法史的背景」熊本大学法学部創立三〇周年記念『法と政策をめぐる現代的変容』（成文堂・二〇一〇年）所収三五頁以下註（2）（3）及び（4）を参照。前記拙稿公表後の主要な文献として、大石眞「二院制と一院制」Voters 創刊号（二〇一一年）三頁以下、同「両院制運用への展望」（北大立法過程研究会報告・二〇一一年九月一日）のほか、川﨑政司「立法と二院制――第二院の位置づけ・役割・あり方をめぐる迷走と展望」堀江湛＝加藤秀治郎（編）『日本の統治システム――官僚主導から政治主導へ』（慈学社・二〇〇八年）所収二三三頁以下、竹中治堅『参議院とは何か　一九四七～二〇一〇』（中央公論新社・二〇一〇年）、「【特集】参議院の将来」ジュリスト一三九五号（二〇一〇年）四頁以下、特に、只野雅人「参議院の機能と両院制のあり方」同号四四頁以下、田中嘉彦「二院制の比較制度論的検討」北大法学論集六一巻一号（二〇一〇年）二二六頁以下、同「二院制の比較制度論的（1）～（2・完）――ウェストミンスターモデルと第二院」一橋法学九巻三号（二〇一〇年）八八九頁以下、一〇巻一号（二〇一一年）一〇七頁以下、網中政機「国会の構成としての二院制のあり方――『ねじれ国会』と関連して比較憲法的視点から」名城法学六〇巻別冊（二〇一〇年）六九頁以下、大山礼子『日本の国会――審議する立法府へ』（岩波新書・二〇一一年）一五一－一九九頁［第四章］、長谷部恭男「『ねじれ』ないように　日本国憲法下での二院制の特質について述べよ」［二〇一一年］同『続・Interactive 憲法』（有斐閣・二〇一一年）所収二〇二頁以下、赤坂幸一「日本における議院内閣制の運用上の諸問題」江原法學三二号（二〇一一年）八九頁以下、同「参議院をどうするのか　参議院に左右される内閣　合意形成型モデルへの着眼も」『朝日ジャーナル　政治の未来図』（週刊朝日緊急増刊・二〇一一年）四二頁以下、加藤一彦「両院関係と合意形成への方途」憲法問題二二号（二〇一一年）九〇頁以下、同「両院協議会の憲法的地位論」現代法学二〇号（二〇一一年）七七頁以下、曽我部真裕「民主党政権下における政治主導実現のための改革について」憲法理論研究会（編）『政治変動と憲法理論』（敬文堂・二〇一一年）所収三三頁以下、本秀紀「『政治主導』と憲法――『国会中心』構想の可能性」憲法理論研究会（編）前掲書所収四七頁以下、岡田信弘「二院制研究の今日的課題」憲法理論研究会（編）前掲書所収六三頁以下、石村修「参議院改革・考」専修ロージャーナル六号（二〇一一年）一頁以下等参照。

（3）　憲法成立過程一般に関する本稿の記述は行論に必要な限りにとどめる。基本文献として、佐藤達夫『日本国憲法成立史　第一巻』（有斐閣・一九六二年）、同『日本国憲法成立史　第二巻』（有斐閣・一九六四年）、佐藤達夫（佐藤功補訂）『日本国憲法成立史　第三巻』（有斐閣・一九九四年）、同『日本国憲法成立史　第四巻』（有斐閣・一九九四年）のほか、入江俊郎「日本国憲法成立の経緯」（一九六〇年）同『憲法成立の経緯と憲法上の諸問題』（入江俊郎論集刊行会・一九七六年）所収一頁以下、憲法調査会『憲法制定の経過に関する小委員会報告書』憲法調査会報告書付属文書第二号（一九六四年）等参照。

（4）　憲法成立過程における両院制に関する邦語文献につき、田中嘉彦「日本国憲法制定過程における二院制諸案」レファレンス六四七号（二〇〇四年）二五頁以下、田村公伸「憲法制定過程と二院制」議会政策研究会年報六号（二〇〇四年）一頁以下、浅野善治「日本国憲法における両院制――一つの考え方」比較憲法学研究一八＝一九号（二〇〇七年）一一三頁以下等参照。

（5）　網中・前掲註（2）八七頁。

一　憲法問題調査委員会――貴族院の民主化

(一)　成立前期と後期の連続性

日本国憲法第四章国会については、一九四六年「三月四日、五日の会議では二院制度にして日本側から提示した案を基礎として、これを交付案〔筆者註・マッカーサー草案〕と対照しながら成案が固められて行つたという経緯」[6]がある。特に両院制は、日本側が起草した三月二日案が原初案である。したがって、憲法成立過程における両院制の構想を探究するならば、「ポツダム宣言受諾に伴っての日本側独自の研究の段階」[7]である憲法成立「前期と後期との間には一脈の血統が続いている」[8]ことを念頭に置く必要がある。そこで、憲法問題調査委員会における議論を通じて、前期における両院制の構想を検討する。

(二) 原点としての貴族院改革

前期における両院制の構想は貴族院改革が原点である。大日本帝国憲法（明治憲法）は、貴族院と衆議院から構成される両院制を採用する[9]（第三三条）。貴族院は、「皇室の藩屏」たるべき役割、すなわち、衆議院の牽制機関として政党の勢力伸長を調整する機能を期待された。衆議院が「選挙法ノ定ムル所ニ依リ公選セラレタル議員」を以て組織される（第三五条）のに対して、貴族院は「貴族院令ノ定ムル所ニ依リ皇族華族及勅任セラレタル議員」を以て組織される（第三四条）。両議院の組織は異質である。加えて、両議院の権能は対等である。例外として、衆議院の予算先議権が規定される（第六五条）。しかし、予算の議決に関しても、貴族院は衆議院と対等であると解釈運用されていた[10]。また、憲法が貴族院を先に規定し、「貴族院及衆議院」と称されたように、貴族院は衆議院に対して上席と認められていた。帝国議会の開院式は貴族院において行われ、貴族院議長が開院式における議長の職務を行った（議院法第五条・第六条）。明治憲法下において、貴族院は、衆議院のみならず、内閣ともしばしば対立し、貴族院改革論が唱えられた[11]。

「日本国国民の自由に表明せる意思に従ひ平和的傾向を有し且つ責任ある政府が樹立せらるる」（第一二項）というポツダム宣言の要求に応えるため、貴族院が改革対象になることは必然であった。この必然性は、一九四五年一〇月八日、連合国最高司令官政治顧問 George Atcheson, Jr. が近衛文麿らに、憲法改正を要する基礎項目の一つとして「貴族院の民主化」（項目四）を示したことからうかがわれる[12]。政府内でも、ポツダム宣言の受諾にともない明治憲法の改正問題が生じた場合、貴族院が改正点の一つになることは当初からの共通認識であった。内閣法制局内の事務的研究の契機となり、入江俊郎が一九四五年九月一八日付けで作成した文書「終戦ト憲法」において既に、

「憲法第三十四条（貴族院ノ構成）ハ改ムルノ要ナキカ」（二(ハ)）、「貴族院ノ能力ヲ制限スベキニ非（サ）ルカ（両院対等ノ原則ノ検討）」（二(ホ)）が「ポツダム宣言受諾ニ伴ヒ考慮ヲ要スベキモノ」として挙げられている。[13]

貴族院を「民主化」するという場合、二つの思考に類型化し得る。第一に、公選議員を以て貴族院を構成する、貴族院と内閣の信任関係を強化する（貴族院の内閣不信任決議権を認めるとともに貴族院の解散を導入する）といった改革を講ずることにより「民主化」する一方、両議院の権能の対等性は維持するという〈構成民主化・権能対等思考〉である。第二に、衆議院と貴族院の構成の異質性、特に貴族院議員の任命制を維持しつつも、貴族院の権能を衆議院に比して縮減するまたは劣位に置くことにより「民主化」するという〈異質構成・衆議院優越思考〉である。日本国憲法成立過程における両院制は、これら二つの思考が絡み合い、両者の対立点を一部残したままに構想されたと言えるのである。

(三)　両院制をめぐる検討事項

一九四五年一〇月二七日、幣原喜重郎内閣は「憲法改正ノ要否及必要アリトセバ其ノ諸点ヲ闡明スル」ことを「調査ノ目的」として、憲法問題調査委員会を設置した。[14] 委員会は、松本烝治国務大臣を委員長とし、最終的には顧問三人、委員七人、補助員三人及び嘱託一人から構成された。[15] 委員会は翌四六年二月までの間、顧問及び委員が出席する「総会」を七回、委員のみが出席する「調査会」を一五回開催し、憲法改正要綱（甲案）及び乙案を作成するに至った。

「第一回調査会での話し合いの結果、宮沢〔俊義〕委員の担任のもとに……整理され[16]」、第二回調査会において配付された「研究項目[17]」に拠ると、両院制をめぐる検討事項は次の通りである。①「両院制を維持すべきや」または「一院制とすべきや」（一八(イ)及び(ハ)）。②組織につき、「貴族院の組織を貴族院令を以て定むとする点を改むべきや」（一九(イ)）及び「貴族院の構成分子の規定を改むべきや」（一九(ロ)）。これに関しては、ⓐ「全部貴族院令に譲るべきや」（一九(ロ)Ⓐ）または「大綱を憲法に定むべきや」（一九(ロ)Ⓑ）という規律法形式の問題、並びに、ⓑ「定むべしとして現在の規定にて可なりや」（一九(ロ)Ⓒ）という構成内容に係る問題が含まれる。③「両院の権限につき差等を設くべきや」（一八(ロ)）。④「貴族院の解散を認むべきや」（五）。⑤「貴族院なる名称を改むる要あるや」（一九(ハ)）。当該項目は、法制局内の憲法調査の過程において「おもだった参事官によって、主として憲法の第二章以下について問題点を指摘したメモ[18]」中にも見られる。以下、研究項目に沿い、委員会における議論を概観する。

(四)　委員会における議論

(a)　両院制対一院制

「実際問題トシテハ、二院制ヲ廃止セヨトイフ声は無イ」旨の発言があり[19]、「両院制ヲ維持スルコトハ異論ガナイ[20]」と総括されている。両院制を維持することが前提である[21]。

(b)　上院の構成

上院の構成に係る規律法形式の問題は、貴族院は勅令たる貴族院令により組織する旨を明治憲法が規定する（第三四条）ことから生ずる。上院の組織を法律により規律すべきであることは「色々アルケレドモ[22]」「異議ナシ[23]」と総括された。ただし、小林次郎委員（貴族院書記官長）は、「小(少)数意見デハアルケレドモ『参議院法』ハ『参議院令』トスベキデアルトイウ意見[24]」、すなわち「参議院の組織は、貴族院令と同じく、政府に提案権のある勅令で決めることにした方が、二院制度の上から適用ではないか[25]」という意見を述べている。

上院の構成内容と上院議員の選出方法は最も議論になった。明治憲法下における貴族院改革論の重点はその構成の改革にあったこと、第八九回帝国議会中に衆議院が解散された（一九四五年一二月一八日）後直ちに、政府内で貴族院令改正の検討が開始されたことを考慮するならば、委員会における両院制の構想の中心が上院の組織であった[26]ことは自然であろう。

第三回総会（一一月一四日）においては、意見が分かれた[27]。第一に、「皇族議員、華族議員及び勅任議員を全廃し、選挙による議員を以て組織するものとすべし[28]」とする公選制支持論である。美濃部達吉顧問、野村淳治顧問が主張した。理由として、議院が国民代表の府たるべきものである以上、その議員は公選を原則としなければならないが、その場合、衆議院に対して特色をもたせる必要がある旨が記録されている。また、「公選」制という場合の選挙方法も、①「複選法」と②「国民の直接選挙」に別れている。第二に、「皇族議員及び華族議員を廃し、勅任議員のみとなすべし」とする勅任制支持論である。清水澄顧問が主張した。理由として、貴族院は衆議院の番人とする必要があり、選挙に出馬することを喜ばない人材を勅選により導入することも考えるべきである旨、勅選議員を置くとしてもその数と権限を縮小すればよい旨が記録されている。第三に、「皇族議員及び華族議員を廃し、勅任せられたる議員及び選挙せられたる議員を以て組織するものとすべし」とする公選勅任並立制支持論である。松本委員長が主張した。皇族・華族を貴族院の構成することは憲法の規定から削り、勅任議員の具体的内容は貴族院法により措置する方法もある旨が記録されている。他方第四に、小林委員は、貴族院の現在の構成を維持し、貴族院の権限を縮小すればよいという意見であった。小林委員は、これに先立つ第三回調査会（一一月八日）において、「貴族院議員側ノ意見」は、「貴族院の基本的な構成はそのままとして、権限の方を縮小する……という論が多いこと[29]」、構成の改革に関して、①「皇族議員ヲ除クコト」②「公侯爵ノ世襲ヲ廃シ伯子爵同様互選トスルコト」③「勅選議員ニ任期ヲ付スルコト」④「全体ノ数ヲ削減スルコト」⑤「職能代表的意味ヲ有スル地方選出勅任議員制ヲ設ケルコト[30]」の「五点ニアル」と紹介していた。

各委員による改正試案も三説に分かれている[31]（**表一**参照）。宮沢委員は公選制を採用した。清宮四郎委員及び河村又介委員は、公選制を採用するとともに、その代表的性格に踏み込んで規定した。清宮委員は、地方及び職能代表を念頭に置く公選制を、河村委員は、職能代表を念頭に置く公選制を採用した。小林委員及び大池眞委員（衆議院書記官長）は勅任制を採用した。美濃部顧問は、試案では公選勅任並立制を採用した。佐藤達夫委員及び入江俊郎委員は公選勅任並立制を採用した。入江委員は、地方及び職能代表に「練達堪能ナル者」を加えている。佐藤委員が勅任議員数の制限を明記しているも注目される。

表一　上院の構成に係る各委員改正試案

美濃部[32]	第三十五条　第二院ハ法律ノ定ムル所ニ依リ選挙又ハ勅任セラレタル議員ヲ以テ組織ス
宮　沢[33]	第三十四条　元老院ハ元老院法ノ定ムル所ニ依リ選挙セラレタル議員ヲ以テ組織ス
清　宮[34]	第三十四条　参議院ハ参議院法ノ定ムル所ニ依リ地方団体及職能団ヨリ選出セラレタル議員ヲ以テ組織ス
河　村[35]	第三十四条　元老院ハ元老院組織法ノ定ムル所ニ依リ各種職域ニ於テ選挙セラレタル議員ヲ以テ組織ス
小　林[36]	第三十四条　公議院ハ公議院令ノ定ムル所ニ依リ勅任セラレタル議員ヲ以テ組織ス 註　公議院第十三条　将来此ノ勅令ノ条項ヲ改正シ又ハ増補スルトキハ帝国議会ノ協賛ヲ経ヘシ
大　池[37]	第三十四条　上院ハ構成法ノ定ムル所ニ依リ勅任セラレタル議員ヲ以テ組織ス
佐　藤[38]	第三十一条　審議院ハ審議院法ノ定ムル所ニ依リ選挙セラレタル議員及勅任セラレタル議員ヲ以テ組織ス但シ勅任議員ノ定数ハ総議員ノ三分ノ一ヲ超ユルコトヲ得ス
入　江[39]	第二十九条（34）　参議院ハ法律ノ定ムル所ニ依リ練達堪能ナル者並ニ職域及地域ヲ代表スル者ノ中ヨリ勅任又ハ選挙セラレタル議員ヲ以テ組織ス

上院議員の選出方法に意見の相違がある一方、上院が地域・職能団体・有識者といった衆議院とは異質の代表から構成されるという上院の組織原理に関する理解は大方一致していたと解される。

(c)　内閣との関係

委員会は、貴衆両議院と内閣の関係についても、貴族院の解散や貴族院による内閣ないし大臣不信任の可否という観点から検討した。この問題は、上院に内閣創出機能を認めるか、内閣の信任関係を何れの議院との関係で構築するかに関わる。

第一回調査会（一〇月三〇日）において早速、「解散ニ付テモ衆議院ノ解散ニ対スル貴族院ノ解散トイツタコトモ議論トナリ得ル」[40]旨の発言が見られる。第二回調査会（一一月二日）においては、これを敷衍して、次の通り記録されている。「衆議院ニハ解散ヲ以テ臨ミ得ルガ、貴族院ニ対シテハ現在ハ停会シカ出来ナイ。嘗テ衆議院ノ可決シタモノヲ貴族院ガ之ヲ握ツテ可決シサウモ無カツタトキ、衆議院ヲ解散シタ例ガアル。解散ハ懲罰デハ無イカラ、理論上ハ何等差支無イガ、貴族院ニ対シテモ何ラカノ措置ヲ要スルトイフ議論ハアリ得ル。[41]」

委員会は、貴族院の解散の可否を検討するにあたり、上院の構成の性質や両議院の権能関係を考慮した。第二回調査会においては、意見が分かれた[42]。構成民主化・権能対等思考から、①「貴族院議員が公選によるとせらるる場合には貴族院に就ても解散を考慮する必要あるべし」（ハ説）という意見のほか、②「解散以外に於て何等か貴族院の反省を求むる方法を考慮すべし」（ホ説）という意見がある。他方、③「貴族院の解散を認めず、その権限を縮〔小〕すべし」（ニ説）という異質構成・衆議院優越思考に立脚する意見も述べられた。

第三回調査会においては、内閣と両議院の信任関係が検討された[43]。「国務大臣が議会に対して責任を負ふ規定を設くべし」（九、第五五条）とした上、「両議院（或は単に衆議院）は国務大臣の不信任を決議するを得る旨（或は更にその場合に国務大臣は退任すべき旨）を規定すべし」（ロ説）という意見が述べられている。これを承けて、第三回総会において、①「衆議院のみに政府不信任決議権を認むべし」（A説）、②「貴族院も不信任決議権を有するも、貴族院の不信任は政府の進退に影響なきものとすべし」（B説）という意見が示された[44]。さらに、美濃部顧問の意見[45]が次の通り記録されていることが注目される。「問題ハ貴族院ニ於テ〔内閣不信任〕決議セル場合衆議院ノソレノ様ナ効果ヲ生ズルヤ否ヤト云フ疑問ガ起ル、然シ乍ラ衆議院ノミニ不信任決議権ヲ認メルト貴族院ノ他ノ権限迄モ削ラレルル懼ガ生ズルシ又一院ヨリ不信任ヲ表明サレタ大臣ハ事実上辞メザルヲ得ナイ立場ニナルコトトナルカラ、帝国議会ノ所ニ両院ノ不信任決議ノコトノミヲ規定シテ其ノ結果ドウナルト云フコトニ付テハ書カナイ様ニスルノガ良イ様ニ考ヘラレル。」[46] 第六回調査会[47]（一一月二四日）においては、「貴族院モ不信任決議権ヲ有スルトスレバ其ノ権限ヲ弱クスル意味ガナクナル」[48]旨の意見が述べられている。

この間の議論においては、内閣の存続に議院が影響を及ぼすならば、内閣と当該議院の均衡関係が成立すべきであるという思考が見出される。また、委員会は、両議院の構成の異質性を前提にするからこそ、両議院と内閣との間に信任関係を認めた場合、内閣の存続や大臣の在任に対する効果が複雑になることを十分に認識していた。

(d)　上院の権能

両議院の権能関係、就中上院の権能制限については、第三回調査会において「両院制は之を維持すべし。但し貴族院の権限を制限すべし」（イ説）という意見として現れた[49]。具体的には、「(1) 予算その他金銭法案に関する貴族院の権限を制限すべし」、「(2) 少く〔ママ〕とも貴族院は予算に関し衆議院の削減せるものを復活し得ざるものと為すべし」、「(3) 法律案に関しても貴族院の権限を制限すべし」とされている。このうち、立法権の制限に関しては、「衆議院で何度も可決しながら、貴族院で握りつぶし、または否決するような場合の扱いについて考えることも一案であろう」[50]という意見が述べられている。衆議院が優越する方策の一つとして、貴族院の立法権を遅延権に制限することが念頭にあることがうかがわれる。

第六回総会（一二月二六日）においては、貴族院の解散の可否の問題と関連づけて、両院の権能関係について基本的考え方が示され、これらの各案をなお研究することとした[51]。第一に、「二年ノ中ニ三回衆議院カラ回附シタ同一議案ヲ貴族院ガ可決シナカツタ場合ニ貴族院ヲ解散スル。政党政治ニ対スル防塞トシテ貴族院ノ権限ハ余リニ縮少〔小〕シタクナイ。将来衆議院ガ憲法改正ヲ発議スル場合ヲモ考ヘテ。シカシ権限ヲ対等ニスルト貴族院ガツヨクナルカラ解散ヲ一定要件ノ下デ認メル。」貴族院の構成の民主性と内閣との信任関係を強化した対等型両院制が構想されている。第二に、「両院制度ヲ維持スル以上両院ノ特質ヲ生カスベシ〔。〕将来ハ衆議院ト政府ハ一体トナリ之ニ対シ貴族院ガ対立スルト云フコトニナルノダカラ貴〔族〕院ニ解散ヲ認メルノハ適当ナラズ〔、〕解散ヲ認メル位ナラ右ノ様ナ場合〔二〕ハソレハ法律トナルト云フ風ニシタ方ガイイ。」両議院の組織の異質性を前提として、衆議院の優越を基本とする非対等型両院制が構想されている。第三に、「解散シナクテモ両院ノ間ニゴタゴタガ生ジタトキニハ両院ノ合同会議又ハレフエレンダムニヨツテ裁決スルコトノ方ガヨイ」(52)。対等型両院制を踏まえて、両院間の調整手続を念頭に置くものである。

なお、規定の「順序ニ付テハ所謂貴族院ノ権限ヲ縮少〔小〕スルガ、現在トハ反対ニ衆議院ヲ先ニ出シテ、衆議院貴族院トシ、又帝国議会ト云フ名称モ『国会』ト改メタ方ガ良イトノ意見ガ多カツタ。」(53)

(五)　憲法改正要綱及び乙案の作成

(a)　経　過

委員会は、第六回総会を以て一応、憲法改正をめぐる問題点の審議を終えた。年末までに各委員が改正試案を提出する一方、翌四六年明けから「大改正、小改正ノ二ツノ場合ノタメニ案ヲ、宮沢、古井、入江、佐藤ノ四人デツクツテミル」(54)方針を決定した。委員会としての二つの改正案は、第八回調査会（一月四日）から審議、起草を開始した。「小改正」の案は結局、松本委員長が年末年始の休暇中に起草し第一〇回調査会（一月九日）において提示した憲法改正私案(55)に基づき作成されることになった。小改正案は、憲法改正要綱として要綱化され、最終的に「甲案」

と称される[56]。甲案は作成の経緯から松本委員長の見解が反映されている。他方、「大改正」の案は、「調査委員会での支配的意見を幅ひろく取り入れて集大成した案[57]」である。当初、宮沢委員が素案を作成し[58]、小改正案とともに第八回調査会に提出された。ただし、第一〇回調査会において宮沢委員案に「拘泥セズ新ナル見地ニ於テ検討スルコトトナレリ[59]」。大改正案は最終的に「乙案」として、第一五回調査会（一月二六日）及び第七回総会（二月二日）において憲法改正要綱とともに審議、検討された。

(b) 憲法改正要綱及び乙案の内容

憲法改正要綱[60]の両院制に係る改正点は、次の通りまとめられる。①貴族院から「参議院」へ名称を変更すること（十三）、②規律法形式を法律たる「参議院法」へ変更すること（十四）、③参議院は「選挙又ハ勅任セラレタル議員ヲ以テ組織スルモノトスルコト」（十四）、④「衆議院ニ於テ引続キ三回其ノ総員三分ノ二以上ノ多数ヲ以テ可決シテ参議院ニ移シタル法律案ハ参議院ノ議決アルト否トヲ問ハス帝国議会ノ協賛ヲ経タルモノトスル旨ノ規定ヲ設クルコト」という参議院の立法権を遅延権に限定すること（十五）、⑤参議院による予算の増額修正を否認すること（二十五）、⑥「衆議院ニ於テ国務各大臣ニ対スル不信任ヲ議決シタルトキハ解散アリタル場合ヲ除ク外其ノ職ニ留ルコトヲ得サル旨ノ規定ヲ設クルコト」として衆議院のみに内閣不信任決議権を認めること（二十一）。乙案[61]は、両院制に係る改正に関しては、参議院の構成について三案を併記することを除いて同じ内容である。

(c) 参議院の構成

憲法改正要綱は、上院たる参議院の構成について、公選勅任並立制を採用するのみ言及している。他方、乙案の起草においては、これまでの議論を踏まえて、より詳細に規定することが試みられた。すなわち、参議院が地域、職能及び有識者を代表する性格を有することを規定しようとした。宮沢委員が作成した「甲案」の素案[62]は、「参議院ハ参議院法ノ定ムル所ニ依リ地方議会ニ於テ選挙スル議員及各種ノ職能ヲ代表スル議員ヲ以テ組織ス」（第三四条）

として、地域代表に複選制を導入するとともに、職能代表制を採用した。第一〇回調査会[63]においては、「参議院ノ構成ニ付テ色々ノ意見ガア」り、「参議院ハ構成法ノ定ムル所ニ依リ各地方及各界ヨリ特選セラレタル議員ヲ以テ組織ス……トイフ案」も出されている。当該案の「『特選』トハ公選ニ対スル観念デアツテ㈠法律ニ依ル選挙デアツテモ、資格ヲ限定シ、銓衡機関ヲ設ケル等限定的選挙ヲ意味スル」。「之ニ付テハ『各地方』トイウ観念ガ不明瞭デアルトイフ意見ヤ学識経験者ヲ含ムコトニシタイトイフ案ガ出タ」。この過程を見ると、公選制といえども、具体的には間接選挙を主に意味することが領会される。第一一回調査会[64]（一月一二日）においても、午前中に「甲案（筆者註・後の乙案）ヲ作成スルコトトナリ」、「参議院ノ構成ニ付テ如何ナル形式ヲ採ルベキヤガ論ゼラレ」、午後に「第三十五条以下ニ付テ甲案ノ条文ヲ作成シタ」。すなわち、「(イ)参議院ハ法律ノ定ムル所ニ依リ職域、地域並ニ学識経験ニ拠リ選挙又ハ勅任セラレタル議員ヲ以テ組織ス」及び「(ロ)参議院ハ構成法ノ定ムル所ニ依リ職域地域ヲ代表スル者並ニ学識経験アル者ノ中ヨリ選挙又ハ勅任セラレタル議員ヲ以テ組織ス」である。当該規定は若干の修文を経て、第一五回調査会へ提出された乙案[65]第三五条のそれぞれA案及びB案となった。さらに、第一五回調査会の審議結果等を踏まえて修正され、第七回総会において配付された乙案第三五条[66]には、C案として憲法改正要綱十四の内容が追加された。

(d)　立法権の制限

立法に関する遅延権については、各委員の試案では、松本委員長案のほか、小林委員（第三九条ノ二）、大池委員、「大池案参考」として入江委員（第三三条）の試案に見られる。内容に関しては、松本案及び小林案の系統と大池案及び入江案の系統に区別できる。[67]第一に、衆議院が優越する要件に関して、両系統は三分の二以上という特別多数による可決と議決要件を加重する点で共通する一方、可決回数について、松本・小林案が引き続き二回とする一方、大池・入江案は引き続き二回と異なっている。特別多数による議決を優越要件と規定したことは、後の三月二日案の逐条審議において衆議院の特別多数による再議決権への変更を日本側が特段問題とすることなく受容する素地になったと解される。第二に、優越の効果について、松本・小林案は、帝国議会の協賛を経たことの看做し規定となっているのに対して、大池・入江案は、参議院が修正議決した場合に両院協議会を経ることを要求している。総じて、委員会においては、法律制定における衆議院の優越は「実際上どのような運営になるのかについては、あまりはっきりした結論がえられないままに終わっている」(68)。確かに、衆議院の優越という一般原則に関して合意がある一方、優越を認める要件に特別多数による可決を求めることに象徴されるように、衆議院の優越性が具体的内容のレベルで徹底しているとは言えないのである。

このほか、大池委員が「立法権は帝国議会両院一致の議決を以て法律となし、天皇に於て民意に反するものと御認めになつた場合は国民投票に聴きて之を……拒否し得る途を講ずること」(69)という意見を提出したことも注目される。

憲法改正要綱及び乙案を両院制の完全な構想と見ることには留保が必要であろう。なぜなら、委員会発足当初はその任務に憲法改正案の作成を含むかが明確でなく、委員会の活動も、一九四六年一月下旬以降の状況の激変により、完了した形で終わったとは必ずしも言えないからである。しかも、要綱及び乙案は、明治憲法の一部改正を前提として、貴族院改革という文脈に強く規定された構想である。そうであるとはいえ、以上の経緯及び議論に照らすならば、要綱及び乙案における両院制が、公選勅任並立制を採用することにより、職能代表等の衆議院とは異なる組織原則に立ちながらも民主的正統性をある程度調達した上、権能関係において衆議院の優越を認めることを基調として構想されたことは明らかである。また、委員会の議論において示された、参議院の組織に公選制を導入し、両議院の権能を対等化するならば、不信任決議と解散という参議院と内閣との信任関係を構築することが必要であるなどの視点は、今日の両院制論にとっても示唆に富むと解されるのである。

(6) 入江・前掲註(3)二三一頁。
(7) 佐藤・前掲註(3)第三巻一頁。
(8) 佐藤達夫「憲法『第四章国会』の成立過程」レファレンス五二号(一九五五年)一頁以下、二頁。
(9) 田中嘉彦「帝国議会の貴族院—大日本帝国憲法下の二院制の構造と機能」レファレンス七一八号(二〇一〇年)四七頁以下、内藤一成『貴族院』(同成社・二〇〇八年)等参照。
(10) 『議会制度百年史　議会制度編』(一九九〇年)三四頁[佐藤功執筆]。
(11) 堀切善次郎『貴族院改革資料』(巖松堂書店・一九二三年)、尚友倶楽部(編)『青票白票—昭和期貴族院制度研究資料』(原書房・一九九一年)、宮澤俊義「貴族院の改革(その一)」同『轉回期の政治』(中央公論社・一九三六年)所収二五〇頁以下、同「貴族院の改革(その二)」同書所収二六九頁以下等参照。
(12) 佐藤・前掲註(3)第一巻一八三―一八六頁。
(13) 「[資料一]終戦ト憲法(昭和二〇年九月八日)(入江稿)」芦部信喜＝高橋和之＝高見勝利＝日比野勤(編著)『日本国憲法制定資料全集(一)憲法問題調査委員会関係資料等』(信山社・一九九七年)三七頁以下、三七頁。
(14) 「[資料一八]憲法問題調査委員会設置ノ趣旨(昭和二〇年一〇月二七日)」芦部ほか・前掲註(13)所収一三〇頁以下。
(15) 「[資料二〇]憲法問題調査委員会名簿(昭和二一年二月一日)」芦部ほか・前掲註(13)所収一三三頁。
(16) 佐藤・前掲註(3)第二巻二七三頁。
(17) 「[資料二三]調査資料(昭和二〇年一一月二日第二回調査会配布、宮沢稿)」芦部ほか・前掲註(13)所収一三五頁以下、一三五―一三六頁。
(18) 佐藤・前掲註(3)第一巻一六四頁。メモにつき、「[資料五]帝国議会ニ関シ改正ヲ要スト認メラルル諸点(第三章)」芦部ほか・前掲註(13)所収四一頁、「[資料六]第三章帝国議会(佐藤稿)」同書四一頁、「[資料七]第三章帝国議会、第四章、第七章補則ニ付考フベキ事項(宮内稿)」同書四一頁以下、四二頁参照。
(19) 第三回調査会議事録「[資料七三]憲法問題調査委員会議事録」芦部ほか・前掲註(13)所収三一九頁以下、三三二頁。
(20) 第七回調査会議事録・前掲註(19)三六五頁。第一〇回調査会議事録・前掲註(19)三七八頁にも同旨の記述がある。
(21) 日本国憲法成立過程において公表された政党及び民間の憲法改正案においても、一院制を採用するのは日本共産党「日本人民共和国憲法(草案)」(一九四六年六月二九日発表)のみであった。

(22)「色々アル」というのは、貴族院令の改正に両議院の議決を要するという手続に改めるという意見も存したことを示している。第三回調査会議事録・前掲註(19)三二二頁。
(23) 第六回総会議事録・前掲註(19)三六八頁。
(24) 第一五回調査会議事録・前掲註(19)三九三頁。
(25) 佐藤・前掲註(3)第二巻五五九頁。
(26) 佐藤・前掲註(3)第一巻三九五-三九八頁。なお、貴族院内の改革に向けた動きとして、貴族院改革調査会、憲法研究会の発足があった。内藤・前掲註(19)二三二-二三五頁。
(27) 第三回総会議事録・前掲註（19）三四一-三四二頁、佐藤・前掲註(3)第一巻三〇一頁、入江・前掲註(3)三八頁。
(28) 本文中の引用につき、「〔資料五一〕第二回乃至第五回調査会並びに第三回及び第三回総会に於て表明せられたる憲法各条項の改正に関する諸意見（昭和二〇年一一月二四日配布）」芦部ほか・前掲註(13)所収一五四頁以下、一五五-一五六頁。
(29) 佐藤・前掲註(3)第一巻二九四頁。
(30) 第三回調査会議事録・前掲註(19)三三三頁。
(31) 佐藤・前掲註(3)第一巻三二四頁。
(32)「〔資料三三〕美濃部顧問私案」芦部ほか・前掲註(13)所収一六五頁以下、一六六頁。
(33)「〔資料三四〕大日本帝国憲法改正案（宮沢委員）」芦部ほか・前掲註(13)所収一六七頁以下、一六八頁。
(34)「〔資料三五〕大日本帝国憲法改正試案（清宮委員）」芦部ほか・前掲註(13)所収一七一頁以下、一七二頁。
(35)「〔資料三六〕大日本帝国憲法改正試案（河村委員）」芦部ほか・前掲註(13)所収一七三頁以下、一七五頁。
(36)「〔資料三七〕大日本帝国憲法改正私案（小林委員）、金子伯談話（抄）」芦部ほか・前掲註(13)所収一七六頁以下、一七七頁。
(37)「〔資料三八〕帝国憲法改正私案（大池委員）」芦部ほか・前掲註(13)所収一八一頁以下、一八二頁。
(38)「〔資料四九〕憲法改正試草（昭和二一年一月三日、佐藤委員）」芦部ほか・前掲註(13)所収二六四頁以下、二六五頁。
(39)「〔資料五一〕大日本帝国憲法改正試案（昭和二一年一月、入江委員）」芦部ほか・前掲註(13)所収二六六頁以下、二六七頁。
(40) 第一回調査会議事録・前掲註(19)三二四頁（第七条に係る発言）。第四四条についても同旨の発言がある（三二七頁）。
(41) 第二回調査会議事録・前掲註(19)三三〇頁。
(42)「〔資料二三〕第二回調査会（昭和二〇年一一月二日）に於て表明せられたる憲法各条項の改正に関する諸意見」芦部ほか・前掲

註(13)所収一三八頁以下、一三八頁。
(43)「〔資料二五〕第三回調査会（昭和二〇年一一月八日）に於て表明せられたる憲法各条項の改正に関する諸意見」芦部ほか・前掲註(13)所収一四一頁以下、一四三頁。
(44)「〔資料二八〕第三回総会（昭和二〇年一一月一四日）に於て表明せられたる憲法各条項の改正に関する諸意見」芦部ほか・前掲註(13)所収一四九頁以下、一五二頁。
(45)佐藤・前掲註(3)第一巻三〇二頁参照。
(46)第三回総会議事録・前掲註(19)三四三頁。
(47)「従来ノ会合ニ、公務ノ都合上、欠席ノ多カツタ河村、清宮両委員ノ為ニ、ソノ間論議セラレタ多クノ論点ヲ詳細ニ亘リ宮沢委員ヨリ説明スルト共ニ、両委員ノ意見ヲ聴キ今後ノ研究ニ資スル為ニ開レタ」（第六回調査会議事録・前掲註(19)三五六頁）。
(48)第六回調査会議事録・前掲註(19)三五九頁。
(49)第三回調査会に於て表明せられたる憲法各条項の改正に関する諸意見・前掲註(43)一四二頁。
(50)佐藤・前掲註(3)第一巻二九三頁。
(51)第六回総会議事録・前掲註(19)三六七-三六八頁、佐藤・前掲註(3)第一巻三六八-三六九頁。
(52)野村顧問は、「それ等の方法を採ることに対して賛成をしない。併しそれ等の方法〔の〕何れか一を採るならば、公選議員を以て上院を組織することにしても、少しも国務の渋滞を生ずる虞はない」としている。「〔資料四四〕憲法改正に関する意見書（昭和二〇年一二月二六日、野村淳治）」芦部ほか・前掲註(13)所収一九二頁以下、二〇八頁。
(53)第一〇回調査会議事録・前掲註(19)三七八頁。
(54)第六回総会議事録・前掲註(19)三七〇頁。
(55)「〔資料五四〕憲法改正私案（昭和二一年一月四日、松本烝治）」芦部ほか・前掲註(13)所収二七六頁以下。
(56)「甲案」及び「乙案」の名称には変遷が見られる。第六回総会の議に基づき条文化作業を開始した第八回調査会以降、大日本帝国憲法に徹底的改正が加えられた場合の大改正案を「甲案」、改正を最小限に止めた場合の小改正案を「乙案」と称していた。しかし、第一〇回調査会に松本の憲法改正私案が提示されるに及び、第一五回調査会及び第七回総会において、当該私案に基づく要綱（小改正案に当たる）を「甲案」、大改正案を「乙案」として審議するに至った。「〔資料六五〕憲法問題調査委員会の所謂『甲案』『乙案』について」芦部ほか・前掲註(13)所収二九九頁以下参照。

(57)　佐藤・前掲註(3)第二巻四八六‐四八七頁註(1)。
(58)「[資料五二] 甲案（宮沢委員）」芦部ほか・前掲註(13)所収二六九頁以下。
(59)　第一〇回調査会議事録・前掲註(19)三七八頁。
(60)「[資料六八] 憲法改正要綱（最終案）」芦部ほか・前掲註(13)所収三〇六頁以下。
(61)「[資料六四] 憲法改正案（乙案〔入江修正案〕）」芦部ほか・前掲註(13)所収二九三頁以下。
(62)　甲案（宮沢委員）・前掲註(58)二七一頁。
(63)　第一〇回調査会議事録・前掲註(19)三七八頁。
(64)　第一一回調査会議事録・前掲註(19)三八二頁。
(65)「[資料六二] 憲法改正案（乙案〔入江原案〕）」芦部ほか・前掲註(13)所収二八八頁。
(66)　憲法改正案（乙案〔入江修正案〕）・前掲註(61)二九六頁。
(67)　明治憲法下においても、帝国議会両議院の議事については過半数による議決が原則であった（第四七条）。
(68)　佐藤・前掲註(3)第二巻六〇七頁。第七回総会並びに二月一日及び四日の閣議においては、要綱十五の内容について質疑が行われ、「議決アルト否トヲ問ハス」という要件は不明瞭である、または不要である等種々の意見が述べられた。入江・前掲註(3)六六頁、七九‐八〇頁、八三‐八四頁、佐藤・前掲五八一‐五八二頁、六三八頁、六四一頁。
(69)「[資料三九] 憲法改正問題について（大池意見、松本大臣に提出）」芦部ほか・前掲註(13)所収一八五頁以下、一八八頁。

二　三月二日案・逐条審議・憲法改正草案要綱——異質型両院制と民主政

(一)　マッカーサー草案の日本側への手交

一九四六年二月一三日、総司令部は日本政府にマッカーサー草案を手交した。マッカーサー草案は一院制を採用した（第四一条）。手交時、松本国務大臣が、議会について一院制を採用する点のみについて理由を質したところ、日本にはアメリカのような州がないから、上院の必要は無く、一院の方がかえってシンプルと考えた旨の回答があった。松本大臣は、その理由があまりに簡単なことに驚き、両院制の存在理由について一応説明した[70]。手交後、日本政府側と総司令部側との度重なる折衝及び政府内の曲折を経て、内閣は結局、二月二六日の閣議において、マッカーサー草案を基礎として日本側の憲法草案を作成し、三月一一日までに総司令部に交付することを諒解した。松本大臣は、佐藤達夫法制局第一部長と分担して案文を執筆し、入江俊郎法制局次長が協議に随時加わる形で、当該憲法草案の起草を進めた。三月一日午後、草案「第二稿」訂正後の段階において、総司令部から日本側の草案を至急提出せよとの厳命が伝えられ、憲法草案の案文が急遽整理され、翌二日に印刷に付された[71]。これが三月二日案である。

(二)　三月二日案

三月二日案[72]における「第四章　国会」は「二院制として松本大臣が書き下されたものであ[73]」る。両院制に関係する内容は次のようにまとめられる[74]。

第一に、参議院の構成については、「参議院ハ地域別又ハ職能別ニ依リ選挙セラレタル議員及内閣ガ両議院ノ議員ヨリ成ル委員会ノ決議ニ依リ任命スル議員ヲ以テ組織ス」として、憲法問題調査委員会において作成された憲法改正要綱及び乙案の系譜を継ぎ、地域及び職能代表的性格を有する公選任命並立制を採用した（第四五条第一項）。

第二に、任期に関して、マッカーサー草案第四五条を踏襲して、衆議院議員と別に参議院議員に係る規定を設けて、その任期は六年とした。加えて、「松本大臣の考案」として、半数改選制を規定した（第四六条）。佐藤達夫は、半数改選制の趣旨として「いわば第二院の〝熟練耐久〟を期待されたものと思う」と推測している。なお、一九四六年一月八日に閣議決定された貴族院令改正要綱は、四種の勅任議員のうち三種につき任期を六年とし、それぞれ三年ごとに半数を改選することを含んでいた[75]。当該改正要綱も第四六条の内容に影響した可能性がある。

第三に、両議院の権能関係に関して、衆議院の優越を規定した。「これは、イギリスの例を参考にされたものである」。法律制定について参議院に遅延権のみを認める点は憲法改正要綱及び乙案と同じである（第六〇条第三項）。ただし、衆議院単独の議決による法律制定の要件につき、要綱及び乙案は「其ノ総員三分ノ二以上ノ多数ヲ以テ可決」と議決要件を加重していたのに対して、三月二日案は、①「衆議院ニ於テ引続キ三回可決」かつ②「衆議院ニ於テ之ニ関スル最初ノ議事ヲ開キタル日ヨリ二年ヲ経過シタルトキ」に変更している。また、予算について、両議院の議決不一致の場合「法律ノ定ムル所ニ依リ両議院ノ協議会ヲ開クモ仍意見一致セザルトキハ衆議院ノ決議ヲ以テ国会ノ決議トス」として、衆議院の優越を規定した（第六一条第二項）。この点、憲法改正要綱及び乙案では、衆議院が議決した予算につき参議院の増額修正を禁止するに止まっていた。予算に係る衆議院の優越規定は「条約、国際約定及協定ノ締結ニ要スル国会ノ協賛」に準用される（第六二条）。さらに、内閣総理大臣の選定、内閣総理大臣による国務大臣の選定に対する国会の協賛についても、衆議院の優越を新たに規定した（第六九条第二項、第七〇条後段）。三月二日案は全体として、衆議院の議決価値の優越をより強めた規定となった。

第四に、マッカーサー草案第五七条が定める国会の内閣不信任決議に係る規定は、「内閣ハ衆議院ニ於テ不信任ノ決議案ヲ可決シ又ハ信任ノ決議案ヲ否決シタルトキハ十日以内ニ衆議院ヲ解散セザル限リ総辞職ヲ為スコトヲ要ス」（第七一条）と憲法改正要綱及び乙案の形に近づけられた。不信任決議及び解散といった信任関係が衆議院と内閣の関係のみに認められることを明確にしている。前述した内閣総理大臣や国務大臣の選定に係る衆議院の優越もこの考えと軌を一にすると解される。

(三)　日本案の説明書

松本大臣は、三月二日案の起草と並行して、説明書を執筆し、三月二日案に付して総司令部へ提出した。五項目から成る内容のうち、一項目が両院制に当てられている。[76] 当該説明書により、三月二日案、遡るならば憲法改正要綱における両院制について、少なくとも松本自身がいかなる思考の下で構想したかをうかがうことができる。

第一に、両院制の趣旨に係る記述が最も注目される。「衆議院ノ多数党ノ横暴ナル提案ハ或ル程度ニ於テ参議院ニ於テ之ヲ抑制シ得ルノミナラス右ノ如キ抑制機関アリト云フコトノ自覚自体カ多数党ヲシテ初ヨリ横暴ヲ戒慎セシムルノ作用ヲ生スヘシ」。「我国民性ハ動モスレハ国論国策ヲシテ左右何レニ向テモ過激ニ偏倚セシムルノ傾ナキト」しないが、「二院制ヲ採ルトキハ或ル程度ニ於テ此ノ如キ一偏倚ヲ制止シ国政ノ安定ヲ図ルコトヲ得ヘシ」としている。

第二に、参議院の構成に関しては、「参議院ノ組織カ地域別及職能別ニ全国民中ノ有識ナル代表者ヲ集ムルコトニ依リ最モ健全ナル民意ヲ反映セシメントスルモノナル」とその性格を具体的に述べている。また、任命制を採用した場合の選出方法も、「参議院中ニ内閣任命ノ議員ヲ認メタルハ或ル種類ノ職能ニ付テハ適当ナル被選挙資格ヲ定ムルコト又ハ適当ナル選挙母体ヲ発見スルコトヲ得サルモノアルヲ以テ此ノ種ノ職能ノ代表者ヲモ網羅スル為両議院議員ヨリ成ル委員会ノ議ヲ経テ内閣ニ於テ議員ヲ任命シ得ル制度ヲ設ケントセルモノナリ」と明記した。

第三に、両議院の権能関係に関しては、「参議院ハ法律案、予算案ノ議決其ノ他凡テノ点ニ於テ衆議院ニ比シ第二次的地位ヲ有スルニ過キサルモノニシテ両院ノ意思異ルトキハ参議院ハ常ニ終局ニ於テ衆議院ニ譲歩スルニ至ルヘキ様規定セラレアルモノナリ之ニ依リテ参議院カ衆議院ニ対シ反省ヲ促スノ機能ヲ発揮セシムルニ止メ二院ノ意思一致セサル結果国政運行ニ障碍ヲ来スカ如キ弊ナカラシメンコトヲ期シタルモノナリ」とする。三月二日案が憲法改正要綱及び乙案に比して衆議院の優越をより徹底することで「民主化」を図るという思考が読み取れる。

総じて、当該説明書は、三月二日案における両院制が貴族院の民主化という文脈の異質構成・衆議院優越思考の延長上に構想されたことを示すものと解される。ただし、非民主政的契機の下で理解される下院の掣肘[77]を以て両院制の趣旨としたことは、当時においても保守的理解であったと言えよう。

㈣　逐条審議

三月二日案は三月四日午前、松本大臣らによって総司令部へ提出された。総司令部が当日中に確定案を作ることを申し入れ、翌五日にかけて、三月二日案の逐条審議が行われた。この審議において、参議院の組織及び法律制定に係る衆議院の優越という両院制の主軸となる内容に重大な変更が加えられたのである。

(a)　参議院の組織――選挙された国民全体の代表

組織、定数並びに選挙人及び候補者の資格に関する諸規定が、両議院共通の規定とされた(78)。三月二日案第四五条について佐藤達夫が「全然存置の見込みがないか・とたずねたところ、absolutely unacceptable だということだった」。マッカーサー草案第四一条の「選挙セラレタル議員」を以て組織する旨の規定が「国民ニ依リ選挙セラレ」とされた上、マッカーサー草案に無かった「国民全体ヲ代表スル」が加わり、「両議院ハ国民ニ依リ選挙セラレ国民全体ヲ代表スル議員ヲ以テ組織ス」となった。

参議院の構成については、逐条審議に先立つ二月二二日午後二時から行われた、松本国務大臣及び吉田茂外務大臣らと Courtney Whitney 准将らとの会談において、次のような経緯があった。松本がマッカーサー草案に関する詳細な意向を質すべく「第四章議会ハ一院制ヲ採レルモ二院制ハ絶対ニ認メラレサルヤ」と質問したのに対して、総司令部側は「二院制ハ米国等ト国情ヲ異ニスル日本ニテハ無用ト考ウルモ強テ希望アレハ両院共ニ民選議員ヲ以テ構成セラルル条件下ニ之ヲ許スモ可ナリ」として、両院制の条件附採用を認めた。さらに、上院を民選議員から構成する場合の「民選」の意義について、①「複選〔制〕ハ可ナリ」とした上、②「府県会議員等ヲ選挙人トスル」間接選挙制は「民選」と認める一方、③「例ヘハ商業会議所議員ヲ選挙人トスルカ如キ職業代表」といった職能代表制、④「議員ノ少数者ヲ勅任トスル」一部任命制は、「民選」と認め得ない旨を回答した[79]。ただし、芦田均の口述に拠ると、二月二五日の臨時閣議における松本の報告では、「ホイットニーは間接選挙の意味がよくわからないようであった」と伝えられている[80]。

したがって、三月二日案第四五条は「二月二二日の会談で表明された司令部側の意向にかかわらず松本大臣が敢えて加えられた規定であると思われる[81]」。しかし後述する通り、日本統治の民主化への抵抗に対する警戒感から、「民選」議院から構成される両院制を徹底すべく、第四五条は削られた。この結果、両議院間の構成の異質性を両院制の妙と理解していた日本側にとって、選挙制度を通じて衆議院とは異なる性格を有する参議院の構成を案出することが最大の懸案となるのである。

(b) 法律制定における衆議院の優越——衆議院の再議決権

三月二日案第六〇条第三項が法律制定における参議院の遅延権への制限を規定していたのに対して、総司令部は衆議院の再議決権を提案した。佐藤達夫は、「この修正については、先方であらかじめ用意していたものらしく、いわば、一方的な申し出だった[82]」という。もっとも、佐藤は「この案の方が原案よりも単純・明快のように感じられたので、賛成の意を表明した」。この結果、当該条項は、三月六日に公表された憲法改正草案要綱[83]第五四において、「衆議院ニ於テ可決シ参議院ニ於テ否決シタル法律案ハ衆議院ニ於テ出席議員三分ノ二以上ノ多数ヲ以テ再度可決スルトキハ法律トシテ成立スルモノトスルコト」、「参議院ガ衆議院ノ可決シタル法律案ヲ受領シタル後議会休会中ノ期間ヲ除キ六十日以内ニ議決ヲ為スニ至ラザルトキハ衆議院ハ参議院ガ右法律案ヲ否決シタルモノト看做スコトヲ得ルコト」となった。この再議決権の採用は、貴族院段階での両院協議会請求権の追加修正をはじめとして、法律制定における衆議院の優越を弱める方向での制度構想を行う伏線となったとも解し得る。

(五)　両院制に対する総司令部の意図

逐条審議において両院制の内容が変更された背景として、総司令部内の起草過程を概観する。

(a)　SWNCC―二二八

SWNCC―二二八「日本の統治体制の改革(84)」は、ポツダム宣言の要求は憲法改正を伴うものであるというアメリカ政府の考えを最高司令官に伝達した文書である。一九四六年一月七日に国務・陸軍・海軍三省調整委員会によって決定され、同月一一日、Douglas MacArthar 元帥にインフォメーションとして送付された。「結論」aにおいて、「最高司令官は、日本政府当局に対し、日本の統治体制が次のような一般的な目的を達成するように改革されるべきことについて、注意を喚起しなければならない」として、「一般的な目的」を列挙する中において、「選挙権を広い範囲で認め、選挙民に対し責任を負う政府を樹立すること」(一)項)、「行政府の権威は、選挙民に由来するものとし、行政府は、選挙民又は国民を完全に代表する立法府に対し責任を負うものとすること」(二)項)、「立法府は、選挙民を完全に代表するものである」(三)項前段）ことを挙げている。さらに「問題点に対する考察」において、「貴族院は、大体、二分の一が貴族、四分の一が高額納税者の互選による者、四分の一が天皇の任命する者によって構成されているのであって、貴族院が民選の下院と同等の権限をもつことは、日本における有産階級及び保守的な階級の代表者に、立法に関して不当な影響力を与えるものである」(5(a)）と指摘していた(85)。

(b)　マッカーサー草案の起草過程

民政局における草案起草過程においては、一院制、両院制何れを採用すべきかの問題が議論された。一院制を一応提示し、日本側の反応を見るという方針が採られた(86)。すなわち、①「日本における政治の情況からいって、二院制を特に必要とする理由は見当らない［ママ］し、二院制をとると、それぞれの議員をどう選出するか、不信任決議をどちらに与えるかというような複雑な問題を生ずるから、一院制のほうが、簡明という点でもすぐれているとされた」。

②「最後にケイディスから、一院制か二院制かの点は、日本政府に総司令部案を受け容れさせるに当たって、取り引きの種として役立たせうるかもしれないという意見がのべられている」[87]。

(六)　参議院の性格

佐藤達夫は、二月二二日の会談のいきさつも踏まえて、①「国民全体ヲ代表スル」を挿入することにより、三月二日案「第四五条に規定していた職能代表的のものを封ずるつもりであったかも知れない」と推測し、②「五日の整理英文では representative of all the people とあるだけで『国民ニ依リ選挙セラレ』に当たることばは入っていない」と指摘している[88]。他方、総司令部は、公選制の下において両議院の構成が同質となる可能性を認識した上で、一院制を採用した。また、「二院制をとることは容認するにしても、……SWNCC―二二八の指針に基づく、『選挙された議員から成る』とする規定は、第二院についても必ず設けられなければならないとされた」[89]。ただし無論、この段階で参議院の構成の性格が確定したわけでない。日本側は、これまでの経緯から「選挙」の意味を直接選挙に限らずに理解したであろう。事実、半数改選制は三月二日案のままであり、衆参両議院の構成を異質とすることは許容されているのである。

両院の権能関係については、総司令部の対応が必ずしも一貫していたとは言えない。予算及び条約の承認に係る衆議院の優越は、「予算に関し」の字句を挿入するほかは、三月二日案の通りであった。予算に係る衆議院の優越は、「予算不成立の場合について、政府の責任による暫定予算執行」と対応関係が認められる。憲法改正要綱及び乙案において参議院の権能制限が予算の増額修正の否認にとどまっていたのは、暫定予算の執行が設けられていたことが「一つの理由」とされていた[90]。これは、内閣と一体となった衆議院と参議院との均衡を考慮するという発想である。これに対して、SWNCC―二二八は、「立法府は、……予算のどの項目についても、これを減額し、増額し、もしくは削除し、または新項目を提案する権限を、完全な形で有するものである」こととしていた。総司令部の発想からするならば、法律制定の場合と同様、予算に関しても、衆議院の優越を弱めるという対応もあったはずである。したがって、総司令部との逐条審議の成案となった三月五日案及び憲法改正草案要綱は、両院制に関して、「両議院の議員の選出方法が異なることから民選により選出される第一院の権限を優先することとしていた考え方に、両議院ともに民選とする……考え方が導入され、権限の調整が十分に行われないままに両案の考え方が融合している」(91)。この結果、日本国憲法における両院制の構想をメタレベルで読み解く両院制論を要することになるのである。(92)

(70)　佐藤・前掲註(3)第三巻四八頁。
(71)　佐藤・前掲註(3)第三巻六八-七二頁、入江・前掲註(3)二〇五頁。
(72)　佐藤・前掲註(3)第三巻九三-一〇四頁〔付録三〕参照。
(73)　佐藤・前掲註(3)第三巻八〇頁。
(74)　佐藤・前掲註(3)第三巻八〇-八三頁。本項における引用は同書による。
(75)　佐藤・前掲註(3)第一巻三九五-三九六頁、三九六頁註(3)。
(76)　佐藤・前掲註(3)第三巻九〇-九三頁。
(77)　河村又介「二院制度存在理由の変遷」法律時報三巻三号（一九三一年）三頁以下、四頁。
(78)　佐藤・前掲註(3)第三巻一三二-一三三頁。
(79)　「二月廿二日（午後二時乃至三時四十分連合軍司令部ニ於テ）会見（吉田外相ト共ニホイツトニー准将以下四人ト）顛末略」（松本烝治手記。佐藤・前掲註(3)第三巻六一-六四頁、入江・前掲註(3)二五〇-二五三頁所収）。なお、松本烝治『日本国憲法の草案について』自由党憲法調査会特別資料十一（一九五四年）一七-二〇頁参照。
(80)　憲法調査会・前掲註(3)三七〇頁。
(81)　佐藤・前掲註(3)第三巻一〇頁。
(82)　佐藤・前掲註(3)第三巻一三六頁。

(83) 佐藤・前掲註(3)第三巻一八八-一九九頁〔付録五〕参照。
(84) 高柳賢三＝大友一郎＝田中英夫（編著）『日本国憲法制定の過程Ⅰ原文と翻訳――連合国総司令部側の記録による』（有斐閣・一九七二年）所収四一二-四三八頁〔参考資料一〕。
(85) 高柳ほかⅠ・前掲註(84)四二七頁。
(86) 一九四六年二月五日民政局会合の議事要録。高柳ほかⅠ・前掲註(84)一二〇頁以下〔No.11A1〕、一二〇-一二一頁。
(87) 高柳賢三＝大友一郎＝田中英夫（編著）『日本国憲法制定の過程Ⅱ解説――連合国総司令部側の記録による』（有斐閣・一九七二年）一九七-一九八頁。
(88) 佐藤・前掲註(3)第三巻一三二-一三三頁。
(89) 高柳ほかⅡ・前掲註(87)一九九頁。
(90) 佐藤・前掲註(3)第三巻八三頁註(6)。
(91) 浅野善治「日本国憲法における両院制――一つの考え方」比較憲法学研究一八＝一九号（二〇〇七年）一一三頁以下、一二八頁。
(92) 憲法改正草案要綱以降の憲法草案に表れた両院制の構想が、法制局内、枢密院における審査、及び、帝国議会両議院における審議等の過程においてどのように解釈、受容されたかは、重要な検討課題である。しかし、この点に関する検討は他日を期することにしたい。憲法成立過程の国会審議における金森徳次郎国務大臣の答弁等を両院制論の観点から読み解く文献として、只野雅人「参政権と議会制民主主義――国会の構成と機能をめぐるジレンマ」辻村みよ子＝長谷部恭男（編）『憲法理論の再創造』（日本評論社・二〇一一年）所収一八三頁以下参照。

三　貴族院における第五九条第三項の追加修正――対等型両院制への回帰

(一)　趣旨

貴族院段階における修正として、「前項の規定は、法律の定めるところにより、衆議院が、両議院の協議会を開くことを求めることを妨げない」という日本国憲法第五九条第三項となる規定の挿入がある。(93) 当該修正の趣旨について、下條康麿議員（帝国憲法改正案特別委員及び小委員）は「法律案に付きましては、（両院協議会）制度がないのでありますが、併しながら政府の庶幾する所は、必ずしもさう云ふ憲法に現れて居るやうな兩院協議會を認めない趣意ではなく、……法律の定める所に依つて兩院協議會を設けたいと云ふ考のやうであります、固よりさうあるべきことと考へまして、第五十九條の第三項に……『前項の規定は法律の定めるところにより、衆議院が兩議院の協議會を開くことを求めることを妨げない』と云ふ規定を挿入して、兩院協議會の活用に依つて、法律案の圓滑なる成立を見たい」と発言している(94)。

(二)　帝国憲法改正案特別委員小委員会における審議

当該追加修正をめぐり、帝国憲法改正案特別委員小委員会において興味深い議論が見出される(95)。当初の下條案は、第五九条第二項を「法律案について、衆議院で可決し、参議院でこれと異なつた議決をした場合に、法律の定めるところにより、衆議院が両議院の協議会を開いても意見が一致しないとき衆議院で出席議員の三分の二以上の多数で再び可決したときは法律となる。」に改めるというものであった(96)。当該案は、法律案についても、予算・条約及び内閣総理大臣の指名と同じく、必要的協議会を憲法上の要件とした上、再議決権の行使要件にすることを内容としている。法律制定において参議院がその意思をより反映できる制度設計を意図していることは明らかである。修正提案の背景としては、「衆議院デハ五十九條ノ解釋カラ法律案ノ場合ニハ兩院協議會ノ問題ヲ生ジナイダラウト云フ解釋ガアルヤウデアル」（宮沢俊義小委員の発言）こと、さらに進んで、「最近ノ衆議院デハ五十九條二項ノ場合ニハ兩院協議會ヲ認メザルコトト決メタ」（浅井清小委員の発言）ことが推測される(97)。

政府は、法律案に係る両院協議会の開催は「国会法デ決メレバ宜イト云フ考へ(98)」であった。金森徳次郎国務大臣による答弁の要点は、次のようにまとめられる。①法律案についても「普通ノ場合ハ現行法〔筆者註・議院法第五五条〕ノ如ク兩院協議會デ行カントスルモノデ、荒ッポク三分ノ二デ決メテシマウトスルモノデナイ」とし、「憲法ノ要求スル三分ノ二ハナカナカ得ラレルモノデハナイ」という認識を示した[99]。②第五九条第二項に両院協議会の開催請求が規定されていないから、この場合には両院協議会を開催できないという、衆議院における「解釋ヲ封ズル爲ニナラ、五十九條三項トシテ『前項の規定は法律の定める所に依り衆議院が兩議院の協議會を開くことを求めることを妨げない。』ト追加スレバ疑ハ生ジナイ[100]」。③下條案及び田所美治小委員案のような、第五九条第二項の場合に「兩院協議會ヲ開ク、之デ一致シナイ場合ニハ三分ノ二デ行ク、ト云フ趣旨」を「本文ノ中ニ入レルコトハ新憲法ノ根本精神ヲ破壊スルコトニナル」。ただし、「田所案ハ國會法デ規定シテモ違憲ニハナラナイ[101]」。④「『前項の規定は兩院協議會を開くことを妨げない』トシテハ如何」という高柳賢三小委員案に対して、「五十九條二項ハ衆議院ノ先議ノ場合デアリ、参議院ガ先議ノ場合ニハ之ニ含マレテ居ナイ。ソレハ國會法ニ任セル。國會法ガ自ラ兩院協議會ノコトヲ規定スルコトトシ、唯疑ノアル場合ニ付テ五十九條二項、三項ガ解決ヲツケントスルモノデアル[102]。」「原案ハ衆議院ガ活動ノ鍵ヲ握ッテ居ルト云フ所ニ味ガアル。」当該答弁の背後には、高柳案は、衆議院先議の法律案について衆議院が再議決が可能である場合であっても、参議院が両院協議会の開催を請求できるという解釈を許容しかねないという理解があり、「衆議院デハ案外一院制論ガ強ク、進歩黨サヘ参議院ハヨセトナカナカ鼻息ガ荒イ」状況では「御案ノヤウダト衆議院ノ呑込ミ方ガ、私ノ案〔筆者註・金森＝政府案〕ヨリ困難ニナル[103]」、すなわち衆議院は高柳案のような修正に同意しないという見通しがある。⑤「『法律案については兩院協議會を開くことが出來る』トシテハ如何」という宮沢小委員案に対して、「サウスルト法律案以外ニ付テハ——例第八條ノ議決〔筆者註・皇室財産の授受に関する国会の議決〕——兩院協議會ヲ開ケナイトノ解釋ヲ生ズル惧レガアルノデ、『……妨げない』ト云フ規定ノ仕方ガ宜イ。將來ハ國會ガ自ラ其ノ權限ヲ擴大シテ行クデアラウカラ『……開くことが出來る』トスルト、之ヲ押ヘテ了フ惧レガアル[104]。」

要するに、金森答弁から、当時の政府解釈として次の二点を解し得る。①第五九条第二項の規律対象は衆議院先議の法律案である。同条第三項は、衆議院先議法律案を参議院が否決または修正した場合、衆議院のみが両院協議会の開催請求権を保持し、衆議院は再議決または両院協議会開催請求の何れも選択できる趣旨である。②参議院先議の法律案のほか、憲法が衆議院の優越を明定していない案件の両院協議会請求権について、憲法は規律することなく、国会法の定めに委ねられる。第五九条第三項の追加修正は、以上の政府解釈を貴族院が了解して、下條議員の修正案として帝国憲法改正案特別委員会に提出され、採決の結果、三七人中一九人の賛成を以て可決された(105)ことにより、実現する運びとなったのである。

(二)　国会法第八四条の制定過程

先走って述べるならば、小委員会における日本国憲法第五九条第三項の追加修正をめぐる議論の意味は、国会法の制定時における法律案に係る両院協議会請求権を定める第八四条に関する議論と重ね合わせるとより明確になる。第八四条は、衆議院先議法律案のみならず、参議院先議法律案をも射程に入れた規定だからである。法律案に関して衆参両議院の議決が異なるという場合、具体的状況は次のように区別できる。衆議院先議の法律案について、①参議院が否決する場合。②参議院が修正議決し、参議院からの回付案に衆議院が同意しない場合。参議院先議の法律案について、③衆議院が否決する場合。④衆議院が修正議決し、衆議院からの回付案に衆議院が同意しない場合。憲法の追加修正は、①及び②の場合のみを規律したという理解に基づいていた。参議院先議法律案（③及び④の場合）に関する両院間手続の内容については、憲法段階では保留されているのである。事実、参議院先議法律案の取扱いは、憲法改正草案要綱を条文化する段階において行われた、法制局と貴衆両議院事務局等との協議において既に問題点として指摘されていた(106)。法律制定における両院協議会請求権の所在に係る問題は、国会法の制定を以て決着することになる。

衆議院は当時、憲法第五九条第二項及び第三項につき、金森答弁と異なる解釈を採っていた。この点、国会法案第八四条の立案経過説明として、大池眞事務総長が次のように明確に述べている(107)（傍点は筆者）。

「本條は憲法第五十九條第一項乃至第三項の規定に關連いたしておるわけでありまして、法律案について兩院協議會を衆議院が求めることのできる場合を規定いたしました。すなわち衆議院が兩院議會を求めることのできる場合は、衆議院において參議院の囘付案に同意しなかつた時、または參議院において衆議院の送付案を否決した時、及び衆議院の囘付案に同意しなかつた時は、衆議院から兩院協議會を求めることができる旨を規定いたしました。この點について參議院の側からも兩院協議會を求め得られるのではないかとの議論が考えられますが、これは憲法第五十九條第二項、第三項の規定の解釋上、無理があると存じております。この規定につきまして非常に議論があろうかと思いますので、もうちよつと説明をさせていただきます。それは憲法第五十九條第二項は、衆議院先議の法律案に關する規定であつて、參議院先議のものは含んでいない。すなわちこの規定の全然逆な場合については、憲法上何等規定がないから、參議院先議案については、同條第三項の趣旨に從つて、參議院から協議會を請求しても差支えはないではないかという議論があるのであります。所が同條第二項は兩院の議決異なつた場合の衆議院の絶對性を規定したものでありまして、先議の場合と限る理由を發見することができません。參議院が先議をいたしまして衆議院に移された場合、衆議院がこれを修正して參議院に送り返した時に、參議院がこれに同意しなかつた場合は、同條第二項にいわゆる衆議院で可決し參議院でこれと異なつた議決をしたものということができるのであります。今かりに衆議院先議案に限るとする時は、内閣提出の法律案は衆議院に先に提出すれば第二項の適用がある、參議院に先に提出すればこの第二項の適用がないことになりまして、衆議院にこの絶對性を憲法が認めた理由が全然沒却されてしまうと思うのであります。そういうわけでこの八十四條の兩院協議會を求めることを參議院に認める場合を除いたわけであります。」

衆議院の立場は、①第五九条第二項は法律制定における衆議院優越の原則を定める趣旨であり、規律対象は衆議院先議の法律案に限られない、②衆議院優越が原則である以上、両院協議会開催請求を含めて、法律案の命運の最終判断権は衆議院にある、というものである。憲法第五九条第三項追加修正時の政府・貴族院の解釈と対立する論である。この対立は既に、臨時法制調査会における議院法改正の検討の時点から現れていた(108)。かくして、衆議院に提出された国会法案第八四条は「法律案について、衆議院において参議院の回付案に同意しなかつたとき、又は参議院において衆議院の送付案を否決し及び衆議院の回付案に同意しなかつたときは、衆議院は、両院協議会を求めることができる。」（現行第八四条第一項と同じ）とのみ規定したのである。

一九四六年一二月二一日、衆議院は、国会法法案第八四条については原案通り可決した。しかし、一二月二四日貴族院国会法案特別委員会における第八四条に係る質疑中「新憲法の解釈に影響する重大な疑義に突き当たり、一波瀾起きた(109)」。憲法第五九条第二項及び第三項の解釈をめぐる貴族院と衆議院との対立が改めて顕現したのである。結果、憲法追加修正時の金森答弁の解釈——貴族院の解釈でもある——に立ち、第八四条に修正を加えることが委員会の大勢となった。しかし、第九一回帝国議会会期終了（一二月二五日）により、国会法案は審議未了、廃案となった。続く第九二回帝国議会においては、同一の国会法案が再度提出され、一九四七年二月二一日、衆議院は当該法律案を全会一致を以て可決した。貴族院段階において、第二項として「参議院は、衆議院の回付案に同意しなかつたときに限り前項の規定にかかわらず、その通知と同時に両院協議会を求めることができる。但し、衆議院は、この両院協議会の請求を拒むことができる。」という参議院の両院協議会請求権を認める規定を加える修正がなされた。大木操委員による修正提案説明に拠り、その趣旨を確認するならば、次の通りである(110)（傍点は筆者）。

「原案に於きましては、衆議院のみから両院協議會を求めることに相成つて居るのでありますが、此の委員會としましても段々御議論の末、……政府は從來の解釋上認めて、又説明もされて居るし、參議院からの協議會請求權も認めよと云ふことが殆ど全委員を通じての御意見でありますし、それに從ひまして第二項に『參議院は、衆議院の回付案に同意しなかつたときに限り前項の規定にかかわらず、その通知と同時に兩院協議會の請求をすることができる』、即ち……參議院からも兩院協議會の請求權を認めることを加へる譯であります、併し其の協議會の請求をする場合に關してでありますが、衆議院の方に付ては、參議院の回付案に同意しなかつた時、又參議院が衆議院の送付案を否決した時、此の兩者に對しても衆議院に於ては兩院協議會を請求する權限を持つて居るのは、原案にありまする通りなんでありますが、參議院の方からの請求する場合は、……參議院で可決しました法律案を衆議院で否決したと云ふ場合、……にはもう兩院協議會を請求しない、即ち參議院先議の法律案に對して、衆議院が修正をしたと云ふ場合に、參議院が之に對して不同意の場合は兩院協議會を求める、詰り衆議院側からは修正と否決と兩方から求め得るのに反して、參議院の方では修正の場合、即ち回付案の場合にのみ請求し得ると云ふことにした譯であります、其の理由は、……憲法第五十九條第二項には、衆議院は三分の二以上の多數を以て再度議決し得る權限を與へられて居りますと同時に、前々議會に於きまして第三項を更に加へて、衆議院は兩院協議會を求めることを妨げない、所謂ツー・サーズをやる場合も出來るし、又協議會を求めることも出來る、兩方の權限を撰擇することが出來ることに衆議院に於ては相成つて居ります關係上、……衆議院からも原案の通り請求權を認めると云ふことは是は當然なことであります、同時に參議院からも今度新たに附加へて協議會を求めることが出來るやうに致した譯であります、是も解釋上當然出て來ることでありまして、但し其の場合に此の第二項に但書を更に付加へまして、『衆議院は、この兩院協議會の請求を拒むことができる』と云ふ但し書を挿入してありまするので、即ち參議院から衆議院の回付案に不同意だと云ふ場合に、參議院が衆議院に對してそれを通知すると同時に、協議會を請求する、其の場合に衆議院に於ては所謂憲法の、只今申上げた第五十九條の特別權限を揮ふ場合は、常然其の結果として拒むことが出來ると云ふことにならないと、憲法と相應じませぬ關係上、但書が要る譯になるのであります」。
三月一八日、貴族院は当該修正を含む国会法案の修正議決を行い、修正された案が衆議院に回付された。翌一九日、衆議院は全会一致を以て貴族院回付案に同意した(111)。

憲法第五九条第三項と国会法第八四条第二項との関係については、「憲法五九条の趣旨に沿って、参議院の協議会開催請求権の位置づけやあり方を見直すことも今後の一つの課題となるように思われる（国会法八四条二項の改正問題）」という学説の問題提起がある(112)。当該提起は、当時の衆議院の解釈を支持した上での立論と解される。憲法及び国会法制定時の議論に照らすならば、法律制定における衆議院の優越性を絶対視せず、参議院の意思を法律案の成否や内容に反映し得る解釈が貴族院のみならず政府によっても支持され、結果として憲法第五九条第三項及び国会法第八四条が制定されたことに留意すべきであろう。このことは、日本国憲法下においては、衆議院の優越が憲法上の原則として必ずしも貫徹せず、両議院の機能関係が権能対等思考を基調として構想される領域も存することを示すのである。

(93)　佐藤・前掲註(3)第四巻九五一–九五三頁。
(94)　第九〇回帝国議会貴族院帝国憲法改正案特別委員小委員会議事速記録第一号三頁（一九四六年一〇月二日）。
(95)　小委員会は九月二八日、三〇日、一〇月一日及び二日の四回開かれた。このうち、第四回小委員会の午後三時五三分以降の議事、審議の最終段階のみに速記が付されている（前掲註(93)参照）。これ以外の議事は、秘密懇談の形態で行われ、貴族院委員部において『小委員会筆記要旨』として記録された。当該筆記要旨は一九九六年、参議院事務局（編集）『第九十回帝国議会貴族院　帝国憲法改正案特別委員小委員会筆記要旨』（財団法人参友会・一九九六年）として公開されている。なお、佐藤・前掲註(3)第四巻九三二–九三三頁、九三三頁註(2)参照。
(96)　第三回小委員会筆記要旨・前掲註(95)二一頁。
(97)　第三回小委員会筆記要旨・前掲註(95)二一頁。
(98)　第三回小委員会筆記要旨・前掲註(95)二一頁。

(99)　第三回小委員会筆記要旨・前掲註(95)二一－二二頁。
(100)　第四回小委員会筆記要旨・前掲註(95)二六頁。
(101)　第四回小委員会筆記要旨・前掲註(95)二六頁。
(102)　第四回小委員会筆記要旨・前掲註(95)二六－二七頁。
(103)　第四回小委員会筆記要旨・前掲註(95)二七頁。
(104)　第四回小委員会筆記要旨・前掲註(95)二七頁。
(105)　第九〇回帝国議会貴族院帝国憲法改正案特別委員会議事速記録第二四号一九－二〇頁（一九四六年一〇月三日）。
(106)　佐藤・前掲註(3)第三巻二四九頁。
(107)　第九一回帝国議会衆議院国会法案委員会議録（速記）第一回七頁（一九四六年一二月一九日）。
(108)　臨時法制調査会第二部小委員会においても、「①法律案については両院協議会を認めない趣旨と解する立場（大池）と、②法律レヴェルで両院協議会制度を規定しうると解する立場（入江・佐々木・山田・法制局）とが対立し、また規定する場合の両院協議会の有様について議論が白熱した」ことが明らかにされている。赤坂幸一「戦後議会制度改革の経緯（一）」金沢法学四七巻一号（二〇〇四年）一頁以下、四四頁参照。
(109)　この間の経緯につき、大木操『激動の衆議院秘話』（第一法規出版・一九八〇年）四五四－四六四頁、ジャスティン・ウィリアムズ（市雄貴＝星健一訳）『マッカーサーの政治改革』（朝日新聞社・一九八九年）二二七－二三七頁参照。引用は大木・前掲四五五頁。
(110)　第九二回帝国議会貴族院国会法案特別委員会議事速記録第三号一頁（一九四七年三月一八日）。
(111)　第八四条の修正に衆議院が同意するに至る経緯として、大木は「三月四日の午後貴族院の議長応接室で、〔貴衆〕双方の代表者五名が出席して、貴族院側の修正点について下條議員と私から詳細説明に当たり、ことに憲法上の解釈に関連を持つ第八十四条の追加修正については、すでに貴族院側と政府側との間に意見が一致していること、総司令部の事前了解も得ていること、などを率直に報告して隔意のない意見を交換しあった結果、衆議院側においても理解を示し貴族側の修正に同調することになった」と記している。大木・前掲註(109)四六二頁。
(112)　原田一明「『ねじれ国会』と両院関係」横浜国際経済法学一七巻三号（二〇〇九年）一五九頁以下、一七九頁。

四　小　括

以上の検討は日本国憲法成立過程における両院制構想の原型について素描したにとどまるが、最後に、若干の指摘を行いたい。

(一)　参議院の構成

貴族院改革を原点とした異質構成・衆議院優越思考に立脚した三月二日案までの両院制の構想は、総司令部との逐条審議を経て、大きな変更を被った。特に、参議院の構成に関する規範的含意は憲法の規定上、明確でなくなった。参議院の構成に関する構想は、以後の選挙制度等の形成と運用に委ねられることになった。この点で、両院制に係る理論をどのように構築するかが重要である。

(二)　両議院の権能関係

(a)　内閣創出機能と信任関係

両議院の権能関係に関しては、総じて規定の修正が少なく、比較的明確な趣旨の下に構想されたと言える。特に、日本国憲法成立過程における両院制は元来、逆説的であるが、衆議院と参議院の構成の不一致が念頭にあって構想されたものと解される。そうであるならば、憲法制定後程なくなされた次の指摘[113]の意義は今日においても決して小さくないであろう。すなわち第一に、衆議院と内閣との間においては、不信任と解散という関係を認めるのに対して、参議院と内閣の関係では認められていない。「内閣は少しも参議院によってその存立をおびやかされる心配はないのであるから、内閣に対して参議院を解散する権能を与える必要がないのである」。第二に、内閣総理大臣の指名にあたっては、両院協議会という調整の場はあるが、衆議院の多数意思が常に優先する。「実は内閣総理大臣を指名するのは、国会ではなくて、衆議院である」。第三に、参議院は、半数改選制を採用する。したがって、参議院の構成全体としては、直近二回の民意を代表することが混合する形態になっている。そうであるからこそ、衆議院総選挙後には内閣は総辞職しなければならない（第七〇条）のに対して、参議院通常選挙にはかかる憲法規定は無い。「参議院議員の半数がそこ〔筆者註・一回の通常選挙〕でどのように変わろうとも、直接に内閣の存立に対してはなんら影響をおよぼさない」。

(b) 立法における衆議院の優越

これに対して、法律制定に係る衆議院の優越は、憲法成立過程を通じて両議院の権能対等原則に回帰するという経過をたどっている。衆議院の両議院の権能関係については、衆議院の優越という一般原則が常に妥当するのではなく、個別領域ごとに考察することが有益であろう。

(113) 宮沢俊義「参議院の性格」（一九五〇年）同『政治と憲法――憲法二十年 下』（東京大学出版会・一九六九年）所収三頁以下、四―七頁。

＊本稿は、平成二三年度科学研究費補助金基盤研究（A）（課題番号二一二四三〇〇三）による研究成果の一部である。

16 韓国の政府立法計画制度の機能と課題

李　相允

曽我部真裕・赤坂幸一　編
大石眞先生還暦記念
『憲法改革の理念と展開（上巻）』
二〇一二年三月　信山社

16 韓国の政府立法計画制度の機能と課題［李　相允］

一　はじめに

一般的に、立法の形成過程は、立法政策の形成と立法計画の樹立（企画過程）、法律案の立案と意見調整・審査（立案過程）、法律案の審議と議決・公布（決定過程）の段階に分けられている。(1) 立法の目的が国民全体の幸福維持・促進にあり、また究極的な立法の主体が主権者たる国民であるとの憲法的原理からみると、すべての立法の形成過程が法的に整備・完備された手続及び機構により正しく運営されるべきことは当然の憲法的要請であるといえる。すなわち、法律が完備された立法制度及び手続と国民全体の十分たる参与に基づいて制定されない場合は、司法の法解釈・適用や行政の法執行の努力にもかかわらず、国民の期待に添うことができないといえるのである。特に、高度の技術的・専門的な立法の必要性、政党制度の発達、社会関係の複雑化などにより実質的に政府が立法過程において主導的役割を果たしている今日には、企画過程と立案過程においても高度の字術的計画が要請されている。

こうした状況の下で、良質な法律の制定と立法過程の合理化・民主化のためには、立法過程においての政府の役割、特に企画過程と立案過程の民主化・合理化のための新たな接近方法が求められている。この研究の対象としている韓国の政府立法計画制度は、立法政策を通じて導き出された立法意図を効率的・計画的に実現するための手段であって、企画過程と立案過程において最も重要な段階に該当する。こうした韓国の政府立法計画制度は、政府政策に対する事前予告的機能遂行、政府の計画的・体系的立法活動推進、政府政策に関する部処間葛藤の事前的確認・調整などを目的として一九八〇年から導入・運営されている。(2) 最近、国家機能の拡大による立法需要の増加、国家政策の総合化・体系化の必要性などにより、国家立法政策の全体的鳥瞰図としての立法計画の必要性・重要性が増大しているにもかかわらず、現行政府立法計画制度は実際的機能の把握が難しくなっており、制度の実効性に疑問

が投げかけられている。(3)

このように韓国の政府立法計画制度には、導入されて三〇年が経過しているものの、立法計画の修正比率が高くなっており、当初の立法推進日程がきちんと遵守されない事例などが頻繁に見られている点から制度的不信が深化しつつある。(4) こうした状況は、現行の政府立法計画制度が行政目的達成の合理化手段を総合的に提示する「立法正当化計画」としてではなく、該当年度の政府立法政策の青写真と国家予算要求の根拠を提示することにより、国家の立法政策に対する国民的説得・理解を促すとともに、国家法秩序の積極的な形成を目的とする立法計画としての本質的・基本的な機能遂行のための新たな方向模索の必要性を生み出している。こうした観点に基づいて、この研究では、韓国の政府立法計画制度の意義と機能を再確認した上で、その制度的運用実態及び問題点を分析することにより、この制度の実効性を高めるための現代的課題を提示することにしたい。

（1）　ここでいう企画過程と立案過程は内的立法過程（立法の内容的形成段階）と、また決定過程は外的立法過程（法律の形式的成立過程）と分けられて、前者は立法方法論ないし立法政策論と立法技術論、後者は立法過程論ないし立法機構論として取り扱われている。朴英道『立法学入門』（韓国法制研究院、二〇〇九年）一六五頁以下参照。

（2）　詳細なことについては後述するが、この制度は、国務総理訓令の「政府法制業務の効率的遂行のための立法推進計画制度の実施に関する特別指示」（第一五二号）により導入された。法制処『法制処六〇年史』（法制処、二〇〇八年）二七五–二七八頁。

（3）　朴英道『円滑な立法推進のための立法計画制度発展方案に関する研究』（韓国法制研究院、二〇〇六年）二九頁。

（4）　金昌範「政府立法計画制度の実効性提高方案」『法制研究』三七号（韓国法制研究院、二〇〇九年）七四頁。

二　政府立法計画制度の意義と沿革

(一)　政府立法計画制度の意義と機能

(a)　政府立法計画制度の意義

一般的に立法政策とは、法官が事件の法的処理に際し個々の具体的事実の中で法規の適用に必要な特定の法的事実を選択して構成することと同様に、立法者が複雑かつ多様な社会的事実の中で法的規律に必要な法的事実を選択し、それらを類型化して構成する立法的判断の科学化・客観化を図るための一つの方法論として定義されている(5)。これに対して、立法計画とは、法律案の内容とすべき事項を法的観点から整理・総合する立法政策の方法論を通じて樹立された内容を体系的・具体的に実施すること、すなわち立法政策を通じて導出された立法意図を効率的・計画的に定立しようとする試みと定義されている(6)。また、立法計画は、国家の立法活動を具体化するとの認識に基づいて具体的な立法措置の前段階として行政府が立法政策により遂行しようとする目標ないし基準の設定行為、すなわち国家法秩序の積極的な形成を目的として到達可能な立法目標を示して政府の立法活動に関する指針を定めることといわれている(7)。法制業務運営規程（大統領令第二二四二七号、二〇一〇年一〇月五日）の関連規定からすると、政府が推進しようとする法令案の内容と推進日程などを全体政府レベルで総合・調整して樹立する計画を意味しているようにみられる(五条、八条二項、一〇条の二参照)(8)。したがって、政府立法計画制度とは、政府が国家法秩序の積極的な形成を目的として立法政策との方法論を通じて導出した到達可能な立法意図又は立法目標を効率的・計画的に遂行しようとする基準ないし方針の設定行為であって、具体的には政府が推進しようとする法令案の内容と推進日程などを全体政府レベルで総合調整して樹立する政府の立法活動に関する基本的な計画であるといえよう。

(b) 政府立法計画制度の機能

政府立法計画制度の機能としては、①樹立された政府立法計画を官報・インターネットなどを通じて国民に知らせることにより、国民の立法過程への参与機会を保障し、さらに立法過程の民主性を高めること、②立法の特定時期集中現状を防止するなど、政府の立法活動を計画的・体系的に遂行させることにより、立法推進の効率性を向上させること、③立法推進における部処間及び利害関係人との葛藤を事前に確認・調整することにより、全体政府レベルで立法内容を総合的に調整すること、④法令案に対する十分な事前準備期間と審議期間を確保することにより、所管部処の法令案立案と法制処・国会の法令案審議とを充実化することがあげられている。(9) その他にも政府立法計画制度の機能としては、⑤政府の立法活動に対する体系的な点検と管理があげられている。(10) すなわち、政府立法計画制度は、年初に樹立した立法計画を中心としてその推進状況をモニタリングし、その結果立法推進が遅延されていると認められる場合は、適切な警告とともに必要な場合にはその政府立法計画を調整することにより、政府立法活動を総合的に管理できる一つの手段なのである。また、政府立法計画制度は、⑥国民と国家機関に対する効力や費用的側面に対する効力、制定・改正しようとする法令の国家政策方向・目標に対する適合性を検討できるようにすることにより、法令の必要性と効率性を改善する機能を果たしている。さらに⑦議会も政府の立法計画を通じて政府提出法律案の政治的・技術的適切性を調査・確認することにより、行政権に対する統制機能を果たすとともに、官僚立法の弊害を抑制できる基盤を構築する機能ももつ。(11) 以上のように、政府立法計画制度は、政府政策の事前予告、政府立法の計画的・体系的な推進、葛藤の早期発見及び事前調整、法令案の立案と審議の充実化、政府の立法活動に対する体系的な点検と管理、法令の必要性と効率性の改善、行政権に対する統制、官僚立法の弊害抑制という機能を果たしているのである。こうした政府立法計画制度は、民主的法治国家において立法者による国家的調整の核心的手段であって、法律の形成と執行及び継続的改善、さらに法を通じた社会の中長期的・政治的調整に寄与できる制度なのである。

(二) 政府立法計画制度の導入と展開

(a) 政府立法計画制度の導入

前述のごとく、政府立法計画制度は、国務総理訓令第一五二号（一九七九年一二月一〇日）の「政府法制業務の効率的な推進のための立法推進計画制度の実施に関する特別指示」により一九八〇年から導入・運営されている。この国務総理訓令第一五二号の政府立法計画制度の導入背景に関する内容を予約すると次の通りである。すなわち、国家業務の拡大・専門化により政府政策の遂行根拠となる法令の制・改定においては、他の関連法令との統一的体系形成が必要であり、このためには政府レベルでの部処間の緊密な協調と事前検討が必要となる。ところが、各部処が所管法令の制・改定を急いで推進するなどで部処間の事前協調と関連事項に関する十分な検討ができず、法令内容の不十分、他の法令との衝突、法体系の統一性の欠如、法令施行上の摩擦と頻繁な改正などの問題点が起こったとともに、行政的措置でも可能な事項を法令で規制することにより国民の負担を加重させる状況も発生するようになった。こうした問題点を解決することにより、計画的・体系的な立法事務を遂行できるようにするために政府立法計画制度が導入されたのである。法制処は、国務総理訓令第一五二号に基づいて一九七九年一二月二六日に「国務総理訓令第一五二号の施行に関する細部指針」（法制処通牒）を発し、一九八二年からは毎年政府立法推進計画運営指針を樹立し、国務会議に報告した上で、立法推進計画を樹立・施行してきた(12)。

(b) 政府立法計画運営規程の制定

政府立法計画制度は、政府の提案する法案の適正な審議を図るとともに、立法内容の充実化と政府立法の統一的推進に寄与してきたものの、制度導入の初期段階で現れる形式的・手続的事項の不備、すなわち国務総理訓令第一五二号の場合法令条文の形式で体系化されておらず、また、部処協議や党政協議などに必要な手続規定がなかったため、立法の日程と大綱のみを把握するレベルにとどまっており、またその施行も部処協議の遅延などできちんと推進されなくなる状況が生じた。特に一九九〇年代になると、与小野大（devided government）などのように新たに形成された立法環境の下で部処協議を強化するとともに、党政間により緊密な立法協調体系を構築することにより、国家的レベルの一貫性のある立法推進が求められた。こうした要請から政府は、一九九〇年二月二八日に国務総理訓令第二三七号として「政府立法計画運営規程」を新たに制定し、従来の国務総理訓令第一五二号を廃止した。この政府立法計画運営規程（総八ケ章二二ケ条）では、アメリカと同様に制度の名称を政府立法計画に変更し、法律案の立案と審議及び公布などの立法過程全般にわたって政府部処間及び政府・政党間の効率的な業務協調のために国務総理所属で立法政策協議会を設置・運営するようにしていた。また、法制処長は政府立法計画の樹立・施行などの政府提出立法の全般的過程を、政務長官は議員立法と政党協調を各々担うことにするなど、効率的立法を図るために政府立法計画と立法活動全般に関する必要な事項を補完した(13)。

しかし、こうした制度の名称変更にもかかわらず、法制と予算との連係は行われず、また、政府立法計画運営規程の場合法制業務の遂行における守るべき基本的事項などが拘束力をもった法令ではなくて行政機関の内部訓令であった点から実質的効力上の限界が明らかになった。さらには、法制業務を疎かにする、あるいは形式的に遂行する傾向が見られるようになったものの、こうした問題状況を調整・統制できる適切な手段がなかった。結局、年初に政府立法計画を樹立して施行したものの、形式的な運営などで計画通りに推進されず、また定期国会（常会）に法案の提出が偏重されることにより、国会での法案審議期間の不足による拙速立法の問題が生じた。こうした点から、政府が国会の法案審議に加重な負担を与えるとの批判も提起されているのである(14)。

(c)　法制業務運営規程の制定

一九九五年八月一〇日には、上記の政府立法計画運営規程を補完するために大統領令として「法制業務運営規程」（大統領令第一四七四八号、総八ケ章三二ケ条）を制定し[15]、法制処の他の核心的業務とともに政府立法計画に関する事項を反映した。この法制業務規程では、政府立法を計画的・体系的に推進することにより法案の定期国会への集中を防止し、法案審査機関たる法制処及び国会で十分な検討ができるように余裕のある審議期間を確保することにより審議期間の不足による拙速立法を事前に予防するとともに、関係部処間との協議においても十分な協議期間を与えることにより部処協議家過程での法令案の事前検討が形式化されることを予防している（七条一・三項、八条）。また法制処長は、政府の推進する法律案の立法計画を総括・調整でき、法律案の定期国会への集中を防止するために予算の伴わない法律案の場合にはなるべく臨時国会で審議されうるよう立法計画を調整・樹立するようにした（第七条二項[16]）。

(d)　法制業務運営規程の展開

法制業務運営規程の施行により、全体政府レベルで体系的・統一的な政府立法の推進という側面からは相当の成果があったと評価できるが、現実的には追加・撤回される法律案が多く、政府立法計画が頻繁に修正されるなどの様々な問題点が現れた。こうした問題点を制度的に改善するために、一九九七年と二〇〇四年及び二〇一〇年に各々改正が行われた。まず、一九九七年一二月三一日に改正された法制業務運営規程（大統領令第一五六〇二号）の核心的改正内容は、「実効性のある政府立法の推進のための統制手段の導入」といえよう。すなわち、改正された規程では、各部処で立法計画を樹立する時、より慎重に立法需要を把握し、樹立された立法計画がまともに推進されうるように、法制処長は樹立された政府立法計画を国務会議に報告する外に官報に告示するするとともに、インターネットなどを通じて国民に知らせるようにすることにより、政府立法の透明性と責任性を強化していた（八条三項）。

また、政府立法計画の修正手続を明確にすることにより、政府立法計画上に追加又は撤回しようとする法律案の他に、臨時国会での推進予定の法律案を定期国会での推進予定の法律案にするような日程を変更しようとする場合にも、法制処長に立法計画の修正を要請するようにした（九条、一〇条）[17]。

次に、二〇〇四年一月九日に改正された法制業務運営規程（大統領令第一八二二八号）では、立法需要が急激に増加するなど、立法与件が変化するに連れて政府立法計画をより効率的に推進できる方案を模索した。改正規程によると、法制処長は、国家政策の中・長期的予測可能性を高めるために必要とされる場合には中・長期立法計画を樹立できるようにした[18]。また、二〇〇三年二月四日の国会法（法律第六八五五号）の改正により、定期国会では原則的に予算付法律案のみを処理するようになったため（九三条の二の二項）、予算付法律案ではない法律案は上半期の臨時国会に提出できるように法制処長の各部処に対する立法計画樹立指針の通報時期を前年度一二月三一日までとなっていたのを一一月三〇日までにと調整し、各部処の立法計画の提出時期を二月一五日までとなっていたのを一月一五日までにと調整した[19]。

二〇一〇年一〇月五日の改正規程（大統領令第二二四二七号）では、政府立法政策の効率性と一貫性を高めるために政府立法計画の樹立時期を早めるとともに、政府立法政策協議会の機能を補完した。特に政府立法計画の樹立時期の早期化（政府業務運営規程五条、八条関連）に関する改正内容は次のようである。各部処の立法計画が毎年一月中に法制処長に提出され、これらを統合・検討・調整して政府立法計画が樹立されることにより、その前に樹立される部処業務計画の段階で立法計画が慎重に検討され難くなり、年初に立法が円滑に推進され得ないとの問題が生じている。こうした問題点を改善するために、法制処長は部処の立法計画の作成方法などを前年度一〇月三一日までで中央行政機関の長に通報し、中央行政機関の長は部処立法計画を前年度一一月三〇日まで法制処長に提出するようにしたのである。こうした改正により、部処業務計画の樹立段階で立法計画が検討されて政策と立法が連係されるとともに、法律案が迅速に、またある時期に集中されず国会に提出されることが期待されている。[20]

（5）朴英道・前掲注（1）二七五頁。
（6）朴英道・前掲注（1）二七五頁。
（7）朴英道・前掲注（3）三四頁。
（8）一九九五年八月一〇日に制定された法制業務運営規定（大統領令第一四七四八号）は、一九九七年一二月三一日（大統領令第一五六〇二号）、一九九九年一〇月三〇日（大統領令第一六五九二号）、二〇〇四年一月九日（大統領令第一八二一八号）、二〇〇四年七月二九日（大統領令第一八四九三号）、二〇〇五年六月一三日（大統領令第一八八六四号）、二〇〇六年六月一二日（大統領令第一九五一三号）、二〇〇七年二月二日（大統領令第一九八六七号）、二〇〇八年一〇月二〇日（大統領令第二一〇八七号）、二〇〇八年一二月三一日（大統領令第二一二三九号）、二〇〇九年六月九日（大統領令第二一五三三号）、二〇〇九年一二月三一日（大統領令第二一九七〇号）、二〇一〇年一〇月五日（大統領令第二二四二七号）に各々改正されている。
（9）法制処・前掲注（2）二七四-二七五頁、金昌範・前掲注（4）七五-七六頁。
（10）韓英洙「政府立法計画制度の現況と問題点」『月刊法制』二〇〇七年五月号（法制処）五-六頁。
（11）朴英道・前掲注（3）三六-四〇頁。
（12）法制処・前掲注（2）二七五頁。また、ここでは制度導入の初期には「立法計画」という用語ではなく、「立法推進計画」という用語を使用しているが、これは当時の韓国では現実的にアメリカ式立法計画制度の導入が困難したため、誤解を避ける目的であったという。
（13）法制処・前掲注（2）二七六頁。
（14）朴英道・前掲注（3）四二-四三頁。
（15）この法制業務運営規程の体系からすると、第一章では立法趣旨と目的、第二章では体系的・計画的な政府立法推進のための政府立法計画運営、第三章では立法過程における国民意見収斂、第五章では実質的法令審査と法令の適期立法、第六章では不合理又は非現実的な法令などの整備・改善、第七章では法令解釈、第八章では法令運営の専門性確保を各々規程している。
（16）法制処・前掲注（2）二七七頁。
（17）金亭洙「法制業務運営規程改正令解説」『法制』一九九八年二月号（法制処）一一五頁以下参照。
（18）法制業務運営規程一〇条の二では、中・長期立法計画の樹立と関連して「法制処長は、国家政策の中・長期予測可能性の提高などのために必要と認める時には、法令案の主管機関の長と協議して中・長期立法計画を樹立・施行できる」と定めている。

(19)　法制処・前掲注(2)二七八頁。

(20)　その他にも、政府政策協議会の協議事項及び委員の追加（一二条の二）に関する改正であるが、国会で議決された法律案の再議要求に関する事項も政府立法政策協議会で協議できるようにし、立法政策協議会の委員として特任長官所属の高位公務員を追加した。こうした改正により、国会の法律案審議過程でのみならず、議決結果に対しても政府の統一的意見を迅速に提示できることが期待されている。

三　政府立法計画制度の内容と実績

(一)　政府立法計画制度の主要内容

(a)　政府立法計画樹立手続の概要

上述のごとく政府立法計画は、政府の推進しようとする法令案の内容と推進日程などを全体政府レベルで総合・調整して樹立する計画を意味するため、法律案・大統領令案・総理令案・部令案の全体を対象として政府立法計画を樹立すべきである（法制業務運営規程二条）。ただし、実際的運営においては政府が毎年その年に立法を推進しようとする法律案のみを対象として政府立法計画を樹立している。[21] 政府立法計画の樹立手続の全体的概要は、次の図のようである。

(b)　政府立法計画樹立指針の通報

法制処は、毎年各中央行政機関が当該年度に推進する法令案の立法計画の作成方法・提出時期及びその他の協調事項などを定めた政府立法計画樹立指針を策定して、前年度一〇月三一日まで中央行政機関の長に通報する（法制業務運営規程五条一項）。この指針は、政府立法の基本方向又は重点分野、中央行政機関別に立法計画を樹立する際の

政府立法計画の樹立手続[22]

政府立法計画樹立指針	○法制処は、次年度に国会に提出する法律案の立法計画樹立指針を策定して10月31日まで各部処に通知（法制業務運営規程5条1項） ○次年度政府立法の推進方向、部処別立法計画の樹立方法、その他の協調事項など
部処別立法計画の樹立	○各部処は、政府立法計画樹立指針に基づいて各部処別立法計画を樹立（同5条2項） ○各部処は、部処別立法計画を11月30日まで法制処に提出（同8条1項）
政府立法計画の樹立	○法制処は、部処別立法計画を事前検討後、政府立法計画を樹立（同8条2項） ○立法の必要性、立法推進時期の適切性などを検討
国務会議への報告等	○国務会議に報告、政府立法計画の確定（同8条3項） ○官報に告示、インターネットなどに掲載（同8条3項）

注意事項などを各部処に知らせて部処別立法計画の樹立方向を提示するためのものである。

(c)　部処立法計画の樹立

法制処から政府立法計画樹立指針の通報を受けた中央行政機関の長（以下では「各部処」という）は、その通報内容に基づいて当該年度の主要業務計画などの推進に必要な法令案の年間立法計画（以下では「部処立法計画」という）を樹立すべきであり（法制業務運営規程五条二項）、この部処立法計画には法令案ごとに立法の必要性、内容要旨、推進日程、立法に伴って予想される問題点などが含まれていなければならない（同六条一項）。ここでの立法の必要性には従来の制度運営の実態、立法推進の背景、立法により得られる効果、関連団体などの立法に関する意見のある場合にはその意見を明示すべきである（同六条二項）。また、推進日程には、立案時期、関係機関との協議計画、立法予告及び公聴会の計画のある場合にはその計画、法制処への提出時期、国会への提出時期、施行予定日を明記すべきである（同六条二項）。こうした部処立法計画の樹立において注意する点は、関係機関との十分な協議期間を置くべきであり、法制処及び国会の十分な法令案審議期間が確保できるようにすべきである（同七条一項）。また、法律案の国会提出は、年中ある時期に集中されず等しく按配すべきであり、国会法九三条の二第二項本文の趣旨[23]を鑑みて予算の伴う法律案は定期国会で、その他の法律案は臨時国会で各々審議されるように注意すべきである（同七条二項）[24]。各部処の樹立した部処立法計画は、毎年一一月三〇日まで法制処長に提出すべきであり、部処に所属された機関の長はその所属部処の長を経て提出すべきである（同八条一項）。

(d)　**政府立法計画の樹立**

法制処長は、一一月三〇日まで部処立法計画が提出されると、遅滞なくこれらを総合して当該年度に政府が推進する政府立法計画を樹立するが、政府立法の効率的遂行のために必要な場合には該当法令案の主管機関長と協議して部処立法計画の中で立法推進日程、重複・相衝される事項などを調整できる（法制業務運営規程八条二項）。これと関連して、法制処は、二〇〇七年から部処立法計画の総合・調整機能をより効果的にするために部処立法計画に対する予備検討制を導入・施行している。この予備検討制は、各部処の提出した立法計画を所管の法制官が立法の必要性、立法推進の適切性、主要政府立法政策を反映しているかどうか、法案に対する部処間・利害関係人間に異見があるかどうかなどを事前に検討して必要な場合には立法計画を調整することにより、より現実的な政府立法計画を樹立するためのものである[25]。法制処長は、こうして樹立した政府立法計画を国務会議に報告した上で、これを官報に告示し、インターネットなどを利用して国民に知らせるべきである（同八条三項）。

(e)　**政府立法計画の施行**

法令案の主管機関の長は、こうした政府立法計画に基づいて立法を推進すべきであるものの（法制業務運営規程九条一項）、その推進過程の中で政府立法計画に含まれている法律の立法推進を撤回すべき事由が生じた場合、政府立法計画に含まれていない法律の立法を推進すべき事由が生じた場合、政府立法計画上に臨時国会への提出予定の法律案を定期国会への提出法律案にする日程変更をすべき事由が生じた場合には政府立法計画の修正を法制処長に要請すべきである（同九条二項）。こうした要請を受けた法制処長は、修正要請により政府立法計画を修正し、その結果を当該機関の長に通報する（同九条三項）[26]。また、法制処長は、政府立法計画の円滑な遂行のために必要な場合あるいは政府立法計画を修正した場合には、修正した政府立法計画の内容又は政府立法推進状況を国務会議に報告でき（同一〇条一項）、修正した政府立法計画を国務会議に報告した場合にはその内容を官報に告示し、インターネットなどを通じて国民に知らせるべきである（同一〇条二項）。

（二）政府立法計画制度の推進実績

(a) 法案の国会提出実績

一九八〇年から施行されてきた政府立法計画制度は、施行初期には法律案の立案機関たる各部処の認識が不足であり、推進方法も未熟であって、あまり成果がみられなかった。ところが、一九八二年からは相当進展して政府立法計画制度が定着段階に入っており、特に法制業務運営規程が制定された一九九五年からは政府立法政策の総括・調整機能を果たす政府立法計画制度として発展している[27]。前述のごとく、政府立法計画は、政府部処が法案を定期国会に集中的に提出することを防止して年中等しく分散的に提出するよう誘導することにより、拙速立法を防止するとともに、法令審査機関たる国会と法制処で深度の深い検討を可能にする機能を果たしているとの点からすると[28]、法案の定期・臨時国会での分散的提出程度は、政府立法計画制度を評価する主要な基準であろう。こうした観点から一九八二年から二〇〇七年までの年度別政府提出法案の提出実績に基づいて政府立法計画制度の推進実績を分析

年度別法律案の提出(29)

年度	提出件数	臨時国会提出		定期国会提出	
		件数	比率(%)	件数	比率(%)
1982	89	52	58	37	42
1983	57	28	49	29	51
1984	49	36	73	13	27
1985	50	8	16	42	84
1986	77	16	21	61	79
1987	40	10	25	30	75
1988	74	37	50	37	50
1989	89	25	28	64	72
1990	104	37	36	67	64
1991	112	23	21	89	79
1992	54	9	17	45	83
1993	189	35	19	154	81
1994	173	29	17	144	83
1995	165	39	24	126	76
1996	165	28	17	137	83
1997	138	95	69	43	31
1998	454	375	83	79	17
1999	201	58	29	143	71
2000	200	47	24	153	76
2001	133	35	26	98	74
2002	109	43	39	66	61
2003	148	47	32	101	68
2004	208	89	43	119	57
2005	246	118	48	128	52
2006	327	200	61	127	39
2007	313	241	77	72	23

してみると、次のようである。

一九八〇年代には年中一〇〇件未満の法律案を国会に提出しながら一九八二年から一九八九年までに全体国会提出法律案五二五件の中で二一二件（四〇・四％）を臨時国会に提出した。このように、一九八〇年代初半には定期・臨時国会への分散提出が比較的よく行われていたが、一九八〇年代後半に入りつつ法律案が定期国会への集中が深化される現状が見られている。一九九〇年代に入ると、法律案の国会提出件数の増加とともに[30]、法律案の定期国会への集中現状はより深化された。すなわち、一九九〇年から一九九七年までに全体国会提出法律案一、一〇〇件の中で二九五件（二六・八％）を臨時国会に提出したのである。一九九八年度以後にはＩＭＦ経済危機の克服と金融・企業・公共・労働部門をはじめとする国政全般にわたる改革政策の基盤を構築するための立法が継続的に推進された。一九九八年から二〇〇二年までの法律案の国会提出件数は、一、〇九七件で大幅に増加し、その中で臨時国会への提出件数は五五八件（五一％）であって、法律案の定期国会への集中現状が緩和された。その後にも法律案の定期国会への集中現状は相当改善されており、二〇〇七年度には国会提出法律案の七七％が臨時国会に提出された[31]。

このように法律案の臨時国会への提出比率が改善されたのは、まず政府立法計画の樹立時に法制処の所管法制官室ごとに部処立法計画に対する予備検討を実施し、法律案の国会提出時期を年中等しく分散する予備検討制を導入・運用したためであろう。またこれは、立法推進現況を随時国務会議に報告するなど、政府立法計画に対する総合的点検・管理が肯定的な影響を与えたためでもあろう。

(b)　**政府立法計画の遵守率**

前述の政府立法計画制度の機能を十分に達成するためには、まず立法需要に対する正確な予測と総合的な検討・調整過程を経て実践可能な政府立法計画を樹立し、その後には計画された法律案を適時に推進できるようにすべきである。一九九三年から二〇〇七年までに当初樹立された政府立法計画の遵守率、すなわち年初に樹立された政府

年度別政府立法計画の遵守率[32]　（単位：件、%）

年度	当初立法計画(A)	当初立法計画による国会提出(B)	撤回	追加	修正された立法計画	遵守率(A/B)
1993	198	149	49	38	187	75.2
1994	134	76	58	94	170	56.7
1995	124	76	48	89	165	61.3
1996	150	91	59	75	166	60.7
1997	114	78	36	60	138	68.4
1998	190	149	41	305	454	78.4
1999	172	118	67	96	201	68.6
2000	205	117	88	83	200	57.1
2001	169	108	61	41	149	63.9
2002	142	92	68	35	109	64.8
2003	193	89	123	78	148	46.1
2004	248	132	117	115	246	53.2
2005	256	166	81	105	280	64.8
2006	304	216	47	124	381	71.1
2007	328	251	77	74	325	76.5

立法計画に含まれていた法律案が計画通りに立法として推進されたのかを現す政府立法計画の遵守率を表すと次のようである。

このように、一九九三年から一九九七年まで年初政府立法計画上には総七二〇件の法律を国会に提出するとなっていたものの、実際に国会に提出された法律案は四七〇件であって、遵守率は六五%となっている。すなわち、年初に樹立された政府立法計画に含まれていた法律案の中三分の二にも足りない法律案のみが計画通りに立法推進され、残りの三分の一以上に当たる法律案はその推進過程で撤回又は遅延されていたのである。こうした点から政府立法計画の実効性が問題となっているが、この点については後述したい。その後の一九九八年から二〇〇二年までの五年間は、当初政府立法計画上の推進法律案（総八七八件）中、計画通りに国会に提出されたのは五八四件であって、六七%の遵守率を表していたが、二〇〇三年からの五年間の遵守率は六四％と低くなっている。これは、二〇〇三年以後に政府立法計画による推進しようとした法律案が急激に増加したことに原因となったもので、最近の二〇〇七年度には七六・五％の遵守率を見せて肯定的な傾向が現れている。(33) 政府立法計画の樹立された後に予想できなかった立法需要の発生及び立法環境の変化などで当初計画のある程度の修正は不可避であるとの側面は認められるが、一九九三年から二〇〇七年までの平均遵守率が六五％に留まっており、こうした過度かつ頻繁に修正されるのも問題であるといわざるを得ない。

(21)　金昌範・前掲注(4)七七頁。
(22)　韓英洙・前掲注(10)九頁の図を若干修正して引用。
(23)　国会法九三条の二第二項の本文では、「定期会の期間中に委員会又は本会議に上程する法律案は、次年度の予算案処理に付随する法律案に限る」と定めている。
(24)　定期国会処理予定の法律案の提出と関連して、法制業務運営規程施行規則（二〇一〇年一〇月一四日、総理令第九四二号）では、法令案の主管機関の長は当該年度に定期国会で処理される予定の法律案を九月一五日まで法制処長に提出できるよう立法計画を樹立・施行すべきであり（四条一項）、緊急又は不可避な事由などで提出期限後に定期国会での処理予定の法律案を提出しようとする場合にはその事由と法律案の内容を予め法制処長に通報するようにしている（同二項）。
(25)　韓英洙・前掲注(10)九頁。
(26)　但し、政府立法計画の修正内容の中で法律案の国会提出時期を定期国会に変更するか、或いは追加される法律案の国会提出時期を定期国会にする内容に対しては、当該機関の長と協議して当該法律案の立法推進日程を調整できる（法制業務運営規程九条三項但書）。
(27)　法制処・前掲注(2)二七九―二八〇頁。
(28)　朴英道・前掲注(3)五三頁。
(29)　法制処・前掲注(2)二八一―二八二頁から再引用。
(30)　このように一九九〇年に入って法律案の国会提出件数が大幅に増加したのは、一九八〇年代後半の政治的激変期を経て一九九〇年代初に文民政府が出帆することにより、文民政府の改革的措置として各種の法令の制定・改正作業が多く行われたためであるとする。法制処・前掲注(2)二八〇頁。
(31)　法制処・前掲注(2)二八〇-二八一頁。
(32)　法制処・前掲注(2)二八三頁から再引用。
(33)　法制処・前掲注(2)二八三-二八四頁。

四　政府立法計画制度の現代的課題

(一)　政府政策の事前予告機能の強化

(a)　中・長期的視角の強化

前述のごとく政府立法計画は、一年単位で樹立するのが原則であるが[34]、法制処長は国家政策の中・長期的予測可能性を高めるなどの必要性がある場合には、法令案の主管機関の長との協議を経て中・長期立法計画を樹立・施行できるようになっている(法制業務運営規程一〇条の二)。法制処は、政府立法計画の樹立時に立法推進過程が二-三年以上かかる法案の場合には中・長期立法計画を反映・提出することを各中央行政機関に勧めている。ところが、現行の政府立法計画制度は、当該年度の立法活動に関する計画を樹立・施行することにより短期的な政策効果を期待するには有用であるといえるが、三-五年の中・長期的計画の下で段階的に推進する政府政策を国民に提示するには限界がある。こうした短期的視角では今日の急激な社会状況と国際環境の変化による立法需要の正確な予測が難しく、結局立法計画制度そのものの役割と機能が形骸化される恐れがあると指摘されている[35]。こうした問題点を改善するために、上述のように法制業務運営規程に中・長期立法計画の樹立根拠を置いているが、現在政府が樹立・運営している中期立法計画の場合法制業務運営規程による中・長期立法計画とは距離があって、計画内容の抽象性などで立法計画としての実効性に疑問が投げられている(36)。

社会秩序・国家秩序に対して予測できない幅広い効果をもつ法律を制定する場合は、国民は不確実な状況に接する危険性が高くなり、結局それは法律の実効性・妥当性という側面から失敗する可能性も高くなるといえよう。したがって、政府が将来推進する立法の内容と方向を国民に知らせて立法過程に国民の参与機会を保障し、国民が政府の政策方向を事前に理解・予測して対応できるようにする必要がある。このためには、まず政府立法計画を通じて国民に提供される立法関連情報が充実しかつ豊富なものであるべきであり、こうした情報内容の充実度を高めるためには、現行一年単位の単年度政府立法計画を二–三年にわたる中期立法計画に転換することにより、立法計画の中・長期的視角を強化する必要性が指摘されている(37)。

(b)　**主要内容の具体化**

政府立法計画に提示される法律案の主要内容のみでは政府政策の事前予告機能を適切に遂行できないとの問題点がある。すなわち、政府の政策方向を事前に理解・予測して対応できるためにはこれから政府が推進しようとする政策の核心的内容が政府立法計画に含まれるべきであるが、現行の政府立法計画に提示される法律案の主要内容は簡単で抽象的であって、政府政策の内容を明確に把握し難くなっているのである。例えば、二〇〇九年度政府立法計画では、法人税法の場合二〇〇九年度に推進する改正内容として「企業課税制度先進化のための規定補完」と記載されている。したがって、政府立法計画に含まれた法令案の主要内容をできる限り明確に提示することにより、政府立法計画の実質的事前予告機能を強化する必要があろう。

(c)　**樹立対象の拡大**

法制業務運営規定では、法律のみならず大統領令と総理令・部令に対しても政府立法計画を樹立するようにしているものの、現行の政府立法計画は法律のみを対象として樹立している。こうした状況は、政府の主要政策が主に法律の制・改正を通じて行われている点と、下位法令を含む場合には政府立法計画の量が増えるとの点を考慮したから生じたといわれている[38]。韓国憲法四〇条で定めている法律留保の原則にもかかわらず、現代国家においては国民の権利・義務に関する事項を法律でのみ規定するのは不可能であり、現代行政の複雑多岐な状況変化に適切に対応していくには大統領令・総理令・部令といった下位法令への委任が不可避な状況である。また、最近には法律の改正が伴わない下位法令のみの改正を必要とする政府政策の領域も拡大しており、現行の政府立法計画に下位法令を含まれていないのは政府政策の事前予告的機能という観点からすると望ましくないといえよう。したがって、政府立法計画の樹立対象を法律から大統領令・総理令・部令に拡大する方案を検討する必要がある[39]。

(二) 政府立法推進の効率化

(a) 修正率低下の必要性

政府立法計画制度は、政府の各部処が事前に十分な準備過程を経て所管法令の立法方向と立法推進時期などを計画し、立法過程で発生しうる問題を予め予測し体系的に対応することにより立法推進の効率性を高める機能を果たしている。このように、立法推進の効率性を高めるためには、立法活動の計画的・体系的な遂行が必要であるが、現行の政府立法計画制度の運営実態からすると、必ずしもそうではない。まず、立法活動の計画的・体系的遂行を判断する基準の一つが年度別政府立法計画の修正率である。これは、年初に樹立された政府立法計画で追加又は撤回される法律案が多くなると修正率が高くなり、修正率が高くなると政府立法計画の信頼性が低くなるからである。二〇〇九年一月に総四四五件の政府立法計画が樹立されたが、同年八月三一日まで立法環境の変化、現時的規制猶予制度の導入、制度改善などの新たな立法需要の発生により八一件が追加された。一方、同時期まで立法与件の未成熟、法律内容に対する追加検討の必要、政府立法推進予定の法律案と類似な内容の議員立法の発議などによる政府立法需要の減少で七七件の法律案が撤回された[40]。

このように、追加と撤回による修正率が高くなっているが、法律案が追加された主な理由は立法環境の変化、制度改善などの新たな立法需要の発生に対する予測力が足りなかったからであり、撤回されたのは法律案の所管部処の政策が政府立法計画の段階で十分に成熟されていなかったためであると分析できよう。こうした政府立法計画の修正率を低下させるためには、政策内容が十分に具体化された法律案を政府立法計画に含むべきであり、当該法律と関連した立法環境や立法与件に対する分析能力を補強する必要がある。また、政府立法計画の修正率を高める原因の一つとしては、政府の部処が法律案を作って議員立法の形式で発議する「迂回立法」が問題となる。すなわち、政府立法計画に含まれていた法律案を時間不足などの理由で「迂回立法」として推進し、当初の政府立法計画から当該法律を撤回することにより政府立法計画の修正率が高くなるのである。さらに、「迂回立法」は、政府立法計画そのものの信頼性を害する結果を招く可能性までもある[41]。すなわち、憲法により政府の法律案提出権が与えられているにもかかわらず、議員立法の形式で法律案を提出し、政府立法計画から当該法律案を撤回するのは政府立法計画の信頼性を自ら崩す結果になりうるのである。したがって、政府立法の修正率を低下させるには「迂回立法」を防止する対策を模索する必要があろう。

(b)　遵守率の提高

次に、立法活動の計画的・体系的遂行を判断する基準の一つとして年度別政府立法計画の遵守率があげられる。一九九三年から二〇〇七年までの政府立法計画の平均遵守率が六五％に留まっていることは前述の通りである[42]。政府立法計画の遵守率が低いというのは、政府の各部処が法律で推進する政策の内容を事前に準備・研究し、立法過程で発生しうる問題を予め予測し体系的に対応できる方案を模索する過程が不十分であることを意味する。政府立法計画の遵守率が低くなる最も大きい理由の一つは、政策構想段階にある法律案が政府立法計画に含まれることである[43]。したがって遵守率を高めるためには、政府立法計画の樹立時に政策が十分に成熟していない法律案は政府立法計画から除外させる必要があろう。

(三) 法令案の立案・審議の充実化

前述のように、政府立法計画制度の導入の最も重要な目的の一つは、法律案の提出が定期国会に集中される現状を防止することであって、二〇〇三年以後政府が国会に提出した法律案の総件数中に臨時国会に提出した比率は二〇〇七年までは高くなってきたが、二〇〇八年に著しく低くなった後、二〇〇九年からは回復の傾向をみせている。ところが、政府立法計画の樹立当時には法制処が積極的に国会提出時期を調整しているため、計画上にはよく調整されているように見えるが、実際的には政府立法計画上の定期国会提出計画より定期国会に提出された法律案の比率が高くなっている[44]。これは、法律案所管部処の政策決定の遅延、利害関係人との異見調整による法律案の内容的未確定、結局はそれらによる部処間の葛藤が生じるためである。こうした利害関係人と政府部処間の葛藤を早期に解消するには、政府立法計画の内容を具体化するほか、各部処は政府立法計画で提示した政策が利害関係人の利益や他部処の業務と関連した事項の場合には、法制業務運営規定による立法予告や部処協議を始める前にも利害関係人や他部処の意見を積極的に収斂すべきであろう。また、部処間の葛藤で政府立法計画が予定通り推進されない場合は、政府政策協議会（法制業務運営規定一二条の二）を活用して法理的争点を迅速に整理するなどの方案もありうる。

(四) その他の問題

(a) 評価によるフィードバック機能の強化

上記政府立法計画の推進実績に対する評価は、実績に対する分析と評価が次の年に実質的改善につなげるように評価体制を改善すべきであるとの指摘がある。(45) このためには現在の「日程遵守中心」の評価体制は根本的に再検討されるべきであり、評価の客観性と公正性を高めるためにより科学的な評価指標を開発する努力も必要であろう。政府立法計画制度の実効性を高めるためには、政府立法活動の重要性に対する政府全体の関心増加と認識の転換がなにより重要である。立法活動に対する政府の関心と認識の程度は、結局政府業務評価で法制業務評価が占めている比重をみるとわかるが、現在法制業務評価が政府業務評価で占める比重は低くなっており、したがって政府活動の核心機能といえる組織や財政、人事分野と同じレベルに調整する必要もあろう。

(b) 国会との協力体制の強化

政府全体レベルで樹立された政府立法計画をその日程に基づいて推進するためには何より該当法律を所管する各部処の長官が関心をもって政府立法を推進する必要がある。各部処の長官が政府立法計画に関心をもつようにする方案の中で実効性の高いと期待されているのは、国会の各常任委員会が所管部処の長官を相手にして政府立法計画の推進状況を点検し、その推進実績が不振である時は政府立法の推進を督励することである。(46) 国会法五条の二、二項一号によると、毎偶数月（八月、一〇月及び一二月は除外）一日に臨時会を開会するようにしているが、国会常任委員会が二月、四月、六月に臨時会を開催する度に部処業務報告の形式で政府立法計画の推進状況を点検する方案が実効性の高い案として主張されている。(47)

(34) 一年単位での政府立法計画の樹立と関連しては、政府の推進しようとする政府立法の内容と推進日程を二年以上の中・長期的に設定せず、一年単位でその年に推進する政府立法のみを対象として政府立法計画を樹立することにより、国民や企業が政府立法計画に基づいて立法過程に参与するか、或いは政府の政策方向を理解・予測して対応できる機会を失う可能性があると指摘している。金昌範・前掲注(4)八〇頁。

(35) 朴英道・前掲注(4)一六七頁。

(36) 中期立法計画制度の目的は、国家政策の中・長期的予測可能性を高め、事前に十分な調査研究を実施して品質のよい立法を実現することにあるが、大部分の部処では中期立法計画を樹立さえしない問題点があり、また中期立法計画を樹立した場合にも国家政策の中・長期的予測可能性の提高という側面よりは単なる立法推進日程が二－三年にわたる法律案を列挙するに留まっているとする。金昌範・前掲注(4)八一頁。

(37) 朴英道・前掲注(3)一六八頁、金昌範「政府立法計画制度の実効性提高方案」(前掲) 九四頁、宋相勳「英国・スイス立法計画制度運営事例」『法制』二〇〇七年五月号（法制処）八〇頁。

(38) 金昌範・前掲注(4)八三頁。

(39) さらに、必要な場合は条約も政府立法計画に含まれる方案も検討すべきであるとの指摘もみられる。朴英道・前掲注(3)一六四頁。

(40) 法制処「二〇〇九年定期国会立法推進対策」国務会議報告資料（二〇〇九年九月八日）一頁。二〇〇九年九月一日以後にも政府立法計画が継続的に修正され、一一月五日を基準として九七件が追加された一方、一三五件が撤回されて政府立法推進予定の法律案が総四〇七件と変更された。金昌範・前掲注(4)八五頁。

(41) 政府立法計画上の法律案が議員立法として推進される場合には、国民に対する立法予告と他の部処との協議過程及び規制審査などのややこしい政府内の立法手続きが省略されるため、所管部処の利益のみを一方的に反映した法律が誕生する可能性が高くなる。

(42) 現在、政府立法計画に含まれる法律案は、制定法律案から改正法律案・廃止法律案まで多様であり、未だ立案さえ始まっていない法律案も政府立法計画に含まれることにより、政府立法計画の遵守率がより低くなる問題点が指摘されている。韓英洙・前掲注(10)一〇頁。

(43) 韓英洙・前掲注(10)一七頁、金昌範・前掲注(4)九五-九六頁。

(44) 金昌範・前掲注(4)九八頁。

(45) 韓英洙・前掲注(10)一八頁。

(46) 曺正燦「政府立法計画制度に対する小考」『月刊法制』二〇〇一年一二月号（法制処）二〇頁。

（47）　金昌範・前掲注（4）九八頁。

五　おわりに

以上のように、韓国における政府立法計画制度は、多様かつ有用な目的をもって樹立・施行されており、その間制度の運営過程においては一定の成果を挙げているが、政府立法計画の遵守率が低く、当初樹立された政府立法計画が頻繁に変更されるなどの問題で政府立法計画の実効性に対して疑問が提起されている状況である。こうした問題点を改善するために、法制処は多様な試みを行ってきた。例えば、二〇〇七年からは、部処立法計画の総合・調整機能をより効率的に遂行するために部処立法計画に対する予備検討制を導入・施行している。また、法制処は、政府の各部処が法律案を政府立法計画に従って国会に提出することを督励するために随時政府立法計画を樹立した後、四月臨時国会、六月臨時国会及び九月定期国会の開会に備えて該当臨時国会及び定期国会で処理される法律案とともに政府立法の推進現況を国務会議に報告することにより、各部処として政府立法推進予定の法律案が政府立法計画に基づいて国会に提出するように協調を要請している。

ところが、韓国の政府立法計画制度は、その性格と機能が明らかに浮かび上がっていないため、何のための制度なのかが不分明であり、一九七九年の制度導入から現在に至るまで「立法の特定時期集中現状の防止」という機能に重点が置かれてきたようである。こうした傾向は、政府立法計画制度のもつ本来的性格と機能に相応せず、結局各部処が年ごとに法律案を事前に法制処に提出して法制処が審査する時間を十分に確保できるようにし、国会にも臨時国会で法律案を多く処理させるとともに、定期国会での処理が不可避な法案もできる限り早く国会に提出するとの意味しか持っていないことを示している。こうした傾向を克服するためには、まず政府立法計画制度の本来的性格、すなわち未来に向かって行政府の活動を一定な方向に誘導するための指針を体系的に総合したものであって、「将来性・指針性・体系的構成」との三つの性格を再確認しつつ運用する必要があろう。

17 議院の議事運営に対する内閣の関与について

上田健介

曽我部真裕・赤坂幸一 編
大石眞先生還暦記念
『憲法改革の理念と展開（上巻）』
二〇一二年三月　信山社

17 議院の議事運営に対する内閣の関与について［上田健介］

一　はじめに

二〇〇九年八月三〇日に行われた衆議院議員総選挙によって、衆議院の第一党が交替するかたちでの本格的な政権交代が実現したが、その後の一年半余りの政治は、混迷を極めているようにみえる。政府提出法案の成立率をみると、第一七三回国会（臨時会、二〇〇九年一〇月二六日～一二月四日）では一二件中一〇件が成立したものの、第一七四回国会（常会、二〇一〇年一月一八日～六月一六日）では六六件中三六件（うち継続審議案件が二件中一件）の成立にとどまり、成立率五四・五％は、「第六一回通常国会（一九六八年一二月～一九六九年八月）の五五・八％を下回るもので、現行憲法下での常会の政府提出法律案についての最低を記録した」(1)ものである。その後第一七六回国会（二〇一〇年一〇月一日から一二月三日）でも三七件中一四件（うち継続審議案件が一七件中三件）の成立、率でいえば三七・八％にとどまった。その後、第一七七回国会（常会、二〇一一年一月二四日～八月三一日）では、一一〇件中八二件（うち継続審議案件が二〇件中一〇件）、七四・五％に戻ったが、第一七九回国会（臨時会、二〇一一年一〇月二〇日～一二月九日）では、三八件中一三件（うち継続審議案件が二三件中三件）、三四・二％に再び落ち込んでいる(2)。

このように法案成立率が低下した原因として、「与野党間の妥協と協調を欠かせない議事運営への然るべき配慮を怠ったこと」が挙げられる(3)。また、第一七五回国会以降は、二〇一〇年七月一一日に行われた参議院議員通常選挙の結果、野党が参議院の議席の過半数を占める、いわゆる「ねじれ現象」が再発したことも影響しているだろう。さらに、そもそも、民主党政権の政権運営能力の未成熟にその原因を求めることができるかもしれない。

しかし、従来の「与野党間の妥協と協調」の取り方、すなわち、「国対政治」という語で語られる仕組みそれ自体が限界に来ており、それが政権交代を機に浮かび上がったという見立ても可能である。内閣提出法案の審議に関して、両議院の議事運営に対する内閣の関与を認める仕組みを構築するべきであるとの主張は、既に行われているところである[4]。本稿も、同様の認識に基づき、比較法的考察を行った上で（二）、従来の主張よりもやや踏み込んだ構想を提示し、その憲法的許容性と可能性について考察を行いたい（三）。

（1） 中島厚夫「第一七四回国会の概観」ジュリスト一四一〇号（二〇一〇年）五六頁以下の五八頁。

（2） なお、第一七五回国会（臨時会、二〇一〇年七月三〇日～八月六日）は、議員提出法案のみが二件成立している。また、第一七八回国会（臨時会、二〇一一年九月一三日～九月三〇日）では二二件すべてが継続審議案件となっている。

（3） 大石眞「議院内閣制と議会の役割――政権交代の試練」公共政策研究一〇号（二〇一〇年）三四頁以下の三六頁。

（4） 大山礼子『比較議会政治論』（岩波書店、二〇〇三年）二五〇頁、大石・前掲注（3）四三頁。両者とも、「内閣の代表が出席して国会側の各会派代表と協議を行う場」、「議院内の正式機関において相応の発言権をもつ仕組み」を念頭に置いている。また、二一世紀臨調「国会審議活性化等に関する緊急提言」（平成二一年一一月四日）は、「議院運営委員会には内閣の代表者の出席を認めるとともに、内閣に対し提出した法案の審議スケジュールに関する協議関与権を保証すべきである。」と述べる。

二 比較法的考察

一 イギリス

㈠ 政府議事 イギリスでは、政府が下院の議事をコントロールしている――との表現が、通常、妥当する[5]。議事の決定権は議院に属するが、議院は、議院規則で一部を除きこの権限を政府に委任している。下院議院規則一四条一項は、「この規則に定めのある場合を除いて、政府議事（government business）がすべての会議日において優先されるものとする」と定める。同条は、野党に二〇日間（反対党――野党第一党――に一七日間、野党第二党に三日間。一四条二項）、議員提出法案の審議に一三日間（金曜日と定められている。一四条四項）、平議員の議事に少なくとも二七日間（一四条二A項）[6]割り当てる旨を定めるほか、五四条は、予算案の審議に三日間を充てることを定める。また、毎日の終了前三〇分の延会討論及び各種の緊急討論については、これらが優先される。しかし、一五〇日間から一六〇日間といわれる一会期の会議日のうち、これ以外の会議日は、政府がみずからの望む議事に充てることができる。[7]かかる政府議事優先については、近年、これに対する批判が大きい——その批判が上でみた「平議員議事」制度の導入に繋がった——ことに留意すべきであるし、そもそも、これを過大視してはならない——当然のことながら、政府の議事が優先される会議日でも、実際の議事の進行には、野党が影響力を行使しうる[8]——が、本稿の関心からは、政府に、議会の議事を直接に設定する権限が与えられている点が重要である。この制度により、政府には、下院で、相当の時間、政府提出法案の審議を、優先的に行わせることが担保されているわけである。

(二)　議事運営への政府の参加　この権限に基づき、政府議事の運営を行うのが、院内総務（Leader of the House）である。[9]院内総務は、内閣の一員、重要閣僚であって、院内幹事長（Government Chief Whip）の上位に位置する。院内総務それ自体は非公式の地位であって、大臣の地位として近年は枢密院議長（Lord President of the Council）の役職が充てられているようである。院内総務は、毎週木曜日に、翌一週間（可能であれば次の一週間も合わせ二週間）の議事を、通常は反対党院内総務（Shadow Leader of the House）からの質問に対する回答の中で言明する。議事のプログラムや詳細については、院内幹事長がこれを提案し、各項目に必要とされる時間を計算し各会議日の議事を準備する。

とはいえ、野党は、様々な理由から政府の予定よりも長時間の討論を望む。議事の進行が遅延すれば、政府はその政策実現が妨げられることになるので、上記の政府議事優先の制度下においても、政府は、議事進行に関し、野党との協調を図る必要性がある。この合意形成を図る場が、「通常の経路（usual channels）」[10]である。院内総務と反対党院内総務、院内幹事長と反対党幹事長との間で行われる、非公式の、秘密裏に行われる会談である。法案の本会議および委員会における具体的な進行予定（timetabling）について、非公式の合意が形成される[(11)]。

もっとも、近年、この非公式の合意の公式制度化が進んでいる。プログラム動議の導入である。プログラム動議は、一九九七-一九九八年度会期に、反対党の同意のもと一一の法案について可決されたのが嚆矢であるが、その後、二〇〇〇-二〇〇一年度会期で、会期規則（sessional order）により制度化され、現在は、議院規則に組み込まれている（八三A条～八三I条）。大臣は、第二読会の前にプログラム動議を提出することができ、この動議は、第二読会後、直ちに、討論なしの表決に付される。可決された動議は、プログラム命令と呼ばれる。「プログラム動議は、法案の諸手続きに関し、時間の配分を定めることができる」（八三A条六項）が、基本的なものは、付託先の委員会と、委員会から本会議への報告の期限を定めるようである。付託先が全院委員会である場合（ならびにプログラム命令の対象が報告段階〔report stage; 正式には"consideration"とよばれる〕および第三読会に及ぶ場合）には、歳出委員会委員長および議長が任命する八名以下の議員で構成されるプログラム委員会が、付託先が公法案委員会である場合には、当該委員会委員長および議長が任命する七名の議員で構成されるプログラミング小委員会が、立法手続の当該各段階における詳細の時間配分を定める（八三B条五項、八三C条五項[(12)]）。プログラム命令に従って議事を終結に導くために、委員長および議長が遵守すべきいくつかの手続上のルールが定められる（八三D条、八三E条）。本稿の視点から興味深いのは、上記の詳細の時間配分を定める場にも、大臣が出席して提案を行うことが制度化されていることである（八三B条七項b号、八三C条一〇項）。

(三)　政府による議事促進手段

とはいえ、非公式の合意は、紳士協定であるので、これが遵守されない場合もあれば、締結されない場合もある。プログラム動議についても、この事情は同様である[(13)]。しかし、そのような場合でも、政府には、強制的に討論を終結させる権限が与えられている。時間配分動議（Allocation of Time Motion）――「ギロチン」という俗名で知られる――である。大臣は、「法案の諸手続きに関し、時間の配分を定める」動議を提出することができ、この動議は、最長三時間の討論を経て、表決に付される（下院議院規則八二条）。動議は、通常、反対党が委員会段階で多くの修正案を提出し、それらにつき長時間の討論を行うことで議事の進行が妨げられる場合に提出される。動議は、委員会から本会議への報告の期日か、法案審議の残りの段階ごとに割り当てられる審議日数を定めるかたちをとる。当該期日または審議日数が来れば、審議は打ち切られることとなる。近時は、上記のプログラム動議の制度化によって、時間配分動議が実際に用いられる場面は減っているようであるが[14]、反対党に協調を促すための「伝家の宝刀」として、なおその意義は失われていない[15]。

㈣　小　括　ともあれ、イギリスにおいては、第一に、政府議事のかたちで、政府が直接、議会の議事運営を行うことが議院規則により認められていること、第二に、議事運営に関して、従来の非公式な「通常の経路」にしても、近年の公式制度化されたプログラム動議にしても、政府の一員が直接に反対党と交渉を行うこととされていること、第三に、政府には、反対党らの議事引き延ばしに対して、政府提出法案の成立に向けて議事を強制的に進行する手段が付与されていることが認められる。これらの諸権限により、政府は議会の議事運営に強い影響力を行使することが可能となっているのである[16]。

二　フランス

㈠　政府の優先的議事日程

フランスでも、イギリスと同様に——そして、イギリスと異なり憲法によって——政府に議事日程の優先的な決定権が与えられている[17]。第三共和政や第四共和政には存在していなかったものであり、従来の在り方との関係で「急進的な破壊」、「根本的な革新」と評された[18]。すなわち、当初の憲法四八条一項は、「本会議の議事日程は、政府が定めた順序によって、優先的に、政府提出法案及び政府が承認した議員提出法案の審議からなる」と定め、議事日程の決定においてほぼ完全に——憲法四八条二項で週に一回両議院に留保されていた質問を除いて――政府を優先することとした。

　もっとも、その後、一九九五年、二〇〇八年の憲法改正を経て、この点は緩和されている。すなわち、現在の憲法四八条二項は、「四週のうち二週の本会議は、政府が定めた順序によって、優先的に、政府が議事日程への掲載を要求する議案審査と討論のために留保される」と定める。会期を四週ごとに括り、うち二週の議事日程については政府の希望を優先するわけである。政府は、優先的議事日程に関して、審議するべき議案のリストと順番のみならず、その審議を行う会議を決定することができる。政府は、会期の開始前に、議事協議会（後述）に対して、その優先的議事日程のために留保する週を告知することとされている（国民議会規則〔以下「国規」〕四八条二項、元老院規則〔以下「元規」〕二九条の二第四項）。優先的議事日程の間には、政府の同意なしに、補充的議事日程（後述）に関連する討論を割り込ませることはできず、優先的議事日程を延期させる（suspendre）こともできない。政府は、議事協議会に告知することで優先的議事日程を自由に変更することができる。

　また、四週のうち二週の優先に加えて、政府には、政府提出の予算法律案、社会保障財政法律案、六週間以上前に他の院から送付された議案、非常事態に関連する政府提出法案、憲法三五条の定める宣戦等に対する承認について、議事を優先させることが認められている（憲法四八条三項）[19]。

㈡　議院・野党等の優先的議事日程　これに対し、各議院には、四週のうち一週は政府の行為の監視および公共政策の評価のために優先的に議事日程を定める権限、月に一日は議院内の野党会派および少数会派の発議に基づき議事日程を定める権限が留保される（憲法四八条四項、五項）[20]。また、少なくとも週に一回の本会議が国会議員の質問および政府の答弁のために優先的に留保される（憲法四八条六項）。議事協議会は、これらの優先的議事日程について議事日程の案を決定する。

　また、各議院には、議院規則により補充的議事日程（L'ordre du jour complémentaire）の決定権が認められていた。

二〇〇九年五月二七日の改正前の国民議会規則四八条四項は、「〔議事協議会は〕政府により優先的に定められる討論を補充して、議事日程の規律に関するあらゆる提案を行うものとする」としており、議事協議会は、上記の優先的議事日程の案の決定とは別に、議員提出法案、決議案や議院が行うとされる任命の審議につき、議事日程への掲載を提案していた。もっとも、一九九五年の憲法改正で、月一回の議院の優先的留保が憲法上制度化されたことから、議院規則上の補充的議事日程の制度については空文化したといわれる。[21]

補充的議事日程につき、かつて「対抗権力(contre-pouvoir)」の機能を果たしうるとする論者がいたところであるが[22]、現在の憲法四八条四項〜六項が定める三種の議事日程の、各議院ならびに野党会派および少数会派に対する優先的留保も、同様の機能を果たすものといえよう。

なお、二〇〇九年の憲法改正により、議事日程の配分が変更され、政府の優先的議事日程の割合が減少している。この傾向は、イギリスと軌を一にするものである。しかし、日本と比較する本稿の視点からは、むしろ半分以上の議事日程が制度上政府に優先的に割り当てられている点に目を向けるべきであろう。

㈢　議事協議会

フランスでは、議事日程を規律し、立法手続や統制、評価の活動に関し議論を行う機関として、議事協議会（la conférence des présidents）が組織されている。[23] 議事協議会は、議事日程の案を決定する。議事日程を決するのは両議院であるが（憲法四八条一項）、議事協議会の提案に基づくものであり、実質的にその決定を行っているのは議事協議会といえる（国規四八条一項、元規二九条四項参照）。もっとも、上述のとおり、一九五八年以降は政府に議事日程の優先的決定権が認められているので、それだけ議事協議会の所管は制限されている。また、二〇〇八年の憲法改正で、議事協議会には、政府提出法案が組織法律の定める要件を充たしているか適合性の判断を行う権限（憲法三九条四項、国規四七条の一、元規二九条五項）、両院協議会開催についての審議促進手続に反対する権限（憲法四五条二項、国規四七条二項、元規二九条六項）が与えられている。

議事協議会は下院において一九一一年に創設されたが、二〇〇八年の憲法改正により憲法上明記されることとなった（三九条四項など）。議長、副議長、彼らが必要と認める常任委員会および特別委員会の委員長、会派長、財務委員会の総括報告者、欧州問題委員会の委員長（と上院の場合には社会問題委員会の委員長）から組織される（国規四七条一項、元規二九条一項）。議事協議会には、通告を行った上で、政府も代表者を出席させることができる（国規四七条五項、元規二九条三項）。通常は、議会関係担当の大臣又は政務次官が出席する。

議事協議会は、下院においては毎週一回開催され、当該週及びその後の三週間の議事日程を作成する（国規四八条六項）。上院においては議長の発議により、通常は二、三週に一回開催される（元規二九条二項参照）。また、下院においては一会派、上院においては二会派の要求に基づき開催される（国規四七条二項、元規二九条二項）。政府の優先的議事日程に関して、政府の望む議題の議事日程への記載の要求は、議事協議会の前日までに、首相が議長に告知し、議長が協議会の構成員にこれを知らせることとされている（国規四八条四項）。政府の進行予定に対しては、野党のみならず、与党や委員長が反対することもあるようであり、実際には、議案の報告や委員会での審議を円滑に進めるため、議事協議会までに、与党や委員長の合意が政府により求められることとなる[24]。作成された議事日程は直ちに公示され、また政府、会派長および委員長に告知される。議長は、政府の優先的議事日程を除く議事日程の提案を本会議に提出し、議決に付す（国規四八条一〇項）。

㈣　**審議促進手続**　フランスでも、本稿の文脈でいう「審議促進手続」が存在する[25]。その代表的なものは、国民議会において法律案の表決に政府の信任をかける憲法四九条三項の手続である。首相は、内閣の審議の後に、法案の表決に政府の信任を賭けることを通知することができる。二四時間に不信任動議が提出されなければ、当該法案は可決したものとみなされるが、不信任動議が提出される場合には、憲法四九条二項の定める手続に従い表決に付される。これが可決されれば政府は瓦解するとともに法案も流れるが、これが否決されれば、当該法律案は審議も表決もなしに可決したものとみなされる(26)。

この条項は、本来、政府が法律案を可決させるために信任動議を合わせて提出したにもかかわらず、国民議会が過半数で法律案を否決した結果、政府は――信任動議の否決に憲法上要求される絶対多数には達していないため――不信任されていないものの退陣を余儀なくされてきたという第四共和制下の不安定な政治を打開するために設けられたものであった。

しかし、当初の条項はこの手続に訴えることができる法文（text）に限定がかけられていなかったため、政府は、野党議員による議事妨害(27)を短時間で打ち切り、また与党議員による修正や棄権を防止するために――国民議会において多数派を形成している場合にも――この手続を用いるようになった。一九五八年から二〇〇七年までの一二の立法期の間に、八二回用いられたという(28)。

このような「濫用」は立法過程における議会の役割を損なうものであると批判され、二〇〇八年の憲法改正でこの手続に訴えることができる法律案は、予算法律案、社会保障財政法律案と、一会期につきその他の一つの法律案（政府提出法案または議員提出法案）に限定された。もっとも、制度として存続しており、従来、予算法律についてこの手続を利用することも多かった点、また最後者の「一つの法律案」の活用次第で、重要な、しかし野党や与党議員から反対の強い法律を迅速に定めうる点に留意が必要であろう(29)。

また、他にも審議の促進に用いられる手続がある。二〇〇八年の憲法改正を受けて定められた「憲法三四条一項、三九条、四四条の適用に関する二〇〇九年四月一五日組織法律」一七条一項は、本会議における審議時間に上限を設ける権限を両院の議事協議会に付与した(30)。上限を超えた場合には修正案に対し審議を行わず直ちに表決に付すことが可能となったのである。以前より、議事協議会には、議院規則により審議の組み立て（l'organisation des discussion）の決定権が認められており、議事協議会は、概括討論（discussion général）について総時間数を定め、議院規則の定めに従って各会派、無所属議員に配分を行うことができた。しかし、これに続く逐条審議には総時間数の縛りが適用されなかったため、この段階で修正権の行使による議事妨害がなされていたのである。この法律の制定を受けて、国民議会では総時間数の縛りが審議全体に広げられた（国規四九条一項。これに対し元老院は引き続き概括討論に限定されている。元規二九条の三第一項）。この手続は、イギリスの「ギロチン」を参考にしたものだとされ、議事の遅延を防ぎ予定された時間で審議を終了させることができる点で、首相、政府はこの手続を利用するとも考えられている。[31]

㈤ 小　括　フランスでも、第一に、一定の会議日について、政府に優先的な議事日程の設定権が認められている。その実質はイギリスの「政府議事」に類似するが、かかるプログラム化を──イギリスにおけるように、議院規則によるのではなく──憲法典により制度化しているところに特徴があるといえよう。第二に、政府は、議事協議会に代表者を出席させることでその議事に参加することが認められている。また第三に、政府は、審議促進手続に訴える権限を付与されている。フランスは、議事協議会を有する点でイギリスと異なることが指摘されるが、政府の優先的な議事日程の設定権や審議促進手続に着目すれば、実質的に両者には類似する点が多いと考えられる。

三　ドイツ

㈠ 長老評議会と政府の関与

ドイツでは、イギリスにおける「政府議事」、フランスにおける「政府の優先的議事日程」に当たる制度は存在しない。ドイツにおける連邦議会の議事運営機関は長老評議会（Ältestenrat）であるが、その任務のひとつは、議事の取り扱いに関して議長を補佐することである（議院規則六条二項）。[32][33] 具体的には、議会の活動計画（Arbeitsplan）──どの週を会議を開く週（Sitzungswoche）とするか、その週の本会議や委員会等の時間帯の割当てをどうするか──に関する会派間の合意（Verständigung）を形成する。また、会議の期日および議事日程に関する合意を――実務上は、一週間分を纏めて――形成する（議院規則二〇条一項）。

なお、ここにいう「合意」は議決ではなく、評議会を組織する議員全員の同意を前提とするものである。しかし、議事日程については、長老評議会で合意に達しない場合でも、多数派は本会議で希望の内容を含む提案動議（Aufsetzungsantrag）を提出して過半数の議決でこれを実現することができるため、長老評議会でも多数派が有利な形で同意が形成されるようである[34]。

議事日程に関し、政府は、政府演説（Regierungerklärung）の議事日程への掲載を要求することができる（基本法四三条二項が根拠として示される）。これに対し、法律案その他の議案の議事日程に対する掲載につき、政府は、「与党会派（Regierungsfraktionen）が時宜に適した取り扱いに配慮するよう指示する（anweisen）」にとどまる[35]。ここに、ドイツでは政府と与党会派とが区別されていることが窺われる。

しかし、ドイツでも、長老評議会に、政府の代表者が、正式の構成員ではないが第一立法期から参加しており、これが慣行となっている。長老評議会の構成員は、議長、副議長と勢力に応じて会派に割り当てられる二三名の議員であるが、これに加えて、政府の代表者が出席するわけである。政府の代表者としては、連邦宰相府の政務次官または担当大臣が任命される。政府代表者は、長老評議会の席上、たとえば政府演説の時間とテーマといった政府の計画を知らせたり、大臣が重要な審議に出席できない場合や政府が質問に対し時宜に適した回答ができない場合などに、弁明を行ったりするようである。

㈡　**審議促進手続？**　なお、ドイツでも、連邦首相の信任決議の動議と特定の法律とを結合させることで、法律の制定を促しうる仕組みが存在する。立法上の緊急事態の制度である（基本法八一条）。ここでは、信任決議と抱き合わせにした法律案が否決された場合に、連邦大統領は、連邦政府の申立てに基づき、連邦参議院の同意を得て、立法上の緊急事態を宣言することができる（基本法八一条一項）[36]。立法上の緊急事態の宣言後は、当該法律案について連邦議会が再び否決したとき、連邦政府の受け入れられない文言を加えて可決したとき、連邦議会に提出後四週間以内に可決されないときに、連邦参議院の同意を得ることで、これを成立したものとすることができる（基本法八一条二項）。この制度は、一見したところ、フランスの「審議促進手続」とやや類似しており、政府が制定を望む法律案の成立を促進する手段として機能しうるようにもみえる。しかし、この制度が実際に用いられた例は今まで存在しない。また、この制度が「伝家の宝刀」として法律の制定を促進する機能を果たしているとの評価も管見による限り目にしない。この背景には、「連邦共和国の政治制度は、すべて、諸政党をコンセンサスへと強制する、あるいは新しい選挙における解決を追求するように作用する」との認識があることが窺われる[37]。

㈢　**政府の関与が限定的である背景**　このように、ドイツにおいては、イギリスやフランスに比較して、議会の議事手続に対する政府の関与は相当に限定的であるが、その背景の発想が垣間見られる興味深い解釈論上の論点がある。上述のとおり、連邦政府は、政府演説の議事日程への掲載を求めることができるが、その根拠として基本法四三条二項が挙げられていた。この基本法四三条二項を根拠に、政府は、基本法七六条一項で明示的に認められている法律案提出権を超えて、一般的な提案権が認められるか否か、という論点が存在する。従来、これを肯定する見解が通説だとされてきた[38]。出席権および発言権（これらを合わせて「聴聞（Anhörung）」権ともいわれる）を有する者は、必然的に、正式の提案権を有していなければならず、このことは自明である、というのが、その議論である。しかし、これに対しては、「聴聞」権から提案権は導かれるのは自明とはいえないのではないのではないかという批判も存在する[39]。この批判の根拠には、政府に提案権を認めることは、それについて議会が決定を行わなければならなくなる以上、「議会の議事の進行を広範にコントロールし形成する地位に政府を置くことになる」点に対する憂慮がある[40]。興味深いのは、これらの（とくに後者の）見解の背後には、立法部と行政部との――立法部を行政部による介入から保護するかたちでの――厳格な分離という発想が潜んでいることである。「聴聞」権の規定は、早くも一八四九年フランクフルト憲法一二一条、一二二条にみられるが、そこでは、当時の君主と議会との対立を背景に、「聴聞」権とは政府に議会への関与を特に認めるものであると位置づけられていた。[41]上記の発想は、かかる君主と議会との対立図式を前提とする一九世紀の立憲主義の権力分立観に由来する、ドイツにおける「伝統的な」見解であるといえよう。[42]このような発想が、議会の議事手続に対する政府の関与を限定的なものにしているのだと思われる。

(四)　小　括

ドイツでは、第一に、イギリスやフランスにおけるような、一定の時間の議事日程を政府の決定に委ねる制度は存在しない。第二に、政府は、フランスと同様、議事協議会に代表者を出席させることでその議事に参加することが認められている。第三に、政府は、イギリスやフランスと異なり、特段の審議促進手続に訴えることがない。これらの背景には、議会と政府とを厳格に峻別する伝統的な権力分立観が潜んでいるように見受けられる。それでも、議事協議会に政府の代表者が出席する慣行が確立している点は注目してよいだろう。

(5)　Erskine May, Parliamentary Practice, 23th ed., 2004, pp. 317〜18; Robert Blackburn and Andrew Kennon, Griffith & Ryle on Parliament, 2nd ed., 2003, Ch. 7; Robert Rogers and Rhodri Walters, How Parliament Works, 6th ed., 2006, p. 93. なお、以下では下院のみを考察の対象とすることをお断りしておく。

(6)　「平議員の事務（backbencher business）」は、二〇一〇年の議院規則から導入された制度である。一四条三A項は、会期中三五日間を本会議またはウエストミンスター・ホールでの平議員の事務に、そのうち少なくとも二八日間を本会議での手続きに割り当てる旨を定める。この制度の導入について、参照、高見勝利「日本の逆を行くイギリスの議会改革」世界二〇一〇年八月号一五二頁以下、大山礼子『日本の国会――審議する立法府へ』（岩波新書、二〇一一年）一三五頁。

(7)　なお、野党の二〇日分や議員提出法案の一三日分を、いつ割り当てるかについても、政府に決定権が認められている。

(8)　Erskine May, above n. 5, p. 318. もちろん、与党平議員の影響力も無視できない。

(9)　Erskine May, above n. 5, pp. 248-49.

(10)　訳語も含めて、参照、大山・前掲注(4)一九一頁。

(11)　「通常の経路」においては、他にも、各種の動議に対する討論の時間、法案の付託先の委員会といった議事に関して、また特別委員会の委員長の割当てに関して、議論が行われる。なお、イギリスにおいて、もう一つ、「通常の経路」を支える重要な役割を果たしている存在に、政府側の幹事長秘書官（private secretary to the Government Chief Whip）がある。幹事長秘書官は、事務方の公務員であり、政権交代に関わらず長期間在職する（一九一九年の創設以来、幹事長秘書官を務めたのは、わずかに四人である）。幹事長秘書官は、反対党との意思疎通の役割を果たすとともに、幹事長に対して、採るべき戦略や決定の助言を行う。議事に関わる慣行や先例に精通した、党派的でない幹事長秘書官の存在も、イギリスの議会政治の円滑な運営にとって秘訣のひとつなのかもしれない。

(12)　とくに、プログラム小委員会は、会議の回数、各会議における手続きの割当て、各手続きが終結する時間、法案を本会議に報告する日を明示して委員会に報告することが求められている点が注目される（八三C条五項a号〜d号）。また、プログラム小委員会は、報告段階および第三読会のプログラミングについても意見を行うことが求められている（同項e号）。プログラム小委員会からの報告に基づき、委員会が、本会議への報告日の修正提案ならびに報告段階および第三読会のプログラミングの勧告を行う場合には、補充的プログラム決議が行われる（八三C条一二〜一四項）。

(13)　プログラム動議は、すべての政府提出法案に付されるわけでもなく、また、いったん出されたプログラム命令も修正が可能である。

(14)　二〇〇二-二〇〇三年会期では、プログラム命令が七一件出されたのに対し、ギロチンの動議はわずか三件にとどまるという。Hilare Barnett, Constitutional and Administrative Law, 8th ed., 2011, p. 399.

(15)　従来は、反対党による引き延ばしに対抗して、政府が議事を進行させるために、討論終結（closure of debate）の動議が用いられることもあった。これは、議員が発議し、議長が、「議員の規則の濫用または少数派の権利の侵害」でないと判断する場合に、表決に付され、最低一〇〇名の賛成を得て成立するもので、これにより討論が打ち切られる（下院議院規則三六条、三七条）。近年は、プログラム動議を用いることが多くなったため、政府提出法案について、この討論終結の動議が用いられることはほとんどなくなっているようである。Blackburn and Kennon, above n. 5, 7-010.

(16)　もう一点、政府の議事に対する関与という点でも、議会の統制を確保する手段という観点からも、政府提出法案の修正権が政府に認められていることが重要である。大山・前掲注(6)七四〜七七頁。

(17)　Voir, Pierre Avril et Jean Gicquel, Droit parlementaire, 4e éd. 2010, pp. 79-80, 125-32. 一九五八年憲法により優先権が導入される以前、一九五五年には、政府提出法案の議事日程への掲載を議事評議会により拒否された Edgar Faure 内閣が、信任決議を否決され、解散に至ったことが知られる。また参照、勝山教子「フランス第五共和制における〝合理化された議院制〟の構造とその改革（一）」同志社法学四〇巻六号（一九八九年）一一六頁以下の一五〇〜五三頁。

(18) Pierre Hontebeyrie, La fixation de l'ordre du jour prioritaire : un pouvoir sans contre-pouvoirs, Pouvoirs, n°34, p. 13.

(19) ただし、他の院から送付された議案については、憲法四八条四項に基づき各議院に留保される議事日程に割り込ませることが認められていない。

(20) 後者につき、二〇〇九年の憲法改正以前は、「各議院で定められた議事日程のため、月に一回の会議が優先的に留保される」との条項があり（改正前の四八条三項）、さらに、国民議会が、政府の同意を得て、会期中一八日を補充的議事日程としてこれに加えて、野党に割り当てていた。割当ては、勢力に比例して、ただし一会派最低一日は認められるように行われた。二〇〇九年の憲法改正において野党会派および少数会派に一定の権限が認められた点については、参照、曽我部真裕「議会内における野党会派の位置づけについて」法学論叢一六四巻一-六号（二〇〇九年）五五二頁以下の五六〇〜六二頁、辻村みよ子『フランス憲法と現代立憲主義の挑戦』（有信堂、二〇一〇年）八〇〜八四頁。

(21) 一九九五年の憲法改正以降、補充的議事日程として定められていたのは、注(20)で挙げた、月一回の優先的留保に追加して割り当てる議事日程についてくらいであるといわれていた。

(22) Hontebeyrie, *supra* note (18), p. 21. 「対抗権力（contre-pouvoir）」の概念につき、参照、曽我部・前掲注(20)五六五〜六八頁、同「民主党政権下における政治主導実現のための改革について」憲法理論研究会『政治変動と憲法理論』（敬文堂、二〇一一年）三三頁以下の四二頁。

(23) 参照、勝山・前掲注(17)一五一〜五二頁、同「フランス議会の復権に関する一考察（一）」同志社法学四一巻六号（一九九〇年）六四頁以下の八四〜九一頁。

(24) 参照、勝山・前掲注(17)一五二頁。なお、議事協議会で議決を行う場合には、会派長には当該会派の議員数から議事協議会の構成員たる議員数を引いた数の議決権が割り当てられる（国規四七条三項、元規二九条七項）。それゆえ、多数派が議事日程の内容を決定することができるが、実際には、議決に付されることは稀である。

(25) 両院で法案の議決が異なる場合に政府が両院協議会の開催を求めるには原則として両院の二回ずつの審議を待たなければならないところ、この期間を短縮することができる手続を〝procedure accélérée〟と呼ぶ（憲法四五条二項）が、本稿の文脈とは異なるので、ここではこの手続について取り上げない。

(26)　参照、勝山・前掲注(17)一二九〜三一頁。

(27)　修正権が議事妨害に用いられる点について、徳永貴志「フランス第五共和制における修正権と政党システム」一橋法学七巻二号（二〇〇八年）五一一頁以下。

(28)　Francis Hamon et Michel Troper, Droit Constitutionnel, 32e éd., 2011, p. 705. 同一法案について両院間往復による下院での審議のつど四九条三項に訴えることが可能なので、実際の法律案の数でいえば四六になる。Pauline Türk, Le contrôle parlementaire en France, 2011, p. 118.

(29)　四六の法律案のうち一七が予算に直接に関係する法律案だったという。Türk, *supra* note (28), p. 121.

(30)　徳永貴志「フランス議会における審議の合理化」一橋法学九巻三号（二〇一〇年）一一三頁以下の一一八頁以下。

(31)　Hamon et Troper, *supra* note (28), pp. 706-7, 762-63. また、「先決問題（question préalable）」も議事促進手続に挙げられることがある。本会議での概括討論の後、議員の提案に基づき当該法案についてこれ以上の審議を行う必要がないことを決定するもので、法案に反対する者が審議打ち切りのためになされるものであるが、これを上院で法律案の審議促進のために用いられることがあり、これを「積極的先決問題」とよぶ。参照、徳永・前掲注(27)五三八頁。

(32)　連邦議会の議院規則については、一九九〇年までの改正を含むものが邦訳されている。吉田栄司「ドイツ連邦議会議事規則」同『憲法的責任追及制論Ⅰ』（関西大学出版会、二〇一〇年）三五一頁以下〔初出一九九二年〕。なお、以下では連邦議会のみを考察の対象とすることをお断りしておく。

(33)　Hans- Achim Roll, Der Ältestenrat, in: Hans-Peter Schneider/Wolfgang Zeh, Parlamentsrecht und Parlamentspraxis in der Bundesrepublik Deutschland, 1989, SS. 809-828.

(34)　長老評議会に先行して、会派を代表する議員（Parlamentarische Geschäftsführer）の間で事前の話し合い（Vorbesprechungen）が慣行的になされている。この結論が長老評議会に書面で報告され、長老評議会ではこれを踏まえた討論を行い、修正や詰めを行った上で、公式の合意に至るという。Roll（Fn. 33), Rdnr. 23.

(35)　Roll（Fn. 33), Rdnr. 25.

(36)　もうひとつ、信任決議が否決されたが連邦議会が解散されない状態で、政府が緊急であると表示した法律案が否決された場合にも、立法上の緊急事態を宣言することができる。

(37)　v. Münch/Künig（Hrsg.), Grundgesetz-Kommentar, Bd. 3, 3.Aufl.,1996, Art. 81, Rdnr. 11. 立法上の緊急事態が六ヶ月の期間に限

られる点を捉えて基本法八一条三項は解散という「政治的効果を引き延ば」す効果しかないとも言われる。コンラート・ヘッセ（初宿正典＝赤坂幸一訳）『ドイツ憲法の基本的特質』（成文堂、二〇〇六年）四五〇頁。

（38） Maunz/Dürig/Herzog (Hrsg.), Grundgesetz. Kommentar, 3.Aufl., 1969, Art. 43 Rdnr. 24.

（39） v. Münch/Kunig (Hrsg.), Grundgesetz-Kommentar, Bd. 2, 5.Aufl., 2001, Art. 43 Rdnr. 36; Mangoldt/Klein/Stark (Hrsg.), Kommentar zum Grundgesetz, Bd. 2, 6. Aufl., 2010, Art. 43 Rdnr. 60 ; Sachs (Hrsg.), Grundgesetz Kommentar, 6. Aufl., 2011, Art. 43 Rdnr. 12.

（40） Heinhard Steiger, Organisatorische Grundlagen des parlamentarischen Regierungssystems, 1973, S. 95. もっとも、この論者も、政府が非公式な提案を行うことは認める。また、この論者も、「連邦議会において誰が提案を行うことができるかの決定は、連邦議会の議院規則に係る自律権（Geschäftsordnungsautonomie）に服する」と述べており、イギリスの方式で政府の関与を認めることまでを排除するものかは定かでない（S. 94f.）。

（41） Vgl. Meinhard Schröder, Rechte der Regierung im Bundestag, in: Schneider/ Zeh (Fn. 33), SS. 1447-1455, 1447.

（42） Vgl. Steiger (Fn. 40), S. 97.

三　日本における実際と可能性

一　内閣の関与の実際

㈠　議事日程の決定に対する内閣の関与　これら諸外国に対し、日本では、内閣が両議院の議事運営から完全といってよいほど排除されている点に特徴がある。両議院の議事運営について、議事日程の作成など議事を整理する権限は議長にあるが（国会法五五条一項、一九条）、議長を補佐して実質的にこれらの事項を取り扱うのは議院運営委員会であるといってよい[43]。議院運営委員会は、「議院の運営に関する事項」（衆議院規則九二条一六号、参議院規則七四条一六号）を所管する。より具体的には、衆議院については、「議事の順序に関する件」や「発言順位及び割当時間の件」について審議又は協議し（衆議院先例集一四一）、参議院に関しても、「議事の順序等については、議院運営委員会において協議する」のが先例となっている（参議院先例録二一五）。

法律案の関係では、提出された法律案を委員会に付託するのは議長の権限であるが（衆議院規則三一条、参議院規則二九条一項）、所管が不明のもの等は議院に諮ることとされているところ（衆議院規則三二条。参議院規則二九条二項参照）、実際の諮問先は議院運営委員会であり、さらに、「最近の扱いでは、各議案について議院運営委員会（理事会）で協議し、合意されたものが付託される例である」という。[44]ここから、議院運営委員会は、付託に合意を与えないことで当該法律案の審査を止めることが可能とされる。いわゆる「吊るし」である。[45]また、議院運営委員会は、法律案審議の進行予定についても決定するようである。[46]

もっとも、議院運営委員会は形式的、最終的な決定のみを行うことが多く、実質的な調整は議院運営委員会理事会、さらには国会対策委員長会談や幹事長会談で行われている。前者においては全会一致のルールが妥当し、後者においても当事者の合意が当然のこととして求められるといわれる。とはいえ、これらの場面で議事に関する合意が得られなくても、議院運営委員会にかけて多数決で決定を行うことは可能であって（国会法五〇条参照）、現に小会派が増えた一九八〇年代以降、その件数は増えているという。[47]いずれにせよ、議事日程の決定に関わるのは両議院の与野党であり、これを内閣に委ねる制度は日本において存在しない。

㈡　**議院運営機関に対する内閣の関与**　次に、本稿の関心から重要なのは、これらの公式、非公式の議事運営機関に内閣の構成員が必ず参加することとはなっていない点である。議院運営委員会は、両院とも二五人の委員で組織されるが（衆議院規則九二条一六号、参議院規則七四条一六号）、委員は、衆議院で二〇人、参議院で一〇人以上の議席数を有する会派に割り当てられる仕組みとなっている。[48]しかし、内閣の構成員は、委員会の構成員ではない。もちろん、委員会は、内閣の構成員の出席説明を求められるところであり（国会法七一条）、大臣が議院運営委員会に出席して質問に対する説明を行うことはある。(49) しかし、今日、議案、たとえば政府提出法案の審議に関わって、内閣の構成員が議院運営委員会に出席することはないようである。(50) 唯一の例外は、参議院において、同意人事案件に関し、官房副長官や副大臣が議院運営委員会に出席して同意を求める旨の発言を行うのが慣例となっているようにみえる点である。(51)

これに対し、議院運営委員会理事会への内閣の構成員の出席は慣例化されている。衆議院についてであるが、(52) 内閣官房長官が、国会召集に関して議運理に出席し、国会同意人事に関して両院合同の議運代表者会議に出席することが、また、官房副長官が、提出予定議案、提出予定外の新規提出議案、閣僚の海外出張、国会同意人事に関して議運理に出席することが、それぞれ慣例となっているようである。また、閣僚の発言や行動、法案の正誤などについて、内閣官房副長官が議運理に説明のため出席を求められることがあるという。もっとも、これらの出席は半ば儀式的なものであり、審議時間の割当てに関して内閣が希望を述べる余地はないようである。

非公式の協議に関しても、与党の国会対策委員長や幹事長は、内閣の構成員でない。もちろん、内閣（総理大臣）は、国会対策委員長や幹事長と連絡を密接にとることで、その意向を議事運営に反映させることは運用上可能となる。しかし、これらの第三者を介することによって、内閣（総理大臣）の意向がストレートに伝わらないという点は看過できない。また、同じく「人を介する」といっても、連帯責任等の憲法上の原則により一体として活動することが要請される大臣の場合と、(53) そのような要請が課されない国会対策委員長や幹事長の場合とでは、意向の反映のされ方は異なるだろう。

㈢　小　括　日本でも、第一に、議事日程を政府の決定に委ねる制度は存在していない。第二に、内閣の構成員が、議院運営委員会に出席して議院の議事の在り方に関する議論に参加する慣行もない。理事会に官房（副）長官が参加しているようであるが、半ば儀礼的なものであり、制度的な基盤は弱いものといえる。第三に、政府には、特段の審議促進手続に訴える権限も付与されていない。結局、日本は、ドイツと比較しても政府の関与の度合いは小さく、なきに等しいのである。

二　審議の計画化と内閣関与の必要性

(一)　主　張

一でみたように、日本では、議院内閣制をとる欧州諸国と比較して、両議院の審議に対する内閣の関与が小さい。しかし、立法機能を強化するために、両議院の審議について、有限の時間を意識した計画化をすめる必要があるのではないだろうか。その際、立法過程に占める政府提出法案の割合の高さに鑑みて、審議計画の策定に対する内閣による関与を強めるべきであると考える。

(二)　批判に対する反論――従来の立法過程

このように述べれば、内閣強化はすなわち議会軽視であるので許されない、との批判が直ちに向けられるだろう。しかし、本稿の狙いは議会軽視にはなく、むしろ、議会審議の活性化にある。それは、従来の立法過程に関する次のような認識に基づく。従来、五十五年体制では、審議日程の設定が政治的駆け引きに用いられ、肝心の審議それ自体が疎かになっていた（いわゆる「国対政治」）。その背景には、政治に「独創的な着想や新たな価値体系の創造、あるいは未曾有の事態への対応力」[54]が必要とされず、また政権交代の具体的可能性が存在しなかったという社会・経済・財政・政治の状況があったといえよう。会期不継続の原則も、このような審議の在り方を助長する機能を果たしていたと思われる[55]。さらに、かかる審議の在り方は、政府提出法案に対する与党の事前審査と表裏の関係にあった。政府提出法案の作成にあたっては、政調部会→政務調査会→総務会と与党内でのレベルを上げながら調整が行われ、全会一致で支持されたものだけが、事務次官会議を経た上で閣議決定にかけられ、国会に提出されるため[56]、政府提出法案は、国会提出時点で、行政部内および与党内のすべての利害調整を終え内容的に微妙なバランスの上に載った内容のものとなっている[57]。要するに、政府提出法案は、提出時点で「完成形」となっており、国会での審議は、この法律案をそのまま通過させるためにのみ行われる――実質的な修正の可能性は排除されている――のである。もちろん、事前調整の結果、与党議員に対しては党議拘束がかかるので、両議院の過半数を与党が占める時期であれば、法律案を原案のまま可決させることは容易である。しかし、議案について会議で議論を行えば、修正の必要性が発生する、というのが、会議体としての自然な在り方であろう。しかも、政府提出法案は、事前審査を経る中である種の妥協の産物と化していることが想定されるところ、その後の公開の場での審議の段階で、事前審査の過程に関与していない外部者（野党、マスコミ、世論）から出される指摘や批判に理があり、それが法律案修正への圧力として働くことは十分に考えられる。しかし、法律案の実質的な修正は上記の事情から認められない。そこで、修正は行わないという条件の下で、それ以外の方法で野党の不満を解消する必要が生じる。(58)このための政治的な調整の場が、議院運営委員会、理事会、そして国会対策委員会であったのではないか。

㈢　**主張の根拠づけ――新たな立法過程の可能性**　しかし、一九九〇年代以降、日本をとりまく社会・経済・財政の状況は大きく変容し、政治に「独創的な着想や新たな価値体系の創造、あるいは未曾有の事態への対応力」が必要とされる時代となった。「一　はじめに」で述べたとおり、二〇〇九年には本格的な政権交代が起こった。上で述べた五十五年体制下の精妙な立法過程も、現に崩壊しかけており、これに代わる新たな在り方が求められているといえよう。

その一つの可能性として、次のような姿を描くことができる。新たな、そして大きな価値体系に基づいた政策を構想するのは、政府（内閣）の責任である。しかし、新たな政策である以上、具体化――個別の法律の制定――の過程で、社会における諸々の利害（たとえば既得権）との衝突は避けられず、また様々な対案が示されることであろう。内閣は、それらの異論や対案に対する応対のすべてを、法律案提出前に――非公式、非公開の場で――行うのではなく、国会での公開の審議の中でも行うことを引き受けるべきであろう。内閣に、政府提出法案の審議をはじめとする両議院の議事運営についての関与を認めることで、審議日程を決定する段階での「調整」に要する時間と労力を、審議段階での修正に可能性を開く条件のもと、法律案の審議に振り向けるのである。内閣は、自ら提出した法律案の審議を主導し、審議の場に野党（や与党議員）を引きこむことができる代わりに、審議における野党（や与党議員）からの理に適った批判や提案には──そのような主張には報道を通じて国民（世論）からの政治的圧力が加わるであろうから──適切な説明を行い、場合によっては法律案の修正にまで踏み込む政治的責任を負うべきであろう。このようなかたちで、内閣の議事運営への関与は、議会審議の活性化に繋がるのである。

三　内閣関与の具体的方法と憲法的許容性

㈠　**二つの方法**　それでは、内閣の議事運営への関与の具体的な在り方として、どのような方法が考えられるのだろうか。この点、二でみた諸外国の方法に照らせば、大きくみて、①議事協議機関への参加のみを認める方法（ドイツ）と、②優先的議事日程の割当てまでを認める方法（イギリス、フランス）とがあるといえそうである。①については、日本でもかつて実際に行われていた方法であり[59]、憲法上の問題もないと考えられる。これに対し、問題となるのは②である。もちろん、フランスにおけるように、憲法で両議院の議事にかかる時間的な割当てを設ければ、憲法上の疑義がなくなることは明らかである。しかし、日本においては憲法改正へのハードルが極めて高いのは周知の事実である。それでは、イギリスにおけるように、議院規則によりこれを定めることは憲法上可能なのであろうか。

㈡　**議院規則による優先的議事日程付与の合憲性**　この点、憲法と議院自律権との関係如何という大きな論点にかかわるので、充分に掘り下げた議論を行う能力は筆者にはないが、抵触が問題となる憲法条項（憲法原理）との関係について考察してみたい。

①憲法四一条との関係　第一に、そもそも具体的にどの憲法条項との抵触が問題となるのか。まず考えられるのは、いわゆる「国会単独立法の原則」（憲法四一条）、すなわち、「法律の制定は国会両議院の手続だけで完成するという、国家行為形成上の手続的・形式的な原則」との関係である(60)。優先的議事日程は主に政府提出法案の審議に充てることが想定されるが、法律案の審議の在り方に内閣が干渉することは、この原則に抵触しないのか。

この点、内閣の法律案提出権の可否を巡る議論が参考になる。清宮四郎は、「国会が、『国の唯一の立法機関』であるとは、国の立法は、すべて、国会を通し、国会を中心にして行なわれ（国会中心立法）、かつ、国会の議決のみで成立する（国会単独立法）ことを意味する(61)」と定義した上で、内閣の法律案提出権の許容性を次のように論じる。

> 内閣に法律発案権を認めることは、法律の発案も立法の一部とみれば、形式的には、国会単独立法の例外になるが、法律の発案権は議員にもあるし、法律の成立を決定するものは国会の議決であるから、実質的には、国会単独立法の原則の例外にならないものと解せられる(62)。

ここでは、法律が国会の議決のみで成立することが決定的であって、国会の議決に加えて、明治憲法下の天皇による裁可のような、別の機関による意思決定を成立の要件に加えることが許されないにすぎないことが窺われる。この議論に照らせば、優先的議事日程の割当てを内閣に認めることも、法律の成立が国会の議決のみによる点には変わりない以上、国会単独立法の原則に抵触しないこととなろう。

これに対し、宮沢俊義の議論によると、若干ニュアンスが異なる。宮沢は、憲法四一条の手続上の規範につき、「国会の立法権は完結的なものであり、ほかの機関の参与が必要とされないことを意味する(63)」とする。「参与」の解釈によって優先的議事日程の割当ては許されないことにもなりそうである。ただ、宮沢は、内閣の法律案提出権につき次のように述べる。

> 法律の発案をひろい意味で立法権の一部と見るべきかどうかはやや問題であるが、かりにそう見るべきだとすれば、その発案権が国会以外の内閣にも与えられていることは、ある意味では、本条の例外と見ることもできる。しかし、内閣は法律の発案権をけっして独占しているわけではなく、法律は内閣のそういう発案なしに完全に成立し得るのであるから、法律発案権を各議員とならんで内閣が有するとしても、かならずしも本条の例外と見るべきではあるまい(64)。

この議論によると、単に法律が国会の議決のみで成立することのみならず、内閣の関与しない――議員のみによる――立法手続が確保されていることが重要となる。ここから類推すれば、議員提出法案の審議が一定程度確保されていれば、内閣提出法案について優先的議事日程の割当てを内閣に認めても、なお立法権は「完結的」である、ということができるだろう。

②運営自律権との関係　第二に、優先的議事日程の割当ては、運営に関する議院自律権の侵害にならないか。「運営に関する自律権は、議院内での議案審議・議事進行や議場秩序のあり方を自主的に決定することのできる権能を指す(65)」ところ、優先的議事日程は、議案審議や議事進行のあり方の決定を内閣に委ねるものだからである。しかし、優先的議事日程の割当てを定めるのは、他ならぬ議院規則である。すなわち、両議院はいつでも優先的議事日程の割当てについて、これを変更し廃止することが可能である。また、優先的議事日程の割当てにより内閣に委ねるのは、一定時間の枠内での議案設定であって、会議中の議事を整理する（例えば、発言者を指名したり発言時間の制限を

行ったりする）のは議長である。(66) ゆえに、この割当ては、議案審議や議事進行のあり方の決定のすべてを内閣に委ねるわけではない。そして、この措置は、両議院が果たす立法機能を充実させるためのものである。以上の点に鑑みれば、優先的議事日程の割当ては、両議院の議事に関する自律権の枠内で、自律権行使の目的を促進するための手段としてなされるものといえ、議院自律権の侵害には当たらないといえよう。

③ 権力分立との関係　第三に、優先的議事日程の割当ては、より広く、国会と内閣との関係からみた場合に、内閣を過度に強化させ、両者の均衡を崩すので、権力分立の原理を侵害するものではないかという批判が考えられる。しかし、これに対しては、まず、二で述べたように、優先的議事日程の割当てが内閣強化＝国会軽視に繋がるのか、という認識に関して疑問がある。また、この批判は、国会と内閣との関係について【[国会]対[内閣]】という図式を前提にしているところ、この認識の前提を改めるべきであると思われる。イギリスにおける優先的議事日程の割当ての背後には、内閣構成員（大臣）は、大臣を議員が兼職するという習律のもとで――厳密には議会の外、政府に属するが(67)――議会の一員であるとの観念が働いていた。ドイツにおいても、二三で見た「伝統的な」見解――まさに【[議会]対[政府]】という図式を前提とする捉え方――に対して、政府及び政府を支える与党と野党との対抗図式を前提とする議院内閣制の捉え方も存在している。(68) 日本でも、憲法典の上では、過半数の国務大臣にしか国会議員との兼職は要求されないものの（憲法六八条一項）、実際には、ほぼ全員の国務大臣が国会議員で占められている。かかる実態に即せば、日本においても、【[野党]対[与党＝政府]】という――内閣の構成員は基本的に与党議員であるので、内閣を国会（の与党）の内に引きつけて理解する――図式から国会と内閣との関係を捉えるべきでないか。このように見れば、優先的議事日程の割当ては、議院内閣制における権力分立を損うものではないこととなろう。(69)

(43)　議院運営委員会、議院運営委員会理事会および国会対策委員会については、参照、黒田覚『国会法』（有斐閣、一九五八年）九五〜九六頁、松澤浩一『議会法』（ぎょうせい、一九八七年）二九二〜九六頁、大山礼子『国会学入門〈第二版〉』（三省堂、二〇〇三年）三八〜四四頁、浅野一郎＝河野久『新・国会事典〈第二版〉』（有斐閣、二〇〇八年）五七〜五八頁、坂本孝治郎「議院運営委員会と各党国会対策委員会の機能・構成について」ジュリスト一一七七号（二〇〇〇年）一〇六頁以下など。なお、第二八回国会終了後、議長のもとに議事協議会が開催され、議事日程等についてはそこで協議されてきたが、第一〇一回国会以後は、議院運営委員会において会議当日の議事について協議している。

(44)　浅野＝河野・前掲注(43)一二一〜一二二頁。

(45)　なお、「吊るし」は、重要な議案につき本会議の趣旨説明を行うことを決定する権限が議院運営委員会にあること（国会法五六条の二）との関連でも用いられる。すなわち、議院運営委員会は、当該法案そのものの趣旨説明聴取を求めることで、さらには、当該法案の趣旨説明の前に別の案件を入れることによって、重要な政府提出法案の委員会付託を保留し、審議を遅らせることが可能となる。このことを「吊るし」と呼ぶことがあるようである。坂本・前掲注(43)一〇七頁。また参照、岩井奉信『立法過程』（東京大学出版会、一九八八年）七三〜七四頁。

(46)　岩井・前掲注(45)七三、一三三頁。

(47)　川人貞史「議院運営委員会と多数決採決」レヴァイアサン三〇号（二〇〇二年）七頁以下。

(48)　参照、大山・前掲注(43)四〇頁。参議院については、参議院委員会先例録九が、「議院運営委員については、所属議員一〇人未満の会派には割り当てない」と定める。一定数の議席数を有する会派にのみ委員の割当てを認めるのは、明治憲法、帝国議会における各派協議会、各派交渉会の「交渉団体」以来の伝統である。木村俊雄「議会における交渉機関の変遷と会派の関係」議会政治研究二六号（一九九三年）一頁以下。

(49)　国会審議テレビ中継に関して郵政大臣が出席した例（平成三年一〇月四日衆議院議院運営委員会）、国会法改正に関して内閣官房長官が出席した例（平成三年九月一一日参議院議院運営委員会）、国会議事堂等周辺地域及び外国公館等周辺地域の静穏の保持に関する法律案に関して、内閣官房長官が出席した例（昭和六三年一二月一日衆議院議院運営委員会、一二月五日参議院議院運営委員会）、法務大臣の発言に関し、内閣総理大臣臨時代理と法務大臣が出席した例（昭和五四年一二月六日衆議院議院運営委員会、一二月七日参議院議院運営委員会）がある。

(50)　衆議院においては、昭和四〇年代半ばまでは、内閣官房長官が議院運営委員会に出席していることが議事録で確認できる。例えば、昭和四六年七月一四日の議事録には、当時の竹下登内閣官房長官が「このたびの内閣改造にあたりまして、院と私ども政府のほうとの連絡の衝に当たることになりました」と発言している。しかし、この後、質問に対する説明のために出席することはあっても、議事に関する連絡調整のための出席は、議事録からは窺えない。参議院においては、昭和四〇年代末頃まで、内閣官房長官が議院運営委員会に出席していることが議事録で確認できる。法律案の審議に関しては、昭和四九年五月二一日に国土利用計画法案の取扱いにつき二階堂進官房長官が発言しているのが、管見による限り最後である。

(51) 最近の例でいえば、平成二三年三月三一日、一二月九日、平成二二年一一月三日、五月二一日、三月二六日、二月一七日など。古くは、第二回国会中の昭和二三年三月三〇日の参議院議院運営委員会で、外務省外交顧問の任命について官房長官が出席して説明を行っており、現行憲法下で脈々と続いている慣行であるといえそうである。

(52) 以下の点については、白井誠氏のご教示による。

(53) 上田健介「イギリス内閣制度と首相」法学論叢一四七巻四号（二〇〇〇年）一二一頁以下、一四九巻三号（二〇〇一年）五四頁以下。

(54) 行政改革会議最終報告（平成九年一二月三日）三頁。

(55) 参照、大石眞『憲法秩序への展望』（有斐閣、二〇〇八年）一六五～一六八頁。

(56) 田丸大『法案作成と省庁官僚制』（信山社、二〇〇〇年）一四、四八～五六頁、飯尾潤『日本の統治構造』（中公新書、二〇〇七年）八一～八八頁、大山・前掲注(6)七八～八五頁。

(57) さらにいえば、内閣法制局の審査を経ているので、法文の形式面でも、また憲法適合性の観点でも、いわば「完璧な」かたちのものとなっている。内閣法制局の役割について、参照、大石眞「内閣法制局の国政秩序形成機能」公共政策研究六号（二〇〇六年）七頁以下。

(58) 実質的な修正も期待できず、議決段階になれば敗れることが自明である以上、野党としては、審議の引き延ばしによる廃案という――会期不継続の原則を利用した――戦略に訴えざるをえない。

(59) 前掲注(50)を参照。少なくとも衆議院において、今日、議院運営委員会への官房(副)長官の出席が見られないのは、単に、議事運営について実質的に会議を行う場が議院運営委員会から同理事会、国会対策委員会へと移行したことによるのではないかと推測できる。議院運営委員会への官房（副）長官の出席が見られなくなった時期が昭和四〇年代半ばであり、この時期は上記の移行の時期と重複している。

(60) 大石眞『憲法講義Ⅰ〈第二版〉』（有斐閣、二〇〇九年）一三七頁。なお、大石教授は、この原則に「国会単独立法の原則」という用語を充てることは「適切でない」とする。

(61)　清宮四郎『憲法〈第三版〉』（有斐閣、一九七九年）二〇四頁（傍点上田）。
(62)　清宮・前掲注(61)二〇五頁。
(63)　宮沢俊義〔芦部信喜補訂〕『全訂日本国憲法』（日本評論社、一九七八年）三四一頁（傍点上田）。
(64)　宮沢・前掲注(63)三四二頁（傍点上田）。
(65)　大石・前掲注(60)一六六頁。
(66)　それゆえ、優先的議事日程の割当ては、議長の議事日程の決定権（国会法五五条一項）と抵触するようにみえる。しかし、国会法無効説（紳士協約説）に立つならば、国会法と異なる定めを各議院が行っても、そもそも抵触問題は生じない。参照、大石・前掲注(60)一六七頁。
(67)　二一でみたように、ギロチンの動議を提出したり、プログラム動議に関し時間配分を協議する場に参加したりするのは、議院規則の定めの上では、「大臣（Minister）」である。
(68)　Vgl. Steiger (Fn40). S. 96, Fn. 48 : Siegfried Magiera, Parlament und Staatsleitung in der Verfassungsordnung des Grundgesetzes, 1979, SS. 228-232.
(69)　もちろん、かかる図式のもと、国会における野党、少数派の権限を認めて【［野党］対［与党＝政府］】の均衡を目指すべきだということになる。

四　おわりに

内閣提出法案の審議に関して、両議院の議事運営に対する内閣の関与を認める仕組みとして、諸外国では、①議事協議機関への内閣代表の参加と、②（①に加え）内閣に対する優先的議事日程の付与、という在り方がみられる。このうち、①については、日本でも議院運営委員会が実質的に機能していた一九七〇年頃まで現に行われていたところであって、理事会や国会対策委員会から議院運営委員会への議論の場の再度の移行と合わせ、運用次第で実現可能である。これに対し、②については、国会と内閣とを峻別する日本の従来の発想からは違和感を覚える向きがあるかもしれない。しかし、議院規則による優先的議事日程の制度化について、憲法上の抵触問題としては、（ア）憲法四一条のいわゆる「国会中心立法の原則」との関係、（イ）憲法五八条二項等の背景にある「議事に関する議院自律権」との関係、（ウ）より広く「国会と内閣との権力分立原理」との関係を想定することができるものの、いずれの関係からも違憲とはならないと考えられる。

それでも、優先的議事日程の付与は、内閣に優位に働くので政治的に望ましくないとの批判が向けられるかもしれない。しかし、第一に、事前審査からの脱却と両議院の審議段階での実質的な議論の実現は、政府提出法案の原案が公開の審議段階で批判にさらされ修正を余儀なくされる可能性を開くものである以上、必ずしも内閣優位に機能するわけではない。また、第二に、優先的議事日程の導入が内閣主導で拙速な立法に繋がり、質の低い法律を増加させることになったとしても（もっとも、何をもって「質の低い法律」と評価するかそれ自体が問題である）、人権を侵害する法律は裁判所の違憲立法審査権の適切な行使により直ちに排除可能であるし、政策として誤りであることが判明した法律も――その場合は国民からの不満が高まるので――遅くとも次の総選挙での政権交代を経て廃止することができる[70]。このように動態的な統治構造を視野に入れれば、その弊害は政策形成、実施の遅延や停滞と比較して、必ずしも大きいとはいえないだろう。さらに、第三に、それでもその時点における野党の軽視をもたらすのではという懸念に対しては、それならば、イギリスにおける平議員議事やフランスにおける野党会派・少数会派に対する議事日程の割当てのごとく、内閣の優先的議事日程と同時に野党や平議員への議事日程の配分を制度化すればよいのである。

イギリスにおいて、政府優位の議事進行が――野党の首脳部（frontbencher）によっても――認められている理由として、第一に、政権交代の存在、第二に、議員の在職の長期化、が挙げられている点が興味深い[71]。在職中に政府与党双方を経験したベテラン議員は、「手続的事項を、たんに彼ら自身の直近の視点（immediate vantage point）からだけではなく、選挙により振り子が動いた時のことを想定し、将来的に考える」がゆえに、合意形成を行うというのである。[72] 日本においても、政権交代を織り込んだ政治を定着させるためにも、中長期的な視野に立って、与野党が──将来、相互に立場が入れ替わることを念頭において──議院の議事運営に対する内閣の参加のあり方について、優先的議事日程の（野党・平議員の議事日程と合わせての）制度化も含め、検討することが望まれる。

（70）この点、イギリスの小選挙区制、二大政党制に対する批判の文脈で、ヘイルシャム卿による「選挙による独裁」が挙げられることがあるが、第一に、この用語は、イギリスにおいて違憲審査制度が存在しないことを前提に用いられていること、第二に、保守党支持者であったヘイルシャム卿はこの用語を長期の労働党政権下で用いていたことに注意する必要がある。See, Lord Hailsham, The Dilemma of Democracy, 1978, pp. 125-32.

（71）Blackburn and Kennon, above n. 5, 7-002.

（72）Blackburn and Kennon, above n. 5, 7-003.

18「国会の国権の最高機関性」再考

浅野善治

曽我部真裕・赤坂幸一編
大石眞先生還暦記念
『憲法改革の理念と展開（上巻）』
二〇一二年三月　信山社

18　「国会の国権の最高機関性」再考〔浅野善治〕

一 はじめに

日本国憲法第四一条は、「国会は国権の最高機関であって、国の唯一の立法機関である」と規定する。この第四一条について、条文を文理的に検討すると、この規定には、「国会は国権の最高機関である」ことと「国会は国の唯一の立法機関である」という二つの内容が規定されていることは、明確である。

憲法第四一条の「国権の最高機関」の解釈論として「政治的美称説が通説として盤石な地位を占めている」としたうえで、これに対する批判は「概念ないし論理の構成というよりも、たぶんに、学説のネーミングとしてあまりにもチャーミングな『美称』という言葉の語感から来る学説内容に対する誤解に起因する」とも評される(1)が、通説的見解に対する疑問はこうした見地から提起されているのであろうか。

政治的美称という語感にとらわれず、「国権の最高機関」という文言が政治的な意味において国会が極めて重要な意味を持ち憲法上の諸規定の解釈準則とされるものとされることを十分理解しても、やはり、法的な規定として明確に示されている文言については、法的な概念、法的な論理として何らかの構成を試みることが必要なのではないかと考える。

学説の通説的見解は、「国会は国権の最高機関である」という部分については、政治的には国会が国民の意思に最も近い機関を意味する内容を持つとしても、法的には意味を持たないとする。しかし、憲法上の文言として「国会は国権の最高機関である」と明確に規定されており、法令文のこの部分を法的に意味を持たないと解釈するのであれば、法的に意味を持たないと解釈することが法的に合理的であることの根拠を明確に示さなければならない。そのためには、まず、法的に意味を持つ解釈ができないのかの検討を十分に行うことが必要である。

国権の最高機関性について法的意義を見出し、国会を統括機関として位置付ける見解、[2] 国会の統合調整作用をなす権能から法的地位を見出す見解や[3] 国会は憲法上国政全般について最高の責任を負う地位にあるとして何らかの法的意味を見出そうとする見解も、[4] 国会の国権の最高機関性について、できるだけ法的な意味を持たせようとするものである。

土井真一教授は「『国権の最高機関』論の再検討」として憲法四一条の「最高機関」の解釈について詳細な検討を行い、「新たな理論的課題を設定し、国会をめぐる様々な問題との関連を考察する必要もあろう」、「『国権の最高機関』論をどのように新たに展開していくのか」が今後の課題だとされている。[5]

本稿は、憲法規定の文言の尊重という観点から、「国権の最高機関性」についての法的な概念ないし論理の構成の再検討を行おうとするものである。

（1） 高見勝利『芦部憲法学を読む　統治機構論』一〇四頁（有斐閣、二〇〇四年）。
（2） 佐々木惣一「国会の最高機関性」同編『人間生活と法及び政治』六三頁以下（勁草書房、一九四九年）
（3） 田中正巳「国会の最高機関性（一）、（二・完）」自治研究三三巻一一号六九頁以下（一九五七年）、同三四巻二号五七頁以下（一九五六年）。
（4） 佐藤幸治『憲法　第三版』一四三頁（青林書院、一九九五年）、覚道豊治『憲法　改訂版』九〇頁（ミネルヴァ書房、一九七七年）、阪本昌成『憲法理論Ⅰ　補訂第三版』九〇頁（成文堂、二〇〇〇年）。
（5） 土井真一「『国権の最高機関』論の再検討」法学論叢一四八巻五・六号三一九頁（二〇〇一年）。

二　「国権の最高機関」に関する政治的美称説の理解

先ず、憲法四一条の「国権の最高機関」の解釈論として通説的見解であるとされている政治的美称説の見解について確認しておく。

政治的美称説は、国家法人説による国家理論から主権や国権について検討する統括機関説に対し、国家法人説を批判的に検討し、「国会は、主権を有する日本国民を政治的に代表する意味において最高の地位に在るものであり、憲法四一条の「最高機関」とは、この政治的代表者としての国会に与えられた美称であると解すべきである」[(6)]とする。

浦和事件に関する参議院と最高裁判所の国政調査権を巡る厳しい意見の対立を契機とした国政調査権論争の中でも国会の地位を巡って国権の最高機関性と三権分立原理から法的最高性はないとする主張が展開された[(7)]。国政調査権論争を経て政治的美称説は通説を形成し、「憲法四一条のいう『最高機関』とは、法的な意味を有しない、単なる政治的美称であると考えられている。主権者である国民にもっとも直接に代表する機関である国会の重要性を強調する点に憲法がこのことばを用いているねらいがあると思われる。[(8)]」、「すなわち、『国権の最高機関』とは、国権を行使すべく並立する諸機関の地位を比較すると、最も高い地位にあるというぐらいの意味で、たんなる政治的美称に過ぎない。……このような宣言が憲法に出現した趣旨は、たんに明治憲法体制的考え方を否認するためにであったと考えられる。[(9)]」などとされている。

憲法四一条の「国権の最高機関」が政治的美称とされる根拠は、法的な検討において、国会の地位として「最高」の地位を認めることができないことによる。「国権の最高機関」という意味が国政の最高決定権を持つという意味であるとするのであれば、この意味の「最高」決定権は主権者たる国民にあるとされ、「国権の最高機関」という意味が、明治時代の天皇のような統治権の総覧者の意味で用いられるなら、統治権は憲法の定める諸機関によって分有されているとされる。また、国会の権限は分有される他の機関から衆議院の解散、違憲立法審査権という制約を受けており、国会が法的に「最高」ということにはならないとする。

国民主権原理及び権力分立原理との関係で国会が「最高」たり得ないとするものと理解することができる。

（6） 浅井清『国会概説』一二三頁（有斐閣、一九四八年）。
（7） 参議院法務委員会は、一九四九年五月に最高裁判所からの国政調査権の行使が司法権の独立を侵害し、範囲を逸脱するという抗議に対し、「国会は国権の最高機関であり、国の唯一の立法機関であることは、憲法の明定するところであるしたがって憲法第六十二条の国会の国政調査権は、……国政に亙って調査できる独立の権能である」とする声明を決議している。
（8） 長谷部恭男『憲法第五版』三二二頁（新世社、二〇一一年）。
（9） 小嶋和司『憲法概説』三六七頁（良書普及会、一九八七年）。

三 「国権の最高機関」に関する統括機関説の理解

「国権の最高機関」について法的意義を見出すものとして佐々木惣一博士の提唱する統括機関説がある。「国権の最高機関」の意義については、憲法起草案を審議する帝国議会においても論議されている。金森国務大臣は、このように規定した理由を「此ノ憲法ノ中ニ於テ、一番意思決定ノ中心力ハ、前文ニモ在リマスルヤウニ、国民デアリマス、ソレカラ又国家ノ象徴トシテハ天皇ガアルノデアリマス、天皇ト国民ハ我々ハ之ヲ国家ノ機関ト云フ言葉ヲ以テ言ヒ現ハサウトハシテ居リマセヌ、ソコデ普通ニ国家ノ機関トシテ言ヒ現ハサレテ居ル中ニ於キマシテハ、国会ガ最高ノ機関デアル、斯ウ云フ風ニ国会ノ特質ヲ一言ヲ以テ何人ニモ分リ易イヤウニ規定シタノデアリマス」と説明している。[10] これに対し、佐々木博士は「私ハ天皇モ機関デ宜イト思フ、此ノ憲法以後ニ於キマシテモ、唯其ノ機関ガ其ノ最高ト茲デ言フト、ソコデ困ルカラノ御言葉ヂヤナイデスカ」とし、「国家ニ於ケル一般的ノ地位カラ、国家作用ヲ行フト云フ参加スル者ノ一般的地位ヲ見テ、国会ガ最高機関ダ、斯ウ云ウ風ニ言ウテ居ル」と説明する。[11]

佐々木博士の見解は、国家法人説を基礎とする国家理論を前提とする。以下佐々木博士の記述を引用して統括機関説を説明する。

「国家において何人が国権の源泉であるかは、その国家の憲法により定められることである。すなわち法的の事実である。実力的な事実ではない。[12]」

「国権といい、統治権といい、共に、国家の包括的意思力という同一のものを指す呼称である。」「国家がその意思力を有することは、国家という団体の存在することそのことである。[13]」

「国家が意思体として行動する以上、法により規律せられた状態で活動するのであって、その意思力は法上の意思力である。[14]」「国権たる国家の意思力も、法のわくの内に存する意思力である。[15]」

「憲法は、或る者が主権者として国権の源泉意思体である、という地位を定めるとともに、更にその者が、国権を発動することについて、いかなる地位を有するか、ということを別に定める。それが、国権の発動の憲法的規律である。」

「主権者たる国民は、一般に国権を発動することについて、日本国憲法によりてすることを要する。[16]」

「国民は国家の主権者であるが、その国民は、雑然とした多数者であつて、それ自身としてまとまった意思を表示することのできるものではない。主権者たる国民が現実に意思を表示するためには、先ず一般に、主権者たる国民の意思を現実に表示する、という職分を有する一体の多数者が存在しなくてはならぬ。一般に主権者たる国民の意思を現実に表示する、という職分を有する者を称して、国民の代表者という。国民がその代表者を作る行為はいろいろあり得るが、それは憲法がこれを定めるのである。今日わが憲法においては、国民は、選挙という行為により、国民の代表者たる国会を造設するのである。[17]」

「主権者たる国民は、日本国憲法に抵触せざる範囲においては、国家のため必要と認める事項について、任意に国権を発動することを得る。国権の発動が、如何なる方面において、如何なる方法を以てせられるかは、主権者が任意にこれを定めることができる。ゆえに、或る方面において或る方法を以て国権を発動することについて、何人がこれを為すことを得るか、ということが問題となつた場合に、法の明らかに定めたものがないときは、主権者たる国民がこれを為し得ると解すべきである。国権を発動する国家機関についていえば、国会の権限に関することである。[18]」

「国家は、国権の作用を種別して、各作用の機関を定めると共に、国権の発動を全般的に考察して、個々の機関による国権の発動、及び、個々の機関による国権の発動相互の関係が、常に、正当なる状態に在るよう、努力しなくてはならぬ。国民は国権の源泉者であるから国権を統括するが、国権の機構として考えると、国民を代表する者として国会があるのだから、国会が国権を統括して、国権の最高機関である、のである。[19]」

「国会が、最高機関として、国権を統括することの結果として、国会は、内閣その他の行政機関本来の行動が行政の方面に限られ、裁判所本来の行動が司法の方面に限られる、というのとは異なり、その行動の方面を限られていない。国会は、内閣その他の行政機関や裁判所の行動に注意し、これについてその批判を表示することを得る。[20]」とする。

この見解は、憲法は、四一条以外にも国会の権限を定めているから、国会の性格は憲法の他の条項をも見て総合的に考えなくてはならないとし、「国会については、全般的に見て得る性質と、個々の国家の活動を為すことについての機関であるという性質とを区別すべきである。国会の全般的の性質として、国会は、国民を代表して、国権の最高の発動を為し、立法を主務として、憲法により認められた作用を行う機関である、というてよい。[21]」とする。

統括機関説に対する批判は、その前提とする国家法人説は取りえないとし、これに基づく国家機関の考え方を否定する。しかし、国会の権限について、憲法は立法機関としての権限を規定するのみではなく、憲法の他の条項により認められる権限も含め総合的にとらえることが必要とし、国家の活動が、その全般にわたり正当に、適切に維持されるよう総合的に調整する権能を有するとしている。統括機関説は、これを積極的に捉え、法人たる国家の意思を統括する最高機関とするものである。総合調整機能説もこのような国会の権能を積極的に評価する点では共通であり、総合調整機能説は、こうした憲法の立法機関以外の他の条項により認められる国会の権能を国権の統括機関としての権限としてではなく、国会の持つ総合調整機能として捉え、最高機関としての意義を持つとする。[22]国会の持つこのような権能は、政治的美称説においても全く意味を持たないものと捉えられているのではなく、これを政治的というか法律的というかはともかく、国会は国民の代表者で構成される国政上重要な機関であり、憲法は国会に立法機関としての権限以外にも広範な機能を与えており、こうした国会の機能は憲法の諸機関の権能や諸機関相互の権限関係を解釈する解釈準則となるとしている。[23]

統括機関説が国家法人説を前提とし、この点から主権者との関係や国会の統括機関としての権限を論ずることを除けば、統括機関説、政治的美称説、総合調整機能説の違いは、憲法の立法機関としての権限以外の国会に認めている権能の法的評価の濃淡の問題ということになりそうである。

国会が国権の最高機関で在ることの法的意味を明確に説明するためには、国権の発動における主権者と国会との関係と国会に付与された立法機関の権限を超える憲法上の権能を法的に明確に説明することが必要ということになろう。

(10)　一九四六年六月二五日第九〇回帝国議会衆議院本会議答弁　第九〇回帝国議会衆議院議事録第五号一三－一六頁。
(11)　一九四六年九月二〇日第九〇回帝国議会貴族院帝国憲法改正案特別委員会答弁　第九〇回帝国議会貴族院帝国憲法改正案特別委員会議事速記録第一八号二二頁。
(12)　佐々木惣一『改訂日本国憲法論』（有斐閣、一九五二年）二一〇頁。

(13) 佐々木・前掲注(12)一六九-一七〇頁。
(14) 佐々木・前掲注(12)二九頁。
(15) 佐々木・前掲注(12)一七一頁。
(16) 佐々木・前掲注(12)二二七-二二八頁。
(17) 佐々木・前掲注(12)一七八頁。
(18) 佐々木・前掲注(12)二二八頁。
(19) 佐々木・前掲注(12)二五六頁。
(20) 佐々木・前掲注(12)三七八頁。
(21) 佐々木・前掲注(2)六四頁。
(22) 大石眞『憲法講義I第二版』一二一頁（有斐閣、二〇〇九年）。
(23) 芦部信喜教授は、学生のインタビューに答えて、総合調整機能説と政治的美称説は、特に質的な相違はないというふうに思う、と語られている。『憲法の焦点 Part三 統治機構』二七頁（有斐閣、一九八五年）。

四　国家法人説の再検討

国家法人説を前提とする佐々木博士の見解は、前にも述べたように「国家において何人が国権の源泉であるかは、その国家の憲法により定められることである。すなわち法的の事実である。実力的な事実ではない。(24)」とする。国権の源泉についても憲法により定められるということは、国権の源泉が認識される以前に規範として憲法が存在し、その規範に従って国権の源泉が認識されなければならないことになる。このことは国家が認識される以前に規範としての憲法が存在しなければならないこととなり、この憲法はどのような力により規範化されるのか、その力の源泉は何かということが明らかにされなければならない。

国家とは、一定の区域に一定の力によりまとまる集団が他の力の拘束を排除して存在することにより認識されるものと理解することができる。このような社会的事実が認識されることにより、国家が認識されるのであり、その社会的事実に先行する規範が存在し、それによって認識されるものではない。

国家法人説の考え方に従えば、まず、憲法と認識される規範が存在し、次に、その憲法により定められる国権の源泉の存在、その憲法により認識される意思力を持つ国家の存在、その憲法により定められる国権の発動を担う国家機関の存在があり、そのうえでその憲法に従った意思体としての国家の意思があるということになる。「憲法は、或る者が主権者として国権の源泉意思体である、という地位を定めるとともに、更にその者が、国権を発動することについて、いかなる地位を有するか、ということを別に定める。[25]」と在るように憲法は国権の源泉意思体を定めると同時に、国権の発動に関する国家機関とその権限について定めることになる。

国家が認識される前に、憲法的規範が存在することや、その国家以前に存在する憲法によって国権の源泉意思体も国家の意思を形成する国家機関も同時に定められることは違和感がある。もっとも、国家法人説はその点を憲法的規範を定めることができるのも国家以外にはあり得ず、憲法は国家が国家自身を国権の源泉意思体であることを明らかにし、自己制限するものとして規定すると説明する。

しかし、国家と認識される社会的事実があり、その事実から読み取れる力の源泉があり、それが国権の源泉、すなわち主権者ということではないか。この主権者は、その国家という社会的事実を存続させる基本的規範事項を確認する。近代立憲主義は、この基本的規範事項として国家はその集団を形成する人の人権・自由を確保するものであること求め、集団をまとめる力がその基本的規範に従って行使されることを求めるものと考えられる。

憲法に従い憲法によって評価される国家の意思を形成する憲法上の意思力を持つ国家は、法人と評価され得るものだと考えるとしても、国権の源泉者である主権者は憲法を制定し法人たる国家を現出するのであり、主権者の意思が法人たる国家の意思として評価されるものではない。法人たる国家の意思は法人の機関として定められた機関がその定められた国権の発動として出される意思と考えられる。法人たる国家の意思は、法人たる国家の機関によって発出され、どのような機関がどのように国家意思を発出するのかは、主権者が国権の源泉意思体として定める憲法によって定められるのである。

憲法に従い意思体として行動する国家は法人であり、その機関は法人たる国家の機関というるとしても、国権の源泉意思体を国家の機関とし、これも含め国家を法人として捉えることは無理があるといえるのではないか。

この点について芦部信喜教授は、シントラーの「法は国家の生産したものであり、法の内容は国家意思であり、法の拘束性は国家の支配権力にもとづく。国家は主権的である。すなわち他のいかなる意思にも従属しない国家権力は、全能であり過誤を犯さない。国家の法への拘束は自己制限として現われる。しかし自己を制限するものは、その制限の主人である。したがって、いかに制限を是認しても、それを廃止することもできる。国家はゆえにその創造物すなわち法の上に存在する」とする国家法人説理論の説明を、このような、「法理念を内容に関しては功利性の理念に、現実においては権力理念に」貶下せしめた国家法人説は、厳しく批判されねばならない」とする。(26)

国家法人説は、国家を法学的国家論として捉え説明するものであるが、国家は法学的に実存するもののみとして捉えることは社会的事実に反する。国家の存在を社会学的に存在する実体としても捉えることが必要であろう。しかし国家を法人として捉える考え方は、憲法の下で国家という統一意思体における機関の構造を分析するという点ではきわめて有益であり、この点では国民主権の日本国憲法の下においても十分有用なものと考える。(27)

(24) 前掲注(12)。
(25) 前掲注(16)。
(26) 芦部信喜『憲法制定権力』三四頁（東京大学出版会、一九八三年）。

(27) 長谷部恭夫教授は「法人たる国家が統治権の主体であるとされる国家法人説は、国民主権論を否定し、民主的な制度改革をはばむイデオロギーとして機能したといわれることがあるが、国家が法人であること自体は、国家に関する通常人の言い方や考え方を説明するためには前提とせざるえないものであり、またそれはかならずしも国民主権論や制度の民主的改革と矛盾するわけではない。」とされる。長谷部・前掲注(8)五頁。

五 「国権の機関」の意味

「国権の最高機関」ということは、国権を発動する「国家の機関」のうち最高のものといういいかえることができる。そこで「国権の発動」とは何か、「国家の機関」とは何か、「最高」とは何か、を明らかにする必要がある。先ず「国権」とは何かについて検討する。佐々木博士は、国権といい、統治権といい、共に、国家の包括的意思力という同一のものを指す呼称である、とする。[28] 一般的に国権とは、国家の有する支配権を包括的に示すもので統治権と同義と考えられている。[29]

それでは「国家」とは何かということであるが、国家法人説では、前に触れたように、国家を法学的に捉えられた実体と考えるが、国家の実態は法学的の捉える以前に社会的事実として存在するものと考えられ、これで国家を説明することは適切ではない。現行の日本国憲法により認識され、これに拘束され国権を発動する国家を考えてみても、この日本国憲法により始原的に創設されたものと認識するのは国民の意識に合わない。日本国憲法の制定の前後通じて同一性をもって継続的に国家は存続しているのである。主権の存在が天皇から国民へと変革しても一般的には国民はそれを同一の国家と認識している。国家とは、国家と認識できる一定の社会的集団と考えることができる。国家と認識できるためには、一定の地域に、その集団をまとめる力が存在し、その集団に属する人がその力に服しまとまっている状態と整理することができる。

このような国家と認識できる状態という事実が継続して存続していくとすれば、そこにはその事実を継続させる何らかの原理・原則が認識できるはずであり、その原理・原則それをその国家の最も基本的な規範と考えることができる。国家と認識できる状態はそれに先行する何からの規範がありそれに従って認識されるものではなく、始原的に国家と認識できる状態と認識できる事実が出現し、その事実からそこに存在する何らかの原理・原則の存在が認識され、それがその集団に広く受け入れられ、定着しているとすればそれがその国家の基本的規範として読み取られると考えるべきである。

国家と認識できる状態が存在するということはそこには国家を支配する力が存在するのであり、さらに、その力はそこに存在する社会的事実のどのような権威に由来するものかについて、その力によりまとめられている集団に共通の認識が存在する。国権の源泉は、この状態において存在する力の由来する権威についての認識というように理解できる。そしてこの権威は、国家政治のあり方を最終的に決定する権威として理解される。

近代立憲主義の考え方は、国家と認識できる社会的状態の中には、その国家の支配権によりまとめられる国民がその支配権に服することを容認している状態が存在し、そのためには、その集団をまとめる支配権は、その支配権に服する国民の生まれながらにして平等に持つ人格的利益を最大限に尊重し、また、その国民が支配権の行使を常に受け入れることができるよう制限されなければならないとする理念があるとする。こうした理念が存在する前提として、国権の源泉は、国家と認識できる状態を形成する国民の側にあるとされ、国権の源泉は、この理念に従って国家を継続的に存在させていくことが求められることになる。

こうした国家の状態の中では、国権の源泉は、国権の発動をその自由な意思に従って行うのではなく、この理念に従って実現するのでなければ国民からの容認は得られない。これを達成するために、こうした理念に基づく国家の基本的事項の規範化を求めることとなる。国権の源泉は、憲法制定権力として存在することとなると考えられる[30]。

国権の発動は、国家と認識される状態の中に認識される国権の源泉が有する憲法制定権により、そこに存在する理念が実定化された憲法に従って行われることとなる。

これを整理すると、①国家と認識できる社会的事実の存在、②国家と認識できる社会的事実を支配する力が由来する権威の国民の共通の認識の存在（国権の源泉の存在）、③国家と認識できる社会的事実において国民が共通に認識する理念の存在（根本規範の存在）、④国権の源泉の中に存在する憲法制定権による国民が共通に認識する理念の規範化（実定憲法の存在）、⑤実定憲法のもとにおける国家の認識とそこに定められた国家権力の行使に関する規範に基づく包括的支配権の発動、という順序を考えることができるのではないか。

憲法制定権力は、国家を国家運営の理念が実定化された憲法の中に観念し、法学的存在として位置付け、その制限の下に置くのであり、これは、国家と認識される状態の社会的事実を実定憲法の規範の中に国家という統一的な意思体として法学的に捉え直すこととみることができる。

国権の源泉の中に認識される憲法制定権力により実定化された憲法に基づく国家の包括的意思力の発動が「国権の発動」であり、その実定化された憲法により国権の発動を担うべく定められた機関が「国家の機関」としてこれを行うと考えることができるのではないか。

国家と認識できる社会的状態における国家は、「国家という社会的事実」と「そこで国民の間で共有されている国権の源泉の認識」と「その社会的事実の中にその存在が読み取れる理念」が事実として存在する状態ということであり、法の下に法人として認識されているものではないが、実定化された憲法の下に捉え直され、国家としてその憲法に従って意思力を発動させる主体は、法人たる国家として認識されるものと考える。実定化された憲法との関係で認識される国家は統一的意思体としての法的主体であり、この段階では国家を法人として捉える考え方が妥当するのではないかと考える。

このように考えるとすれば、憲法の四一条として規定された「国権の最高機関」の解釈においては法人としての国家における包括的支配権の発動における最高の地位を与えられた機関と整理できるのではないか。

実定化された憲法の解釈としては、国家は包括的意思力を行使する主体であり、国家の機関はその包括的意思力を憲法に定められた権限に従い分担する機関ということになろう。これらの機関はそれぞれが独立して行動しているものではなく、国家の包括的意思力の発動として機関相互間の関係を保ちながら行動する。国政の全般的なまとまりを持って行動するのであり、国家機関における「最高」の意味は、この観点から問題とされなければならない。「最高機関」とは、統括するという権限がなければならないのか、それとも何らかの最高の地位にふさわしい権限を備えていればいいのかという問題である。

(28) 佐々木・前掲注(12)一六九頁。
(29) 芦部信喜『憲法第五版』四〇頁（岩波書店、二〇一一年）。
(30) 国家の政治的実在の様式を具体的に決定する権力である憲法制定権力の本質については、芦部・前掲注(26)三八頁以下参照。

六 「最高機関」の意味

次に「最高機関」とはいかなる意味を持つか検討する。憲法はそこに定められた規範に基づき国権の発動を担う機関の中である機関を最高の機関と定めている。その「最高」の意味も憲法の規定の中から合理的に読み取ることが必要である。

憲法は三権分立原理を採用し、国権の発動を担う機関を立法、行政、司法の作用に分けて設けることを明確に規定している。佐々木博士は「国家は、国権の作用を種別して、各作用の機関を定めると共に、国権の発動を全般的に考察して、個々の機関による国権の発動、及び、個々の機関による国権の発動相互の関係が、常に、正当なる状態に在るよう、努力しなくてはならぬ。」とし、法人たる国家の最高機関として国会を国権の発動を統括する機関と位置付ける。(31)

総合調整機能説は、立法、行政、司法の作用としての機関以外の国家の機関としての権能を国会の憲法上の有する広範な機能の中から積極的に捉え国会を法的に国権の最高機関として位置付けているし、政治的美称説においても国会の立法作用を担う機関以外の憲法上の広範な機能を政治的美称としての国権の最高機関性の裏付けとして考慮する。

国会を「国権の最高機関」として位置付けるためには、国会の持つ立法作用としての権能以外の国家全体を総合する役割が憲法上法的に評価できるかということになろう。さらに、国会のこうした役割を法的に捉えることができるとしても、国家の最高機関は、国権の源泉である主権者ではないかということに答えることが必要となる。

以下これらの点について考察する。

(一)　国家機関の組織について

憲法は国家の機関として象徴としての天皇と立法機関、行政機関、司法機関を規定している。天皇について皇位は世襲と定め、その継承については国会の議決によることを定める。行政機関として内閣を定めるが、内閣総理大臣については、国会の指名に基づき天皇が任命することとし、それ以外の国務大臣についてはその内閣総理大臣が任命することとしている。司法機関については、最高裁判所の長たる裁判官は内閣の指名に基づき、天皇が任命し、最高裁判所のその他の裁判官と下級裁判所の裁判官は、内閣が任命することとしている。

これに対して、立法機関については「全国民を代表する選挙された議員」で組織すると定められており、議員と選挙人の資格は法律で定めることとされている。選挙についても、公務員について定める憲法一五条において「公務員を選定し、及びこれを罷免することは、国民固有の権利である」、「公務員の選挙については、成年者による普通選挙を保障する」、「すべて選挙における投票の秘密は、これを侵してはならない。選挙人は、その選択に関し公的にも私的にも責任を問はれない」と規定する。

国会とその他の国家の機関では、その組織についての規定の仕方が大きく異なっている。天皇、行政機関、司法機関については、組織についての具体的な手続について定めているのに対し、国会については具体的な手続については定めず、国民との間の抽象的な関係について定め、選挙の具体的な内容については、法律によることとしている。国会の組織についての憲法上の正当性については、選挙された国会議員が全国民の代表として選定されたことを国民全体において容認するかどうか、換言すれば、国民固有の権利として選定されたといえるものであるかどうかにより判定されるということであろう。これは、全国民の代表の選定が、国権の源泉とされた国政の最高の意思決定の権威に由来するものであるかどうかが問題にされるのであり、具体的な特定の者の意思に基づいて決定されることが要求されるものではないということだと考えることができる。

国務大臣は国会の指名に基づいて任命された内閣総理大臣により任命されており、司法機関についても内閣総理大臣と国務大臣により組織される内閣により任命されている。国会は、その他の国家機関の組織について何らかの形で民主的な基礎として関与しているのであり、このことは、任命権だけではなく、罷免についても表れている。内閣は国会に対して連帯して責任を負うこととされ、衆議院は任意に内閣の不信任を議決することができることとされている。衆議院が内閣の不信任を議決した場合には、内閣は衆議院の解散を求めることができるとしても、存続することはできない。法的に強制的に総辞職を求められることになる。裁判官については、その司法機関としての性格から政治的機関からの独立が保障され裁判官の身分も保障されているが、公の弾劾による罷免を裁判する弾劾裁判所は、両議院の議員で組織することとされ、国会はこの弾劾裁判所の組織権を持つ。

国会とその他の国家機関では、その組織の仕方の理念が全く異なるのであり、このことは国民の総意に基づく日本国の象徴であり日本国民統合の象徴である天皇が、行政機関と司法機関の長に対する任命権を持つのに対し、立法機関の長である衆参両院議長については任命権を持たないことにも明確に表れている。

(二)　衆議院の解散権について

国家機関の組織については、三権分立原理から内閣は衆議院の解散権を持っており、国会は最高機関と位置づけることはできないという見解がある。衆議院の内閣不信任決議権と内閣の衆議院解散権とを両機関の均衡を図るものとして議院内閣制の中核をなすものとして捉える見解である。この解釈の前提として内閣の衆議院解散権が憲法七条により内閣に認められた権限とされなければならないが、この解釈が日本国憲法の解釈として妥当なものかどうかの検討がなされなければならない。

衆議院の持つ内閣不信任議決権と内閣の持つ衆議院解散権が日本国憲法上どのように規定されているか確認する。衆議院の持つ内閣不信任議決権は、憲法六六条三項の内閣の国会に対する連帯責任に根拠を持つものであり、参議院の持つ内閣問責決議権も同様である。衆議院が内閣に対し責任を追及する方法としては、憲法上の国会の持つ権限の範囲内で衆議院はそれを自由に行使することができる、内閣に対する質問権の行使や、国務大臣問責議決などの各種の議決権の行使、内閣提出議案に対する審議の拒否などが考えられる。こうした憲法上に認められた権限として不信任議決の行使があり、その議決権が行使された場合には、内閣の具体的な対応義務が憲法六九条に定められていると理解することができる。

衆議院の解散については、憲法は七条三号、四五条、五四条一項及び二項、六九条に規定するが、その解散権について定めるのは、七条三号のみである。七条三号に定められている衆議院の解散権は、天皇の解散権であり、憲法四条の規定と合わせて解釈すれば、それは形式的解散権に過ぎないものである。衆議院の実質的解散権についての規定はない。

しかし、六九条は衆議院において内閣不信任が可決した場合には、天皇の国事行為によって衆議院が解散される場合があることを明確に定めており、この場合においては、内閣が衆議院の解散を助言又は承認し、天皇が解散権を行使することは明確である。衆議院が内閣不信任の意思を議決したときは、少なくとも内閣が衆議院の解散を助言又は承認することができなくてはならないが、内閣がどのような権限に基づいてこれを行うかについては、憲法上定めはない。七条三号の天皇の解散権の規定から、不信任議決の場合を超えて内閣が任意に衆議院の解散を助言又は承認することができる権限があると解釈することは慎重でなければならない。憲法四条及び七条の規定を始め、天皇の権限を定める規定は、天皇の権限を厳格に制限し、国政に関する権能を有しないものとして行使させ、その責任はすべて内閣が負うこととするものである。内閣が責任を負うことをもって、憲法上の天皇の形式的な解散権の規定のみを根拠として内閣の実質的解散権まで認め、天皇の有する解散権の内閣の任意の行使を認めることは七条の解釈を超えているのではないかと考える。

このように考えると六九条を根拠として、衆議院の不信任議決がなされた場合について内閣が衆議院の解散について助言又は承認を決定する権限は認められるとしてもそれ以外についてはそれを認める何らかの根拠が必要ではないかと考える。衆議院の解散権を六九条の場合に限る考え方は、日本国憲法の起草の段階で連合国との検討の中で示されており、日本国憲法の制定当初においてはこのような限定的な考え方が取られていたのではないかと思われる。その後の解散権論争や実際の解散権の運用の中で七条を根拠として内閣が実質的決定を行う解釈運用がなされてきており、広くその考え方が通説的見解となっているが、社会的、政治的にそのような運用が必要であれば、憲法上の何らかの根拠を考えるべきであって、それが不可能であれば憲法規定を改正してその根拠を明確に規定すべきではないか。六九条に限定する解釈が社会的に妥当ではないからと言ってそれが日本国憲法の解釈として成り立たないとすることは結論と理論を逆転させるものである。(32)

六九条の場合に限られるとしても、内閣が自由に衆議院の解散を決定できるのであり、国会が最高ということにはならないとする見解があろう。しかし、衆議院解散権は、内閣と衆議院の国家機関間の関係にとどまらない捉え方をすべきである。六九条の場合とは、議院内閣制において国会と内閣の間に信任関係を維持できない重大な事態が生じているということであり、この場合には、国民の代表である衆議院の意思を無限定に優先させるのではなく、現在の構成による衆議院の意思が国権の源泉である主権者の権威に由来しているものであることとの確認を求める機会を内閣に与えたものと考えるべきではないか。国会は主権者である国民の固有の権利により選定された国民の代表で組織され、国民の信託を受けて活動する機関と位置づけられ、任期中は国民固有の権利による選定の正当性が継続するものと擬制されているが、その選定が常にその時点の主権者である国民の権威に由来していることが確認されているものではない。そこで、内閣と衆議院の意思が異なった場合には、この両者の組織を白紙に戻し、再び国民固有の権利による選定を行わせることが適当とされているものと考えられる。このような趣旨から、解散権を行使した内閣についても総辞職させ、新たな国民の代表により組織する国会による内閣総理大臣の指名を行わせるのであり、衆議院の意思に対して内閣の意思が上回っているというものではない。内閣が衆議院の上位にあるのではなく、国民の代表を選定した国権の源泉である主権者との関係においてその権威の確認を求めるものと考えるべきである。このように理解すれば、衆議院の解散をもって国会の最高機関性がゆるがされるものとはならない。(33)

(三) 財政決定権について

憲法八三条は「国の財政を処理する権限は、国会の議決に基いて、これを行使しなければならない」と規定し、国会に立法機関としての権限の他に国の財政を処理する権限を有することを明確に定める。国会以外の国家機関の権限事項を含め、すべての国費の支出は国会の議決に基づかなければならないこととし、財政を通じて国の活動のすべてを統制し、コントロールする。

国家の財政について、国家の活動全体について内閣に予算の作成権を認め、財政的統制の見地から、具体的な収入支出の見積もりについて国会に提出させ、議決を経ることとされている。憲法七三条一号は、内閣の権能として「国務を総理すること」(34)を規定しており、国務を総理する権限を持つ内閣に予算を作成させ、それを、国会が審議し決定することによって国の活動全般をコントロールするものである。

財政統制は、さらに事後的に、国の活動が適正に支障なく行われたかについて確認するため、予算の執行について会計検査院に検査させるとともに、国会において決算を検証することとしている。

憲法八三条は、国会の権限として、財政的な側面から国権の発動を全般的に考察して、個々の機関による国権の発動、及び、個々の機関による国権の発動相互の関係が、常に、正当なる状態に在るよう、努力し、国の活動の全般が適正に支障なく行われるよう配慮し、決定し、事後的に監督する権限を与えたものと理解することができる。財政に関する権限は、国会の国政における重要な権限として捉えることが適当であり、その性質について詳しく分析することが必要であるが、この点については紙面の都合もあり、別の機会に譲りたい。

(四) 国政の監督について

憲法六二条は、「両議院は、各々国政に関する調査を行ひ、これに関して、証人の出頭及び証言の提出を要求することができる」と規定し、両議院の国政調査権を定めている。こうした議会の調査権については、英米では議会の自然権的な権限として立法権に当然に付随し有しているものと理解されている。調査権限を憲法上規定する韓国、スイス、イタリアでは、議会の権限として立法権の行使に限らず国政の監督権限を定めている。(35)

両議院の国政調査権を巡っては、立法作用に付随する補助的権能とする見解と、国会の最高機関性に基づく独立の権能であるとする見解が対立している。立法作用に付随する補助的権能だと考えるのであれば、六二条は立法作用を権限とする議会が当然に有する調査権を確認的に規定したことになる。憲法が条文を設けて調査権を規定していること、「国政」という文言は、前文、四条、一三条にも使われているが、一三条に「立法その他の国政」と規定しているように統治活動全般を示す語として用いられていること、国会の財政決定権は広く国家活動全般を対象としていることなどからみて立法作用とは別に国家活動の全般に対しての調査権を規定したものと考える。両議院はこのような広範な国政調査権を持つが、これを憲法が国会に財政統制などの国政全般についての監督権限を与えていることの補助的権能と見るか、憲法により与えられた独立した権能と考えるかという問題は残っている。

憲法六六条三項が、内閣が行政権の行使について国会に対して連帯して責任を負うことを定めていることは、国会に内閣の行政権の行使について、国政の全般的な見地からの責任の追及の権限を定めていると考えることができる。

国会は、こうした権限や財政決定の権限を適正に行使し、国権の発動が全般的に正当なものとなるよう配慮する権能を付与されていると考えることができ、こうした権能を適切に行使するための重要な権限として国政に対する調査権が規定されていることを考えれば、国政調査権は、これらの権能に付随する補助的権能と捉えるべきではなく、こうした権能を適切に行使していく重要、かつ、不可欠な権限として両議院に与えられた権能とするのが妥当である。(36)

国政調査権が国会の国政全般が正当なものとなるよう配慮する権能に不可欠な権能と捉えるならば、その行使が制限されるのは司法権の職権行使の独立を侵す場合など、これに優先する憲法上の価値がある場合という最小限度の範囲でなければならない。立法権と司法権の調整や立法権と行政権の調整という観点からその限界が考えられるのではない。佐々木博士は前述したように「国会が、最高機関として、国権を統括することの結果として、……その行動の方面は限られていない。国会は、内閣その他の行政機関や裁判所の行動に注意し、これについてその批判を表示することを得る」とする[37]。国会の持つ国政全般が正当なものとなるよう配慮する権限を他の国家機関の権限との関係で憲法上どのように捉えるかという問題がそこに表れているということになる。

㈤ 違憲立法審査権について

国会の制定する立法について最高裁判所は憲法に適合するかどうかを審査する権限を有しており、国会が国権の最高機関とはいえないとする見解がある。この見解について検討する。

違憲立法審査権を考えるにあたって、これは憲法の最高法規を実質的に保障するシステムとして考えられているものであり、通常の司法権の行使とは異なるものであることを理解することが必要である。現在の通説、判例は、日本国憲法は付随的違憲審査制を採用しており、下級裁判所も違憲立法審査権を有するとしているが[38]、憲法八一条は文理からは最高裁判所が「一切の法律、命令、規則又は処分が憲法に適合するかしないかを決定する権限を有する」ことを特別に規定しており、下級裁判所が違憲審査権を有するかは慎重な検討を要する。

憲法制定権を持つ主権者が、国家の最高法規として憲法を制定するに当たり、その実質的最高性を確保するために、これに反する一切の国家行為を無効にすることが確保されることが求められる。それは国家行為の憲法適合性を審査し、決定するシステムがあって初めて達成される。

そこで憲法を制定する主権者たる国民は、その権威に由来する国家行為の憲法適合性を審査決定する機関を憲法上に設け、憲法の保障を確保する。このような憲法の保障システムを担う機関をどのような機関が担当するかは、憲法制定権力が憲法の中に制定することであり、独立の政治機関が憲法適合性の審査を行う方式や、通常の裁判所や特別の憲法裁判所がそれを行う方式など様々な形態が考えられる。日本国憲法は最高裁判所にこうした権能を担わせることとしているのであり、こうした意味では最高裁判所に憲法保障の特別の権能を与えたものと考えることができる。

これは憲法により認識された法人たる国家の、憲法に制定された国権の発動を担う機関とはまったく異なる性質を持つ機関であって、立法作用を担う国会と違憲立法審査を行う最高裁判所の関係は、法人たる国家の国権の発動を担う機関相互間の関係とは異なるものと捉えられなくてはならない。

憲法制定権力である主権者が憲法の実質的最高性を確保するために、国家活動のすべてについて、憲法適合性を審査する主権者の権威に由来した正当性を持つ機関とされた最高裁判所が、違憲審査を行っているのであり、国会の制定した法律について主権者の権威に由来する憲法適合性の審査が行われたからといって、国家機関としての最高性に影響を及ぼすと解釈することは適当ではない。

最高裁判所裁判官の国民審査についてはこのような性格から捉えるべきであり、憲法制定権力を持つ主権者が、憲法適合性の審査について主権者の権威に由来した正当性を確保するシステムとして、最高裁判所の組織及び活動が主権者の権威に由来するものとして国民が容認できるかどうか審査しているものと考えることができる。

憲法制定権を持つ国権の源泉は、憲法を制定するとともに、国家において憲法の実質的最高法規性を確保し、国権の源泉の権威に外れる状況が生じた場合には憲法を改正する。憲法はこの場合にも、国権の源泉の意思を表すものとして、国民が直接行動することを定めているのである。このような国民の行動は、憲法制定権者として主権者の意思を表すものであり、憲法により定められた国家の機関の行動とは次元の異なるものである。このような国民の行動についても国家の機関と捉えることが適当かという点が問題となる。

㈥ 主権者との関係について

国民主権の下では国権の最高機関は「国民」であり、国会が最高性を有するという解釈は取れないとする見解がある。

この見解は、日本国憲法に定められた国権の最高機関とは、日本国憲法によって認識された法人たる国家の最高機関と解釈するとすれば、国民を国家の機関として捉えることは次元の違う捉え方をしているということになる。主権者たる国民は、国家と認識できる社会的状態の中に存在する国権の源泉として認識されるものであり、この主権者たる国民は、憲法を制定し、憲法のもとに国家を認識し、国権の発動を担う国家機関を定める。国会の最高機関性は、このようにして定められた憲法上の国家機関のうちで最高を意味するものであって、主権者を含めた国家機関のうち最高と定めているものではない。この考え方は、前述した帝国議会での金森国務大臣の説明にもよく示されている。

国民の意思は、国民の代表の選定や最高裁判所の裁判官の罷免に向けられた意思であって、憲法に定められた法人としての国家の機関の意思を形成するものではない、

主権者と国政、その権力を行使する国家機関の関係は、前文の規定の中に明確に示されている。

「日本国民は、……主権が国民に存することを確認し、この憲法を確定する。そもそも国政は、国民の厳粛な信託によるものであつて、その権威は国民に由来し、その権力は国民の代表者がこれを行使し、その福利は国民がこれを享受する」とされている。主権は国民に存することを確認して憲法を確定するとし、憲法の制定前から主権が国

民に存していること、つまり国権の源泉が存在していることが示され、その主権者たる国民がこの憲法を確定することを明らかにしている。そして国政は、国民から信託されたものとし、その権力は誰が行使するかについては、国民の代表者が行使することとし、国民が直接権力を行使しないことを明らかにしている。また、国政の権威は国民に由来することを定め、国民主権は国権の源泉として正当性の根拠になることを定めている。

憲法の制定を含めた最高の意思決定を行うものという意味では、その最高決定権者は主権者の国民ということになるが、憲法に定められた法人たる国家の国権の行使における最高機関は、国民ではなく、憲法上、国権の発動において最高の機関と定められた機関ということになり、主権者たる国民が存在するから国会は最高機関ではないということにならないと考えられる。

(31)　佐々木・前掲注(12)二五六頁。

(32)　七条を実質的な権限の根拠とする点については国会の召集についても同様だとする意見があるが、国会の召集については臨時会については五三条に明確に内閣の権限としての定めがある。常会についても五二条により毎年一回という定めがある。国会法にも選挙後の臨時会の召集義務について規定がある。憲法七条を根拠に内閣の絶対的な専権事項と解釈するのであれば、国会の召集の実質的決定について国会法で定めることはできないこととなるはずである。衆議院の解散権について七条を根拠とする考え方においても内閣の解散権について法律で制限することは可能と考えているのであろうか。もし法律によって制限が可能であると考えているのであれば、法律により六九条の場合に限定することもできるということになろう。

(33)　清水睦「国会の最高機関性」同編『議会制民主主義』一二〇頁（三省堂、一九七七年）が「衆議院の解散はゾルレンとして、新たな民意を衆議院に吸収し、内閣の総辞職を明文上必然化（第七〇条）しているから、此の問題は、国民主権の理念からする衆議院への抑制と考えねばならない」とするのも同様の考え方であろう。

(34)　国務を総理するとは、行政事務を統轄管理することを意味すると考えられるが、「国務」という文言を忠実に解釈すれば行政に限られないことから、行政はもちろん、立法や司法も含まれる国家の活動の全般について、決定にいたらない調整的配慮を行うことで、佐々木博士の「国務が適当の方向をとって進むよう配慮し処理すること」を意味すると解する見解もある。小嶋・前掲注（9）四四二頁。

(35) 大韓民国憲法第六一条第一項。スイス連邦憲法一六九条は連邦議会の最高監督権と監督権の行使に関する守秘義務を理由として抗弁ができないことを定める。イタリア共和国憲法八二条は公共の利益に関する事項を各議院の調査事項と定めている。
(36) 新独立権能説は、この点について、議院内閣制の下では、政府に対する統制は議会の本来的権能というべきであるとし、情報の収集はその統制を行うための不可欠な前提であるとすれば、国政調査権はそれ自体として両議院の独立した権能であるとする。大石・前掲注(22)一二〇頁。
(37) 佐々木・前掲注(12)三七八頁。
(38) 最大判昭和二五・二・一刑集四巻二号七三頁。

七　まとめ

国会の国政全般が正当なものとなるよう配慮する権限は、それを統括機関の権限というか、最高の責任を負う地位というか、総合調整機能というかは色々な捉え方はあるが、憲法上極めて重要な権限として規定されているといえる。国会は、その権限の行使を含め、国民の代表に与えられた権限が国権の源泉である国民の権威に由来して適切に行使されているか、適切に行使できる国民の代表といえるかについて、主権者たる国民の固有の権利である国会議員の選定において常に問われているのであって、主権者たる国民と直接の結びつきを持つ機関である。これは他の国家機関にない特別な地位である。政治的に重要であるということを超えて、このような地位にあるからこそ、これまで述べてきた立法作用以外の国政全般が正当なものとなるよう配慮する憲法上の法的権限が与えられているのであり、国会はこの法的権限を適切に行使して、内閣の責任を追及し、財政を決定する等によって、国民の権威に由来する適正な国政を確保する。(39)

国会のこのような地位は、国政を信託した主権者たる国民との関係において、憲法に定められた立法作用以外の権限を適正に行使し、国家の活動全般が適正になるよう内閣総理大臣の指名を行い、内閣の法的責任を追及し、国家財政に関する法的決定を行い、配慮する責任を負うものである。このような権能は、国家の意思を統括するというような他の国家機関に対する権限ではなく、国政全般をその意思により継続的に適正に保っていく責任と権限を持つものであり、政治的意味にとどまらず、主権者たる国民に対する責任を全うするための国会の憲法上の国権の最高機関としての権能と捉えることができるのではないかと考える。

前文に「その権力は国民の代表者が行使し、」とあるように、主権者たる国民は国政の全般について国民の代表者を通じてその意思を実現するのであり、内閣も裁判所も直接に国民に対して責任を負うものではない。内閣も裁判所も国会の国家の活動全般が正当なものになるよう配慮する権限を通じて主権者たる国民との関係が顕在化するのである。

国権の最高機関性に関する国家法人説については、四で検討したようにそれは必ずしも国民主権論と矛盾しない。国家が法人であるとされるのは、国家というものを憲法のもとにおいて認識し、意思体として擬制するからである。そうであれば、そこでの国家の意思をどのように決定するかは、憲法によって自由に定め得るはずであり、憲法により「最高機関」と定められているのであれば、最高機関にふさわしいその機関の権限が規定されているはずである。こんな視点から本稿は、政治的美称とする考え方が憲法の政治的解釈に力を与えたのではないか(40)という疑問もあり、国家法人説に対する理解も含め、国会の最高機関性を法的に読み込むべく、これまで考えていたことを大胆に展開して記述している。先行研究からは必ずしも整合しない記述もあるが、国会の最高機関性についての一つの見方として、議論の材料とし、批判をいただければと思っている。

現在の統治の機構は、国会の機能不全が指摘されて久しい。国会改革の議論などにおいても本来国会が果たすべき役割が十分に認識されていないことに問題があるように思う(41)。政権交代や参議院で与党が過半数議席を得られない状態の出現など、これまで十分に議論を尽くさなかった問題も生じている。統治の機構において国民、国会、内閣がどのように位置づけられるべきか、日本国憲法が制定された時点に立ち返り[42]、国会の最高機関性を再確認することが必要なのではないか。

（39） 最高責任地位説は「国会は国政全般がうまく機能するよう絶えず配慮すべき立場にあり、しかも憲法の枠内でうまく機能するよう絶えず配慮すべき立場にあり、しかも憲法の枠内でうまく行かないと判断した場合には憲法改正を発議すべき立場にあるのであって、その意味では国会が国政全般について最高の責任を負う地位にある」とし、この地位を法的に意味付ける。佐藤・前掲注（4）一四三頁。

（40） 清水睦「国会」横田耕一他『現代憲法講座上』一〇〇頁（日本評論社、一九八五年）は、「四一条の国会の最高機関性から法規範性を抜き取り、そのことによって、古典的三権分立主義で憲法の統治機構を理解する〔本説の〕立場が支配的学説として通用してきたことは、政府優位の国会運営に象徴されるような、戦後の長期にわたる保守党政治を、憲法の統治機構に拠って根底的に批判する姿勢を学界自体が欠くことになった」とする。

（41） 松下圭一教授は、一九七七年の論文において、国会をめぐる憲法学の既成の理論構成は、日本の政党、官僚の発想を大きく制約しているとし、「日本の社会科学の理論責任として、この国会の憲法的位置設定を再検討する意義が改めてあきらかとなろう。国会の憲法的位置の検討は、今日緊急の国民課題といわなければならない」とされている。松下圭一「国会イメージの転換を」『昭和後期の争点と政治』三一四頁（本鐸社、一九八八年）。

（42） 日本国憲法施行当初の総司令部の見解は、日本の国会は、国政と行政に関して、合衆国議会よりもかなり強力な統制権を保持しているとされていた。高見勝利「『国権の最高機関』について」法学教室一六三号四五頁（一九九四年）。

19 参議院議員選挙制度
――諸改革案の考え方と経緯――

大島稔彦

曽我部真裕・赤坂幸一　編
大石眞先生還暦記念
『憲法改革の理念と展開（上巻）』
二〇一二年三月　信山社

19 参議院議員選挙制度［大島稔彦］

一　はじめに

選挙制度は民主主義の主要な制度であり、選挙法は憲法の付属法規と言っていいだろう。ここでは、参議院議員選挙制度について、その改正と、その検討過程で提案された諸案の主なものを振り返ってみることとする。もちろん、参議院議員の選挙制度は、参議院のあり方とも密接に関連するし、衆議院の選挙制度とも関係することは言うまでもない。しかし、本稿では、これらについては関連する限りで必要最小限の言及に止め、参議院の選挙制度各案について概観することを中心としたい。また、選挙運動規制も大きな要素であるが、これもほぼ衆議院議員選挙制度との並びで決められてきているので、同じく最小限の言及に止める。

二　参議院議員選挙制度の発足

㈠　**憲法制定と参議院議員選挙法・公職選挙法**

新憲法下で選挙制度がどのように制定されたかについては、ほとんど周知の事実であろうが、一応簡単にまとめておく。

まず、国会を一院制とするか二院制とするかについては、GHQ＝マッカーサー側が一院制を提案し、日本政府側が二院制を強く主張し、結果、総司令部側が譲歩する形になって二院制となったが、同時に第二院も選挙された議員で構成することを条件とされた。参議院の役割とその構成についてもさまざまな議論があったが、第九〇帝国議会の憲法改正案の審議において、当時の金森徳次郎国務大臣が「参議院は一種の抑制・補完機関である。このため、知識・経験のある慎重・熟練の士を求めたい。」と発言し、また、衆議院憲法改正委員会の付帯決議においても「参議院の構成については、努めて社会各部門各職域の知識経験ある者がその議員となるに容易なるよう考慮すべきである。」とされて、方向性がほぼ固まったといえる。このような枠組みの中で、臨時法制調査会の検討を経て、最終案が参議院議員選挙法案として政府より第九一帝国議会に提出された。

なお、新憲法には、任期六年と、三年毎の半数改選が規定されたが、この経緯は必ずしも明らかではない。参議院の役割について、長期的視野に立った審議と、継続性とを重視した結果ではあるだろうが、アメリカ上院の、任期六年・二年毎に三分の一ずつ改選という構成に影響されたとも考えられる。しかし、昭和二一年一月八日閣議決定の貴族院令改正要綱は、それまでの終身議員について六五歳退職を定め、七年任期の勅任議員などについて、任期を六年とし、選出母体単位で三年毎に半数改選を行うこととしている。これが憲法問題調査会の案に引き継がれて、任期六年・三年毎に半数改選、となったのではないか。さらに、政府が総司令部に提出したいわゆる三月二日案もこの案を採用しており、この点については総司令部から異論がなかったように見受けられる。このまま、三月六日の「憲法改正草案要綱」、四月一七日の「憲法改正草案」でも維持されたことになる。

衆議院議員選挙も参議院議員選挙も、新憲法の規定に従い、男女平等の成人による普通選挙を導入することとされたが、そのうえで、衆議院議員については、議員四六八人・五四選挙区によるいわゆる大選挙区制・制限連記制が採用され、参議院議員については、総定数を二五〇人とし、全国を単位として議員一〇〇人を選挙する全国区と、四七の各都道府県を単位として議員一五〇人を選挙する地方区の二本立て（いずれも単記制）の選挙制度が採用された。また、被選挙権の年齢については、衆議院二五年以上、参議院三〇年以上と、五年の差が設けられた。

参議院議員選挙について、法案提案理由は次のように説明している。

・大村内務大臣「參議院議員の組織をいかに定めるかの問題は、國民代表、平等選擧、自由選擧の原則と、參議院の獨立性確保の方針を堅持しながら、その範圍内におきまして、參議院の構成を衆議院とはできる限り異質的なものたらしめるためには、いかにすればよいかということに歸著するのであります……參議院議員選擧法におきましては、まず被選擧人の年齢を三〇歳として、衆議院議員の被選擧人の年齢よりも五年を高めることといたしております……

次ぎに參議院議員は地方選出議員と、全國選出議員の二種類に區別し、地方選出議員は、各都道府縣を一選擧區として選出し、全國選出議員は、全國を一選擧區として選出することといたしております……

第二には投票方法におきましても、衆議院議員の選擧における制限連記制に對しまして、參議院議員の場合においては單記制を採用しておりますので、兩者おのずから異色を見せることになると考えられるのであります、全國選出議員は、全都道府縣を通じ、全國を一單位として選擧されるのでありますが、これは地域代表的な考え方を全然考慮に入れず、專ら學識經驗ともに勝れた、全國的な有名有爲の人材を簡拔することを主眼といたしますとともに、職能的知識經驗を有する者が選出される可能性を生ぜしめることによりまして、職能代表制のもつておる長所を取り入れんとする狙いをもつものであります、……

あえてこの制度を採用することといたしましたのは、ひとえに參議院の構成を衆議院と異るものたらしめ、參議院にふさわしい性格を有せしめようとするにほかならないのでありまして、地方の事情に精通した地方選出議員と相まちまして、全國選出議員は、參議院を特徴あらしめることに、大いなる効果があると思われるのであります」（九一帝国議会貴族院本会議五号昭和二一年一二月四日）

なお、衆議院議員選挙法は、これに基づく第一回の総選挙の後、いわゆる中選挙区・単記制に改められた。また、昭和二五年、同法と参議院議員選挙法とを合わせて公職選挙法が制定された。

(二) 参議院議員選挙制度創設の際の論議の経緯

まず、憲法改正案が明らかになる前には、次のような案が提案された。

・憲法研究会案（昭二〇・一二・七）・高野岩三郎案（雑誌「新生」昭二一・一）（社会党案・昭二一・二・二四もほぼ同様）

各種職業並びにその中の階層により公選

・進歩党案（昭二一・二・一四）（自由党案・昭二一・一・二一も同様）

法律により学識経験者及び選挙による議員で組織

・憲法懇談会案（昭二一・三・五）

地方議会議員を母体とする選出された議員、職能代表議員及び両院よりの推挙議員とし、国民各層の知識経験を代表せしめる

政府が総司令部に提出した（昭二一・三・四）いわゆる三月二日案（松本国務大臣起草案）は、「地域別又は職能別に依り選挙せられたる議員及び内閣が両議院の議員より成る委員会の決議に依り任命する議員」で構成するとした。しかし、これは総司令部の認めるところとはならなかった。

政府案は臨時法制調査会第2部会で審議された（昭二一・七・三〜一〇・二六）。部会は小委員会を設けて選挙方法を検討し、地方議会を使った間接選挙の内務省地方局案、地方区と全国区（立候補につき推薦制の加味）の法制局案などが提示されたが、職能代表制は法制局が否定的となり、また、間接選挙や推薦制は総司令部側から好ましくないとされたという。小委員会のとりまとめた要綱試案（八月一三日決定、二一日部会長から総会へ報告）は、総定数を三〇〇人とし、半数を都道府県の区域による地域代表とし、他の半数は、両院で定数の二倍の候補者を推薦して、全国一選挙区で選挙するものであった。

この案については、総会での決定後、各方面の意見も聴取して、練り直しが図られたという。大きな変更は、推

薦制度を取り止めたこと、被選挙人年齢を四〇歳に引き上げたことであり、総定数は、結局、衆議院の三分の二程度ということに落ち着いた。これに基づいて臨時法制調査会答申は、次の要綱を提示した（一〇月二六日）。

一　議員定数　衆議院議員の定数の三分の二内外とする。

二　選挙区

（一）略半数については各都道府県の区域により、定数の最小限の割当は各選挙区につき二人、爾余は各都道府県における人口に按分し偶数を付加する。

（二）残余については全国一選挙区とする。

三　年齢　選挙人は二〇才以上、被選挙人は四〇才以上。

四　選挙方法　直接選挙、単記、無記名投票

これを受けて、政府は一一月五日から総司令部と折衝をした結果、全国選出議員の定数は一〇〇人、被選挙権年齢は三〇歳以上となった。また、都道府県別の議員配当案として内務省地方局が甲案と乙案を作成したが、このうちどの案によったのか、必ずしも明確ではないが、結果からみると、甲案の第一案によったようである。このような経緯を経て、政府案が一二月三日に帝国議会に提出された。

全国区についての議論の経緯を大村内務大臣は法案の提案理由で次のように説明している。まず、両院制は「長短相補はしめるとともに、審議の愼重を期し、もつて國權の最高機關たる機能の發揮に遺憾なからしめようとしたもの」であるから、「參議院議員の選出方法には、衆議院議員とは異なつた方法をとり、兩院の構成をできるだけ異質的のものたらしめるべきである」とし、選出方法として職能代表制は、國民代表の制度として適當なものであるかどうか、理論的に多少疑わしい点があり、「よしんば國民代表制として適當なものであるといたしましても、現在のわが國におきましては、未だ職能組織の完備したものがないのでありまして、この不完全な職能組織の上に職能

代表制を強行いたしますことは、不適當であるとともに、はたして平等選擧の原則に適合するかどうかにつきましても、なお疑問の餘地が存する」、また、候補者推薦制は、適當な推薦母体を見い出し難い上に、「選擧人の候補者選擇の範圍を制限いたしまするとともに、立候補を抑制することと相なりまして、國民の自由に表明された意思をあくまで尊重しなければならない、いわゆる自由選擧の見地から申して、はたして妥當であるか否か疑わしい」、「結局主として被選擧人の年齢及び選擧區の構成に付て、衆議院議員の選擧の場合と異ならしめる」ということより致し方ない、とした。（九一帝国議会貴族院本会議五号昭和二一年一二月四日）

（参照）佐藤達夫「参議院全国区制の成立過程」レファレンス八三号（一九五七年）
佐藤功「参議院の全国区制」『憲法研究入門〈下〉』（日本評論社、一九六七年）
憲法調査会事務局（資料集）「参議院議員選挙法の制定経緯」（一九六〇年）
大林勝臣「参議院議員の選挙制度をめぐる論議（一）（二）」選挙時法二七巻一号・二号（一九七八年）
自治大学校編「戦後自治史Ⅲ（参議院議員選挙法の制定）」（自治大学校、一九六〇年）

三　制度改正の経緯

(一)　**総定数の改正**

第一は、沖縄の復帰に伴うもので、沖縄県を選挙区として追加して沖縄選出議員二人を増員し、地方選出議員一五二人、総定数二五二人とした。（沖縄の復帰に伴う関係法令の改廃に関する法律（昭和四六年法律第一三〇号。昭和四七年五月一五日施行）・沖縄住民国政参加特別措置法（昭和四五年法律第四九号）―昭和四五年一一月一五日選挙実施）

第二は、平成一二年の公職選挙法改正法（平成一二年法律第一一八号）に基づくもので、比例代表選出議員を一〇〇人から九六人に、選挙区選出議員を一五二人から一四六人に減じ、総定数を二四二人とした。同時に、選挙区の定数是正と、比例代表選挙を非拘束名簿式に改める改正も行われた。（提案理由については次項（d）参照）

(二)　全国区制の改正

(a)　拘束名簿式比例代表制の導入（昭和五七年法律第八一号）

この改正は、単記投票の全国区制に代えて、全国を単位とする拘束名簿式比例代表制を導入するものであり、議員立法によるものであった。比例代表選出議員数は全国区と同様の一〇〇人とし、地方区はそのままとした（なお、比例代表選出議員に対応させて名称を選挙区選出議員とした）。制度の主な点は次のとおり。

（i）　候補者名簿の届出　　次のいずれかの要件を備えた政党その他の政治団体は、当選人となるべき順位を付した候補者名簿を届け出ることにより、名簿登載者を候補者とすることができる。

①五人以上の所属国会議員を有すること

②直近の衆議院議員の総選挙又は参議院議員の通常選挙において当該政党その他の政治団体の得票総数が有効投票総数の一〇〇分の四以上であること

②一〇人以上の比例代表選出議員候補者及び選挙区選出議員候補者を有すること

（ii）　投票方法　　選挙人は名簿届出政党等の名称・略称を自書する。

（iii）　当選人の決定　　名簿届出政党等の得票数に基づき、ドント式によりそれぞれの名簿届出政党等の当選人の数を決定し、それぞれの候補者名簿に記載された順位により当選人を定める。

この改正について、法案提出者は、その趣旨を次のように説明した。

・金丸議員（発議者）「全国区制度の改正については、まず参議院にふさわしい人を、より得やすい制度にすることが必要だと考えます。さらに、現在の全国区制度が国全体という広大な地域を選挙区とし、八千万人の有権者を対象とする個人本位の選挙になっているので、有権者にとりまして候補者の選択が著しく困難であること、また、多くの候補者にとって膨大な経費を要すること等、これらの問題点の解消を図ることが必要であると考えます。加えて、政党が議会制民主主義を支える不可欠の要素となっており、また、国民の政治的意思形成の媒介として重要な機能を果たしておる現状に目を向ける必要があると存ずるのであります。……参議院議員選挙にこの比例代表選挙を導入することにより、従来の全国区制度が個人本位の選挙であったことから生ずる各種の弊害を是正することができ、さらに、比例代表選挙における候補者名簿に登載することにより参議院議員にふさわしい人材を得ることが、より可能になり、また、有権者の意思を適正に国政に反映することができるようになるものと考えるのであります。」（九五国会参・本会議七号昭和五六年一〇月一四日）

(b)　**名簿届出政党等の要件緩和**（平成六年法律第四七号）

この改正は、比例代表選挙における名簿届出政党等の要件のうち、直近の国政選挙における得票率一〇〇分の四を一〇〇分の二に引き下げるものである。この改正と同時に定数是正が行われたが、改正案の提案理由は次のように説明された。

・松浦議員（発議者）「また、先般、政治改革関連法案が成立し、衆議院議員選挙の名簿届出政党等の得票率要件が有効投票総数の百分の二以上とされたこと等に関連し、参議院比例代表選出議員の選挙における名簿届出政党等の要件の見直し等を行う必要があります。」

(c)　**名簿候補者の扱い**

比例代表選挙においては、当選した議員は、全国民の代表であることにより、党籍変更などがあっても、議員としての地位を失うことはない。これに対する批判は強く、また衆議院議員選挙もブロック制の拘束名簿式比例代表制を導入したことによって、同じ問題を抱えることとなった。これに対応するため、限定的ではあるが、党籍を変更した比例代表選選出議員は失職する（退職者となる）とする国会法及び公職選挙法の改正が成立した（平成一二年法律第六二号）。

この改正について提案理由は次のように述べているが、この点についての質疑は衆参とも全くされなかった。

・鈴木議員（発議者）「現行法においては、衆議院議員及び参議院議員とも、当選後、選挙のときに所属していた政党から他の政党に移動することには何らの制限も加えられておりません。しかしながら、政党への投票をもとに選出された拘束名簿式の比例代表選出議員が当選後他の政党に移動することについては、選挙に示された有権者の意思と全国民を代表する議員の地位をめぐって、国会を初め学界、マスコミ等各方面で種々論議のあったところであります。

これらの論議を踏まえ慎重に検討した結果、本案は、衆議院及び参議院の比例代表選出議員が当選後、当該選挙で争った他の政党等に移動することは、有権者の意思に明らかに背くものであることから、これを禁止することといたしております。選挙時の所属政党等を離れて無所属になることや、選挙時になかった新たな政党等に所属すること、また、選挙時に所属していた政党等が他の政党等と合併した場合または分割後に他の政党等と合併した場合に当該合併後の政党等に所属することは、禁止いたしておりません。

次に、この法案の内容について御説明申し上げます。

第一に、国会法の一部を改正し、衆議院または参議院の比例代表選出議員が議員となった日以後に、選出された選挙における他の名簿届け出政党等に所属する者となったときは、一定の場合を除き、退職者となることとしております。

第二に、公職選挙法の一部を改正し、衆議院または参議院の比例代表選挙の当選人は、その選挙の期日以後において、当該当選人が登載されていた名簿届け出政党等以外の当該選挙における他の名簿届け出政党等に所属する者となったときは、一定の場合を除き、当選を失うこととしております。」（一四七国会衆・政治倫理確立及び公選法改正に関する特別委員会四号平成一二年四月一三日）

なお、この改正案と同時に特別選挙の選挙期日に関する改正を行う公職選挙法改正が成立したが、参議院についても同様の措置をとる修正案が可決されている。

(d)　非拘束名簿式比例代表制への変更

拘束名簿式には、名簿の順位決定が困難などの批判が多く、議員立法による平成一二年改正により非拘束名簿式に改められた（平成一二年法律第一一八号）。主な変更点は次のとおり。

(i)　候補者名簿　　要件に該当する政党その他の政治団体は、当選人となるべき順位を付さない候補者名簿を届け出ることにより、名簿登載者を候補者とすることができる（政党その他の政治団体の要件は変更なし）。

(ii)　投票方法　　選挙人は、名簿登載者の氏名又は名簿届出政党等の名称・略称を自書する。

(iii)　当選人の決定　　名簿届出政党等ごとに個人名の得票数及び名簿届出政党等の名称・略称による得票数を合算して得られる得票数に基づき、ドント式によりそれぞれの名簿届出政党等の当選人の数を決定し、各名簿届出政党等の名簿登載者の間における当選人となるべき順位は、その得票数の最も多い者から定める。

(iv)　名簿登載者による選挙運動　　旧全国区のときよりも抑制するとともに、連座制も適用することとする。

この改正の法案提出者は、次のようにその趣旨を説明している。

・片山議員（発議者）「参議院の選挙制度につきましては、昭和五七年に拘束名簿式比例代表制が導入されましたが、候補者の顔の見えない選挙、過度の政党化、政党の行う順位づけが有権者にとってわかりにくいといった批判があり、その導入以来、各方面において絶えず改革の論議がなされてきたところであります。

今日、国家的課題が山積し、国民の政治意識が急速に多様化する中、国民の多元的な意思を政治に反映し、参議院の独自性を発揮するために、選挙制度の改革はもはや先送りできないと考えます。この時期を逃すと改革が四年後になることをも考慮し、国民に対し責任を負うべき与党といたしましては、これに真正面から取り組むべく、ここに現行の拘束名簿式を非拘束名簿式に改め、候補者の顔の見える、国民が当選者を決定する選挙とすることを決断した次第であります。

また、今回の改正案には、さきの通常国会で与党が提案いたしました定数削減につきましても、その実現を求める多くの国民の声にかんがみ、改めて盛り込むことにしております。」（注・定数の削減と是正については前記及び㈢参照）（一五〇国会参・選挙制度に関する特別委員会二号平成一二年一〇月六日）

㈢　地方区・選挙区の定数是正

選挙区定数と投票価値の平等の確保の問題は、参議院については昭和三七年の通常選挙から争われ、最高裁は平成に入ってから参議院議員選挙の選挙区における定数配分規定は違憲の問題が生ずる程度の著しい不平等状態である旨の判断を示した（平成八年九月一一日大法廷判決、格差六・五九倍）。これに対応して、参議院において議論が重ねられてきたが、その結果実現をみたのは次の改正であった。

(a)　平成六年改正（法律第四七号）

議員定数は変更せず、選挙区の定数を変更する。いわゆる八増八減である。具体的には、北海道ほか二県を減員し、宮城県ほか三県を増員する。この結果、最大格差は一対六・四八から一対四・八一に縮小し、人口の少ない選挙区の定数が人口の多い選挙区の定数を上回るいわゆる逆転現象も解消した。

参議院に各会派代表で構成する参議院選挙制度に関する検討委員会が設置され、協議を重ね、その結果参議院選挙制度改革大綱が確定された。これに基づいて改正案が議員立法で提出され、賛成多数で成立した。この改正案の提案理由は次のとおり。

・松浦議員（発議者）「参議院選挙区選出議員の定数の配分につきましては、……大幅な人口移動により議員定数は各選挙区間において著しい不均衡を生じ、平成二年国勢調査人口によりますと、議員一人当たり人口の格差は最大で一対六・四八に達しております。

昭和五八年四月の最高裁判所の判決におきましては、旧地方区の選挙制度に関し、参議院の選挙制度の趣旨等に照らし国会の裁量権を広く認め、定数配分規定は合憲であるとされたものの、議員一人当たりの選挙人数の格差が拡大し、いわゆる逆転現象が生じていることが指摘されております。……これ（この改正）により、選挙区選出議員の議員一人当たり人口の選挙区間格差は、平成二年国勢調査人口において最大で一対四・八一に縮小し、また、逆転現象は解消されることになります。」（一二九国会参・政治改革に関する特別委員会四号平成六年六月二一日）

(b)　**平成一二年改正**（法律第一一八号）

前述の総定数の削減とともに行われた定数是正措置である。選挙区選出議員を一五二人から一四六人にするとともに、三県の各選挙区の定数を四人から二人に減員した。この結果、前回改正以後に生じていた逆転現象は解消されたが、格差は一対四・七九のままとなった。

定数是正については参議院選挙制度改革に関する協議会で協議されていたが、是正案に各党の合意が得られないまま報告書が議長に提出された。改正案は、比例代表選挙に非拘束名簿式を導入する改正内容と一体化した法案として、自民党と公明党が提出し、これが成立した。

（提案理由説明は前記(二)(d)参照）

(c)　平成一八年改正（法律第五二号）

議員定数は変更せず、選挙区の配分定数を変更する。いわゆる四増四減であり、二都県を増員し、二県を減員する。この結果最大格差は一対五・一八から一対四・八四に縮小した。

定数是正については、平成一六年に各派代表者懇談会の下に参議院議員選挙の定数較差問題に関する協議会が設置され、また同年の通常選挙後は参議院改革協議会が専門委員会を設置するなどして、協議されていたが、協議が整わず、自民党及び公明党が法案を提出し、これが成立した。

・阿部議員（発議者）「参議院選挙区選出議員の定数につきましては、平成六年及び平成一二年にいわゆる逆転現象の解消を図るなどの改正が行われたところでございますが、その後におきましても選挙区間の不均衡が拡大する傾向が見られまして、平成一七年国勢調査の速報値によれば、選挙区間における議員一人当たり人口の較差は最大で一対五・一八となっております。

また、参議院選挙区選出議員の定数配分規定に関する平成一六年一月一四日の最高裁判所判決におきましては、平成一三年の通常選挙当時における定数配分規定は合憲とされたものの、多数意見を構成した一部の裁判官から、補足意見といたしまして、仮に次回選挙においてもなお無為のうちに漫然と現在の状況が維持されたままであったならば、違憲判断の余地は十分に存在するとの指摘がなされております。

参議院といたしましては、これらのことを真摯に受け止めまして、定数較差の是正に取り組むべく、平成一六年七月の通常選挙前には、各会派代表者懇談会の下に参議院議員選挙の定数較差問題に関する協議会を設置して、また、当該通常選挙後には、参議院改革協議会におきまして、選挙制度に関する専門委員会を設けるなどいたしまして、選挙区選出議員の定数較差問題について検討を重ねてまいりました。専門委員会の報告書では、複数の是正案が併記された上で、この法律案と同内容のいわゆる四増四減案が有力な意見であるとされたところでありますが、これを受けた参議院改革協議会では、平成一九年の次期通常選挙に向けて定数較差の是正を行うことではおおむね一致したものの、成案を得るには至りませんでございました。

以上のような状況を受けまして、与党といたしまして、参議院については二院制採用の趣旨から全国単位と都道府県単位の選挙制度が取られてきたこと、参議院が民意を安定的に国会に反映させる機能を担っていることなどを踏まえまして、現行選挙制度の基本的な枠組みを維持することを前提に、これまでの改正との整合性、参議院を取り巻く社会的政治的諸状況の変化への対応の必要等も考慮に入れつつ、平成一九年の次期通常選挙に向けて、当面の是正策として、この法律案を取りまとめ、提出した次第でございます。」（一六四国会参・政治倫理の確立及び選挙制度に関する特別委員会二号平成一八年五月一二日）

なお、この審議に際し、野党民主党から対案が提出されたが、その内容は、いわゆる合区案で、最も人口の少ない選挙区と隣接する適当な選挙区とを合わせて一つの選挙区とする（具体的には、議員定数二人の島根県・鳥取県選挙区を作るとともに、東京都選挙区の定数を八人から一〇人に増員する）ものであって、この結果、較差は最大で一対三・八〇となるとした。

四　政府を中心にした改革論議

(一)　選挙制度調査会

選挙制度調査会は、内閣が政令に基づいて設置した調査会であり、昭和二四年から昭和三二年まで六次にわたった。このうち、第三次の調査会（昭和二七年）では小委員会が参議院議員選挙制度の成案をまとめたが、答申には至らなかった。成案に至る過程では、全国区を廃止し、地方区又はブロック制に一本化する案、推薦制論、間接選挙制論、職能代表制論などの意見が出されたが、基本方針として、憲法との関連を顧慮することなく、理想的な案をつくることを掲げた。この成案は、全国区制に代えて候補者推薦制を採用するもので、選考委員会を設けて候補者を推薦し、政府が任命するとした。改正要綱案は次のとおり（昭和二八年七月）。

・議員の任期は四年とする。
・議員定数は二五〇人とし、そのうち一五〇人は選挙、一〇〇人は推薦による。
・選挙による議員は、都道府県の区域により、二年ごとにその半数を選挙する。
・選挙権及び被選挙権資格は現行どおりとする。
・推薦による議員は、選考委員会において選考した者を、二年ごとに五〇人ずつ指名する。
・選考委員会は、委員一二人をもって組織する。
・選考委員会の委員は、内閣総理大臣、衆参議院議長、最高裁長官のほか、言論界代表二人、大学学長代表二人、実業界代表二人、労働界代表二人を、衆議院において指名するものとする。委員長は内閣総理大臣とする。委員の任期は二年とする。

また、第六次の調査会（昭和三二年）でも、全国区を廃止して地方区に一本化する案、全国区を数ブロックに分けるブロック制案、全国区の間接選挙制案、全国区を比例代表制とする案などが提案された。しかし、成案を得るに至らず、答申にはならなかった。

(二)　憲法調査会

政府に設置された憲法調査会は昭和三二年八月に発足し、昭和三九年七月に最終報告を提出して、その任務を終えた。参議院のあり方についても、調査の過程ではさまざまな意見が出されたが、最終的には、参議院議員選挙制度は公選制を改めるべきとする意見と、公選制を維持すべきとする意見との両論併記のような形になった。

報告書は、一院制論を別として、二院制の存在理由は次のような点に求められるとしている。

一　慎重に審議する
二　衆議院の行き過ぎを参議院がチェックする
三　参議院廃止は実際上不可能である（イギリス上院廃止論の経緯を見ても）
四　時間を隔てて別に考えることに意味がある
五　決定権を衆議院に、批判する役割は参議院に与えるという趣旨は有意義である

次に、このような参議院のあり方にかんがみ、政党化についてどう考えるか、いくつかの意見を列挙する。

一　参議院の中立化が望ましい（非公選議員を加える）
二　参議院の中立化を保障する（憲法上の）制度を設けるべき（議員の党籍離脱、大臣就任禁止等）
三　参議院の政党化は不可避であり、回避すべきでない
四　参議院の政党化を前提して、両院の政党状態をそろえる方法を考慮すべき

公選制を改めるべきとする意見としては、次のような改正案が出された。

一　内閣任命の学識経験者議員のみとする案
二　議員の一部を非公選議員とすべきとする案
三　衆議院で参議院議員を選ぶ案

このうち一部を非公選議員とする案には、（イ）両院議長や総理大臣等の経歴を有する者を終身（名誉）議員とする案、（ロ）功労のあった政治家のなかから何らかの機関が名誉的候補を選定してこれに国民が投票して選挙し、当

選者を内閣が任命する案、（ハ）間接選挙や推薦任命制案、（ニ）大臣・国会議員である者又はその経歴を有する者から都道府県議会議員を選挙人として全国区で選挙する議員と、総理大臣・両院議長・最高裁長官・衆議院指名の各界代表者で組織する参議院議員候補者選考会を設け、選定された候補者の中から衆議院で選挙する議員の二種類とし、両者は同数、かつ全定数の半数以下とする案、（ホ）新たに設ける州を選挙区として一五〇人を公選するほか、五〇人程度を両院を通じて二〇年以上在職した者及び学識経験者等から両院の議決によって推薦するとする案、（ヘ）選考機関の選考等の方法による議員を一部加える案、（ト）全国区制を廃止し、ブロック制とし、最小限度二〇名内外の推薦議員を民主的方法により選出するとする案、（チ）定数を一〇〇名内外とし、都道府県より各一名の選挙による者と、推薦議員によって組織する案（推薦は、国会関係・政府関係・弁護士会を含む司法部・民間に分けて行う）、以上の案があった。

また、衆議院で参議院議員を選ぶ案は、一院制に近い二院制が適切とする案だが、この中にも、同一の選挙で選出された議員のうち国会が四分の一を選択してこれにより上院を構成し、残り四分の三によって下院を構成する制度を参考にするとする意見、選挙に金のかからないようにすることが必要で、そのためには議員候補者選考会を設けて倍数くらいの候補者を決め、衆議院で衆議院の各政党の議席数に比例した数の参議院議員を選ぶ間接選挙（？）を採用する意見などがあった。

現行憲法の定める公選制を維持すべきとする見解では、公選制を改める積極的な理由は見出せず、終身議員などを設けるのは民主政治の大原則に反するとする考えがあり、公選の制度としては、ブロック制のみの案、全国区制のみの案が出された。

（参照）憲法調査会報告書（昭和三九年七月）

(三) 選挙制度審議会

選挙制度審議会は、法律に基づいて、昭和三六年六月に第一次が設置され、以後平成元年六月の第八次まで続いた。諮問事項は、多岐に及んだが、参議院議員選挙制度についても、特に第五次審議会以降、議論が重ねられた。審議会への諮問は、そのほとんどが、その背景に腐敗選挙など政治不信の広がりがあり、政治に対する信頼を回復することを目的としたが、第七次までの答申や意見はその多くが実現しないままとなった。しかし、第八次審議会の答申内容は、さまざまな曲折を経、かつ種々の修正を受けながら、いわゆる政治改革として実現に至ったが、参議院議員選挙制度の改革は置き去りにされてしまった。審議会の参議院議員選挙制度に関する主な答申、報告は次のとおり。

(a) 第五次審議会

第五次審議会は、昭和四一年一一月一一日に設置され、翌年の昭和四二年一一月一〇日に答申を提出したが、参議院議員選挙制度については第三委員会で論議されたものの、成案は得られなかった。論議の過程では、必ずしも優れた人を選ぶという目的を達していない、区域が広く、投票人が多数の候補者から一人を選ぶのが困難である、候補者にとっても選挙区が膨大で運動にも多くの費用を要するなど全国区の弊害が指摘され、現行憲法の枠内において検討した改革案としては、比例代表制案（拘束名簿式、非拘束名簿式の両案あり）、候補者推薦制案、職能代表制案が提示されたが、結論には至らなかった。なお、比例代表制案は、参議院の政党化は公選制を採る以上必然であるとの考えを前提とし、候補者推薦制案は、政党色を除き、かつ、人気投票的な色彩も排除して職能代表的な特色を生かして衆議院に対する異質性を期待するものであった。

(b) 第六次審議会

参議院議員の選挙制度について、第六次審議会は、昭和四五年五月一九日、次のように答申した。

(i)　参議院の選挙制度については、参議院が公選制をとる限り、その政党化は避けられないところであるので、むしろ政党化を前提として参議院本来の機能を発揮することができるような選挙制度を検討すべきであるというのが大方の委員の意見であった。

このような観点から、全国区、地方区を併存する選挙区制のもとにおいて、全国区については、名簿式の比例代表制を採用すべきであるという意見が多く述べられたが、具体的内容についてまで十分審議を尽くすに至らなかった。

(ii)　地方区の定数配分については、参議院議員の選挙制度を根本的に改革する際に併せて行うべきであるとの意見も述べられたが、採決の結果、この際暫定的に総定数を増加しないで人口と定数との不均衡を是正すべきであり、大阪府、神奈川県、東京都にそれぞれ二名を増員し、栃木県、群馬県、岡山県についてそれぞれ二名を減員すべきであるということに決定をみた。

なお、地方区の定数問題については、地方区の性格をどう考えるかという観点から議論され、地域代表的性格を重視して各選挙区の定数を一律二名とする案、従来の配分方式の枠内で人口との関連で生じている不合理を最小限度の範囲内で是正する案、選挙制度の根本改革時に考慮すべきで現段階では改正すべきでないとする案があった。この結果、現行定数内でいわゆる逆転現象を解消する案が採用された。

(c)　第七次審議会

第七次審議会は、衆議院解散のため衆議院議員の特別委員不在のままで意思決定して答申するのは不適当として、その設置した各委員会の審議状況をまとめて報告することとした。衆議院議員と参議院議員の選挙制度を審議した第一委員会の報告のうち、参議院についての概要は次のとおり（実質は小委員会の論議を了承、昭和四七年一二月二〇報告書提出）。しかし、改革は実現しなかった。

（ⅰ）参議院の政党化について、これを前提とするに反対の意見があったが、結論としてはこれを前提とする検討をすべきである。全国区制・地方区制は国民の間に定着しているのでこれを維持すべきである。全国区には比例代表制を採用すべきとする意見が多数であったが、選挙人の意思表示可能性や拘束式名簿の順位決定の困難さから、いわゆる非拘束式が妥当である。

（ⅱ）地方区は現行どおりとする。定数是正は、選挙区の減員を行うことなく小範囲の修正によって不合理を是正すべきである。

小委員会の議論としては、比例代表制については、単記移譲式案、拘束名簿式案、非拘束名簿式案の3案が提示されたが、報告書記載の理由により非拘束名簿式が適当とされた。また、地方区の定数については、各地方区一律定数配分案、人口比例配分案、大まかな人口段階に応じた配分案、不合理是正案が出されたが、地域代表的性格を重視し、かつ減員は困難であるとして、総定数を一〇名増として、これを適宜配分して逆転現象の解消を図ることとした。

(d)　**第八次審議会**

第八次審議会は平成元年六月に設置され、二つの委員会を設けて審議を行い、平成二年四月二六日に第一次答申、同年七月三一日に第二次答申、平成三年六月二五日に第三次答申を提出した。このうち参議院議員選挙制度については、政党に対する公的助成と併せて、第二次答申で取り上げられた。なお、衆議院議員選挙制度については、第一次答申で、小選挙区比例代表並立制（小選挙区三〇一、一一ブロックの比例代表二〇〇）が適当であるとした。

答申された参議院議員選挙制度改革案の概要は次のとおり。

一　参議院議員の選挙制度については、衆議院のみによっては必ずしも十分に代表されない国民各層の意見を反映するため、特に職域的な代表や専門的知識・経験に優れた人材が選出されるようなものとすること、参議院の政党化をできる限り抑制することができるようなものとすることが必要である。望ましい選挙制度としては、候補者推薦制案、都道府県代表選出議員のみの案、広域ブロック単位の選挙のみの案、全国単位の選挙のみの案、都道府県単位と広域ブロック又は全国の単位との組合せ案などが検討され、候補者推薦制がうまく機能すればふさわしいが、憲法との関係も含めて十分詰める必要があるとして、結論を得るには至らなかった。

二　現行参議院議員選挙制度の是正としては、比例代表選挙に個人名投票を導入することを基本とする（いわゆる非拘束名簿式）。選挙区選挙については選挙区別定数を再配分し、一〇年ごとを目途に見直しを行う。

なお、答申に先立って、審議会は各政党から意見を聴取したが、参議院議員選挙制度については、概要、次のような意見が出された。

・自由民主党　比例代表選挙については、非拘束名簿式か、現行制度維持か意見が分かれている。選挙区の定数配分は地域代表の性格が強いことを考慮しながら改正する。総定数は現行維持。
・公明党　比例代表選挙を廃止し、全国一一程度のブロック制にすべき。
・日本社会党　衆議院の選挙制度と一体で考えるべき。選挙区の定数是正と比例代表制のもとにおける（名簿登載者の）党籍変更の取扱いを緊急に考えるべき。
・日本共産党　比例代表制を維持し、選挙区の定数是正を図る。総定数を増やしても定数是正を図るべき。
・連合の会　衆参同日選挙を禁止する。被選挙権の年齢を五歳引き下げ、選挙権年齢を一八歳とする。
・民社党　総定数を二五〇とし、比例代表・選挙区の両選挙を廃止し、全国一一ブロックの個人名投票とする。
・社民連　総定数を二〇〇とし、都道府県単位の個人名投票だけにする。
・税金党　比例代表選挙は廃止が望ましい。継続するなら公営選挙を拡大する。比例代表選挙の定数を大幅に削ってその分で選挙区の定数是正を行う。

・二院クラブ　元の地方区と全国区に戻す。
・進歩党　政党中心なら全国単位の非拘束名簿式比例代表制、個人中心なら全国を一〇程度に分けたブロック制とする。
・スポーツ平和党　拘束名簿式比例代表制は定着してきており、維持すべき。
（参照）自治省選挙部編「選挙年鑑」、各党の意見は全国紙による。

五　政党における改革論議

(一)　昭和年代

(a)　定数較差是正論議は、第七五回国会（昭和四九年末召集）以来参議院に設けられた公職選挙法改正に関する特別委員会（その小委員会）を中心に行われた。昭和五〇年六月、野党四党は、総定数を二六人増員し、東京都八増など人口の多い選挙区定数を増員する案を提示した。翌五一年四月の民主党案も総定数を一八人増員して是正することを内容とする。これに対して、同年五月に発表された第二院クラブの案は、総定数はそのままとして、一四増一四減の是正措置を講ずるものであった。自民案もこの頃同様の考え方により、四増四減の是正案をまとめている。しかし、各党とも定数是正をする必要性では一致していたが、定数是正が先決問題とする野党と、全国区を含む抜本的改正を主張する与党・自民党との協議が整わず、昭和五二年、第八〇回国会に野党四党等の共同提案による定数是正の公職選挙法改正案が発議された。これに対し、自民党は有志の議員立法として、定数是正とともに全国区に拘束名簿式比例代表制を導入するとした改正案を発議した。結局両案とも審議未了・廃案となった。なお、野党案は、八都府県について計一八名の定数増を行うものであり、自民党案は二都県について計四名増、二道県について計四名減とするものであった。

(b)　他方、全国区に比例代表制を導入する案については、自民党内で早くから議論されている。昭和三七年に設けられた組織委員会は、翌三八年一〇月に答申を提出したが、この中で、全国区について検討すべきとする意見が多く、比例代表制にして政党投票を実現すべきとする意見に賛成が多かったことを指摘している。昭和五〇年に参議院議員総会でまとめられた改革案は、拘束名簿式比例代表制案、非拘束名簿式比例代表制案、現行全国区制維持案の三案となったが、非拘束名簿式案の支持が多数であったとされた。昭和五二年五月には、自民党参議院議員有志により、前述の定数是正とともに、全国区に拘束名簿式比例代表制を導入する公職選挙法改正案が参議院に発議されたが、これは審議未了・廃案となっている。

(c)　その前後、参議院自民党内で全国区制の改革論議が進められたが、この中で提示された主な案は、①名簿登載者を記載した投票も認める拘束名簿式比例代表制案、②非拘束名簿式比例代表制案、③折衷案（名簿式比例代表制とするが、順位を付した名簿に記載されている候補者のうち一名を選んで投票し、得票数により全体の上位三〇人を当選人とし、定数五〇人の残余の二〇人を名簿の得票数に比例して各党に議席を配分し、各党の名簿の順位によって当選人を決定する）、④ブロック制案（地方区は各都道府県に二名を配分して計九四名とし、定数一〇〇名を八ブロックの選挙区に偶数配分する）、⑤地方区一本化案、⑥推薦制案（全国区制を廃止し、政党会派別衆参両院議員団により選任された議員（総定数の三分の一程度）と現行選挙による地方区の選出議員とで参議院を組織する）、である。

(d)　昭和五三年に参議院自民党内に選挙制度プロジェクトチームが設置され、これらの議論を経て、参議院自民党としては拘束名簿式比例代表制案をまとめたが、法案提出には至らなかった。

本格的な拘束名簿式比例代表制導入案は、昭和五五年七月に、参議院自民党に新たに設けられた参議院選挙制度改革プロジェクトチームで作成され、昭和五六年五月に法案提出となったが、この第九四国会では審議に入ることなく廃案となった。さらに同年一〇月に法案は再提出され、これが第九六国会で公職選挙法改正として成立したことは前述のとおりである。なお、この法案作成過程では、比例代表選挙と選挙区（地方区）選挙の両選挙を一票で行う、いわゆる一票制が検討された。これは、選挙区における候補者への投票を、比例代表選挙においてその候補者の所属政党（名簿）への投票としても扱う仕組みで、政党中心の選挙の方法として有力視されてきた。しかし、無所属候補者の存在や異党派投票の要求などさまざまな問題が指摘され、結局、両選挙を別のものとし、二票制とすることに決着した。

(e)　この法案の国会審議の過程で、野党からも法案が提出され、同時に審議されている。そのうち、社会党は、昭和五一年一〇月に、党の選挙制度特別委員会において、地方区の定数是正と全国区への拘束名簿式比例代表制の導入を決め、また、昭和五五年八月にも、拘束名簿式比例代表制案が大勢であるとした。その理由としては、全国区は参議院の特徴であること、この選挙区を金のかからない、かつ、全国的に有為の人材が活躍しうる制度に改革することが、挙げられている。実際に第九六国会に自民党案の対案として提出された法案は、拘束名簿式比例代表制であり、基本的には自民党案とほぼ同じ内容であるが、（イ）名簿届出政党の要件を緩和し、（ロ）供託金を自民党案より引き下げ、（ハ）当選人の数決定について修正サン・ラグ式を採用し、（ニ）名簿登載者の選挙運動及びその量を自民党案より大幅に増やす、などの違いがあった。

公明党は、昭和五二年五月に全国区の比例代表制に反対とし、昭和五五年に参議院選挙制度改革に関する試案をまとめたが、その内容は、全国を一一のブロックに分けて個人名投票を行う、いわゆるブロック制案である。しかし、第九六回国会に提出した法案は、全国区制を維持しつつ選挙運動を拡大すること、及び総定数を維持しつつ地方区の定数是正を行うこととを内容とした。

民社党も昭和五二年二月に全国区の拘束名簿式比例代表制に反対の意思を表明し、昭和五五年にブロック制案をまとめているが、ブロック数は一〇とした。ただし、法案は提出していない。なお、比例代表選挙導入後の昭和五七年一二月、衆議院に民社党より参議院比例代表選挙についての改正案が発議された。内容は、記号式投票の採用、供託物没収点の引き下げ、選挙運動量の拡大を図るものであったが、審査未了となった。他方、昭和五九年三月に公表された定数是正案は、一二増一四減で、選挙区総定数を二減の一五〇人とした。

共産党は、基本的には拘束名簿式比例代表制を全国区において採用することに賛成であるとした。これに基づいて第九六回国会に参議院へ提出した法案は、(イ)名簿届出政党の要件を設けず、かつ、個人の立候補を認める、(ロ)供託金は現行どおりとする、(ハ)当選人の数決定については、単純比例方式を基本とする（実質的には最大剰余法）、(ニ)投票は記号式とする、(ホ)選挙運動はほぼ現行どおりとする、などの違いがあった。なお、衆議院では自民党案（参議院提出法案）に対して、共産党提出法案と同じ内容の修正案を提出している。定数是正については、較差二倍以内とするために二六都道府県で定数増を行い、総定数を八八増とする案をまとめている。

第九六回国会では、衆議院において、新自由クラブ・民主連合も修正案を提出した。その内容は、基本的には自民党案と同様だが、(イ)名簿届出政党の要件を社会党案よりもさらに緩和する、(ロ)当選人の数決定はサン・ラグ式を採用する、(ハ)投票は記号式とする、(ニ)一部の選挙運動を拡大する、という違いがあった。また、定数については、全国区を八〇人に減じて総定数を二三二人とし、選挙区の総定数は維持しつつ定数是正を行うとした。

(f)　第九六回国会の比例代表選挙導入法案の採決時に審議が紛糾した際に、参議院議長が斡旋に乗り出して事態収拾を図ったが、その議長見解では法律の施行状況等を勘案して必要により検討を加えるとしていた。しかし、昭和五八年の選挙を終えた段階では、政府、自民党、社会党は、制度の根幹に触れる見直しは必要ない旨の見解を公表した。昭和五九年には、参議院選挙制度に関する特別委員会において各党は当面処理すべき問題を検討することで合意し、選挙執行上の問題が協議されたが、合意が得られず、成案に至らなかった。なお、同年一一月、超党派の参議院議員有志で結成した「参議院を考える会」は、比例代表選挙を昭和六四年の通常選挙から廃止し、その後の選挙制度については速やかに検討に着手すべきとする提言をまとめて、参議院議長に提出した。

(二)　政治改革の時代

(a)　昭和六三年に発覚したリクルート疑惑は、政官を巻き込んで政治問題化し、平成に入って、政治資金、政治倫理のあり方などを中心に政治改革の要求が一段と強くなった。これに対応して、政府は政治改革に関する有識者会議を設けて提言をまとめ、各党も政治改革委員会など担当チームを結成して検討し、選挙制度改革も含むさまざまな改革案・提言を公表した。まさにそのような状況の中で第八次選挙制度審議会の答申も行われ、衆議院議員選挙制度の改革や政党への公的助成の導入も含めて、動きが活発化した。参議院議員選挙制度については、自民党の政治改革大綱（平成元年五月二三日党議決定）が、参議院の独自性を発揮するための改革を進めるとし、比例代表選挙の改革については、現実には名簿登載者の選定や順位の決定が非常に困難であること、国民と候補者の結びつきが薄く国民になじみにくいことなどの問題があり、当初の期待が十分に達成されていないから、抜本的に改正する、とした。しかし、他の党においては、この点についての議論はあまり進展を見なかったようであり、以後は参議院改革協議会などの場に議論は移ることになる。

(b)　自民党内の議論は、党の政治改革大綱に基づいて、参議院自民党において重ねられることになったが、その経緯は次のようにまとめられよう。

平成元年一〇月、参議院自民党内に参議院選挙制度プロジェクト・チームが設置された。チーム座長からは、翌年五月に報告書が提出されたが、基本的には「都道府県単位の選挙区選出の地域代表と全国単位の比例代表制選出の職能代表は、参議院の使命と役割にてらし、相応しい選出方法である」との認識に立ち、比例代表選挙のあり方を議論したが、拘束名簿式を維持するか非拘束名簿式に変更するか、結論を得るに至らなかったとした。また、選挙区の定数較差問題については、現行総定数の枠内でいわゆる逆転現象を解消すべきで、その方法は第三者機関にゆだねる、とした。

第八次選挙制度審議会の第二次答申が出され、これをも受けた抜本的改革の論議を行うべく、参議院自民党内に参議院選挙制度小委員会が、平成元年一一月に設置された。小委員会は所属議員から改革私案の提案を求め、提案された九私案について検討を行ったところ、参議院創設の原点に立って、衆議院に対する抑制、均衡及び補完の使命の達成を図るべきであり、非政党化もおおむね理解が得られたとしつつ、具体的な制度案としては、「推薦制」と「参議院会派を念頭においた案」について大いに議論したが、前者は賛成を得られず、後者は検討すべき問題があるとして、結局成案を得るに至らなかった旨報告された（平成三年五月二四日）。なお、総定数については削減すべしとしている。

この小委員会に提案された九私案は、概略次のようなものであった。①内閣が両院の同意を得て任命する推薦委員会によって全国一選挙区で議員候補者を推薦し、その名簿に基づいて投票する（各名簿登載者について○×の記号投票。ただし、非推薦の個人立候補を認め、×を付した数以内で候補者名を自書。したがって、総定数分の連記投票のようなもののようである）。総定数二五二人のまま。②総定数を二〇〇人とする。全国単位（八〇人）と全国一一ブロック（一二〇人）の拘束名簿式比例代表選挙の二本立てとし、両選挙の一票制。既存政党から距離を置いた、独立した参議院会派を念頭に、国営選挙により脱政党化をめざす（「参議院会派」の内容、名簿提出もこれに限られるのか、必ずしも明確でないようである）。③比例区を廃止し、選挙区のみとする。都道府県と政令都市（一一）及び東京都特別区を選挙区とし、各定数を二とする。総定数は一一八人とする。（後に総定数は一六二人と修正）、④非拘束名簿式による全国単位の比例代表（八〇人）と、都道府県選挙区（定数は二～八人、計一四二人）の二本立てとし、総定数は二二二人とする。⑤現行の比例区（八四人）と選挙区（一二六人）の二本立てとし、選挙区は、原則、都道府県とするが、人口三〇〇万人を超える一〇の都道府県は、人口に応じ、二～四選挙区に分割する。二回投票制。総定数は二一〇人。⑥ほぼ現行方式の比例区（一〇〇人）と、選挙区（九四人）の二本立てとする。選挙区は各都道府県ごとに定数二を一律配分する。二回投票制。総定数は一九四人。⑦拘束名簿式による全国単位の比例区（八〇人）と、選挙区（九四人）の二本立て。選挙区は各都道府県に定数二を一律配分する。総定数は一七四人。⑧拘束名簿式による全国単位の比例区（九〇人）と選挙区（一四〇人）の二本立てとし、選挙区の基礎定数は二人とし、特に人口の多い選挙区は増加して、いわゆる逆転現象を解消する（後に、選挙区は、定数一律二人の都道府県単位の個人選挙（九四人）と、新たにブロックを設け、定数を人口勘案配分して拘束名簿式比例代表選挙（五六人）との二本立てにする修正）。総定数は二三〇人。⑨全国単位の候補者推薦制（八〇人）と選挙区（一五二人）の二本立てとする。候補者推薦母体は国会とし、選挙区は各都道府県ごとの拘束名簿式比例代表制で、基礎定数を二人として人口比例により定数を増加する。総定数は二三二人。

このような議論の経緯があったが、改革の成案を得るに至らず、政治改革は衆議院議員選挙制度の改革が中心となった。

六　参議院議長私的諮問機関等における改革論議

参議院の組織・運営等についてそのあり方を検討する場は、昭和四六年に河野参議院議長が設置した有識者の会議「参議院問題懇談会」に始まる。以来、このような私的諮問機関や、各会派代表の議員で構成する参議院改革協議会などの機関がさまざまな議論を行ってきているが、改革協議会では原則として選挙制度は議論の対象にしない例ではあった。これらの機関等で行われた選挙制度についての議論を次にまとめておく。

㈠　議長の各会派への検討要請

昭和六〇年一月、木村参議院議長は各会派代表者懇談会で、参議院改革協議会設置を提案し、参議院の独自性発揮と審議充実のための議院の組織及び運営の改善について諮問することとした。しかし、選挙制度の問題については、各会派から意見を聴取したのち、同年六月の会派代表者懇談会において、特に比例代表選挙には問題が多々あり、その存廃を含めて検討を要することと、選挙区の定数是正が必要であることではほぼ一致しているが、通常選挙を控えた現在、制度改正を論ずることは適当でない旨発言し、同懇談会はこれを了承した。

昭和六一年一〇月、藤田参議院議長は各会派に比例代表選挙を中心に参議院議員選挙制度改革の検討を要請し、各会派は一二月に検討結果の中間報告を提出した。この段階では、党内の各種意見を併記した報告であったが、大別して、現行制度を維持する意見、個人名投票を認めるとする意見、非拘束名簿式にすべきとする意見、ブロック制にする意見などであった。同議長は、翌六二年七月に各会派の見解を求めたが、この段階でも自民党と社会党が結論を出せない状況であった。この結果、同議長は、同年一二月、各派代表者懇談会において、制度の根幹に係る改正は今回は断念せざるを得ないが、別途、学識経験者をもって研究会を作り、引き続き研究を行う旨を表明した。

㈡　参議院制度研究会

昭和六三年一月、藤田議長は、私的諮問機関として、有識者による「二院制下における参議院のあり方を考える研究会（参議院制度研究会）」を設置した。途中、議長が土屋議長に代わったが、検討は継続され、同年一一月、参議院制度研究会は「参議院のあり方及び改革に関する意見」を答申した。

答申は、参議院の役割を、衆議院に対する抑制・均衡・補完の機能を通じて、国会の審議を慎重にし、これによって衆議院とともに、国民代表機関たる国会の機能を万全たらしめることにあるとし、参議院に期待される独自の立場と視点とは、長期的・総合的な視点に立つこと、衆議院のみでは十分に代表されない国民各層の利益や意見を代表し、反映すること、議員各自の意見をできる限り尊重し、反映すること、であるとした。この観点から、選挙制度の改革については、比例代表選挙制度の改廃が中心とならざるを得ないとし、次のような改革の主要点を提示した。

一　都道府県選挙区のみとする

二　比例代表選挙制度を存置する場合は、その定数を相当程度削減し、削減される定数の一部を都道府県選挙区の定数是正に用いる。

三　比例代表選挙制度を存置する場合は、非拘束名簿式の当否を検討する。

四　広域ブロックを選挙区とする制度も当否を検討する。

五　民主的・公正な組織による、権威ある何らかの推薦母体を設け、その推薦による候補者について一般選挙人が投票するという候補者推薦制度を取り入れることは憲法の要求する「公選」の原則に反するものではないと解されるので、この制度も検討すべきである。

六　両院の選挙制度は相互に関連し、連動すべき性質のものであるから、衆議院にも呼びかけ、その協力を得て権威ある第三者機関を設け、総合的に検討しつつ、早急に具体的改革案の審議、作成に着手すべきである。

(三)　参議院選挙制度に関する検討委員会

平成六年四月、参議院に各会派代表で構成する参議院選挙制度に関する検討委員会が設置された。検討委員会は協議を重ね、同年六月、八増八減の定数是正を内容とする参議院選挙制度改革大綱を確定した。これに基づいて改正案が議員立法で提出され、賛成多数で成立した（前述三(三)参照）。

(四)　参議院の将来像を考える有識者懇談会

平成七年九月、斎藤議長の諮問機関として、議員で構成する参議院制度改革検討会が設置された。検討会では、何人かの学識経験者から意見聴取をしたが、その中で選挙制度について出された意見としては、参議院は各都道府県二名の都道府県代表計九四人で構成すべきとするもの、現在の都道府県単位の選挙を廃止して全国を一〇ブロック・定数二〇〇人の選挙区とし、現行の比例代表制は廃止して定数一〇〇人の全国区制を復活するとするものなどがあった。しかし、検討会としては選挙制度については検討しないこととした。

なお、平成九年六月、第一四〇回国会において、平成会より公職選挙法改正案が発議された。これは、総定数を二〇〇人とし、比例代表選挙を廃止して個人本位選挙によるブロック選出議員（定数七〇人）と都道府県選出議員（定数一三〇人）で構成するとするものであったが、審査未了・廃案となった。

その後、斎藤議長は、平成一一年四月、違った角度から参議院の権能も含め、新しい参議院のあり方について外部の有識者に検討してもらうとし、私的諮問機関として「参議院の将来像を考える有識者懇談会」を設置した。翌一二年四月、同懇談会は、報告書「参議院の将来像に関する意見書」を同議長に提出した。

報告書は、参議院の存在意義と役割として、多様な民意を反映する、抑制と均衡の機能を果たす、長期的展望に立った議論を行う、の三点を挙げ、改革の原則的な考え方として、「良識の府」としての機能を活性化する、「再考の府」としての機能を明確化する、政党よりも個人の活動を中心とした意思形成を重視する、現行法の枠組みにとらわれることなく、参議院のあるべき姿を追求する、の四点を掲げた。そのうえで選挙制度の改革としては、①現行の比例代表制を含め、選挙制度のあり方を抜本的に見直す――党派に束縛されない個人の意見を反映するとともに、公正な民意を代表するような制度の実現を図る、選挙区の規模も政党の支持・推薦を受けない候補者も十分な選挙運動を展開し、その当選が可能となるように改める。②多様な個人を選出するための選挙制度を実現する――政党等に依存せず、個人中心の選挙運動を容易にするため、公営選挙の拡大やメディアによる選挙運動などの導入を図る。③将来の課題として、参議院の代表制の性格を見直す――地方分権の推進を前提とすれば、「全国民の代表」ではなく、一定の地域を単位とする地域代表的な性格のものにする。以上三点を提示した。しかし、具体的な選挙制度を提案したものとは言えない。

(五)　定数是正等の協議

その後、参議院における各党間の議論は選挙区の定数是正を中心に行われるようになった。斎藤議長の要請により平成一一年六月に各派代表者懇談会の下に設置された参議院選挙制度改革に関する協議会では、定数是正問題について各党間で協議が行われたが、結論を得るに至らず、その旨の報告書が翌一二年一月に提出された。自民党は、総定数を二四二人（比例代表選出議員九六人と選挙区選出議員一四六人）とし、三選挙区の定数を削減する公職選挙法改正案を同年五月に発議したが、これは第一四七回国会においては審査未了・廃案となった。しかし、自民党は、一〇月になって、比例代表選挙を非拘束名簿式に改正することと、総定数を減員しつつ定数是正を行うことを内容とする改正法案を提出し、これが成立した（(三)(一)～(三)を参照）。

この非拘束名簿式への変更案の審議に際しても、拘束名簿式を導入した際と同様、与野党の対立が激しく、審議は難航した。法案の採決をめぐり、斎藤参議院議長が参議院の各派代表者懇談会に自らの斡旋案を提示したが、この斡旋案も与野党は受け入れず、結局同議長は「議長の権威を保つことかなわず、職を辞することにした」と述べて辞任した。同議長の斡旋案の内容は、①定数削減は鹿児島県の二人削減に止める、②比例区は「拘束・非拘束名簿混合方式」とし、投票は政党名・個人名の選択式とし、合計票に応じて各党に議席を配分するが、改選数五〇のうち、半数は個人名投票の得票数に応じ、残りの半数は名簿順により、当選人を決定するものとする、③参議院のあり方に関する協議会を設置し抜本改革案を検討する、とするものであった。

なお、民主党は、衆議院において対案を提出したが、これは、総定数を二四〇人とし、比例代表選挙を廃止して広域ブロックで個人を選出する選挙（定数九〇人）と、都道府県選出議員（定数一五〇人）とで構成するとするものであった。この対案は審査未了・廃案となっている。また、参議院では、平成一三年三月に、民主党議員から、比例代表選挙における投票について、政党等の名称又は略称の記載を義務付ける内容の公職選挙法改正案が発議されたが、これも廃案となっている。これ以後、平成一二年一月に衆参両院に憲法調査会が設置され、憲法論議が活発化したこともあって、平成一六年まで選挙制度改革論議は見送られている。

平成一六年二月には、三度、倉田議長の要請により各会派代表者懇談会の下に参議院議員の定数較差問題に関する協議会が設けられたが、意見の一致を見ず、通常選挙後に検討を先送りした。これを受けた形で、同年の通常選挙後の一二月に設置された参議院改革協議会では、扇議長から次期通常選挙に向けて対応を迫られている定数較差問題についてもあわせて協議されたい旨の意向が示され、翌一七年二月に改革協議会の下に選挙制度についての専門委員会を設けて協議を進めた。専門委員会は、同年一〇月に、四増四減案、一四増一四減までの案、合区案の三案を示して、四増四減案が有力との報告書を提出したが、改革協議会では意見がまとまらず、平成一八年二月に合意に至らなかった旨の報告書を議長に提出した。その後、四増四減を内容とする法案を自民党・公明党が三月に、合区案を内容とする法案を民主党が五月に、それぞれ提出し、与党案が同年六月に成立した。

平成一九年の通常選挙後設置された参議院改革協議会は、江田議長の意向も受けて選挙制度の抜本的な見直しをすることとし、専門委員会（選挙制度）を設け、検討・討議を行ったが、結論を得るに至らなかった。

七　憲法調査会等における改革論議

(一)　参議院と選挙制度についての議論の概要

平成一二年一月に、衆参両院に憲法調査会が設置され、憲法（改正）に関する論議が開始された。両院制や参議院の在り方などについては、特に、平成一四年から一七年にかけて、衆議院憲法調査会では政治の基本機構のあり方に関する調査小委員会と政治の基本機構のあり方に関する調査小委員会を、参議院憲法調査会では二院制と参議院の在り方に関する小委員会を、それぞれ中心として、議論された。論議の過程では、両院制度を維持するか否か、維持するとして両院の関係や機能分担をどう考えるか、両院の組織構成はどうあるべきかなどが取り上げられ、さまざまな議論が行われた。一院制を採用すべしとする意見もあったが、大勢としては両院制の維持の方向にあり、議院内閣制など統治機構の仕組みの中で、参議院の役割・独自性を発揮すべきであるとする。役割分担や求められる機能についてもさまざまな主張が見られたが、参議院とその選挙制度については、総論として、参議院の在り方に対応して選挙制度を考えるべきである、衆議院と異なる制度とすることによって、異なった国民の意思を反映できるようにすべきであり、さらには少数者の意見が少しでも表明されるようにすることが必要である、また、政党色よりも個人色を出すほうが望ましい、しかし他方、現憲法の枠内にせよ枠外にせよ、民主主義の原則に則った選挙制度である必要がある、などの意見が多く見られた。

なお、平成一六年一二月、自民党に新憲法制定推進本部が設けられ、その下に翌一七年一月発足した新憲法起草委員会が結党五〇年に合わせて新憲法案の起草を開始した。同年八月には憲法改正草案の原案が公表され、新憲法草案が一一月に決定された。最終案では両院制を維持することとされたが、起草過程の議論では一院制論が強く、これに対して参議院自民党を中心に反対が相次ぎ、見直されたといわれる。見直しの議論では、都道府県の位置づけを憲法上明らかにして、各都道府県一律の定数によって参議院を地域代表（都道府県代表）の院とする案などが提示されたが、結果的に成案とはならなかった。

(二)　参議院議員選挙制度案

参議院議員選挙制度について具体的な案を提示する意見は少なかったが、憲法調査会やその下に設置された小委員会などに招致された参考人からは、次のような案や考え方が提示され、これをめぐって議員間でも意見交換が行われた。改革案としては、①地域代表制案（都道府県を選挙区として一律の定数、たとえば三人を選挙する案。票の平等との関係をどう考えるかについて意見の違いがある）、②比例代表制案（政党色が強くなるのでこれを補うために、任期の延長、再選の制限、被選挙権年齢の引上げなどの要素につき工夫を要する、とする）、③拘束名簿式比例代表制案（仮に衆議院が小選挙区制に向かうならば、の案。拘束名簿式はマイノリティーにも有利な制度だが、個人や無所属の立候補を可能とする工夫が必要である）、④定数自動決定式比例代表制（全国単位の非拘束名簿式比例代表制だが、名簿は都道府県単位とし、各党に全国単位で配分された議席を、更に各党の各選挙区における得票に応じて最大剰余式により各選挙区に配分）などが提案された（一五九国会参・憲法調査会二院制と参議院の在り方に関する小委員会三号平成一六年五月一九日、一六一国会・参・憲法調査会二院制と参議院の在り方に関する小委員会一号平成一六年一一月五日など）。

(三)　参議院憲法調査会二院制と参議院の在り方に関する小委員会報告

小委員会における論議は、小委員長より、憲法調査会に対し、まとめて報告されたが、その内容のうち、参議院の構成の在り方・選挙制度に関する部分は次のとおり。なお、報告末尾に、引き続き「二院制と参議院の在り方」の議論を深めていくことが合意されている旨触れられていたが、以後休止状態となり、憲法審査会としても平成二二年現在、議論は行われていない。

舛添小委員長「(五、参議院の構成の在り方・選挙制度) 三点申し上げます。

第一、直接公選制の維持。

参議院選挙は定期的に行われ、また都道府県ないし全国の支持があって議員になることに意味がある、参議院も国民の直接選挙で選任されるべきで、任命制・推薦制はもちろん、間接選挙制も好ましくないというのはほぼ異論のないところでした。

第二、選挙の在り方・方法。

衆議院と異なる選挙制度にすること、そのためには政党の側面よりも個人の側面をより重視すべきことが意見の多数を占めました。すなわち、同じような選挙制度の二院制は混乱のもと、選挙制度の設計が衆参の在り方と連動して論議されてこなかったことを反省すべき、衆議院は多数者の、参議院は少数者の意見が表れるのが望ましい、民意反映には地域の多数意見を反映させる形もあれば全国の意見分布を反映させる形もあり、両方の形をそれぞれの院が持つことが本来的意味のチェック・アンド・バランスになる、二院制諸国に共通する上院組織原理はないが、両院選挙が類似していることは両院制の趣旨を損なう深刻な問題などの意見が出され、そのために、政党単位ではなく個人を選ぶ制度を工夫すること、識見を持つ個人が当選し得る選挙制度が必要などの意見も出されました。また、上院として敬意を集めるには議員数を少なくし直接選挙で選出すべきで、全国単位と地方ブロックを併用し、定数是正はブロックごとに行えばよい、参議院には全国区及び都道府県単位等ある程度の広さの選挙区が必要、地方分権理念にのっとる地域代表院もあり得る、年金問題等においては若い世代に代表者が出せない問題があるので比例代表で世代別クオータを考えられないかなどの意見が出されました。なお、参議院の定数につき、どの程度の規模が適正なのかきちんと議論すべき、任期を更に長期化するとともに再選禁止とすることも一案との指摘もありました。

第三、一票の較差問題。

参議院の投票価値の較差是正は喫緊の課題である、一票の較差問題については、憲法が国民代表とする以上は地方代表性よりも一人一票原則が優先する、一票の較差の点からは比例代表制が最も優れているのではないかなどの意見が出され、また、重要なのは一人の等価値ではなく一票の等価値であり、投票率が高い選挙区ほど多くの議員が割り当てられる制度について参考人から提案がありました。」（一六一国会参・憲法調査会六号平成一六年一二月一日）

八　選挙制度設計と考え方の再検討

憲法は、衆参両議院の選挙については法律で定めるとしているが、参議院議員の選挙制度としてどのようなものを想定しているのか、その全体像を示唆してはいない。したがって、憲法を改正しない以上は、現憲法の枠組みの中で、制度を構成しなければならないが、そのオプションについてはさまざまな考え方が可能であり、またさまざまなヴァリエーションがあり得る。その中で、両院制の在り方と参議院の在り方に照らして、妥当なものを検討していかなければならない。しかし、その「妥当」性は、必ずしも論理必然的に導かれるものではなく、やはり政治判断、あるいは制度の在り方に対する価値判断によって異なるものだろう。つまり、ある制度設計をし、ある制度を選択する場合には、その価値判断ないし政治判断の基準を明確にすることが必要だろう。そのような説明を経て初めて、国民はそれが妥当であるかどうかを判断できるのではないか。たとえば、比例代表選挙において、議席配分方法として、どの方法を選択するかは、数学的に正しいものが妥当であるとは、必ずしも言えないだろう。第一、数学的にはドント式が正しいという意見もあるし、同じく数学的にはニーマイヤー式が正しいという意見もある。ドント式が正しいとしても、最大剰余式が、パラドックスが生じるとしても、国民にとって分かりやすく妥当と考える判断もあり得るだろう。

これまで出されてきた案は、推薦制、候補者推薦制、間接選挙制、職能代表制、比例代表制、地域代表制、ブロック制などであり、また、その組合せあるいは変形の制度と言うことができる。もちろん、参議院の在り方と関連付けられて制度の提案がされていることは言うまでもない。推薦制あるいは候補者推薦制は参議院創設時から何度も提案されてきているが、現行憲法下では困難であることは、ほぼ共通認識になってきているのではないか。また、職能代表制についても、二〇世紀初頭ならいざ知らず、現代では同じように困難であることも理解されてきているのではないか。さらに、間接選挙制についても、憲法の許容する範囲内かどうかについては学説は肯定説から否定説まで幅広いが、参議院憲法調査会の小委員会報告にあるように、現段階では現実的ではないと見られていると思われる。

他方、衆議院議員選挙制度との対比で言えば、現在の制度が両者とも似通っていることは明らかであり、異なった民意の反映の仕方、あるいは異なった院の構成を考える以上は、より明確に選挙制度を異ならせることが求められよう。もちろん、比例代表制と小選挙区・大選挙区の組合せは、参議院が先行し、衆議院がこれに追随したような経緯であり、参議院がまねをした、というには当たらないが、だからと言ってこれを妥当なものとは思えないだろう。第二院の選挙制度としては、議院内閣制を採用している以上、第一院である衆議院の制度を前提とし、これとは異なる制度を考えることが求められることは当然だろう。

したがって、端的にいえば、現行憲法の枠内では、普通・自由・平等・秘密選挙で、かつ、直接選挙として、衆議院と異なった制度を設計する必要があるということになり、それは、任命制はもちろん、推薦制や職能代表制や間接選挙制を除いたものの中から選択していくことになろう。この中で、アメリカ上院のような地域代表制は、現選挙区の定数較差問題とも関連して、かなり支持のある候補案であろうが、平等の要請とどのように調整できるかが問題だろう。

なお、総定数を削減することが総論的には支持を受けやすいが、現在の財政状況の中の政治判断としてはありうるだろうから、一概に不当とは言えないが、国民の代表としてどの程度の規模がいいのか、議院における審議を十分に行い、国民の信託に応えるためにはどの程度の定数が必要か、という判断要素も忘れてはならないだろう。

このような事柄を前提に、妥当な選挙制度を見出すことが、参議院選挙制度論議において求められるだろうが、その検討においては、これまでの了解事項を根本から見直すことも必要と思われる。たとえば、参議院の機能としてよく挙げられる、抑制・均衡・補完ということ、あるいは「良識の府」という言葉は、それぞれその内容をもう一度確認する必要があるのではないか。参議院の機能としては、衆議院の行き過ぎのチェック、（時間を置いての）慎重審議、再度の審議などが、最近ではよく挙げられるが、それが妥当なのか、可能なのか、吟味する必要もあろう。また、これらとの関連で説かれる、政党色よりも個人中心という主張も同様ではないか。さらに、選挙制度についての定説も、再吟味することが求められよう。小選挙区制は、二大政党制あるいは二大政治勢力制に有効であるとする認識は、当然の事理と言えるのだろうか、なども含めて、再検討することが必要ではないか。もちろん、選挙制度の設計・選択は、極めて政治的な判断であり、政治文化と切っても切れない関係にある以上、まったくの白紙状態からの再検討はあり得ないし、またそれは無理な話ではあろう。しかし、決まり文句をそのまま受け入れて制度設計するのも、妥当なことではないと思われる。

九　おわりに

以上、これまでの参議院議員選挙制度に関しての議論、特に制度改正案とその考え方を中心に経緯を見てきた。これらのほかにも、学説はもちろん、民間の議論・提言、議員個人の意見表明なども多いが、これらには触れなかった。学説以外の主なものとしては、社団法人参議院協会の意見、社会経済国民会議の提言、社団法人経済同友会の意見書、経済四団体、政治改革推進協議会（民間政治臨調）や新しい日本を創る国民会議（二一世紀臨調）の提言など、枚挙に暇がない。しかし、内容としては、以上に取り上げてきた提言と大きく異なるところはないと言ってよい。不十分なまとめではあるが、次の段階の論議に入るための参考になれば幸いである（なお、参考文献や出典を付していない部分も多くあるが、ご容赦願いたい）。

［付記］本稿脱稿の後、次のような動きがあったので追記しておきたい。

平成二二年一二月二二日、西岡参議院議長は、選挙制度検討会議で参議院の各会派代表者に、選挙制度改革の議長案を提示した。議長案の骨格は次のとおり。

・現行の全国単位の比例代表選挙と都道府県単位の選挙区選挙を廃止し、全国を九ブロックの選挙区に分ける。ブロックは、北海道、東北、北関東信越、東京、南関東、中部、関西、中国・四国、九州・沖縄とする。

・各選挙区に現行定数二四二を人口に比例して配分する。この結果、議長案に従えば、一票の最大格差は一・一五三倍になる。

・各選挙区における選挙は、非拘束名簿式比例代表選挙とする。

これに対し、民主党内では、いわゆる合区案が検討されていると報道された。平成二三年二月九日の民主党参議院議員総会に提出されたとされる合区案は、選挙区選挙について、現行制度を前提に、一票の格差を是正するため、人口の少ない県の選挙区を統合し、削減した分の定数を有権者の多い都市部の選挙区に振り分けるもので、統合対象を四選挙区程度に止める案と、定数を削減しつつより大規模に統合する案とが提示されているようである。しかし、いずれの案にしても、較差は二～三倍になるとされる。

その後、西岡議長は、先の改革案の修正案をまとめたとされる（平成二三年四月五日）。この案は、九ブロックはそのままに大選挙区（個人選挙）とし、総定数は四二減の二〇〇とするものである。一票の格差は一・一三二倍となる。民主党内には、いくつかの案が提示されてはいるが、合区案と大選挙区案とが検討の軸になるとみられると伝えられている。

これらの原案と修正案のほか、各党の案も含めて、参議院の各会派代表者による検討会で協議を進めるとされる。

20 憲法政治の循環性をめぐって

白井　誠

曽我部真裕・赤坂幸一　編
大石眞先生還暦記念
『憲法改革の理念と展開（上巻）』
二〇一二年三月　信山社

20　憲法政治の循環性をめぐって［白井　誠］

一　はじめに
二　両院関係としての国務大臣の演説と質疑
三　議院内閣制と二院制との関係を踏まえて――議員の権能と議院の権能と内閣の関係
四　内閣の法律案提出権について
五　憲法五九条一項から見る両院関係の不整合
六　憲法五九条一項と国会法五六条の四――果たして一事不再議の問題なのか
七　おわりに

一　はじめに

議院の先例[1]形成の本質は議院の自律権にある。とすれば、一つ屋根の下でほとんど会話のない夫婦とでも揶揄されかねない両院の独立活動の建前に阻まれて、自律権を踏まえた真っ当な両院間の協議が欠如した状況が続いてきたのではないか。そのことが両院間の問題についての先例の希薄性に表れているのではないか。両院の独立活動の原則と、二院制がより良く機能するように両院がよく協議をすることとは本来別ものものはずである。

戦後の制度創設時には、帝国議会からの断絶に敏感とは言えない衆議院と、連続性を表面的には排除して見せざるを得ない貴族院あるいはその後の参議院との微妙な関係に、政府のこれまた微妙な対応も加わって、衆議院の優越の曖昧性等、現在に繋がる歪みを抱え込んだと考える。制度創設時から昭和三〇年の国会法改正に至る心性としての議院法伝統とでもいうべきものが憲法及び国会法による制度構築にもたらした影響を未だに見て取ることができるのではないだろうか。また、その後の一貫した両院の同根化への傾斜とでもいうべき政治の有り様の副作用として、時として協議をなるべく回避し、それぞれ間接的作法によって、あるいは政党内の問題として事態に対処する政治的習性が両院双方に醸成されたのではないか。その弊害はこれまであまり自覚されてこなかったが、半世紀以上の時を経て、両院の同根性のバランスが崩れたいわゆるねじれの状況に至り、ほとんどしっぺ返しのように一気に露になったのではないだろうか。こうした措定を導入として、まず、議院内閣制と二院制による憲法政治を、――これまで憲法上の意義について注視されてきたとは必ずしも言い難い――議員の発言権を一つのキーとする、多次元的でかつ統合的な循環システムとして捉えるとともに、両院関係の実相についてもマクロ的な視点の中で描き直しを試みることとする。もとよりそれは、職務上、本会議及び議院運営委員会に関わる中で自ずと染み付いた皮膚感覚のような個人的見解である。特性があるとすれば、憲法政治の連綿と続く体系としての「衆議院先例集」を根っことするところにあるかも知れないが、いずれにせよ大いに心許ない。議論と実践の架け橋として、万に一つでも資するところがあれば望外の幸せというほかはない。

(1)　先例とは、議院の運営（議事法の運用）が生みだす規範であって、その拘束性あるいは方向性は、勿論、憲法を頂点とする議事法体系の範囲内のものである。先例の意義は議院の運営の効率性や問題解決の迅速性にあるが、時として逆に先例の硬直性が議院の運営の硬直性の元凶として厳しく問われる。しかし実際には先例適用の硬直化、つまり議院の運営の硬直化そのものに問題があることが多いのではないだろうか。例えば、問題解決の処方箋は単一ではなく、過去の複数の先例のそれぞれの背景を踏まえた比較衡量が新たな解決策を導き出すことも当然にある。運営が日程闘争に終始するようなことがあれば先例の適用も複眼的思考を欠いたものになりがちとなる。中立公平な立場で議院の運営を補佐する議院事務局には、問題解決のための的確・迅速な処方箋提示力が問われるのであって、そこでは議事法及び先例について不断の見直しを行い得る組織としての専門性が求められるのである。

二　両院関係としての国務大臣の演説と質疑

衆参本会議における常会の始めのいわゆる政府四演説（総理の施政方針演説、外相の外交演説、財務相の財政演説、経済財政担当相の経済演説）や臨時会の始めの総理の所信演説は、まず衆議院において行われ、同日、続いて参議院でも行われる。一日空けて、衆議院で演説に対する一日目の質疑が行われる。翌日は、まず参議院で一日目の質疑が行われる。続いて、衆議院で二日目の質疑が行われ質疑を終了する。そして、その翌日に参議院で二日目の質疑が行われ質疑を終了する。以上がオーソドックスな会期当初の流れである。

後述するが、このパターンに辿り着くのに国会当初から二〇年近くの時を要し、更に、そこから半世紀近くを経た現在では、同じ演説が同日に衆参で引き続いて行われることの非合理性と形式性を批判し（総花的な演説内容そのものの形式性への考慮を抜きにした批判は片面的ではないかとの反論もあろうが）、衆参演説の一本化を求める声が間歇的に起こる状況に至っている。

衆議院先例集（平成一五年版。以下同じ）上、この演説と質疑の両院の関係について記載があるのは、「内閣総理大臣、外務大臣、財務大臣、経済財政政策担当大臣の演説は、衆議院で先に行う」（四八六号）との一方的な宣言のみである。参議院先例録（平成一〇年版。以下同じ）には全くない。先例集には、事実として確立した両院間のパターンを両院間の先例として公言する場がないのである。(2) それは、両院間の問題について、両院の協議を従として議院それぞれが事実を積み上げることによって対処してきたことの一つの表れである。

国務大臣の演説の淵源である帝国議会の演説は、当初、衆議院で行われるようになり、その後貴族院でも行われるようになったものである。また、質疑については、当初、政府の拒否により行われていなかったが、衆議院で、演説に続いて一日だけ行われたのが最初である。(3) 天皇の協賛機関としての帝国議会の位置づけの中で、先例としての演説及び質疑の進化は、慣行としての政党内閣制への道と軌を一にするものであったと考える。変遷を経た帝国議会における演説・質疑の完成形としての典型は、貴族院（午前一〇時）演説・質疑一日目、同日、衆議院（午後一時）演説・質疑一日目というものであった。それは、貴族院の本会議の定刻が先だからそうなったというよりも、やはり、「貴族院衆議院ヲ以テ成立」すると旧憲法に規定されたとおり、帝国議会の一つの実態を如実に物語るものである。

そして新憲法下、第一回国会において初めて演説を行うに当たり、衆議院の各派交渉会（昭二二、六、二八）において、国会に相応しい在り方として、前掲先例集のように先に衆議院で行うこと、また、質疑は翌日から行うことを決めて――質疑のトップは参議院に譲るという暗黙のメッセージを込め――参議院に伝えたのである。以下、その変遷のあらましを見てみよう。

・第一回（特別）国会から

衆議院で先に演説を行い、続いて参議院で行い、質疑は翌日からとなった。

（質疑は本会議定刻が午前一〇時の参議院が必然的に先。第一七回（臨時）国会（昭和二八年）においては、質疑の本会議を両院とも午前一〇時に設定。結局、参議院が先に行った[4]）。

・第二三回（臨時）国会（昭和三〇年、自社体制確立）から

衆議院で先に演説（休憩）、参議院で演説、衆議院が再開して質疑一日目

翌日、参議院で質疑一日目、続いて衆議院で質疑二日目

（自民党は、社会党委員長（衆議院議員）に（両院を通じ）質疑のトップを譲った[5]。）

（以後、野党第一党が質疑の第一順位となり、衆議院が質疑も先に行うようになった。）

・第三九回（臨時）国会（昭和三六年）

衆議院で先に演説を行い、続いて参議院で演説

翌日は、衆議院で質疑一日目、続いて参議院で質疑一日目

（質疑初日の衆議院の開会時刻は定刻前の午前一一時）

翌々日は、参議院で質疑二日目、続いて衆議院で質疑二日目

・第四一回（臨時）国会（昭和三七年）

（金）衆議院で先に演説を行い、続いて参議院で演説

（土）衆議院で質疑一日目

（月）参議院で質疑（一日で終了）

（火）衆議院で質疑二日目
・第四二回（臨時）国会（昭和三七年）（会期一二日間）
衆議院で先に演説（休憩）、参議院で演説、衆議院が再開して質疑（一日で終了）
翌日、参議院で質疑（一日で終了）
・第四三回国会（昭和三八年）
演説と質疑を一日あけることとなる(6)（自社幹事長書記長会談による）
衆議院で演説、続いて参議院で演説
演説の翌々日、衆議院で質疑一日目
その翌日、参議院で質疑一日目、衆議院で質疑二日目
その翌日、参議院で質疑二日目

このような変遷を経て、両院における演説と質疑は現在に続く前後関係のパターンを確立したのであるが、この歴史に両院間のいわく言い難い微妙な関係が滲み出ていると考える。

また、衆参の前後関係に気をとられて、結果的に演説と質疑の議事の実質的な一体性を放棄してしまったこと、言い換えれば、衆参連続した演説の慣行、そして演説と質疑との分断の慣行によって、演説のセレモニー化を助長する結果を招いたのではないかということを指摘しておきたい。演説と質疑の一体性は、演説終了時の質疑延期の議決に表現されているがどれほどの意識をそこに伴っているであろうか。その意識はほとんど皆無であろう。

こうした演説は、先にも触れたとおり帝国議会以来の本質を変えずに行われてきたものであることをまずは認識する必要があろう。慣行としての政党内閣制への過程で確立した先例としての演説・質疑が、憲法制度としての議

院内閣制にどのように引き継がれたのかを考える必要がある。そうであるならば、演説は、憲法六三条の「内閣総理大臣その他の国務大臣は、両議院の一に議席を有すると有しないとにかかはらず、何時でも議案について発言するため議院に出席することができる。又、答弁又は説明のため出席を求められたときは、出席しなければならない」によるものであって、質疑と一体のものでもあり、憲法五六条の「両議院は、各々その総議員の三分の一以上の出席がなければ、議事を開き議決することができない」の条件下で行われなければならないと述べるばかりでは些か説得力を欠くのではないだろうか。

もちろん、演説を開会式のような儀式と考えたり、国民に向けたメッセージとのみ捉えたり、根源的な制度の違いを捨象して単純な国際比較から演説の衆参一本化をよしとすることには違和感を抱かざるを得ないが、憲法六六条三項の「内閣は、行政権の行使について、国会に対し連帯して責任を負ふ」、七二条の「内閣総理大臣は、内閣を代表して議案を国会に提出し、一般国務及び外交関係について国会に報告し、並びに行政各部を指揮監督する」との規定も踏まえて、国務大臣の演説と質疑は憲法体系の中で再定義されるべきではないだろうか。

（2）　ただし、参議院先例録二九八号には、「国務大臣の演説に対する質疑は、演説の翌々日以後に行うのを例とする」として、「国務大臣の演説に対する質疑は、当初演説の翌日以後に行うのを例としたが、第四十一回国会以後は演説の翌々日以後（常会及び総予算を審議する特別会については演説の三日目から）行うのを例とする」と説明している。参議院単体の視点が貫かれているのである。ちなみに衆議院先例集には演説と質疑の間隔についての記述はない。「演説は衆議院で先に行う」との衆議院単体の視点と重ね合わせると、図らずもそこに朧気な両院の関係が浮かんでくる。

（3）　帝国議会の演説・質疑の生成と変遷は、東海林壽秀・鎌野慎一・光地壱朗「政府演説の始まりとその推移」議会政治研究四七号（一九九八年）一二一頁参照。

（4）　衆議院議院運営委員会議録二号（一七回(臨時)昭二八、一〇、三〇）、同会議録一号二頁（一八回(臨時)昭二八、一一、三〇）参照。

（5）　衆議院議院運営委員会議録二号三頁（二三回(臨時)昭三〇、一二、一）参照。

（6）　衆議院議院運営委員会議録二号（四三回昭三八、一、二二）参照。

三　議院内閣制と二院制との関係を踏まえて――議員の権能と議院の権能と内閣の関係

(一)　憲法規定の構造

ここではまず、前節の問題意識を拡張して、憲法第四章（国会）による、衆議院と内閣の関係、参議院と内閣の関係、加えて衆議院と参議院の関係、憲法第五章（内閣）の内閣と国会の関係、つまり議院内閣制と二院制の関係について考察することから始めたい。

憲法の規定を以下の四つに分類してみよう。

①国会及び内閣の本質に関わるもの

第四章［四一条（最高機関・唯一の立法機関）(7)］

第五章［六五条（行政権）、六六条三項（連帯責任）、七二条（行政各部の指揮監督）、七三条一号（法律の誠実な執行・国務の総理）］

②国会の組織、構成、活動に関わるもの

第四章［二院制、議員、召集、会議原則、議院の権能］

③内閣の権能行使に関わるもの＝議院の権能行使への導入

第五章［七二条（議案の提出、一般国務・外交関係の報告）、七三条三号（条約の締結）・同五号（予算の作成・提出）］

④各議院の議決（両院の意思の調整機能としての両院協議会及び衆議院の優越規定）＝議院の権能行使（議員の権能行使による）によって合成される国会の意思

第五章［六七条（総理指名）］、第四章［五九条（法律の議決）、六〇条（予算の議決）、六一条（条約の承認）］

(二)　憲法構造と議員の発言権

こうしてみると憲法は、④の「国会の意思」による①の「国会及び内閣の本質に関わるもの」の具体化を②によって③を導入として行う構造となっているように見える。そしてこの構造の清算と再生、つまり国会と内閣の関係の清算と再生――内閣の総辞職（七〇条）と総理指名（六七条）――が、解散（七条）と不信任決議（六九条）という衆議院と内閣の特別の関係によって規定されていると言えそうである。しかし、この分類には不可欠なものが隠されている。それは議院の権能を担う議員の権能である。例えば、③のうち七二条の「一般国務及び外交関係について国会に報告し」を議院において受け止めるものが④には表れていない。なぜかと言えば、それを受け止めるものが議員の権能である発言権そのものだからである。とりわけ会期の始めにおける内閣総理大臣の演説は、施政方針という③の包括的提案といっても過言でない重いものであり、それに対する代表質疑もまた、④をとおさずに直接①の本質に迫る、内閣総理大臣の演説と対等の非常に重いものなのである。

議員の権能のうち表決権については、間接的にその集積が五六条による議院の議決として④に表れるものであって、根源としては総理大臣の指名による内閣・与党の形成として現れているものでもある。一方、議員の発言権については、免責特権（五一条）、会議及び会議録の公開（五七条）という発言権の保障に関わる規定の一方で、権能としての発言権そのものは出てこない。議員の発言権があまりにも当然のものであり、また、議院の意思決定へのプロセスであるが故に出てこないとしか言いようがないが、だからこそ逆に、憲法運用においては、議員の発言権が議院の権能の中で持つ、つまり言論の府において、言論というプロセスそのものが持つ力の正当な位置づけが必要なのである。(8)

この意味において、七二条が、行政各部の指揮監督権の前に、国会への議案の提出と国会に対する国政についての報告を並列していることが注目される。この規定の構造こそが、六三条の規定と相俟って議院内閣制の本質の一端を如実に表しているのではないだろうか。内閣の発言とこれに対する議員の発言権の関係が、①に直接関わり、また、④の審議をとおして①に関わり、また、この議院と内閣の関係が新たな③への契機ともなり、更に二院制によって議院内閣制は複合的かつ循環的なシステムとなる。議員の発言権が、議院におけるあらゆる審議において、直接、間接に、国会の最高機関性・唯一の立法機関性と、内閣の国会に対する連帯責任を動態として明確にするはずではないだろうか。

(三) 議院の権能と議員の権能

(a) 国政調査権の位置づけ

憲法七二条が規定する「一般国務及び外交関係について」の報告は、もちろん、既に述べた会期の始めの施政方針演説あるいは所信演説が代表的なものであるが、個別の重要事件についても適宜、報告・質疑が行われる（衆議院先例集四八七、四八八号、参議院先例録三五一、三五二号）。また、本会議は、実際上、明示の国政調査権の発動の場ではないが、勿論、国政調査の目的とするところは常に行われている。特に、前述の重要事件の報告・質疑の実質は国勢調査と変わる所がない。

所管に応じて国政調査権行使の実際を担う委員会においては、国政調査権によって、議院の権能が、委員会の権能として濃縮され、より具体性、詳細性を伴ったものとして立ち現れることとなる。委員会が行う国政調査の実際は、議案を議題として行われる委員会と、それ以外の、議案を議題としない（常任委員会であれば議長の承認を得た調査案件・特別委員会であれば院議による調査案件についての）国政調査そのものとして行われる委員会とで、委員会審査のやり方に格別の相違がある訳ではない。国政調査として開かれる委員会は、国務大臣の所信質疑、所管のうち対象を特定しないいわゆる一般質疑、対象を特定して行ういわゆる集中審議、参考人からの意見聴取、証人からの証言・書類の提出、報告又は記録の提出要求、委員派遣等をとおして行われるが、このうち、議案審査とかぶらないのは国務大臣の所信質疑、一般質疑のみであり、逆に、議案審査に限定されるのは公聴会のみである（国会法五一条、衆議院規則七六条、参議院規則六〇条）(9)。また、議案を議題として行われる委員会においても審査の中で国政調査は当然に行われるのであって、国政調査権は委員会の権能の全てに関わるものである。委員会は、国政調査と付託議案の審査が融合して初めて、その権能を果たすことができるのである。

従来、憲法六二条に規定する国政調査権の議論は「これに関連して、証人の出頭及び証言並びに記録の提出を要求することができる」との後段部分に偏っているが、特定事項の調査のための特別委員会について、「証人の出頭及び証言並びに記録の提出を要求することができる」権限を包括的に設置の際の院議によって付与されていたのは国会初期に限られる。強制力を持った後段部分に特化した独立権能的とも言うべき国政調査権の運用は既に過去のものとなって久しい(10)のであって、その後は、院議の範囲は、他の特別委員会と同様、設置目的、委員の員数及び名称に限られている。いわば（後段の強制力を背景とした）議院の自然権ともいうべき前段の「両議院は、各々国政に関する調査を行ひ」の対象を特定するものとして設置の議決がなされているのである。従って、特定事項の調査のための特別委員会であっても、後段の適用は、他の特別委員会や常任委員会と同様に、その一連の審議の過程で必要と判断される場合に、原則として全会一致による議決によって行われるものなのである。

このことは、初期国会における国政調査権の乱用とも言うべき――後段部分に極端に偏った――人権侵害及び司法権への逸脱の懸念の警鐘に応えたものと考えられるが、更に、会期の始めに各常任委員会が議長の承認を得る（衆議院規則九四条）国政調査案件が当該所管（同九二条による省庁別所管）内容の具体的事項表示として早期に定式化し、議院運営委員会に諮問されることもなくなったこと(11)を併せて考えれば、国政調査権はまさに（強制力を背景とした）議院の自然権――議員の権能と議院の権能と内閣の関係を議院の権能として支え、行政統制及び議院の意思決定に具体性と詳細性を与えるもの――として運用されるべきものと理解されるようになったと言えるのではないだろうか。後段部分の的確な運用は、自然権の的確な運用、要するに前段部分の的確な運用過程の中でのみ果たされるべきものなのである。この意味において、国政調査権は、独立権能でもなく、補助的権能でもなく、まさに議院の権能に関わる本質的で包摂的な議院の権能として理解されるべきものと考える。

(b)　質疑の憲法的意味

質疑について、国会法及び各議院の規則に派生的な規定しか置かれていないのは、憲法に議員の発言権の直接の規定が置かれていないのとパラレルで、質疑が、発言権という本質的な議員の権能の一形態であるためであろうが、内閣との関係においては、既に述べているとおり憲法六三条後段の「答弁又は説明のため出席を求められたときは、出席しなければならない」を究極的な根拠とするものである。なお、衆議院先例集四八一号が「国務大臣等は、議員から議院に出席を求められたときは、おおむね出席するのを例とする」として、「議員から国務大臣の出席の要求があるときは、議長は参事をして内閣に通告させる。国務大臣は、おおむねこの要求に応じて出席するのが例である。……」と説明するのは、本会議を開くのは議院の権能によるが、その会議において質疑をする議員との関係で言えば、その答弁要求は合理的な欠席理由がない限り尊重されるべしとの趣旨である[12]。些か分かりにくいが、例えば会期の始めの国務大臣の演説・質疑や内閣不信任決議案、予算審議の本会議は全大臣出席である。また、その他の議案や同意人事が議題となるときは所管大臣が出席する。これはまさに憲法六三条の議院の出席要求によるものと理解できる。これに対し、議案の趣旨説明（国会法五六条の二）を例にとると、その議案の趣旨説明を行う所管大臣に対しては憲法六三条による議院の出席要求であるが、質疑者の答弁要求大臣のうち所管外の大臣については憲法六三条が直接に適用されている訳ではないということである。国会審議の活性化と行政機関における政治主導の政策決定システムの確立を目的とした平成一一年の制度改革――党首討論、副大臣・大臣政務官の導入、政府委員の廃止等――の一環として[13]、第一四六回国会から、議案の趣旨説明・質疑については、議院運営委員会理事会が特に重要かつ広範な内容を有すると認めたもの（いわゆる重要広範議案）のみに内閣総理大臣の出席が義務づけられることとなったが、このことは、内閣総理大臣については、憲法六三条による議院の出席要求という高次の縛りによって、議員の個別の答弁要求を抑制したと言い換えることもできる。常会においては重要広範議案への内閣総理大臣の出席は四回程度であるが、これ以前は、常会で二〇回程度となる議案の趣旨説明・質疑に、議員の答弁要求によって、内閣総理大臣はまず例外なく出席していた。蛇足であるが、平成一一年の制度改革は、二大政党下に相応しい、議員と議院と内閣の新しい関係によって、強い議院内閣制を構築しようとした憲法改革であったとも言い換えることができるが、それは当然に、プレイヤーそのものに強靱さを要求するものでもあったのである。

(c)　質問制度・予備的調査

また、議員の質問制度は国会法及び各議院の規則において法定されたものであるが、その制度の根幹も、やはり、議院の権能をとおした、議員の権能と内閣との関係と見ることができる。緊急質問による答弁要求は、議員個人の緊急質問を院議によって本会議の議題とすることによって、議員の権能が内閣に対して発揮されるということであり、質問主意書にあっては、議長の承認と最終的には議院における議決の担保（国会法七四条三項）という議院の権能の権威付けによって、議員の権能が内閣に対して発揮されるのである。質問主意書は、議長と本会議との関わりがあるからこそ提出は会期中に限られるが、逆に内閣は閣議決定による答弁書という高度な対応をするのである。各議院規則による、質問主意書に対する（本会議における）口頭答弁と口頭再質問の規定（衆議院規則一六〇条、参議院規則一五四条）をみてもこの関係は了解されよう。従って、質問主意書も、議員の権能と議院の権能と内閣の関係によって先述①の「国会と内閣の本質に関わるもの」を目指すための制度と理解できるであろう。近時、この質問主意書だけでなく、平成九年の衆議院規則の改正により導入された衆議院の予備的調査制度も行政統制の手段としての効力が注目されつつあるが、予備的調査制度も、国政調査という議院の権能行使の予備的手段として、四〇人以上という議員の数と委員会の予備的調査命令という権威付けによって、議員の権能が間接的に内閣に対して発揮される機会を創出するもので、議員と議院と内閣の関係は答弁要求や質問主意書と相関的である。予備的調査制度が、各省の所管横断的な同一テーマについての継続的な資料要求によって、定点監視的に利用され、あたかも事業仕分けの先行として活用されたことは、制度創設時には恐らく想定もされなかったことであろう。

こうした予備的調査の動きと並行して、質問主意書については、その増加、なかんずく資料要求的質問の増加を踏まえて、平成一六年、一八年と二度にわたり衆議院の議院運営委員会理事会において見直しが行われ、質問主意書は、「議会の国政に関する調査・監督権能の一つとして、議員に与えられた質問権の一形態であり、その答弁が閣議決定を経る非常に重要なものである。一方、国会法上、簡明な主意書により、閣議決定も含め七日以内に答弁すべきと規定されており、簡明かつ短期間で処理することが想定されている制度である。以上の点を踏まえ、提出者、議院運営委員会理事会、内閣がそれぞれの立場で、答弁の質を確保しつつ、より円滑な制度の運用に努めるものとする」（一六四回平一八、六、一五）と再確認されたことと併せて考えれば両制度の差異と意外な近縁性も見えて興味深い。政権交代後に野党となった会派が、両制度のうち、当面質問主意書を積極的に活用しているのも両制度の差異の現れと言えよう。

(四)　行政統制について

憲法第四章の六三条は、次の四で述べるように、内閣の議案――法律案、予算、条約――提出権に対応した規定であるので、第四章にありながら内閣を主語としたものとなっているが、「議案について発言する」とありながら、議案に限定されることなく、議院は内閣に対して何時でも国政について答弁又は説明を求めることができ、内閣は何時でも国政について発言するため議院に出席できることの根拠は、六三条を表象とする第四章と七二条を表象とする第五章との包摂的、重層的関係、議員と議院と内閣との関係によってもたらされるべき①の「国会及び内閣の本質に関わるもの」に求められるのではないだろうか。そうであるとすれば、演説と質疑がどのように構成されるべきなのかを再考することにも意義があるのではないだろうか。[14] 議院内部、両院間及び内閣の意識すべてがかみ合って初めて、議論の道が開かれることは言うまでもない。いずれにせよ、四章と五章を循環システムとして考える視点を持たないと、①に位置取りする行政統制について具体性を獲得できないし、また、権力の分立と議院内閣制と二院制について的確な制度の構築あるいは運用ができないのではないだろうか。

行政統制はそのツールについて語られることが多いが、ここまで述べてきた議員の権能と議院の権能と内閣の関係の中にこそその実質があるのではないだろうか。行政統制は民主的統制とも言うべきものであって、まずは何よりも、国民に公開されたあらゆる審議の場での、行政権行使の検証と内閣の説明責任の履行によって果たされるものである。縷々述べてきたように議員の発言権行使の有り様がそこでは決定的に重要なものと自覚されなければならない。また、行政統制は「法律を誠実に執行し、国務を総理」すべき内閣に対する与党の協働的な統制と、内閣に対する野党の対立的な統制と、そして統制をめぐる与野党のせめぎ合いの三次元的なものと考える。また、内閣の国務の総理そのものも、行政統制との連関の中で構築されてこそ、良くその目的が達せられるべきものではないだろうか。行政統制を専ら野党が担うと考えるのは片面的であり、寧ろ協働的な統制と対立的な統制のせめぎ合いによって統制の深度が深まるべきものである。対立的な統制の圧力が高まればそれと対峙する協働的な統制も連動して高進する関係とみるべきであって、対立的な統制が協働的な統制の水位を超え、また、協働的な統制そのものが対立的な統制に転換して内部から侵食することになれば、究極として内閣不信任決議案の可決という六九条規定の事態に逢着するのである。与党の統制は内閣の国務の総理と不離のものとして国民に対する説明責任の履行を促す。与党の然るべき統制が欠缺するようなことがあれば、与野党の駆け引きのみが肥大化し、議会は日程闘争に暮れて道遠き状況を呈することになる。制度及び運用の絶えざる見直しが求められる由縁であるが、行政統制が与野党の共同責任であることを忘れてはならない。

一方、行政統制が必然的に政治課題の新たな発見として③の「内閣の権限行使に関わるもの＝議院の権能行使への導入」に流れ込むことによって、議院と内閣の機能は交錯して循環することとなる。この動的なサイクルと議案の審議をとおした両院関係を結節点として議院内閣制そのものが、内閣と衆議院、内閣と参議院、両院関係による三次元的な循環システムとなるのである。参議院において与野党の統制の水位が逆転し、衆議院及び内閣に向かってこの循環システムを逆流するのが衆参のねじれである。平成一九年の通常選挙によって現出したねじれは、再議決という数の論理にほとんど覆われたまま二一年の総選挙によっていったん解消したのであるが、翌二二年の通常選挙によって再び一筋縄ではいかない状況に陥った。しかし憲法政治のシステムそのものは、その循環性によって本来的にどのような変数もシステム中に組み込み得る柔軟性を持ったものであって、ねじれという逆流も、各議院における審議の過程、両院関係の中での調整は言うに及ばず、与野党のせめぎ合いを踏まえた③への流れとしても吸収されるべきものである。ねじれを両院関係からのみ、そして機能不全としてのみ捉えることは適切ではない。このような視点も忘れることなく、次節四以下において両院関係について具体的な検討を試みる。

（7）　憲法四一条は、前段の最高機関と後段の唯一の立法機関の規定が双方相俟って、憲法第四章（国会）・第五章（内閣）の規定の体系による議院内閣制の根底概念となっていると考える。
（8）　議院の自律権の作用である先例規範の多くが、会派間の闘争と合意による議会運営の中での、議員の発言権の調整規範として形成されていることは指摘しておきたい。憲法が期待する議員の権能の十全な発揮がなされているか否かを評価するに当たっては、先例の分析・評価も不可欠である。
（9）　ちなみに両院の憲法審査会はいずれも、調査に当たっても公聴会を開くことができるものとされている（衆議院憲法審査会規程一七条①、参議院憲法審査会規程一七条①。これは、憲法論議に当たっては常に広範な国民の意見を直接聴くべしとの考えによるものであろう。また、憲法改正原案に関する勧告権を有する両議院の憲法審査会の合同審査会（国会法一〇二条の八）の先行運用が想定された制度設計の一環とも考えられる。

(10)　衆議院委員会先例集付録第三表（特別委員会設置に関する決議等一覧表）参照。

(11)　衆議院委員会先例集一七九号備考参照。

(12)　本会議への出席要求については、衆参議院運営委員会理事会の事前の了承事項である海外出張の場合以外は間違いなく対応しており、やむを得ず欠席する場合でも議運理事会で了承を得ている。ただし、答弁要求の数については、衆議院が四人まで（衆先例集記載なし）、参議院が五人まで（参先例録二九六号）との縛りが、それぞれ若干の変遷を経て議運理事会決定（衆議院昭五〇、一、二四・参議院昭四四、四、一四）により設けられている。

(13)　「新制度に関する両院合同協議会」による「国家基本政策委員会の運用等、国会審議の在り方に関する申合せ」（平成一二年一月一九日）参照。

(14)　正木寛也「施政方針演説の一本化に関する議論について」中村睦男・大石眞編『立法の実務と理論・上田章先生喜寿記念論文集』（信山社、二〇〇五年）七〇五頁参照。

四　内閣の法律案提出権について

憲法六三条の「議案について発言する」ことが、七二条の「一般国務及び外交関係について国会に報告」することも包含することは既に述べたが、議案そのものの観点から見れば、六三条と七二条は全く同義である。六三条が「議案」と表現したことの意味は、五九条（法律案）、六〇条（予算）及び六一条（条約）の規定について、すなわち内閣が提出する議案について、内閣及び議院のとるべき対応を六三条において一律に規定することにあったのではないか。七二条、五九条、六〇条、六一条、六三条は統合してパッケージとして解釈すべきものではないだろうか。

六二条によって強力な国政調査権を明記していることも併せて考えれば、国会が唯一の立法機関であることと内閣に法律案提出権があることとの矛盾は生じないものとして、議院内閣制における立法システムが構築されたとみるべきである。

以上のようにパッケージとして捉えれば、憲法には内閣が法律案を提出することの明確な根拠を欠くとの認識には至らないはずである。七二条が法律案を明記しないのは、六三条が「議案」と表現されたのと同じ趣旨からであって、また、議院の側の提出権（前段としての議員の法律案発議権も）を明記しなかったのと同様に、それを当然のことと考えたからではないか。予算及び条約提出について他に規定がある（七三条三号及び五号、八六条）のは、それぞれ予算編成権及び条約締結権を踏まえているからではないか。法律案の提出権は議院の側と内閣との当然の共有物として憲法を構成したのではないだろうか。議員の権能と議院の権能と内閣の関係について述べてきたことを踏まえれば、議院の審議という坩堝に投ぜられるべき法律案は、寧ろ議院（議員）と内閣双方からのものであるべきである。議院内閣制においては、政治課題の発見の場は審議の場としての議院と「法律を誠実に執行し、国務を総理する」内閣との双方にあり、議院の審議を通じて互いが作用し合う関係にある。法律案の提出はその顕現と見るべきであり、内閣の独占物と規定される予算編成と条約の締結についてももちろんこの関係から遊離するものではない。かくの如くであるからこそ、「議案について」発言することが、「一般国務及び外交関係について」発言することをも当然に包含すると文理を超えて解釈し得るのではないだろうか。

内閣の法律案提出権が明記されなかったもう一つの間接的な要因を指摘すれば、法律案だけでなく、予算、条約について、要するに議案総体についてバランスのとれた両院関係の表現が求められたのではないかということである。内閣の法律案提出権についても、「議案」というキーワードを用いて間接的に表現することで対応し、議院の法律案提出権と足並みを揃えて内閣の法律案提出権は文面から消え[16]、五九条は、「両院で可決したとき法律となる」とのみ規定され、先議・後議の関係も暗黙のものとなったのではないだろうか。

このように構成されたと考えることについては、ＧＨＱ草案段階で一院制から二院制へ転換したことが、国会の章と内閣の章双方に与えた影響を端緒と捉えることができるであろう。一院制の段階では、国会と内閣の関係はもちろん一対一のもので、法律案の成立も過半数による議決の一般規定でこと足りたし、内閣による法律案提出も素直に明記されていた。

あるべき二院制を如何に構築するか。二院制検討の当初、衆議院の優越は再議決によらず、「衆議院ニ於テ引続キ三回可決シテ参議院ニ移シタル法律案ハ衆議院ニ於テ之ニ関スル最初ノ議事ヲ開キタル日ヨリ二年ヲ経過シタルトキハ参議院ノ議決アルト否トヲ問ハズ法律トシテ成立ス」とされ、片道として構想されていた。ＧＨＱの指示により、衆議院の優越を再議決による両院往復のものとして規定することとなったことの影響も考慮すべきである。優越する衆議院と参議院の関係、国会と内閣の関係、各議院と内閣の関係すべてを矛盾なく簡潔に表現しなければならないのである。内閣の法律案提出権は格段に表現しにくいものとなったと考える。

(15)　議員の権能である法律案発議権も会派的運営からの調整が、自粛という立法目的によって行われた（国会法の三〇年改正）。法律案発議権は、発言権のように自律作用としての先例規範により調整が行われるべき性質のものではないはずであるが、賛成者要件に加えて、会派の機関承認という本来的に会派自治の問題であるものが、提出要件の如く作用している現状――機関承認のない法律案が提出された場合には、その都度議院運営委員会理事会の取扱い協議に棚上げされて受理に至らない――については注意を払い続ける必要がある。

(16)　「日本国憲法の誕生」国立国会図書館ホームページ参照。昭和二一年三月六日発表の「憲法改正草案要綱」までは、現行憲法六三条、七二条の該当条文はともに「法律案」と表現されていた。

五　憲法五九条一項から見る両院関係の不整合

(一)　憲法五九条一項の意味

前節で、内閣の法案提出権について考えたが、「法律案は、……両議院で可決したとき法律となる」との五九条一項の規定について、これまで真剣に考えていなかったことに気がついた。五九条は、ねじれの状況下においてすっかり有名になった二項（再議決）、三項（両院協議会）、四項（みなし否決）と続く訳であるが、筆者に限ったことではなく、普通、「この憲法に特別の定のある場合を除いては」に目を奪われない限り、一項はさっと飛ばすか、まったく見ないのではないだろうか。

改めて五九条を見てみると、二項以下は、どう読んでも衆議院先議の法律案についての規定である。ところが一項自体は、衆参いずれかが先議するということは述べていない。そもそも二項以下を見なければ先議・後議の関係、つまりまず衆参いずれかの先議の議院の議決を経たものについて後議の議院が議決をすることさえ分からない。それなのに二項以下は疑いもなく一項を前提とした規定であって、一項は先議・後議の関係によって両議院で可決したときに法律となるとの構造になっているのである。では、何故に先議・後議の関係は一項において暗黙のものとなったのか。前節で指摘したように、憲法が法律案の提出について直接触れなかったことが関係しているのではないだろうか。二院制の中で法律案の提出権を持つのは、衆議院、参議院及び内閣である。また、内閣は法律案を衆議院、参議院のどちらに出してもよい。この四パターンを規定にはっきりと対応させようとすると確実に複雑になる。四つのパターンを一つで済ませるために、先議・後議は背後に隠され、一項はシンプルなものとして構成されたのであろう。

(二)　制定国会法が両院関係にもたらしたもの

問題意識のスタートは、五九条一項が先議・後議を暗黙のものとしたため、衆議院先議法律案についての衆議院の優越という明確性が緩んでしまったのではないかということである。

憲法改正案が成立するまでは、参議院が衆議院に提出した法律案、内閣が参議院に提出した法律案には衆議院の優越規定は働かず、先議・後議の二者択一は、決定的と考えていたし[17]、法律による両院協議会の規定が、衆議院の優越を揺るがすことはあり得ないはずであった。

ところが、国会法制定に当たっては、参議院先議法律案についての両院協議会をめぐって国会法案がいったん廃案となり、九一回、九二回帝国議会にまたがる強烈な両院間の争議となったのである。

衆参の対等性を模索する貴族院によって憲法五九条に直接付加された両院協議会［三項］[18]の規定による再議決規定［第二項］の陰りに危機感を抱いた衆議院によって、国会法案の衆議院送付案八四条［法律案の両院協議会］の規定[19]は、参議院先議の法律案についても、衆議院による両院協議会の請求を介在として衆議院の再議決への道筋を付けたのである。その後、これに反発した貴族院への妥協によって、参議院先議の法律案について参議院の両院協議会請求権を認め、更にその代わりに衆議院はそれを拒むことができることとしたため、先議・後議と衆議院の優越の関係は、一挙に隘路を進むことになってしまったのである。参議院の請求を拒んでおきながら、参議院に対し衆議院が両院協議会を請求できる。しかも八八条により参議院はそれを拒むことができない。両議院の部分最適行動の応酬が帝国議会の掉尾を飾り、参議院先議の法律案について、まさに再議決を目的とする以外には意味のない制度を築きあげてしまったのである[20]。

そしてそれよりも最大の不幸は、衆議院が、憲法の規定しない参議院先議にまで国会法によって優越性を拡張したために、逆に、憲法の優越規定全体に解釈の余地、言い換えれば曖昧性を呼び込んでしまったことではないかと考える。優越を巡る解釈の不安定性が予算、条約、衆議院先議の法律案の両院関係という衆議院の優越の根幹に感染してしまったのである。まず、衆議院サイドの、先議、後議にかかわらず、また、両院協議会の成否にかかわらず、衆議院の優越に関する規定を阻害するものはないとの考えの当然の一貫性として、まず参議院先議の条約についても衆議院の優越が及ぶとの考え[国会法八五条二項]に連結し、一方ではこれもまた当然の反作用として、衆議院先議の法律案について両院協議会を開いた場合、成案を得なかったとしても、最早、衆議院は再議決権を行使できないと解する。また、任意ではない予算、条約の両院協議会を自然成立の規定を超えたものと解するといった、両院協議会を極度に重視する解釈(21)を生むに至ったのである。

このような解釈の揺らぎは、学説上の対立を反映したものとも考えられるが、制定国会法及び次に述べる三〇年改正国会法を所与のものとする限り、それは二項対立のうちのどちらに位置取りをするのか以上のものではないであろう。

総選挙を経たとはいえ、帝国議会から国会への断絶を自覚しないまま優越を手にする衆議院と、参議院への思いを率直には表現できない最後の貴族院。憲法制定議会は、このような風景の中で、衆議院の優越を両院対等の権限によって審議したのではないだろうか。また、国会法案について言えば、政府提案としないという選択がなされた限りにおいては、両院の綿密な立案協議があって然るべきところ、貴族院は貴族院であるが故に受け身に終始せざるを得ず、更に、衆議院による立案、送付となって、貴族院での答弁を引き受ける政府は既に真の当事者たり得ず、第三者となって、衆議院と貴族院との間接的な応酬に拍車をかけてしまったのではないだろうか。

(三)　三〇年改正国会法が目指したもの

この両院関係の揺らぎをめぐる物語は、制定国会法の実質的完成を目指した昭和三〇年の国会法改正の中でその

第二幕が開く。それは、議案の両院間移動として規定されている送付・回付〔国会法八三条〕だけでなく、その他の要因による両院関係の進行に併せて議案を移動させる「返付規定（八三条の二、八三条の三）」を設けることによって行われた。

その他の要因とは、次のケースである。

①衆議院先議法律案・予算・衆議院先議条約の参議院否決（憲法五九条二項〔八三条の二第一項〕、憲法六〇条第一項・六一条〔八三条の二第三項〕）

②衆議院先議法律案の参議院送付後六〇日経過による衆議院のみなし否決の議決（憲法五九条第四項〔八三条の三第一項、三項〕）

③予算・条約の参議院送付後三〇日経過による自然成立あるいは両院協議会において成案を得ないことによる成立（憲法六〇条第二項・六一条〔八三条の三第二項、三項〕）

④参議院で参議院先議法律案の回付案を不同意とした場合（八四条第一項後段〔八三条の二第二項（衆議院に両院協議会を求めない場合）〕

⑤参議院で参議院先議法律案の回付案を不同意とし、衆議院に両院協議会を求めたが拒否された場合（八四条第二項〔八三条の二第二項〕）

⑥〔八三条の三第二項、三項（衆議院の「回付案を衆議院に返付する」の部分）〕＝参議院先議条約について、参議院に回付後三〇日経過による自然成立あるいは両院協議会において成案を得ないことによる

以上の返付規定は、「議案所持主義（原本保持主義(22)）」という一般的で普遍的な「主義」による一貫性によって設ける旨の説明がされた。しかし、眺めればそこに明確な二分線を引くことができるのである。

①、②、③は、その後の（衆議院の優越に至る）進行は明確に憲法の規定によるものであって、返付はまさに付随的で一般的な措置であり、そこに特別の意味はなく、通知規定に屋を重ねるもので寧ろ二重手続的ですらある。(23)

一方で、④、⑤は、衆議院の優越に至り得るように道を付けたのが制定国会法である。既に述べたとおり薄氷のごとき合意によって成ったこうした規定を、返付によって補強し、固定化することに真の意味があったと見るべきである。また、⑥を見れば、「回付案を衆議院に返付する」との表現のみによって、衆議院回付議案が返付の対象となる可能性があるのは参議院先議の条約だけという結果を読み込ませることで、八五条二項のみでは曖昧な衆議院の優越性（自然成立あるいは両院協議会の成案を得ないことによる成立）を固定化しているのである。

三〇年改正では更に、すべてに通用する一般性を纏った「返付」という間接的なツールによって、④、⑤、⑥にとどまらず、⑦参議院が法律案の両院協議会成案を否決した場合の衆議院への返付、⑧衆議院の議決の優越に関する通知（みなし否決の通知、自然成立に関する通知）を受けた場合の両院協議会成案の衆議院への返付をそれぞれ規定――つまり、衆議院の優越と両院協議会をめぐる相定可能な最果ての地に返付を規定――することによって、そこに至る前の段階の、両院協議会と再議決の関係、両院協議会と自然成立の関係を、全て衆議院の優越の貫徹で決着させようとしたのである。注(22)のとおり、⑦、⑧ともに参議院の同調を得られず挫折したのであるが、両院関係の憲法運用を如何に明確で実のあるものにするかという本質の協議を回避して、間接的なツールである「返付」の規定範囲のやりとりに終始してしまった微妙な双方の心性をそこに感じざるを得ない。

なお、両院協議会の性格について、衆議院が「審査委員会」、参議院が「起草委員会」としての立場であるとの指摘(24)は、ここまで述べてきたそれぞれの立場の両院協議会段階における抽象的な言い換えであって、一方は、両院協議会の段階を超えて当然に優越するとの立場から、――議案所持主義によって間接的に担保される――優越に至るプロセスの一段階としての「審査委員会」と表現し、もう一方は、既に新たな案の起草に入っているとして審議プロセスを遮断し、極力衆議院の優越に歯止めをかけようとするものである。両院協議会の性格如何が優越関係に影響を及ぼすとの考えは堂々巡りを来しており、実質を反映した論理とは言い難い。成案を見ても明らかなことであるが、両院協議会は「審査委員会か起草委員会か」という認識のもとに行われているものではない。

三〇年改正において挫折した⑦、⑧も、「審査委員会か起草委員会か」等の一連の分析も、議案所持主義という間接的な下位概念の捉え方によって憲法上の優越関係がどうにかなると考えるもので、同根である。法によって汲みきれない曖昧な概念によって憲法の手続規定の解釈に変化を生ずるとの考え方には違和感を禁じ得ない。両院関係をめぐる憲法規定は、次節六で取り上げる問題もそうであるが、こうした下位概念に上下逆転した憲法解釈創造力を求める性格のものではないであろう。両院はともに、両院関係の規定の意味は何かという根源に回帰して向き合うべきなのである。

続く第三幕が、ねじれの状況であったとすれば、第二幕で大団円を迎えたと言い難いことは既に明白である。三〇年改正によって逆に曖昧性を増し、更に半世紀の時を経て、問題の本質がどこにあったのかさえ最早分からない程に拡散してしまった両院関係の歪みが、現実の政治と共鳴しあうのを目の当りにすることになったのであるから。

(17)　臨時法制調査会第二部小委員会第八回議事摘録（赤坂幸一「戦後議会制度改革の経緯（一）」金沢法学四七巻二号（二〇〇四年）一六九頁）大池眞衆議院書記官長「五五条（注 現行五九条）の第二項は、先に参議院に出たものには全然適用がない。すべての法律案は先に衆議院に出す前提を認めているように考えられるが。」、「……二項は少なくとも衆議院にあたるものだけの運用でしょうね。」

衆議院帝国憲法改正案委員小委員会議録七号三四頁（九〇回帝国議会昭二一、八、二）佐藤達夫政府委員「……其の関係は、此の第五五条としては衆議院に先に出た場合を予想して書いて居ります、仮に参議院に先に出た法律案で参議院で直ちに否決されたと云ふやうな場合に付ての処置は、是は結局又衆議院にもう一遍出して、それから五五条の軌道の上に乗つて行くと云ふことになると思ひます、ですから、結局成立を欲するやうな重要法案は、衆議院へ先に出せと云ふことの結論に運用上なると思ひます。」

(18) 貴族院帝国憲法改正案特別委員小委員会筆記要旨二頁（九〇回帝国議会昭二一、一〇、二）国務大臣（金森徳次郎君）「五九条二項に両院協議会を挿入するとの御意見に付ては、両院協議会は現在の両院協議会と同様にしばしば開かれるだらう。而して政府は之は国会法で決めれば宜いと云ふ考へであったし、衆議院も又其の趣旨で政府原案を通したものと思ふ。従って憲法上に協議会に関する規定はなくても、法律で両議院の協議会制度を設けることは憲法上可能であり、実際としても国会法に規定する積りである。衆議院に於ける「五九条一項には「この憲法に特別の規定ある場合を除いては両院で可決したとき法律となる。」とあり、而して五九条二項に両院協議会の規定がないから、斯る場合には協議会は開けない」と云ふ解釈を封ずる為になら、五九条三項として「前項の規定は法律の定める所に依り衆議院が両議院の協議会を開くことを求めることを妨げない。」と追加すれば疑は生じない。貴族院が斯る修正をした場合に於ける衆議院の意向は分らない。ＧＨＱは斯る修正は基本原則に関するものでないから、諒解するかと思ふ。両院の議決が一致し、ＧＨＱも障碍なしとすれば、政府は五九条の修正に反対しない。但し修正の為に改正案の成立が遷延することのないやうにせられたい。」」、同三頁、国務大臣（金森徳次郎君）「……五九条二項は衆議院の先議の場合であり、参議院が先議の場合には之に含まれて居ない。それは国会法に任せる。国会法が自ら両院協議会のことを規定することとし、唯疑のある場合に付て五九条二項、三項が解決をつけんとするものである。」

(19) 衆議院国会法案委員会議録（速記録）第一回七頁（九一回帝国議会昭二一、一二、一九）大池眞書記官長「……この点について参議院の側からも両院協議会を求め得られるのではないかとの議論が考えられますが、これは憲法第五九条第二項、第三項の規定の解釈上、無理があると存じております。……それは憲法第五九条第二項は、衆議院先議の法律案に関する規定であって、参議院先議のものは含んでいない。すなわち、この規定の全然逆な場合については、同条第三項の趣旨に従って、参議院から協議会を請求しても差支えないではないかという議論があるのであります。所が同条第二項は両院の議決が異なった場合の衆議院の絶対性を規定したものでありまして、先議の場合と限る理由を発見することができません。参議院が先議をいたしまして衆議院に移された場合、衆議院がこれを修正して参議院に送り返したときに、参議院がこれに同意しなかった場合は、同条第二項にいわゆる衆議院で可決し参議院でこれと異なった議決をしたものということができるのであります。今かりに衆議院先議案に限るとする時は、内閣提出の法律案は衆議院に先に提出すれば第二項の適用がある。参議院に提出すればこの第二項の適用がないことになりまして、衆議院にこの絶対性を認めた理由が全然没却されてしまうと思うのであります。そういうわけでこの八四条の両院協議会をもとめることを参議院に認める場合を除いたわけであります。」

(20) 貴族院国会法案特別委員会議事速記録三号一、二頁（九二回帝国議会昭二二、三、一八）大木操君「……それから八四条であります、是は原案に於きましては、衆議院のみから両院協議会を求めることに相成つて居るのでありますが、此の委員会としましても段々御議論の末、参議院も矢張り政府は従来の解釈上認めて、又説明もされて居るし、参議院からの協議会請求権も認めよと云ふことが殆ど全委員を通じての御意見でありますし、それに従ひまして第二項に「参議院は、衆議院の回付案に同意しなかつたときに限り前項の規定にかかわらず、その通知と同時に両院協議会を求めることができる」、即ち第二項と致しまして参議院からも両院協議会の請求権を認めることを加へる訳であります、……参議院の方から請求する場合は、参議院先議の法律案、参議院で可決しました法律案を衆議院で否決したと云ふ場合、其の場合にはもう両院協議会を請求しない、即ち参議院先議の法律案に対して、衆議院が修正をしたと云ふ場合に、参議院が之に対して不同意の場合は両院協議会を求める、詰り衆議院側からは修正と否決と両方から求め得るのに反して、参議院の方では修正の場合、即ち回付案の場合にのみ請求し得ると云ふことにした訳であります、其の理由は、もう衆議院で否決し去つたものは、既に憲法上の例の第五九条第二項の特別権限もある位でありますから、それ迄に及ばぬぢやないかと云ふのが其の理由であります、従ひまして此の参議院が衆議院の回付案に同意しなかつた時は、参議院が原則として此の第二項で今申上げたやうな請求権がありますやうに、原案には衆議院も矢張り両院協議会の請求権がある訳であります、と云ふことは、詰り憲法第五九条第二項には、衆議院は三分の二以上の多数を以て再度議決し得る権限を与へられて居りますと同時に、前々議会に於きまして第三項を更に加へて、衆議院は……、両方の権限を選択することが出来ることに衆議院に於ては相成つて居ります関係上、矢張り衆議院からも原案の通り請求権を認めると云ふことは是は当然なことであります、同時に参議院からも今度新たに附加へて協議会を求めることが出来るやうに致した訳であります、是も解釈上当然出て来ることでありまして、但し其の場合に此の第二項に但書を更に付加へまして、「衆議院は、この両院協議会の請求を拒むことができる」と云ふ但書を挿入してありまするので、即ち参議院から衆議院の回付案に不同意だと云ふ場合に、参議院が衆議院に対してそれを通知すると同時に、協議会を請求する、其の場合に衆議院に於ては所謂憲法の、只今申上げた第五九条の特別権限を揮ふ場合は、当然其の結果として拒むことが出来ると云ふことにならないと、憲法と相応じませぬ関係上、但書が要る訳になるのであります、仍て以上の理由に依りまして第二項と致しまして、もう一遍繰返して全部を申上げますと、「参議院は衆議院の回付案に同意しなかつたときに限り前項の規定にかかわらず、其の通知と同時に両院協議会を求めることができる。但し、衆議院は、この両院協議会の請求を拒むことができる。」斯う云ふ条項を第二項として入れることになるのであります、次に第八八条であります、第八八条と致しましては、只今申上げた第八四条の但書が加はりました関係上、当然矢張り此の条項も手を付けねばなりませぬので、例外が出来て参りました為に、第八八条としまして「第八四条第二項但書の場合を除いては、一の議院から両院協議会を求められたときは、他の議院は、これを拒むことができない。」斯う云ふ風な条項に修正をせざるを得ない訳であります。」

(21)　次注(22)参照。

(22)　議案審議の両院関係を明確にするために、議決する側の議院がその議案の本書つまり原本を必ずもっているべきだとの考えであるが、本文で指摘しているように、④、⑤、⑥の外に、後述の果たせなかった⑦、⑧についてこそ返付による明確性の担保が要請されたものと考える。なお、この議案所持「主義」の一般性・普遍性は、国会法六五条[公布奏上等]の改正により、議案の最終結末にまで及び、八七条に至っては、法律案、条約、予算を除く国会の議決を要する議案について、返付規定を入れるために、議案の両院関係の基本規定（八三条）の範疇から半ばはずしてしまう徹底ぶりであるが、一方で、優越し得るべきことについて細大漏らさず返付の網をかけると言う意図は、返付規定（八三条の二・八三条の三③）に両院協議会の成案を入れる⑦、⑧を途中で断念したことによって一貫性を失い、寧ろ両院関係の不明確さに一層拍車をかけることになったと考える。

衆議院議院運営委員会議録八号六～九頁（二一回昭三〇、一、二一）〇大池眞事務総長「……それから第八三条の二でございますが、これは御承知のように、法律案につきまして両院の議が合わないときには、三分の二議決で、衆議院の法案が法律になるわけであります。その場合に、否決を受けた場合、修正を受けた場合、直ちに三分の二議決をどしどしやってしまわずに、前項の場合においては両院協議会をとりあえず設けまして、両院の妥協点を発見させるという道が憲法に入れてございます。その場合に、両院協議会で成案ができない場合、もしくは否決を受けたような場合には、この法案を返してしまって、さらに三分の二議決するかどうかという点を審議願うということであったのでありますが、その中で「又は両院協議会の成案」（注 八三条の二第一項の当初案は「参議院は、法律案について、衆議院の送付案又は両院協議会の成案を否決したときは、その議案を衆議院に返付する。」）という字句だけをとってもらいたい、こういうことに相なっております。これは憲法の解釈上、ただいま申しました両院協議会に両院の議の合わない法案をかけました際に、両院協議会に一たんかけたならば、すぐに衆議院側では三分の二議決ができないじゃないかという議論が起っておるわけであります。そういう学説もあり得るわけでありますので、従って、その場合の学説がまだはっきりしていないのに、ここにそういうことをうたってしまうのは行き過ぎであろう、従って、将来そういう場合に三分の二議決を衆議院側がやった場合、もしくは憲法上の解釈の一定した場合にこれを差し込んでもおそくはなかろうということで、一応今のところとっておきたい、こういう御議論でございます。この問題につきましては、衆議院側では当初本委員会で問題がありまして、こういう場合に三分の二議決ができるかできないかという御議論があったのでありますが、両院協議会を開く法文は、憲法制定の際に、あとから参議院側の申し出に基きまして本院が入れて、承認を与えた修正の法文であります。両院協議会を開くことを求めることを特に「妨げない」という字句を使いましたのは、直ちに三分の二議決をやってどしどしやりますと、参議院の存在というものを無視して、あまりにも衆議院の優先権を使い過ぎるから、その間に妥協のために両院協議会の道を開いてくれ、こういうことでこれを入れたわけでありまして、これがあるから三分の二議決ができないという解釈は、衆議院では、当委員会でも御決定願いまして解しておりませんけれども、そういう議論が残っておるわけでありますので、一応これは今のところ省いておくということに御決定願いたいと思います。しかしながら、これをむしったから衆議院側で三分の二議決ができないということを了承したということにはならないと私どもは考えております。当時これを入れます経緯等から考えまして、三分の二議決をする前に、まず両院協議会にかけて、そこでどうしても議がまとまらない場合には三分の二議決が残っておるではないかということで、この法文が入ったのでありますから、衆議院側としては、この法文を、第三項があっても、これにかけても、やはり三分の二議決はできるものなりということに御了承願っておきたい、こう考えておるわけであります。それで第八三条の二の中から、両院協議会の成案が衆議院に返付されるという字句だけは省くことになりました。第八三条の三の中で、回付案というのにカッコをいたしまして、「(成案を含む)」と書いてありますが、従いましてこの「成案を含む」というものもむしっていただくということで、一応妥結を見ております。右御了承を願いたいと思います。」。○田渕光一委員「……占領下の憲法制定のときと、独立後の憲法第五九条は基本的な差はないが、独立後の参議院のあり方等についても、制定当時の精神と異なったあり方について、幾多の議論があったことも御承知の通りであります。あれこれ勘案いたしますると、三分の二議決という規定について、第一院たる本院の審議権が少々おかしいような感じに解釈されるのであります。そこで両院の解釈を統一しておくことが、将来の解釈上に疑義が生じた場合必要であると思うので、これを明確にするために、この際事務総長から、念のためにこの点をはっきりこの機会にお話いただきたいと思います。それに対して私は納得したいと思います。」、○大池事務総長「ただいまの田渕委員のお話は、八三条の二のところで、両院協議会の成案を否決したときは、その議案を衆議院の方へ返付してもらいたいということになっておったのを、「両院協議会の成案」をむしってしまった場合には、それが返ってこないのじゃないかという場合もあり得るわけであります。問題は、憲法第五九条に、「前項の規定は、法律の定めるところにより、衆議院が、両議院の協議会を開くことを求めることを妨げない。」ということになっておりまして、これは求めても求めなくてもいい。求めた場合には、その求めたものが両院協議会の成案とならなかった場合に、三分の二議決の前に戻れるか戻れないかという重要な問題がございます。当時参議院の修正を入れました経緯並びにこの字句の解釈は、こういうことを求めても求めなくてもよろしいというのですから、求めても求めなくても、三分の二議決で法律となるという第二項のある限りは、三分の二議決ができた場合には、当然にこの二項に基いて法律となる。こう解釈をしておるのであります。しかしながら一方においては、こういう選択権をすでに衆議院に与えてあるのだから、選択をして両院協議会に移したからには、両院協議会の取扱い通りになって、もとへ戻るわけにいかぬという議論も、なし得ないわけではございません。従って、そういう点がいまだ憲法の解釈も確定しておらない。また事例も一度もない。その事例もない場合に、必ず戻れるという前提を出すのは、少し行き過ぎるのではないかというのが参議院の考えなのであります。私どもとしては、少くともこれを入れたからといって、憲法違反だとは考えておりません。しかしながら、ただいま田渕委員のおっしゃるような議論もございますので、その際両院の議論を確定した上でこれを除く、これが一番いいことでありますが、その確定をするのが困難だと思います。やはりいろいろ議論がありますので、今これを除いたから、それでは三分の二議決ができないという議論もできませんし、これを入れても、それでは三分の二議決ができるのだという議論も直ちにはできません。それで三分の二議決をする前提として、成案を返してもらうということにして間違いないと思います。これがあるから、それでは三分の二議決ができるかできないかということは、間接の論拠になりますが、直接の理由としてこの規定を入れてあるわけではないので、問題はやはり依然として残っておるのであります。従いまして衆議院側といたしましては、最も大きな三分の二議決権の問題でありますから、これを放棄したという解釈で、これを削ったわけではありません。その間、これがあるために両院で議がまとまらないで、成案が急には通らないという現状に即しまして、一応これを除いておくという点のみに集中しておるわけであります。その点は、三分の二議決をいたした場合に、これが憲法違反であるかないかということは、やはり争いの種にはなると思いますが、それは三分の二議決をするかしないかというときになって、初めて両院で打ち合せを願う以外に、解釈の手がないのではないかと思います。」、○田渕委員「……事務総長の説明は大体了解されましたが、憲法の解釈上に、いろいろ学説もあるのでありますから申し上げたわけであります。しかしながら、これを改正することによって、従来保持されておった衆議院の第一院という審議権は、この改正によって、より以上民主的に、あるいは今まで運営している以上によくなるのか。この文字を削除するために、独立後の参議院の運営のいき方において、世評もあり、私も非常に参議院の運営には疑いを持つのであります。すでに行き過ぎがあったのではないかと私は解釈するのでありますが、この法文を入れないと、参議院がより以上、第一院たる衆議院にくちばしをいれてくるのではないか。そういうことはなかろうと思いますけれども、その点のお見通しはどうですか。」、○大池事務総長「ただいまの田渕委員の御心配は、ごもっともだと思います。私の方では、これを入れた方が一段論拠が強くなると思って入れたのでございますが、これを入れなければ、現在よりも悪くなるということではございません。現在と、まずその点は同じ状態が横ばいになるわけでございます。従いまして、これはむしろ本院としましては、第五九条の三項というものは、五九条の二項を行使する前提にこういう道を開くことを認めてあるのであって、両院協議会に移したからといっても、それがただ妥協を得ればそれに従う、得ない場合には三分の二議決ができるという強い信念で、本院の権威のためにお進み願いたい、こう考えております。」（先行として、衆議院議院運営委員会議録五号五頁（二〇回昭二九、一二、四）・国会法の一部を改正する法律案（二〇回、提出者衆議院議院運営委員長及び理事）参議院審議未了を参照）

右の応答は、法律案について両院協議会の成案を得なかった場合、参議院が成案を否決した場合に、衆議院が再議決をできるか否かに終始しているが、八三条の三第三項を「前二項の通知があったときは、参議院は、直ちに衆議院の送付案又は回付案（成案を含む）を衆議院に返付する」と規定しようとしたことの意図は八三条の二とは別であり、寧ろこの改正にこそ、最大の意図があったと考える。八三条の三第一項及び第二項が衆議院の議決の優越に関わる規定である以上、それは、法律案について送付後六〇日経過に伴うみなし否決の規定が、また、予算、条約（参議院先議も）について送付後三〇日経過による自然成立の規定が、両院協議会の段階を超越するものか否か。こうした問題についての両院のスタンスに関わるものである。衆議院は、当然すべて両院協議会の段階を優越することを議案所持主義による返付規定に成案を含めることによって間接的に明確にしようと試みたのであるが、間接話法によって協議が調うような問題では決してなかったのである。

(23)　第一六九回国会平成二〇年四月三〇日、所得税法等の一部を改正する法律案、地方税法等の一部を改正する法律案等について、衆議院が、憲法五九条四項によって参議院が否決したものとみなす議決をした際、返付に応ずるべきでないとの動きが散見された。これは、みなし否決の前哨戦としての憲法五九条を巡る対立（本文六(三)参照）の中で、「衆議院が、参法対案の可決を衆議院送付案の否決とみなす議決を行っても返付はない。返付がないから衆議院は再議決ができない」との論理構成から派生した発想であるが、そこでは、返付規定によって、両院関係について憲法が規定するものとは別の議院の意思が介在し得る隙間が想定されているのである。筆者が二重手続的と表現する所以である。

このことは、特異な一過性の現象かと思われたが、第一七七回国会平成二三年三月一日に衆議院が送付した総予算について、参議院は翌二日の受理とした。ここに至っては既に返付規定の枠を越えて、送付という両院関係の根底のレベルで、憲法が規定するものとは別の議院の意思が介在してしまっている。憲法六〇条二項が「参議院が、……受け取った後」と規定し、参議院を主語とするのは、参議院の主体的な不作為の結果による衆議院の優越を規定するためであって、送付と受理の間に如何なる意思の介在も認めるものではない。送付と受理の手続が、議決後直ちに連続性・一体性をもって行われるのは、憲法が規定する両院関係そのものによるのであって、何らかの先例規範が機能している訳では全くない。受理は全て送付の当日に行われるのが慣例との説明は、憲法が規定する両院関係そのものによる事実の集積の説明に過ぎない。

憲法の両院関係の規定を受けて、国会法八三条は送付を規定し、衆議院規則二四九条及び参議院規則一七五条はそれぞれ受理の報告を規定する。両院関係に関しては、国会法、議院規則が上下の階層関係にあることは言うまでもない。送付と受理の関係はこの絶対的階層関係の中にあるのであって、送付を受けた議院の判断が入る余地は皆無であることを、蛇足ではあるが敢えて記しておく。

(24)　今野彧男「両院協議会の性格――審査委員会か起草委員会か」ジュリスト八四二号（一九八五年）一五〇頁、同「両院協議会の性格・再論」ジュリスト一〇四五頁（一九九四年）五七頁参照（『国会運営の法理』（信山社、二〇一〇年）所収）。上記を踏まえたものとして、野中俊彦他『憲法Ⅱ〔第四版〕』（有斐閣、二〇〇六年）一一九、一三〇頁（高見勝利執筆）、加藤一彦『議会政治の憲法学』（日本評論社、二〇〇九年）二五七頁参照。

六　憲法五九条一項と国会法五六条の四――果たして一事不再議の問題なのか

(一)　国会法五六条の四の立法趣旨に対する疑問

前節に続き憲法五九条一項に関わる問題について述べる。三〇年改正により追加された国会法五六条の四「各議院は、他の議院から送付又は提出された議案と同一の議案を審議することができない」は、「同一の内容の議案が相互に他の議院に送付されると、両者が競合して種々の問題を生じるので、これを防ぐため、他の議院から議案の送付又は提出を受けたときには、同一内容の案について既に審議していた場合においても、他の議院から受け取った議案について審議するべきことにした」（『議会制度百年史（衆参両院編（平成二年・議会制度編）』四一一頁）と提案の説明がなされている。そして、「当時の主たる立法趣旨は、衆議院・参議院が同一の議案を議決し、これをお互いに送付し合うと、他院から送付（提出）された議案について一事不再議の原則が適用される結果、ともに審議できないこととなり、両院の意思が実質的に一致しているにもかかわらず、当該議案が成立しないという不都合が生ずることを回避することにあった」（『新・国会事典』〔有斐閣、二〇〇八年〕九八頁）とされてきた。

五六条の四がターゲットとしたのは同一内容の法案である。[25]「同一の内容の議案が相互に他の議院に送付されると、両者が競合して種々の問題を生じる」と述べて、他院からの送付案について後議となった議院が、送付案をそのままにして、同一内容の法案を可決して一方の議院に送付する行為自体は問題とせず、それから先の事態、送付された法案について一事不再議の原則が適用されてしまう事態を問題にして、事前抑制として「各議院は、他の議院から送付又は提出された議案と同一の議案を審議することができない」と規定すると説明したのである。

三〇年改正のきっかけとなった事例[26]がまさにそのように送付しあったものであったが、ここで、問題にしたいのは、憲法五九条一項の先議・後議の原則を注視すれば、立法趣旨において肯定されている前提の部分、つまり、他院からの送付案について後議となった議院が、送付案をそのままにして、別の同一内容の法案を可決して一方の議院に送付する行為そのものが、先議・後議による両院関係そのものに反する行為ではないかということである。

五六条の四が一事不再議の問題として規定されたことの理由は後で述べるが、同条は憲法五九条一項による両院関係に係る確認的な規定とみるべきである。後議の議院の意思は送付案に対して下されるべきことは説明を要しない。後議の議院が先議の議院からの送付案に対する議決を意図的に回避することが許されるなら、「法律案は、……両議院で可決したときに法律となる」との憲法五九条一項が成り立たないことは明白である。両院間で同一内容の法案を送付しあう行為そのものが、憲法五九条一項に反する行為なのであって、送付し合った後の一事不再議の問題を理由にすることは、あってはならない事態を肯定したうえでの論理である。

三〇年改正時の立法趣旨とされるものが、同一内容の法案について両議院をともに先議の議院と位置付け、先議の議院における一事不再議の原則によって、後議の議院の行為に歯止めをかけるという迂回的な説明をした背景には、きっかけとなった適切ではなかった事態について直接の評価を避けようとする心性があったのではないだろうか。

それはそれとして、五六条の四の当初案は、「一つの議院において議事日程に記載された議案と同一の議案は、その議案が否決又は廃棄されるまでは、他の議院においては、議事日程に記載することができない。但し、両議院の議決を要しないものは、この限りでない」というものであったが、その趣旨は制定された規定も同様である旨説明されている。(27) この当初案は、帝国議会の旧衆議院規則八六条及び旧貴族院規則六七条によってそれぞれ規定されていたものを合体したものである。『議事解説』（帝国議会衆議院事務局編・信山社、二〇一一年）一〇二頁）によれば、旧衆議院規則八六条が「貴族院ニ於テ既ニ会議ニ付シタル議案ト同一ナル事件ヲ議事日程ニ記載スルコトヲ得ス但シ両議院ノ議決ヲ要セサルモノハ此ノ限ニ在ラス」と規定するのは、「一事不再議ノ原則カラ来ル規定デ貴族院デ既ニ会議ニ付セラレタ議案デ衆議院ニ送付セラレルモノニ付予メ会議ニ付セラレルトキハ送付セラレタ際ハ一事不再議トナッテ困ルカラ一院ダケノ議決ノモノ以外ハ日程ニモ掲載スベカラズトノ規定ト解セラレテヰル」ためとされている。この解釈が五六条の四の制定趣旨にそのまま踏襲された訳であるが、議院規則は自律権の体系であるため、両院関係を自律権としての運営上の議事の問題（読会制であるため議事日程の問題）に閉じ込め、その解釈においても、先議・後議の両院関係を一事不再議の問題に変換しているのである。このことに無自覚なまま国会法の議事の問題として合体させたからこそ、前述したような、あってはならない事態を肯定したうえでの論理が制定趣旨となるのである。合成の誤謬による議院法伝統の躓きをここに見ることができるのではないだろうか。

事実の追認を踏まえたこの三〇年改正時限定とも言うべき迂遠な説明が、後述するように、ねじれの状況下において、憲法五九条一項及び二項の運用に揺らぎをもたらしかねない争議を招いたと考える。

ところで、法律案の審査において、野党が対案を提出し、閣法なり与党案と対案との一括審査によってその違いを鮮明にしつつ議論を進めることが有意義であることは、衆参の別を問わない（ここでは、対案を閣法あるいは与党案に対する野党案と定義する。対案には、野党案であることにその最大の特質があると考える）[28]。

(二)　対案は「同一の議案」ではないとすることの意味

さて、後議の議院となることが日常的な参議院は、対案については、国会法五六条の四によって禁止される「同一の議案」をまさに同一の議案と限定することによって、五六条の四による審議禁止の対象から明確に解放し、先議の議院であることが日常的な衆議院と同様に対案審査を活用してきたのである。ただし、参議院は、対案との一括審査においてその採決に当たっては参法対案の採決は行わず、衆議院送付の閣法あるいは与党案に対して必ず採決を行い、衆議院送付案の先議・後議の関係を破壊することが決してないようにしてきた。これは、後議の議院の対案に対する憲法五九条一項の制約に基づくもので、至極当然のことである。

対案は「同一の議案」ではないとするのは、後議の議院としての審議のあり方をより相応しいものにするための後議の議院の運営上の自律権の範疇である。そして、議院の自律権が二院制という憲法原則に背いて他院に侵出することがあってはならないことも、また、自明の理なのである。対案は「同一の議案」ではないということは、立法趣旨が説くところの一事不再議とは関係のないことである。

他方、衆議院もまた、平成元年の通常選挙に伴うねじれの状況に対処する実際上の必要性から、「同一の議案」をまさに同一の議案と限定することによって、参議院多数野党による参議院送付法案と与党案あるいは閣法（衆議院先議）との一括審査を可能と検討し直したのである。また、その後の（限定的な）ねじれ解消後においては、参議院送付案（閣法）と対案との一括審査も事例は少ないが行われるようになっていたのである[29]。

(三)　国会法五六条の四の立法趣旨がもたらした憲法五九条の争議(30)

その後、平成二〇年三月、ねじれの状況の中、揮発油税の暫定税率をめぐる攻防において、参議院の多数会派が、参議院に送付された閣法の税法改正二法案（ともにいわゆる日切れ法案）のうち、争点の暫定税率に係わる部分を除く他の部分を取り出して参法対案として提出したのであるが、更に、閣法送付案をそのままにして参法可決の動きを見せたこと。また、これに対抗して、与党が、この参法が可決された場合には、閣法送付案の異なった議決にあたるとみなして憲法五九条二項による再議決の動きを見せたことによって、暫定税率を巡る対立は憲法争議の様相を呈したのである。争議は、河野・江田両議長の斡旋による「つなぎ法案」の成立によって回避されたのであるが、こうした飛躍した論理が生まれる必然性を、国会法五六条の四の立法趣旨の論理そのものが孕んでいるのではないかと考える。

参議院の多数会派が示したとされる論拠は、参法を可決して衆議院に送付すれば、衆議院は日切れの回避のために参法を可決・成立させざるを得ず、結果、閣法送付案は参議院において取り残されたまま、再議決もできずに暫定税率の維持は放棄せざるを得なくなるとの考え方である。与党は、対抗して「同一の議案」を憲法五九条二項の問題として捉え、参法の可決を衆議院送付の閣法の否決そのもの、つまり再議決の対象そのものと捉えたのである。

参議院の多数会派が示したとされる論拠は、対案は「同一の議案」ではないので問題ないとして送付し、その後は、「同一の議案」だから一事不再議に当たるので問題だと主張するかの如くである。その二段階の論理構造も一事不再議の理屈も、国会法五六条の四の立法趣旨をなぞったものとなっているのである。「同一の議案」に当たらないとの対案の取扱いは、衆議院送付案について必ず意思を出すとの前提下のものである。衆議院送付案を放置したまま参法可決によって先議の衆議院の意思をスライドさせてしまうことは、既に述べたとおり憲法五九条一項の先議・後議の原則からして、あり得ないことであったのである。また、抑止力としての効果は強力であったとしても、あり得ないことを前提とした憲法五九条二項へのスライドもまたあり得ない考えであったという外はない。不文の原則の解釈によって、憲法のこれ以上もなく明解な手続規定であるべき五九条一項及び二項の解釈運用に変化を来すなどということは、本来想定もできないことではないだろうか。

本問題を巡る国会における憲法論争として、唯一かつ最大の山場となった質疑（衆議院財務金融委員会議録一〇号五、六頁（一六九回平二〇、三、一九））において、松野頼久委員は、憲法五九条四項によって否決とみなされたもの以外、参議院の議決を経ない法案が再議決の対象となるなどということはあり得ないではないかと質疑し、駒崎義弘衆議院事務総長は、一つの法律が成立するともう一方が成り立ち得ないという対案関係の中で、衆議院送付の閣法を参議院に置いたままこちらに参法だけを送付してきたという事例はないと述べて、（衆議院送付案について必ず意思を出すとの当然の前提下において）国会法五六条の四は対案に関する規定ではない旨答弁している。松野委員の質疑は憲法五九条二項の本質を説き、駒崎総長の答弁は五九条一項の本質を説いている。憲法争議回避の必然性は、この質疑と答弁によって既に明らかであったのである。

三〇年改正の立法趣旨が、憲法五九条一項の本質から離れて、先議した議院の一事不再議の問題と説明したことの間接性と曖昧性が憲法五九条の運用に揺らぎをもたらしかけたと言わざるを得ないのである。二段階の論理構造によって先議の議院の一事不再議を問題とすることの呪縛から逃れない限り、対案が「同一の議案」に当たるか否かのつまみ食いによって、憲法五九条の運用に再び揺らぎが忍び寄ることもなしとしない。国会法五六条の四は、一事不再議に関わる規定ではなく、単純に五九条一項の両院関係の中で後議の議院がとるべきことの確認的な規定と考えるべきなのである。

なお、参議院は、これまで参法対案を採決することはなかったが、翌二一年、閣法の衆議院送付案を否決した上で、その参法対案を可決し、――閣法の衆議院送付案を返付、参法対案を衆議院に送付――ねじれの状況における対案の取扱いについてあるべき姿を示した[31]。また、同年、臓器移植法改正法案（衆議院送付）の審議においては、衆議院の対案審議の先例の一形態である議決不要（衆議院先例集三一〇号）の手法に倣い、これまた始めて、衆議院送付案（いわゆるA案）可決後、議長が対案参法について議決不要の宣告を行い[32]、党議拘束がない中での対案審議という、後議の議院としては例のない事態に対処したのである。

対案は「同一の議案」ではないとするのは、後議の議院としての審議のあり方をより相応しいものにするための後議の議院の運営上の自律権の範疇であり、そして、議院の自律権が二院制という憲法原則に背いて他院に侵出することがあってはならないことも、また、自明の理であることを再度指摘しておく。国会法五六条の四はそのことを明示しているのである。最後に、各議員それぞれの自律の問題で、両院間に（相違ではなくて）争いがあると考えるのはそもそも誤解であり、また、憲法五九条一項及び国会法五六条の四は、衆参相違することなく運用されているということを念のため付言してこの節を終える。

(25)　「同一の議案」と規定したのは、同一内容の法案を的確に表現できないからであろう。この規定が想定するのは、提案説明を借りれば「両者が競合して種々の問題を生じる」範囲の法案ということになり、法律として両立し得ない「同一事項に対する異なる内容の法案」まで当然に包含することになる。（『新・国会事典』九八頁は、立法趣旨の説明に続いて、この「同一事項に対する異なる内容の議案（いわゆる対案）」は、「最近では衆参両院ともこれを含まないと解している」と述べている。しかし、本文に示したとおり、このような説明は、逆に、両院関係に無用の争いを生じさせかねないものである。

(26)　衆法「特定の公務員の営利企業等への関与の制限に関する法律案」（昭和二九、二、一九提出）二、二二人事委付託、五、一二人事委修正、五、二〇本会議修正議決・参議院に送付（同日、内閣委付託・そのまま未了）、参法「国務大臣等の私企業等への関与の制限に関する法律案」（二、一七提出）二、一九内閣委付託、五、一四内閣委修正、同日、本会議修正議決・衆議院に送付（同日、人事委付託・そのまま未了）。なお、五、一〇参・内閣委員会（会議録三〇号六頁）において、委員長が両法案について同様の趣旨としつつ比較説明を専門員に求めている。また、衆法の本会議上程の遅れは、警察法案の審議の影響が大きい。その他両案をめぐる経緯について、今野彧男「一事不再議の原則の適用に関する考察」議会政治研究三九号（一九九六年）四三頁参照（『国会運営の法理』（信山社、二〇一〇年」所収)。

(27)　衆議院議院運営委員会議録五号四頁(二〇回昭二九、一二、四)、同八号六頁(二一回昭三〇、一、二一)参照。

(28)　参議院において衆議院送付案と対案との一括審査が日常的になるのは五六条の四の規定後である。衆議院段階で発議された対案と同一内容の対案が参議院でも発議されるケースが多いが、その場合は、同文の案とならないように案文を若干変更する配慮がなされている。

(29)　例えば、第一六三回(特別)国会(平成一七年)の「障害者自立支援法案(閣法・参議院送付)」と「障害者の自立の支援及び社会参加の促進のための身体障害者福祉法等の一部を改正する法律案(民主案)」。両案の本会議趣旨説明(一〇月二八日)、厚生労働委員会(同月二八日)民主案否決、閣法(参議院送付)可決、本会議(同月三一日)民主案否決、閣法(参議院送付)可決。なお、閣法は前国会解散のため参議院において審査未了(衆議院先議)となったもの。

(30)　事務総長と法制局長の答弁内容に、事務局、法制局両組織の機能の差異が顕著に表れている。(法制局長の答弁については、参議院予算委員会会議録一三号一四頁(一六九回平二〇、三、二四)参照。)

本問題の分析として、原田一明「衆議院の再議決と憲法五九条――新たな「ねじれ国会」の中での両院関係を考える」(二〇〇八年)議会政治研究八八号一頁、高見勝利「「ねじれ国会」と憲法」ジュリスト一三六七号(二〇〇八年)七三頁、原田一明「「ねじれ国会」と両院関係」横浜国際経済法学一七巻三号(二〇〇九年)一八三頁参照。両教授の見解の対比として、宍戸常寿「憲法解釈論の応用と展開(21)統治機構(3)国会」法学セミナー六六〇号(二〇〇九年)七〇・七一頁、同『憲法解釈論の応用と展開』(日本評論社、二〇一一年)所収二二九・二三〇頁参照。

(31)　一七一回国会、「平成二十年度における財政運営のための財政投融資特別会計からの繰入れの特例に関する法律案(内閣提出)」、「平成二十年度における財政運営のための財政投融資特別会計からの繰入れの特例及び同年度における生活・経済緊急対策の実施についての制限に関する法律案(参法対案)」・平成二一年一月一三日衆議院(閣法を衆議院可決・参議院に送付)、・三月四日参議院(閣法を否決、参法対案を可決)[閣法は衆議院に返付、参法対案は衆議院に送付]。※同日、衆議院は閣法を再議決・成立(参法対案は委員会未付託のまま)。

(32)　一七一回国会、平成二一年七月一〇日、参議院本会議、「臓器の移植に関する法律の一部を改正する法律案(衆議院提出)」及び「こどもに係る脳死及び臓器の移植に関する検討等その他適正な移植医療の確保のための検討及び検証等に関する法律案(千葉景子君外八名発議)」の両案中間報告、同月一三日、衆議院送付案可決後、対案参法について、議長が、衆議院送付案議決の結果参法は議決を要しないこととなった旨宣告。なお、先議の衆議院本会議においては、臓器の移植に関する法律の改正四法案について、中間報告・中間報告に関連して各案提出者がそれぞれ発言（六月九日）、四案を議題とし討論（同月一六日）、討論終局後採決（いわゆるA案可決後、B、C、D案について議長が議決不要の宣告）（同月一八日）。

七　おわりに

「はじめに」において皮膚感覚という言葉を使ったが、いわゆるねじれの状況にいたるまで筆者にとって憲法はほとんど無意識のものであった。国会法、衆議院規則及び先例の運用によって完結する世界にほとんど安住していた訳であるが、議院の自律権を超えた両院関係はまさに憲法領域であって、困難な事態に直面して始めて憲法に向き合ったというのが正直なところである。我が国の議院内閣制が初めて経験した、ねじれとそれに続く政権交代という稀有な時代も、時とともに無意識の内に沈殿するとの思いもあり、憲法運用の視点から何とか意識として掘り起こすことを試みた次第である。

最後に、ここまで述べてきたことを踏まえ、衆参両院間の様々なレベルでの、問題の本質から目をそらさない忌憚のない意見交換が常に不可欠であることを強調しておきたい。それがなければ逆に、二院制の一院制的運用への傾斜が、二院制そのものに、そして議院内閣制そのものに影を落としかねないのではないかと懸念するものである。また、熟議の獲得のためには、議員の権能と議院の権能との有機的結合、そして、議員の発言権と表決権の有機的結合が不可欠である。与野党を問わず議員一人一人が、そして議院自らが、十把一絡げに先例として語られがちな安易な前例踏襲への自縄自縛から覚醒すれば、まずは混迷の淵から一歩を踏み出せるようにも思われるのである。

憲法学と憲法運用との関係はもちろん双方向のもので、議院の運営が憲法学の成果に多くを負っていることは言うまでもない。より良き憲法政治のために、今後の更なる連携の深化をお願いしたい。また最後にこの場をお借りし、若き同僚の皆さんに、――変転きわまりない日々の政治状況の中にあっても――憲法政治において事務局が果たすべき役割に「(たかが事務局) されど事務局の」気概と誇りをもってひたむきに職務に当たっていただくよう、心からエールを送る次第である。

以上、非才を顧みない本稿が隔靴掻痒の間隙に終始したことを憂えつつ筆を擱くこととする。

21 議会先例としての「機関承認」の意味

原田一明

曽我部真裕・赤坂幸一 編
大石眞先生還暦記念
『憲法改革の理念と展開（上巻）』
二〇一二年三月　信山社

21　議会先例としての「機関承認」の意味［原田一明］

一　はじめに

周知のように、国会議員は、一人でも法律案を発議することができるが、昭和三〇年の国会法の改正によって、議員提出議案には、議案の提出者以外に、一定数の賛成者が要求されることになり（衆議院二〇人以上、参議院一〇人以上）、予算を伴う法律案を発議するにはさらに加重された賛成者（衆議院五〇人以上、参議院二〇人以上）が必要とされた（国会法五六条一項参照）。この改正によって、それまで議案発議が議員一人でも可能とされていたことが改められ、賛成者が不必要とされていた議員立法の発案手続に、新たな制定法上の枠組みが定められることになった。

さらに、議員立法については、この国会法の要件に加えて、衆議院では、法案を議院事務局議事部議案課に提出するに際して、いわゆる「機関承認」の慣行が求められている。これは、単なる会派の内部手続に止まるものではなく、衆議院にあっては、議員が議院事務局に法案を提出する場合に、国会法の要件を前提として、これに加えて、所属会派の機関承認、具体的には国会対策委員長の承認印を得ることが法案提出のための要件であると考えられてきたのである。したがって、これを欠く法案の提出については、議長が法案を受理しないという取扱いがなされ、機関承認手続は、正に法案受理のための必要要件であると位置づけられている。

こうした議員立法の発議権の制限については、周知のように、国民投票法案不受理事件で司法の場においても争われ、その裁判例では、これが「確立した慣行」であること、法案の受理手続について、国会法上の要件に加えてさらに法案受理要件を加重することも議院の自律権の範囲内であるとして衆議院の自律的判断権を尊重する旨の司法判断が下されたのであるが[1]、他方で、有力学説からは、こうした慣行そのものに対する批判も提起されている[2]。

そこで、小稿では、この機関承認の慣行の生成過程について若干の考察を加え、その上で、議会先例の位置づけ、

さらには、機関承認の意味についていささか考え直してみることにしたい。(3)

（1）　東京高判平成九年六月一八日、判時一六一八号六九頁。最二判平成一一年九月一七日、訟務月報四六巻六号二九九二頁。また、本件の地裁判決（東京地判平成八年一月一九日、訟務月報四三巻四号一一四四頁）については、木下和朗『平成八年度重要判例解説』（一九九七年、有斐閣）二三-四頁があり、議院自律権との関係からの分析が加えられている。なお、法案提出権についての簡単な解説として、芹沢斉ほか編『新基本法コンメンタール　憲法』（二〇一一年、日本評論社）三四七頁（原田一明執筆）がある。

（2）　大石眞「立法府の機能をめぐる課題と方策」『国民主権と法の支配　上巻』（二〇〇八年、成文堂）三一〇頁では、「いわゆる機関承認の制度は、上に述べた議案発議の要件にさらに別の要件を付加するものであって、議員の立法活動に対する不当な事前制約であることは明らか」として、その廃止を提言されている。同趣旨として、同「立法府の役割と課題」Research Bureau 論究　七号（衆議院調査局）二〇一〇年一〇頁以下。なお、二〇〇一年一二月に民主党の有志議員により機関承認の廃止を目指した国会法の改正案の提出の動きがあった。そこでは、国会法五六条を「議員は、その属する会派の承認の有無にかかわらず、議案を発議することができる」という一項を追加しようとするものであったが、正に当法案の機関承認が得られず、日の目を見るに至らなかった。この点については、中島誠『立法学』（二〇〇四年、法律文化社）二一〇頁注(14)参照。

（3）　この点に関連して、機関承認の慣行がなぜ衆議院だけで形成され維持されてきたかを扱う論考として、森本昭夫「衆議院流と参議院流――議事運営をめぐる考え方の相違」立法と調査三一一号（二〇一〇年）一一五-一一六頁参照。

二　議員発議議案の提出要件

国会の構成メンバーである議員には、当然に議案の発議権が認められている。議案を発議する場合には、その「案」を具え、「理由」を付して国会法五六条一項に定められた「成規の賛成者」と連署して、これを議長に提出しなければならないことになっている。その際、発議者の員数には制限がなく、賛成者も成規の員数以上については制限を受けないとされている。(4)

また、衆議院規則では、議員が議案を発議して、その議案が議決に至らないうちに、成規の賛成者の数を欠くに至った場合には、直ちにこれを補充すべきものとし、その補充ができないときは、その議案は消滅すると規定されている（衆議院規則三六条の二）[5]。このことから、衆議院では、議案の賛成者の員数要件は議案の存続要件とも考えられているのである。

これは、旧議院法二九条が「凡テ議案ヲ発議シ及議院ノ会議ニ於テ議案ニ対シ修正ノ動議ヲ発スルモノハ二十人以上ノ賛成アルニ非サレハ議題ト為スコトヲ得ス」と定められていたことを受けて、議員発議案についての賛成者数は、発議要件であると同時に議題要件であったことを引継ぐ形になっている[6]。

本条は、明治憲法の起草過程における議員の法律案提出権を認める修正（憲法三八条）を踏まえて、明治二二年一月の議院法枢密院会議の再審会議において伊藤博文議長の提案により、急遽、議案発議の要件・手続が定められたことに伴って定められたものである。そして、ここで二〇人以上の賛成を要するとされた理由としては、「議案濫出の弊を避けんか為」[7]とされ、このように「賛成員に制限を設けたるは、発議権の濫用を防がんか為なり」[8]とされて、この二〇名の賛成者については、本条が、オーストリア議院規則に依拠していることを前提に、「発議者をも包含」すると解されてきた[9]。ところが、その後の議院法運用の中では、議案の提出者と賛成者とは区別して取扱われるようになったようで、議員が議案を発議しこれを議題とするためには、最低でも、二一名以上の議員の署名が必要とされることになっていた。

さらに、衆議院では、明治三三（一九〇〇）年一二月に召集された第一五回議会以来、議案の提出者又は賛成者の追加や取消に関しても、議案の配布後はその誤謬を訂正すること以外は許さないというようにかなり厳格な運用がなされていたが、昭和三（一九二八）年一二月に召集された第五六回議会では、賛成者の死亡により成規の賛成者を欠くに至った場合について、他の議員を賛成者として補充することが認められている[10]。そして、帝国議会における以上のような経験が、昭和三〇年の国会法の改正によって賛成者要件が復活した際に、当然の出発点とされ、議題要件復活のための前提とされたのではないかと思われる。

これに対して、参議院ではこの種の規定はなく、賛成者の員数要件は議案の存続要件ではないと解されている。このことから、「発議者」がすべて欠けた場合に議案が消滅することは、衆参両院で異ならないのであるが、参議院では、「賛成者」がすべて欠けた場合であっても、発議者が一人でも残っていれば、一度発議された議案は影響を受けないとされている(11)。

つまり、参議院では、国会法五六条に定める議案の発議に際しての賛成者の制度を設けた趣旨は、「一定数以上の賛成者がないような議案は、審議の対象にしないということであって、一旦審議の対象とした以上は、たといその後に所定の賛成者の数を欠くに至っても、議案そのものは存続するとすべきではあるまいか。殊に、委員会又は会議の議題となった後においては、賛成者の数が欠けたからといって当然に消滅するものとしてしまうのはいかがであろうか。参議院規則にはこれに対応する規定がなく、従って、発議に際しての賛成者の数は、その成立の要件であって存続の要件ではないと解すべきであろう（参先一四〇）(12)」と考えられてきたのである。

ここに見られるような両議院の発議要件をめぐる運用上の違いは何に由来するのであろうか。この点、両者の違いを「賛成者」概念の相違であるとする見解が注目される。つまり、国会制度によって新たに作り直された「参議院では、提案段階で支持者のないような議案は取るに足りないものとして門前払いとする趣旨にすぎず、賛成は必ずしも議案成立に向けての積極的な関与ではないもの」とされた。

これに対して、衆議院では、発議要件として求められる「賛成者」には、旧帝国議会時代の慣行や先例で新国会制度の精神に反しないものは原則としてそのまま継承されると考えられて、具体的には「審議の過程を通じて議案を維持することを支える者、すなわち最終的に成立させることに賛同する者を意味する(13)」と考えられて、積極的な要件にまで高められていると解されてきたのである。

これに加えて、衆議院では、「確立された先例」として、発議議員の所属する政党（あるいは院内会派）の党内手続を経た旨を証する一定機関の承認印が必要とされている[14]。しかも、この慣行は帝国議会からの連続性が認められる衆議院だけに見られるのが特色であって、その意味も、前述したように、単なる会派の内部手続にとどまらず、議長が議案を受理するための提出要件とされている。しかも、こうした慣行が行われてきたにもかかわらず、先例集にもこの種の記述は一切見られないのである。

その上で、現在では、こうした先例や慣行が、議院自律権の一つのあり方として認められるかどうか、換言すれば、先例の存否をも含めて議院の自律的判断に委ねられると考えるのか、先例の存在については議院以外のその他の機関の判断（具体的には司法判断）に基づいて認定を行ったうえで、その先例の適否（合憲性や適法性）については、議院の自律的判断にまかせるというような判断を行うことが果たして可能であるのか否かという論点と関連づけて考察されることにもなる。あるいはまた、国会法に反する先例の存在自体が、曖昧で恣意的な運用を認めるものとして、国会法という法規範以外による議員立法への制約であるとして、これらは一切認められないとする議論に一気に突き進むべきであるのかどうかも論点とされよう[15]。

しかしながら、機関承認の問題を考える場合に、果たしてこのような理論的な観点からだけのアプローチで充分にその問題を捉えることができるのであろうか。むしろこの問題の背後には、帝国議会時代に積み重ねられた衆議院での議会運営との連続性という側面、さらには戦後国会法体制のなかでの予算を伴う法律案の提出の実態など、様々に考慮すべき要素があるのではないか、そこで、以下では、先例の意味や位置づけを改めて検討するとともに（三）、この機関承認慣行の生成過程について、新たな資料紹介を行いつつ再考してゆくことにしたい（四以下）。

（4）『衆議院先例集（平成一五年版）』（二〇〇三年、衆議院事務局）第一五四号「議案の発議者の員数は、これを制限しない。賛成者は、成規の員数以上についてはこれを制限しない」とされている。

（5） 衆議院規則三六条の二「①議員が議案を発議して、その議案が議決に至らないうちに、成規の賛成者を欠くに至った場合は、速やかにこれを補充しなければならない。②前項の補充ができないときは、その議案は消滅する。」

（6） 今野彧男「国会の法規・慣例において検討を要する問題点」議会政治研究七七号（二〇〇六年）八頁参照。

（7） 林田亀太郎『議院法講義』（一八九二年）一三七頁。

（8） 工藤重義『議院法提要』（一九〇四年）二四五頁。

（9） 林田・前掲注（7）書一三八頁、なお、当該「墺国衆議院議事細則」（一八七五年三月二日決定）の第三八条には「該議案ニ付討論ヲ開クトキハ直ニ議院ノ各議員ヨリ議案ノ各部分ニ対シ修正及補足案ヲ発議スルコトヲ得而シテ其発議ニシテ二十人以上ノ議員（発議者トモ）ノ賛成ヲ得タルトキハ会議ノ議案トシテ議セラルヘキモノトス」と定められている（衆議院事務局編『欧州各国議院法例規』（一八九〇年一〇月出版）六七〇頁）。

（10） 有松昇「議院法逐条示解（十一）」警察研究八巻一号（一九三七年）八四-五頁。実際、帝国議会時代において、議案の提出に関してはその様式が先例によって定まっていた。政府提出議案も、議員提出議案も共に議案を帝国議会に提出する際には、提出文が添えられていた。前者の政府提出議案については、第一回議会以来「勅旨ヲ奉シ帝国議会ニ提出ス」との提出文に内閣総理大臣及び関係大臣が連署花押することになっており、後者の議員提出案の場合は、第五回議会から「成規ニ拠リ提出候也」との提出文に、提出者及び成規の賛成者が連署されていたようである。この点について、参照、昭和十七年四月帝国議会衆議院事務局編『議事解説』（二〇一一年、信山社）一〇九頁参照。なお、ここでは、衆議院規則八八条が引用されている。同条は、「議員法律案又ハ上奏案建議案ヲ発議セムトスルトキハ其ノ案ヲ具ヘ理由ヲ附シ定規ノ賛成者ト共ニ連署シテ議長ニ提出シ議長ハ之ヲ印刷シテ各議員ニ配付スヘシ」と定めている。さらに、議案の提出者や賛成者の追加や取消はいつでもできるかという点についても、「第十五回議会以来其ノ議案ノ配布後ハ誤謬ヲ訂正スル以外許サナイコトニナッタ。但シ賛成者ノ死亡ニ依リ成規ノ賛成者ヲ欠クヤウナ場合ニ限リ補充スルコトヲ許ス。」とかなり厳格な運用がなされていたことが窺える、参照、同一〇九頁。

（11） 『参議院先例録（平成一〇年版）』（一九九八年、参議院事務局）第一四二号には「賛成者が全部なくなっても、議案は影響を受けない。」と記されている。

（12） 佐藤吉弘『注解　参議院規則（新版）』（一九九四年、参友会）五七頁、またこの旨は、議院運営委員会でも確認されている、参照、第一二五回国会参議院議員運営委員会会議録第九号（一九九八年一一月二四日）三頁。

（13） 森本昭夫・前掲注（3）論文一一六頁。なお、そこでは、衆議院では、賛成者が発議者に代わって趣旨弁明を行うことができる先例（衆議院先例第二四五号）も賛成者の積極的要件を根拠付けている要素であると位置づけている。
（14）　橘幸信「議員提出法律の立法の過程」法学教室一七三号（一九九五年）参照。
（15）　宍戸常寿「衆議院事務局による議員提出法案の不受理」自治研究七五巻二号（一九九九年）一〇五頁。さらに、機関承認の慣行を「議員本人の署名の代用」と解し、慣例の先例的意義を無にした上で、国会法との整合性を図る議論と位置づけて、宍戸の議論を批判する見解として、高見勝利「『議員立法』三題」レファレンス五三巻六号（二〇〇三年）一六頁。

三　先例集に載せられない「先例」の意味

前節で見たように、機関承認の慣行は、「慣例」とされ、あるいは「確立された慣例」と位置づけられているにもかかわらず、衆議院の先例集には一切記載がない。これは、なぜなのであろうか。次節で詳しく紹介するように、どうして事務総長が国民投票不受理事件の裁判の中で確立した慣例であると証言したものが、議院の先例として先例集の中に取り入れられていないのであろうか。

この点に関連して、現在では与野党が合意すれば何でもそれに従うという風潮があること、そして、このことは必ずしも適切な議会運営とはいえないとした上で、次のような注目すべき証言が公にされている。

「本当は、何事も法規にのっとってやらなければならない。そして、法規には一々規定できないようなものを先例として積み重ねてきて、その先例にのっとって運営する、それをまとめたものが先例集です。ところが、その『先例集』に載せられないような事例があちこちに出てきています。

それは何で記載されないかというと、法規に抵触するから記載できない。法規上考えておかしいから、その事例は『先例集』に載せないんです。しかし、実際の運営をしていく上では、そうした事例はやはり無視できなくなります。この間ああやったじゃないか、こうやったじゃないかと。つまり、それが先例になってしまうわけです。そ

れが積み重ねられていく。」(16)

さらに、ここで「法規に抵触する」ということの意味に関しては、「必ずしも法規には抵触しないけれども運用上疑義が残る、すなわち法規の趣旨やこれまでの事例の積み重ねから考えて体系的に説明がつかないから、その事例は『先例集』には載せない」という趣旨であると説明されている。

以上を踏まえて、次のような注目すべき議論がなされている。

「国会の先例というのは、今この国会だけだから目をつぶってやってしまえとやった例が後々まで残ります。残って、何十年もたった後に甦ってきて、そして繰り返されるんです。

二度繰り返されてしまうと、今度これをひっくり返すというのはまた容易ならぬことになるわけです。ちょっとした油断というか、まあここはいいだろうと甘く考えた判断が後々非常にまずい慣例となって残っていくということがあります。

議員立法で法律案を提出するのに、それぞれの所属会派のしかるべき人たちの承認、承諾の印がなければ提出できないというのも、先例集に出ていません。議員は法案の提出権があるわけだし、一定の法的な賛成者を揃えていれば議案というものは受理するというのが、法的な措置としては正しいわけですから、それに対していろいろな付加条件が慣例的についてきていますが、それらはやはり先例集には書いていません。(17)」

以上の証言からすれば、機関承認の慣行について、戦後の議会実務家の間では、国会法の規定を前提にした上で、必ずしも好ましい先例ではないと考えられてきたことが窺える。確かに、この慣行については、直ちに違法とまではいえないとしても、運用上、少なくとも法規の趣旨には反するおそれがあるという疑義があるというのが、先に示した実務家の感覚なのであろう。ただ、興味深いことに、この議論の中には、議院自律権的な考慮は見られない。むしろ機関承認という慣行は、国会法に基づく議会運営からすると、その運用と対立する「非常にまずい慣例」の一

例として受け止められていることになるのである。(18)

(16) 赤坂幸一・奈良岡聰智編『今野彧男氏オーラル・ヒストリー』(二〇一〇年)三四〇頁。なお、このオーラルは、後に、赤坂幸一・奈良岡聰智編著『今野彧男オーラル・ヒストリー 国会運営の裏方たち』(二〇一一年、信山社)として公刊された。本文中の引用部分は、同書では、二九七頁参照。

(17) 赤坂・奈良岡編・前掲注(16)書三四二頁(『国会運営の裏方たち』三〇〇頁)。

(18) この点に関連して、拙稿「『ねじれ国会』と両院関係」横浜国際経済法学一七巻三号(二〇〇九年)一六三-五頁も参照。

四 「機関承認」慣行の生成をめぐる議論(一)——司法判断の中の機関承認

そこで、次いで、機関承認の慣行の成立過程をごく簡単に振り返っておくことにしたい。高見勝利教授によれば、この機関承認の慣行は、昭和二七(一九五二)年の第一三回国会での自由党の決定が端緒となり、その後、他の会派もこれに倣った結果、「ほぼ一〇年後の第四三回国会(一九六三年)頃、会派を超えた議院のルールとして確立したものである。(19)」と述べられている。

また、前述した下級審判決の中では、この機関承認の慣行について、高見教授の議論を根拠付けるかなり詳細な事実が認定されているので、ここでも煩を厭わず、その事実認定部分を引用しておきたい。

「議案の提出に当たっては、所属会派の機関承認を必要とするとの本件先例は、衆議院先例集に登載されてはいないが、第六六回国会(昭和四六年)における『日本国と中華人民共和国との国交回復に関する決議案』の提出に当たって昭和四六年七月二四日に開催された衆議院議院運営委員会理事会において各会派の理事が本件先例の存在を前提にして発言をしており、遅くとも右昭和四六年七月二四日には本件先例が確立した先例として存在していたことは明らかである。

そして、本件との関係では、議長の監督の下に議院の事務を統理する権限を有している衆議院事務総長が、控訴人の質問状に対する回答書において本件先例が確立した先例であることを明言しており、これによって本件先例の存在及び適法性について既に衆議院における最終的判断が示されているのであり（衆議院規則第九二条第一九号、第二五八条参照）、その後本件先例に基づく衆議院事務局の本件法律案の取扱いについて衆議院議長により正されたことはない。

なお、先例集への不登載、先例の存在についての議員の認識等控訴人の主張する事実は、本件先例の存在及びその効力とは無関係のことであり、また、本件先例は、国会法第五六条第一項及び衆議院規則第二八条第一項の禁止していない別の要件を定めたものであるから、右法規に違反するものではなく、憲法によって各議院に認められた規則制定権に基づくものとして、衆議院規則と同様、規範としての効力を有している。[20]」

また、同判決では、控訴人（上田哲氏）が平成五年七月一日付で、衆議院事務総長に対して本件法律案を受理しなかったことの理由を求める公開質問状とそれへの衆議院事務総長の回答書（七月一三日付）についても、次のように要約している。

「衆議院においては、議員からの法律案の提出については所属会派の機関承認を必要とし、右機関承認のない法律案は受理できないというのが確立された先例であり、既に議院運営委員会理事会において会派の機関承認の必要性について協議のうえ確認されている旨、本件法律案については、国会法第五六条所定の賛成者要件は充たしているものの、所属会派の機関承認のないものであり、事務局としては一存で受理することができなかった旨、及び各会派共同提出議案の場合においても各会派においてそれぞれ機関承認を得たうえで提出されている旨等を回答した。」

さらに、同判決では、機関承認の慣行の形成を認定するうえで、依拠した事実を次のように整理しているので、参考までに掲げておくことにする。

「ア　（機関承認の取扱いは）、第一三回国会（昭和二七年）会期中に当時の自由党が同党所属議員が議案を提出する場合は党機関の承認を必要とする旨決定したことを嚆矢とし、以後、他の会派も漸次これに倣い、第四三回国会（昭和三八年）以後は、会派の変遷にかかわらず、平成八年の第一三八回国会における『公職選挙法の一部を改正する法律案』ほか一件及び同年における第一三七回国会における『財政均衡法案』が、本件法律案と同様にそれぞれ提出者及び賛成者の所属する会派の機関承認がなかったため正式に受理されなかったのを除き、右第一三七回国会に至るまで、一三五二件にのぼるといわれる議員提出法案及び決議案のすべてが例外なく『機関承認』を得て提出されている。

イ　第六六回国会（昭和四六年）において、当時の自由民主党、日本社会党、公明党、民社党、日本共産党の与野党所属議員共同提案に係る『日本国と中華人民共和国との国交回復に関する決議案』の提案が検討されたが、右決議案の提出者及び賛成者が所属する各会派のうち、自由民主党の機関承認がなかったため、結局右決議案は受理されなかった（なお、その取扱いをめぐる昭和四六年七月二四日の衆議院議員運営委員会において、複数の会派に属する委員から、議員による議案の提出に当たっては所属会派の『機関承認』を必要とする取扱いが『慣例』又は『確立された慣例』であることを前提としての発言がなされている。）

ウ　第九四回国会（昭和五六年）における『北方地域内の村の北海道の区域内の市または町への編入についての地方自治法の特例に関する法律案』の提出に当たり、提出者となる予定の議員のうちに所属する会派の機関承認が得られなかった議員があったため、その議員を提出者から除いて提出され受理されたことがあった。」

なお、上記のイでの会議録（第六六回国会（昭和四六年七月二四日）議院運営委員会会議録第四号三頁以下）の発言内容は以下の通りである。

「○海部委員　各党のいろいろな御意見を承りましたが、わが党といたしましても、基本的に国交正常化を阻害しようというつもりは毛頭ありませんし、中国の国際社会への参加を拒否するつもりもありませんが、野党の皆さんと国対副委員長会談等で話が合意に達しなかったのは、踏まえるべき前提において、私どもの主張した点がいれられなかったということだと私は思っております。議運の段階というものは、中身の議論ではなく、一体これを前例に従ってどう扱うかということでいろいろ協議したわけでありますが、自由民主党の考え方を申し上げますと、確立されておる慣例というものは、われわれの先輩が長い間の議会運営の英知によってつくり出してきたものでありますから、これを前例にしないとか、あるいはこれはいい場合だから特に認めるということで安易に破っていきますと、これはややもするともろ刃のやいばになるような危険もあるわけでありますし、各党の御理解によって守られ、確立された慣例は、やはり安易に破るべきではない。これは単に自由民主党が与党としてやる議会運営をもって言っていることではないわけでありまして、世代がかわり、与野党立場を異にしても、日本の議会制民主主義が続く限り、変わらざるものであるはずだと思います。

以上のような観点で、自由民主党の党内コンセンサスが今回の決議案について得られなかったという以上、やはり自由民主党として、これを院の議決に持ち込むわけにはまいりませんでしたので、あえて立場を明確にしておきたいと思います。（拍手）」

以上の記述からすれば、機関承認の慣行は、第一三回国会の昭和二七年会期中の自由党の事例を出発点として、第四三回国会の昭和三八年以降は会派の機関承認が法案提出の際の事実上の要件とされる先例が積み重ねられ、第六六回国会の昭和四六年の決議案の提出に際して、議院運営委員会の議事録には、複数の会派からこの機関承認が「慣例」であるとか「確立された慣例」であるとの認識に基づく発言がなされていることから、少なくともこの時点までには、機関承認が先例として確立されたものとの理解が示されている。先に紹介した高見勝利教授の見解も、おそらくは以上の認定を前提としたものであろうと思われる。

(19)　高見・前掲注(15)論文一三頁。
(20)　訟務月報四六巻六号二九九八頁。

五　「機関承認」慣行の生成をめぐる議論(二)——昭和二七年機関承認の濫觴

(一)　石田博英の証言

それでは、上述したような機関承認の慣行の嚆矢とされる昭和二七年の自由党の先例は、そもそもいかなる理由で形成されたのであろうか。以下では、この点について考えてみることにしたい。この議論の発端は、上述のように昭和二七(一九五二)年はじめから始まった国会法改正へ向けての衆議院議院運営委員会内部での検討作業に求めることができるとするのが一つの考え方である。つまり、国会法の改正論議は、第十三回国会(昭和二七年六月)において、衆議院の議院運営委員会に国会法等改正に関する起草小委員会が設けられ、その委員長に石田博英(自由党)が就き、委員には、倉石忠雄(自由党)、椎熊三郎(国民民主党)、土井直作(右派社会党)が選任されたことが発端となっている。その後、会期ごとに小委員会が設置され、調査研究が重ねられている。このことからも石田の証言には重みがある。

当時衆議院議院運営委員長であった石田博英は、まず、「予算を伴う法律案についての両院間の調整の問題については、予算の先議権の関係と議会史上における下院の発展の歴史と、その特質に鑑みて、予算関係法案の提出について衆議院の優先性を確立するような運営を両院が大局的見地から考慮しなければなるまい。」としたうえで、議員立法と予算との関係について次のような議論を公にしていたことが注目される。(21) すなわち、「予算を伴う立法と国の統一ある財政方針との間の調整は現実的には政党に於て行われなければならないのである。特に我国のように議院内閣制の場合、多数党たる与党の責任となる。……また与党は当然に多数党であるから、議員立法たると政府提案の議案たるとを問わず党内の統制力がある限り、修正も可否決も共に実質上自由に処置し得られるのである。換言するならば予算を伴う議員立法が最近問題となって来ていることは与党幹部に統制力がないか、与党の法案の検討がズサンであるか、調整能力に欠けているかの結果に他ならない。国の財政政策と議員立法との調整は政府与党の責任である」とする。しかし、講和条約発効後、調整の役割を果たしていた「総司令部の承認を必要としなくなり、他面、与党内にも国会内にも十分な受入体制が出来ていなかった。ここに問題の現実的な基因があった」と分析したうえで、「これに対し私は議院運営委員長就任[22]と同時に、与党議員の法律案提出には必ず党機関（総務会、政務調査会、国会対策委員会）の同意を必要とするという与党の内規を定め、三機関の責任者の承認印のないものは国会事務局に於て受付けてはならないと指示した。これが与党として現在採り得る最善の方法であると信じている」[23]と述べている。

つまり、この当時の機関承認の問題は、予算を伴った議員立法によって、党機関の統制もなく、また、内閣と与党との連携も密接でないために、予算との調整が全く行われていない状況を危惧しての議論であったということができるのである。[24]つまり、この当時に形成された政党内手続、とりわけ与党内での調整手続としての機関承認の慣行は、財政負担を伴う議員立法に枠をはめるためになされたものであって、予算と法律との不一致問題を解決するための手段という側面からの提案であったということになる。[25]

この点について、聊か付言しておけば、昭和二七年問題とは、「予算をともなう議員立法が予算措置を無視してなされるため財政の全体的バランスを破るということのほか、国会における予算審議と法律の審議とがかならずしも相関連しておこなわれず、両者間の不一致を帰結することになりやすいことの二点であるが、前者については、とりあえず与党および政府との話合いにおいて与党議員発議の法律案にたいし与党政調会が統制をくわえることを決定、運営の適正を期することになった。が、これは実際には効なく、かくて三〇年の国会法改正により、予算を伴う法律案の発議または修正動議にはその他の発議、動議における所要賛成議員数（衆議院二〇人以上、参議院一〇人以上）以上のものを要求（衆議院五〇人以上、参議院二〇人以上）、その濫用防止の一策とするとともに、予算にたいする増額修正同様、これらについても内閣に意見を述べる機会があたえられるべきこととしたのであった。[26]」と整理されることになる。さらに、この問題は「ことは、議員の権能にかんするものであり、議院の自律によって解決するか、憲法的に解決するか以外に方法がない（第三共和政時代のフランスにおいて、通常立法による議員発議権制限の試みは一貫して違憲論をもって拒否された[27]）。」とも論じられていることに留意しておきたい。すなわち、昭和三〇年の国会法改正は、それ以前の政党内部での「議院の自律」による議員立法制限の手法が必ずしも十分な効果を発揮しないことを前提にしつつも、かといって「憲法的に解決する」方策へも踏み出しきれない状況を受けて、次の一手として打ち出された次善の策に他ならなかったのである。

(二)　衆議院事務局での検討：鈴木隆夫文書「議員立法についての問題」

昭和二七年から三〇年改正への動きが以上のような含みをもっていたとすれば、上記の石田の証言は、果たして石田ひとりのアイディアであったかどうかも疑問になる。この点に関連して、国会図書館憲政資料室に所蔵されている「鈴木隆夫関係文書」の中には、「議員立法についての問題」と題するタイプ印刷された文書とその草稿と思われる二つの文書のなかに三つの草稿が遺されている。[28]この衆議院罫紙にタイプ印刷された文書には、鈴木隆夫の墨筆で、「倉石先生、大池総長に手交」との書き込みがみられる。倉石先生とは、国会運営に熟達し、一九五二年には国会対策委員長として、盟友石田博英議院運営委員長と気脈を通じて福永健司幹事長指名阻止に奔走し、これを撤回させ、その後、石田とともに「民主化同盟」を結成し、反吉田運動を展開した自由党の代議士倉石忠雄（一九〇〇－一九八六年）にほかならない。さらに、大池総長とは、日本国憲法制定以後、一九五五年一一月まで衆議院事務総長を務めた大池眞を指すことはいうまでもなかろう。そして、鈴木隆夫は、この大池事務総長の下、衆議院事務次長として、文字通り、初期国会の議事運営を実質的に取り仕切っていた人物ということになる。

この鈴木意見がいつ起草されたかについては現時点では確定できないが、引用されている国会法五六条が昭和三〇年改正前のものであること、さらに、本文書の「結論」では、各党内での「内部的規制」というより「憲法をそのままとしては提案前に賛成者を連署さすことによってその規整の目的を達することが望ましい」としていることからして、昭和三〇（一九五五）年の議員立法への制限が定められた国会法改正以前に、鈴木隆夫によって起案されたもので、これが、倉石国対委員長を通じて石田にも伝えられ、自由党内、さらには議院運営委員会等での検討に付されたものではないかと思われる。そこで、まずは、その意見書の内容を確認しておくことにしたい。

「議員立法についての問題」

一　議員立法の根拠

ここでは、旧憲法三八条（「両議院ハ政府ノ提出スル法律案ヲ議決シ及各〻法律案ヲ提出スルコトヲ得」）のような規定はなく、しかも新憲法七二条（「内閣総理大臣は、内閣を代表して議案を国会に提出」する）のような規定があることから、「議院を構成する議員は当然に議案の発案権があると云わねばならぬ。」としたうえで、国会法五六条（「すべて議員は、議案を発議することができる」）や衆議院規則などの法的な根拠について検討したうえで、「以上の諸点より見て議員立法について法規の改廃なくしては制限を加えることはできない」との考え方が示されている。

二　「議員立法中、予算を伴う法律案についての諸外国の立法例」として各国の憲法規定を取り上げて、①財源を明示することを必要とするもの（イタリア、キューバ）、②政府又は大蔵大臣の同意を必要とするもの（エクアドル、西ドイツ）、③予算を伴う法律案の提案権を政府に専属させて、議員にはこれを認めないもの（イギリス、カナダ、フランス）、④大統領に再議を求める権を認めたもの（アメリカ、トルコ）の四つに類型化されている。

三 「我が憲法は斯る制限を何等設けていないので法律で直ちにこれが制限を加えることは憲法上疑義があるのではなかろうか」

四 「我が憲法は予算の提案権を内閣に専属せしめているが（第七十三条）予算を伴う法律案については、何等の規定もなく而かも法律と予算とを判然と区別していることから見ても、現行法上は予算を伴う法律案の提案権を内閣に専属せしめることはむずかしい」

五 「然らば予算を伴う法律案の提出の規整方途について

1、単に歳出を伴う法案にのみ限定するか

2、租税法案その他歳入法案の提出にも制限を加えるか

3、歳入歳出を伴う法案以外の議員提出の法律案にも制限を加えるか」

六 「歳出を伴う法案の規整の方法について

1、提案の場合に賛成者を連署せしめることによって規整する方法

イ、この場合に何名を妥当とするか、例えば定員の三分の一とするか、それとも三分の二とするか

ロ、この場合委員会の提案権についてどうするか

ハ、これらの法案に対する修正案を提出する場合には賛成者をどうするか

2、提案されるまでは現行法通りとし、その後において規整する方法

イ、議長の手許においてセレクトすることの可否、例えば議長の承認を得たものでなければ委員会に付託されないこととし、議長が承認しなかったものについては、異議の申立を認めて、この申立があったときには議院に諮って決すること、或は、議長限りの承認にすること（現行法でも議長限りの承認を（ママ）認められてい

る、例えば、委員の派遣、公聴会開会、国政調査、未発言部分に関する会議録に掲載、質問主意書、政府委員等の承認の如きである）なお、この場合法制局をして議長が下審査をさせることも考えられる

ロ、予算を伴う法律案は予算委員会に付託するか

ハ、予算を伴う法律案（歳出入に関するもの）は先ず予算委員会の承認を得たものに限り所管の委員会に付託するか

ニ、予算を伴う法律案はその所管の委員会と、予算委員会の連合審査に付するか、然しこの場合には、予算委員会の員数が、五一名で、その他の常任委員会は普通は二十五名であるから、その連合会に議決権を認めるときは、実質的には、予算委員会の承認をえた後に所管の委員会で審議することとさしたる違いがないことになる

ホ、議長は(イ)の場合に勿論議院運営委員会に諮問することもできるが、それを議院運営委員会の承認事項とするか」

七「議院の機関外で規整することの可否

1、予算を伴う法律案については各党内の規整に俟つ方法

イ、各党が国家的見地にたって国会の最高機関たる使命と職責とに鑑みて各々内部的規整、例えば政調会の厳密なる審査を経たものに限りこれが提出を認めるが如きである

ロ、議長が各党の国会対策委員長会議の如きものを設けて、これに諮問するか」

八「特殊立法による規整の方法

1、予算の増額を伴う法律案を提出する場合は必ずその財源を明示せしめるようにすることの可否」

九「結　論

これを要するに現行憲法の下では国会は国権の最高機関であり、国の唯一の立法機関であるからその規整に関する制限を自粛の範囲を超えて余り設けることは好ましいことではない。併し、内閣に拒否権又は再議を求めるの権を与えることは憲法を改正しない限りはできないから、憲法をそのままとしては提案前に賛成者を連署さすことによってその規整の目的を達することが望ましい。何となれば法案の議決能力は憲法第五十六条によって両議院の議事は憲法に特別の定めのある場合を除いては出席議員の過半数で決することになっているが、法案の提出については何等の規整もないからである。」

以上の内容をみる限り、予算と法律との不一致という古くて新しい問題を早急に解決するために、機関承認という党内手続によって制限しようとする考え方、さらには、憲法との抵触を意識しながらも、法律による賛成者要件の付加というアイディア等が提示されている。これらをさらに詳細に見聞すれば、賛成者の連署を求める提案のほかに、法案提出後に「議長の承認を得たものでなければ委員会に付託されない」という方法（鈴木意見書の六―2）や各党での内部調整による方法（鈴木意見書七―1）、すなわち、政調会での調整を経たものだけの提出を認めるなどのアイディアも含まれている。このことからすれば、石田の先の議論も、議会事務局、具体的には、鈴木隆夫等による周到な検討作業の成果を踏まえたものであったと考えることが妥当であろうし、従来からなされてきた慣行を前提としつつも、その法的効果を明確にするという、議会慣行形成の手順を経て構想されたものであると位置づけることができるように思われる。

ところで、議員提出議案について提出時に党機関の決定を経るといういわゆる「機関承認」の原型となる慣行とはいかなるものであったのであろうか。その一つと考えられるのが、衆議院で帝国議会時代から行われてきた議案の事前審査制度であると考えられる。つまり、帝国議会時代の議案本文の前に付された議長宛の文書（いわゆる「かがみ」）を丹念に調査した研究に依拠すれば、議員提出議案も、政府提出議案も共にそのかがみ部分に会派の了承を得た旨の記載があることが紹介されている。この帝国議会の下での慣行が、議員立法への制限を撤廃するなどの戦後国会法体制への変革の中で一時的に中断を余儀なくされたが、予算と法律との不一致という課題に直面して、俄かに息を吹き返したと解することはできないであろうか。先の述べた石田の議論や鈴木隆夫の意見もこのことを暗黙の前提としているのではないか。つまり、議案の事前審査制度は、ＧＨＱによる根本的な帝国議会改革にもかかわらず、「戦前のシステムが生き残った」一例であり、これが予算の裏づけのない議員立法の頻発を受けて、再び注目され、今日の機関承認のルーツとなったのではないかという推論である。

戦後、国会制度へと大きな変革がなされた後も、ＧＨＱの目を掻い潜って議員提出議案に対しては事実上政党（会派）による事前審査が継続されたと観察されているのであって、正式に「会派承認が復活するのは、第十三回国会（昭和二十七年）からである」との卓見も示されている。この議論は、先に紹介した石田の証言ともピッタリと符合する。(29)

以上からすれば、機関承認の慣行ということは、必ずしも国会法になってはじめて採用された議員立法を制限するための慣行であるとはいえず、そして、わが国独自の「政府・与党間の意思決定システム」としての淵源はすでに帝国議会時代の衆議院での議会運営の中で形成されてきたものを母体としていたということができよう。

したがって、機関承認とは、戦前からの政党・会派による議案の事前審査制度を前提として、予算と法律との不一致という喫緊の課題を解決するために、再び表舞台に呼び戻された枠組みであって、これが昭和二七年度の予算審議に端を発して、国会法改正の流れとも連動しながら、新たなルールとして戦後の国会制度の中で蘇ったものであると考えられるのである。

そこで、ここでは、昭和三〇年の国会法改正に際して、鈴木隆夫によって、次のような解説がなされていたことに改めて注目しておきたい。すなわち、戦後国会法体制のなかで、予算の増額修正が行われたり、予算を伴う法律案が場当たり的に提出されたりしたことを受けて、「政府の財政の都合も聞かずに勝手にやられては財務行政が混乱する」とか、「かような議案の発議については制限を加えてもよいのではないか」と言うことが、「議員立法の自粛」の問題として議論された[30]。そこでの結論は、「国会を良識ある運営のもとにおいて自粛の実を挙げ、国民からの信頼を回復するためにも議員立法にある種の制限を加えることが妥当である」というものであった。ただ、その際にも、「憲法に議員立法に関する制限がないのに、国会法又は規則でこれを制限することは議員自らの権能を狭めるもので面白くないから、運用でその目的を達しては、との説もあったが、自粛の現われとして議員立法に関する制限が成文化されるに至った」というのである。

要するに、一九五〇年代の議員立法自粛の流れとしては、まず、帝国議会時代からの政党(会派)による事前審査制ということを前提に、そのうえで、戦後国会法体制への転換の中で、予算を伴う法律案の取扱いが、二八年度予算の増額修正問題という形でも顕在化し、当初は、機関承認という議会外での運用の問題が検討され、さらに自粛を明確にして、より実効的なものとするために、国会法の明文による制限があわせて検討されたという道のりを辿ったということになる。

(21)　石田博英「法律と予算の関係について——主として議会主義の立場から」ジュリスト一五〇号（一九五二年）一三頁以下。

(22)　第一三回国会途中の一九五一年一二月一二日。

(23)　石田・前掲注(20)論文一八頁。その後、増田甲子七幹事長から議事課長及び議案課長に宛てて、石田の示したものに幹事長を追加して、四機関の承認を受けた議案のみを受理するように要請されている。

(24)　西澤哲四郎も、内閣憲法調査会の参考人として、昭和三〇年第二一回国会の議案の提出要件の改正に関連して、「例の予算を伴いまする議員立法というものが非常に出し易くなっていたというところから批判が起りまして、そこで議員立法の制限、あるいはその提出要件の加重ということが叫ばれるように相なったのであります。」と証言している（憲法調査会第二委員会第五回会議議事録〔一九五九年三月二五日〕二〇頁）。

(25)　この点を指摘した貴重な著作として、川人貞史『日本の国会制度と政党政治』（二〇〇五年、東京大学出版会）一八三頁以下参照。

(26) 小嶋和司「財政制度はどう運営されたか」『小嶋和司憲法論集三　憲法解釈の諸問題』（一九八九年、木鐸社）（初出はジュリスト一三一号、一九五七年）一七二頁。
(27) 小嶋・前掲注(26)書一八九頁。
(28) 国立国会図書館憲政史料室「鈴木隆夫関係文書」「議員立法についての問題」（分類番号一四一）及び同「議員立法についての問題」（分類番号一四五）である。一四五文書が、一番初めの草稿で、次に、一四一文書の最初のタイプ印刷のものが一四五文書を浄書したもの、さらに一四一文書の二番目のタイプ印刷のものが、これをさらに修正したものと推測される。
(29) 以上の戦前の事前審査制度については、向大野新治「議案事前審査制度の通説に誤りあり」議会政治研究八〇号（二〇〇六年）一二頁以下参照。
(30) 鈴木隆夫「自粛国会はどう運営されるか──国会法改正の主要点」時の法令一六二号（一九五五年）七頁以下参照。

六　改めて機関承認を考える

上述したところからすれば、機関承認の慣行が先例集に載せられていないことの理由は、国会法上の発議要件に何らかの形で抵触するからではない、といえるのではないか。昭和三〇年の国会法の改正が、国会法の制定の際に、日本側が帝国議会以来の例にならって議案を提出する場合に賛成者要件を残していたことを抜本的に改めて、GHQのジャスティン・ウィリアムズ国会・政治課長の主導の下で、議員は自由に議案を提出することができるとしたことを、再度軌道修正した修正にほかならないと解するとすれば、機関承認の慣行の復活は、むしろ昭和三〇年の国会法改正との間に相互関連性が認められるのであって、これまで検討してきたように、まさに昭和三〇年改正過程のなかでの一つの選択肢であったと位置づけられることになるからである。

実際、国会法が制定された当時には、議員はすべて、他の議員の賛成がなくても、議長の許に提出するだけで議案を発議することができ（国会法七七条、本条は、昭和三〇年の第五次国会法改正で削除）、政府提出議案についても帝国議会時代のように、議員提出議案に対して優先することもなくなった。そこで、このようにＧＨＱによって抜本的に改革された戦後の国会法体制の枠組みが、最終的には、昭和三〇年の国会法第五次改正という法律改正によって、すなわち、議院自律権的な手法を用いてではなく、いわば明治憲法体制以来の「議院法伝統」的な手法に基づいて、再び立法による転換が図られた後の状況において、機関承認の慣行が、現在なお、先例集の中に加えられていないということの根本的な原因はどこにあるのであろうか。

あえて言えば、昭和三〇年から今日まで、終始変わらずに、ウィリアムスの影におびえ続けてきたという印象を拭い去ることができない。確かに、戦後の国会法制定当時は、ウィリアムの指示との関係で、会派・機関承認を正面から議論することが憚られる雰囲気が漂っていたことは疑いがなかろう。しかし、その後の議論の中で、すでに繰り返し述べたように国会法の原則が明らかに転換されたにもかかわらず、この点を明確にすることなく、単に議員立法を法規範ならざる先例によって制限するという側面を捉えて一方的に断罪し続けてきたことが果たして議院自律権を前提とする現実の議事運営にとって有益な議論であったのかどうか。あるいは、議員立法の活性化[31]にとって、会派統制の色彩が色濃い機関承認の慣行こそが、少数会派や議員の立法活動に対する諸悪の根源であるとして、これを切り捨てさえすれば、一挙に問題が解決するかのような議論がなされてきたことについてもいま少し慎重な判断が必要だと思われる。

むしろ、戦前・戦後を通じて、機関承認ということが、先例として、確立された慣行であり続けてきた意味に思いを寄せて、然るべき議員立法の提出手続とはどのようなものであるべきか、その際に機関承認の慣行は、いかなる場合に、いかなる意味を持つのかを、議院自らが明らかにすることこそが、議院自律権を前提とした議会運営のあり方を議論する場合には重要なのではないかと思う。

その意味で、昭和三〇年の国会法の改正前後の議論を受けて新たな意味が付与されて再生された機関承認の先例の内容としては、予算を伴う議員立法との関連に限定されなければならないはずである。しかも、議会先例に事実上の拘束力を認めるということを前提とするならば、その意味や範囲を明確にしておくことも、やはり議院自律権に基づく要請のはずである。このことを欠いた現在の機関承認をめぐる運用は、本来の慣行の意味を考慮することなく、所属会派の承認印があるか否かだけの単なる形式的なチェックに過ぎないものになってしまっているのではないか。こうした先例としての機関承認への処遇が、帝国議会から国会制度への転換にもかかわらず、しぶとく生き残った議会先例にとって果たして適切な位置づけであるといえるのか、疑問なしとは言えない。

なお、昭和三〇年国会法の改正を終えて衆議院事務次長鈴木隆夫が、次のような感慨を述べている。この点を最後に紹介して本稿を閉じることとしたい。

「(国会法に関する基本的問題について）外国の例を参酌して運営してゆくことも大切なことではあるが、わが国会運営のルールを確立して行くために、規則を完備するとともに、よき慣習なり先例を作って行くこともまた、大切なことである。そしてルールなり慣行を国民にも周知徹底させて、それを国民の政治常識とすることである。(32)」

(31)　国会改革に関連して議員立法の活性化が繰り返し議論され、数多くの提言がなされているが、この点については、大山礼子教授が指摘されるように、「議員立法を立法の主流にすべきであるかのような意見には無理がある」し、政府提出法案の精査を如何にしてゆくかの課題が見過ごされてはならないと思われる（大山礼子「国会改革の目的」土井真一ほか編『岩波講座　憲法四』（二〇〇七年、岩波書店）一一五－一一七頁、議会審議の活性化と事前審査との関係について大山礼子『日本の国会』（二〇一一年、岩波書店」も参照。)。

(32)　鈴木・前掲注(30)論文一九頁。

22 憲法習律論とフランス憲法学

赤坂幸一

曽我部真裕・赤坂幸一 編
大石眞先生還暦記念
『憲法改革の理念と展開（上巻）』
二〇一二年三月　信山社

一 *Jus Politicum*

「イギリスの習律論をフランスの憲法秩序、とりわけ議会法の領域に転用する試みとしては、議会法の権威、アヴリル教授の『議会法』が著名であるが、同教授は『憲法習律論』の著者でもある。そこでは「政治法としての議会法」を、フランス流憲法習律論の観点から体系化せんとする試みが行われているが、同教授は、例えばフランス議会先例集（ピエールの『仏国議院典型』）の示す議会法・議会先例を、憲法習律論という分析視座を用いて、憲法学の正統な研究領域へと位置付けようとしている」。稿者はさきに、このように述べたことがある。[1]

このような、イギリス憲法習律（constitutional convention）論に着想を得つつ、droit politique（政治法）としての議会慣習法を対象として取り込む、フランス憲法学の近年の展開は、しかしながら、比較的近年の事柄に属する。とくに注目すべきは上述のアヴリル『憲法習律論』[2]（一九九七年）であるが、これに大きな影響を与えたボーウォンサック・ウワンノー教授の『イギリスにおける憲法習律論』[3]――これは同氏がミシェル・トロペール教授の指導下で執筆した博士論文である――が刊行されたのは一九八二年のことであった。ウワンノー教授は、大胆な統治構造改革や基本権規定の拡充等により「タイで最も民主的」だとされる一九九七年憲法の実質的な起草者であり、[4]またタクシン政権下では内閣官房長官を務めている。現在はチュラローンコーン大学法学部の名誉教授、および国立学術研究所（King Prajadhipok's Institute: KPI）の総裁である。

注目される最近年の著作としては、イギリスの憲法習律及び議会法に関する意欲的な研究を展開しているバランジェ教授の『不文憲法を書き示す――イギリス政治法序説』[5]（二〇〇八年）がある。バランジェ教授は *Jus Politicum* 誌の編集主幹を務めているが、同誌は規範主義化した近年のフランス憲法学に対するアンチテーゼとして刊行され、その誌名自体、「知識や慣行、あるいは慣習法的概念からなる広大な領域が、今日でもなお、諸憲法を覆っていることを示し、また、法と政治との間に存在している本来の絆を示す（6）」ものとされる。アヴリルを含め、フランス憲法学および議会法学を活性化させた政治法という窓から憲法習律及び議会法を眺めること、これが本稿の――限定的な――課題である。

＊本稿は、二〇一〇年二月二一日の慶応大学フランス公法研究会における報告「フランス公法学と憲法習律・議会先例」、および同年三月二〇日の科研費基盤Ａ（「衆議院事務局の未公開資料群に基づく議会法制・議会先例と議院事務局機能の研究」）研究会における報告「『逐条国会法』と憲法習律・議会先例」の原稿に、大幅に加筆・修正したものである。貴重なコメントをお寄せいただいた大石眞教授、山元一教授、只野雅人教授および木下和朗教授に御礼申し上げます。

（1）　赤坂幸一「統治システムの運用の記憶――議会先例の形成」レヴァイアサン四八号（二〇一一年）六六頁。

（2）　Pierre Avril, *Les conventions de la constitution : normes non écrites du droit politique*, Paris : Presses universitaires de France, 1997.

（3）　Borwornsak Uwanno, *Les conventions de la constitution en grande-bretagne*, thèse, Nanterre, 1982.

（4）　重富真一「タイにおけるコミュニティ主義の展開と普及――一九九七年憲法での条文化に至るまで」アジア経済五〇巻一二号（二〇〇九年）二一頁（とくに四二頁以下）。ウワンノー自身による一九九七年憲法の解説として、Borwornsak Uwanno and Wayne D. Burns, The Thai Constitution of 1997 : Sources and Process, *University of British Columbia Law Review* 32 (2): 227-247.

（5）　Denis Baranger, *Ecrire la constitution non écrite : une introduction au droit politique britannique*, Léviathan, 2008.

（6）　Présentation de la revue, *Jus Politicum* n° 1, http://www.juspoliticum.com/Presentation-de-la-revue,24.html

二　フランス議会法とイギリス・モデル

アヴリルは議会法（droit parlementaire）をもって、『議会の法、特権、手続および慣行』（アースキン・メイの著書名）

と同義であると捉えている。この表現は、わが国にも大きな影響を与えたトマス・ジェファーソンの *A manual of parliamentary practice*（1801, 2nd ed. 1812）――いわゆるジェファーソン・マニュアル――の仏訳[7]に由来するようであるが、成文法規や院内規則および慣行の総体からなる議会法制全体を考察の対象にする、という意図を示している。

そのような意味での議会法制は、フランスにおいて、一七八九年の国民議会設立時に原型が成立し、一八四九年（第二共和制の立法議会）の議院規則で古典的な形が完成をみた（その後、第三共和制期には、イギリスの憲法習律類似の不文法によって、大きな変化がもたらされることになる）。アヴリルは、そのような古典的フランス議会法の淵源を次の三点に求めている[8]。第一に、旧体制《アンシャン・レジーム》の遺物である。これは部（bureaux）制の採用という点のみに認められるが、第三共和制期における常任委員会の整備もあって、次第に形骸化していった[9]。第二に、イギリス・モデルの影響である。ミラボー（Honoré Gabriel Riqueti, comte de Mirabeau, 1749-1791）の要請を受けてロミリー卿（Sir Samuel Romilly, 1757-1818）が蒐集したイギリス議会の諸準則は、形式的には導入が否決されながらも、その実質において、一七八九年議院規則に多大な影響を与えた（とくに発言や動議、修正、質問の分割、および三読会の要請など）。第三に、シェイエスの「権威なき議長」観である。シェイエスは、議長の権威が増大することを防ぐために、議長がごく短期間で交替することを構想していた。平等への固執と個人的権威への嫌悪という、フランス議会制の二つの特徴は――一九五八年憲法が議長の任期を立法期と等しくするまで――近代フランス議会制の成立当初から認められ、議長の一年交替ルールとして（やや緩和された形で）残存することになる。

このように、現代まで続く近代フランス議会法の成立に際してイギリス・モデルは多大な影響を与えたが、ここで注意を要するのは、そのイギリス・モデル自体、複層的な存在であったということである。というのも、バランジェ教授が指摘するように[10]、一七世紀以前から蓄積されてきた伝統的なイギリス議会手続は、一八世紀以降におけるイギリス型議院内閣制の生成の影響をほとんど受けないまま、主として、個々の議員（individual private member）

の権能を保護することを建前としていた。すなわち、下院では枢密顧問官（のちには大臣）が重きをなしたが、法的にはあくまで他の議員と同格であり、彼らに対しては何らの手続上の優先権も認められていなかったのである。また、とくに一九世紀における議院内閣制の劇的な発展にも拘らず、議会による不信任の表明手段にほとんど変更がなかった（女王演説への奉答文に対する修正や、法律制定過程における種々の動議は、従来と同じく、内閣不信任を表明する間接的な手法として用いられ、不信任動議や信任動議などの新たな手続の導入後にも併存した）。このように、数世紀にわたって蓄積されてきた伝統的な成文・不文の議会手続が、それ自体としては存続しつつ、議院内閣制の生成・発展に伴って、その意義・効果、ないしは用いられ方を、少しずつ変遷させてきたのである。

後述するように、習律（convention）が成立するのは、主としてこの「変遷」の領域である。すなわちバランジェ教授は、ジョン・ハッセル（John Hatsell, 1733-1820）やアースキン・メイ（Thomas Erskine May, 1815-1886）によって高度化された、いわば静態的な議会手続法の集積と、議院内閣制（Parliamentary government）における議会の憲法的役割との間に存在する径庭に着目した上で、(a)内閣、政党、与党・野党、信任決議といった諸概念は、名誉革命後の政治状況を反映した行動パターンであって、慣習的な議会法はこれを知らなかったこと、および、(b)これらの行動パターンが、次第に、規則や議院慣行、議長裁決等に徐々に浸透していったこと、を指摘している[11]。換言すれば、主に他の憲法機関との間の合意に関わる「憲法習律」は、議院内の手続法よりも、議会政治の動態に関わる概念であって、既存の議会法の使い方、すなわちその解釈・運用、ないしは迂回・逸脱の上に、議院内閣制が築かれてきたのである[12]。これこそが、議会に関わる憲法習律に他ならない。

ここから了解されるように、憲法習律は議会法制の一部をなすものに過ぎず、また、これも後述するように、単なる慣行ないし慣習とは異なっている。他方、各議院の手続・特権に関わる常例（Standing Order）や議長裁決（Ruling of the Speaker）は、公的機関（裁判所・各議院・議長など）によりサンクションされる法的準則として把握され、「議会の法および慣習（the law and custom of Parliament）」という名目の下、憲法習律とは区別されるのが通常である。[13]このように憲法習律は、上述した議会法制の一領域を構成するに過ぎないが、換言すれば、議会法制を考察する際には、制定法を含む法的準則と、議会に関わる憲法習律、および議会の慣行（custom）を総体的に検討することが必要だということをも意味しており、マルセル・プレロー教授の名著『フランス議会法』における次のような叙述は、この理を踏まえたものだと評しうる。いわく、両議院の諸機関は、もろもろの問題点に関する決定を行うが、それらは「単に議院規則の枠外にあるだけではなく、場合によっては議院規則に反することもあ」るのであって、それが先例となり、「このようにして形成された規範群は、成文諸規定からなる規範群と少なくとも同等の意義（valeur）を有している」[14]と。

（7） *Manuel du droit parlementaire, ou Précis des règles suivies dans le Parlement d'Angleterre et dans le Congrès des États-Unis, pour l'introduction, la discussion et la décision des affaires, compilé à l'usage du Sénat des États-Unis, par Thomas Jefferson*, traduit de l'anglais. par L.-A. Pichon, 1814.

（8） Pierre Avril, The Foundation of Parliamentary Law in France, in: Katja S Ziegler et al.(ed.) *Constitutionalism and the Role of Parliaments*, 2007, p. 48 et suiv.

（9） それを受け継いだわが国でも同様である。赤坂幸一「明治議院規則の制定過程(2)――委員会規則を中心として」議会政治研究六一号（二〇〇二年）九〇頁（注４）。

（10） Denis Barranger, Parliamentary Law and Parliamentary Government in Britain, Some Historical Remarks, in: Katja S Ziegler et al., *op. cit.*, pp. 32-42.

（11） Dennis Barranger, *op. cit.* (note 10) p. 42-.

（12） Dennis Barranger, *op. cit.* (note 10) p. 46.

（13） Uwanno, *op. cit.*, p.12. したがって憲法習律に違反した場合でも「違法」とは観念されず、「非立憲的」（inconstitutionnelle）と観念されるにとどまる。

（14） Marcel Prélot, *Droit parlementaire. Les cours de droit*, 1958, I, p. 39, voir J. Foyer, Les sources non écrits du droit parlementaire, in P. Avril et M. Verpeaux (sous la dir.), *Les règles et principles non écrits en droit public*, Ed. Panthéon-Assas, 2000.

三　イギリス・モデルの憲法習律

ダイシー（Dicey, Albert Venn, 1835-1922）以来のイギリス伝統公法学は、上述のように、憲法習律をもって、とくに政治部門の拘束的慣行として構築されてきた非法的な活動準則、と理解してきたが、その前提にあるのは、イギリス国制における憲法律（law of the Constitution）と憲法習律（constitutional convention）との二分法である。(15) すなわち憲法習律は、議会制定法律やコモン・ロー等の strict law（厳密な意味での法）とは区別され、(16) 司法裁判所によるサンクションを受けない点に特質をもつ（憲法習律に対する違反は政治的制裁をうけるにとどまる(17)）。

しかし問題は、単なる慣行（simple usage）と、政治的制裁を受ける憲法習律との識別基準である。この点の解明に資するのが、一九八〇年〜八一年のカナダの憲法移管（patriation）をめぐる論争である。すなわち、カナダがイギリス植民地であった時代に制定された英領北アメリカ法（British North America Act, 1867（以下ＢＮＡ法））は、カナダの基本的な憲法文書(18)として位置付けられていたが、あくまでイギリス議会の一制定法律であって、かつ（カナダ国家の独立を想定していなかったために）独自の改正手続を備えていなかった。そのため、「カナダは同法発効以来自国の憲法を改正するために他国（イギリス）の政府の援助を要請しなければならない世界で唯一の主権国家となる運命におか(19)」れることとなり、各自治領の独立を承認した一九三一年のウェストミンスター法以降も、憲法改正方式について合意に達しないカナダ側の要請で、ＢＮＡ法はウェストミンスター法の適用対象外とされていた。(20) それゆえ、憲法の実体的内容の改正とともに、憲法改正手続のカナダ化、すなわち憲法移管が、重要な政治課題となっていたのである。

ところで、憲法移管前に行われた全二三回のBNA法改正は、すべてイギリス議会に改正を求めるという形で行われたが、ここには三種の習律が存在したとされる[21]。すなわち、(a)カナダの明示の要請がない場合、イギリス議会はBNA法を改正しない（この習律はウェストミンスター法で成文化された）、(b)カナダ議会の上下両院の共同上奏文によるBNA法改正の要請がある場合、イギリス議会は必ずこの改正を行う、および(c)カナダ議会の上下両院の共同上奏文によりBNA法の改正をイギリス議会に要請する前に、カナダ諸州（provinces）の同意が必要である、というものである。ここで問題となるのは主として習律(c)であるが、憲法改正の内容・手続について諸州の強い抵抗に遭遇したカナダ連邦政府は、諸州の同意を得ないままBNA法改正の要請を行う姿勢を見せ、その結果、紆余曲折を経て、カナダ最高裁判所の勧告的意見が求められることになったのである[22]。

本稿の観点から注目されるのは、マニトバ州及びニューファンドランド州が提出した諮問書中の第二点、「カナダの連邦＝州関係や、カナダ憲法が連邦諸州ならびに各州の議会および政府に付与している諸権限、諸権利または諸特権に影響を与えるような内容のカナダ憲法（英領北アメリカ法）の改正を、カナダ議会の上下両院がイギリス議会に要請する前に、カナダ諸州の同意を得なくてはならない」という習律が、果たして存在していたか否かである。カナダ最高裁判所は、ジェニングス卿（Sir William Ivor Jennings, 1903-1965）が示した識別テスト[23]を適用しつつ、このような習律の存在を承認している。ジェニングス卿によれば、習律の存在は次の三つの問いに対する答えに係っているとされるが、その問いとは、

①　先例は何か
②　先例における行為者は、準則によって拘束されていると信じていたか、および、
③　この準則に根拠はあるか

の三者である。この点、②は習律の存在を示す主たる根拠が関係者の信念であることを前提としているが、これに

ついては、マーシャルが説くように、[24] 憲法習律の成否・内容を左右すべき見解の対立がある。すなわち、一方の見解によれば、習律はいわば、憲法に関する既成道徳ないし慣習道徳であって（positive morality）、政治アクターたちが、自らに要求されているものが何かについて、現に抱いている信念である。この見解によれば、習律の存在は歴史的・社会学的な事実の問題に帰着する。他方の見解によれば、習律は、政治アクターが先例と根拠・理由を正しく認識したならば、拘束力をもつと感じるべき準則だ、というものである（批判道徳（critical morality）としての習律）。

マーシャルは、政治的アクターの行為を批判的に検討する余地を残すため、第二の見解を支持するが、このように習律の基盤にある原理・根拠を重視する立場からは、習律の成立につき以下のような要件が語られることになる。[25]

(a) 先例・慣行の存在だけでは不十分であり、その拘束性が関係機関（国王、大臣、議員、官吏、裁判官）により承認されていなければならず、そのためにも、

(b) 憲法習律には合理的な基盤・根拠が必要である（＝学説上の一般的承認を要する）と考えられているが、ただし、

(c) たとえ先例の集積がなくとも、①明示的合意、②一方的行為、あるいは③首相・内閣自身による決定によって、憲法習律が成立する余地もある。

他方、このように関係機関の合意を一つの要件していることからも知られるように、イギリスにおける憲法習律の多くは、準契約的な次元（dimension quasi contractuelle）に属するものとして把握されている。[26] 本来、ダイシーが主として念頭に置いておいていたのは国王特権に対する習律上の制約であり、換言すれば大臣責任制の展開であった。すなわち、イギリスにおける憲法習律は、主として、君主の名目的権限が代議制・責任内閣制の原則に基づいて行使されるよう確保することを、中核的な目的として発展してきたのである（accountability の観点）。[27] しかし、この大臣責任制が議院内閣制へと展開した際にも、習律論は――庶民院・内閣・貴族院の三者関係を中核とする――イギリ

ス憲法制度を理解する有効な概念として用いられ（コモン・ローや既存の議会法の解釈・適用／迂回・逸脱による議院内閣制の発展）、これは accountability の確保という観点からも、習律論の導入目的によく適合するものであった。

だが、習律論がカバーする領域はこれに止まらない。マーシャル教授によれば、(1)内閣と首相の関係、(2)政府全体と議会との関係、(3)両院関係、(4)大臣と公務員の関係、(5)大臣と司法機関との関係、(6)イギリスとコモンウェルス構成諸国との関係なども憲法習律により規律されるとされ(28)、ここには、必ずしも責任内閣制や議院内閣制の展開とは直接結びつかないような諸関係・習律も含まれている(29)。くわえて、アヴリル教授が指摘するように、たとえば庶民院内部における与野党間の時間配分を規律する議会習律（*Parliamentary Conventions*）の存在が語られることすらある(30)。まさしく「憲法習律はイギリスの統治理論で中心的な役割を果たしている(31)」のであるが、責任内閣制・議院内閣制の展開を促し、accountability を確保するという本来の役割を中心に、上記のような習律の——それ自体不明確な——成立要件を充たす限りで、幅広く援用されている柔構造の問題領域だと理解することができよう。

(15)　Stanley de Smith and Rodney Brazier, *Constitutional and Administrative Law*, Penguin Books, 8th ed., 1998, pp. 14-15.

(16)　ibid., pp. 24-28.

(17)　Avril, *Droit parlementaire*, 4e éd., Montchrestien 2010, pp. 105-106. もっとも、司法裁判所が憲法習律を「認知（recognition）」することがあるほか、司法的サンクションを受けない strict law も存在するので、両者の区別は相対的である。この点につき、赤坂幸一「解散の原理とその運用」（『各国憲法の差異と接点——初宿正典先生還暦記念論文集』〔成文堂、二〇一〇年所収〕）一五五頁。

(18)　当時、実質的な意味におけるカナダ憲法は、この英領北アメリカ法のほか、若干のイギリス議会制定法、カナダ連邦又は州の制定法、慣行・慣例、習律等によって形成されていた。

(19)　伊藤勝美「カナダにおける憲法改正論争(1)——一九八二年憲法制定過程」比較法政二一号（一九八二年）七頁。一九八二年のカナダ新憲法の制定までの一一五年間に行われた二三回の英領北アメリカ法の改正は、すべて、この手続きによるものであった（同一九頁）。

(20)　同右一〇頁。

（21） Richard J. Van Loon and Michael Whithington, *The Canadian Political System*, 2nd ed., McGraw-Hill Ryerson, 1976, pp. 192-193.

（22） カナダ最高裁判所の勧告的意見については、Avril, *op. cit.*,（note 2）p. 165-194. なお、山内幸雄「連邦最高裁意見にみるカナダ連邦制の法的現実――一九八一年九月二八日連邦最高裁勧告的意見と一九八二年憲法」比較法政二一号（一九八二年）一三七頁以下も参照。

（23） Sir Ivor Jennings, *The Law and the Constitution* , 5th ed. 1959, Chapter III.

（24） Geoffrey Marshall, *Constitutional Conventions. The Rules and Forms of political Accountability*, Oxford, Clarendon Press, 1983, pp. 10-12.

（25） 赤坂・前掲論文（注17）一五六頁。なお、カナダ最高裁の勧告的意見では、本文のような習律の基盤にある根拠ないし原理として、カナダの垂直的権力分立のバランスを維持するためにこのような習律が要求されること、が指摘されている。

（26） Avril, *op. cit.*,（note 2）p. 110.

（27） マーシャルは、その著書の副題が示唆するように、憲法習律をもって「法的ならざる説明責任に関する諸準則（rules of non legal accountability）」と定義している（Marshall, *op. cit.*, pp. 1-4）。ダイシーが「法的主権」と「政治的主権」とを区別し、法的主権者である議会も政治的主権者（国民ないし有権者団）の意思を代表・適用するのが代議制の本質だとして、議会の活動が「了解（understandings）」によって規律される旨を指摘しているのも、畢竟、この説明責任という原理に帰着するものであろう。君主の権限も、議会の主権も、その行使段階において、非＝法的な（政治的な）準則により規律されるのである。

（28） Marshall, *op. cit.*, p. 4.

（29） ウワンノー教授によれば、いわゆる非法服貴族が裁判に関与しなくなるのも憲法習律であるとされる（Uwanno, *op. cit.*, p. 61）。

（30） この習律は一九八二年七月一九日の常例第六号の改正によって条文化された。「皮肉なことに、イギリス議会法は、わがフランス議会法が習律的なプロセスの効果に気付いたその時に、法典化を進展させたのである」とは、アヴリル教授の言である（Avril, *op. cit.*,（note 17）p. 27）。

（31） Marshall, *op. cit.*, p. 3.

四　フランス人の見た憲法習律

以上に見たイギリス由来の習律論は、フランスにおいても基本的に、同様の枠組みにおいて導入が試みられている。というのも、ホールズワーズ教授（William Searle Holdsworth, 1871-1944）が指摘するように、「政府権限が複数の人・機関の手に委ねられている全ての場合に、その関係を規律する習律が発展することになる……憲法の様々な部分のメカニズム、その相互関係、および臣民との関係を規律するために、必ず、習律上の準則が具現化する」からである。(32) アヴリル教授は、まさしくこの言葉を援用しつつ、ここでのポイントが政治法（droit politique）に固有の、非法的な形態における規範創造のあり方に存する旨を指摘しているが、(33) わが国において、元衆議院事務総長の弥富啓之助氏や谷福丸氏が議事法を「戦時国際法」に擬することと、その本質において通底するところがある。(34)

この習律論と政治法をめぐる議論については六に譲ることとし、ここでは、習律論をフランス憲法秩序に移植する際の、論理構造の変化に注意を促したい。すなわち、形式的効力において優位する憲法典の存在（＝憲法典を頂点とする規範ヒエラルヒーの存在）、および憲法院の存在を前提として、習律のメカニズムを導入した場合、そこにおける習律は、「公式に言明（l'énoncé formel）された場合には規範ヒエラルヒーと衝突するおそれがあるが、しかし尊重されている、実効的な諸慣習（pratiques）」と定義されている。(35) すなわち、ここでの主たる関心は、law/conventionという二分法よりも、あるいはこの二分法と並んで、law の領域における規範ヒエラルヒーの存在にある。この規範ヒエラルヒーと習律との関係をめぐっては、大別して二通りの理解の仕方があるが、第一に、フランス憲法学における憲法習律は、主として成文憲法典の解釈をめぐって生じるものとして把握されており（解釈型習律 convention interprétative）、フランスの代表的な憲法教科書の一つが次のように述べるのも、同様の理解を示すものである。

「習律」は、成文憲法典に不可欠の補完物である。成文憲法典の準則は必ず一定程度の不確定部分を示しており、すなわち、それらの準則を適用する責務を負う者に一定の自由を残している。この自由は、同じ解釈が恒常的に採用されるようになるにつれて、次第に減少する。[36]

アヴリル『憲法習律論』の前半部も、まさしくこのような意味での解釈型習律の観点から、実質的意味におけるフランス実定憲法制度を説明しようとする試みである。すなわち、フランス第三共和制・第四共和制を通じて、議会優位の議院内閣制（parlementarisme absolu）は憲法律・憲法典において明定されておらず、また暗黙の裡に内包されているわけでもなかったが、これらの憲法文書の適用のあり方を決定したのは、まさしくこの原則（議会優位の原則 principe de la souveraineté parlementaire）であった。[37] この原則の法的性格を探求したカレ・ド・マルベール（Raymond Carré de Malberg, 1861-1935）は、この議会優位の原則に「根本規範」という性格を与えたが、アヴリルはそのような議論を批判的に検討した上で、イギリス・モデルの憲法習律論に依拠することによって、この現象を説明しようとしたのである。すなわち、第三共和制において共和制・君主制のいずれの制度運用が定着するかは不確定であり、憲法律制定時の妥協的な条文には複数の解釈の余地が存在していたが、「新たな習律を確立せんとする政治的決定」によって、議会優位の議院内閣制が定着したのである。[38] 第四共和制憲法でも同様の運用が行われたが、「〔政治的決定を〕先送りする妥協（compromis dilatoire）」により憲法条文に複数の解釈の余地が存在し、これを憲法諸機関の解釈・適用行為の蓄積を通じて régulaliser するという点では、第五共和制においても事情は異ならない。[39]

しかし第二に、まさしくアヴリルが指摘するように、憲法習律は、憲法条文の解釈・適用のあり方を離れても存在している。アヴリルはこれを創設型習律（conventions créatrices）と呼んでいるが、敷衍して曰く「慣行（pratiques）のなかには、条文に定められた一般的規範を、適用時の個別的規範を付加することによって補完するのではなく、――単に解釈的であるだけでなく、まさに創設的でもあるような――補足的な一般的規範を付け加えるものもある。

このような場合、〔法文の〕解釈に関する実証理論は、その最も急進的なヴァージョンであっても、これらの慣行を考慮に入れることはできないのであって、その基盤をどこか他の場所に求めなくてはならない」[40]と〔強調原文〕。たとえば、イギリス及びフランスにおける内閣総理大臣という存在は、議院内閣制の展開過程において、憲法条文及び議会制定法律に根拠をもたず、それらのテクストを離れて生成・発展してきたものである[41]。

このような「テクストを越えた au déla du text」[42]次元における憲法習律の探求は、法と習律の二分法に依拠するイギリス型習律論の、いわば本来の土俵である。しかしフランスでは、これに加えて、憲法院の存在が特有の重みをもつ。すなわち、フランス公法学における習律は、上述したように、「公式に言明された場合には規範ヒエラルヒーと衝突するおそれがあるが、しかし尊重されている、実効的な諸慣習」と理解されている。仮にこれらの習律の規範的内容を議院規則という形で定めたとすれば、場合によっては、憲法院による違憲判断を受ける可能性がある。この問題構制を端的に示すものとして、一九五九年の議院規則の改正問題を取り上げてみよう。ミシェル・ドゥブレ首相（Michel Debré, 1912–1996）と与党との合意になる議院規則の改正案文によれば、国民議会では、討論を伴う口頭質問を行ったのちに、一定の条件下で、決議案の表決を行うことが認められていた。この表決はいわば問責質問としての性格をもち、内閣に対する不信任の効果的な手段となりうるものであったが、憲法院はこれらの改正案文を違憲と判断した〔憲法六一条により、議院規則は憲法院の必要的審査事項である〕。重要なのは、その際に憲法院長レオン・ノエル（Léon Noël, 1888–1987）が示した理由である。

「このような場合、政府と国民議会との合意は、憲法院にとって無関心事項（*res inter alios acta*）であり、いかなる効力も有しない。憲法が前提としている諸準則を適用する際に、望むなら、彼らの間で『妥協する』ことは自由である。これは政治に属するのであろう。だが憲法院が判断すべき唯一の問題は、憲法院に付託された法文が、憲法に適合するか否かである。この場合に、いかなる妥協であれそれに従うことは、憲法院にとっては、一九五八年九月二八日に採択された憲法典が、執行部と立法部との間の単なる合意で修正されてしまうことを認めるに等しいのである」[43]。

第五共和制憲法が政府優位のシステムを定めている以上、憲法が政府に付与した諸々の特権を制約するような議院規則の改正は、憲法典を改正しない限り認められない。すなわち、これらの特権を法的に制約しうるのは、関係機関の政治的合意による議院規則の改正ではなく、憲法自身に根拠をもつ規範のみである。しかし、法文解釈を離れて、習律としての次元で――すなわち「憲法が前提としている諸準則を適用する際に」――政治的妥協に基づく修正を行うことは別問題であり、これは憲法院の関知する問題ではない。…これが、憲法院の判断の基底にある論理であり、こうして、フランス第五共和制においては、憲法院による議院規則の厳格な統制にも拘わらず、ではなく、厳格な統制のゆえに、逆説的に、不文の習律に依拠する必要性が増大したのである[44]。政府優位型の統治構造を前提とした場合、政府が、様々な政治的考慮から、自身の特権の行使を自制し、あるいは――不文の諸要件に基づいて――その行使に自ら制約を課して、それが関係諸機関の合意を得、先例として確立したときには、ここに憲法習律の存在を看取しうることになる。

(32)　W. S. Holdsworth, The Conventions of the Eighteeth Century Constitution, 1932, 17 *Iowa Law Review* 161.

(33)　Avril, *op. cit.,* (note 17) p. 24.

(34)　この点につき、長く衆議院事務局委員部に奉職した平野貞夫氏は、次のように述懐している。曰く、「『逐条国会法』の勉強会のときに、政治論も含めてまともに議論できるのは弥富だけだった…。…国会法の勉強会のときに、法哲学的な意味も含めて議論をできる能力がある人はいないんだ。僕は自由な議論のときに議事法規の性格論をやったんだ。そのときに『国会の議事法規には完全に手続き法の部分と、ロー・オブ・ポリティックという、政治・権力活動を対象にする法という部分がある。この法律、この規則の何条は、どっちの種類のものか、あるいは両方の性格を持っているか、それは運営する人間、委員長なり議長の権限にかかってくるわけだ。そういう整理の仕方をしなければいかん』ということを言ったわけです。…弥富さんは理解したけれど、ほかの人間は何を言っているのか分からんわけだ。みんな解釈法学の手続法だと思っているわけだ。弥富さんは『その通りだ』と言うんだ。彼は、僕の言ったことを整理して、『国会議事法規の中には戦時国際法的性格がある』と言ったんだ。これは、分かっているということだ。それからウマが合うようになった」と（『平野貞夫オーラルヒストリー〔上巻〕』〔二〇一二年〕二二〇頁）。『谷福丸オーラルヒストリー』（二〇一一年）七三頁も参照〔同報告書は谷福丸（著）、赤坂幸一・中澤俊輔・牧原出（編著）『議会政治と五五年体制――衆議院事務総長の回想』（信山社、二〇一二年）として近刊予定である〕。

なお、平野発言中における「逐条国会法」の勉強会とは、知野委員部長の下において一九六三（昭和三八）年から一九六四（同三九）年にかけて開催された内部研究会のことで、その詳細については、赤坂幸一「〔解題〕事務局の衡量過程のÉpiphanie」（『逐条国会法〔第一巻〕』〔信山社、二〇一〇年〕所収）を参照されたい。

（35） Avril, *op. cit.*, (note 17) p. 24.

（36） Philippe Ardant, *Institutions politiques & droit constitutionnel*, 11e éd., 1999, pp. 67–68.

（37） Avril, *op. cit.*, (note 2) p. 53.

（38） Avril, *op. cit.*, (note 2) p. 48.

（39） 一九五八年憲法の規定もまた妥協の産物であり、三種類の制度構想を許容するような規定態様であった。すなわち、ド・ゴールの構想する大統領主導型の共和制（バイユー演説モデル）、ドゥブレの構想するイギリス型議院内閣制（首相主導型）、および、議会主導型の伝統的議院内閣制がそれである（Avril, *op. cit.*, (note 2) pp. 49–50）。

（40） Avril, *op. cit.*, (note 2) p. 89.

（41） Avril, *op. cit.*, (note 2) p. 90 et suiv.

（42） Avril, *op. cit.*, (note 2) Chapitre III.

（43） Léon Noël, *De Gaulle et les débuts de la Ve République*, Plon 1976, p. 42.

（44） Avril, *op. cit.*, (note 2) p. 95.

五　フランス議会法と憲法習律

先に見たプレローの言葉も示唆するように、フランス流憲法習律論の主たる土俵は、広義の議会法の領域にある。

最近年の論稿において、アヴリル教授が、自身がフランス憲法学・議会法学に導入した憲法習律論について次のように述懐するのも、同様の認識に基づいている。曰く、「…憲法学者は、法が生み出される場所を注意深く観察しなくてはならない。というのも、ここにおいてこそ、憲法が現実化するからである。人が知るように、ピエール(45)による先例の集積――ピエールはこの書〔『仏国議院典型』(46)〕に自身の名を結び付けている――を通じて、両議院の諸慣行が議会法を生み出したのである」(47)と。以下、四でみた分析枠組に従い、フランス議会法学で語られる憲法習律の典型例を検討することによって、その意義・射程を検討してみよう。

解釈型習律　フランス流習律論の第一の型、すなわち解釈型習律の典型例は、元老院における憲法四〇条（「国会議員が提出する法律案および修正案は、その可決が公的な収入源の減少または公的な支出負担の創設もしくは増大の効果を伴う場合には、受理されない」(48)）の適用のあり方をめぐるものである。すなわち元老院規則は、修正案が財政上の理由で予め受理されない旨の規定を置いてはおらず、むしろ――この問題に関する一九八二年のグゥ報告書が指摘するように――「慣行によれば、出来るだけ遅く、修正案に関する公的な議論が終了してから、かつ政府が不受理の抗弁を提起した場合にのみ、〔当該修正案を〕受理しないことが認められる」(49)。もちろん、政府にはこのような慣行を尊重する義務はない。しかし、政府提出の地方分権化法案(50)に対する議員修正案の審議に先立って、内務・地方分権化担当大臣ガストン・ドゥフェール（Gaston Defferre, 1910–1986）が憲法四〇条を援用しようとした際には、極めて激しい抗議に逢着することとなり、結局、各修正につき二回までの発言に審議を制限するという条件で、当該抗弁を撤回することを余儀なくされたのである。

ここでポイントとなるのは、憲法上の権限――政府に認められた、不受理の抗弁を提起する権限――の行使の仕方に関する解釈である。元老院規則は憲法四〇条の適用に係る一つの解釈（財政上の理由に基づく不受理の抗弁は contrôle *a priori* ではない、という解釈）を示すものだと理解する余地があるが、仮に、元老院が示したこのような解釈を政府が受け入れなかった場合には、政府側は様々な困難に逢着する可能性がある。そこで、政府は政治的妥協を行い、当該解釈を受け入れることに合意したのである。近年に至っても、二〇〇三年一二月九日、クリスティアン・ポンスレ元老院議長（Christian Poncelet, 1928-）は「万一の場合に憲法四〇条を援用するときは、その前に、修正案の提出者が説明の機会を持つことを政府が認めるという、元老院の慣習法（coutume sénatorial）が、例外的な場合を除いて尊重されるべきことを要望」し、憲法四〇条に係るこのような解釈型習律が有効に存続していることを示唆している。(51)

国民議会においても、憲法四〇条の適用に関する類似の慣行を指摘することができる。すなわち、憲法旧四八条三項（「月に一度の会議は、これを各議院が定める議事日程のために優先的に留保する」(52)）の定める会議で審議される議員提出法案については、これらの法案に係る大体審議(53)が終了した後に初めて、政府は憲法四〇条の不受理の抗弁を提起することができる。ここでもまた、憲法四〇条に定められた政府権限の行使に関して、一定の要件が充足された場合にのみ行使しうる旨の解釈型習律の存在を、看取することができるのである。

創設型習律　しかしながら、law/convention の二分法を前提とするイギリス・モデルの習律論がより典型的に妥当する規範群、すなわちアヴリル教授が創設型習律と呼んだ第二類型の習律こそ、憲法典・憲法院の存在のゆえに──逆説的に──フランス公法学の関心を集めた領域であった。ここにおける習律は、憲法条文の解釈から離れ、法とは異なる独自の領域を構成するものとして理解されているが、そのもっとも典型的な例は、上に見た国民議会規則のドゥブレ改正案のほか、水曜日に行われる政府質問（question au Gouvernement）に求められる。後者については、アヴリル教授の『議会法』がその政治法としての特質を剔抉しており、示唆に富む。いわく、

この政府質問は、ジスカール・デスタン大統領の奨めで一九七四年六月に創設されて以来、議長・委員長等会議(54)による毎週の決定以外に法的基礎をもたなかったにも拘らず、一貫して議事日程に組み込まれてきた。この

慣習は政府による受容のみに基づいており、政府は国家元首〔共和国大統領〕の奨めで、(1)憲法四八条の優先性を享受せず〔(旧)四八条は一回の会議しか質問に留保していなかった〕、かつ、(2)質問を受けた大臣が自ら答弁できるよう政府全体として出席することに同意しただけであるから、同慣習の永続的な基礎は〔あくまで〕政治的なものである。政府はこれを受け入れるが、そうする義務を負うわけではない。というのも、規則を改正して政府質問を規則に取り込もうとした時に、憲法院はかかる二つの革新を違憲と判断したからである（63-25 DC du 21 janvier 1964）。この出来事は習律の働きを示すものであり、習律によって、長い間の問題――すなわち質問に関する問題――が解決されたのであり、憲法改正をしなければ法的な解決に至ることはできなかったであろう。この憲法改正は一九九五年に行われた[55]。

すなわち、第五共和制憲法旧四八条二項〔現四八条六項〕は政府に対する口頭質問の制度を設けていたところ、ジャン・ジッケル教授（Jean Gicquel, 1937‒）が指摘するように[56]、運用の問題や、類似制度の伝統が欠如していたことから、適切に機能していなかった。このような背景を踏まえ、一九七四年、ジスカール・デスタン大統領（Valéry René Marie Giscard d'Estaing, 1926‒）の奨めにより、イギリスのクエスチョン・タイムに倣って、関係機関の合意に基づき政府質問の制度が習律上設けられることになったのである（question d'origine conventionnelle）。同質問は、憲法四八条に定める憲法上の質問制度（question d'origine constitutionnelle）とは別のものであって、議長・委員長等会議による毎週の決定のみを基盤としていた。すなわち、この習律が一九九四年一月二六日の国民議会規則改正によって規則上にとり込まれ、かつ一九九五年の憲法改正[57]が行われるまでの間、政府質問は習律上の存在であったわけである（なお、同規則の改正により、従来の口頭質問に関する章の規定すべてが削除され、その運営は議長・委員長等会議に委ねられることとなった[58]）。

法に反する習律　創設型習律がもつ上述の機能に鑑みれば、習律は、単に——非法的な領域で——法的準則とは異なった制度運用を可能とするだけではなく（例えば憲法上の質問制度とは異なる習律上の質問制度を創設するなど）、直接に、法準則（とくに憲法準則）の規範的内容を中立化し、あるいはこれと抵触することも想定されうる。アヴリル教授はこれを「法に反する習律（conventions *contra legem*）」と呼んでいるが、議会法の領域で法規範の「中立化」をもたらす習律の例として挙げられるのは、いわゆる議会留保（réserve parlementaire）である。[59] すなわち、国民議会の財務委員会は——一九八九年以降は元老院の財務委員会も——一定額の予算枠を与えられ、当該予算の配分の提案については、政府がこれを修正案という形で引き取ることが慣習となっている。上述のように、現行フランス憲法四〇条は、国会議員が提出する法律案および修正案が財政支出の増加又は国庫歳入の減少をもたらす場合には受理し得ない旨を定めているが、議会留保の慣習は、まさしく、憲法四〇条に基づくこの不受理要請を逸脱するものである。[60] ただし、同慣習は、直接に憲法四〇条の規定に違背するというよりは、いわばその趣旨を没却する運用であるという意味で、憲法四〇条の規範的要請を「中立化」するにとどまる。

これに対して、第二に、法準則の規範的内容に正面から違背するような習律が成立した例として挙げられるのが、代理投票の慣行である。すなわち、フランス憲法二七条二項（「国会議員の投票権は一身専属である」）は、長らく、政治アクター間の合意によって無視されてきた。というのも、代理投票の慣行によって、政府は与党会派の投票を確保することができ、また各議員グループは欠席構成員の投票を統制することが可能となり、さらに議員たちは、所用のために欠席することが容易になるからである。一九八六年一二月一九日の本会議において、社会主義議員団長のピエール・ジョクス（Pierre Joxe, 1934- ）が議事規則に関する発言を行い、[61] 憲法二七条の遵守を求めたが、議長役を務めた副議長フィリップ・メストル（Philippe Mestre, 1927- ）は次のように応答している。いわく、ジョクス議員、本人投票を行う条件については、各グループの長の合意により示され、国民議会の理事部および議長・委員長等会議によって承認されているところです。この合意により、本人投票を行うことができるのは、議長・委員長等会議で予めその旨決定されている場合だけだとされています[62]。

結局、投票総数四四二票中、賛成三二六票、反対一一六票で議案は可決されたのだが、再度、出席議員が二五名に過ぎないことを指摘したジョクスは、フランス民主連合及び共和国連合の議員から罵声を浴びただけに終わっている。こうして、憲法二七条二項は、議長・委員長等会議における合意に基づき、いわば黙示的に改正された状態にあったのだが、この状況に終止符が打たれるためには、一九九三年のセガン議長（Philippe Séguin. 1943-2010）の就任を待たなくてはならなかった。

(45) ウージェーヌ・ピエール（Eugène Adolphe Marie Pierre, 1848-1925）とその業績、およびわが国議会法実務との関わりについては、赤坂・前掲論文（注1）七一頁以下、および同「明治議院規則の制定過程(1)——委員会規則を中心として」議会政治研究六〇号（二〇〇一年）六四頁を参照。

(46) Eugène Pierre, *Traité de droit politique : électoral et parlementaire*, reprint Éditions Loysel, rééd., 1989.

(47) Pierre Avril, Les conventions de la constitution: une jurisprudence organique, in: *Écrits de théorie constitutionnel et de droit politique*, *Éditions Panthéon-Assas*, 2010, p. 153.

(48) 訳文は高橋和之（編）『[新版] 世界憲法集』（岩波文庫、二〇〇七年）に拠った（高橋和之担当）。ただし訳文を一部改めた。

(49) Ch. Goux, Président de la commission des Finances, *Rapport d'information sur la recevabilité financière des amendements*, Doc. Pari., n°753, 2 avril 1982, p. 11.

(50) ドゥフェール法案による一九八二年フランス地方制度改革については、久邇良子『フランスの地方制度改革』（早稲田大学出版部、二〇〇四年）四〇頁以下および同書六八頁の注九に掲げられた諸文献を参照。

(51) Avril, *op. cit.* (note 17) p. 26. しかし、そこに指摘されているように、このような元老院の解釈型習律については例外もあり、習律の成立を真に認めることができるかどうかには議論の余地がある。すなわち、一九九一年一二月二日、ＣＳＧ（社会保障負担金／一般福祉税）に関する討論の際、数多くの修正案に対して――その説明を待たずに――包括的に不受理が申し立てられた。また一九九三年六月二九日には、国民教育大臣が、政府提出のファルー法改正案に対する左派陣営の反対を抑え込むために、逐条審議の冒頭で約一〇の修正案について不受理の抗弁を提起している（ファルー法とは、一八五〇年に制定された、高等教育を除く諸教育に関する法律で、特にカトリック教育の自由を保障する法として知られる。現在では廃止されたが、一部の条文は教育法に受け継がれている）。

(52)　訳文について同上。なお、旧四八条三項は、二〇〇八年の憲法改正で次のように変更された上で同条五項に移されている。「月に一度の会議は、これを各議院が野党会派および少数会派のイニシアティヴに基づいて定める議事日程のために優先的に留保する」。

(53)　大体審議（discussion générale）は、委員会報告提出後に各会派の代表者により行われる審議手続で、法案の逐条についてではなく、法案全体の趣旨について行われる。

(54)　Conférence des présidents の構成メンバーについては、Avril, *op. cit.,*（note 17）p. 79 et suiv.

(55)　Avril, *op. cit.,*（note 17）p. 26.

(56)　Jean Gicquel, *Droit constitutionnel et institutions politiques,* 17e éd., Montchrestien 2001, p. 659 et suiv.

(57)　同改正により、憲法四八条二項には au moins（少なくとも）の二語が加えられた。これにより、同項は「週に少なくとも一度の会議が、国会議員の質問と政府の答弁のために優先的に留保される」となった（訳文について同上）。

(58)　したがって、国民議会規則の同改正の趣旨は、各議院が、政府との合意の下に、自由に政府統制に係る議事を行なえるようにする点に存したと言えよう。Avril, *op. cit.,*（note 18）p. 97.

(59)　Avril, *op. cit.,*（note 17）p. 27.

(60)　V.E. Douat, La réserve parlementaire sous la Ve République, *Le financement des parlements,* colloque de Lille 1997.

(61)　議事規則に関する発言の動議（rappel au règlement）があった場合、優先的に発言権が与えられる。D.W.S. Lidderdale, *The Parliament of France,* The Hansard Society, 1951, p. 149.

(62)　AN 19 décembre 1986, p. 7959.（フランス国民議会の議事録は、同議会のＨＰからインターネットで閲覧が可能である。）

六　政治法という関心

フランス憲法学・議会法学における習律論の展開は、その背後に、政治法という領域への関心の高まりを有している(63)。たとえば、習律論導入の嚆矢となったウワンノー教授は、イギリスの第一次選挙法改革をめぐる憲法秩序の変動を素材として、憲法諸機関の相互関係の動態を視野に入れた考察が必要であることを指摘した。すなわち、一八世紀後半までのイギリスの内閣は君主が議会に対してパトロネージを行うための手段にすぎず、大臣達は君主の従僕であった（したがって内閣の同質性、連帯責任は確立しなかった）。ところが、一九世紀前半の選挙制度改革（とくに一八三二年人民代表法による第一次選挙制度改革）により君主パトロネージが実効性を喪失し、君主・貴族が影響力を失ったことに伴い、内閣は庶民院に基盤を持つようになった（たしかに、内閣の存続が主として下院に依存することは一七世紀以来認められていたが、第一次選挙制度改革までは、下院議員の多くは貴族と個人的つながりを持っていたことから、貴族院も相応の政治的影響力を有していた）――このような諸関係の変遷を視野に入れなくては、イギリス憲法秩序の実際の姿も、したがってイギリス憲法理論における習律論の意義・内容も理解し得ないのだ、と(64)。実際、ジェニングス教授も、第一次選挙制度改革を中心とする政治諸力の変動により、イギリス憲法の基盤が大きく変質し、従前の先例（precedents）は実効性をほとんど喪失した、と指摘している(65)。

同様に、フランス第三共和制以降、現在に至るまでのフランス憲法秩序の現実の有様も、政治諸力の動態を考慮することでしか十分な分析は不可能である。しかし、そこで政治的拘束力をもつ憲法習律は、規律されるべき政治アクターの合意によって初めて――ときに法の規律を迂回しつつ――生み出される点で、不可避的に *droit politique*(66) としての性質をもつ。アルメル・ル・ディヴレク教授によれば、このように喝破しつつ、成文規範、とりわけ成文憲法典のみに着眼するナイーヴな憲法論と袂を分かったのが、他ならぬアヴリル教授、その人であった[67]。

このように見てくると、わが国の憲法学・議会法学においても、その「政治法」――又は比喩的に「戦時国際法」としての性格――をも考慮しつつ形成・蓄積・吟味されてきた[68]、議会先例のあり方、および議会運営実務のあり方について、習律論を視野に入れつつ、憲法学の正統な考察対象として取り込む必要性に気付かされる。わが国における憲法習律への言及は、殆どの場合、内閣による議会解散権の行使に対する習律上の制約の有無・態様をめぐって展開されてきた（上述のフランス憲法学の分類でいえば、憲法七条・六九条をめぐる「解釈型習律」に該当するものといえよう[69]）。が、イギリスの伝統公法学や、近年のフランス憲法学・議会法学で論じられている習律は、より広汎な内実をもち、とくに議会法の領域においては、政治アクター間の行動を規律する相互了解が重要な役割を有することから、議会先例が大きな重みを有してきた（メイやピエールの先例集を想起されたい）。

この点、(1) law/convention の二分法を前提とするイギリス公法学においても両者の区別は相対的であること、(2)議会内手続に関わる parliamentary convention なども習律論の一内実として把握され、convention のカバーする領域は広範であること、(3)従来のわが国の習律論は――成文憲法典・憲法院の存在のゆえに逆説的に習律論の比重が増したフランス公法学にいわゆる――解釈型習律（しかも憲法七条・六九条をめぐるそれ）のみを対象とする断片的なものであったこと、加えて、(4)憲法習律（convention of the Constitution）の概念は本来、裁判法規たる憲法（law of the Constitution）との対比を前提としていたが、フランス公法学においては――後者が成文憲法律・憲法典に限定されるという屈折した形で導入されつつ――憲法院の存在のゆえになおこの対比が維持されたのに対して、わが国では、原則として司法権行使の対象とはならないはずの解散権行使のあり方をめぐって習律論が展開されてきたことなどからすれば、習律論は、厳密な意味での law/convention の二分法を必ずしも前提としない、広範な射程をもつ柔構造の議論枠組として把握することもでき、とりわけ、憲法原理に関わりをもつような議会先例については、習律論の観点から憲法学の考察対象に取り込んだ上で、当該先例の憲法的根拠・原理を探求することが必要となろう。

（63）Baranger, *op. cit.*,（note 5）p. 176 et suiv.; Avril, *op. cit.*,（note 2）p. 157 et suiv. Jus Politicum 誌の第1号の特集が droit politique であったことも、併せて想起されよう。
（64）Uwanno, *op. cit.*,（note 3）pp. 22-38.
（65）Jennings, *Cabinet Government*, 3rd ed. University Press, 1959, p. 8.
（66）もちろん、かのウージェーヌ・ピエールの著書名に着想を得たものである。
（67）Armel Le Divellec, preface, in: in: *Écrits de théorie constitutionnel et de droit politique*, *Éditions Panthéon-Assas*, 2010, p. 9.
（68）前掲注（34）を参照。
（69）赤坂・前掲論文（注17）を参照。なお、校正段階で内野広大「憲法と習律――Dicey 伝統理論と『議会主権論』の基底にあるもの（1）～（3）完」法学論叢一六六巻三号～一六七巻四号（二〇〇九～二〇一〇年）に接した。

七　議会官僚と憲法秩序

議会先例の形成と議会官僚　ところで、わが国において議会先例の蒐集・編纂において主たる役割を担うのは、本会議については議事部議事課、委員会については委員部調査課（参議院では委員部調整課）であり、すなわち議会官僚たちの果たす役割を看過することができない。この点、稿者はかつて次のように指摘したことがある。[70]

…〔憲法習律の成立には合理的な基盤・根拠が必要であるとされる点につき〕この観点から、議会先例との類比が興味を惹く。すなわち、議会先例は単なる事例・先例の集積ではなく（したがって『先例集』は単なる『事例集』ではない）、一定の取捨選択・価値判断を前提としているが、その際には、(a)反復性の有無、(b)特殊例外的なものか否か（会期末の混乱期における特殊事例等は掲載されない）、(c)議員の意向（議運決定の有無など）を総合的に考慮しつつも、事務局なりの価値理念・憲法解釈・法解釈といったものもある程度反映されているのである（「あるべき議会政治像」を念頭に置いた、事務局の主体的な衡量過程の介在）。この観点からすれば、現行「議会法」の有様を総体的に理解するためには、(1)事務局における先例編纂過程を検証すると共に、(2)『国会法逐条検討資料』・『逐条国会法』を検討することが不可避の課題である（(2)は『先例集』の編纂と併行して行われたという側面がある）[71]。

(1)の先例編纂過程について付言すれば、わが国の議会運営実務において、諸事例・先例の蓄積や取捨選択は二段階で行われる。すなわち、原則として各会期の終了後に行われる「先例（検討）会議」において、当該会期における議会運営実務上の問題点や重大事例の分析・検討、および諸事例の集積・更新を行った上で、この基礎的データを基にしつつ、「先例会議」とは別に、ほぼ一〇年間隔で編纂される『先例集』の編纂作業を行うための「先例集編纂会議」が開催される。したがって、議会先例・習律の根拠の探求という観点からは、この過程に顕れる議会官僚の衡量過程を解明することが必須の課題になるのであるが、この点、平成六年版『衆議院委員会先例集』の編纂に着手した当時の先例検討会において平野貞夫氏（当時委員部長）が行った訓示は、極めて興味深い（□は判読不能箇所を示す）。

昨年暮〔平成元年末〕、委員会先例集の改定作業に入ることをお願いした。今回の先例検討会が、いつもと異なっている点は、改訂作業を前提として、さまざまな問題が提起されるということである。

…ご承知のように、私達が事務の根拠にしている議事法規という成文法は、一般的・抽象的に制度・権限や手続を規定しているもので、さまざまに展開する政治運営の現象の全てに対応できるものではありません。また、わが国は一度できた制度や手続は、簡単に改正できない政治風土をもっていて、長い歴史の中で、政治の構造が変った場合なんか、文理にこだわって適用することが適切でない場合がしばしばあります。

そういった法規を補完したり、事実上修正したり、法規にない条理的なもの〔を〕まとめたり、あるいは、幅の広い法規の解釈を限定するのが、一般的に先例であります。「先例」を概念づけることはきわめて困難なことですが、多くの場合、事例が集積されて、事実上の拘束性を生じている場合もあります。同時に、状況のあり方によっては、まったく逆の方法によって処理するという場合もあり、きわめて流動的でダイナミック〔な〕性格を持ったものです（国会運営における「先例の優越的□□」）。[72]

議会運営実務の担当者による如上の考察は、議会先例のもつ習律――しかも解釈型習律から創設型習律および「法に反する習律」に至るまでの各種の習律――としての特質に着眼するものとして理解できよう。このような観点から、議会先例の形成・運用過程における議会官僚の「衡量」の顕現作法を理解するために、具体例として、内閣の意見聴取をめぐる解釈問題と、委員指名なき特別委員会の開会の問題、および、内閣信任決議案の取り扱いをめぐる議会先例を取り上げ、若干の検討を行うこととする。

内閣の意見聴取　第一に、国会法五七条の三（及び衆議院規則四八条の二）は、①予算総額の増額修正、②委員会提出にかかる予算を伴う法律案、③議員発議にかかる予算を伴う法律案、および④法律案に対する修正で、予算の増額を伴うもの若しくは予算を伴うこととなるもの、の四者について、内閣に意見を述べる機会を与えるべき旨を規定している。この制度は、国会の立法権（憲法四一条）と内閣の予算編成権（憲法七三条五号）との調整を図ることを目的として、昭和三〇年の国会法及び衆議院規則の改正で設けられたものであるが、「予算を伴う」法律案・修正であるか否かは、相当に微妙な判断を要する事柄である。たとえば、(a)法律案中に「努力目標」ないし施策の方針として、予算措置を講ずべき旨が定められている場合、あるいは、(b)法律案中に予備費をもってその財源に充てるべき旨が定められている場合は、「予算を伴う」法律と言えるだろうか。前者については、昭和五〇年六月一〇日の衆議院議院運営委員会理事会における藤野重信総長の「説明」により、未だ具体的に予算の増額をもたらすものではないから、「予算を伴う」とは言えない（従って内閣の意見聴取の必要はない）とされたが、後者については、昭和三〇年三月一五日の各派協議会における大池眞総長の「説明」により、既提出予算の枠内における予備費の支出であるから、同じく「予算を伴う」とは言えないとされつつ、しかし内閣の意見を聴取した例も存在する。しかも参議院では、予備費は「予見し難い予算の不足」（憲法八七条）のために計上されるところ、これを議員立法により特定使途に自由に流用することは認められないとの考慮から、「予算を伴う」法律案になる（＝内閣の意見聴取を要する）と解されている。いずれの結論によるにせよ、憲法の趣旨に適合する範囲内で、すなわち憲法四一条・七三条五号の整合的な解釈の枠内で、国会法・議院規則の解釈・適用を行うことが必要であり、議院運営委員会（又は同打合せ会）における決定や事務総長の説明に示される根拠・理由と、具体的事例の蓄積とによって、解釈型 convention の成立が期待される分野である。

委員指名なき特別委員会の開会　第二に、フランス憲法学の分類にいう「法に反する習律（conventions *contra legem*）」について語る余地もある。著名な例としてはいわゆる機関承認の問題があるが[73]、ここでは、委員指名なき特別委員会の開会という問題を取り上げてみたい。ノン・ルール状態の議会においては、特別委員会の設置それ自体に反対する会派が、設置の議決後にも抵抗して、自派の推薦する特別委員候補者の名簿を提出しないことから、特別委員の指名が行えないという事態が生じることがある。ここでは、長らく衆議院事務総長秘書を務めた今野彧男氏の述懐に耳を傾けてみよう。

知野総長時代の話と関連しますが、沖縄及び北方問題に関する対策樹立のために、委員五〇名の特別委員会を設置した時のことです。社会党は設置に反対でしたが、本会議で議決されて、社会党など野党に一九名（社会九、公明五、民社三、共産二）の委員の割り当てが来ます。しかし、自分たちはその特別委員会の設置に反対だから審議に参加しないといって、〔民社党を除き〕名簿を出しませんでした。そこで議長は五〇名の委員なのに三四名の委員だけ指名して、その状態で委員会を開いて議決して、参議院に送り議案を成立させる、そういうことをやっています。[74]

こういう事例は『先例集』には書けません。つまり、特別委員会を設置していながら、ある会派が特別委員会の名簿を出さないがゆえに、その人数を欠いたまま審議を行ったという先例は、『先例集』には載りません。それは会議体の運営として正しいかどうかというと、やはり疑問が残るからだと思います。[75]

この当時は、昭和四七年一月冒頭に佐藤栄作総理が沖縄返還協定署名のため渡米することが決定しており、自民党は審議を急ぐ必要から、昭和四六年一二月二九日の第六八回常会召集日当日、継続審議の沖縄返還協定関連法案を参議院で可決し、衆議院に送付した上で、翌三〇日、衆議院でも特別委員会を設置して採決ののち、本会議に緊急上程して可決・成立させるという強行手段を採った。ただし、先例集がこのような委員会運営について完全に沈黙しているわけではなく、平成一五年版の『衆議院委員会先例集』付録第五表の備考には、「特別委員会設置の当日、議長が、申出のあった会派の委員候補者を特別委員に指名し、申出のなかった会派については、後日〔昭和四七年三月二日〕、その申出により、指名したことがある」として、第六八回国会沖縄及び北方問題に関する特別委員会の事例が掲載されている。しかし、ここでのポイントは、極限の政治的緊張の中、未だ各会派の特別委員の指名が完了しない段階で、国会法四六条一項にも拘らず、当該委員会の開会能力・議決能力を承認しうるか否かであり、この点についての記述は『先例集』に見当らない。今野氏は、このような委員会運営につき「会議体としての条理に反するんじゃないか[76]」と述べ、また参議院の場合は、このようなケースではそもそも委員会が構成されていない、と考えられている。(77) この意味で、たしかに正規の委員会運営からの逸脱事例と見ることができようが、議会習律の成立要件という観点からは、今野氏が野党会派の「黙示の同意」があったのではないかと推測している点が興味を惹く。いわく、

私は、このときはもう事務総長秘書を離れていて、請願課にいた時代でしたが、職場の中で議論はしました。あれでいいのかねというようなことは話しましたけれども、多分、これは議運の理事会で、「社会党は委員名簿を出さないと言っております、したがって、社会党など一六名（社九、公五、共二）については委員の指名ができません、しかし、全員揃わないまま審議を進めることについては社会党も内々に同意しているようですから、特別委員会は社会党の参加のないまま審議を進めるしかないと思います」、知野さんがそんなふうな説明を議運の理事にしたと思いますね。これは記録にも何も残っていませんけれども。それでよかろう、ということになったのでしょう。社会党の理事もその議運の席には出ていて、「君ら、やりたければやればいい、おれたちは特別委員会の設置に反対なんだから委員は出さない」というようなことで、突っ張ったまま認めたんじゃないかと思います。(78)

今野氏の述懐はあくまでも推測の域を出ないものであるが、近年においても、第一六二回国会の郵政民営化特別委員会で類似の事例（野党の民主党会派及び社民党会派が委員指名候補者の名簿を提出せず、自民・公明・共産の各会派の特別委員のみで、定数不足のまま審査が行われた）が繰り返された。野党会派の黙示の承認があるとしても、この種の先例――見方によっては国会法四六条一項に反する議会習律――の有効性について疑義を呼ぶことは確かであろう。

内閣信任決議案　最後に、内閣信任決議案（憲法六九条）と『衆議院先例集』との関係について取り上げてみよう。すなわち、平成四年の宮澤喜一内閣に対する信任決議案は、日本国憲法体制下で初めて採決されるに至った内閣信任決議案であるが、平成六年刊行の『衆議院先例集』には、意図的に、この事例は掲載されなかった。当時、議事

部長として『先例集』の編纂を主管していた近藤誠治氏は、この点につき次のように述懐している。

…一つは、内閣信任案を載せなかったということです。…内閣信任案は、『先例集』的には、提出を認めないとまでは言いませんけれども、議会において信任案の存在というのはやはり、少なくとも私から言えば否定的に関わるべきである、ということです。憲法典に書いてあってなおかつ否定的に関わるということに、ある意味では私どもは自負を持っております。…それは議会運営として、与党サイドが先に仕掛けていったら、野党の少数意見なり最大の議院内閣制における内閣弾劾権〔＝内閣統制権〕を〔一事不再議の原則のために〕早々に奪ってしまうということになります。…一事不再議論でもっと極端に言えば、会期の当初あたりで内閣信任を可決しておけば、もうこの国会は、それは事情変更というのは当然あるからちょっとのんきな議論かもしれませんけれども、ある一面においては、内閣不信任案を危惧しながら国会運営をする必要がない、ということになっていきます。(79)

もちろん『先例集』には、議会内で生じたすべての事柄が記載されるわけでもなければ、重要な事柄のすべてが記載されるわけでもない。各部課において日々、各種事例の蓄積が行われるけれども、その中から何を先例として取り上げ、何を取り上げないかを判断するに当っては、議会官僚の憲法解釈・法解釈が介在しているのであり、近藤氏の述懐はこのことを示して余りある。だが、内閣信任決議案の提出権の行使のあり方に関する限り、convention の形成は、実務担当者の予期に反した方向に展開してゆく。

もっとも今は、参議院の問責を正当化するために内閣信任決議案を使わざるを得ないという状況になっていますから、これはもう否定できないことになっています。だから、参議院の問責は何の憲法的効果もございません、何か政治的なパフォーマンスだというふうに言っておれないことにもなります。だから、平成六年の『先例集』

で、その点に関しては足りなかったかもしれません。あれからがらっと変わっていますから。(80)

衆参の関係、とくに参議院の組織法・権限法をめぐる「憲法改革」問題については、本論文集に収載の田村論文・木下論文・大島論文が示唆する通り、憲法（附属法）の改正を通じた根本的な制度改革が必要であると思われるが、それとともに、以上のことは、権限行使のあり方（convention の形成）をめぐる「賢慮」を通じた制度改革の途を探るという手法にも、検討の余地が存することを示している。(81)

(70) 赤坂・前掲論文（注17）一五六頁（注61）。この点については、近藤誠治（著）、赤坂幸一・奈良岡聰智（編著）『立法過程と議事運営――衆議院事務局の三十五年』（信山社、二〇一一年）五二～六二頁も参照。
(71) 以上について、赤坂前掲論文（注34）も参照。
(72) 「平野貞夫日記」〔未公刊〕平成二年二月八日の条の別紙資料。同日記は、『平野貞夫日記〔全四巻〕』として信山社より刊行準備中である。
(73) この点については、本論文集に収載の原田論文を参照されたい。
(74) この点は誤りで、精確には、参議院からの送付案につき委員会で可決したものである。
(75) これについては、今野彧男（著）、赤坂幸一・奈良岡聰智（編著）『国会運営の裏方たち――衆議院事務局の戦後史』（信山社、二〇一一年）二九七～二九八頁。
(76) 同三〇二頁。
(77) 前掲書（注34）『谷福丸オーラルヒストリー』一四〇頁も参照。
(78) 今野ほか・前掲書（注75）三〇三～三〇四頁。
(79) 近藤ほか・前掲書（注70）三一九～三二二頁。
(80) 同三二三～三二四頁。
(81) この点につき、赤坂幸一「参議院をどうするのか」朝日ジャーナル増刊『政治の未来図』（二〇一一年）四二～四四頁も参照されたい。また包括的な参議院制度の改革構想を提示するものとして、参議院の将来像を考える有識者懇談会の報告書（二〇〇〇年四月二六日）を参照。

八　終わりに

本稿では、わが国で生成・発展してきた議会先例のごく一部につき――イギリス憲法理論に由来し、フランス憲法学・議会法学へと移植が試みられている――習律論という観点から覗き見ることを試みた。習律論、及びその背景にある droit politique という関心自体、イギリス固有の law/convention という二分法から出発しつつも、習律概念自体に含まれる振幅や、その外延の不明確さに由来する対象領域の不明確さも手伝って、逆説的に、従来憲法学・議会法学の検討対象から抜け落ちて来た広範な領域――多くは憲法史学や政治史学、政治学との交錯領域――を、憲法学の対象として取り込む契機を内在させている。だが、少なくとも、「国権の最高機関」たる国会を構成する両議院が、その相互関係や内閣との関係を含めて、どのように規律・運用されるかは、憲法学の本来的な対象領域であるはずであって、このような観点から、議会運営・議会先例の形成に関与する「議会官僚」の営みを解明することこそ、稿者に課せられた目下の課題である。

最後に、大石眞先生には、稿者が京都大学法学部在学中に受けた講義・ゼミから、大学院における研究、そして現在に至るまで、測り知れない学恩を受けている。研究職を志望し、指導教授をお引き受け頂くために先生の研究室の扉を叩いた日のことは、今でも克明に思い出される。その後は文字通り、文献の探し方から憲政資料への接し方、フランス語の発音の仕方に至るまで、ユーモアを含めた暖かなご指導を賜った。これまでの感謝を申し上げると共に、今後も末永くご活躍されることを、心より祈念しています。

＊本稿は、平成二一年度～二三年度科学研究費（基盤研究（A）「衆議院事務局の未公開資料群に基づく議会法制・議会先例と議院事

務局機能の研究」（研究代表者：大石眞）、平成二三～二四年度科学研究費（若手（B））「議会法・議会先例の形成過程の解明」（研究代表者：赤坂幸一）、JFE二一世紀財団二〇一〇年度アジア歴史研究助成、日本証券奨学財団平成二二年度研究調査助成、および平成二四年度旭硝子財団研究助成「統治システムの運用の記憶——憲法習律と議事法の解明に向けて」（研究代表者：赤坂幸一）による研究成果の一部である。

八　終わりに

23 法律案修正権の行使とその限界

奥村公輔

曽我部真裕・赤坂幸一 編
大石眞先生還暦記念
『憲法改革の理念と展開（上巻）』
二〇一二年三月　信山社

23 法律案修正権の行使とその限界［奥村公輔］

一　はじめに

㈠　問題の所在

我が国の憲法学において、法律案提出権とは対照的に、法律案修正権（以下、修正権と表記）が憲法上どの条文によって根拠付けられるのかはほとんど議論の対象となっていないが、近年、法律案修正の活発化が叫ばれるようになった。

例えば、大山礼子教授は、「最初から議員立法に頼るのではなく、内閣提出法案の修正を活用する方法が現実的である。内閣提出法案の内容を精査し、法律で規定すべき事項が抜けていると国会が判断したときは、行政府の裁量を抑制するための修正を実施すればよいのである。もちろん、内閣自身に法案修正（内閣修正）を求めることも検討されてよい」(1)として、国会審議の活性化のために修正権を活用することを提案している。

また、国会法五七条は、国会議員の修正案提出に人数要件を課しているが、大石眞教授は、立法機能に対する「事前規制」の緩和の一つとして、この現行法上の規制の撤廃を提案している。(2)この提案も、国会議員による修正案提出を活発化させることによって、国会での審議を活性化させることに狙いがあると言えよう。

こうして、近年、修正権の憲法上の根拠付けについての議論は未だ見られないものの、少なくとも法律案修正の活発化が議論の対象となってきたのである。

しかしながら、修正権の行使における制約については学説上何ら議論されていない。

実定法も、この点についてほとんど沈黙している。まず、国会議員の修正動議を規律している国会法五七条及び議院規則（衆議院規則四七条・一四三条、参議院規則四六条・一二五条）は、修正案の提出についての手続上の要件を定めてはいるが、修正案の内容については何ら制約を課していない。

また、内閣修正を規律している国会法五九条は、議院の同意がなければ受理されないこと及び先議院で法律案が議決されたらもはや修正できないことを定めているが(3)、国会議員の修正動議と同様に修正案の内容について何ら制約を課していない。のみならず、内閣法制局設置法三条一号が内閣提出法律案の提出手続を定めているのとは異なり、国会法五九条は内閣修正案の提出手続について何ら定めていない。

それでは、およそ修正案の提出にはいかなる内容上の制約も存在せず、また、内閣修正案の提出にはいかなる手続上の制約も存在しないのであろうか。

(二)　比較対象としてのフランス

フランス第五共和政において、一九五八年憲法は、三九条一項で「首相と国会議員は競合して法律案提出権（l'initiative des lois）をもつ」と定めつつ、四四条一項で「国会議員と内閣は修正権（le droit d'amendement）をもつ」と定めており、憲法典は、内閣及び国会議員に修正権を付与している。しかしながら、修正権の行使には何ら制約が無いわけではない。

(a)　修正案の内容上の制約

まず、およそ修正案の提出には一定の内容上の制約が課せられる。

従来、憲法典は、一定の場合に修正案を不受理とする旨（四〇条、四一条一項、四四条二項、四四条三項、四五条三項、四五条四項）を定めているものの、およそ修正案がいかなる内容上の制約に服すかについては何ら規定しておらず、議院規則がこれを規定してきた。

また、判例も修正案の提出において内容上の制約を課してきた。つまり、憲法院は立法手続の憲法適合性について統制しており、修正案の提出が憲法上の立法手続準則に適合していたかどうかを審査している[4]のであるが、憲法典が修正案の内容上の制約について何ら定めていないので、憲法院は憲法典の解釈により導き出した、憲法院独自の又は議院規則に由来する内容上の制約を修正案に課してきたのである。

そして、二〇〇八年七月憲法改正によって、憲法四五条一項は「……修正案は、提出又は送付された原文に間接的であれ関連性を有するものはすべて、第一読会において受理することができる」（二文）と定め、修正案の内容上の制約が憲法典によって明示されることになった。

(b) 内閣修正案の手続上の制約

次に、憲法三九条二項は「政府提出法律案（projet de loi）[5]は、コンセイユ・デタの意見を聴いた後に、閣議で審議決定し、両議院のいずれかの理事部に提出する」と定めているのに対して、四四条一項は「国会議員と内閣は修正権をもつ」とだけ定めていて、憲法典は内閣修正案の提出手続については何ら規律していない。したがって、政府提出法律案に課せられる提出手続が内閣修正案にも課せられるかどうかが問題となってきたが、憲法院はこれについて判断を示している。

(c) 本稿の目的

したがって、本稿は、このようなフランス法の議論[6]を検討する。まず、およそ修正案の内容上の制約を検討し、次に、内閣修正案の手続上の制約を検討する。これらの作業を通じて、およそ修正案の提出における内容上の制約、及び、内閣修正案の提出における手続上の制約についての我が国への示唆を検討することが本稿の目的である。

（1）大山礼子『国会学入門（第二版）』（三省堂、二〇〇三年）一八四頁。なお、内閣修正とは、「内閣が提出した議案について、その内容を内閣自らが修正すること」をいう。浅野一郎＝河野久編『新・国会事典（第二版）』（有斐閣、二〇〇八年）一三八頁。

（2）大石眞「立法府の機能をめぐる課題と方策」初宿正典ほか編『国民主権と法の支配（上巻）』（成文堂、二〇〇八年）三〇八－三〇九頁。

（3） 内閣修正は、厳密には、先議院において議題となる前と後で二つに分けられる。先議院において議題となる前は、議院の承諾は必要なく、内閣は修正通知をもって、修正を行うことができる。したがって、この場合は、国会法五九条の射程ではない。反対に、先議院において議題となった後は、同五九条の射程となる。榊正剛「法律案の提出」大森政輔＝鎌田薫編『立法学講義』（商事法務、二〇〇六年）一六七頁。

（4） Dominique Rousseau, *Droit du contentieux constitutionnel*, 8e éd., Montchrestien, 2008, pp. 141-142 : Guillaume Drago, *Contentieux constitutionnel français*, 2e éd., PUF, 2006, pp. 391-395. なお、憲法院が立法手続の憲法適合性統制を行うようになった経緯については、拙稿「『立法手続と司法審査』の再構成——フランスにおける法律案提出手続に対する裁判的統制を素材として」比較憲法学研究二二号（二〇一〇年）一七一-一七三頁を参照。

（5）「projet de loi」については、憲法三九条一項によれば、法律案提出権は首相に帰属するので、「内閣提出法律案」と訳すべきようにも思われるが、しかしながら、憲法九条により閣議は大統領によって主宰され、憲法三九条二項により執行府提出の法律案は閣議で審議決定されるので、大統領もこの提出に関与する。したがって、本稿では「projet de loi」を大統領をも含意する「政府提出法律案」と訳すことにする。

（6） なお、フランスにおける修正権に関する邦語文献として、福岡英明『現代フランス議会制の研究』（信山社、二〇〇一年）一五-三八頁、徳永貴志「フランス第五共和政における修正権と政党システム」一橋法学七巻二号（二〇〇八年）三一七-四〇七頁、同「フランス憲法改正における修正案提出権の現代化」工学院大学共通過程研究論叢四六-二号（二〇〇九年）六三-七五頁を参照。

二　修正案の内容上の制約

（一） **議院規則上の制約**

二〇〇八年七月改正までは、憲法典はおよそ修正案の内容上の制約については何ら定めておらず、議院規則がこれを定めてきた。

(a)「関連性準則」

国民議会規則（以下、国規と表記）旧九八条五項一文は、修正案は、「対象とするテキストに実効的に組み込まれる場合にしか、追加条項に関しては、政府提出法律案又は議員提出法律案の枠組みで提案される場合にしか、受理することはできない」ことを定め、元老院規則（以下、元規と表記）旧四八条三項は、「修正案は、対象とするテキストに実効的に組み込まれる場合にしか、追加条項に関しては、審議中のテキストの目的とのあらゆる関連性（lien）を奪われていない場合にしか、受理することはできない」ことを定めていた。

この受理に関する規定は、元老院規則における追加条項に関する規定が示すように、修正案にはその対象とするテキストとの関連性が必要であることを示している。いわゆる「関連性準則」である。したがって、テキストとの関連性がない修正案は受理されない。争いがある場合には、その受理の問題は、審議の前に、議院の決定に付され、修正案の起草者、反対者、委員会及び内閣は、これに関与することができる（国規旧九八条五項二文・三文、元規旧四八条四項）。

このように、修正案の受理については、議院自身が審議される法律案と修正案との関連性を判断する。しかしながら、立法手続の憲法適合性を審査する憲法院は、議院規則の照会規範（norme de référence）性を否定しておきながら、[(7)] 後述するように、修正案の提出手続の憲法適合性の判断に際して、憲法典の解釈により導き出した準則として、関連性準則を用いていくことになる。

(b)「漏斗準則」

また、議院規則は、両議院によってすでに可決されている規定はもはや再検討されることはできず、同一の文言で可決されていない規定についてのみ審議することを定めている（国規一〇八条三項・四項、元規旧四二条一〇項・一一項）。これによって、第一読会後に完全に新しい規定を導入する修正案（＝追加条項）及び両議院の合致した採決によって可決又は否決された規定を再検討する修正案は受理されない。[8] ただし、可決された条項との調整を確保する又は実質的な誤りを訂正する場合には、修正案は認められる（国規旧一〇八条五項、元規旧四二条一一項の二）。これは、いわゆる「漏斗（entonnoir）準則」と呼ばれるもので、第五共和政以前の諸先例に由来し、第五共和政において両議院の規則において明文化されたものである。[9]

しかし、後述するように、この「漏斗準則」は、近年まで、内閣修正案に関しては、憲法院によって完全に死文化させられていた。

（二）判例法上の制約の変遷

このように従来、修正案の内容上の制約は憲法典ではなく議院規則によって定められてきた。憲法院は、議院規則の照会規範性を認めなかったので、修正案の提出手続の憲法適合性の判断に際して、議院規則に違反するかどうかを審査することはなかったが、憲法典から導いた解釈として、議院規則に由来する、あるいは、独自の内容上の制約を修正案に課してきた。

(a) 両院協議会後の「関連性準則」及び「内在する限界」の確立と「漏斗準則」の否定

(i) 最初の判決

修正案の内容上の制約に関する最初の判決は、一九八〇年七月二二日判決[10]である。この事例では、第二読会において内閣が提出した追加条項が、憲法上「漏斗準則」を定めていると提訴者が主張する憲法四二条二項及び四五条一項に違反するかが争われた。[11]

憲法院は、その追加条項が国民議会及び元老院によって順次同一の文言で可決されたことから、四二条二項及び四五条一項は尊重された［Con. 3］と判示した。つまり、本判決は、第二読会での追加条項を認めた[12]のである。

しかしながら、この判決が議院規則上の「漏斗準則」を憲法準則として取り入れることを完全に否定したかどうかは明確ではなかった。実際には、これから見ていくように、憲法院は、両院協議会（comission mixte paritaire）後の修正案の事例において、「漏斗準則」が憲法準則であることを否定していくことになる。

(ii) 両院協議会での成案起草失敗後の「漏斗準則」の部分的否定と「関連性準則」の確立

① 両院協議会での成案起草失敗後の追加条項の認容

次に、両院協議会での成案起草失敗後の内閣による追加条項の導入が憲法四五条に違反するかどうかが争われた事例で、一九八一年一二月三一日判決(13)は、「両院協議会によって起草された成案がない場合……国民議会の〔新たな読会での〕審査について、憲法四五条は、修正権の行使への制限を予定していない」[Con. 10]（傍点：引用者）と判示した。憲法院は、両院協議会での成案起草失敗後の読会におけるまだ同一の文言で可決されていないテキストに対する追加条項は、憲法上禁止されないことを明確にしたのである。これは、議院規則上の「漏斗準則」が第二読会以降の追加条項を禁止しているにもかかわらず、両院協議会での成案起草失敗後の読会での内閣による追加条項を認めるものであった。

② 両院協議会での成案起草失敗後の「関連性準則」の確立

同様に、両院協議会での成案起草失敗後の内閣による追加条項の導入が問題となった事例において、一九八五年七月一〇日判決(14)は、「憲法四五条は、両院協議会の関与後に、国民議会での最後の読会を除き、内閣の修正権に対していかなる特別の制限もしていない」、「両院協議会での成案起草失敗後の国民議会での最初の読会の間に、内閣はそれ以前の読会のときと同じ要件で修正権を行使する」、「〔当該条項は〕当該法律の他の諸規定とのあらゆる関連性を奪われていない」[Con. 2]（傍点：引用者）と判示した。この判決は、一九八一年判決を踏襲して、両院協議会での成案起草失敗後においてもそれ以前の読会と同じ要件で修正権を行使できることを確認した上で、その段階での「関連性準則」を確立した。[15] つまり、この判決は、修正案は審議中のテキストとの関連性が必要であるという議院規則上の「関連性準則」を憲法準則として認めたのである。[16]

しかしながら、一九八一年一二月三一日判決及び一九八五年七月一〇日判決は、いずれも、両院協議会での成案起草失敗後の追加条項を認めるものであったが、両院協議会での成案起草成功後にも追加条項が認められるか、また、その成功・失敗にかかわらず、すでに両議院で同一の文言で可決された条項への修正が認められるかは明確ではなかった。

(iii) 両院協議会後の「漏斗準則」の完全否定と「関連性準則」及び「内在する限界」の確立

その後すぐ、両院協議会での成案起草成功後の内閣による追加条項の事例において、一九八六年一二月二九日判決[17]は、「両院協議会による審議中の諸規定についての共通の成案の採択は、内閣が、両院協議会が作成した成案を両議院に付議して承認を求めるときに、自ら選択する修正案によってその成案を修正又は補完し、必要な場合には追加条項の形式を取ることを妨げない」、「これらの修正案は、すでに両議院により同一の文言で可決された諸規定を変更する効果を有することさえできる」、「しかし、そのように審議中のテキストになされる追加又は修正は、憲法三九条一項及び四四条一項に違反することはできず、そのテキストとの関連性を失うことも、その目的（objet）及び射程（portée）について、修正権の行使に内在する限界（limites inhérentes）を超えることもできない」［Con. 5］（傍点：引用者）と判示した。

① 両院協議会後の「漏斗準則」の完全否定

まず、この判決は、両院協議会での成案起草成功後、内閣が追加条項を提出できることを認めただけでなく、すでに両議院により同一の文言で可決された規定に対する修正案をも提出できることを認めている。

この点、両院協議会での成案起草成功後は、国会議員は修正案を提出できるものの、内閣が排他的な修正権を有している（憲法四五条三項）。そして、この場合、国会議員は、議院規則により「漏斗準則」に従わなければならない一方で、内閣は、この判決により、何の制約もなく修正案を提出することができる。したがって、この判決は、内閣にとてつもない特権を付与したのである[18]。

こうして、憲法院は、両院協議会での成案起草の成功・失敗に関わりなく、両院協議会後の内閣の修正権を保護し、修正案についての内閣への白紙委任（blanc-seing）を認めた[19]。すなわち、憲法院は、内閣に関して、両院協議会後の「漏斗準則」を完全に否定したのである[20]。

② 両院協議会後の「関連性準則」及び「内在する限界」の確立

また、本判決は、両院協議会での成案起草成功後の修正案にも「関連性準則」が課せられることを明確にしている。したがって、およそ両院協議会後の修正案には「関連性準則」が課せられることになったのである。

しかしながら、本判決は、修正権そのものを大きく制限するものである。すなわち、両院協議会での成案起草成功後の修正案は、審議中のテキストの目的及び射程について修正権に内在する限界を超えてはならないとしたのである。つまり、修正案は、法律案との単なる形式的な関連性が必要とされるだけでなく、ある種の質的従属の関連性（un sorte de lien de subordination qualitatif）が必要なのであり[21]、それこそが修正権に内在する限界である。

ただし、この判決では、関連性は奪われておらず、かつ、目的及び射程について修正権の行使に内在する限界を超えていないので、その修正案に基づく条項の立法手続は適法とされたが、この判決の一ヶ月後に、「内在する限界」を超えるものとして、修正案に基づく条項を無効とする判決が下され、大きな物議を醸すことになる。

(iv) 一九八七年一月二三日判決――「内在する限界」を超えたとされる事例

一九八七年一月二三日判決[22]も、両院協議会での成案起草成功後の内閣修正案が問題となった。憲法院は、一九八六年一二月二六日判決と同様に、両院協議会作成の成案に内閣が修正できることを認めた上で、「関連性準則」及び

「内在する限界」の判断基準を示した［Con. 8］。しかしながら、本判決は、「その規模（ampleur）及び重要性（importance）」を理由にして、「当該条項が、修正案の方法によって……〔当該〕政府提出法律案に導入されるのであれば、憲法三九条で定められる政府提出法律案及び議員提出法律案と、政府提出法律案及び議員提出法律案が憲法四四条一項によりその対象となる修正案との明確な区別が無視されることになる」［Con. 11］と判示し、当該修正案を「内在する限界」を超えるものとして、修正案に基づく当該条項を違憲無効としたのである。

一九八六年判決が出された際には特に大きな反応はなかったにもかかわらず、この憲法院の違憲判決に対しては、実務及び学説から激しい反発が起こった。

実務の側からは、当該判決は内閣修正案に基づく条項を違憲無効としたにもかかわらず、憲法が認める修正権を侵害するものとして国会議員によって当該判決が多く非難された。特に異例なことに、両議院議長の共同声明によって、当該判決は批判された[23]。

さらに、学説の多くがこの判決を批判し、この判決を擁護するものはほとんど見られなかった。特に批判の対象となったのが、「内在する限界」の不明確性である。

例えば、ゴーゲルによれば、「一九八七年一月二三日、憲法院は、結局、自ら進んで、自身がその尊重を保障する役割を果たす憲法規範性ブロックに、新しい極めて不明確な準則を導入した。……憲法院は……その権力が通常備えている諸制限を超えてその権力を行使したいという誘惑に屈したのである」[24]。また、カルカソンヌによれば、「修正権に内在する限界から脱しての革新を拒否することは、憲法院が、その主観的選択により、国会の解釈の代わりに恣意的な解釈をすることを認めることである」[25]。

このように批判された「内在する限界」を憲法院が採用した理由について、バンザックが最も説得的に分析しているように思われる。つまり、バンザックによれば、憲法院は、両院協議会後の内閣修正案について「漏斗準則」

を課さない代わりに、内閣による修正権の濫用を防ぐために「内在する限界」という別の制限を課したのである。(26)

さらに、憲法院は、両院協議会後の修正案に対してだけでなく、両院協議会前の修正案に対しても、この「内在する限界」を課していくことになる。

(b)「関連性準則」及び「内在する限界」の一般化

一九八九年一月一二日判決(27)は、「法律案提出権のコロラリィである修正権は、四五条三項・四項で定める諸制限の留保の下で、立法手続の各段階で行使することができる」、「しかしながら、審議中のテキストになされる追加又は修正は、憲法三九条一項及び四四条一項に違反することはできず、そのテキストとの関連性を失うことも、その目的及び射程について、特別の手続の管轄に属する修正権の行使に内在する限界を超えることもできない」[Con. 4]と判示した。

この判決の特徴は、両院協議会後の読会における修正案に用いられた「関連性準則」及び「内在する限界」を、第一読会での修正案にも適用したことにある。したがって、「関連性準則」及び「内在する限界」は、第一読会以降のすべての修正案に適用されることになったのである。ただし、この判決は、修正案が「関連性」を有せず違憲であるとしたので、「内在する限界」を超えたかどうかについては言及していない[Con. 6]。

憲法院は、これ以降も一般的に、「関連性準則」と「内在する限界」の要件を課していくことになる。しかし、「関連性」を有していないとして違憲とされた事例は複数あるものの(28)、「内在する限界」を超えたとして違憲とされたことは一九八七年一月二三日違憲判決以降一度もない。

とはいえ、両院協議会後の読会における修正案に対する統制を契機に用いられた、この主観的かつ曖昧な「内在する限界」は、憲法上の修正権を侵害するものとして、常に学説の批判に晒されてきた。

しかし、憲法院はこの後、両院協議会後の修正案に対して、「漏斗準則」という制限を課すことで、「内在する限界」を放棄することになる。(29) そして、憲法院は、第二読会以降のすべての修正案について「漏斗準則」を確立し、「内在する限界」を完全に放棄していく。

(c)「内在する限界」の放棄と「漏斗準則」の確立

憲法院は、まず、両院協議会後の修正案について、「内在する限界」を放棄し、「漏斗準則」を憲法準則化する。次いで、両院協議会前の修正案についても「内在する限界」を放棄し、第二読会以降の修正案について「漏斗準則」を確立することになる。

(i) 両院協議会後の「内在する限界」の放棄と「漏斗準則」の部分的確立

一九九八年六月二五日判決(30)は、従来の判例を変更し、画期的な判断を下した。憲法院は、「法律案提出権のコロラリィである修正権は、四五条三項・四項で定める諸制限の留保の下で、立法手続の各段階で行使することができる」、「しかしながら、四五条の内容から、原則として、両院協議会の会合の後に両議院の審議に付されるテキストに、追加条項を付することはできない」、「実際、これが可能だとすれば、このような追加条項から生じる新しい措置を、両院協議会の会合より以前の読会の審査の対象とすることなく、かつ、両議院が不一致の場合の憲法四五条により両院協議会に認められている調停手続に付することなく、〔両院協議会後の読会で〕可決することになる」、「この原則に照らせば、手続のこの段階で採択される修正案は、審議中のテキストの規定との直接の関係性（relation direct）があるか、又は、国会で審議中の他のテキストとの調整（coordination）を確保する必要性が認められるものでなければならない」[Con. 2]、「したがって、これらの要件のいずれかを満たしていない、両院協議会の会合の後に導入された修正案から生じた諸規定は、違法な手続によって可決されたものと見なされなければならない」[Con. 3]（傍点：引用者）と判示した。

本判決により、両院協議会後の読会においては、追加条項は原則として認められず、審議中の規定と直接の関係性があるか、審議中の他のテキストとの調整が必要である場合に認められる。つまり、憲法院は、両院協議会後の読会に限っては、「内在する限界」及び「関連性準則」を放棄し、「直接の関係性」と「調整の必要性」という基準を確立したのである。実際、本判決は、当該追加条項について、「直接の関係性」も認めず、さらに、「調整の必要性」も認めず、この条項を違法な手続によって可決されたものとして違憲無効とした[31]。

もともと、「内在する限界」が持ち出されたのは、この両院協議会後の読会において、内閣修正案を制限するためであると理解されていた。本判決は、両院協議会後の修正案（追加条項）に対して「漏斗準則」という特別の制限を課すものであるために、当然なことに、「内在する限界」は不要となったのである。

しかしながら、本判決は、この準則が同一の文言で両議院によって可決された条項への修正案にも適用されるかどうかには言及していない。したがって、この判決の射程は、限定されたものであって、両院協議会後の「漏斗準則」の憲法準則化は完全には実現していなかった[32]。また、「内在する限界」の放棄が第一読会以降の修正案にも適用されるかどうかは明確ではなかった。

この二つの問題について、憲法院はすぐに回答を出すことになる。

(ii)　両院協議会後における「漏斗準則」の完全確立

まず、二〇〇〇年六月二九日判決[33]は、両院協議会後において、「漏斗準則」を完全に憲法準則化した。憲法院は、一九九八年判決を踏襲して「原則として、両院協議会の会合の後に両議院の審議に付されるテキストに、追加条項を付することはできない」とし、さらに、「四五条二項から、両院協議会の会合の前に同一の文言で可決された諸規定は、原則として、その会合後に修正することはできない」[Con. 6]、「両院協議会の会合の後に採択される修正案は、審議中の規定と直接の関係性があるか、又は、憲法を尊重し、国会で審議中の他のテキストとの調整を確保し、若しくは実質的な誤りを訂正する必要性が認められるものでなければならない」[Con. 7]（傍点：引用者）と判示した。

この事例では、両院協議会後の、同一の文言で両議院によってすでに可決されていた条項への修正案が問題となったが、憲法院は、これについても原則として認めないとしたのである。したがって、両院協議会後は、すでに可決された条項への修正も原則として認められず、追加条項を含む修正案は、「直接の関係性」、「憲法尊重の必要性」、「調整の必要性」、「実質的誤りの訂正の必要性」がある場合にのみ認められるのである。

この判決は、「直接の関係性」又は「調整の必要性」という一九九八年判決の要件を拡大して、「憲法尊重の必要性」及び「実質的誤りの訂正の必要性」の要件を加えた。「実質的誤りの訂正の必要性」は、議院規則上の例外要件（国規旧一〇八条五項、元規旧四二条一一項の二）を憲法準則化したものと捉えることができるが、「憲法尊重の必要性」が要件に加えられた意義は大きいように思われる。実際、この事例においては、「平等原則への侵害を消滅させることを目的及び効果としている」［Con. 8］として、「憲法尊重の必要性」の要件に該当することが認められ、当該修正案は合憲と判断されたのである。

このように、両院協議会後の修正案については、「内在する限界」が放棄され、「直接の関係性」、「憲法尊重の必要性」、「調整の必要性」、「実質的誤りの訂正」のいずれかの要件を満たすことが必要とされるようになった。

こうして、憲法院は、両院協議会後の修正案についてはすべて、「内在する限界」ではなく、「漏斗準則」を課したのである。つまり、両院協議会後は、内閣による追加条項及び可決された規定への修正は原則として禁止されたのである。ただし、この判例法上の「漏斗準則」は、「直接の関係性」と「憲法尊重の必要性」の要件がある分だけ、議院規則上の「漏斗準則」よりも緩和された準則であると言えよう。

(iii)　「内在する限界」の全面放棄

次に、二〇〇一年六月一九日判決[34]によって、第一読会の修正案についても、「内在する限界」が放棄される[35]。

憲法院は、「修正権は、四五条三項・四項で定める諸制限の留保の下で、立法手続の各段階で行使することができる」、「しかしながら、そのように審議中のテキストになされる追加又は修正は、憲法三九条一項及び四四条一項から生じる諸要求に違反することはできず、国会の採決に付される政府提出法律案又は議員提出法律案の目的とのあらゆる関連性を奪われることはできない」［Con. 48］と判示した。

本判決は「内在する限界」に言及していないが、多くの評釈は、本判決が憲法院によるすべての修正案についての「内在する限界」の放棄を示していると解した[36]。

これは、修正案は、提出された法律案の限界に閉じ込められた単なる派生物とは見なされないことを意味する[37]。つまり、修正案は、もはや質的に法律案に従属しないのである[38]。

その後、憲法院はすぐに「内在する限界」の放棄を明示した。すなわち、第一読会の修正案について問題となった二〇〇一年七月一一日判決[39]は、「提訴者は、修正案が、その規模について、修正権に内在する諸制限を越えていた、ということを有効に主張することはできない」［Con. 29］としたのである。

また、その後、第二読会の内閣修正案の事例に関する判決[40]においても、「内在する限界」について言及されず、「関連性準則」が示された。

以上のようにして、両院協議会前の修正案には「関連性準則」を、両院協議会後の修正案には「漏斗準則」という特別の制限を課すこととなったが、憲法院は、さらに、第二読会以降の修正案すべてに対して「漏斗準則」を課すことになる。

(iv)　第二読会以降の「漏斗準則」の確立

二〇〇六年一月一九日判決[41]は、第二読会以降の修正案すべてに対して、「漏斗準則」を課した。この事例では、第一読会での修正案が問題となったが、憲法院は、「国会議員及び内閣に帰属する修正権は、両議院による政府提出法律案及び議員提出法律案の第一読会の間に、十分に行使することができなければならない」、「修正権は、この手続の段階では、議会審議の明瞭性（clarté）及び厳正性（sincérité）の要請を尊重して、受理準則及び修正案が先議院の理事部に提出されたテキストの目的とのあらゆる関連性を奪われないという必要性によってしか、制限することはできない」［Con. 25］、「国民議会規則及び元老院規則がそもそも想起しているように、第一読会後に国会議員及び内閣によってなされる追加又は修正は、審議中の規定との直接の関係性を有していなければならない」、「しかしながら、憲法の尊重を確保し、審議中のテキストとの調整を行い、又は実質的な誤りを訂正することを目的とする修正案については、この義務は課せられない」［Con. 26］、「以上の手続とは別の手続で政府提出法律案又は議員提出法律案にもたらされた追加又は修正は、違法な手続で可決されたと見なされなければならない」［Con. 27］（傍点：引用者）と判示した。

まず、本判決は、第一読会では、修正権は「関連性準則」を尊重した上で十分に行使されなければならないことを認めた。すなわち、第一読会での修正権の行使を広く認めたのである。

その上で、本判決は、両院協議会後の修正案の要件、すなわち、「直接の関係性」、「憲法尊重の必要性」、「調整の必要性」又は「実質的誤りの訂正」の要件を第二読会以降の修正案にも課した。この事例では、第一読会の修正案が問題になったにもかかわらず、憲法院は、傍論として、第二読会以降の修正案に適用される準則に言及したのである(42)。

この判決は、第二読会における追加条項の禁止について言及しているものの、同一の文言で両議院にすでに可決された条項への修正の禁止については言及していない。しかし、この判決は後者をも含意するものと解されている(43)。すなわち、この判決により、両院協議会後の修正案に関する「漏斗準則」は第二読会以降のすべての修正案に拡大されたのである(44)。

(三)　二〇〇八年七月憲法改正による変容

二〇〇八年憲法改正は、修正案に関する規定について大幅な変容をもたらした(45)。

(a)　憲法改正と「関連性準則」

(i)　憲法典における「関連性準則」の明記

まず、憲法改正によって、憲法四五条一項には「……修正案は、提出又は送付された原文に間接的であれ関連性を有するものはすべて、第一読会において受理することができる」(二文)という一文が追加された。つまり、議院規則(国規旧九八条五項一文、元規旧四八条三項)上の「関連性準則」及びそれに由来する判例法上の「関連性準則」を憲法典に取り込んだのである。

しかしながら、この憲法典上の「関連性準則」は、その関連性が「間接的」なものでよいことを規定している点に注目しなければならない。この「間接的な関連性」の要求は、近時において「関連性」に関して特に厳格に解釈されてきた憲法院判例(46)を転換させることを目的としているのであって、この憲法改正は、第一読会における修正案とテキストとの関連性をより柔軟に判断することを憲法院に求めるものである(47)。

このように「関連性準則」は、従来よりも緩やかな準則としてではあるが憲法典の中に取り込まれたのであり、今後は、憲法典により、修正案と法律案との「間接的な関連性」が存在することが求められることになったのである。実際、憲法院はすでに、「間接的な関連性」さえも存在しない修正案を違憲無効とする判決を下している(48)。

(ii)　憲法改正に伴う議院規則の改正

この憲法改正に伴い、議院規則の関連する条文も改正されることとなった。

まず、国民議会においては、二〇〇九年五月二七日決議により、「関連性準則」を定めていた国規九八条五項一文は、「……修正案は、提出又は送付された原文に間接的であれ関連性を有するものはすべて、第一読会において受理することができる」と改正され、憲法四五条一項と全く同様の文言となった。つまり、国民議会は、第一読会における「間接的な関連性」を議院規則においても規定したのである。その上で同項二文は、「この関連性の存在は、国民議会議長によって判断される」と定め、関連性の判断を国民議会議長に委ねることとなった。

同様に、元老院においても、二〇〇九年六月二日決議によって、「関連性準則」を定めていた元規四八条三項は、「修正案は、対象とするテキストに実効的に組み込まれる場合に、又は、第一読会においては、審議中のテキストに間接的であれ関連性を有している場合に、受理することができる」と改正された。すなわち、元老院も、第一読会における「間接的な関連性」を議院規則において規定したのである。なお、関連性の判断は、元規四八条一〇項により、従来の手続（元規旧四八条四項）と変わりなく、元老院に委ねられることになっている。

(b)　憲法改正と「漏斗準則」

(i)　憲法改正における議論

次に、「漏斗準則」に関しては、憲法改正後も憲法典に明記されてはいないが、憲法改正の審議過程において議論の対象となった。すなわち、第一読会における「関連性準則」を定める改正条項に関して、元老院における第一読会及び第二読会の二度にわたって、「あらゆる修正案は、提出又は送付されたテキストとの関連性を有しているときに、受理される」との修正案が提出され[49]、第一読会に限らずそれ以降の読会においても「関連性準則」が妥当すべきであり、従来の憲法院判例による「漏斗準則」は廃止すべきとの主張がなされたのである。

しかしながら、憲法院判例による「漏斗準則」の廃止を提案するこれらの修正案は元老院での第一読会及び第二読会のいずれにおいても否決された。したがって、「漏斗準則」は、憲法改正において、憲法制定権力によって黙示的に確立されたと見られている[50]。

(ii)　議院規則の改正

このように憲法院判例による「漏斗準則」は憲法改正において黙示的に確立されたのであるが、これに伴い、議院規則の改正も行われている。

まず、国民議会においては、従来の規則は、第二読会以降に修正案を提出できる例外要件として、可決された条項との調整を確保する又は実質的な誤りを訂正する場合を挙げていた（国規旧一〇八条五項）が、規則改正により、憲法院判例の「漏斗準則」に合わせ、憲法の尊重を確保する場合も例外要件として加えられた（国規一〇八条五項）。次に、元老院においては、「漏斗準則」に関する条文の位置が変更された上で（元規旧四二条一〇項・一一項・一一項の二はそれぞれ四八条五項・六項・七項への変更）、国民議会と同様に憲法院判例の「漏斗準則」に合わせ、憲法の尊重を確保する場合が例外要件として加えられた（元規四八条七項）。

これらの議院規則の改正により、議院規則上の「漏斗準則」と憲法院による判例法上の「漏斗準則」とがほぼ同様の内容となったのである。ただし、憲法院判例の「直接の関係性」という例外要件は、元老院規則には明記された（元規四八条六項）が、国民議会規則には明記されるには至っていない。

㈣　小　括

本章では、およそ修正案にいかなる内容上の制約が課せられるかを検討してきた。従来、議院規則によって「関連性準則」、「漏斗準則」が課せられており、さらに、立法手続の憲法適合性を審査する憲法院は、議院規則に由来する又は憲法院独自の準則を修正案に課してきた。すなわち、「関連性準則」を確立し、その上で「内在する限界」を修正案に課していたが、その後、第一読会においては「関連性準則」を、第二読会以降においては「漏斗準則」を課すようになったのである。そして、二〇〇八年憲法改正において、「関連性準則」は「間接的な関連性」という緩和された準則としてではあるが憲法典に明記され、また、「漏斗準則」も、憲法典に明記されなかったものの、「漏斗準則」を廃止する修正案が否決されたことによって、黙示的に確立された。したがって、今後は、およそ修正案の内容上の制約として、第一読会においては「間接的な関連性準則」が、第二読会以降においては「漏斗準則」が課せられていくのである。

(7) CC, Décision n° 78-97 DC du 27 juillet 1978, Con. 3, *Rec.*, p. 31. 詳しくは、拙稿・前掲注(4)一七四-一七五頁を参照。
(8) Pierre Avril et Jean Gicquel, *Droit parlementaire*, 4e éd., Montchrestien, 2010, p. 223.
(9) Marc-Antoine Granger, La rénovation du droit d'amendement, *RFDC*, n° 75, 2008, p. 597.
(10) CC, Décision n° 80-117 DC du 22 juillet 1980, *Rec.*, p. 42.
(11) この追加条項に関しては、国規旧九八条五項一文が定める「関連性準則」への違反も争われたが、憲法院は、議院規則は憲法的効力を有しないことを示しながらも、この追加条項は審議中のテキストと「無関係ではなかった」と判示した［Con. 3］。この判決は、「関連性準則」の憲法準則化を暗示していたと捉えられている。Granger, *supra* note (9), p. 595.
(12) Avril et Gicquel, *supra* note (8), pp. 223-224.
(13) CC, Décision n° 81-136 DC du 31 décembre 1981, *Rec.*, p. 48.
(14) CC, Décision n° 85-191 DC du 10 juillet 1985, *Rec.*, p. 46.
(15) 同様の事例として、CC, Décision n° 85-198 DC du 13 décembre 1985, *Rec.*, p. 78 ; CC, Décision n° 85-199 DC du 28 décembre 1985, *Rec.*, p. 83.
(16) Valérie Sommacco, *Le droit d'amendement et le juge constitutionnel en France et en Italie*, LGDJ, 2002, p. 351.
(17) CC, Décision n° 86-221 DC du 29 décembre 1986, *Rec.*, p. 179.
(18) Pierre Avril et Jean Gicquel, Droit d'amendement : la fin des « limites inhérentes », *LPA*, 13 juillet 2001, n° 139, p. 5.
(19) Pascal Binczak, Le Conseil constitutionnel et le droit d'amendement : entre « errements » et malentendus, *RFDC*, n° 47, 2001, p. 493.
(20) この後、一九九〇年五月二九日判決（CC, Décision n° 90-274 DC du 29 mai 1990, *Rec.*, p. 61）は、両院協議会後の新たな読会において、すでに両議院によって否決されていた条項を復活させる修正案を内閣が提出することも認めた。この判決によって、両院協議会後の「漏斗準則」は、真の意味で完全に否定されたのである。

（21）Jean-Pierre Camby, Le droit d'amendement : un droit jurisprudentiel ? : À propos de la décision du Conseil constitutionnel du 19 juin 2001, *RDP*, 2001, n°4, p. 975.

（22）CC, Décision n° 86-225 DC du 23 janvier 1987, *Rec.*, p. 13.

（23）*Le Monde*, 25-26 janvier 1987.

（24）François Goguel, A propos du Conseil constitutionnel, *Projet*, mars-avril 1987, p. 97.

（25）Guy Carcassonne, A propos du droit d'amendement : les errements du Conseil constitutionnel, *Pouvoirs*, n° 41, 1987, p. 170.

（26）Binczak, *supra* note(19), p. 493.

（27）CC, Décision n° 88-251 DC du 12 janvier 1989, *Rec.*, p. 10.

（28）例えば、CC, Décision n° 88-251 DC du 12 janvier 1989, Con. 4, 6 et 8, *Rec.*, p. 10 ; CC, Décision n° 90-287 DC du 16 janvier 1991, Con. 4-8, *Rec.*, p. 24.

（29）アブリルとジッケルによれば、この「内在する限界」は、憲法院を、この判例を放棄し「漏斗準則」を回復することによってしか抜け出すことができない袋小路に閉じ込めてしまっていたのである。Avril et Gicquel, *supra* note(18), pp. 5-6.

（30）CC, Décision n° 98-402 DC du 25 juin 1998, *Rec.*, p. 269.

（31）その後違憲とされた同様の事例として、CC, Décision n° 98-403 DC du 29 juillet 1998, *Rec.*, p. 276.

（32）Binczak, *supra* note(19), p. 495. ただし、アブリルとジッケルは、本判決から「漏斗準則」の完全な確立が読み取れるものとして分析している。Avril et Gicquel, *supra* note(18), p. 6.

（33）CC, Décision n° 2000-430 DC du 29 juin 2000, *Rec.*, p. 95.

（34）CC, Décision n° 2001-445 DC du 19 juin 2001, *Rec.*, p. 63.

（35）ただし、一九九八年六月一五日判決及び二〇〇〇年六月二九日判決のすぐ後に、この判決が出されたわけではない。二〇〇〇年七月二七日判決は、第一読会における修正案の「内在する限界」について言及し、その限界を超えていないとしている。CC, Décision n° 2000-433 DC du 27 juillet 2000, *Rec.*, p. 121.

（36）例えば、ある評釈は、「このことから、「Séguin 修正案」判例（引用者注：「内在する限界」のこと）は実際に将来にわたって暗示的に廃止されたと推論することは、不条理なことではないだろう」と記している。Jean-Éric Shoettl, note, *LPA*, 2 juillet 2001, n° 130, p. 12.

（37） Avril et Gicquel, *supra* note (18), p. 6.

（38） Camby, *supra* note (21), p. 980.

（39） CC, Décision n° 2001-450 DC du 11 juillet 2001, *Rec.*, p. 82.

（40） CC, Décision n° 2002-455 DC du 12 janvier 2002, *Rec.*, p. 49.

（41） CC, Décision n° 2005-532 DC du 19 janvier 2006, *Rec.*, p. 31.

（42） Pierre Avril et Jean Gicquel, Le triomphe de « l'entonnoir », *LPA*, 15 février 2006, n° 33, p. 6. その後、実際に、二〇〇七年三月三日判決において第二読会での追加条項の合憲性が問題となったが、憲法院は二〇〇六年一月一九日判決と同様の判断を示した。CC, Décision n° 2007-553 DC du 3 mars 2007, *Rec.*, p. 93.

（43） Bernard Chantebout, *Droit constitutionnel*, 24e éd. DALLOZ, 2007, p. 521.

（44） Granger, *supra* note (9), p. 595.

（45） 憲法改正により、四四条一項に、「修正権は、憲法附属法律が定める枠組みにおいて、議院規則が定める手続にしたがって本会議又は委員会で行使される」という一文が追加され、これを受けて憲法三四-一条、三九条及び四四条の適用に関する二〇〇九年四月一五日憲法附属法律が制定された。しかし、当該憲法附属法律における修正権に関する諸規定（一三条～一九条）は、内容に関するものではなく、手続に関するものであるので、本稿ではこれを検討しないが、当該諸規定の意義については以下を参照。Florence Chartiel, La loi organique relative aux articles 34-1, 39 et 44 de la Constitution devant le conseil constitutionnel : Revalorisation du Parlement ou protection du gouvernement ?, *LPA*, 28 mai 2009, n° 106, pp. 4-6 ; Laurence Baghestani, À propos de la loi organique n° 2009-403 du avril 2009 relative à l'application des articles 34-1, 39 et 44 de la Constitution, *LPA*, 26 juin 2009, n° 127, pp. 7-8.

（46） CC, Décision n° 2007-546 DC du 25 janvier 2007, *Rec.*, p. 55 ; CC, Décision n° 2007-549 DC du 19 février 2007, *Rec.*, p. 73 ; CC, Décision n° 2007-552 DC du 1er mars 2007, *Rec.*, p. 90.

（47） Laurent Domingo, La révision et le droit d'amendement, *LPA*, 19 décembre 2008, n° 254, p. 75 ; Jean-Éric Gicquel, La nouvelle rédaction de l'article 45 de la Constitution, *LPA*, 19 décembre 2008, n° 254, p. 78.

（48） CC, Décision n° 2009-589 DC du 14 octobre 2009, Con. 3, *Rec.*, p. 173.

（49） Amendement n° 475, *JO* débats Sénat du 23 juin 2008, p. 3274 ; Amendement n° 123, *JO* débats Sénat du 16 juillet 2008, p. 4746.

（50） Gicquel, *supra* note (47), p. 78.

三　内閣修正案の手続上の制約

内閣の修正権は第五共和政において初めて認められることとなったが、まず、内閣の修正権とはどのようなものか明らかにしておこう。

(一) 内閣の修正権

(a) 内閣修正案の提出主体と手続

憲法三九条は、一項で「法律案提出権は、首相と国会議員に競合して属する」ことを定め、二項で「政府提出法律案は、コンセイユ・デタの意見を聴いた後に、閣議で審議決定され、両議院のいずれかの理事部に提出される」ことを定めている。したがって、政府提出法律案の提出には、コンセイユ・デタへの諮問及び閣議での審議決定が必要である。さらに、提出権者が首相であることから、政府提出法律案は慣行上首相のデクレによって提出されてきたのであり、この慣行は、憲法院によって憲法準則化された(51)。

しかしながら、憲法四四条一項は、「国会議員と内閣は修正権をもつ」こととしか定めておらず、政府提出法律案のようにコンセイユ・デタへの諮問及び閣議での審議決定を要求していない。この点、慣行上、コンセイユ・デタへの諮問及び閣議での審議決定は修正案には義務付けられないとされてきた。しかしながら、修正案に関して、このように政府提出法律案に課せられる手続を「省略（court-circuiter）する」ことは、コンセイユ・デタの年次報告書によって批判されている(52)。

さらに、修正権を有するのは、首相ではなく、内閣である。政府提出法律案は、国会での審議に責任を負う一人又は複数の大臣の副署を伴った首相デクレの形式で議院の理事部に提出される(53)が、内閣修正案については、内閣がその提出権を有しているので、内閣修正案は首相デクレの形式をとらず、内閣の名で提出される[54]。したがって、すべての内閣構成員が修正案を提出できるが[55]、ただし、この修正権は、属人的なものであり、内閣構成員として国会に出席している各大臣に帰属する[56]。

(b)　**内閣修正案の対象となるテキスト**

内閣修正案は、政府提出法律案のみならず、議員提出法律案についてもその修正の対象とすることができる[57]。

(c)　**内閣修正案と「修正文書」**

また、内閣修正案と似て非なるものとして、「修正文書（lettre rectificative）」がある。

これは、内閣に修正権が認められなかった第四共和政で生み出された慣行であり[58]、政府提出法律案の議院への提出後、かつ、その審議開始前に、政府提出法律案を修正するものである。この慣行は、憲法四四条一項が内閣に修正権を認めている第五共和政でも続行された。

「修正文書」は、首相の署名のみによって提出され、国会での審議に責任を負う大臣の副署を伴わないが、「修正文書」の提出にはコンセイユ・デタへの諮問及び閣議での審議決定が必要とされてきた。

㈡　**内閣修正案に対する手続的統制**

憲法四四条一項は、「国会議員と内閣は修正権をもつ」と定めるのみで、内閣修正案の提出手続については何の定めもしていないが、憲法三九条二項により政府提出法律案の提出に課せられるコンセイユ・デタへの諮問及び閣議での審議決定は、内閣修正案の提出には課せられないのか。

(a)　**「修正文書」に対する憲法院の統制**

まず、内閣修正案と「修正文書」は区別されているが、憲法院は「修正文書」に対してどのような規律を課しているのか見ていこう。

(i)　憲法院による「修正文書」の容認

そもそも、憲法上の制度ではないこの「修正文書」は容認されるのかが問題となる。

この点、一九七八年一二月二九日判決[59]は、「修正文書」は修正権の行使に相当するものではないことを指摘し、「修正文書」の適法性を認めた［Con. 10］。とはいえ、この判決は、修正文書が法律案提出権の行使に相当するものであることまでは指摘しておらず[60]、修正文書がいかなる手続によって提出されるのか、すなわち、政府提出法律案と同様の手続で提出されるのかどうかを明確にはしなかった。

(ii)　「修正文書」の手続上の制約

憲法院は「修正文書」の制度を認めたが、それでは、「修正文書」はどのような法的性質を有するのか。

一九九〇年一二月二八日判決[61]は、「修正文書」が政府提出法律案と同じ手続準則に付されることを確認した。すなわち、「首相により署名された修正文書は、憲法四四条一項の根拠に基づいて内閣が政府提出法律案にもたらす修正案ではなく、首相が憲法三九条一項によって行使する法律案提出権の利用である」［Con. 5］、「〔当該〕修正文書の国民議会理事部への提出は、コンセイユ・デタへの諮問及び閣議での審議決定の後に行われた」、「したがって、修正文書の提出は、憲法三九条二項によって提示される要求を満たしていた」、「修正文書が副署されていなかったという事実は、修正文書自体が、憲法三九条一項に照らして、法的な効果を生じさせるに必要なあらゆる措置を伴っている以上、その修正文書の適法性を害しない」［Con. 6］。

本判決は、「修正文書」が内閣の修正権ではなく、首相の法律案提出権の行使であることを明確にしており、「修正文書」の提出手続について、政府提出法律案の提出の義務的手続であるコンセイユ・デタへの諮問と閣議での審議決定が行われたことを確認し、その提出手続の適法性を認めた。すなわち、「修正文書」の提出には、コンセイユ・

デタへの諮問及び閣議での審議決定が義務付けられることを認めたのである。(62)

本判決は、「修正文書」は首相の法律案提出権の行使であるから、コンセイユ・デタへの諮問及び閣議での審議決定を経なければならないという論法を採っているが、これは、内閣の修正権の行使である内閣修正案については、コンセイユ・デタへの諮問及び閣議での審議決定を経る必要はないことを暗示していると捉えることもできる。(63) しかしながら、この判決においては、内閣修正案は政府提出法律案と同じ手続によって提出されなければならないのかは明確に判示されていないのであって、この点についてはその後の憲法院の回答を待つこととなった。

いずれにせよ、「修正文書」は、憲法四四条一項の内閣の修正権ではなく、憲法三九条一項の首相の法律案提出権の行使であるとされたのである。したがって、憲法院によれば、「修正文書」は修正案ではない。この判例は、その後も維持されている。(64)

(b) 内閣修正案に対する憲法院の統制

次に、憲法四四条一項による内閣修正案は、どのような手続によって提出されるべきか。換言すれば、内閣修正案は、政府提出法律案の提出と同じように、コンセイユ・デタへの諮問及び閣議での審議決定に付されなければならないのか。

（i）一九九四年一月一三日判決

憲法院は、一九九四年一月一三日判決(65)において、内閣修正案の提出手続に関して、以下のように判示した。「以上の手続〔引用者注：「関連性準則」及び「内在する限界」〕を尊重する限りにおいて、内閣の立法提案権（l'initiative législative）は、その選択により、政府提出法律案の提出又は議院により審議されているテキストへの修正案の提出の形式を取ることができる」、「予算法律の提出及び可決に固有の諸準則を尊重する限りにおいて、いかなる規定も首相に政府提出法律案を提出することを強制していない」、「したがって、憲法三九条二項の規定は、コンセイユ・

デタの意見と閣議での審議決定を、政府提出法律案についてしか課しておらず、修正案については課していないので、内閣修正案の方法によっての規定の導入は、憲法三九条二項の規定には違反していない」［Con. 11］（傍点：引用者）。

本判決の特徴は、内閣は、国会で審議中のテキストを修正しようとする際に、コンセイユ・デタへの諮問及び閣議での審議決定を義務付けられる政府提出法律案を別に提出するか、あるいは、修正案の提出準則の尊重の下で、コンセイユ・デタへの諮問及び閣議での審議決定が義務付けられない修正案を提出するか、自由に選択できるとしたことである(66)。

本判決において初めて、憲法院は、内閣修正案の提出について、コンセイユ・デタへの諮問及び閣議での審議決定は義務付けられないことを明確にした。この点、修正案の提出についての閣議での審議決定が義務付けられないということから、大統領は修正案について全く関与することができない、という帰結が導かれる(67)。

本判決は、憲法院が修正案について一般に「内在する限界」を採用している時期の判決である(68)。しかし、「内在する限界」を放棄し、「漏斗準則」を確立した現在でも、この判例は維持されている(69)。

(ii)　政治的特権としての修正権

ドラゴは、内閣修正案の提出についてコンセイユ・デタへの諮問を不要とする理由を次のように示している。「内閣の修正権が、政治的特権（*prérogative politique*）だからである。いかなる諮問機関であれ、たとえ諮問機関が望む場合であっても、諮問機関の考察がこの政治的特権に入り込んではならない(69)」。つまり、ドラゴによれば、修正権は諮問機関が入り込むことができない政治的特権であるが、法律案提出権はそうではないのである。

このドラゴのいう「政治的特権」は、内閣が国会に対して責任を負い（憲法二〇条三項）、国会の審議に参加するという意味で理解することができよう。法律案への修正は、まさに国会の審議中に行われるものであり、だからこそ、その審議に参加する内閣は修正権を行使できるのである。したがって、ドラゴの見解を敷衍すれば、国会に責任を負わず、国会の審議には参加しない大統領は修正権に関与できず、ましてや民主的正当性を有しない単なる諮問機関にすぎないコンセイユ・デタがこれに関与できないのは当然ということになろう。

(c) 内閣修正案に対する統制の総合的検討

(i) 問題点

内閣修正案についてコンセイユ・デタへの諮問及び閣議での審議決定が課せられないとすると、内閣による修正案の濫用が起こりうる。すなわち、憲法院判例(71)によれば、政府提出法律案を閣議で審議決定する際に、政府はコンセイユ・デタの意見によって明らかにされていない新しい問題を導入することはできず、導入する場合には改めてコンセイユ・デタへ諮問しなければならないが、内閣はそのような新しい問題を閣議の段階では導入せず、国会での審議が始まってからそれを修正案の形式で提出することが可能となる。さらに、大統領は政府提出法律案の起草に関与することができるが(72)、内閣は大統領が反対しそうな条項を政府提出法律案の起草の段階では記載せず、それを修正案の形式で提出することも可能となるのである。

(ii) 内閣修正案の統制に関する憲法院の解決策

しかし、憲法院は、これに対する回答を用意していた。それこそが、「内在する限界」であった。これによって、内閣による修正案の濫用を防止しようとしたのである。このように修正権が統制されることで、内閣修正案にはコンセイユ・デタへの諮問及び閣議での審議決定が課せられないとしても、実質的には政府提出法律案についてなされたコンセイユ・デタへの諮問及び閣議での審議決定は保護される(73)。すなわち、「内在する限界」は、三九条二項が定める手続の明白な逸脱を回避することを可能にしていたのである(74)。

それでも、すでに見たように、「内在する限界」は憲法院によって放棄されてしまった。とはいえ、現在では、憲法典及び憲法院判例によって、第一読会においては「間接的な関連性準則」が、第二読会以降においては「漏斗準則」が修正案に課せられる。このように修正案に内容上の制約を課すことは、政府提出法律案についてなされたコンセイユ・デタへの諮問及び閣議での審議決定を保護し、内閣による修正案の濫用を防ぐことにも資すると言えよう。

(三) 小　括

内閣修正案の提出手続は、政府提出法律案とは異なり、憲法典には何ら定めがないが、憲法院は、内閣修正案にはコンセイユ・デタへの諮問及び閣議での審議決定が課せられないことを明らかにした。すなわち、内閣修正案は政府提出法律案と同様の手続上の制約には服さないのである。ただし、内閣修正案に政府提出法律案と同様の手続上の制約が課せられないとすれば、内閣による修正案の濫用が危惧されるが、およそ修正案に課せられる内容上の制約を内閣修正案にも課すことによって、これを防ぐことができるのである。

(51) CC, Décision n° 84-179 DC du 12 septembre 1984, Con. 3, *Rec.*, p. 73. 拙稿「立法手続としての閣議決定（二・完）」法学論叢一六七巻三号（二〇一〇年）五五-五八頁も参照。
(52) Conseil d'État, *EDCE*, n° 43, 1992, p. 38 et s.
(53) Jacques Fournier, *Le travail gouvernemental*, Presses de la Fondation nationale des sciences politiques et Dalloz, 1987, p. 60.
(54) 一九五九年七月二二日付国民議会理事部規則一一条は、「審議に責任を負う大臣が、内閣の名で修正案を提出する資格を有する」ことを定めていた。なお、この規定は一九六九年一二月四日決定により廃止されている。
(55) Alain Brouillet, *Le droit d'amendement dans la Constitution de la Ve République*, PUF, 1973, p. 69.
(56) Sommacco, *supra* note (16), p. 169.
(57) Michel Lascombe, *Le droit constitutionnel de la Ve République*, 8e éd., L'Harmattan, 2002, p. 134.
(58) Bénédicte Dorinet, *Le Conseil des Ministres en France*, ANRT, 2005, p. 457.

(59) CC, Décision n° 78-100 DC du 29 décembre 1978, *Rec.*, p. 38.

(60) Bruno Baufumé, *Le droit d'amendement et la Constitution de la Ve République*, LGDJ, 1993, p. 15 ; Sommacco, *supra* note(16), p. 49.

(61) CC, Décision n° 90-285 DC du 28 décembre 1990, *Rec.*, p. 95.

(62) Pierre Avril et Jean Gicquel, Chr., *Pouvoirs*, n° 57, 1991, p. 183.

(63) Guillaume Drago, Fonctions du Conseil constitutionnel et du Conseil d'État dans la confection de la loi, Roland Drago(dir.), *La confection de la loi*, PUF, 2005, p. 76.

(64) CC, Décision n° 2000-433 DC du 27 juillet 2000, *Rec.*, p. 121.

(65) CC, Décision n° 93-329 DC du 13 janvier 1994, *Rec.*, p. 9.

(66) François Luchaire, L'abrogation de la loi Falloux devant le juge constitutionnel, *RDP*, 1994, p. 614.

(67) François Luchaire, *Le Conseil constitutionnel*, t.3, 2e éd., Economica, 1999, p. 220.

(68) 同じ事例の判決として、CC, Décision n° 94-357 DC du 25 janvier 1995, *Rec.*, p. 179.

(69) CC, Décision n° 2006-535 DC du 30 mars 2006, Con. 8, *Rec.*, p. 50.

(70) Drago, *supra* note(63), p. 76.

(71) CC, Décision n° 2003-468 DC du 3 avril 2003, *Rec.*, p. 325. この判決の位置付けについては、拙稿「政府の法律案提出権の構造――政府提出法律案の起草におけるコンセイユ・デタ意見の位置付け（一）（二・完）」法学論叢一六五巻四号（二〇〇九年）二九-五二頁、一六六巻一号（二〇〇九年）二七-四九頁を参照。

(72) 拙稿「立法手続としての閣議決定（一）」法学論叢一六七巻一号（二〇一〇年）一〇三-一〇四頁を参照。

(73) 「内在する限界」をコンセイユ・デタへの諮問の保護と分析するものとして、以下を参照。René Chapus, *Droit administratif général*, t.1, 15e éd., LGDJ-Montchrestien, 2001, p. 456 ; Yves Gaudemet, La Constitution et la fonction législative du Conseil d'État, *Mélanges Jean Foyer*, PUF, 1997, pp. 64-65.

(74) Binczak, *supra* note(19), p. 498.

四　おわりに

(一)　日本法への示唆

本稿では、フランスの修正案の提出手続における制約について検討してきたが、この検討は日本法にいかなる示唆を与えうるのか。

(a)　およそ修正案の内容上の制約についての示唆

国会法及び議院規則は、修正案の内容上の制約について何ら規定していないが、衆議院の先例は「議案を併合し、又はその内容若しくは題名を変更するのは修正の範囲内とする」とし、「議案の修正範囲は、広範であって、字句の修正はもちろん、議案を併合し、又はその内容を変更し、拡張し若しくは縮小し又は題名を変更するのは、すべてこれを修正の範囲内とする」[75]としている。しかしながら、この先例も修正案の内容の変更がどこまで許されるか明確な基準を示してはいない。この点、フランスの第一読会における「関連性準則」は、修正案に原案との関連性を要求するものであり、我が国における修正案による内容変更における一つの基準となろう。

また、日本においてはフランスのような読会制は無いが、フランスの第二読会以降の「漏斗準則」も修正案による内容変更における一つの基準となりうる。すなわち、先議院で議決され、後議院で修正され、先議院に議案が回付された際に、先議院は修正された条項に限って審議すべきであり、新たな条項を付加したり、すでに両議院によって議決された条項を修正したりするようなことは許されない、という解釈も成り立ちうるであろう[76]。

さらに、フランス法の議論は、日本における内閣の法律案提出権の肯定説の根拠の一つに再考を迫ることになろう。というのも、肯定説は、国会が法律案を自由に審議し、修正し、否決できることをその根拠の一つとして挙げているが、修正権に内容上の制約があるとすれば、この根拠は成り立たないからである。[77]

(b) 内閣修正の手続上の制約についての示唆

内閣修正の手続についても実定法は何ら規定していないが、内閣修正を行う場合には、内閣法制局の審査を経た上で、[78]閣議決定を経るとされている。[79]このような運用は妥当であろうか。

まず、閣議決定については、国会法五九条により内閣が修正権を有しており、内閣の職権の行使は閣議によるものとされる（内閣法四条一項）ので、内閣修正は閣議決定されなければならないと解するのが妥当であろう。

次に、内閣法制局の審査についてはどうであろうか。内閣法制局設置法三条一号は、内閣法制局が「閣議に附される法律案、政令案及び条約案を審査し、これに意見を附し、及び所要の修正を加えて、内閣に上申すること」を定めている。一見、内閣修正は閣議に附されるわけであるから、内閣法制局はこれを審査しなければならないように思われるが、内閣修正は法律案そのものではない。この点、フランスにおいては、憲法が政府提出法律案と内閣修正案とを明確に区別し、内閣修正案には政府提出法律案の提出手続が課せられない。つまり、内閣修正案の提出にはコンセイユ・デタへの諮問手続が課せられないのである。このフランス法の議論を参考にすれば、内閣修正については内閣法制局の審査を経る必要はないとの解釈も成り立つのではなかろうか。ただし、このように解するとしても、内閣修正について内閣が任意に内閣法制局に審査させることまでを否定することはできないであろう。[80]

(二) 残された課題

日本国憲法は国会議員及び内閣の法律案提出権についての明示的規定を有していないが、学説はその根拠付けに関心を払ってきた。すなわち、国会議員の法律案提出権については、憲法四一条によって当然認められると考えられ、[81]内閣の法律案提出権については、古くから肯定説と否定説とが対立してきたが、今日では、その根拠付けは様々であるものの、肯定説が支配的な見解となっている(82)。

他方で、国会議員及び内閣の修正権については、同様に憲法上の明示的規定が存在しないにもかかわらず、これらが憲法上いかに根拠付けられるのかについて、学説での議論がほとんどなされていない。国会議員の修正権については、わずかに大石眞教授が法律案提出権と同様に憲法四一条によって当然に認められると述べているのみである(83)。さらに、内閣の修正権に至っては、その憲法上の根拠付けに言及する文献は見当たらない。このような議論状況に鑑みて、今後は、国会議員及び内閣の修正権が憲法上いかに根拠付けられるのか検討していく必要があろう。

四 おわりに

このような課題を提示することで、ひとまず筆を擱くことにしよう。

(75) 『衆議院先例集（平成一五年度版）』通番二八三（三四四頁）。なお、『参議院先例録（平成一〇年度版）』には同様の先例は記載されていない。

(76) このような解釈は一事不再議の原則からは説明できない。というのも、一事不再議の原則にはいくつかの例外があるとされ、「他院に送付した議案がその院で修正されて回付され、回付案を審議することとなる場合」には一事不再議の原則は適用されないからである。浅野＝河野編・前掲注(1)九八-九九頁。

(77) 例えば、佐藤功『憲法（下）（新版）』（有斐閣、一九八四年）八七一頁、伊藤正巳『憲法（第三版）』（弘文堂、一九九五年）四二三頁。

(78) 当該事実を示す文献は見当たらないが、筆者が、内閣修正がなされて国会で成立した国立学校設置法の一部を改正する法律（昭和五九年四月一二日法律第一三号）の資料について内閣法制局に情報公開請求を行ったところ、当該内閣修正について内閣法制局の審査が行われた事実を確認した。

(79) 榊・前掲注(3)一六七頁。

(80) なお、立法政策上の問題として、フランスのように、内閣が議員提出法律案についても修正することを可能にするという選択肢も提案されよう。

(81) 例えば、宮澤俊義〔芦部信喜補訂〕『全訂日本国憲法』（日本評論社、一九七八年）四五〇-四五一頁、大石眞『憲法講義Ⅰ（第二版）』（有斐閣、二〇〇九年）一二九頁、渋谷秀樹＝赤坂正浩『憲法2統治（第四版）』（有斐閣、二〇一〇年）四〇頁。また、根拠

条文を示してはいないが、議員が法律案の発議権をもつことは憲法上当然であるとする見解として、例えば、佐藤幸治『日本国憲法論』（成文堂、二〇一一年）四五四頁。

（82）　さしあたり、永田秀樹「内閣の法律案提出権」大石眞＝石川健治編『憲法の争点』（有斐閣、二〇〇九年）二四〇-二四一頁を参照。

（83）　大石・前掲注（81）二二九頁。

＊本稿は、平成二三-二四年度科学研究費（若手研究（B））「立法手続法の体系化」の研究成果の一部である。

憲法改革の理念と展開 上巻

―― 大石 眞先生還暦記念 ――

2012(平成24)年3月30日　第1版第1刷発行

編　者　曽我部真裕 赤坂幸一
発行者　今井 貴 今井 守
発行所　株式会社 信山社

〒113-0033　東京都文京区本郷6-2-9-102
Tel 03-3818-1019　Fax 03-3818-0344
info@shinzansha.co.jp

出版契約 2012-5572-0-01010 Printed in Japan

印刷・製本／亜細亜印刷・渋谷文泉閣
ISBN978-4-7972-5572-0 C3332　分類323.340-a004 憲法
5572-01011：012-050-015《禁無断複写》.p.830

社会保障法研究

岩村正彦・菊池馨実 責任編集

創刊第1号

社会保障法の草創・現在・未来

【目　次】

信山社